KB187501

헤겔의 세계

헤 겔 철 학 의 역 사 적 뿌 리 를 찾 아 서

HEGELS WELT

JÜRGEN KAUBE

헤겔의 세계

위르겐 카우베 지음 ◇ 김태희·김태한 옮김

P 필로소픽

할아버지 프란츠 야우흐(1901-1982)를 추억하며

옮긴이의 글

헤겔 탄생 250주년이던 2020년에는 독일과 전 세계에서 헤겔 철학을 재조명하는 다양한 행사가 열렸다. 때맞춰 2020년 8월 독일에서 발간된 위르겐 카우베Jürgen Kaube의 《헤겔의 세계Hegels Welt》는 2021년 비소설 분야 전문서나 실용서 등에 시상하는 독일 전문도서상Deutscher Sachbuchpreis에서 올해의 전문도서로 선정되었다 (그리고 상금 2만 5천 유로를 수령했다). 그뿐 아니라 이 책은 권위 있는 《슈피겔》 베스트셀러 목록에 여러 주 머물렀다.

독일인들도 우스개로 '독일어 번역'이 필요하다고 말할 정도로 난해한 철학자를 다루는 책이 어떻게 이처럼 전문가와 대중의 지지를 모두 받을 수 있던 것일까? 수상식 도중 시상자의 상찬에서 실마리를 찾아볼 수 있겠다. 이에 따르면, 이 책은 난해한 정신사와 문화사를 다루면서도 이를 퍽 흥미진진하게 묘사할 뿐 아니라, 대상에 몰입하면서도 적정 거리를 유지하는 전기의 전형을 보여줌으로써 독자를 매료한다는 것이다.

옮긴이들은 이 책을 읽는 한국 독자들도 여기 동의할 수 있기를 바라고 또 믿는다. 물론 헤겔의 사상은 쉽게 설명할 수 있는 것이 아니다. 이 책에서 말하듯이 사상을 "휴대할 수 있는 것"으로 만드는 일은 때로는 필요하지만 자칫 그것의 연관과 깊이를 잃을 위험이 있다. 그러나 이 책은 그러한 연관과 깊이를 오롯이 간직하면서 독자들이 그 서술을 흥미진진하게 따라가게 만든다.

이 책의 제목은《헤겔의 세계》이다. 하필 왜 "세계"일까? 표지에 그려진 멋진 열기구 그림이 단서이다. 저자는 서문에서 관념론을 해명하면서 느닷없이 하늘 높이 오르는 열기구를 들고 나온다. 관념론을 "철학적 능력의식"이라고 하면서, 열기구도 당대의 능력의식을 보여준다는 것이다(사상을 현실의 연관 속에서 서술하는 이 책의 전형적이고 흥미로운 서술 방식이다). 그렇다면, 이 그림은 자신의 세계에서 훌쩍 떠올라 세계를 조감鳥瞰하는 (관념론) 철학자의 이미지이자, 황혼녘 날개를 펴고 날아오르는 미네르바의 부엉이의 근대 버전이 아니겠는가? 그렇다면, 열기구가 그것을 띄워 올리고 그것으로부터 내려다볼 대지를 필요로 하듯이, 관념론은 원리적으로 그것이 태동하는 맥락이자 그것이 통찰해야 하는 세계를 필요로 하지 않겠는가?

그렇다면 이제 물음은 이렇게 된다. 그의 세계는 대체 어떤 세계이던가? 1770년 태어나 1831년 세상을 떠난 헤겔은 역사학자 라인하르트 코젤렉Reinhart Koselleck이 규정한 이른바 안장 시대Sattelzeit, 즉 유럽이 근대 사회로 접어드는 격변기인 1750년-1850년의 한복판을 살았다. 여담이지만, 이행기를 뜻하는 코젤렉의 안장 시대는 본래 말안장보다는 산山안장을 염두에 둔 것이라고 하지만, 어느 쪽이든 부적절한 어감을 불필요하게 불러일으킨다. 가운데가 움푹 파인 말안장과 산안장의 이미지는 안장 시대를 우뚝 솟은 두 시대 사이의 침체기로 떠올리게 하기 때문이다. 그러나 이 시대는 침체기는커녕 실로 낡은 사회로부터 새로운 사회로 넘어가는 눈부신 도약의 시대이자, 이 책에서 공들여 묘사하듯이 혁명의 시대였다. 그리고 헤겔은 당대의 수많은 독일 사상가들과 마찬가지로 이 정치혁명, 산업혁명, 교육혁명, 과학혁명의 시대를 추동하는 것이 바로 사상이라고 보았으며, 자신의 과제를 최후의 혁명, 즉 사상혁명을 완수하는 것으로 보았다.

개념사槪念史에 있어서 안장 시대는 우리가 지금 사용하는 온갖 개념들이 지금의 의미로 자리 잡은 시대였다. 역사, 진보, 자유, 국가, 시민, 가족 등 기존 개념이 오늘날의 의미를 얻었고, 계급, 제국주의, 공산주의 등 새로운 개념이 만들어졌다. '세계'라는 개념도 마찬가지이다. 저자가 강조하듯이, 이 개념은 처음으로 "더 이상 천상의 관찰자만 한눈에 조망할 수 있는 현실이 아니라 인간도 도달할 수 있는 현실을 가리키는 의미심장한 개념", 혹은 열기구의 은유를 이어간다면, 인간도 도달할 수 있는 높이에서 내려다볼 수 있는 현실을 가리키는 개념이 된 것이다.

그러나 헤겔이 말하듯이, 이 세계는 우리가 사유를 통해 만들어내는 것이 아니다. 우리는 이미 존재하는 세계 안으로 들어와서 사유할 수 있을 뿐이다. 물론 헤겔은 이처럼 우리가 세계를 사유할 수 있는 이미 존재하는 전제들을 통틀어 '정신'이라고 부르며, 따라서 세계를 정신의 역사로 개념화한다. 따라서 이 책을 통해 우리가 깨닫는 것은 헤겔의 관념론은 (관념론에 대한 흔한 오해와는 달리) 어떤 초세간적이고 초시대적인 진리를 추구하는 것이 아니라, 철두철미 세계와 밀착하여 시대와 대결하려는 의지를 담고 있다는 것이다. 따라서 안장 시대만큼이나 격변의 시대를 살고 있다고 할 수 있을 우리에게 세계와 밀착하여 시대와 대결하는 헤겔의 사상적 고투는 시사하는 바가 적지 않다. 이른바 '헤겔 르네상스'가 오래 지속되고 있는 것은 우연도 아니고 의외도 아니리라.

결국 《헤겔의 세계》라는 이 책의 제목은 이 책이 헤겔에 관한 산더미 같은 책들에 또 한 권의 책이 얹어지는 것 이상임을 보여준다. 이 책은 헤겔이 "두더지"처럼 세계에 천착하여 마침내 "열기구"처럼 세계를 조망하는 관념론 철학의 "체계"를 완성하는 과정을 더할 나위 없이 생생하게 보여준다. 앙상하게 헤겔 철학의 온갖 개념들을 나열하는 데에서 벗어나, 그러한 개념들이 뿌리 내리고 열매를 맺는 토양인 당대의 현실을 풍부하게 보여주고 있는 것이다.

"알려진 것은 알려져 있으므로 인식되지 않는다"는 헤겔의 말처럼, 헤겔은 관념론 철학자, 국가주의 철학자, 난해한 체계의 철학자, 혹은 저자의 말처럼 "(정반합 같이) 늘 똑같은 방식으로 이 세계를 가지런히 정돈하여 예측가능하게 만든 예측가능한 사상가" 등으로 우리에게 너무 단순하게 알려져 왔기에 제대로 인식되지 않았는지도 모른다. 저자는 이 책을 통해 바로 이러한 '알려짐'을 넘어 헤겔 사상의 풍요로운 스펙트럼을 그 시대와 세계와의 연관 속에서 제대로 '인식'되게 하고자 하며, 옮긴이들이 보기에 이러한 목적은 큰 성공을 거두고 있다.

저자인 위르겐 카우베는 2015년부터 독일 유력 일간지 《프랑크푸르트 알게마이너 차이퉁》을 공동발행한 네 명 중 한 사람으로서 문화 부문을 담당하고 있다. 대학에서 철학, 독문학, 예술사, 경제학, 사회학 등을 폭넓게 공부하기는 했지만, 헤겔 전문 연구자라고 할 수는 없는 그가 어떻게 이처럼 깊이 있고 통찰력 있는 저서를 내놓은 것일까? 저자는 감사의 말에서 청소년 시절 할아버지와의 철학적 대화를 추억하고 1980년 대학입학 자격시험 합격 선물로 헤겔 전집을 받은 일을 회고한다. 그러니 40여 년의 온축이 결국 결실을 맺었다고 해도 좋은 것인가?

2023년 봄의 문턱에서, 옮긴이 일동

차례

서문

관념론이란 무엇인가?

아직은 만사가 평온해 보인다. 1770년경의 세계는 지도상으로 여러 군주국과 그 식민지들, 그리고 수많은 미지의 영역으로 나뉘었으나, 겉보기에는 혁명의 격동 상태가 아니다. 전쟁도 일어나지만, 전쟁은 늘 있는 것이었다. 상업도 그랬다. 이제 유럽 전역에서 고도로 분업화된 공장형 경제인 산업이 대두하고, 과학적 사고와 연구도 대두하고 있다. 여기 참여하는 사람들은 점점 늘어가고 점점 네트워크를 이루며 끊임없이 새로운 견해를 제시한다. 새로운 화학원소를 발견한다. 1766년 수소, 1772년 산소, 1775년 탄소, 1777년 황. 자연의 구성요소들은 실험으로 새롭게 관찰되어 상세하게 드러난다. 그 외에도 숱한 서적이 출판되는데, 이런 책들은 특히 주로 종교적 문제가 아니라 "세속적" 문제를 다룬다. 1775년 독일에서 마녀재판이 벌어진다. 오늘날 보기에는 아직도 그랬느냐고 경악할지도 모르지만, 이것이 마지막 마녀재판이었으며 그 판결이 집행되지도 않았다. 그래서 어떤 이들은 이 무렵 합리주의가 널리 퍼졌다고 여긴다. 그러나 과학적 사고, 그리고 편견을 몰아내려는 시도가 꼭 상상력의 발휘와 충돌하지는 않는다. 바로 1770년경에 유럽에서 소설 출판은 급증하고 그

14

이후 다시 줄지 않는다. 당시 영국에서만 10년에 평균 300편에서 500편의 소설이 출판되는데, 그 이전의 100년 동안에는 10년에 평균 50편밖에 출판되지 않았다.

말하자면 당대의 세계는 어떤 변혁 상황은 아니더라도 매우 분주하게 돌아간다. 실로 계몽의 시대이고, 헤겔은 이 시대의 표어는 "만물은 유용하다"라고 말한다. 경험할 수 있는 것의 한계는 모든 분야에서 널리 확장된다. 사상 처음으로 "세계"라는 말은 더 이상 천상의 관찰자만 한눈에 조망할 수 있는 현실이 아니라 인간도 도달할 수 있는 현실을 가리키는 의미심장한 개념이 된다. 그저 상상할 수 있는 것이 아니라 실로 도달할 수 있다는 것이다. 지식과 상상력, 정치적 야망과 기술적 능력 등, 그야말로 모든 것이 확장되기 때문이다. 지구상의 모든 것은 점점 더 서로 관계를 맺는 듯하다.

1770년 영국 선장 제임스 쿡James Cook은 1차 남태평양 탐험을 벌이고 있었다. 궁핍한 농장 노동자 아들로 태어나 영국 해군에서 복무한 그는 무엇보다도 지도 제작 능력이 탁월했다. 같은 해 8월 게오르크 빌헬름 프리드리히 헤겔Georg Wilhelm Friedrich Hegel이 슈투트가르트에서 태어났을 때, 쿡은 거의 난파될 뻔한 위기를 겪은 직후에 당시 뉴홀랜드라 불리던 호주 북쪽의 인데버해협을 통과하여 뉴기니로 향하고 있었다. 탐험 내내 쿡은 과학에 전념했다. 두 명의 천문학자와 함께 데이터를 수집한 것이다. 1769년 초 타히티에서 뚜렷하게 관측한 금성의 일면통과日面通過 현상을 근거로 태양계의 모든 행성의 서로 간의 거리와 태양과의 거리를 정밀하게 계산하기 위함이었다. 이러한 전 세계적 관측 작전을 시행하는 천문학 연구 장소는 멕시코 서부 해안, 아이티, 펜실베이니아, 러시아, 노르웨이에 있었다. 지구와 다른 행성 사이의 거리를 측정하기 위해 세계 끝까지 여행하면서, 사람들은 지금까지 살아온 사회와는 다른 사회들이 있다는 사실을 알게 된다. 이것은 세계화라는 말이 널리 통용되기 훨씬 이전에 일어난 세계화인 셈이다. 그로부터 한참 후에는 "세계"라는 개념은 그것 바깥에 아무것도 없고 그것에 아무것도 맞서 있지 않은 것을 가리키게 된다. 금성도 "세계 안"에 있고 태양도 마찬가지다. 심지어 신마저 그렇다. 그러니까 헤겔이 태어난 시대는 세계 전체가 점점 더 규명되면서 지식 내부로 끌어들여지던 시대이다. 이런 지식은 한낱 의견이나 믿음과 대립하는 것이다. 어찌 됐든 지식의 편이라고 자처하는 이들은 이렇게 생각했다.

만물은 유용하다. 당시 제임스 쿡은 천문학 과제 외에 무역항로를 탐색하는 과제도 맡고 있었다. 하지만 무엇보다도 "남극대륙"의 존재를 확인해야 했다. 고대의 사변까지 거슬러 올라가는 상상에 따르면, 지구가 균형을 이루기 위해서는 유라시아 대륙에 버금가는 크기의 거대한 땅덩어리가 태평양에 있어야 한다. 영국 해군성 지침에는 지구의 저 먼 부분을 발견하기는 했으나 아직 연구가 불충분하다고 적혀있다.

헤겔은 훗날 1807년 《정신현상학 Phänomenologie des Geistes》에서 "알려진 것은 일반적으로 **알려져 있으므로 인식되지** 않는다"[2]라고 쓴다. 이 말의 한 가지 뜻은 어떤 것이 알려져 있다고 해서 꼭 인식되는 것은 아니라는 것이다. 인식한다는 것은 그저 친숙하다는 것 이상이기 때문이다. 그러나 우리는 헤겔의 문체가 지닌 이러한 다의성에 익숙해지겠지만, 이 말의 다른 뜻은 어떤 것이 바로 알려져 있기에 인식되지 않는다는 것이다. "이것은 그렇지"라는 감각인 친숙함이 인식에 방해가 될 수 있기 때문이다. 인식하고자 하는 것에 너무 밀접해서는 안 되기 때문이고, 친숙한 것과 인식되는 것을 혼동하기 쉽기 때문이다. 바야흐로 알려진 것보다 친숙하지 않은 것, 친숙하지 않게 만드는 것을 선호하는 시대에 들어서고 있다. 헤겔은 이 두 가지를 학문의 방법이 지닌 특징으로 확립할 것이다.

그러나 세계라는 개념이 새로운 의미를 얻은 것은 단지 탐험에 의한 것은 아니다. 쿡의 탐험 여정을 당대에 출현하던 세계국가("제국")의 상징으로 해석할 수 있는 이유가 또 있다. 영국과 프로이센이 합스부르크 군주국, 신성로마제국, 프랑스, 러시아와 1756년부터 1763년까지 치른 7년 전쟁에서 승리하였기 때문이다. 많은 이가 최초의 세계대전이라고 칭하는 그 전쟁은 식민지를 둘러싼 전쟁이고 식민지에서 벌어진 전쟁이며 패권을 차지하려는 전쟁이기도 했다. 이제 유럽을 넘어서서 훗날 이른바 "세계시장"이라 불리게 될 것을 둘러싸고 벌어진 것이다. 이 전쟁은 북미에서 영국과 프랑스가 빚은 갈등으로 인해 발발하였으며, 참전한 모든 열강이 채무를 지면서 종결되었다. 영국이 지출한 군비를 충당하기 위해 식민지에 부과하던 세금을 인상함으로써 1775년 미국의 독립전쟁이 일어났다. 또한, 여러 차례의 전쟁과 방만한 운영으로 재정이 완전히 소진된 프랑스의 상황은 그 당시 모든 국가가 정치뿐 아니라 경제에서도 서로 긴밀히 얽혀 있다는 사실을 입증한다. 상품, 자본, 부채의 세계 시장이 등장한 것이다.

또한, 헤겔이 태어난 이 세계는 모든 면에서 끊임없이 개선되고 있다는 느낌을 주었다. 가령 1769년과 1788년 사이 제임스 와트James Watt는 증기기관을 개량했다. 증기로 작동하는 실린더 온도를 안정시키는 응축기를 장착했고, 피스톤의 상하 운동을 회전 운동으로 전환했으며, 특수한 지렛대를 개발했고, 기존 특허를 침해하지 않기 위해 다른 기어장치를 장착했으며, 원심 조속기를 만드는 등의 일을 해냈다. 즉, 와트는 증기기관을 발명한 것이 아니라 개량한 것이다. 근대 세계에서 이 사실은 중요하다. "크레아티오 엑스 니힐로creatio ex nihilo", 즉 무로부터의 창조는 없다. 모든 것에는 전제조건이 있으며, 모든 발명은 개량일 따름이다.

와트는 그 전에 이미 기계 장치를 개량하는 직업을 가졌고, 일종의 공공 토목기사로서 운하를 측량하고 하천의 물길을 바꾸는 일을 해왔다. 1763년 겨울 글래스고 대학은 그에게 자연철학 세미나를 위해 설치된 증기기관을 수리해 달라고 요청했다. 그는 이 과정에서 이 기계에 다량의 증기 및 응축수가 소모되는 것을 발견하면서 여기에 관심을 두게 되었다. 그가 기계 제작에 이끌리게 된 것은 경제적 이익뿐 아니라 설계상 문제 때문이기도 했다. 점차 개량된 그 기계는 마침내 광산에서 펌프로 물을 퍼내는 원래 기능과는 무관한 여러 목적에도 사용되었다. 그러나 이 증기기관이 방직산업의 가장 중요한 동력원이 된 것은 헤겔 사후다.[3]

18

와트의 발명, 방직기술의 혁신, 화학제품 생산의 발전 등 어디를 보더라도, 18세기 말은 여러 혁신이 서로를 고무하는 시대였다. 그리고 위와 같은 개량의 부차적 결과가 확산하는 시기이다. 예를 하나 들자면, 방직기의 '나는 북flying shuttle'이 직조공의 생산성을 높임에 따라 직물의 중간생산물인 실의 수요가 증가하고 가격이 상승한다. 그렇게 늘어난 실의 수요는 자동화된 물레의 도입으로 충족된다. 나아가 이 과정에서 기존의 가내공업이 공장으로 대체되어 일자리를 잃은 노동자들이 저항하게 된다.

여기에 이해할 수 없는 사실이 하나 있다. 만약 1770년 무렵부터 1830년대까지의 사회가 이런 특징을 띤다면, 이 시대를 사유로 포착하려는 철학이 어떻게 관념론 철학이 될 수 있었는가? 헤겔은 철학에 바로 이러한 과제, 즉 자신의 시대를 포착한다는 과제를 부과한다.[4] 영원한 진리나 모든 존재의 근거가 아니라 자신의 시대를 사유로 포착하는 것이다. 그렇다면 어째서 의식과 자기의식의 구조에 천착하는 이론에 그렇게 많은 에너지를 쏟아부은 것일까? 어째서 칸트의 《순수이성비판Kritik der reinen Vernunft》, 요한 고틀리프 피히테Johann Gottlieb Fichte의 《학문론Wissenschaftslehre》, 그리고 헤겔의 《정신현상학》이나 《논리학Wissenschaft der Logik》이 그 시대의 열쇠가 되는 철학서인가? 기술적, 과학적, 경제적 혁신이 가속하는 상황에서, 자칭 "관념론" 또는 타칭 "독일 관념론"으로 사상사에 등재될 철학적 운동이 어떻게 발생할 수 있는가? "독일 유물론"이나 "독일 과학주의", "독일 경험론"이나 "독일 공리주의"는 기대할 수 없었을까? 다른 나라들, 특히 영국과 프랑스에서는 이런 사상이 생겨났는데 말이다. 이런 나라들에서는 계몽주의를 통해 유물론적이고 경험론적인 학파가 태동하였다.

그러나 독일이 1800년 무렵 사상사에 기여한 것은 이와 다르다. 완전히 다르다. 1781년과 1816년 사이에는 의식, 자기의식, 주체, 사고, 정신을 세계의 중심으로 이해하는 사고체계가 재빠르게, 아니 미친 듯이 잇달아 확립되었다. 당대의 가장 중요한 인물은 칸트, 프리드리히 하인리히 야코비Friedrich Heinrich Jacobi, 카를 레온하르트 라인홀트Karl Leonhard Reinhold, 피히테, 프리드리히 빌헬름 요제프 폰 셸링Friedrich Wilhelm Joseph von Schelling, 프리드리히 횔덜린Friedrich Hölderlin, 헤겔이었다. 세상은 말 그대로 머리로 서게 되었다.

철학사의 테두리 바깥에서는 관념론자[이상주의자]라고 불리는 사람은 좋은 의도와 "기획"은 역사에서 결국 관철될 것이고 그래서 관념[이상]을 위해 어느 정도 희생을 감수할 수 있다고 믿는 사람이다. 철학사에서 관념론자로 자처한 최초의 인물은 칸트였다. 특히 다음과 같은 이유 때문이다. 우리는 경험을 통해 무언가를 발견하면, 이 객체의 여러 특성에 의거하여 이에 대한 개념을 확립하기 마련이다. 물을 예로 들어보자. 물은 액체이며, 특정 온도에서 얼음이 되거나 수증기가 된다. 생기를 돋우기도 하고 생명을 유지하는 데 필수적이다. 많은 고체는 물에 녹는데, 가령 소금물이 그렇게 만들어진다. 물이라는 개념은 대상에 의거하여 확립된다. 그에 반해 우리가 원하여 만들어낸 대상도 있다. 그러니까 이런 대상은 자연에, 즉 (볼테르가 말한) "거대한 그 무엇"

에 존재하는 것이 아니고, 그것의 특성은 개인이나 사회의 결정에 근거할 뿐이다. 내 딸의 이름, 이 책, 아침식사 문화, 영국 군주제, 장난감, 혼인 서약, 예배 따위가 그것이다. 이런 것이 무엇인지는 이것의 "자연[본성]"을 연구해서는 알 수 없다. 습지에 돋아난 버섯 같은 것이 아니기 때문이다. 이것이 어떻게 구성되는지 캐물어야 한다.

여기까지는 이런 구분이 쉽다. 그러나 이런 구분의 어느 쪽에도 속하지 않는 사태 때문에 복잡해진다.[5] 우리가 발견한 것도 아니고 만든 것도 아닌 "대상"은 어떠한가? 이른바 불멸이라는 특질이 있는 영혼이 그러한 경우다. 신에 대해서, 그리고 우리가 증명하지는 못하면서 가진다고 믿는 자유에 대해서는 어떻게 말할 수 있을까? 인과성도 눈으로 볼 수 없고 시간도 그러하다. 어떤 것이 다른 것 이후에 일어난다는 사실은 시간 개념을 전제하는데, 이 개념은 단순한 사건의 연속에서는 관찰되지 않는다. 그렇지 않은가? "헤겔(1770-1831)은 뉴턴(1643-1727) 이후에 살았다"라는 말은 두 인물의 생몰 연도에서 추론할 수 있는 경험적 사실인 듯 보인다. 그러나 "뉴턴과 헤겔은 같은 시대에 살았다"라고 표현한다면, 여기부터 곰곰이 생각해 봐야 한다. 한 사람이 다른 사람 이후에 살았다는 판단에 필요한 눈금에서는 그들이 어떤 의미로든 같은 역사적 시대에 속한다는 사실은 아무 의미가 없고, 한 인물의 생애와 다른 인물의 생애 사이에 시간이 경과했다는 사실만 의미가 있다. 이는 "이후"라는 감각적 인상에도 해당한다. 이런 감각적 인상은 "서로 다른 시점들"이라는 관념을 전제하는 것이다.

관념론자가 이런 개념과 관념에 몰두하기를 고집하는 것은 감성적으로 지각할 수 있는 사태, 즉 "사물"이 아닌 대상에 관해서도 참된 명제를 확립하기 위해서이다. 이런 고집은 단지 인식론적 관심 때문만은 아니다. 이런 고집에 깔린 또 다른 가정은 신앙이나 예배에 관한 입장이 신에 관한 판단에 달려있고, 계약의 형태와 군주제의 수용은 자유에 관한 판단에 달려있으며, 아동 교육과 도덕에 관한 입장은 영혼에 관한 판단에 달려있다는 것이다. 그래서 세계는 관념론적으로 전도된다. 우리가 만들어내는 것뿐 아니라 (물과 같은) 경험적 객체에 대한 분석에도 경험적이지 않은 개념이 다수 끼어들기 때문이다. 특히 "경험"이라는 관념 자체가 그렇다.

달리 표현하면, 관념론에서는 사고를 통해 세계를 개념화할 수 있다고 주장한다. 세계 자체가 "사고의 형상"을 지니고, 그 본질적 부분에서 우리가 만들어낸 것이기에 그렇다. 의식은 행위이다. 의식은 개념에 의거하여 인상들을 분류한다. 가령, 이것은 무용수이고 저것은 무용이다. 의식은 인상들을 조합한다. 가령, 귀는 개에 속하나 목줄은 속하지 않는다. 의식은 인상들을 비교한다. 가령, 오늘과 어제의 같은 사람을 비교한다. 관념론자에 따르면 이러한 분류, 조합, 비교들은 "자아"에 의해 결합된다.

1781년에 출간된 칸트의 《순수이성비판》부터 1812년과 1816년 사이에 출간된 헤겔의 《논리학》에 이르기까지, 철학적 관념론은 소수의 몇몇 사유로부터 인간의 자기 이해, 자연 현상

및 역사 현상에 관한 학문, (종교, 예술, 정치, 법률, 도덕과 같은) 가장 중요한 삶의 힘 등에 본질적인 모든 개념을 도출해내려는 시도이다. 이런 사유는 특히 인간 의식의 구조와 작동 방식에 초점을 맞추어야 한다. 지각, 사고, 성찰의 양식을 이해하는 것은 곧 세계를 총체적으로 개념화하는 것이다. 이것이 관념론의 전제이다. 그러므로 헤겔에 따르면 관념론은 지식 내에서 정신과 세계, 영혼과 육체, 자아와 자연, 개념과 직관이라는 대립 관계를 넘어선다.[6]

그러니까 기술적, 과학적, 경제적 진보를 가로지르면서 관념론이 자신의 사명으로 자처하는 철학은 세계에서 일어나는 일들이 자유, 의미 있는 구성, 사유로 각인된다고 보는 철학이다. 피히테가 1800년 《인간의 사명 Bestimmung des Menschen》에서 언급한 바와 같이 "이러한 고유한 정신적 각인은 더욱 완전한 것을 향해 무한한 직선을 따라 진보하는 것"이다.[7] 이렇게 표현된 시기는 미국혁명, 그리고 특히 프랑스혁명이 이미 일어난 때이다. 과학혁명과 산업혁명이 시작된 후 여러 정치혁명이 더해졌다. 1776년 미국의 독립선언, 1789년 바스티유 감옥 습격 및 같은 해의 인권선언과 미국의 "권리장전", 나아가 나폴레옹의 유럽 정복과 1815년 패배에 이르는 여러 혁명이었다.

그 당시 하나의 민족도 아니고 하나의 국가도 아니던 독일에서 일어난 또 다른 혁명도 현대 사회에 그만큼 중요하다. 바로 교육혁명이다.[8] 이 혁명이 관념론과 관련되는 것은, 관념론 철학자들이 그 당시 시작된 학제 개혁이 닦은 교육과정을 이수한 첫 세대이기 때문이다. 그러나 그뿐 아니라, 관념론 철학자들 자신이 이런 개혁에 공헌할 것이고, 교육, 학교, 대학에 대해 깊이 숙고하고 저작을 출판할 것이기 때문이기도 하다. 그들은 교육제도를 바꿀 것이다. 1808년 출간된 영향력 있는 개혁적 저서인《우리 시대의 교육과 수업 이론에서 박애주의와 인본주의의 투쟁Der Streit des Philanthropinismus und Humanismus in der Theorie des ErziehungUnter richts unserer Zeit》의 저자는 바로 프리드리히 이마누엘 니트하머Friedrich Immanuel Niethammer였는데, 그는 튀빙겐 대학 시절부터 헤겔, 셸링, 횔덜린과 친밀하게 교류했다.

그 외에도 관념론은 공립학교 제도의 구축과 결부되었다. 우선 1780년 고트홀트 에프라임 레싱Gotthold Ephraim Lessing이 저술한 《인류의 교육Die Erziehung des Menschengeschlechts》 같은 제목은 은유적인 의미일 뿐이다. 1774년 요한 고트프리트 헤르더Johann Gott fried Herder가 저술한《인류의 교양을 위한 또 하나의 역사철학Auch eine Philosophie der Geschichte zur Bildung der Menschheit》도 마찬가지이다. 도대체 어떻게 인류 자체를 교육하고 교양할 수 있다는 말인가? 그러나 이런 표현이 보여주는 것은 협의의 관념론적 사고방식이 등장하기 직전에 이미 독일에서는 근대 사회로의 시대 전환에 있어서 결정적인 사회적 중요성이 교육, 지적인 교육자, 사고방식 혁명에 부여된다는 사실이다. "스스로 생각하기"의 위상, 직업 교육과 이론 교육의 지분, 시민적 엘리트 교육을 위한 고전어의 의미에 관하여 토론이 벌어진다. 교육이 이뤄지는 곳은 점차 가정에서 학교와 대학으로 옮겨가는 추세였다. 교육과 사회 신분간의 밀접한 관계가 느슨해진다. 사적인 교육과 라틴어 학교가 다양하게 존재하던 초기 근대의 교육 시장은 꾸준히 성장하면서 교육과 국가의 관계를 점점 강화한다.[9] 그것은 분명 일종의 회피이기도 하다. 위험한 정치적 변화를 포기하되, 교육을 강조함으로써 이를 보상하는 것이다.

정치혁명, 산업혁명, 교육혁명, 과학혁명을 포함한 모든 혁명에서는 사회를 "자연적" 원칙에서 탈피시킨다. 그러나 그렇다고 해서 유럽 국가들이 산업 생산으로 국민을 부양하는 데 자연적 상황에서 벗어날 수 있는 것은 아니다. "소빙하기"로 인해 유럽 전역에서 대기근이 세 번 발생한다. 기근이 시작된 1770년에는 봄까지 한파와 강설이 번갈아 찾아오고, 그 후에는 호우가 이어져 얼마 되지 않는 수확물마저 헛간에서 썩고 만다. 식량 상황은 5년 후에야 정상으로 돌아오지만, 유럽의 경험공간에서 식량 위기는 사라지지 않는다. 그러나 (아일랜드와 같이) 끔찍한 일도 일어나지만, 식량 위기는 예전보다는 뜸해지고 국지적이 된다. 그리고 사회는 자연의 순환에서 벗어나고, 마음대로 할 수 없는 일에 내맡겨지는 일이 줄어든다고 점점 느끼게 되었다. 여러 비판자가 이에 분개하지만, 헤겔 철학은 사회가 이성을 지닌다고 여기고, 세계사는 진보하며 이런 진보는 자신의 고유한 시대를 향해 나아간다고 여기게 된다.

그래서 관념론은 무엇인가? 아마도 철학적 성취를 살피기보다는 기술의 역사 속 한 예시가 훨씬 유익한 대답이 될 것이다. 리옹

근처 앙노네에 위치한 종이 공장의 주인이던 조제프 미셸 몽골피에Joseph Michel Montgolfier와 자크 에티엔 몽골피에Jacques Étienne Montgolfier 형제는 1783년 6월 4일 그곳에서 캔버스 천으로 제작한 최초의 열기구를 하늘에 띄운다. 열기구는 10분 동안 떠 있고, 2천 미터 상공으로 올라간다. 두 사람은 얼마 지나지 않아 루이 16세가 지켜보는 가운데 세 마리의 동물, 즉 숫양, 오리, 수탉을 태워 다시 한 번 열기구를 날린다. 그리고 곧이어 첫 유인 비행이 성공했다. 같은 해 11월 21일 물리학자 장 프랑수아 필라트르 드 로지에Jean-François Pilâtre de Rozier가 조종수로, 장교 프랑수아 다를 랑드François d'Arlandes가 승객으로 열기구에 탑승하는 것이다. 두 사람은 곧 몽골피에라고 불리게 된 이 탈것으로 25분 동안 파시의 라 뮈에트성부터 센강을 지나 뷔뜨 오 카유 언덕까지 8킬로미터를 이동한다. 그로부터 1년 반 후 드로지에는 직접 제작한 풍선을 타고 영국해협을 건너다가 동승자와 함께 대서양으로 추락하여 사망하고 만다. 원인은 풍선 속의 수소에 불이 붙었기 때문인데, 이 두 사람은 항공 운항의 첫 번째 희생자이다.[10]

이것이 관념론이었다. 거의 아무것도 아닌 (이 사례에서는 가열된 공기가 양력을 만들어낸다는) 하나의 생각을 통해 공중으로 부상하여, 유례없는 공중의 시점에서 땅을 조망하는 것이다. 거기에는 직접적인 상업적, 정치적, 종교적 동기가 작용하지 않는다. 더 정확히 말하자면, 어떤 동기가 작용했든지 간에, 이런 동기로 인한 노력의 결과는 거기 숨겨진 이해관계의 문제를 전적으로 흐릿하게 만든다. 그 비행은 18세기 후반 급증한 기체 연구와 실험의 결과이다. 형제가 왕과 신하들의 눈앞에서 능력을 시연한 것은 의심할 나위 없이 어떤 역할을 했다. 이런 관점은 "능력의식 Könnensbewusstsein"이라 불린 바 있다. 즉, 무언가를 얻기 위해서가 아니라 그럴 능력이 있기 때문에, 그것이 되기 때문에 행동하는 것이다. 관념론은 철학적 능력의식이다. 거의 아무것도 아닌 것인 자기의식을 통해 유례없는 시점에서 세계를 조망할 수 있는 높이로 올라가는 것이다. 그것도 세계를 부분들이 서로 의미있는 관계를 맺는 하나의 전체로 조망하고, 모든 역사적 시대의 업적이 그리로 합류하는 어떤 경탄할 만한 것으로 조망하며, 적절한 거리만 확보한다면 이해할 수 있는 것으로 조망하는 것이다. 너무 가깝지도, 너무 멀지도 않은 거리만 확보한다면.

헤겔, 학교에 가다

"그러나 분명한 것은 개인이 아무리 학생을 교육하더라도
학생이 이런 사명을 달성하도록 이끌 수 없다는 점이다.
개인이 아니라 인류만이 그것을 달성할 수 있다."

이마누엘 칸트

Kapitel 1

헤겔, 학교에 가다

헤겔의 유년기와 청소년기에 대해서는 그리 잘 알려지지 않았다. 헤겔 자신도 그에 대해 거의 언급하지 않았다. 튀빙겐 대학 시절 초반과 그 이후에 대해서도 알려진 바가 적다. 그는 자전적 기록을 남길 욕구를 전혀 느끼지 않았다. 1825년 헤겔이 여동생 크리스티아네 헤겔Christiane Hegel에게 보낸 편지에는 이와 관련한 몇 안 되는 언급 중 하나가 들어있다. "오늘은 어머니께서 돌아가신 날이지. 내가 영원히 기억하는 날."[1] 헤겔의 모친은 1783년 9월 20일 사망 당시 고작 마흔한 살이었다. 그때 헤겔은 열세 살이었고 가족 전체와 함께 (아마도 장티푸스 때문에) "담즙열"로 몸져누워 있었다. 훗날 여동생은 "오빠는 너무 아파서 벌써 인후염에 걸려 있었다"라고 회상한다.[2]

헤겔 생애의 초기에 대해 전해지는 회고는 몇 안 되는데, 그마

저도 헤겔 자신의 회고가 아니다. 그리고 그가 일기, 책 필사, 짧은 논술 형태로 남긴 소수의 문서는 거의 모두 학창 시절과 독서, 그리고 거기에서 비롯된 사유와 관련이 있다. 그런 문서를 그의 생애 초기에 대한 완벽한 기술로 여긴다면, 그의 삶은 단지 교육과 두어 차례의 심각한 질병, (바른 품행, 행복 추구, 그리고 때로는 죽음을 주제로 하는) 도덕적 숙고로만 이루어진 것일 테다.

그러니까 우리가 헤겔에 대해 아는 것은 일단은 그가 배우고 읽었다는, 그것도 많이 배우고 많이 읽었다는 사실이다. 열다섯 살에는 일기장에다 요절한 교사의 유산에서 사들인 책들을 써넣었다. 아리스토텔레스의 《니코마코스 윤리학Nikomachische Ethik》, 그리스 수사학자 데모스테네스Demosthenes와 이소크라테스Isokrates의 강연록, 키케로의 철학서, 아울루스 겔리우스Aulus Gellius의 《아테네의 밤Attischen Nächte》, 그리고 다른 열두 명의 고대 로마 저술가의 작품이었다. 교양의 영역, 그가 훗날 어느 이력서에서 표현했듯이 "여러 학문의 교양"이라는 영역을 평생 떠나지 않았다. 초중등학생, 대학생, 개인 교사, 대학 강사, 저널리스트, 고등학교 교사 겸 교장, 그리고 마침내 교수. 이 모두가 결국 그의 직업이 될 것이었다.

헤겔에게는 초중등학교의 학생도 이미 직업이었고, 게다가 분명히 즐거이 임한 직업이었다. 세 살에 학교에 입학하고, 여섯 살이 되기 전에 이미 라틴어 수업을 들었다. 어머니가 헤겔을 데리고 라틴어 변화 규칙과 어휘를 연습한 것이다. 여덟 살에는 위독할 정도로 수두를 앓아서 며칠 동안 눈이 안 보이기도 했다. 의사는 일찌감치 포기했으나, 헤겔은 다시 건강해져 공부를 이어나간다. 슈투트가르트의 일루스트레 김나지움에서 그의 성적은 늘 최우등이었다. 헤겔이 1776년 가을부터 다닌 이 "고등 교육기관"은 집에서 100미터밖에 떨어지지 않은 곳에 있었다. 집은 다락방 층이 있는 3층 건물이었고 세탁실, 지하창고, "소농장", 작은 정원이 딸렸다. 교사들은 헤겔을 높이 평가했다. 젊은 교사 요한 야콥 뢰플러Johann Jakob Löffler는 헤겔을 모범생이라 불렀고, 여덟 살이 된 그에게 셰익스피어 전집을 선물하며 아직은 이해하지 못할 테지만 곧 이해하게 될 것이라고도 말했다. 교사들은 "하급 김나지움"에서 전 과목을 가르쳤고, 교수들은 "상급 김나지움"에서 각 과목을 나누어 가르쳤다. 수업은 겨울에는 오전 8시부터 11시까지 진행되었고, 여름에는 오전 7시부터 10시, 그리고 일주일에 네 번은 오후 2시부터 4시까지 진행되었다. 그 외에 개인 수업도 있었는데, 헤겔은 특히 카를슐레의 자연과학 과목 교사로부터 기하학, 측량술, 천문학의 개인 수업을 받았다. 물리학 및 수학 교수 필립 하인리히 호프Philipp Heinrich Hopf 같은 교사는 헤겔이 이런 과목들에 빠져들게 만들었다.[3]

그 당시 학교에서는 부단히 "시험"을 치렀는데, 신학 교육을 담당하는 인기 있는 수도원 학교 입학생을 선발하기 위해서였다. 헤겔은 전국에서 라틴어를 배우는 모든 학생을 대상으로 한 시험을 열 살 때부터 다섯 번 치렀다. 그러나 헤겔은 결국 슈투트가르트 김나지움 학생에게만 가능한, 상급 김나지움을 경유한 튀빙겐 신학교 입학을 선택했다.[4] 라틴어 8시간, 그리스어 3시간, 히브리어 2시간, 그리고 역사 수업 2-3시간은 필수였으며, 그 외에도 프랑스어를 배웠다. 상당수 교사는 여전히 학생들에게 체벌을 가했지만, 학생들과 더불어 무엇인가를 도모할 수 있다고 생각하는 교사들도 이미 있었다. 헤겔은 독학하는 유형이 아니었다. 18세기 후반의 수많은 지식인이 그랬던 것처럼, 불우한 환경 때문에 교육 기회가 주어지지 않은 것을 고뇌하면서, 그리고 반대를 이겨내면서 교육 기회를 쟁취해야 하는 학생은 아니던 것이다. 학부모와 많은 교사는 그가 단지 들고파는 공부를 하는 것이 아니라 진정으로 배우는 것을 원했다. 그는 학교 밖에서도 어른들과 산책을 하며 배우는 내용에 관해 대화를 나누었다고 여러 차례 밝힌 바 있다.

  이상이 헤겔의 어린 시절에 대해 알려진 거의 전부일 것이다. 그가 자기가 읽은 책들에 대해 남긴 메모와 몇몇 짧은 논문이 없었다면 어쩔 뻔했는가. 일종의 연습 삼아 일부는 라틴어, 또 일부는 독일어로 이따금 적은 1785년 6월에서 1787년 1월 사이 "일기장"에서는 무엇보다도 해야 할 과제를 확인하고, 사교 활동이나 도덕적 문제를 고찰하며, 읽은 책을 정리했다. "아직은 슈뢰크 Schrök가 쓴 세계사가 가장 마음에 든다. 그는 특수 분야 역사서에서 그러듯이 짜증나게 이름이나 나열하지 않는다."[5] 과연 15세 소년이 그때까지 세계사나 특수 분야 역사서를 얼마나 많이 읽었을지 되묻게 된다. 일기장에 수학 문제나 라틴어 연습을 적었으며 다양한 책으로부터 조숙한 내용을 인용했는데, 의사인 요한 게오르크 리터 폰 침머만Johann Georg Ritter von Zimmermann의 1784년

작《고독에 대하여 Ueber die Einsamkeit》에서 인용하고, 요한 하인리히 캄페 Johann Heinrich Campe의 1783년 작《테오프론: 미숙한 젊은 이를 위한 성숙한 충고자 Theophron oder der erfahrne Rathgeber für die unerfahrne Jugend》 같은 계몽주의의 그저 그런 교훈을 담고 있는 책들에서 인용했다. 예를 들어 캄페의 책에 대해서는 "그들은 칭찬과 비난을 독점한다 Habent enim laudique infamiaeque monopolium"라고 쓰면서, 여성이 칭찬과 비난을 독점함으로써 풍속을 정화하는 데 이바지한다고 논평했다. 헤겔은 스토아적 도덕론에 관한 에픽테토스의 안내서, 위僞롱기누스 Pseudo-Longinus의 숭고론, 소포클레스의 비극에서 나온 여러 구절을 번역해 적었다. 그 사이사이 일화를 기록했고, 자신이 발췌한 내용이나 라틴어 학습의 의의라는 문제 등에 대해서 두세 쪽짜리 논문 초안을 썼다. 개기월식에 대해 적었고, 또 다른 독서 내용들을 적었다.

어느 토요일에는 도서관에 다른 책이 없었기 때문에, 프랑스 유미주의자 샤를 바뙤 Charles Batteux를 읽었다. 하지만 헤로도토스와 리비우스 Livius도 읽었고, 요한 티모테우스 헤르메스 Johann Timotheus Hermes의 서간체 소설이자 당시 베스트셀러였던《메멜에서 작센까지 조피의 여행 Sophiens Reise von Memel nach Sachsen》을 열심히 탐독했다. 훗날 악의에 차서 헤겔을 비난하는 데 전혀 주저하지 않았던 쇼펜하우어는 그 사실을 조롱하면서, 자신은 청소년 시절에《메멜에서 작센까지 조피의 여행》보다는 호메로스를 좋아했다고 말했다. 하지만 당연히 호메로스에도 정통하여《일리아스》를 일부 번역하기도 했던 1785년경의 학생 헤겔에게 당대의 작센으로

가는 상상 속 여정이 생생하게 다가왔으리라는 점은 이해할 수 있을 것이다. 헤겔은 그때까지 슈투트가르트의 도시 경계 밖으로 나가본 적이 없어서, 작센뿐 아니라 모든 다른 지역에 대해서는 그저 책으로만 접한 것이다. 그 무렵 《메멜에서 작센까지 조피의 여행》을 읽는 것은 무엇보다 그 작가가 독자에게 불러일으키는 감정을 즐기는 것이었다. 젊은 여성의 여행에는 최악을 상정해야 하는 온갖 전망, 위험, 상황이 즐비하지 않은가? "'아가씨, 문을 열어야겠어요. 하지만 당신이 감기에 걸릴까 걱정이네요. 당신은 너무 연약하니까요. …' 여기서 그는 말을 멈추고 돌연 내게서 눈길을 다른 곳으로 돌렸다. 나 자신에 대해 갑자기 느낀 굴욕적인 수치심을 여기에서 굳이 설명하지 않겠다. 이제 나는 이제까지의 무력감을 분연히 떨치고 벌떡 일어나 내 목도리를 찾았다. 그러자 그는 그것을 나에게 내던졌다."[6] 글을 읽을 수 있던 사람들은 영화가 생기기 전부터 이렇게 영화를 본 셈인데, 헤겔도 마찬가지였다. 간단히 말해, 헤겔은 수중에 넣을 수 있는 것이라면 아주 어려운 것부터 아주 쉬운 것까지 모든 것을 읽었다. 정말 닥치는 대로 읽어 댄 것이다. 그로부터 얼마 후 노발리스Novalis는 이렇게 표현한다. "책은 역사적 실재들의 현대적 종류의 하나이지만, 가장 중요한 종류이다. 어쩌면 전통을 대체하는지도 모른다."[7]

헤겔은 이따금 일기장에 그저 "여백을 채우기 위해in fugam vacui" 몇 글자를 써넣기도 했다. 일기장에 빈 페이지가 있는 것을 원치 않았기 때문이다.[8] 한 가지 주제에 대해서 며칠 이상 매달리지도 않았다. 기본적으로 그가 사유에서 추구한 것은 균형이었다. 그는 감성적인 것이 그 자체로 악한 것은 아니라고 썼다. 선과 악은 인간 안에서 공존하며, 모든 나쁜 것에도 좋은 것이 있기 마련이다. 미덕을 찬양한다고 해서 세계를 등져서는 안 된다. 이처럼 조화롭게 저울질하는 것이야말로 그의 일기 전반에 걸쳐 나타나는 것이다. 때로는 미신을 공격했다. 가톨릭에 대해서도 그랬지만, 이 경우는 바로 생각을 바꾼다. 자신이 들은 어느 가톨릭 설교에서 종교적 논쟁을 포기한 것에 대해 찬사를 보내는 것이다.

최초의 헤겔 전기를 쓴 카를 로젠크란츠Karl Rosenkranz에 따르면, 헤겔은 모제스 멘델스존Moses Mendelssohn과 요한 크리스토프 고트셰트Johann Christoph Gottsched부터 루소와 크리스토프 마르틴 빌란트Christoph Martin Wieland를 거쳐 레싱과 애덤 퍼거슨Adam Ferguson에 이르는 계몽주의 지식인들의 당시 저작으로부터 광범위한 글을 발췌해서 썼다. 그러나 안타깝게도 지금은 보존되어 있지 않다. 그러나 적어도 1788년 쓴 네 쪽짜리 글 〈고대 시인들의 여러 특징적 차이에 대하여Über einige charakteristische Unterschiede der alten Dichter〉에서는 이런 독서의 흔적이 역력히 드러난다. 헤겔은 1770년 출간된 크리스티안 가르베Christian Garve의 《고대와 현대의 작가, 특히 시인의 작품에 나타나는 차이에 대한 고찰 Betrachtung einiger Verschiedenheiten in den Werken der ältesten und neuern Schriftsteller, besonders der Dichter》로부터 깊은 감명을 받았다. 한낱 대중 철학 혹은 귀부인 철학을 전개한 것으로 부당하게 일컬어지던 이 학자는 그 책에서 고대 작가들은 대상에 더욱 침잠하는 반면 현대 시인들은 갈채를 받으려고 대상으로부터 주의가 흩어진다고 보았다. 고대 작가는 전적으로 현재를 사는 아이와 같지만, 현대 작가는 끊임없이 자기 행위를, 그러니까 자신이 이미 했던 것과 앞으로 할 것을 반성한다는 것이다. 고대인은 자연을 통해서 배우고 감성적 지각을 이용해서 배웠지만, 현대인은 항상 책을 곁에 두고 있다. "현대인의 일과 오락은 대부분 네 벽으로 둘러싸인 방 안에서 일어난다" 가르베는 이렇게 말한다. "우리는 스스로 관찰하는 일이 거의 없다. 우리 눈앞에서나 몇 발자국 앞에서 매일 많은 일이 벌어진다. 하지만 책에서 찾아내기 전까지는 거의 알아차리지 못한다."[9] 헤겔은 자신의 경험도 그렇다는 것을 알지 않았을까?

이제 거의 열여덟 살이 된 헤겔은 "젊을 때부터 우리는 통용되는 수많은 관념의 단어나 기호를 배운다. 하지만 이런 것은 우리 머릿속에서 아무 활동도 하지 않고 사용되지도 않은 채 그저 놓여있다"라고 평한다. 우선 단어가 있고 그다음에야 그에 관해 무언가 생각하도록 허용하는 경험이 있다. 단어는 생각을 "찍어내는" 틀이고, 어떤 것을 보는 방식, 즉 경험을 "찍어내는" 틀이다.[10] 헤겔은 이런 식으로 자신을 교양하는 방식으로는 그저 수많은 생각이 병렬될 뿐이며, 이런 생각들은 하나의 체계로 결합하기는커녕 서로 만나지도 않는다고 말한다. 그래서 이것저것 읽는 우리는 어떤 한 가지를 깨닫는 동시에 다른 것도 깨닫는데, 우리는 이것들이 서로 어울리는지 곧 알지 못하며 때로는 영영 알지 못한다. 이러한 고찰이 젊은 지식인 헤겔의 상황을 얼마나 정확히 보여주고 있는지는 앞으로 명확해질 것이었다. 그는 곧 계몽주의,

그리스 철학, 기독교, 칸트가 모두 근본적으로는 비슷한 생각들을 암시한다는 것을 증명하려 애쓰게 될 것이다. 그의 생애에 있어서 훨씬 나중에 "체계"라는 개념이 중요해졌을 때, 우리는 이처럼 서로 결합하지 않는 것들이 주는 불쾌감을 서술한 청소년기 메모를 떠올릴 수 있을 것이다.

헤겔은 타고난 관념론자는 아니었다.[11] 누구도 그럴 수는 없다. 그렇기는 하지만, 그의 청소년기 글에서는 이후 저작들에 나타나는 사상적 격정은 말할 것도 없고, 기독교 해석을 담은 최초 초안들이 지닌 문학적 힘조차 발견할 수 없다. 여기에서 발견할 수 있는 것은 부지런하지만 열정적이라고 하기는 어려운 소년의, 다양한 세계관을 수용하고 병치하고 논평하는 의지이다. 훗날 뉘른베르크의 교사가 된 헤겔은 자신이 썼던 〈자기 의견에 의거한 동의 Dafürhalten aus eigener Meinung〉를 스스로 논박하는 글을 썼는데, 그 자신의 발전과정이 이 글의 증거가 될 수도 있을 것이다. 여기에서 말하는 것은 독창적 오류가 독서를 통해 생기는 오류보다 그다지 나을 것이 없다는 것이고, 스스로 생각하는 것도 어떤 주제를 먼저 이해하고 계속 확고히 유지되려면 어떤 양분, 대상, 전제가 필요하다는 것이다. 자아는 자아로부터 모든 것을 끌어내지 않는다. 우선 읽고, 그다음 생각하고, 그다음에 쓴다.

집에서는 "빌헬름"이라고 불리던 게오르크 빌헬름 프리드리히 헤겔은 1770년 8월 27일 슈투트가르트에서 뷔르템베르크의 개신교 유지 가문에서 태어났다. 여기서 유지란 성직자, 변호사, 교사,

행정가를 가리킨다. 당대에는 이들을 "명망가Ehrbarkeit"라고 불렀다. 물론 이 가문은 직계로는 오래전부터 성직자들과 관계가 있었지만, 외가에는 성직자가 전혀 없었다. 그래서 헤겔 주변에는 개신교 목사 가문들이 늘 있었지만, 헤겔은 대학 친구인 횔덜린이나 셸링과는 달리 말 그대로 개신교 목사 가문에서 성장하지는 않았다. "그래도 구스타프 슈바프Gustav Schwab의 전언에 따르면, 프리드리히 실러Friedrich Schiller에게 세례를 내린 목사의 성은 헤겔이었다."¹²

조상 중 여럿이 "토지 등기관"이라는 관직에 임명되었는데, 예를 들어 외증조부가 그랬다. 그러나 [토지Landschaft라는 말에도 불구하고] 그 업무는 숲이나 도로와 무관한 것이었는데, 당시에 통용되던 말에 따르면 "토지[계층]"는 "영주Herrschaft"와는 달리 이른바 관할 행정도시의 시민을 대표했다. "본국의 후작"(횔덜린)으로 불린 슈투트가르트는 영주의 소재지이면서 이러한 신분 대표의 소재지였다. 다른 가족 구성원들은 헤겔이 태어나기 9년 전에 돌아가신 할아버지처럼, 정부 서기관이나 군수였다. 당시 성인들은 대부분 60세를 훌쩍 넘겨 살지는 못했다. 반면에 헤겔의 아버지 게오르크 루트비히 헤겔Georg Ludwig Hegel은 고향 튀빙겐에서 법학 공부를 하고 66세까지 살았다. 그는 재무국 서기관이었으며 나중에는 재무국의 파견고문관이 되었다. 그러니까 그는 영주의 수입("재무")을 관리했다. 오늘날로 치면 슈투트가르트 재무부에서 일했다고 말할 수 있을지도 모른다. 헤겔의 여섯 형제 중 셋만 살아남아 유년기를 넘겼다. 장남 헤겔, 1812년 장교로서 나폴레옹의 러시아 원정에 참가했다가 생환하지 못한 남동생 게오르크 헤겔Georg Hegel, 그리고 뒤에 등장할 여동생 크리스티아네였다.

그러니까 헤겔은 중급 관리들의 가족에 속해 있었다. 그러면 그 관리들은 누구를 위해 일했던가? 1744년부터 뷔르템베르크는 카를 오이겐Karl Eugen 공작이 통치했다. 그는 열여섯 살이 되어 국사를 맡기 전에는 개신교 후견인들에 의해 프로이센 국왕 프리드리히 2세의 궁정에서 보내져서 교육을 받았다. 가톨릭교도인 이 어린 왕자가 합스부르크 왕가의 영향을 받지 않도록 하기 위한 것이다. 그러나 이 조치는 처음에는 그리 도움이 되지 않았다. 후기 바로크 풍의 취임식을 한 이 공작은 품위 있는 건축물로 세련되게 스스로를 연출하는 일, 때때로 내리 14일간 지속되는 사냥과 잔치를 여는 일, 음악을 육성하고 여배우들에게 애정을 쏟는 일에 특히 관심이 있던 것이다. 헤겔이 태어나기 불과 2년 전 인근 루트비히스부르크에 있던 레지덴츠 궁전에서는 궁정악장 니콜로 욤멜리Niccolò Jommelli의 오페라 〈페톤테Fetonte〉가 상연되었는데, 군인 340명을 포함한 400여 명의 단역이 출연했으며, 군인들 중 86명은 말을 타고 있었다.[13] 공작의 부인 엘리자베트 프리데리케 조피Elisabeth Friederike Sophie는 남편이 정부情婦를 두는 것을 견디지 못하고 1756년 친정인 바이로이트 가문의 품으로 도피했다. 공작은 통치 기간 중에 새로운 궁전을 네 개나 축조했는데, 그중에는 몬레포스 궁전과 졸리투데 궁전, 그리고 슈투트가르트의 노이에슐로스 궁전이 있다. 특히 노이에슐로스 궁전은 도시 주민들을 위협하여 짜낸 돈으로 지은 것이다. 이 궁전을 짓지 않으면 신하들을 포함해 궁정 전체를, 당시 사람들이 "룸펜부르크[누더기 성]"라고도 부르던 루트비히스부르크로 이전하겠다고 위협한 것이다. 그가 한 일은 또 무엇이 있을까? 헤겔이 태어날 무렵 인구 1만 5천 명의 이 "임시 수도"는 이미 6년 전부터 더는 수도가 아니었다. 그리고 헤겔이 취학할 무렵 다시 수도가 되었다.[14]

이렇게 변덕스러운 통치 방식과 생활 방식의 중심을 이룬 것은 공명심이었다. 그로 인해 지출이 상당했는데, 1756년부터는 뷔르템베르크 공국의 7년 전쟁 참전 비용이 더해진다. "토지계층"은 조세를 통해 전쟁 자금을 조달하는 것을 반대했다. 이 사실은 중요했다. 기사, 교회 대표, 그리고 "토지계층"으로 구성된 영방 의회Landtag〔옮긴이 주: 뷔르템베르크 공국과 같이 영주가 다스리는 영방領邦에서 열린 의회〕의 각 신분 대표들은 200년도 전에 이미 조세 승인권을 보장받았기 때문이다. 그래서 군대를 동원하여 세금을 징수하려는 공작의 시도를 시장들이 저지한 것이다. 또한 공작이 (궁정 재정 마련과 이에 상응하는 선금 지급을 위하여) 전쟁이 발발하는 경우 군인 6천 명을 프랑스에 "빌려주기로" 약속한 것은 뷔르템베르크 헌법에 위배되는 것으로서, 시민과 군주의 갈등을 더욱 심화시켰다. 공작은 자금 마련을 위해 1764년 소집한 영방 의회에서도 여러 신분의 대표들이 여기 동의하지 않자 곧 다시 의회를 해산시켜 버렸다.

그러니까 헤겔의 가족은 공국을 위해 일하는 시민계층에 속했고, 그런 점에서 결코 "공화주의적" 생각을 품고 있지 않았다. 그러나 시민의 전통적 권리를 유지하고 공작이 저지른 여러 헌법 위반을 회복할 것을 주장했다. 관료는 지배자를 섬겨야 한다. 그러나 다만 법률이 정한 결정권의 범위 내에서만 그렇다. 뷔르템베르크 행정도시들의 해석에 따르면, 유흥 자금을 마련하기 위해 금고를 약탈하는 것은 이러한 범위에 포함되지 않았다.

뷔르템베르크는 독일 민족의 신성로마제국에 속했는데, 빈 소재 제국추밀원에서는 1770년 이른바 계승협약Erbvergleich이 있었다. 이 추밀원 회의를 요청한 여러 신분의 권리를 황제가 승인한 것이다. 이에 따르면 국가를 대표하는 기관은 영방 의회라는 것이다. 공작은 통치 방식을 바꾸고 지나친 지출을 삼가야 했다. 그는 그렇게 했다. 이 평결이 있은 지 8년이 지난 뒤 공작은 영방의 모든 연단에서 참회 성명을 낭독하게 했다. 이 성명에서 그는 자신의 관료들에게도 호소하면서, 정치 개혁을 맹세하고 잘 보살피는 국부의 역할에 헌신할 것을 맹세했다. 사치도 줄이고, 야망을 덜겠으며, 군비를 축소하겠다고 했다.

그 대신 늘리고자 한 것은 무엇인가? 교양이다. 실로 역사의 묘미가 아닐 수 없다. 뷔르템베르크에서 후기 바로크적인 절대주의가 "계몽적인"(보다 절제력 있고 분별력 있는) 절대주의로 탈바꿈하는 일이 장차 철학적 교양 이념을 대표할 인물들이 태어난 바로 그 시점에 일어난 것이다. 이미 1770년 봄, 공작은 졸리투데 궁전에 "군인 고아원"을 설립했다. 1년 후에는 "군사양성소"로 개명하고, 또 2년 후에는 "군사대학"으로 불리다가 마침내 슈투트가르트로 이전하면서 예의 "카를슐레"가 되었다. 이 학교 학생 중 가장 유명한 사람은 실러이다. 그보다 앞서 1765년에는 글을 읽을 줄 아는 모든 사람을 위해 공국 도서관을 개방했는데, 헤겔이 남긴 기록에 따르면 "수요일과 토요일 2시부터 5시까지"[15]였다.

학교 교육에 대한 공작의 관심은 헤겔이 다닌 김나지움에도 긴장을 불러일으켰다. 교사들은 공작이 임명했지만, 감독권은 개신교 교회가 쥐고 있었다. 그래서 공작은 많은 교사를 임명할 때 교회의 저항에 부딪혔다. 그뿐 아니라 당대에 독일에서 논쟁의 대상이던 고등교육의 의미를 둘러싼 다양한 견해가 학교에서도 만발했다. 그러한 영향 아래에서 일루스트레 김나지움은 일차적으로 튀빙겐 대학의 신학 공부를 준비하는 시설에서 일반교양을 가르치는 고등 교육기관으로 점차 변화한다. 그래서 수학, 물리, 지리 같은 과목에 좀 더 비중을 두게 되었다. 그때까지는 학교에 물리 실험을 할 수 있는 도구조차 없던 것이다. 다른 한편으로 고전 텍스트는 이제 단지 그 언어가 기독교 전통에 중요하기 때문만이 아니라, 고대를 알기 위해, 즉 그 글의 내용 자체를 위해 배우게 되었다.

그러나 이 문제에 대한 교원들의 의견은 일치하지 않았다. 경건주의 교육방식의 폭력적이고 위선적인 신앙을 고통스럽게 경험한 어떤 교수들은 종교 문제를 다루는 데 비판적 이성을 절대적으로 우선시했다. 또 다른 교수들은 이른바 신인문주의 사상을 바탕으로 역사적 세계와 자연과학에 마음을 열었다. 따라서 알력은 주로 교조주의와 계몽주의가 아니라 비역사적 사고와 역사적 사고 사이에 일어났다. 헤겔의 일기에는 이 점을 생생하게 보여주는 일화가 적혀 있는데, 그것은 사형선고를 받은 소크라테스에 관한 것이다. 플라톤의 《소크라테스의 변론》에 따르면, 소크라테스는 최후의 순간에 의술의 신인 아스클레피오스에게 자신의 비용으로 수탉 한 마리를 제물로 바쳐 달라고 했다. 헤겔의 교사이던 필리프 아우구스트 오프터딩어Philip August Offterdinger의 합리주의적 설명에 따르면, 그리스 계몽주의의 화신인 소크라테스는 그를 죽음에 이르게 하는 독이 이미 효과를 나타냈기 때문에 너무도 비이성적이고 미신적으로 행동한 것이다. 헤겔은 이 견해에 반대한다. "그런 이유 외에도 내 생각에는, 이런 일을 관습으로 생각한 소크라테스가 이 소소한 공물을 바치지 않음으로써 민중의 마음을 상하게 하지 않으려 한 것이다."[16] 그래서 그가 보기에 소크라테스의 행동은 아마 객관적으로는 비이성적이지만 사회적으로는 이성적이었다. 미신이라 불리기도 하는 신앙은 그렇게 본다면 하느님의 사랑에 대한 주장일 뿐 아니라 공동체의 어떤 의식儀式이기도 하다. 이성, 상식, 계몽에 대해 너무 좁은 개념을 벗어나면 이것을 깨달을 수 있다. 거의 1년쯤 후 헤겔은 요한 야코프 두쉬Johann Jakob Dusch의 《취향의 교양을 위한 서한Briefen zur Bildung des Geschmacks》에서 프랑스 극작가 장 밥티스트 라신Jean Baptiste Racine이 했다는 말을 발견했다. 계몽된 프랑스인이 친구에게 이제 촛불을 켜야 한다("우리는 아름다운 초를 빚지고 있다nous devons une belle chandelle")라고 말하는 것처럼, 소크라테스도 그리스 속담을 인용하여 "우리는 아스클레피오스에게 수탉 한 마리를

빚지고 있다"라고 말했다는 것이다.[17]

다시 말해, 헤겔은 일찌감치 당시의 지적인 긴장 상태에 주목한 것이었다. 헤겔이 가장 좋아하던 교사인 요한 야콥 뢰플러 Johann Jakob Löffler는 예를 들어 외적 학습[암기]을 등한시한다는 비난을 받았다.[18] 그러나 그의 학생 헤겔은 자신에게 개인 교습까지 해준 이 교사와의 대화를 통해, 바로 내적 학습의 가치를 인정하게 되었다. 그것은 수업 내용에 관해 토론하고, 그것을 배워야 하는 이유를 제시하는 것이다. 1785년 헤겔은 이 존경스러운 교사의 죽음을 받아들여야 했다. 15세 소년은 "그분에 대한 기억을 마음 깊이 영원히 간직할 것이다"라고 적었고, 마치 뢰플러의 묘비명을 쓰듯이 "그분은 학문의 가치를 잘 아셨고, 오만 가지 우연이 일어날 때 학문이 주는 위안을 잘 아셨다"라고 썼다.[19] 15세 소년이 위안을 주는 학문의 힘을 높이 평가하는 것은 사소한 통찰이 아니다. 당시는 헤겔이 어머니를 여의고 자신도 거의 죽을 뻔한 일을 겪은 지 겨우 2년 뒤였다. 위안을 얻고픈 욕구가 컸고 세계에 대한 사색과 지식으로 그러한 욕구를 진정시켰다는 사실은 어린 헤겔에 대해 많은 것을 알려준다.

헤겔이 가장 좋아했던 교사는 암기식 교육을 소홀히 한다는 비판을 받았는데, 이런 교육은 학생이 삶에서 올바른 길을 찾는 데 무엇이 필요한지를 확고하게 판정할 수 있는 시대에는 어울린다. 그러나 헤겔이 태어난 시기에 시작된 교육혁명 당시의 사회적 상황에서, 학교는 이제 학생들을 "가정과 신분"에 순응시키는 것이 아니라 점차 자율로 이끌어야 했다.[20] 그러니까 교육역사학자 하인리히 보세Heinrich Bosse에 따르면, 1770년경 독일에서는 사회 자체가 위기를 겪는다기보다는 전통이 위기를 겪고 있었다. 그 시기에는 한마디로 도서와 도서 비평서가 너무 많이 출판되어서, 그중에서 필독서가 무엇인지 명확하다는 환상을 고집할 수 없을 정도였다. 더 이상은 모범을 단순히 모방하는 것이 아니라 그런 모범의 권위에 대한 객관적 검증을 통해서야 규범을 얻을 수 있었다. 모든 지식이 이미 어디선가 제시되었기 때문에 박식 그 자체를 위한 박식은 더 이상 바람직해 보이지 않았다. 오히려 책에 기록된 낯선 경험을 스스로 사색한 결과와 비교하는 것이 바람직해 보인 것이다.

헤겔이 일찍부터 존경했던 루소의 책 비판("나는 책을 혐오한다! 책은 이해하지도 못하면서 말하는 것을 가르칠 뿐이다"[21])은 레싱, 헤르더, 괴테, 실러도 계승했다. 돌아보면, 이 부분에서 놀라운 점은 독서에 반대하던 이들이 역설적이게도 사실 굉장한 다독가들이었다는 사실이다. 또 놀라운 점은 이들이 이보다 큰 모순에 대해서는 무신경했다는 사실이다. 다시 말해 루소와 마찬가지로 이들은 [책을 통한] 간접 경험에 대한 이러한 비판을 책으로 출판했다는 것이다. "권위가 아니라 너희 자신의 경험을 추종하라"라는 말을 하는 자가 이런 말을 통해 권위를 주장하는 것이다. 헤겔은 전통에서 해방되기 위해 전통에 등을 돌리는 이런 태도는 취하지 않았다. 그는 스스로를 독창적인 천재라 여기지 않았다. 게다가 그는 너무도 확고한 다독가로서 어릴 때부터 셀 수 없이 많은 책을 읽었다. 오히려 그는 전통에 들어있는 것이 무엇이고, 이러한 전통의 전승 가능성이 지닌 한계가 무엇인지 이해하기 위해 노력할 것이었다. 수사적으로 현란하게 말하는 것은 그와는 동떨어진 일이었기 때문에라도, 헤겔은 책을 읽고 쓰는 데 전혀 반대하지 않았다. 그래서 그가 학교에서 가르칠 때 그에게 제기된 첫 번째 불만은 그의 논증이 아니라 강의에 대한 것이었다.

이 모든 것은 어린 헤겔이 **어떻게** 스스로를 교양했는지 보여준다. 그런데 그는 **무엇을** 생각했고, 그에게는 **무엇이** 중요했을까? 대답하기 어렵다. 그는 눈에 띄게 신앙심이 깊은 집안에서 태어나지 않았다. 그에게 열정은 낯설었고, 두근거리는 심장에 몸을 맡겨 무언가를 성취한다는 생각도 낯설었다. 몽상가가 아니었으며, 모험적이거나 실험적인 사고도 좋아하지 않았다. 그는 그리스 비극과 물리학 모두에 깊은 관심을 가졌고, 독일의 루소 전문가들이 품고 있던 얼핏 보기에 진부한 견해에도 관심을 가졌다. 그가 수긍할 수 있던 것은 모든 근본주의를 꺼리는 온건한 계몽주의의 행복론이었다. 헤겔은 1786년 일기에 "모든 인간은 행복해지고자 한다"라고 적고는 그 뒤에 다른 사람이 행복해질 수 있도록 희생하는 사람도 있다고 적었다. "그러나 내 생각에 그들은 진정한 행복을 희생한 것이 아니라 한낱 세속적 이익, 세속적 행복과 삶만 희생한 것이다."²² 순교자조차 자신의 행동을 행복 대차대조표에 기록해 넣는다는 것이다. 그는 소크라테스식 주장을 분명히 이해하고 있었다. 미덕, 즉 선한 행위는 결심이 아닌 인식에서 비롯된다는 것이다. 헤겔이 가장 많은 내용을 필사한 책은 철학자

요한 게오르크 하인리히 페더Johann Georg Heinrich Feder의 《새로운 에밀Der neue Emil》이었는데, 1785년 여기에서 다음과 같은 구절을 발췌해서 적었다. "나는 악을 원하는 본능, 즉 자신의 파멸과 다른 사람의 불이익을 원하는 본능은 어디에서도 찾아낼 수 없었다. 인간은 자신을 사랑하며, 어떤 식으로도 자신이 파멸하는 것을 원할 수 없다. 다만 인간은 과오 탓에 상처 입을 따름이다."[23]

이는 헤겔이 학창 시절 내내 좇았던 온건한 독일 계몽주의의 입장이다. 루소의 《에밀》은 사회가 온갖 악의 근원이라고 보았으나, 페더의 《새로운 에밀》은 정반대로 학생을 전승되는 도덕으로 이끌어 가고자 했다. 그러나 헤겔은 저자인 페더의 교육학적 견해보다는 도덕 심리학에 더 관심이 있었다. 저자는 〈성향, 특히 인간의 옳은 행위나 나쁜 행위를 주로 규정하는 성향의 근거에 관하여〉라는 장에서 이러한 도덕 심리학을 상술하고 있다. 여기에서는 자연으로부터는 오직 선善만이 나오고, 자기애는 다른 사람을 향한 사랑을 포함하며, 미덕에는 이점만 있다고 설명하는데, 총 74쪽인 이 장에서 헤겔이 아무것도 발췌하지 않은 부분은 8쪽에 불과했다. 헤겔은 자기 이익에 관련한 기대와 두려움에 의지하는 한 미덕은 아직 불완전하다고 발췌해 적었다. 그러나 페더가 사회와 개인 모두를 위해서 미덕이 아예 없는 것보다는 불완전한 미덕이나마 있는 것이 낫다는, 전형적으로 실용주의적인 제약을 덧붙인 지점에서 발췌를 중단한다.[24]

헤겔은 계몽주의의 효용을 중시하는 사상에 마음이 끌렸다. 이런 사상은 지성을 사회적 환경과 관계 짓기 때문이다. 모든 사유는 삶에서 증명되어야 한다. 사유가 책에만 있는 것이라면, 책 속의 삶을 살게 될 뿐이다. 아울러 그는 행위가 감성적 욕구 충족과 너무 긴밀하다면, 사상과 행위 모두 부자유하게 된다는 것을 일찌감치 이해한다. 따라서 그가 보기에, 한편으로 인간적 감성은 공상, 상상력, 감정과도 관계가 있으므로 나쁜 것이 아니다. 그러나 다른 한편으로 헤겔은 인간의 감성이 "외적 자연과 내적 자연[본성]에 의존한다면, 즉 인간을 둘러싸고 있으며 인간이 그 안에서 사는 것에 의존하고 감성적 성향이나 맹목적 본능에 의존한다면" 인간이 지닌 최상의 가능성에 지장을 줄 것이라고 썼다.[25]

비록 그 당시에는 "관념론"이나 "유물론"이라는 개념이 사용되지는 않았지만, 김나지움 학생이었던 헤겔은 이를 엄격하게 구별하기를 고수하는 철학적 이론들의 모순을 이미 예감했다. 한편으로 인간은 종교, 기후, 법률, 도덕 등 자신에게 영향을 미치는 외부의 힘에 의존한다. 다른 한편으로 인간은 자신의 힘을 모두 계발한다면 자유롭다. 그러나 이것은 구체적인 삶의 방식에 얽혀 있다는 데 토대를 두어야 이룰 수 있다. 자유는 추상적으로 대립하는 것이 아니라, 어떤 주어진 상황에서 가능성을 발휘하는 것이다. 하지만 무엇이 그런 상황에 숨은 유의미한 가능성인지 어떻게 분별할 수 있는가? 왜 소크라테스는 도망치지 않고 아테네인들의 판결에 승복한 것인가? 어째서 자신의 안녕과 모순되는 행위가 옳은 것이 될 수 있는가? 당시의 헤겔은 그와 같은 모순에서 올바른 길을 찾아내는 데 필요한 어휘를 아직은 잘 알지 못했다.

학창시절이 끝날 무렵 그는 무엇을 목표로 삼아야 할지 고민하게 되었다. 어머니는 그가 목사 교육을 받기를 원했다. 당시에는 부모의 의지를 따르는 것이 보통이었던 데다 이를 위한 교육은 그에게 온갖 상상할 수 있는 세계의 단면을 보여줄 것이었기에 어머니의 뜻을 따랐다. 그러나 목사로서 신약성서를 강론하는 것이 자기 과업이 아니라는 것은 18세의 헤겔에게 이미 분명했다. 이런 과업은 그의 관심사와도 무관했고, 그가 독서를 통해 타당하다고 생각하는 것과도 무관했다. 헤겔은 이 학창시절 이후에 이어갈 대학교육을 어떤 직업을 위한 교육이 아니라 선물 같은 시간으로 이해했던 것 같다. 이 시간 동안 그는 학창시절 동안 해왔던 모든 독서와 사고를 밑천으로 삼아 앞으로의 삶에서 무엇을 시작할지를 찾아낼 것이다. 이제 어떤 일이 일어날지 지켜보자.

여기서 첫 번째 요약을 해보자. 헤겔은 '그러기는 하지만'의 세계에서 자랐다. 그가 속한 가족은 군주정을 지지하기는 하지만 시민의 긍지로 가득하다. 사람들은 개신교 신자이기는 하지만 주권자는 가톨릭 신자이다. 그는 주권자이기는 하지만, [영방 의회의] 신분 대표들 및 이들의 헌법상 권리에 굴복한다. 그는 바로크적인 공명심을 추구하기는 하지만, 늦게나마 국가를 개혁하는 데 매우 엄밀하게 몰두하기도 한다. 계몽주의가 지배적이기는 하지만, 루터교회의 신앙도 그렇다. 사람들은 미덕이 유용하다고 생각하기는 하지만, 쾨니히스베르크에서는 이미 칸트가 이기주의는 생각이 짧은 것이라고 여겨지도록 도덕과 종교의 관계를 혁신하기 시작한다. 학교에서는 고대의 모범을 가르치기는 하지만, 기독교와 상식의 모범도 가르친다. 소크라테스이기는 하지만 예수이기도 하다. 군주국이기는 하지만 공화국이기도 하다. 전통이기는 하지만 전통에 대한 반대이기도 하다.

그러므로 이 전기의 처음부터 유보 사항이 많다. 헤겔의 학창 시절 말미에는 아직 그가 앞으로 어떤 인물이 될 것인지에 대해 아무도 말할 수 없었을 것이다. 이것은 그 시대의 교육 상황의 특징이다. 젊은이들은 이제 자신의 출신이 정해주는 지위를 가지는 것이 자명하지 않다. 헤겔은 목사가 되는 공부를 시작하기는 했으나 장차 그 일을 할 생각은 눈곱만큼도 없었다. 어떤 다른 일을 할지도 아직 몰랐다. 교양이 뜻하는 것은 무엇이 되려는가 하는 질문에 대한 대답을 오랫동안 미룰 수 있다는 것이다.

반란 중의 수도사

− 삶의 형식으로서의 튀빙겐

루이 16세: "반란인가?"
리앙크루 백작: "아닙니다, 폐하. 혁명입니다."

Kapitel 2

반란 중의 수도사

헤겔은 석사Magister가 될 것이었다. 그런데 석사란 무엇인가? 1784년《회색 괴물Das graue Ungeheur》이라는 잡지에서는 "둥글게 자른 머리에 작은 옷깃의 외투를 걸치고 시커먼 옷을 입은 인간"이라고 묘사하고 있다. 튀빙겐에 토착하는 이런 존재는 신학을 공부하여 교회 문턱까지 다다른 사람이다. 하지만 신이 인간을 빚는 데 사용한 점토인 "이아페토스의 흙"만큼 무르다. 그러기에 이 존재를 빚어서 부목사, 가정교사, 목사, 교수, 군목, 집사를 만들 수 있는 것이다. 석사는 주변에 비슷한 모양의 건물들이 오밀조밀하게 붙어 있는, 연기로 그을린 검고 낡은 건물에 살고 있다. 내면적으로 석사는 "불합리하고 무뚝뚝하기 그지없고 비꼬기 좋아하는 녀석"이다. 석사는 먹여주고 놀려주고 걸음마를 시켜줘야한다. 그리고 끝없이 시험을 치게 한다. 그러나 밖으로 나가면 이따금 붙임성 있는 사람으로 바뀔 테고, "훈육관"을 웃음거리로 삼곤 할 것이다.

자신이 출간하는 잡지에 이 글을 쓴 언론인 빌헬름 루트비히 베클린Wilhelm Ludwig Wekhrlin은 계몽주의 입장에서 격앙된 채 이처럼 인상적으로 튀빙겐 신학생을 묘사했다. 하지만 정작 이 신학교의 생활을 직접 목격한 적이 있는지는 불분명하다. 그래도 그의 묘사는 적절한 것이었다. 그 신학교에서 배우는 신학생들은 사실 끊임없는 훈육과 설교의 생활에 예속되었다. 그 어떤 세속적인 것도, 그 어떤 미적인 것도 일상에 영향을 주어서는 안 되었다. 교사들의 관념에 따르면, 학생들은 성경과 성경 주해와 고대 저작만 읽어야 한다. 그들은 이 세속에 있는 "끔찍한 성채" 한가운데에서 세속적이지 않게 살아야 한다.[1]

과거 아우구스티누스 교단의 수도원이던 이 성채는 불안을 자아내는 도시 한복판에 있었다. 베를린의 출판인이자 계몽주의의 정신을 지닌 프리드리히 니콜라이Friedrich Nicolai는 1781년에 튀빙겐에 왔을 때 이 도시가 산등성이에 있어 불편하며 거리는 몹시 울퉁불퉁하다고 묘사했다. "비탈길을 오르내려야 하며, 수많은 계단을 올라야 하는 경우가 잦다. (예를 들어 울란트Uhland 교수 자택처럼) 몇몇 집에서는 지붕 꼭대기에서 다른 길로 올라갈 수 있을 정도이다."[2] 모든 길이 무척 비좁은 데다 포장도 되어 있지 않으며, 가로등도 없고 지저분하다. 작고 때가 낀 창문이 있는 집 앞에는 거름 더미가 쌓여 있다. 니콜라이는 [뷔르템베르크의] 두 번째 수도라 자처하며 성벽 안에 고등재판소뿐 아니라 유명한 대학까지 있는 도시에 이러한 점이 어울리지 않는다고 생각했다. 그가 보기에 튀빙겐은 독일의 주요 도시 중 가장 흉한 도시이다. 그의 언급에 따르면 카셀이나 브라운슈바이크보다도 더 흉한 곳이다. 헤겔 자신도 그해에 쓴 어느 글에서 고딕 건축물들이 보여주는 "소름 끼치는 죽음의 모습"이라고 표현하였다.[3]

그 당시의 튀빙겐은 오늘날보다 작은 대학도시였다. 1788년 당시 (파리보다는 적지만) 인구가 약 60만인 뷔르템베르크 내에서 6천 140명만이 거주하는 이런 작은 대학도시는 헤겔처럼 두 배 이상 큰 슈투트가르트에서 온 이에게도 인상적이었다. 현재 인구가 600만인 뷔르템부르크 내에서 9만 명이 살고 있는 오늘날의 튀빙겐은 당시의 규모를 훨씬 뛰어넘는다. 또한, 헤겔의 대학 시절에는 학생, 교수, 직원이 전체 주민의 고작 8퍼센트였으나, 현재는 3분의 1을 차지한다. 당시 튀빙겐 시민 대다수는 농업이나 제조업에 종사하거나 관청에서 근무하고 있었다.

베클린의 묘사에 따르면, 학생들의 이미지는 개신교 수도사이다.[4] 그들 스스로도 그렇게 보았기에, 튀빙겐 대학을 떠나면서 "수도원 생활의 마지막 날"이라고 적기도 했다.[5] 더욱이 1704년에도 부과된 수도복 착용 의무는 1752년부터 "단정하게" 통일된 복장을 유지하라는 지시로 대체되었지만, 신학교 구성원들은 공작의 명령을 따라 변함없이 모두 같은 머리 모양을 하고 있었다. 아울러 술집 출입이 금지되었고, 여성과의 교제는 말할 것도 없었다. 그밖에도 흡연, 승마, 썰매, 춤, 그리고 사육제 참석 역시 금지되었다.[6] 헤겔은 평생 수도사를 좋아하지 않았고, 수도사에게 기대되는 것, 즉 경건한 삶을 살아야 하는 것이 마음에 들지 않았다. 사실 파계한 수도사[루터]가 촉발한 개신교의 핵심 중 하나는 경신敬神과 경건은 성직자에게 위임할 수 없다는 것이다. 개신교 세계에는 성직자가 있어서는 안 된다. 그렇지만 이는 만인이 어느 정도 성직자를 닮아야 한다는 가능성을 열어두는 것이었다.

그러나 튀빙겐 대학 신학부이자 튀빙겐 대학의 핵심인 이 신학교에서 중요한 문제는 모든 사람이 매일 자성自省하는 것이 아니라, 장차 교회의 직책을 맡을 이들이 지속적으로 시험을 치르게 하는 것, 즉 그들이 공부하는 학과, 믿음, 규율에 관련해 시험을 치르게 하는 것이었다. 뷔르템베르크에 대해 "중국 외 어느 나라에서도 이보다 자주 시험을 보고 등수를 매기지는 않는다"라는 말도 있었다.[7] 신학교를 졸업한 후 셸링은 신학교 학생들이 부딪친 "도덕적 압제"에 대해 토로한 바 있다. 여기에는 성경과 정통 신학으로 무장한 영주국의 권력이 개입했을 것이다. 헤겔은 수도 출신일 뿐 아니라, 이미 계몽주의의 교육적 세례를 받은 김나지움 출신이었기에, 다른 동기들보다 이런 느낌을 훨씬 강하게 받게 될 것이다. 튀빙겐에서는 계몽주의의 영향력이 매우 제한적이었다. 그 신학교에서 가장 저명한 신학자 고틀로프 크리스티안 슈토어Gottlob Christian Storr는 기독교 교리의 의미를 신약의 어의語義와 분리해서 "이성적으로" 해석하려는 모든 시도를 정면으로 반박하는 강의를 진행한다.[8] 성경 구절을 사리 판단이라는 척도로 검증하는 것(가령, 그리스도의 기적을 믿어야 하는가? 그리스도가 5

천 명을 먹이기만 한 것인가, 아니면 배도 부르게 한 것인가? 어떻게 하나님은 그리스도를 희생함으로써 나머지 사람들의 죄를 사하여 주셨는가?)은 허용되지 않는다. 그러한 검증은 곧 교회 권위를 깎아내릴 뿐 아니라 정부 권위도 깎아내리는 것이다. 종교는 훈련하고 암기하여 아는 것이다. 종교는 철두철미 숙고할 것이 아니라, 참된 교리들의 잘 짜인 체계로서 이해할 것이었다. 횔덜린은 슈투트가르트에서 온 신입생 헤겔과 야콥 프리드리히 메르클린Jakob Friedrich Märklin에 밀려서 1789년에 등수가 6등에서 8등으로 떨어진 후 어머니에게 이렇게 투덜거린다. "그렇게 꼼꼼하게 공부를 쉬지 않고 계속할 수 있는 사람들은 얼마나 좋을까요!"[9] 학생들은 제대로 공부하기를 꿈꾸던 것이다.

헤겔은 1788년 10월에 튀빙겐에 도착하여 18세의 "신학생"이 되었다. 슈바벤의 수도원 관리인의 아들로 태어나 홀어머니 슬하에서 자란 횔덜린은 헤겔과 동갑이었다. 그들보다 5살 연하인 셸링은 특히 고전어에 비범한 재능을 지녀 아직 거의 어린이나 다름없는 나이임에도 특별 입학이 허락되었다. 횔덜린이 이미 시를 쓰고 셸링이 동양 문학 연구에 빠져든 데 반해 헤겔은 상당한 지식을 온축한다. 그러나 그 지식으로 무엇을 하게 될지는 그 자신도 불확실했다. 그는 셸링처럼 걸출한 인물도 아니었고 횔덜린처럼 관능적이고 열정적인 인물도 아니었다. 신학교에서 헤겔은 "노인네"라고 불렸다. 하지만 대부분의 신학생과 달리 수도원 학교를 졸업하고 튀빙겐에 온 것이 아니었다. 그래서 히브리어 실력은 뒤처져 있었지만, 장점도 있었다. 계몽주의 철학을 잘 알고 있었고, 폭넓은 독서를 했으며, 자연과학에 정통했고, 정치적 사고가 주는 자극을 이미 받아들였다. 앞서 언급한 바와 같이, 그는 목사가 되어야 했다. 그것이 신학교 교육의 목적이었기 때문이다. 그러나 횔덜린이나 셸링과 마찬가지로 목사가 되기를 원치 않았다. 그리고 슈투트가르트에서 친절하게 대해 준 교사들 같은 이는 튀빙겐에는 없었다. 헤겔은 1804년 일자리를 구하기 위해 예나 대학에 이력서를 제출하면서 튀빙겐 시절에 관해 썼다. 그에 따르면 헤겔은 2년간 "슈누러Schnurrer 선생님에게서" 문헌학, 즉 고전어를 공부하고, "플라트Flatt 선생님과 뵈크Bök 선생님에게서는" 철학과 수학을 공부한 후 1790년 9월에 철학 석사가 되었다. 그 후 3년 동안 "레브레트Lebret 선생님, 울란트 선생님, 슈토어 선생님, 플라트 선생님에게서" 신학을 공부했다. 1793년 가을에 슈투트가르트의 종교국에서 실시한 성직자 자격시험에 합격했다.[10]

그보다 앞서, 퍽 쇠락한 옛 아우구스티누스 수도원에서 보낸 대학 생활은 꽤 기이했다.[11] 외적으로 볼 때 생활은 이렇게 이루어졌다. 학생들은 잠도 자고 공부도 하는 방에서 생활했다. 방들이 붙어 있는 통로는 "구역"이라고 불렀는데, 횔덜린, 헤겔, 셸링은 처음에는 다른 동기 몇 명과 함께 3층의 "사냥꾼 구역"에서 함께 지냈고, 나중에 헤겔은 "쥐 구역"에서도 생활을 했다. 방은 좁았다. 얼마나 좁았는가 하면, 옆 사람이 내용을 모르도록 편지를 쓰는 것도 불가능하다고 1789년 5월 검열에서 확인했을 정도였다.[12] 여름에는 아무리 늦어도 5시에 일어나야 한다. 횔덜린은

1793년 친구 크리스티안 루트비히 노이퍼Christian Ludwig Neuffer에게 보낸 편지에서 심지어 정각 4시에 일어난다고 적었다.[13] 겨울에는 7시 30분에 일어나야 했다. 제시간에 아침 식사를 하지 않으면 점심 식사에 포도주를 받을 수 없었기 때문이다. 먼저 단체기도 시간이 있고, 그다음에는 숙소에서 그리스어 신약성서의 한 구절을 낭독하고 해설한다. 뒤이어 아침 식사를 한다. 그리고 출석 점검을 하는 강의들이 이어진다. 점심은 11시에 먹는다. 고기 수프, 채소, 소고기, 그 지방 포도주를 먹고 마시는데, 그 전에 설교를 듣고 가끔은 합창도 한다. 신학생들은 정오부터 오후 2시까지만, 슈누러가 감독할 때는 오후 3시까지만 외출이 허가되었다. 그렇게 하지 않으면 신학생들이 오가면서 도시 명망가들의 오후의 평화를 방해할 것이기 때문이다. 그러고 나서 학생들은 각자 자습을 한다. 아니면, 다른 "강의", 즉 보충 교사의 복습 지도에 간다. 또는 부수입을 올리기 위해 시내에서 개인 교습을 하기도 한다.

그저 어슬렁거리며 돌아다녀도 조교가 신고한다. 조교는 튀빙겐의 수공업자나 농민의 아들로 한편으로는 이 장학생들에게 봉사하지만, 다른 한편으로는 질서를 유지하고 위반 사실을 신고하도록 신학교에서 고용한 이들이었다. 그러므로 신학생들은 그들에 대해 악담을 했고, 조교들도 신학생들에 대해 악담을 했다. 다툼, 앙갚음, 고자질은 어쩔 수 없이 생겨났다. 그럼에도 불구하고 수많은 금령은 잘 지켜지지 않았다. 튀빙겐의 술집은 담배를 피워대는 신학생들로 꽉 찼다. 그래서 석사의 영혼은 끔찍한 성채의 성벽 밖에서야 활기를 띤다는 말도 있었다. 그럴 때 그들은 석필 가루를 털어낸다. "그다음 그들은 몸단장하고 화장한다. 이런 음침한 괴물들은 바람둥이이자 부랑자로 둔갑한다."[14] 여하간 6시에는 저녁 식사를 해야 하고, 그 후 대문이 닫히기 전에 9시에서 10시 사이에 한 번 더 외출할 수 있었다. 종을 울려서 대문이 닫히는 것을 알리고, 보충 교사는 학생들의 복귀 시간을 정확히 기록한다. 누구든지 늦게 "들어오면, 다음 날 '외박자'로 소환되어 때로는 '학생 감옥'에 구금되는 처벌을 받았다."[15]

그러니까 그곳은 수도원이자, 밤 10시까지는 가석방이 가능한 학생 감옥이자, 기숙사였다. 횔덜린은 "장학금을 받으려고 얼마나 압박을 받는지 형언하기 힘들 정도"라고 불평한다.[16] 이 일종의 수감자들은 대학생 특유의 애매한 상황, 즉 엘리트 집단의 일원이지만 아직 발언권은 없는 상황에 처해 있었다. 거의 모든 학생은 "명망가" 가문의 아들이었다. 또 많은 학생이 서로 친척 관계였으며, 역시 많은 학생이 이미 튀빙겐 대학을 다닌 가족이 있었다. 그들의 고뇌는 혹독한 체제 때문만은 아니었다. 목사 지원자가 넘쳐났고, 따라서 후견 받는 지성, 복종에의 의지, 일자리는 서로 삐걱거렸다. 헤겔이 신학교에 입학할 당시에는 튀빙겐 대학의 쇠락에 관한 이야기가 많이 돌았다. 튀빙겐 대학은 슈투트가르트의 카를슐레와 경쟁을 해왔다. 그리고 1614년 이래로 학생이 가장 적어졌다. 이것은 도시의 부富에도 영향을 미쳤는데, 교수의 수입과 지출이 학생들의 수강료에 의존했기 때문이다.[17] 학생은 적었지만, 그래도 너무 많다고도 할 수 있었다. 그들은 재능이 뛰어났고 문자의 세계에서는 엄청나게 해박했지만, 이것을 어디에 써먹을 수 있을지 불확실했다. 사고하는 방법을 배웠으나 그들에게 기대되는 것은 순응이었다.

이러한 상황에서 학생들에 대한 불평, "이곳 장학생 대부분의 불손한 행실과 나태함"에 대한 불평이 늘어난 것은 의외가 아니다.[18] 예를 들어 횔덜린의 품행 점수는 1788년부터 계속해서 나빠지고 있었다.[19] 튀빙겐 시市연보는 빚을 갚지 않은 학생들, 학생과 직인職人의 다툼, 명예훼손, 도수 높은 술을 마신 채 벌인 모욕이나 싸움질에 대한 기록으로 가득했다. 헤겔의 선배이자 수석을 차지하던 크리스티안 필리프 프리드리히 로이트바인Christian Philipp Friedrich Leutwein은 1789년 늦여름에는 품행 불량으로 열네 차례나 징계를 받았다.[20]

이따금 (성聖마르틴 축제 음식인 거위를 훔치는 행위 같은[21]) 학생들의 거친 장난은 보충 교사를 겨냥하기도 했다. 그러나 보충 교사가 낡은 체제를 대표하는 것은 그들의 수도복뿐이었다. 그들은 자신과 거의 동갑인 학생들과 종종 정신적 유대를 형성하고 믿음직한 친구가 되었다. 튀빙겐 대학에서 이런 막돼먹은 행동은 재능이 탁월한 이 학생들이 받는 부담을 어느 정도 완화하는 효과를 지녔다. 신학생들은 그저 특권을 지닌 시민계급 출신이 아니라, 늘 훈육 받는 존재였기 때문이다. 횔덜린은 "소녀 감독자", 즉 여학교 교사의 머리에서 모자를 벗겨버렸다. 왜 그랬을까? 그 자가 몇 번이나 인사를 하지 않았다는 것이다. 여기에는 지위의 애매함이 있었다. 횔덜린이 보기에 자신은 장래에 우월한 자, 아니 영웅이 될 사람이었다. 그 당시 그가 지은 시들만 읽어보아도 알 수 있다.[22] 그렇지만 그 교사가 보기에 자신은 이미 직업이 있는 사람이고 (요새 하는 말로는 자기가 낸 세금으로 먹고사는) 대학생에게 굽신거릴 이유가 없었다. 심지어 조심스러운 헤겔도 도시의 젊은이들에게 "무례한 말투"를 쓴다는 험담을 들었다. 그리고 1791년에는 무단결석으로 학생 감옥에 갇히는 처분을 받기도 했다.[23] 그런 태도 때문에 1789년 겨울에 이미 동기생 중 등수가 하나 밀려났다. 하지만 이에 대한 헤겔의 반응은 학과 시간표에 더욱 흥미를 잃은 것이다. 그래서 1791년과 1792년 사이에는 신학보다 식물학에 더 흥미를 느끼게 되었다.[24]

게다가 대학 당국이 "소요"라고 부르는 사건이 일어났다. 헤겔이 튀빙겐에 온 지 8개월밖에 되지 않은 1789년 7월 프랑스혁명이 터진 것이다. 혁명은 학생들 사이에서 단연 화제의 중심이었다. 그것이 세계사적 사건임을 모두가 금방 깨닫게 되었다. 학생들에게 결정적으로 중요한 것은 혁명이 이념의 결과로 일어난 것이자 이념의 힘을 입증한다는 점이었다. 혁명은 프랑스 경제의 위기 때문에 일어난 것이 아니었기 때문이다. 가난한 사람들은 어차피 오래전부터 가난하다. 부유한 부르주아는 혁명을 꿈꾸지 않는다. 물론 왕실은 재정난에 빠져 있었으나, 이런 극적인 사건이 일어난 이유를 충분히 설명하지는 못한다.[25]

헤겔의 대학 시절과 거의 정확히 맞물리는 1789년과 1793년 사이에 헤겔이 전해 들은 것은 법률, 종교, 정치 영역에서 당시까지 유효하던 모든 사회적 관습이 완전히 부정된 일이다. 인권선언을 선포하고 노예를 해방하고 개신교인과 유대교인이 평등해졌다. 이혼을 허용하고 계층 질서를 무너뜨렸으며 언론의 자유마저 시험해 보았다. 이에 대한 당대의 해석 중 가장 유력한 해석은 이 모든 것을 야기한 것은 "철학", 그것도 계몽주의 철학이었다는 것이다. 그렇다면 예를 들어 피에르 벨Pierre Bayle, 루소, 클로드 아드리앵 엘베시우스Claude Adrien Helvétius, 드니 디드로Denis Diderot, 돌바크d'Holbach 남작, 기욤 토마 프랑수아 레날Guillaume Thomas François Raynal 같은 철학자는 어떤 방법으로 혁명에 성공한 것일까? 가톨릭의 권위 박탈을 통해, 그리고 국가, 도덕, 법률의 토대는 전통이 아닌 이성이어야 한다는 주장을 통해서이다.[26] 장래 신학자가 될 사람들, 그러나 극히 불만스러운 사람들 몇몇이 칸트와 루소, 그리고 파리의 신문들을 읽었던 [튀빙겐의] 개신교 수도원에서 이것은 대체 어떤 사상이었던가? 더구나 학생들이 프랑스 계몽주의의 이념보다 훨씬 근본적이고 오묘해 보이는 사상들을 가지게 된다고 자처하던 곳에서 이것은 대체 얼마나 매혹적인 사상이었던가? 그것이 어떤 사상들이었는지는 다음 장에서 살펴볼 것이다.

공작은 1789년부터 과거의 행동 수칙에서 벗어나려는 모든 움직임에서 프랑스혁명의 정신을 감지하고 있었다. 흡연조차 반항의 징후로 여겼고, 나중에는 장발도 그랬다. 청년들의 개성을 존중하자는 신학교 당국의 제안은 거부됐다. "감독관"으로 불리는 신학교 교장직을 맡고 있던 슈누러는 1792년 "우리 젊은이들은 대부분 자유라는 속임수에 전염되었는데, 그 중요한 원인은 새로운 관행을", 그러니까 보다 자유로운 규칙을 "도입하기를 너무 오래 망설인 것이다"[27]라고 한탄한다. 1793년 8월 공작은 신학교 당국에 서신을 보낸다. "짐은 공작 직속 신학교의 분위기가 지극히 민주적이라는 것을 신뢰할 만한 경로를 통해 알게 되었다. 특히 프랑스의 무정부 상태와 국왕 시해를 거리낌 없이 옹호한다고 한다. 경들은 이 사안을 진지하고 신속하게 조사해야 한다. 조사 내용은 짐의 공작 직속 종교국에 삼가 보고해야 한다."[28] 보충 교사들을 대상으로 의견을 들었으나, 이들은 아는 바가 전혀 없었다. 감독관 슈누러는 신학교에 대한 온갖 주장에 불만을 터뜨리고 사임하겠다고 으름장을 놓았다. 그리고 그 후로 공작은 보충 교사들도 불신하게 되었다. 그렇지만 헤겔이 신학교를 이미 떠난 후인 1793년 12월 어느 보충 교사는 그가 있는 자리에서 [프랑스 혁명 가요인] 〈사 이라Ça ira〉가 합창되었다고 보고한다.[29]

헤겔의 동급생들은 수석인 카를 크리스토프 렌츠Karl Christoph Renz의 이름을 따서 "렌츠 학년"으로 불렸는데, 이들 중 상당수가 프랑스혁명에 열광했다. 그들은 "바보회"라는 정치 "동아리"를 결성했다. 그 동아리에서는 담배를 피우며 자유로운 대화를 즐겼고 풍자시를 낭독했으며 《모니퇴르Moniteur》나 《미네르바Minerva》 잡지에 실린 뉴스에 대해 토론했다. 특히 《미네르바》는 파리에 거주하는 퇴역 프로이센 장교 요한 빌헬름 아르헨홀츠Johann Wilhelm Archenholz가 1792년까지 혁명 상황에 대한 정보를 전달하는 창구였다(그 후에는 단두대 참수형을 피해 프랑스를 떠났다). 나중에는 슈투트가르트에도 그러한 토론 모임이 만들어졌는데, 헤겔도 그 모임에 가담했다. 튀빙겐에서 어떤 신학생이 혁명가 〈라마르세예즈La Marseillaise〉를 번역했다는 것을 듣고 서둘러 튀빙겐으로 간 공작은 이 일에는 전혀 관련이 없는 셸링에게 그가 이 노래를 번역했는지 질문했다. 이 일화에 따르면, 이 젊은 철학자는 야고보서 3장 2절을 인용하여 "전하, 우리는 많은 실수를 저지릅니다"라고 재치있으면서도 경건한 채 대답했다. 횔덜린은 1791년 말 지은 시 〈인류에 대한 찬가Hymne an die Menschheit〉에 장 자크 루소의 표어를 적었다. "도덕적 사안에서 가능성의 한계는 우리 생각만큼 협소하지 않다. 소인은 위대한 사람을 믿지 않는다. 비천한 노예는 자유라는 말을 들으면 조롱하는 표정을 짓는다."[30] 기념첩에는 서로 "자유 만세!", "장 자크 만세!", "폭정에 맞서자!", "평등"이라고 써넣었다. 또는 "천사들에게 정부가 있다면, 민주적 통치를 할 것"[31]이라는 대담한 주장을 써넣기도 했다. 특히 당시 뷔르템베르크에 속해 있던, 알자스 지역의 뮌펠가르트(몽벨리아르) 인근 출신 학생들은 파리와 연관되어 있다는 사실을 으스댔다. 1792년 프랑스혁명 지도자 생쥐스트Saint-Just는 튀빙겐 학생들에게 체 게바라 같은 존재였다.

하지만 파리는 [체 게바라가 활동한] 볼리비아의 산속에 있는 도시가 아니었다. 파리에서는 실제로 혁명이 일어나고 있었다. 1791년에 프로이센과 오스트리아, 그리고 프랑스 반혁명 망명 지도자 샤를 페르디낭 다르투아Charles-Ferdinand d'Artois는 힘을 합쳐 하나님이 원하시는 군주제를 지켜 내기로 뜻을 모았다. 1792년

4월 프랑스는 오스트리아에 선전포고했다. 비가 내리던 발미에서의 포격전 이후 반프랑스 연합의 프로이센과 오스트리아 군대가 퇴각했다. 그 자체는 그리 중요하지 않은 이 포격전 이후 괴테는 세계사의 새로운 시대가 시작되었다는 유명한 말을 남겼다. 곧바로 파리에서는 공화국을 선포한다.

튀빙겐에서 엄격한 교회 체제가 대학에 가한 억압은 이웃 국가 프랑스의 정치혁명과 결부되었다. 헤겔은 대학 졸업 2년 후 보다 광범위하게 표현했다. "종교와 정치는 **결탁했네.** 종교는 압제가 원하는 것, 즉 인간에 대한 경멸을 교시하는 것이지."[32] 그러니까 학생들은 자신이 공부하고 있는, 부자유와 불합리에 이바지하는 신학에 저항한 셈이다. 헤겔이 이미 대학 시절에 종교의 전통적 역할에 관해 쓰기 시작하고, 계몽된 인간을 위한 민중종교에 관해 쓰기 시작한 것은 이런 맥락에서 이해해야 한다. 그는 어느 동기생보다도 이런 정치적이고 신학적인 문제에 몰두했으며, 기본적으로 평생 이 문제와 씨름했다. 그는 훗날 이렇게 회고한다. "태양이 뜨고 행성들이 그 주위를 도는 동안, 이처럼 인간이 물구나무서고[머리 위에 서고], 즉 사상 위에 서고, 여기에 따라서 현실이 구성된 일은 일찍이 없었다. [⋯] 그것은 장엄한 일출이었다. 모든 생각하는 존재는 다 같이 그 시대를 축하했다. 그시절에는 숭고한 감동에 사로잡혔고, 정신적 열광이 세계를 엄습했다. 마치 처음으로 신과 세계가 진정으로 화해하는 것처럼."[33]

파리에서 처음 소식이 밀려오던 바로 그 무렵(예전에는 우편물 송달에 시간이 걸렸다), 1789년 9월 초 튀빙겐에서는 뇌졸중 때문에 더 이상 강의를 진행할 수 없던 철학 교수 고트프리트 플루케트Gottfried Ploucquet의 집 돼지우리에서 화재가 발생했다. 하녀가 짚더미에 등불을 떨어뜨린 것이다. 최종적으로 주택 46채, 헛간 3채, 공작의 외양간이 소실되었다.[34] 그러나 헤겔, 횔덜린, 셸링이 그 당시 진단한 "종말론적 분위기"[35]가 이처럼 빛을 발했는지는 불확실하다. 헤겔은 종말론적인 글은 결코 쓰지 않을 것이고, 정치혁명에의 자신의 공헌을 사상 혁명 및 교양 혁명에의 공헌이라고 지성적으로 해석할 것이다. 헤겔은 태양 주위를 도는 행성들의 이미지를 그리면서, 천체의 회귀를 의미하는 고대 천문학의 공전[혁명Revolution] 개념을 가져왔다. 그리고 이 개념을 사유가 유발하는 의도적 혁명이라는 새로운 정치적 개념과 결합했다. 역사는 마치 운명처럼 불현듯 우리 머리를 덮치는 것이 아니다. 그것은 머리로부터 유래하여 모든 것을 변화시킬 어떤 것이 현실이 되는 것이다. 이처럼 사유의 효력과 그야말로 만물의 변화가 결합하는 것이야말로 세 신학생의 삶에 생기를 불어넣는 요소였다.

횔덜린은 신학교를 떠난 후 헤겔에게 쓴 첫 편지에서 그들이 "신의 나라"라는 말을 하면서 헤어졌음을 상기시켰다.[36] 헤겔도 셸링에게 보낸 편지에서 "신의 나라가 도래하니, 허송세월해서는 안 된다네!"라면서 이 점을 확인한다. 하지만 그는 이 문구에 "이성과 자유", 그리고 어떤 보이지 않는 교회의 "일치점"이라는 말을 덧붙였다.[37] 여하간 이 신학생들은 철학도들이 일으키는 뷔르템베르크의 유혈 혁명으로 이러한 신의 나라가 도래할 것으로 상상하지는 않았다(대체 어떻게 그런 일을 할 수 있겠는가!). 그들은 시대의 전환을 느꼈고 자신들의 지성으로 여기에 공헌하고 싶었다. 물론 그것이 어느 정도까지 시대의 전환점이며, 자신들이 어떤 공헌을 할 수 있는지는 아직 불분명했다. 또 고대 그리스와 루소에 대한 그들의 열광이 (파리의 혁명은 고사하고) 진정한 기독교 및 칸트의 저작과 어떻게 연결되는지도 아직 불분명했다.

그렇지만 여기에는 한 가지 유보해야 할 것이 있다. 횔덜린, 헤겔, 셸링이 공동의 기획을 이루기 위한 어떤 정신적 결사를 맺었다는 이야기를 많이들 한다. 가령 독일에서 신의 나라를 실현하는 지난한 기획을 이루기 위해서라는 것이다. 이런 이야기는 세 사람이 튀빙겐 신학교의 방에 둘러앉아 소크라테스, 플라톤, 디오티마, 예수, 루소, 칸트를 토론했다는 멋진 상상에서 비롯된 것이다. 그러나 세 사람이 한 방에 둘러앉은 적은 없었다. 그뿐 아니라, 그들이 졸업 후 편지를 통해서나 직접 만나 교류했다는 사실로부터, 그들이 독일 관념론 탄생을 위해 합심해서 노력했다고 추론할 수도 없다. 이런 모든 것은 사후의 해석일 뿐, 명백한 사실들을 무시하는 것이다. 예를 들어 횔덜린은 1790년부터 노이퍼, 루돌프 마게나우Rudolf Magenau, 크리스티안 프리드리히 힐러Christian Friedrich Hiller, 고트홀트 프리드리히 슈토이들린Gotthold Friedrich Stäudlin과 그의 여동생 로지네 슈토이들린Rosine Stäudlin, 크리스티안 란다우어Christian Landauer, 지그프리트 슈미트Siegfried Schmid, 빌헬름 하인체Wilhem Heinze, 이작 폰 싱클레어Isaac von Sinclair, 그리고 홈부르크 방백方伯들에게 자신의 시를 헌정하기 시작한다. 그중 몇 명에게는 여러 차례 헌정하기까지 한다. 제목에 이미 "…에게"라는 문구가 있는 시들을 제외하더라도 말이다. 그러니까 횔덜린은 한마디로 헌정을 아주 좋아하는 시인이었다. 하지만 단 한 편의 시도 셸링"에게" 혹은 헤겔"에게" 바치지는 않았다. 이들이 절친한 벗일까? 이들은 서로 "나의 수호신"이라고 불렀지만 이런 호칭은 여러 사람에게 주어졌다. 그런 점에서 "사랑하는 형제"라는 명칭과는 다른데, 횔덜린은 이 호칭은 한 살 많은 노이퍼에게만 사용한 것이다.[38] 횔덜린이 1802년 보르도에서 (아마 강도를 당해서) 완전히 피폐한 데다 충격에 빠진 모습으로 돌아왔을 때, 친구 셸링과 헤겔은 다른 일로 바빠서 그를 보살피지 않았다. 헤겔은 저작 전체에서 그를 단 한 번도 언급하지 않는다. 그렇다면 세 사람의 우정이 얼마나 깊었다고 상상해야 할까? 횔덜린이 편지에 쓰듯이 세 사람이 튀빙겐 근교의 아름다운 부름링어 예배당까지 함께 산책한 일은 있지만,[39] 이 일이 훗날 유명해진 이 신학교 학생들이 튀빙겐에서 얼마나 사이가 가까웠는가에 관해서는 일말의 단서도 제공하지 않는다. 아무리 우리가 그렇기를 기대해도 말이다.

그 당시 헤겔이 쓴 편지는 한 통도 남아 있지 않고 글도 거의 남아 있지 않다. 두 종류의 글이 예외적으로 남아 있다. 헤겔은 1788년 12월 3일에 이미 시험을 통과하여 학사 학위를 받았다. 이 과정에서 〈고전 그리스와 로마 작가들의 독서가 주는 여러 이점에 관하여 Über einige Vortheile, welche uns die Lektüre der alten klassischen Griechischen und Römischen Schriftsteller gewährt〉라는 글을 썼다. 누군가의 교정을 거친 이 원고는 1788년 12월 작성되었다고 적혀있다.

이 논문은 몇 달 전 김나지움을 다닐 때 가르베를 모방하여 쓴 글을 수정한 것이다. 이것이 주목할 만한 이유는, 신학교에서는 신학생들이 무엇보다 성서와 신학을 집중적으로 읽도록 독려했기 때문이다. 헤겔이 이 글에서 인용하는 레싱의 《현자 나탄 Nathan der Weise》은 (볼테르를 읽다가 적발되는 학생도 처벌하지 않을 만큼 관용적인 감독관 슈누러의 성향을 고려하더라도)[40] 이 학교의 필독서는 분명 아니었다. 루소의 저작도 마찬가지였다.

헤겔이 튀빙겐 시절에 쓴 또 다른 글들은 설교였다. 헤겔이 1790년 11월 등록한 신학부의 모든 학생과 마찬가지로, 동기들 앞에서 해야 하는 설교였다. 그런 글은 설교 전에 미리 제출하고, 설교가 끝난 후에는 신학교 당국에서 평가했다. 1793년의 새로운 학칙에 따르면 하급생, 중급생, 상급생들이 연속으로 다섯 차례 하는 설교는 매주 일요일 오후 2시부터 3시 30분까지, 그리고 매주 목요일 오전 9시 30분부터 11시까지 행해졌다. 어느 성경 구절에 관해 설교할지는 학생들이 자유로이 선택할 수 있었다.

현재까지 보존된 헤겔의 설교 네 편 가운데 첫 번째는 이사야 61장 7절 및 8절을 다룬다. "적들이 너희에게 수치를 주었을 때 앗아간 것을 너희는 두 배로 되돌려 받으리라. 계속하여 부끄러워하는 대신, 가나안에서의 너희 유산을 영원히 기뻐하리라. 주께서 이르시길, '나는 공의를 사랑하고 약탈과 불의를 증오하노라. 나는 나의 약속을 지키며, 나의 백성들에게 그들이 받을 보상을 주리니. 나는 그들과 영원한 언약을 세우리라'고 하셨다."[41]

이와 관련해서 헤겔은 신의 공의는 징벌하고 보상하는 공의라고 말한다. 물론 보상하는 신보다는 징벌하는 신에 대해 더 상세히 분석한다. 신의 계명은 육신과 상황에 얽매이지 않는 행위를 허락한다. 의무에 따라 행위한다면 만족감이 생겨날 것이다. 의무를 잊고 행위한다면 양심의 가책을 받기 마련이며, "반드시 생기고 말 나쁜 결과에 대한 두려움"이 나타난다. 설령 그런 결과가 생기지 않는다고 해도, 양심 때문에 자신을 경멸하게 된다. 여기서 헤겔이 결과를 두려워하는 이기심과 비천한 행위를 했다는 자괴감을 구별하고 있음을 알 수 있다. 심지어 그릇된 행위의 미묘한 결과까지 고려한다. 인간이 "현세에" 지나치게 속박되면 "자신의 기관機關을 파괴하여 보다 원대하고 고귀한 즐거움을 누리기에 무능력하고 부적합해진다. 그리하여 몸은 쇠약하고 괴로워져서, 그렇지 않아도 파탄에 이른 정신을 더욱 붕괴시킨다. 정신은 회한과 불만에 고뇌하고 오로지 스스로의 비천함만 떠올리기 때문이다." 악행을 저지르는 자는 스스로 수준을 낮추는 것이다. 헤겔이 보기에, 그에 대조되는 것은 유덕한 삶을 사는 사람의 평온한 양심이다. 이런 사람에게는 죽음도 "역능을 더 교양하고 더 큰 기쁨을 누리는 데로 넘어가는 것"에 불과하다.[42]

죽음이 또 다른 교양으로 이행하는 것이라는 데까지 일단 이르렀다. 그다음에 헤겔이 자기 방에서 웃지 않았을지 아무도 모른다. 올바른 양심을 바라는 삶은 이보다는 우리와 가깝다. 헤겔의 특별한 기질은 혁명에의 열광을, 사색에 중요한 내적 균형의 추구와 연결하는 데에 있다. 어쨌든 헤겔이 감시 아래에서 드러내는 신념을 이 이상 분명하게 표현할 수는 없다. 미덕에게 장래의 보상이 필요한 것인가라는 (그가 곧 몰두하게 될) 도덕철학의 문제가 이미 여기서 드러나고 있다. 훗날 그의 표현처럼, 인간을 감성의 세계와 관념의 세계 사이를 오가는 "양서류"로 서술하는 것도 마찬가지이다.

일상생활은 감성과 관념 사이에서 이루어진다. 헤겔은 병가를 내어 슈투트가르트에서 시간을 보내곤 했고, 그렇지 않으면 튀빙겐의 술집들을 부지런히 드나들고, 강의를 빼먹기도 했다. 금지사항이었지만 말을 타고 외출하고, 춤을 잘 추지 못하지만 아름다운 여성들과 시시덕거리고, "다소 삐딱하게" 행동하기도 했다. 이런 내용은 신학교의 헤겔에 대한 가장 상세한 증언인 친구 로이트바인의 편지가 전하고 있다. 그뿐 아니라 로이트바인은 헤겔이 친절하다고 칭찬하면서도, "산만해서" 어떤 주제에 대한 목표지향적 태도 및 끈기가 부족하다고 덧붙였다.[43] 아무튼 헤겔은 공부의 초점을 공식 교과과정에 맞출 수 없었다. 그는 한 친구의 기념첩에 1790년 여름의 좌우명은 포도주였고 1791년 여름의 좌우명은 사랑이라고 썼다. 그는 고인이 된 어느 신학 교수의 딸 아우구스테Auguste 주위를 맴돌았다. 공교롭게도 성이 헤겔마이어 Hegelmaier인 그녀는 포도주 주점에서 일하고 있었다. 하지만 헤겔의 구애는 받아들여지지 않았다. 그 무렵 헤겔은 아버지에게 신학 대신 차라리 법학을 전공하고 싶다는 생각을 내비쳤지만, 학비 때문에라도 허락을 받지 못했다. 신학을 전공해야 공작의 장학금을 받기 때문이었다.

남은 것은 불확실한 미래를 준비하는 독서, 그리고 카드놀이였다. 심지어 헤겔은 칸트의 저술에 대한 연구 이외에는 "대부분 시간을 타로 카드놀이로 보냈다"고 한다.[44] 카드놀이의 즐거움은 계속되었다. 타로가 시들해진 후에는 옹부르와 휘스트에 흥미를 가지게 된 것이다. 1798년 프랑크푸르트에 머물 당시에는 이러한 경향이 "우리 시대의 성격이 지니는 주요 특징이다"라고 적기도 했다. 그리고 나름의 이론이 있었다. 카드놀이를 하게 만드는 것은 정신의 열정적이고 소란스러운 기분이라는 것이었다. 한편으로 카드놀이는 지성으로 하는 것이다. 다른 한편으로 카드놀이를 지배하는 것은 헤겔이 개념으로 표현할 수 없었던 어떤 것, 즉 위험이다. 헤겔은 사람들은 평소에는 우연이 일어나면 섭리라고 이야기하지만, 카드놀이를 할 때는 그렇지 않다는 것이다. 그의 분석에 따르면, 놀이에는 숭고한 평온이란 없는 법이다. 카드놀이에는 "일말의 이성적 요소도 없다."[45] 그렇다. 엄격한 기준을 적용한다면, 노는 것에는 이성적 의미가 없다. 그러나 분명한 점은 헤겔이 이성적이지 않고 다만 제한적인 지성과 열정에 지배되는 이런 상황에서 편안함을 느꼈다는 것이다. 개인의 삶은, 특히 저녁에는, 이성의 이쪽 편에서 살아야 한다.

1788년 그룹의 교재
- 헤겔, 횔덜린, 셸링이 읽은 것

"**독서**란 바로 그것이다. 이 활동의 상징으로서
점점 번지는 불길이라는 이미지를 들 수 있다.
아니면, 이따금 작은 폭발과 불꽃을 일으키며
한쪽 끝으로부터 다른 쪽 끝으로 타들어가는
실이라는 이미지를 들 수도 있다."

폴 발레리Paul Valéry

3

1788년 그룹의 교재

지금까지 튀빙겐 신학교의 학생들이 **어떻게** 배웠는지 살펴보았다. 이제 그들이 과연 **무엇을** 배웠는가라는 더욱 흥미로운 질문이 등장한다. 그리고 이 질문은 즉시 여러 갈래로 나뉜다. 그들은 한편으로는 슈토어, 플라트, 라프Rapp, 쥐스킨트Süskind를 비롯하여 튀빙겐 대학교 교수들이 가르치는 것을 배웠다. 무엇보다 신학과 철학인데, 이것은 신학적 문제를 파고드는 것을 뒷받침하는 것이다. 다른 한편으로 그들은 자기 생각대로 독서를 했다. 이 두 가지로부터 나온 혼성적 사고는 매우 강력했다. 그것은 1788년 동급생들을 움직였고, 헤겔, 횔덜린, 셸링에게 훗날의 진로를 제시해 주었다.

이때 헤겔은 하나의 교양의 세계로부터 이와 전혀 다른 교양의 세계로 왔다. 튀빙겐과 슈투트가르트는 얼마나 대비되는 곳인

76

가! 그 당시에 뷔르템베르크 수도 슈투트가르트에 사는 작가들은 괴팅겐, 예나, 프랑크푸르트보다 많았고 함부르크만큼 있었다.[1] 그곳의 지적 풍토를 규정한 것은 독일 계몽주의의 대중철학자들이었다. 많은 김나지움 교사는 현대에 주의를 기울였고, 사람들은 자연과학과 심리학뿐만 아니라 근대 문학과 현대 문학에도 관심이 있었다. 슈투트가르트에서는 잡지가 발행되고 공화주의자가 성장했다. 그 도시가 낳은 가장 유명한 인물은 실러이다. 헤겔은 실러의 저작을 읽었을 뿐 아니라 루소, 가르베, 레싱, 그리고 《젊은 베르터의 고뇌 Die Leiden des jungen Werthers》도 읽었다. 또한 《아직도 우리에게 고대의 독자와 조국이 있는가? Haben wir noch jetzt das Publikum und Vaterland der Alten?》 혹은 《독일의 양식과 예술에 관하여 Von Deutscher Art und Kunst》와 같은 헤르더의 저작을 읽었다. 얼마 지나지 않아 이것은 고대의 모범적인 시기와 현대의 시기라는 대립에서 해방되는 역사철학으로 귀결된다.

물론 이런 식의 교양에는 집중이 부족하다. 헤겔은 구할 수 있는 책을 읽었고, 책들과 논리들을 서로 연결해 주는 참고사항들을 따라가며 읽었다. 즉, 가르베는 헤르더를 참고하도록 지시하고, 헤르더는 레싱을 비판하며, 레싱은 비극에 관해 멘델스존이나 니콜라이와 논쟁하는 식이다. 초기의 독서는 이랬다. (학자, 연구자, 평론가 같은) 직업적 독자는 많지 않았다. 직업적 독자에게 독서란 효용의 관점에서 이루어지는 일종의 숙제이고, 따라서 어떤 순서로 책들을 읽어야 할지 미리 정해져 있는 것이다.

헤겔의 교양을 쌓는 과정에서 집중이 이루어진 것은 답답한 분위기의 튀빙겐에 있는 이른바 학자들의 수도원에서였다. 신학생들의 학과 시간표에 대해서는 잘 알려져 있다.[2] 헤겔의 처음 네 학기 학과 시간표에 포함된 철학 강의에는 논리학과 형이상학 과목, 키케로의 《신들의 본성에 관하여De natura deorum》, 경험심리학, 칸트의 《순수이성비판》과 존재론, 우주론, 도덕철학, 자연법 등도 포함돼 있었다. 헤겔은 그 외에도 사도행전, 시편(두 학기), 욥기, 그리고 신약성서의 소위 가톨릭 서간(베드로, 야고보, 요한, 유다)에 대한 강의를 수강했다. 세속 저자들의 활용에 관한 신학 강의, 이론물리학, 일반역사, 철학사 강의, 그리고 1790년에는 구舊 제국의 국가 및 헌법 상황의 변화를 의미하는 "최신 통계 변화" 강의에도 참석했다. 1790/91년 겨울 학기에는 싫든 좋든 신학 공부를 시작했는데, 여기에는 교회사, 교의학, 도덕신학, (예를 들어 자비 이론에 대한) 신학 논쟁, 그리고 성서해석학이 포함되었다.

물론 헤겔이 여러 차례 슈투트가르트로 간 것이 꼭 병 때문만이 아니라 휴식을 바랐기 때문이기는 하지만, 그래도 헤겔이 이런 모든 학업을 마지못해 따라갔다고 말하는 것은 적절하지 않을 것이다. 그러나 반反계몽적 신학의 특징을 광범위하게 지닌 튀빙겐 대학의 교육 프로그램은 그에게는 분명히 매우 거슬리는 것이었다. 이런 프로그램은 무엇보다도 성경에 대한 교리를 내면화하여 뷔르템베르크에서 목사의 직분을 맡을 사람을 길러내려는 것이었다. 이런 교리에 따르면 성령의 영감을 받아 쓰인 성경은 종교적 진리들이 일관적인 체계를 형성하고 있으며 축자적으로 해석되어야 한다.

18세기 말에 신학은 사회를 규정하는 어휘들에 대한 교권을 점차 잃어가고 있었다. 그리하여 법률, 도덕, 학문, 교육, 예술은 자기 영역에서 일어나는 일이 (가톨릭, 개신교, 루터교 등) 다양한 기독교인의 기대에 부응하는지에 대해 점차 무관심하게 되었다. 그것은 종교와 관련된 직업을 가진 사람들이 자신을 어떻게 생각하는가에 영향을 미쳤다. 예나 지금이나 목사가 되는 것은 (상태가 그리 양호하지 않던) 대학교 바깥에서 사색적 삶을 영위할 수 있는 몇 안 되는 제도적 가능성 중 하나이다. 그러나 목사가 되는 젊은 남성들은 자신이 속한 종파와 꽤 애매한 관계를 맺는 경우가 점점 많아졌다. 1762년 루소는 [《에밀》에 포함된] 〈사부아 사제의 신앙고백〉에서 이렇게 쓰고 있다. "의심의 여지없이, 부모님과 나는 모두 [신학 전공에서] 선하고 참되고 쓸모 있는 것을 추구한다기보다는 서품을 받으려면 알아야 하는 것만 추구한다고 생각했다. 나는 사람들이 내가 배우기를 바라는 것을 배웠고, 사람들이 내가 말하기 바라는 것을 말했다. 사람들이 바라는 대로 서원誓願을 했다. 그리고 신부 서품을 받았다."[3] 어떻게 헤겔과 신학생 동기들이 이 글의 행간에서 자신들이 처한 상황을 자각하지 않을 수 있었을까?

공식적 기독교의 대리인들은 위험을 간파했다. 그것은 주체적 독서로 생기는 정신적 의심이 가득한 목사만 길러낼 위험이었다. 특히 신학자인 슈토어는 신학생들이 정통 교리를 고수하는 양심의 의무를 엄하게 가르쳤다. 그는 정통이 아닌 성직자는 모조리

사기꾼이며, 그리스도의 존엄을 훼손하고 성서를 악용한다고 질책했다.[4]

이런 생각을 실천하는 데 있어서, 교리의 반복 학습, 그리고 이와 더불어 엄청난 신학적 교양이 목표였다. 예를 들어 모든 석사는 튀빙겐 대학 총장이자 신학 교수이던 크리스토프 프리드리히 사르토리우스Christoph Friedrich Sartorius의《교의신학 요강Compendium Theologiae Dogmaticae》을 강독하는〈신학 논제Loci theologici〉과목을 수강해야 했다. 신학교 시절 헤겔은 이처럼 (《죽음과 부활에 관하여 de morte et resurrectione》,《삼위일체 하느님에 관하여 de deo triuno》,《천사와 인간에 관하여 de angelis et homine》,《단죄와 영생에 관하여 de damnatione et vita eterna》등의) 교리를 암기하고 숙려하는 연습강좌에 세 차례나 참석해야 했다. 이것은 지도하는 보충 교사에 따라 자유롭게 이루어지기도 하고 따분하게 이루어지기도 했다.[5]

이 집중적 수업들이 헤겔의 글에 끼친 영향은 곧바로 나타났다. 정치와 종교의 관계를 사유하면서 철학을 향한 여정을 여는 초기 메모들에서 "객관종교"라는 개념을 경멸적으로 사용한 것이다. 헤겔의 객관종교는 오직 "지성과 기억"에 의존하는 신앙을 뜻한다. 객관종교는 "머릿속에서 정돈하여 하나의 체계로 만들고 책으로 쓰고 다른 사람에게 이야기할 수 있는 것"이다.[6] 이것은 "엄청난 종교 지식"을 암기하던〈신학 논제〉를 묘사하는 것이다. 〈신학 논제〉는 매주 월요일 오후 두 시간씩, "그리고 한여름에는", 즉 7월 22일과 8월 22일 사이에는 더위 때문에 한 시간씩 진행되었다.[7]

이보다 더 헤겔의 마음을 움직인 것, 그래서 셸링과의 편지에서 흔적으로 남은 것은 당대 신학의 주요 전선戰線들이었다. 이 전선은 여러 성경 구절을 역사적으로 이해하는 것, 도덕적으로 해석하는 것, 그리고 이들로부터 도출되는 다양한 도덕 사이에 그어졌다. 문제는 신약의 출현 배경에 대한 늘어나는 문헌학적 지식이 신, 구원의 희망, 경건한 행위에 대한 신약의 진술들에 대해 어떤 의미를 지니는가이다. 바꿔 말하면, 성경 구절 중에서 시대를 초월하는 진리와 그것이 쓰인 시대에 국한되는 것을 구별하기 시작했다.

루소의 [1762년 작품] 〈사부아 사제의 신앙고백〉으로부터 12년이 지난 후, 독일의 어느 계몽주의자는 같은 상황을 다소 다르게 묘사했다. "특권을 가진 신앙이라면 그것이 무엇이더라도 믿어야 한다. 그대는 공공연하게 유대인, 터키인, 아르메니아인, 몽상가, 헤른후트 형제단 회원이어도 상관없다. 하지만 그대가 이성적이고 유덕하며 경건한 사람이라면, 어디에서도 평화를 찾지 못할 것이다. 모두가 분노하여 그대를 적대시할 것이기 때문이다." 지혜로운 자라면 겉으로는 어떤 종파에 가입해야 평화롭게 살 수 있다. 그렇지만 그것은 어쩌면 스스로도 믿지 않는 신앙일 수도 있다. 이 인용문이 들어있는 〈볼펜뷔텔의 무명인의 단편Fragmente des Wolfenbüttelschen Ungenannte〉 중 몇 편은 1774년 레싱이 자신이 발행하는 검열받지 않는 잡지《역사와 문학에 대하여: 볼펜뷔텔 공국 도서관 서고에서Zur Geschichte und Litteratur. Aus den Schätzen der

Herzoglichen Bibliothek zu Wolfenbüttel》에 실은 것이다.[8] 레싱은 이 단편들을 1778년까지 하나씩 실을 것이다. 하지만 1천 500쪽에 달하는 완전한 저작은 200여 년이 지난 후 [1972년에] 비로소 출판되었다. 볼펜뷔텔 출신이 아니라 함부르크 출신인 그 무명인은 1768년 이미 사망한 헤르만 자무엘 라이마루스Hermann Samuel Reimarus였다. 김나지움 교장이자 동양 언어 전문가였던 그는 계몽주의 철학자이자 신학자였다. 그가 남긴 이 유고는 30년 이상 집필했으나 감히 출판할 수 없던 원고였다. 출판할 수 없던 이유는 종교를 이성의 잣대로 시험할 것을 촉구했기 때문이다. 라이마루스의 상속인들은 《신의 이성적 경배자를 위한 변론Apologie oder Schutzschrift für die vernünftigen Verehrer Gottes》이라는 이 원고를 레싱에게 넘기면서 저자를 철두철미 익명으로 할 것을 조건으로 내걸었다. 이 원고 중에서 레싱이 발췌하여 출판한 부분은 18세기 독일의 개신교 신학에 크나큰 분란을 일으키게 되었다.

이런 분란은 《변론》의 여러 주장 때문이었다. 우선 라이마루스는 그 누구도 스스로의 통찰에 따라 기독교(혹은 여타 신앙)에 입문하지 않는다고 확언한다. 모태신앙을 지닌 아이들은 마치 작은 앵무새처럼 다른 사람을 따라서 신앙을 외울 뿐이다. 따라서 신앙을 이해하는 것이 아니라, 맹목적으로 순종하는 것이다. 그리고 그 유인은 순종을 증명하는 자는 지복의 삶을 기대할 수 있다는 것이다.[9] 이런 식이 아니라, "자연종교"로 시작하고 그다음에야 비로소 (훗날 헤겔이 "실증종교"라고 부른) 특수한 종교로 나아가야 하지 않겠는가? 당시 자연종교는 모든 신앙 혹은 (라이마루스의 표현을 따르면) 모든 "종파"에서 공통으로 믿는 것을 뜻한다. 그렇게 하지 않는 것은 마치 숫자도 모르는 학생이 대수학으로 수학 공부를 시작하는 것과 같다는 것이다.[10]

그러나 언제까지나 아이일 수 있는 사람은 없다. 따라서 믿음의 내용에 대해 의구심을 품게 된다. 그러나 이러한 어려운 의문을 지워버리기 위해서, 신의 의지와 (삼위일체라는) 현현 방식이 어떠한 이성보다 고귀하다고 주장한다. 라이마루스가 보기에 이런 주장은 신앙을 우매하게 만들 위험이 있다. 따라서 이런 주장을 뒤집는다. 만약 신이 특정 종교가 보편적으로 인정받기를 원했다면, 분명히 그 종교를 어떤 종교보다도 모순 없고 합리적이게, 즉 의문의 여지없이 알기 쉽게 보이도록 했을 것이다. 우리는 여기에서 《변론》의 영향을 받은 레싱이 1779년 발표한 희곡 《현자 나탄》의 반지 우화를 떠올리게 된다. 이 우화에 따르면 동양에서 기원한 세계종교들은 서로 엇비슷하다는 것이다. 라이마루스는 이와 비슷한 감각으로 이제 이성종교의 시대가 올 것이라고 쓴다. "이제 분서焚書는 소용없다. 그럴수록 한층 더 책을 갈구하고 인쇄하고 번역하고 유포하게 될 뿐이다. […] 고상한 사람들은 점점 더 많이 사고하기 시작하며, 이성은 그들의 사고를 고양한다."[11]

《변론》에서 신학적으로 정말로 폭발성이 강한 것은 두 번째 논변이다. 여기에서 라이마루스는 자신이 보기에 상식과 일치하는 이러한 이성을 기독교 성경에 적용하여, 불일치, 오류, 모순을 꼼꼼하게 찾아낸다. 가령 그의 계산에 따르면, 이집트를 탈출하는 이스라엘 사람 300만 명은 아무리 바다가 기적적으로 갈라졌더라도 그들에게 주어진 야간경비 시간 내에 모두 홍해를 건너기는 절대로 불가능하다.[12] 도덕적으로 모호한 점도 있다. 아브라함의 아내 사라는 그의 이복누이였다. 그런데 이복누이와의 혼인은 이스라엘의 가나안 원주민들이 범하는, 끔찍한 대지의 오염으로 여겨졌다. 그런 까닭에 바로 아브라함의 자손들은 이들을 절멸시킨 것이다.[13] 또 아담은 동물마다 각자의 본성을 나타내는 이름을 부여한다. 그러니까 아담은 동물의 본성을 잘 알고 있었다. 그런데 아담의 반쪽인 이브는 뱀의 본성을 몰랐단 말인가? 선악을 깨닫게끔 하는 사과 이야기는 또 무엇인가? "과일을 먹으면 똑똑해진다는 우둔한 생각을 하는 이는 이제 아무도 없다."[14]

당대의 사람들에게 특히 뼈아픈 것은 라이마루스의 신약성서 진단이었다. 가령 마가복음(1장 40절—48절)에서 예수는 왜 나병환자에게 자신이 그를 낫게 했음을 남에게 말하지 말라고 엄히 경계하면서도 제사장에게는 모습을 보여주라고 했는가? 라이마루스는 예수가 자신이 일으키는 기적이 그 동네를 넘어 널리 알려지는 것을 꺼렸을 것이라고 의심한다. 그러면 전문가들 앞에서 그 기적을 재현해야 할 것이기 때문이다. "말하자면, 진실을 검증할 줄 모르는 평범한 무리 앞에서는 기꺼이 기적을 베풀었다. 그러나 바리새인과 신학자들이 그를 믿을 수 있는 증거를 계속 요구하자, 예수는 아무 증거도 내놓지 않으면서 꾸짖기 시작했다."[15]

예수의 부활에 관한 이야기는 라이마루스에게는 무척 뻔한 것이었다. 오직 사도들만 인증하는 것이기 때문이다. 예수의 무덤을 감시하던 로마 군인들이 부활을 목격했다는 것은 마태가 꾸며 낸 순수한 "허구"임이 입증됐다. 라이마루스가 보기에, 사도들은 우선 "짐짓 꾸며내어" 회의감에 빠진 척 연출했고, 다음으로는 자신들의 확신을 복음서에서 표현했다. 그러나 이 복음서들은 서로 너무 달라서 믿기 어렵다.[16] 또 정치적 구원의 희망, 즉 그리스도가 이끄는 가운데 이 지상에 하나님의 나라를 세운다는 희망은 그리스도의 죽음으로 무너졌다. 그래서 라이마루스의 가정에 따르면, 부활과 승천이라는 허구에 의하여 이런 희망은 지금은 없어도 언젠가 도래할 어떤 나라로 향하게 된다. 그리고 본업으로 복귀하고 싶지 않은 젊은이들은 이런 나라를 선전하는 일에 끌린 것이다.[17]

《변론》에서 인용한 이런 부분에서는 전통에 대한 계몽주의 정신의 태도를 엿볼 수 있다. 그것은 문헌학적이고 실용적인 태도이며, 진의를 회의하는 태도이다. 라이마루스는 이신론자理神論者로 불리는 사람이다. 그가 이성적이라 생각하는 종교의 교설을 서술하는 데는 책 한 쪽이면 넉넉하다. 지고의 존재가 있다. 그가 악한 행위를 한다고 덮어씌우면 안 된다. 그렇게 덮어씌운다면 극히 세속적인 이해관계가 숨어 있는 것이다. 지고의 존재는 도덕을 보증하는데, 이 도덕은 경건한 삶으로 드러나는 것이다. 경건을 보증하는 것은 신의 보상을 받으리라는 전망이다. 그 점에서 영혼의 불멸은 모든 이성적 종교에 필수적인 믿음의 요체이다. 미덕에 대한 보상은 명백히 현세에 이루어지는 것이 아니라 내세에서 비로소 이루어지기 때문이다.

종교에 대한 이러한 계몽주의적 사상은 정치적 문제에 거리를 둔다. 그리고 가톨릭교회를 비판하는 프랑스 지식인들의 신랄한 특징은 없다. 따라서 이런 사상은 신앙의 영역 내에서 지식과 사유를 최대한 수용하고자 했다. 라이마루스와 레싱은 시민적이고 분별 있는 종교를 목표로 삼았다. 보통은 계몽주의의 순진한 사상을 한껏 조롱하던 헤겔이지만, 초기 원고들에서 이런 기획에 대해서는 동조했다.

슈토어는 이 모든 것에 맞선다. 그에게 성서는 그 안에 들어있는 이성적인 내용에 의해서 인증되는 것이 아니다. 그것은 "신의 사자" 그리스도의 권위에 의해서 인증되는 것이다. 그리고 그리스도의 권위는 그가 행한 기적, 그가 실현한 예언, 그의 행동이 지닌 설득력에 근거한 것이다.[18] 이 점에 있어서 슈토어는 칸트에도 의지했다. 칸트의 학설에 따르면, 도덕 법칙의 타당성 승인은 가언적이므로 선한 행위의 올바름에 대한 믿음은 "흔들릴" 수도 있다. 그런데 신은 이론적으로 증명할 수 없기에 칸트에게는 어떤 뒷받침이 필요하다. 슈토어에게는 물리신학적인 신 존재 증명이 이를 뒷받침한다. 합목적적으로 설계된 자연으로부터 출발하여, 목적을 설정하는 존재를 필연적으로 추론할 수 있기 때문이다. 나아가 기적을 행하고 우리의 도덕적 기대를 충족하는 예수의 삶에 대한 역사적 보고가 이를 뒷받침한다.[19]

그러나 신약성서는 (이를 믿는다면) 기적을 행하고 모범을 보인 어떤 삶에 대한 이야기에 불과한 것이 아니다. 신약성서는 그것을 넘어 구원의 사건을 전한다고 자처한다. 이것은 예수의 삶보다는 예수의 죽음에 대한 것이다. 어떻게 그럴 수 있는가? 모든 인간의 죄를 사하기 위해 한 인간이 그 모든 죄를 짊어져야 한다는 데에는 어떤 "도덕적 기대"가 들어있는 것인가? 최후의 희생이라도 희생이므로 이성에 반한다. 슈토어의 제자이던 어느 신학교 졸업생은 "도덕적 빚은 금전적 빚처럼 양도될 수는 없다"라고 이의를 제기했다.[20] 슈토어는 〈예수의 죽음이 갖는 본래 목적에 대하여 Über den eigentlichen Zweck des Todes Jesu〉라는 논문에서, 예수는 본디 인류에게 내려졌어야 할 형벌을 감내한 것이라고 쓴다. 아담이라는 한 사람이 지은 죄가 만인의 원죄가 된 것과 마찬가지로, 예수라는 한 사람의 순교는 만인의 죄를 대속한다는 것이다.[21] 그렇다면 예수의 죽음 이후에 저지른 죄도 대속되는가?

슈토어, 그리고 그의 글을 라틴어에서 독일어로 번역한 쥐스킨트는 다음과 같이 비교했다. "왕세자가 모든 죄인에게 베푸는 사면은 일반사면이다. 죄인들이 이 사면을 악용하든 말든 관계없다. 이것으로 충분하다. 주권자 자신이 행사하는 이 권리는 제약이 없으며, 어떤 합당한 조건을 내걸고 사면을 행사하더라도 그 사면의 일반성이 침해되는 것은 아니다. 어떤 사람이 이런 조건을 충족하지 못하는 경우에야, 주권자의 의도에서는 제약이 없는 것이 비로소 제약을 받는 것이다."[22] 다시 말하면, 그리스도의 순교로 인한 인류의 사면은 집행유예와 마찬가지인데, 만일 그리스도의 순교 이후에 인류가 이 집행유예 조건을 어긴다고 해서 이것이 신의 잘못은 아니다. 아니면, 형법에서 유래하는 다른 논변을 예로 들어보자. 신은 칸트의 주장대로 율법을 세울 뿐만 아니라, 그 율법과 관련한 행동을 처벌할 수도 있는가? 그에 대한 대답은 이렇다. "징벌하는 신을 믿는 것이 […] 필요하다. 의지의 형식을 규정하는 법칙이, 행복이 질료인 이런 의지의 본성과 일치하는 것으로 나타나야 하고, 따라서 '의도와 실행의 동인'이 되어야 하기 때문이다."[23] 칸트를 인용하면서 칸트 학설과 정반대의 주장, 즉 형벌의 위협이 없다면 도덕도 없다는 주장을 하는 것이다. 칸트가 보기에 이런 도덕은 도덕이 아니라 공포일 뿐이다.

헤겔을 분노케 한 것은 이처럼 왕세자를 끌어들여서, 기독교를 당대의 지배적 도덕과 결합하고, 죄, 부도덕, 범죄를 뒤섞으며, 정치 질서를 신학으로 뒷받침하는 것이었다. 그가 보기에는, 이처럼 신약성서를 선택적으로 이용하고, 목적을 의지하는 사람은 이성적으로 그 수단도 의지할 수밖에 없다[24]는 칸트의 격언을 이용한다면, 증명하지 못할 것이 없다. 슈토어는 이렇게 묻는다. 자연의 왕국을 도덕의 왕국과 연결하기 위해 조물주를 상정해야 한다면, "예수 이야기에 등장하는 기적에 관련해서도, […] 취할 만한 길을 취하는 것, 즉 이 기적에 대해 (주관적으로) 판정하는 실천적 관심을 택하는 것"[25]은 왜 허용되지 않겠는가? 사실 신의 존재에 대한 인정이 그리스도의 기적에 대한 믿음보다 더 절박하기는 하지만, 후자를 믿는 것도 퍽 절박하다. 덧붙이자면, 이것을 불신하면 그리스도의 신성이 약해지기 때문이다.

그러나 무엇이 퍽 절박한지 대체 누가 판정한단 말인가? 기적이 신의 의지로 일어나고 실제로 그렇게 일어났다는 주장으로 가언적 명제들을 정당화하기 위해서 말이다. 그런 말이 맞는다면, 이로부터 도출될 수 있는 모든 결과가 도덕의 필요조건으로 여겨질 것이다. 신학교에서 생긴 의혹은 어쩌면 정반대로 추론이 이루어진다는 것이다. 즉, 바람직하게 여겨지는 법칙에서 출발하여, 이런 법칙이 종교 영역에 닻을 내리는 방향으로 추론하는 것이다. 계몽주의와 정통 신학에 모두 반대하는 헤겔의 초기 저술에 따르면, 지성은 객관종교에만 이바지한다. 왜냐하면 "지성은 군주의 기분을 맞추는 신하이기 때문이다. 그는 어떠한 열정이라도, 어떠한 시도라도 정당화의 근거를 부여할 줄 안다." 이 논변에 따르면, 기적에 대한 믿음에 맞서 기적에 대한 비판을 내세우는 것도 소용없다. 왜냐하면 "지성의 계몽은 사람을 영리하게 만들지만 선하게 만들지는 않기 때문이다."[26] 그러나 헤겔에게는 참된 믿음을 둘러싼 논쟁에서 중요한 것은 영리함이 아니라 미덕이다.

그러니까, 증빙자료가 거의 없는 이 4년 동안 헤겔의 지적 발전을 이해하는 데에 신학교의 의무과목을 살펴보는 것은 충분하지 않다. 심지어 이 의무과목에 대한 헤겔의 구체적 저항조차도 당시 그의 생각을 규명하지 못한다. 오히려 이 대학 시절 이후에 처음 쓴 글들을 검토하여 그의 슈투트가르트의 김나지움 학창시절의 글들과 비교하고 저 [신학교의] 학업 과제와 비교하여 새로운 점이 무엇인지 찾아내어야, 헤겔이 튀빙겐에서 무슨 생각을 했는지 이해할 수 있을 것이다. 1802년 요한 고트프리트 팔Johann Gottfried Pahl의 풍자소설《울리히 휠리겔Ulrich Höllriegel》의 주인공은 신학교에서 헤겔과 비슷한 상황이다. "이제 신학 공부에 대해서는 일언반구도 없었다. 그 가엾은 녀석은 신학 공부는 쭉정이이고 지성의 가장 큰 관심사는 과학이라고 생각했다. 과학은 인류가 자유롭고 평등하도록 가르치고, 모든 종교적 전횡과 비종교적 전횡을 극복할 수 있다는 것이다. 그는 밤낮으로 시민적 계약이라는 루소의 꿈을 파고들었다. […] 그의 머릿속에서 천년왕국의 이상은 보편적 세계 혁명이라는 상상으로 넘어갔다. […] 그 당시 공부하던 청년들은 모두 혁명의 열병에 걸려 있던 것이다. 어디에서나 일상의 대화는 철학의 승리에 대한 것이었다."[27]

　　헤겔의 독서에서 하나의 중심은 앞서 언급한 바 있는 루소였고, 또 다른 중심들은 종교와 신앙에 대한 칸트의 사상, 야코비가 일으킨, 스피노자와 범신론을 둘러싼 논쟁, 대개 "고전적"이라 불리던 고대 그리스의 세계였다. 물론 (헤르더와 실러의 저작만 보더라도) 이것이 그와 그의 기숙사 친구들의 독서를 모두 망라한다고 할 수는 없지만, 그래도 헤겔의 초기 사유에서 가장 중요한 면모들은 여기에서 말한 지적 세계에 집약되어 있다.

　　어느 동시대인의 전언에 따르면, "그의 영웅은《에밀》,《사회계약론》,《고백록》을 저술한 루소, 그리고 그와 감성이 유사한 다른 작가들이었다. 이들은 지성에 대한 일종의 일반적 규제, 혹은 헤겔의 표현에 따르면 사슬을 벗어던진다."[28] 루소는 무엇 때문에 지성의 사슬을 끊어버렸는가? 다음과 같이 추론할 수 있다. 프랑스혁명은 헤겔의 청년기에 있어 획기적인 사건이다. 이 혁명

은 사회 질서를 전복했기에 획기적이었을 뿐 아니라, 청년 철학
도 헤겔에게도 획기적이었다. 같은 시대를 살았던 누구나 동의하
는 바와 같이, 이 혁명은 사상에 토대를 두었기 때문이다. 이런
혁명이 어떻게 강력한 충격을 주지 않을 수 있겠는가? 특히 젊은
이들뿐 아니라 다른 사람들도 기존 질서는 무너져야 마땅하다고
생각한다면 말이다.

그러면 사회 질서의 붕괴에 일조한 것은 누구의 사상이었을
까? 루소의 사상만은 아니었지만, 그의 사상이 매우 결정적이었
다. 루소는 단지 지성을 중시할 것을 주장한 계몽주의자가 아니
라, 일체의 종교를 전복하는 급진적 계몽주의자였다. 그는 인간
이 태생적으로 본디 선하고 자유로우며, 다만 사회와 그릇된 제
도에 의해 타락할 뿐이라고 쓴 것이다. 1797년에 장 프랑수아 드
라르프Jean-François de La Harpe는 정확히 어떤 사상이 혁명을 촉발했
는가 하는 질문에 답변하면서, 루소가 처음으로 혁명을 표방했다
고 썼다.[29] 헤겔은 루소의 이러한 자애로운 인간학에 동의했다.
그리고 나폴리 교황령을 비롯한 전제 정권들에서조차, "인간 본
성에 있어 불멸의 선량함" 덕분에 죄악은 원죄 교리의 기대와 어
긋나는 점이 있다고 주장했다.[30] 교회의 지배와 (1788년 그룹이 보
기에 그들의 교사들이 신학적으로 뒷받침하는) 정권에 맞서 끌어들일
수 있는 **가장 중요한** 저자가 바로 루소였다.

동시에 루소는 대의정치가 아닌 참여정치의 이론가였다. 《사
회계약론》의 공화주의적 자기입법 모델이 지닌 매력은 상당 부
분 그것을 실현할 수 있는 시민계층의 뚜렷한 대두 덕분이었다.

이 모델에서는 위임되는 것이 많지 않다. 공동체에 대한 루소의 핵심 표현은 "순종의 대가로 보호받는 것"이 아니라 "참여의 대가로 순종하는 것"이다. 일반의지를 형성하는 시민들은 서로를 알고 있다. 그들로 이루어지는 "우리"는 독일 철학자들의 "자아"의 그림자이다. 본질적 부분들에서 통합된다고 상상되는 공동체의 삶에서 이러한 "우리"는 확고한 자리를 차지한다.[31]

팔이 언급하는 "시민적 계약"에 대한 표상, 즉 사회를 구성한다고 하는 저 약속에 대한 표상은 헤겔은 결코 이해하지 못할 은유이다. 헤겔은 오히려 시민이 개인성을 넘어서 이중의 성원권成員權을 가진다는 사상에 매료되었다. 시민은 어떤 정치 구성체에서 결정권을 지닌 회합에 속하는 것과 아울러 이러한 구성체 자체에도 속한다. "시민들은 오로지 공동으로 주권자이다." 즉, "개인이 아니라" 오로지 공동체 성원으로 주권자이다.[32] 참여를 통하여, 순종은 더 이상 굴종이 아니라 자유의 이성적 행사가 된다는 이런 사상이 튀빙겐의 칸트 독자들에게 큰 영향을 주었다는 것은 이해되는 것이다.

그 외에도 루소는, 적어도 멀리서 보기에는, 헤겔의 이상적 직업에 들어맞는 작가였다. 루소는 교육, 정치 이론, 사회 비판, 문학 등 다양한 분야에서, 소설, 수필, 공개서한 등 다양한 형식으로 저술한 지식인이었다. 그리고 루소는 깊이 사색하기에 적당할 만큼 복잡했는데, 헤겔은 독일의 후기 계몽주의자들에 대해서는 그렇게 생각하지 않았을 것이다. 한 작가의 영향력은 무엇보다도 저작에서 발견되는 흥미로운 모순들에 달려있다. 이때 강조되는 것은 "흥미로운"이라는 말이다. 대개의 경우 사고의 오류는 물론 비생산적이기 때문이다.

루소는 사회가 어떤 식으로 짜이더라도 필연적으로 인간을 변질시킨다고 여겼다. 아니, 사회 제도의 과제는 바로 인간을 사회 전체를 분모로 하는 일종의 분수처럼 다루는 데 있다고 여겼다. 그러나 이 점은 헤겔의 주목을 받지 못했다. 자유와 이성이 교양을 내포한다면, 어쩌면 둘 다 자연적 선을 토대로 할 것이다. 그러나 서로 격리되고 바로 그래서 자유로운 자들이 이루는 자연상태에서는 적어도 교양에는 이를 수 없고 기껏해야 자급자족에 이를 수 있을 따름이다. 또한 루소는 타인을 지배하려는 사회적 충동인 이기심과 구별되는, 자신의 행복에 대한 자기보존적 염려를 상찬하는데, 헤겔은 이것도 무시한다.[33] 그가 보기에 자기애는 어떤 형태로도 자연적 선에 어울리지 않는다. 자연적 선은 민중의 심성을 교육하기 위한 전제이다. 이런 교육은 민중의 지성을 계몽하는 것도 아니고, 복잡한 정당화를 통해 독단적으로 공포를 주입하는 것도 아니다.

그러니까 헤겔은 루소의 비판의 두 가지 대상을 구분한다. 하나가 전승된 신앙이라면, 다른 하나는 계몽의 상투적인 태도이다. 후자는 신앙의 비합리성을 증명함으로써 아무런 대체물도 없이 신앙을 지워버릴 수 있다는 것이다. 훗날 그가 설명하듯, 부정의 책무는 현존하는 것에서 그릇된 것을 밝힐 뿐 아니라, 이 그릇된 것의 현존하는 토대도 밝히는 데 있다. 따라서 부정은 부정되는 것을 대체하기 위해 수행해야 한다. 현실에서 대체 오류가 어떻게 생길 수 있었고 이 오류의 저항력이 무엇을 요건으로 하는지 규정하지 않으면서, 그저 현실에 오류가 있다고 힐난해서는 안 된다. 구체적 사례에 적용한다면, 교회가 그릇된 방식으로나마 사람들에게 주던 것을 주지 않으면서 사람들에게서 교회를 빼앗아서는 안 된다.

따라서 루소는 어떤 대립에서 탈피하는 길을 처음으로 제시한 인물로 여겨졌다. 그것은 성경에 대한 정통 신앙과 그것이 역사적 텍스트를 물신숭배하는 방식의 비판 사이의 대립이다. 다시 말해, 루소는 신이 아니라 종교를 논하는 것이다. 어떤 종교 비판은 신앙인이 종교에 바라는 것을 수용하지는 못하면서, 신학자들이 제대로 읽지 못한다거나 지극히 세속적인 이해관계를 추구한다는 것을 증명할 뿐이다. 헤겔이 보기에 이런 종교 비판은 핵심을 놓치는 것이다. 종교는 성직자가 들려주는 동화일지도 모른다. 그러나 그런 동화 너머에 있으며 학문으로 다루어도 해소되지 않는 사태들이 있다. 죄, 양심, 죽음, 해를 입더라도 해야 한다는 느낌, 사랑, 무망해 보여도 희망하려는 의지가 이런 사태들이다.

루소의 "시민종교religion civile[정치종교]" 개념은 다소 극단적으로 거부된 교회의 일부 기능을 사상적으로 대체하려는 시도이다. 시민종교 개념에 따르면, 전통적 의미의 종교에 냉담한 사람들의 공화국도 어떤 제식祭式이 필요하다는 것이다. 신앙이 없는 개인은 있지만, 종교가 없는 국가는 한 번도 존재하지 않았기 때문이다. 헤겔은 이러한 생각을 "민중종교"라는 이름으로 받아들일 것이다. 그리고 그것이 시민들에게 호소력을 가지려면 어떤 형태이어야 하는지 물을 것이다. 루소는 《사회계약론》의 마지막 주요 장에서 "인간의 종교religion de l'homme", "시민의 종교religion du citoyen", "사제의 종교religion du prêtre"를 구분한다.[34] 인간의 종교는 외적 표현(예배당, 종교의식, 찬송가) 없이 유지되는 것이다. 이 종교는 보편적이고, 그 신은 세계신이며, 그 내용은 도덕적 의무이다. 반면에 지역의 신을 믿는 시민의 종교는 특정 지방에만 있다. 루소가 여기에서 염두에 두는 것은 훗날 "원시종교"라고 불리고 헤겔이 "자연종교"라고 부르는 것이다. 한편, 사제의 종교는 인간을 다른 믿음 형태와 대립시킨다. 국가의 규율에서 벗어나는 규율을 제시하기 때문이다. 사제의 종교에서는 헤겔이 가장 흔쾌히 시인할 명제가 유효하다. "인간을 자기 자신과 모순되게 만드는 제도는 모두 쓸모가 없다."[35]

마지막으로, 공화정이라는 정체에 알맞은 믿음 형태인 시민종교가 있다. 이것은 초지역적이지 않지만, 그때그때의 권력 관계만 기만적으로 정당화하지도 않는다. 훗날의 종교사회학 이론, 특히 에밀 뒤르켐의 이론을 선취하듯이, 루소에게는 정치 공동체 자체가 숭배의 대상이다. 이로써 가령 전쟁 중에는 "조국"을 위해 희생할 수 있다. 이와 관련하여 횔덜린은 1799년 악명 높은 시를 쓰게 될 것이다. 이 시는 100년 이상이 지나 양차 세계대전 중에 전선에서 읽을거리로 악용된 것이다. "천상에서 살자, 오 조국이여, / 죽은 자를 헤아리지 말자! 사랑하는 조국을 위해서는 / 아무리 많은 전사자도 충분하지 않으리."[36]

1797년경 헤겔과 그의 친구들은 루소를 계승하는 질문, 즉 보편적 이성이 어떻게 지역에서 효력을 발휘할 수 있는가라는 질문의 맥락에서 "새로운 신화"를 요구한다. 민중종교와 새로운 신화라는 두 가지 개념에서는 지성과 심성의 대비가 중요한 역할을 한다. 이 대비는 지성 혹은 이성과 감성이라는 칸트식 대비를 덮고 있다. 헤겔은 이러한 철학적 구별을 야코비의 저작에서 가져왔는데, 야코비는 튀빙겐 신학생들뿐 아니라 독일의 모든 지성인에게 소위 "범신론 논쟁"으로 잘 알려진 인물이었다. 이 "범신론"이라는 단어는 헤겔을 평생 따라다닐 것이다. 그것은 헤겔 사상이 비기독교적이라고 여겨지는 이런 입장의 한 사례라는 비난이다.

"헨 카이 판Hen kai pan", 즉 "하나이면서 전부"라는 말은 신학교 학생 횔덜린, 헤겔, 셸링의 암호였다. 이 구호는 모든 이원론, 그리고 두 개의 세계를 상정하는 모든 학설에 대항하는 것이다. 이런 학설들에 따르면, 현세와 내세, 세계와 신, 그뿐 아니라 감성과 이성, 육체와 영혼, 자연과 정신은 서로 분리되어 그 사이에 가교를 놓을 수 없다. 아일랜드 철학자 존 톨런드John Toland는 1705년 소책자를 발간하면서 그 표지에서 자신을 범신론자라고 자칭한 최초의 인물이었다. 4년 후에는 이 학설에 대해, 물질이나 우주와 구별되는 신적인 본질은 없다는 신념이라고 설명했다. 만물의 총체rerum universitatem라는 의미의 자연이야말로 지고한 신이다.[37] 이 견해는 그가 1720년에 출판한 《범신론Pantheisticon》을 통해 악명이 높아졌는데, 그 이유는 무엇보다도 정통 신앙에서

이 저작을 비판했기 때문이다. 이 저작은 자연을 신격화하며, 따라서 실질적으로 신을 부정한다는 것이다. 따라서 이교사異敎史에서는 "다신론"(너무 많은 신), "유니테리언"(삼위일체론에 비해 위격位格이 적은 신), "이신론"(너무 이성적인 탓에 성경도 읽지 않는 신)에 "범신론"이 추가될 뿐 아니라, 이 중에서도 가장 위험한 학설로 여겨졌다. 이 학설에 따르면 신이 세계에 녹아들 뿐 아니라 신이라는 이름 자체가 불필요하기 때문이다.

정통 신앙의 사상가는 결코 아닌 야코비도 그렇게 생각했다. 야코비는 그 무렵 헤겔이 그렇게 되고 싶은 인물이었다. 재산이 있어서 독립적으로 출판할 수 있는 지식인이던 것이다. 야코비는 1785년 저서《스피노자 이론에 관하여: 모제스 멘델스존에게 보낸 서한들Ueber die Lehre des Spinoza in Briefen an den Herrn Moses Mendelssohn》에서 만년의 레싱을 방문해 그의 신앙에 관해 물은 일을 전한다. 잠시 이들의 생년을 따져 보자. 레싱과 멘델스존은 1729년생이었다. 야코비는 1743년생, 헤겔은 1770년생이었다. 레싱은 자신에게는 오직 하나의 철학, 즉 스피노자 철학인 "헨 카이 판"의 철학만 있다고 야코비에게 고백했다.[38]

이 말에 충격을 받는 것은 비단 야코비만이 아니었다. 스피노자라고? 1656년〔옮긴이 주: 본문은 1665년으로 되어 있으나, 1656년의 오기로 보인다〕 암스테르담의 유대교 공동체에서 파문당한 이 철학자는 이 우주의 신이 우주와 전혀 구별되지 않는다고 교시했다. 그에 의하면 신은 무한한 연장延長을 지니고, 의도가 없으며, 불변하고, 인격이 아니다. 그러나 야코비의 입장은 스피노자 주장을 반박하는 것은 아니었다. 지성을 논리적으로 사용하면, 전통적 의미의 신이 존재하지 않는다는 결론은 오히려 올바르다. 야코비에 따르면, 어떤 것을 이해하는 데에는 두 가지 방식이 있는 것이다. 그것은 그것 자체를 통해 이해할 수도 있고, 그것에 속성을 부여하는 다른 것을 통해서 이해할 수도 있다. 다른 것을 통해서 이해하는 이 가능성은 쉽게 설명할 수 있다. 렌즈는 렌즈 연마공이 필요하다. 렌즈 연마공은 렌즈에 대한 지식과 렌즈를 연마하는 기술이 필요한데, 이런 것은 누군가로부터 습득한 것이다. 그뿐 아니라 그 전에 이미 생산되어 있어야 하는 유리도 필요하고, 렌즈 연마공이 생업에 전념할 수 있는 화폐경제 체계도 필요하다. 이렇게 어떤 하나로부터 다른 하나로 넘어간다.

이에 비하여, 어떤 것을 그것 자체를 통해서 이해한다는 것은 무슨 의미인가? 스피노자는 어떤 것에 대한 인식이 그것의 존재 방식을 산출하는 외부 원인을 추론하게 만들지 않을 때, 그 어떤 것을 실체라고 불렀다. 그리고 스피노자에게는 실체가 단 하나밖에 있을 수 없다는 것이 논리적이었다. 그 실체를 "신"이라 하든 "자연"이라 하든 중요하지 않다. 존재하는 모든 것이 그 안에서 전개되고 그로부터 유래할 수 있다는 것이 중요하다. 이에 대해 야코비의 반론은 철학을 추론하고 설명하고 조건을 탐구하는 활동으로 이해해야 이렇게 생각할 수 있다는 것이다. 야코비는 이러한 견해가 치러야 할 대가를 지적한다. 이런 견해에서는 시원始原은 불가능하다. 존재하는 삼라만상은 단지 그것 이전에 존재하던 것으로부터 귀결되는 것이기 때문이다. 자유는 착각이고, 숙명론이 일관된 귀결이다.

만년의 레싱이 스피노자주의자라고 "커밍아웃"했다는 야코비 주장의 여파는 어마어마했다.[39] 격렬한 논쟁이 벌어졌고, 이 논쟁은 6년 후 튀빙겐 신학교까지 영향을 끼치게 되었다. 가장 큰 효과는 스피노자가 널리 알려진 것이었다. 1791년 2월 횔덜린은 어머니에게 보내는 편지에서, 요즘 신 존재 증명을 탐구하는 와중에 스피노자의 여러 저작을 손에 넣었다고 적었다. "제 생각에는, **이성**으로, 즉 심성을 떠난 **냉정한** 이성으로 정확하게 판단한다면, 스피노자의 사상에 이를 **수밖에 없습니다**. 이로써 모든 것을 해명하려면 말입니다. 하지만 거역할 수 없이 영원한 것을 갈구하고 신을 갈구하는 제 심성의 믿음은 여전합니다. 그러나 우리는 **소망하는** 것을 유독 의심하지 않던가요?"[40]

사실 이것은 정확히 야코비의 입장이었기 때문에, "제 생각에는"이라는 횔덜린의 표현은 다소 과장이다. 하지만, 1788년 입학생들의 특징은 마지막 문장에서처럼 의심의 가능성을 열어두는 것이다. 1790년 여름 횔덜린은 (뒤늦게 튀빙겐에서 그 재판再版본을 구입한) 야코비의 《서한들》에 대해 언급하면서, 야코비가 철저한 회의주의로 이끄는 철학에서 한걸음 물러난다는 결론에 도달한다. 야코비가 보기에, 지식은 궁극적 정당화와 설명을 할 수 없기 때문이다.[41] 여기에서 선언하는 것은 그래도 이런 일이 가능하지 않을지 검토해야 한다는 것이다. 셸링은 1795년 《철학의 원리로서의 자아Vom Ich als Princip der Philosophie》에서 이것을 첫 번째 과업으로 받아들이면서, 스피노자가 (자신에 의해) 반박되었지만 그래도 다른 "잡종 체계들"의 타협보다는 높이 평가해야 한다고 공언한다. 아울러 야코비와 스피노자의 대립을 극복하는 것을 자신의 철학적 기획으로 삼는다.[42]

초기의 헤겔이 표명한 의견 중에는 야코비의 《서한들》에 대한 직접적인 논평이라고 할 만한 것은 없다시피 하다. "범신론 논쟁이 헤겔에게 미친 영향은 갑작스럽기보다는 서서히 나타났을 것"이다.[43] 헤겔에게는 아무것도 갑작스럽게 영향을 미치지 않았고 모든 것이 서서히 영향을 미쳤다는 면에서 보더라도 이 말은 맞다. 만일 그를 동물의 종에 대입한다면 틀림없이 반추동물과 두더지 사이에 있는 그 무엇일 것이다. 이 점에서 그는 튀빙겐 신학교를 함께 다닌 또 다른 별들이던 횔덜린이나 셸링과 아주 달랐다. 그가 이 두 인물과 어깨를 나란히 할 수 있는 자리에 등장하는 데에는 여러 해가 더 걸릴 것이었다. 그래서 만약 횔덜린처럼 1805년 서른다섯의 나이에 지성의 세계에서 멀어졌다면, 횔덜린이나 셸링과는 달리 고작 정신사의 각주에 불과했을 것이다.

헤겔은 두 친구가 그랬던 것처럼, 야코비의 소설들도 읽었다. 야코비의 소설은 자유를 펼쳐 보이는 세계-내-존재의 중요한 심급으로서 감정과 심성을 상찬하고 있다. 이 점이 가장 잘 드러난 곳은 아마 빌란트가 창간한 잡지 《토이처 메르쿠어 Teutscher Merkur》에 연재된 서간체 소설 《에두아르트 알빌의 문서들 Aus Eduard Allwills Papieren》에 있을 것이다. 이 소설은 헤겔도 동요하게 만든 문제를 다룬다. 어떻게 도덕과 이성을 삶과 대립하지 않는 방식으로 사유할 수 있는가? 소설에서 주인공은 이 문제에 앞서 한낱 이성만으로 행위할 수 있다는 "세상에서 가장 헛된 관념"을 논박한다. 칸트의《실천이성비판》을 읽은 튀빙겐 독자들은 틀림없이 이 논박에 관심을 가졌을 것이다. "이성이라는 것은 대체 어디서 생겨난 존재인가? 섬세한 감성에 의한 명료한 의식에 불과하지 않은가? 그 전체 범위에 있어서나 하나의 특수한 것으로 추상화되어서나, 그것은 단지 우리의 감각과 성향의 체계에 불과하지 않은가?" 이 소설에서 알빌로 하여금 자신의 사상을 받아쓰게 하는 야코비는 한 가지 예시를 제시한다. "내가 불변의 미덕에 도달하려면 확고한 원칙을 얻고자 애써야 한다고들 한다. 그러나 원칙에 의해 유덕하다는 말은 마치 원칙에 의해 사랑한다는 말처럼 들린다. 물론 감각이 아니라 원칙에 의해 사랑에 빠진 사람은 제법 충직하기는 할 것이다."[44] 여기에서는 초기 헤겔의 글에 나타나는 근본 물음, 칸트의 도덕 개념을 스스로 통찰하지 못하는 사람에게 어떻게 이 개념을 제시할 수 있는가라는 물음이 매우 명료하게 표현되고 있다.

자유의 발전된 개념, 세계를 물구나무 세우기 위해 모든 것을 설명하려는 욕구, 감정과 그에 상응하는 원칙의 융화, 압제의 개념적 도구라는 혐의를 받는 제반 대립의 극복. 세 명의 신학생의 사상에서 일치하는 것, 그리고 이들이 칸트, 루소, 야코비의 저작에서 얻고자 하는 것은 바로 이런 요소로 이루어져 있었다. 헤겔은 특히 어떤 제도가 이성적인 동시에 상상력에 호소할 수도 있는가라는 문제에 몰두했다.

횔덜린이 그랬던 것처럼 헤겔도 반은 역사적이고 반은 신화적인 어떤 모델을 떠올렸다. 고대 그리스라는 이 모델은 호메로스, 헤로도토스, 플라톤, 소포클레스의 저작에서 조합한 것이고, 요한 요아힘 빙켈만Johann Joachim Winckelman의 《그리스 예술사Geschichte der schönen Künste unter den Griechen》, 게오르크 포르스터Georg Forster의 《소견Ansichten》, 실러의 시와 논문에서 조합한 것이다.[45] 헤겔이 김나지움 시절 번역한 희곡《안티고네》는 평생 그를 사로잡았다. 초기의 글들에 의하면, 그리스 종교는 이성의 심오한 도덕적 욕구가 토대를 이루고 "감각의 따스한 미풍이 달콤한 생기를 불어넣은" 것이다. 그리스는 "자연스러운" 삶의 총체처럼 보였다. 이런 삶에는 "심성이 참여하고", 이런 삶에서는 민중 축제에서 연극에 이르기까지 만사가 교양 있는 사람들과 교양 없는 사람들이 모두 공유하는 종교의 영향을 받는다.[46] 미신을 몰아내는 데는 계몽주의가 아니라 더 나은 상상력이 필요하다. 헤겔의 초기 단장斷章에 따르면, 중세 이래 예술작품에서 잘 나타나듯이 기독교에는 상상이 활동할 공간이 넓다. "그러나 예술작품은 민중에게 내려오지 않았고 그럴 수도 없었다. 그리고 공공연하게 인정받지 못했고, 어떠한 인준도 받지 못했다."[47]

그러므로 고대 그리스에는 아름다운 신화의 구속력이 있다고 여겨진다. 헤겔은 이 점에 있어서 종종 헤르더의 저술[48]을 문자 그대로 따른다. 어느 대목에서는 새로운 신화의 모범을 생각하며 탄식으로 시작한다. "아, 먼 옛날부터 인간적 아름다움과 위대함에 대한 감각이 넘치는 영혼에게는 하나의 이미지가 반짝인다.

그것은 민족의 천재, 행운과 자유의 아들, 아름다운 상상력의 문하생이라는 이미지이다.” 감상적인 말이 계속 이어진다.[49] 한편 헤겔은 아테네의 정치 세계는 종교 세계로부터 영향을 받지 않았고 그리스인은 “어떠한 신에게서도 법률을 하명받지 않았다”[50]라고 지적한다. 그래서 그리스는 이미 사라진 어떤 모순들의 통일체이다. 모든 것이 아름답고 진지하며 청명하고 고결한 세계이며, 인류가 “온화한 지방”의 쾌적한 자연 곁에서 삶을 영위하는 세계이다.[51]

물론 헤겔의 청년기 글에도 벌써 고대 그리스의 상황을 재연하는 것은 어떤 의미에서도 불가능하다는 인식이 나타난다. 그러나 일종의 루소의 이상적 공동체로서 아테네가 칸트의 자율적 도덕을, 그리고 개인과 인류의 합일을 일찍이 실현했다는 생각은 오래도록 고수했다. 그는 남국의 아름답고 공적인 삶을 북국의 내면성과 대조한다. 그가 어느 쪽을 선호하는지는 의심의 여지가 없다. 아, 그러나 세계사의 발전이 어느 쪽으로 나아갔는지도 의심의 여지가 없다. 헤겔은 먼저 초기의 진정한 기독교를 그리스에 연계하여 생각할 것이었다. 이런 기독교는 칸트의 사상도 예증하는 것이다. 그렇지만 이것이 정치적으로는 아무 도움이 되지 않는다는 것을 깨닫는다. 그리고 한참 후에 그의 저작에는 그리스 세계에서는 오히려 개인 자체는 아무 의미가 없고 다수의 개인도 아무것도 아니라는 생각이 나타나게 된다.

“그렇지만 우리는 어떻게 스스로를 되찾을 수 있는가? 인간은 어떻게 자신을 알 수 있는가?” 프리드리히 니체는 《반시대적 고찰》에서 이같이 질문을 던지고는, 곧바로 이 질문에 대답하는 방법을 제안했다. "젊은 영혼은 삶을 돌아보며 이렇게 묻는다. 그대는 지금까지 무엇을 진정으로 사랑했는가? 무엇이 그대 영혼을 끌어당겼는가? 무엇이 그대 영혼을 지배하는 동시에 행복하게 했는가? 그 소중한 대상들을 떠올려보라. 그러면 아마도 그것들의 본질과 결과를 통해 하나의 법칙, 즉 그대의 고유한 자아의 근본 법칙을 알게 될 것이다. 그 대상들을 비교하면서, 하나가 다른 하나를 어떻게 보완하고 확장하고 능가하고 변용하는지 보라. 그것들이 어떻게 그대가 지금까지 그대 자신에게로 기어 올라온 사다리를 이루고 있는지 보라. 왜냐하면 그대의 진정한 본질은 그대 안에 깊고 내밀하게 숨어있는 것이 아니라, 그대보다, 아니면 적어도 그대가 보통 그대의 자아라고 여기는 것보다 엄청나게 높이 있기 때문이다. 그대의 진정한 지도자와 교육자들은 그대의 본질이 지닌 진정한 근원적 의미와 근원적 원소를 그대에게 알려준다. 그것은 절대로 지도할 수도 교육할 수도 없는 것, 나아가 접근하기도 속박하기도 마비시키기도 어려운 것이다. 그대의 지도자는 그대의 해방자 외에 무엇도 아니다. 그것이 모든 교양의 비밀이다. 교양은 인공의 사지, 밀랍의 코, 안경 쓴 눈을 주지 않는다. […] 오히려 교양은 해방이다."[52]

어떤 면에서는 헤겔이나 튀빙겐의 벗들의 생애가 지닌 도덕은 그 사상에 있어서 동일하다. 그들이 독서를 통해 가장 먼저 규명한 것들은 매우 이질적이다. 예수와 루소, 스피노자와 칸트, 그리스인과 야코비가 그러한 것이다. 그 결과로서 매우 천천히 점진

적으로, 하지만 초기의 동인들을 좀처럼 잊지 않으면서, 이 동인
들을 하나로 합치는 것을 찾으려고 시도했고, (니체의 충고까지 넘
어서) 이 동인들이 서로 이루는 여러 모순을 모두 고려하려고 시
도했다.

가정교사, 혹은
개인교습의 단점

"친애하고 축복받은 겔레르트 씨! 우리 막스를 위한
가정교사가 필요합니다. 저는 지금 교육에 대해 글을
쓰느라 막스를 교육할 시간이 없습니다."

장 파울 Jean Paul

4

가정교사, 혹은 개인교습의 단점

"나는 지금 청춘의 정령에게 바치는 시를 퇴고하고 있다네." 횔덜린은 1794년 10월 친구 노이퍼에게 편지를 썼다.[1] 그보다 2년 전에 그는 "가장 아름다운 정령"과 "자연의 지배자"를 위해 운율을 맞춘 찬가를 이런 제목[〈청춘의 정령에게 바치는 찬가Hymne an den Genius der Jugend〉]으로 쓰겠다고 다짐해 두었다. 여기에서는 "모든 영혼이 영원히 / 청춘의 볕을 쬔다"라고 노래한다. 그가 이 시를 〈청춘의 신Der Gott der Jugend〉으로 개작하고 나서는 도취가 줄었다. 그는 "탈주의 시절"을 그리워하며, 그래서 시에 "아직"이라는 단어가 여덟 번이나 등장한다.[2] 그는 아름다운 것에는 신성이 깃들어 있고 아름다움은 청춘과 결부되어 있지만, 청춘은 지속되지 않는다고 쓴다.

게다가 청춘은 그가 기대한 것과는 달랐다. 스물네 살의 횔덜린, 그렇게 "아직" 젊은 휠덜린은 몇 달 전에 교사가 되었다. 그는 실러의 소개로 바이마르 인근 발터스하우젠에 있는 칼프 가문의 성에서 프리츠 폰 칼프Fritz von Kalb를 가르쳤다. 그에 앞서 칸트, 요한 게오르크 하만Johann Georg Hamann, 헤르더, 요한 빌헬름 루트비히 글라임Johann Wilhelm Ludwig Gleim, 테어도르 고틀리프 폰 히펠Theodor Gottlieb von Hippel, 고트셰트, 프리드리히 고틀리프 클롭슈톡Friedrich Gottlieb Klopstock, 빌란트, 빙켈만, 장 파울, 요한 프리드리히 헤르바르트Johann Friedrich Herbart, 카를 렌츠가 그랬듯,[3] 소위 가정교사 자리를 얻은 것이다. 1796년 1월 휠덜린은 이제 프랑크푸르트에서 가정교사 일을 하게 되었다. 친구 셸링은 [슈투트가르트로부터] 헤겔에게 보낸 서한에서 이렇게 썼다. "여기에서 가정교사로 속을 끓이고 있는 쥐스킨트가 안부를 전해달라네! 역시 이곳의 가정교사인 피스터Pfister도 안부를 전해달라네. 겨우내 자기 마을에서", 즉 베른에서 가정교사로 "완전히 향락에 빠져 지낼 뫼글링Mögling에게 인사를 전하네. 휠덜린이 프랑크푸르트에 있다는 걸 알아두게나."[4] 셸링 자신도 당시 리데젤Riedesel 남작 가문의 가정교사를 맡고 있었다. 독일 고전주의의 여러 인물, 아울러 그들의 선구자와 후계자 중에서는 가정교사 일을 해본 적이 없는 사람을 열거하는 것이 더 쉬울 것이다. 괴테와 실러 정도가 그런 사람이다.

헤겔도 가정교사였다. 더욱이 발터스하우젠의 일자리는 그가 먼저 제안받은 것이었다. 그러나 그는 휠덜린을 대신 추천했고, 자신은 베른에서 가정교사를 맡게 되었다. 헤겔은 다른 많은 친구와 마찬가지로 목사가 되기는 싫었지만, 시간을 끌 수밖에 없었다. 목사가 되고 싶지 않은 것은, 조심스럽게 말하자면, 자신이 배운 신학에 대해 강한 의구심을 품고 있었기 때문이다. 즉, 헤겔은 교회를 압제의 수단이라고 생각했고, 신을 천상의 주±라기보다는 오히려 철학적인 문제로 여겼다. 게다가 그에게는 지적인 직업이 머릿속을 맴돌았지만, 당시로서는 그것이 어떤 모습을 띠게 될지 거의 알 수 없었다. 레싱의 경력과 같을 것인가? 실러의 경력과 같을 것인가? 이러한 상상은 이 두 작가가 각자의 길을 찾으면서 겪은 위험과 무리한 기대를 과소평가한 것이었다. 또한 두 인물은 모두 극작가이면서 아울러 학자였다. 지식인이 생계를 유지하는 방법 중에서 당시의 헤겔, 횔덜린, 셸링이 활용할 수 있는 것은 없었다. 하지만 단지 그런 이유로 목사가 되어야 하는가?

1793년에는 전체 교구의 족히 4분의 1가량은 급료의 40퍼센트를 현물로 받았다. 이런 급료는 최저생계비를 밑돌았다.[5] 시골 목사가 되면 농사까지 짓지는 않더라도 텃밭 정도는 가꾸어야 채소 판매와 가내 도축으로 먹고살 수 있었다.[6] 다른 한편으로 그들에게 부여된 교회의 직분을 받아들이지 않는다면 장학금을 상환할 판이었다. 그러나 목사 자리에 대한 수요가 과잉된다면 그나마 목사직 배정도 쉽게 기대할 수 없을 것이다. 그러한 수요 과잉은 현실이 되었다. 뷔르템베르크에서는 목사 자리가 1년에 평균 20여 개 생겼는데 대기자는 그보다 많았다. 적지 않은 지원자는 목사 자리를 차지한 사람이 기침했다는 말만 들어도 그 사람 곁에 머물며 건강 상태를 탐문하려고 이리저리 돌아다닐 지경이었다.

그래서 18세기 말에는 성직자 과정을 이수한 졸업생이 (적어도 과도기 동안) 귀족 집안 자제를 가르치는 일은 흔했다. 특히 프랑스의 상황을 주시하면서 곧 격변이 일어날 것으로 예상한 젊은이들은 이렇게 기다리는 편이 나으리라고 느꼈을 것이다. 모든 가정교사는 가정교사보다 나은 것을 기대했다. 가정교사 일을 오랫동안 하고 싶은 사람은 없었다. 다른 한편 귀족 가정은 그런 젊은 교사를 찾고 있었다. 부모는 일찍이 프랑스어나 자연과학을 배울 시간이 없었기 때문이다. 요리하거나 말을 돌보거나 빨래하는 일꾼이 있다면 아이를 돌보는 일꾼이 없을 리가 있겠는가? 더욱이 젊은 남성들은 나이 때문에라도 아이와 가까워질 수 있을 것이었다.

1793년 8월 말 헤겔은 폰 뤼테von Rütte라는 베른 시 서기에게 편지를 썼다. "고귀하고 각별히 존경하는 선생님께, 폰 슈타이거 von Steiger 대위 댁의 가정교사 자리 문제로 보내신 친절한 서한은 황소여관 주인 브로트하크Brodhag 씨를 통해 잘 받았습니다. 적어도 현재 제 상황이 허락하는 한도 내에서 잠정적으로라도 답변을 드려야 한다고 생각합니다. 그렇지만 현재 제가 처한 상황에서는 앞으로 14일 이전에는 확답을 드리기 어렵습니다." 그러니까 헤겔은 인맥을 통해 베른의 명문가인 슈타이너 가문과 연결되었다. 사람들은 지인에게 묻고, 그 지인은 다시 다른 지인에게 묻는다. 한 지원자가 실격이면 다른 이로 대체된다. 슈투트가르트의 여관 '황금 황소'의 주인은 젊은 헤겔이 어떤 사람이고 어떤 가정 출신인지 물론 잘 알고 있었으므로, 헤겔은 베른으로부터 제안을 받게 된 것이다. 그는 잠깐의 줄다리기 끝에 제안을 받아들였다. "그리고 슈타이거 댁에서의 업무와 지위는 저의 즐거운 상상에 부합할 것으로 믿습니다. 따라서 베른에서의 생활은 돈이 많이 들고 사교생활을 위한 옷이나 기타 지출이 많다는 점을 고려하여, 약정된 급료 15루이도가 이런 필수적 지출에 충분한지는 슈타이거 대위님이 판단하실 몫으로 남겨 두기로 하겠습니다."[8] 헤겔은 1793년 10월 초에 베른으로 이사했다.

가정교사Hofmeister란 과연 무엇이었는가? 이 명칭은 역사가 깊다. 원래는 중세와 근대의 궁정Hof에서 의전 활동을 관리하고 조직하는 직책이었다. 이 명칭은 서서히 교육자에게 적용되기 시작했다. 신분이 높은 이들은 가정에서 개인교습을 통해 아이를 교육했다. 당시에는 어차피 의무교육은 없었다. 또 상급 학교나 대학에 입학하기 위해 어떤 졸업을 요구하는 "자격 제도"도 없었다. 이 제도는 헤겔 세대가 도입한 것이다. 그래서 아버지나 목사나 가정교사가 가르치는 경우도 흔했다. 존 로크도 1693년 《교육론 Thoughts concerning education》에서 이런 교육을 지지한 바 있다. 이런 교육만이 아이의 개성에 적합하다는 것이다. 1762년에 펴낸 루소의 획기적 저작 《에밀》에 등장하는 모범적인 학생 에밀도 당연히 한 사람에게 교육을 받았다. 이런 일은 그 철학자[루소] 자신에게도 벅찬 일이었음에도 말이다. 그러나 루소는 기본적으로 아이들을 모든 사회적 영향으로부터 차단하는 교육을 상상했다. 하지만 얼마 지나지도 않아 루소의 추종자들 사이에서도 반대의 목소리가 높아졌다. 그들은 (루소가 시커먼 곰팡이로 여겼던) "사교의 미덕"을 습득하도록, "아동과 청소년들을 위해서도 [교육] 단체"를 설립할 것을 권고했다.[9]

이런 것은 학생 입장에서 본 것이다. 하지만 개인교습을 하는 가정교사의 운명도 힘들기는 마찬가지였다. 의지가지없는 처지여서 자신을 낮추어야 한다. 바젤의 계몽주의자 야콥 자라신Jakob Sarasin은 "우리의 교사는 대부분 장래의 신학자이며, 이런 장래 직업에 직결되는 공부 외에는 학문적 소양이 거의 없다"라고 언급했다. 그리고 이렇게 덧붙인다. "이런 사람들은 대개 세상 물정에 어둡기 때문에 학생을 사교가나 관리로 길러내야 한다는 생각은 거의 하지 못한다."[10] 피고용인이라는 위치 때문에도 자신을 낮추어야 한다. 교사가 아버지의 피고용인이라면 아이가 어떻게 존경할 수 있겠는가? 게다가 가정교사의 급료는 형편없었다. 그래서 그들은 그들 형편으로 인한 비굴함과 학식으로 인한 반항심 사이에서 오락가락했다. 더구나 프랑스어뿐 아니라 춤, 산수, 펜싱도 가르칠 수 있어야 한다. 1752년에 이미 고틀리프 빌헬름 라베너 Gottlieb Wilhelm Rabener는 《풍자 서한Satyrischen Briefen》이라는 책에서 가정교사 지원자들을 조롱한다. 그들은 "매일 맥주 3리터를 요구하고" "라틴어와 그리스어는 하지만 독일어는 못하고" "자기 시를 흠잡으면 벌컥 화를 내고" "탐욕스럽기 짝이 없다." 요약하자면, "정신적인 양¥ 우리로 끌려가는 길은 너무 많아서, 그 길을 다 묘사하려면, 아니 그중 몇 가지 길만 묘사하려고 해도 이 동네에 정통해야 한다."[11]

가정교사는 많은 것을 할 줄 알아야 하지만 아울러 아무것도 요구하지 않아야 한다. 항상 가까이 있어야 하지만 선을 넘어서는 안 된다. 그리고 권위자이면서 봉사자여야 한다. 교양소설을 패러디한 로런스 스턴Laurence Sterne의 《트리스트럼 샌디Tristram Shandy》에서도 "급히 가도 안 되고, 천천히 가도 안 된다"라고 묘사하는 것이다.[12] 이런 요구를 받는 사람은 그다지 행복하지 않을 것이다.

가정교사 제도의 불행함은 1772년 집필이 끝나 1774년에 익명으로 출간된 야콥 미카엘 라인홀트 렌츠Jakob Michael Reinhold Lenz의 희곡 《가정교사, 혹은 개인교습의 장점Der Hofmeister oder Vorteile der Privaterziehung》을 통해 널리 알려졌다. 이 작품은 문학에서 "질풍노도" 시대의 모범으로 간주된다. 어떤 이들은 이 이른바 희극이 "우리의 셰익스피어인 불멸의 괴테 박사"의 작품이라고 추측했고, 다른 이들은 레싱의 《민나 폰 바른헬름Minna von Barnhelm》과 같은 수준의 독일 최고의 희극이라고 여겼다. 그러나 《독일 문예연감Almanach der deutschen Musen》에서 다음과 같이 언급한 비평가도 있었다. "아버지는 미쳐버리고, 딸은 정조를 잃고, 감옥과 거지의 움막이 등장하며, 다치고 물에 몸을 던지고 거세하는 사건이 일어나는 이런 작품을 비극이 아니라고 한다면, 상당수의 프랑스 비극도 희극이라고 해야 할 것이다."[13]

야콥 렌츠의 작품에서 젊은 신학자는 동프로이센 지역의 어느 소령의 우둔한 아들을 가르치고, 틈틈이 딸도 가르친다. 가정교사 봉급은 계속 줄고, 그사이에 복잡한 연애 문제가 벌어진다. 딸은 사촌과 사랑에 빠졌음에도 가정교사의 아이를 갖게 되는 것이다. 아버지는 반미치광이가 되어 가정교사에게 총을 쏘지만, 연못에 빠져 죽으려던 딸은 용서한다. 가정교사는 스스로 거세한다. 그리고 어느 젊은 여성과 결혼하는데, 그녀는 이 남자와의 사이에서 아이를 가질 수 없다는 것을 알면서도 자신에게 오리와 닭이 많으므로 개의치 않는다고 한다.

[외부의] 질풍Sturm보다는 [내면의] 노도[충동Drang]에 초점을 맞춘 야콥 렌츠의 이 희곡은 이처럼 애정 관계에 빠지기 쉬운 교육방식이 어떤 결말을 낳는지를 온갖 격정을 동원하여 상세히 보여주고 있다. 가정교사는 어떤 특별한 문제를 극복해야 하는 것이다. 이런 문제가 야콥 렌츠의 작품에서처럼 제자와의 사이에 일어나는 경우는 오히려 드물었다. 늘 아이 곁에 있으므로, 흔히 자신의 연배인 아이 어머니나 어머니의 친구들과도 가까웠다. 횔덜린은 1794년 1월 여동생에게 보낸 편지에서 "[칼프] 소령 부인의 말동무인 라우지츠 출신 과부는 정신과 심성이 훌륭한 숙녀야. 프랑스어와 영어도 구사하지. 조금 전에는 칸트의 최근 저작을 내게서 빌려갔어"라고 전했다. 횔덜린은 그녀에게 관심이 있지만 그녀는 "약혼했고" 자신보다 "훨씬 현명하다"라고도 적었다.[14] 이 라우지츠 출신의 과부 빌헬르미네 마리안네 키름스Wilhelmine Marianne Kirms가 약혼했다는 소문은 횔덜린이 일부러 퍼뜨린 것이다. 그녀는 1795년 여름에 딸을 낳았는데, 횔덜린이 아버지로 추정된다. 그 직후에 두 번째 가정교사 일을 시작한 프랑

크푸르트에서는 한층 극적인 사건이 일어난다. 이전처럼 그 가문의 친구와 덧없는 사랑을 한 것이 아니라, 그 가문의 주인인 은행가 곤타르트Gontard의 부인과 불멸의 사랑을 하게 된 것이다.

헤겔은 가정교사 일을 하면서 그런 일에 쉽사리 휩쓸리지 않았다. 1794년 7월 10일 발터스하우젠에서 휠덜린은 헤겔에게 편지를 썼다. "때로는 내 주위에도 자네가 있는 지방[스위스 베른]의 호수와 알프스가 있기를 바라곤 한다네. 거역할 수 없는 대자연은 우리를 고상하고 강인하게 만들어 주니까. 하지만 그 대신 내 주위에는 드물게 크고 깊고 섬세하고 노련한 이례적인 정신이 있다네. 자네가 있는 베른에서는 칼프 부인 같은 여성은 찾기 힘들 걸세. 이 볕을 쬔다면 자네도 틀림없이 행복할 걸세."[15] 그의 시 〈청춘의 정령에게 바치는 찬가〉와 비슷한 표현이다. 그러나 여기서 정령은 여성으로 등장한다. 휠덜린은 어떤 관계건 선정적으로 만드는 충동에 좌우되었고, 우정과 사랑 외에는 어떤 태도도 무의미하다고 여겼다.

얼마 지나지 않아 휠덜린은 첫 제자인 칼프와의 관계에서 불쾌한 경험을 하게 되었다. 그는 제자를 우둔하고 태만한 데다 고집이 세며 불손하고 난폭하다고 묘사했다. 실러에게 보낸 편지에는 "제 학생을 사람으로 만드는 것이 예나 지금이나 저의 목표입니다"라고 썼다. 이성이 결핍된 인간성은 진정한 인간성이 아니라고도 했다.[16] 휠덜린은 오전과 오후에 각각 2시간씩 가르쳤다. 아이와 친해지려고 애썼고 아이가 도덕적 규칙을 깨닫도록 독려했다. 물론 휠덜린은 사회가 이미 이 아이에게 영향을 미쳤다는

116

것을 알게 되었다. 이 어린 귀족은 전임 가정교사의 체벌 탓에 고집이 세진 것이다. 아이는 재능은 평범한 수준이었고 이성적인 가르침은 전혀 받아들이지 못했으며 올바름은 조금도 존중하지 않았다. 아버지는 자위행위의 원인이 신체에 있다고 여기고 의학적인 문제로 취급했다. 힘에 부친 횔덜린은 일을 그만두었다. "그 녀석 탓에 일어난 별난 일들 때문에 교육하면서 겪은 온갖 비참함"[17]으로 인해 그는 문학과 철학에 몰두하기 시작했다. 소설《그리스의 은자 히페리온Hyperion, oder Der Eremit in Griechenland》을 집필하고 당시 예나 대학에 있던 피히테의 이론을 연구하는 데 전념하게 된 것이다.

헤겔은 그보다는 운이 좋았다. 6살과 8살 아이를 가르쳤기 때문에 칼프처럼 일찌감치 사춘기에 들어선 아이와 씨름할 필요가 없었다. 그의 불만은 자기 일을 할 시간이 적다는 것뿐이었다. 주인이 없을 때는 실질적으로 집안을 관리해야 했기 때문이다. 가르치는 일에 대해서는 편지에 별로 적지 않았다. 다만 예외는 교육에 대한 명확한 견해를 보여주는 짤막한 언급이다. 이 언급은 그가 자신이 숭배한 루소와 달리, 처음부터 교육을 외부로부터 고립된 채 선생과 학생 사이에서 일어나는 일로 여길 수 없었음을 보여준다. 1796년 11월 추크에 있는 슈타이거 가문의 영지에서 횔덜린에게 보내는 편지에 그는 보통은 학생의 머리에 "단어와 개념"을 채울 수는 있지만, "부모의 정신이 가정교사의 노력과 조화를 이루지 못하면, 가정교사는 품성 교양이라는 더욱 본질적인 것에는 거의 영향을 미칠 수 없네"라고 쓴 것이다.[18] 헤겔은 훗날 뉘른베르크에서 김나지움 교장이 된 후 학생의 가족들이 이 점을 명심하도록 할 것이다.

헤겔은 폐쇄적이고 외로운 튀링겐보다 베른을 좋아했다. 아마도 귀족정과 당시 태동하던 공화정이 맞서는 정치적 분위기나 프랑스에 대한 친밀감도 좋아했을 것이다. 그러나 그는 스위스의 도시 베른에서도 "문학 활동의 무대"(에서는) 멀리 떨어져 있었다.[19] 그는 여러 편지에서, 튀빙겐에서는 여전히 프랑스 신문을 읽는지 물었다. 그리고 셸링에게 장 밥티스트 카리에Jean-Baptiste Carrier가 1794년 12월 단두대에서 처형된 일을 들었는지도 물었다. 카리에는 로베스피에르의 가장 과격한 추종자 중 한 사람으로서, 낭트에서 나흘 동안 1만 6천여 명을 수장시켜 처형한 것으로 알려졌다. 헤겔의 여러 언급에서 프랑스혁명이 공포정치로 격변하는 상황에 관련한 그의 생각("로베스피에르 당의 지독한 비열함")을 알아들을 수 있다. 족히 10년은 지나 헤겔은 《정신현상학》에 "그래서 인류의 행복을 위해 뛰던 심장이 오만한 자의 광란으로 변질된다"라고 썼다. 그저 정의가 아니라 인간성의 정의를 소유하고 있다는 감정이 용솟음치면, 그에 맞서는 저항은 모조리 인간성에 맞서는 저항이 되는 것이다. 독선적인 자들의 광란이 "선포하는 일반적 질서는 심정과 행복의 법칙을 곡해한다. 이것은 광신적 성직자, 호의호식하는 폭군, 그리고 (자신의 굴종을 보상하기 위해 자기보다 낮은 사람들을 굴종시키고 억압하는) 그 하수인이 날조한 것이다. 그리고 이를 통해 농락당한 인간성은 형언할 수 없는 비참함에 빠진다."[20]

1795년 초에 헤겔이 셸링에게 보낸 편지에 의하면, 베른에는 이와 달리 시민국가의 긴장된 평온함이 팽배했다. 유서 깊은 몇몇 가문이 통치하는 이 시민국가에는 선거제도가 있었지만, 그 선거에 앞서 일어나는 음모에 비하면 궁정의 음모 따위는 새 발의 피였다. 그렇게 그는 군주정과 다른 귀족정을 접하게 된다.[21] 헤겔은 로잔 출신 변호사 장 자크 카르Jean-Jacques Cart의 《친서 Vertrauliche Briefe》를 번역, 편집, 주해했다. 카르가 1792년 "베른주의 구舊 과두정을 철저히 폭로"하기 위해 쓴 이 글은 베른에서 즉각 금지된다. 이 글은 바틀란트의 정치적 운명을 다룬다. 프랑스어 지역인 바틀란트는 16세기에 이미 [독일어 지역인] 베른의 통치를 받기 시작했지만, 자신의 "유구한 권리"를 주장하며 봉기를 거듭해왔다. 헤겔은 정체政體를 평가하는 기준은 경제적 부여서는 안 된다고 강조한다. 가령 시민이 내는 세금이 얼마나 적은가가 아니라, 이러한 세금을 스스로 결정했는가가 기준이어야 한다는 것이다. "미국이 수입하는 차에 영국 의회가 부과한 세금은 상당히 낮았다. 하지만 세금으로 내는 아주 미미한 돈 때문에 가장 중요한 권리를 잃었다는 미국인들의 감정이야말로 미국 독립 혁명을 이루어냈다."[22] 이것은 프랑스혁명에 대한 분석을 되풀이하는 것이다. 그 분석에 따르면, 프랑스혁명의 원인은 경제적 붕괴보다는 저항에 숨결을 불어 넣은 사상의 영향에 있었다. 카르와 헤겔이 베른의 귀족들을 책망하는 이유를 오늘날에는 법치국가의 결여라고 부를 것이다. 그것은 형벌의 남용, 시민에 대한 속박, 겉치레 공화정이다.

이처럼 헤겔은 횔덜린이 부러워하는 "호수와 알프스"보다는 정치적 사건에 훨씬 더 관심이 있었다. 프랑크푸르트로 옮기는 것을 이미 고려하던 1796년 여름에 다른 가정교사 3명과 떠난 알프스 도보여행에 관해 쓴 글에서 무엇보다 의미심장한 것은 헤겔이 생각나는 대로 글을 썼다는 점이다. 대중 앞에서 무언가 증명해야 하는 것을 고려하지도 않고, 사고의 흐름을 문자라는 표현방식으로 그대로 모사하지도 않으면서 말이다. 이 여행을 묘사하면서 자신들이 어떤 길을 택했는지, 그리고 얼마나 빨리 이동했는지 세밀하게 기록해 두었다. 자신이 보고 겪은 것을 그전에 읽었던 것과 비교했다. 도보 여행자는 당연히 여행 안내서를 따라서 여행하기 때문이다. 이 친구들은 "맛이 하나도 없어 보이는" 마멋 고기를 먹고, 버찌 브랜디를 섞은 샘물로 원기를 차렸다. 헤겔은 루체른까지 오는 도중에 지나친 마을들에서의 일화도 적고 있다.[23]

그러나 산들은 골짜기로부터 "갑갑하고 섬뜩한 느낌"을 뿜어냈고, 시냇물의 소음은 지루하게만 느껴졌다. 이성이 경탄할 만한 것은 전혀 없는 영원히 죽어있는 바윗덩어리들도 마찬가지였다. 그래서 이 여행 기록은 헤겔의 철학적 입장에 대해서도 시사하는 바가 크다. 가령 그가 자연에서 기쁨도 별로 느끼지 못하고 신은 분명 느끼지 못한다면, 그의 범신론은 적어도 괴테식의 범신론은 아닌, 어떤 아주 특별한 범신론일 것이다. 헤겔에게 있어 자연은 "이것은 그렇다"와 같은 간결한 판단이 지배하는 영역이었다. 물론 개울물이 아래로 떨어질 때 흩뿌리는 "물보라"를 즐기면서, 여기에서는 "자연의 필연"이 아니라 자유로운 유희를 느낀다고 적었다. 그러나 헤겔은 자연의 연극을 감상하는 것보다는, 목장 주인이 상세히 설명해 주는 치즈 만드는 기술이나 관광객에게 우유나 크림 가격을 알아서 정하라고 하는 목장의 관례에 관심이 더 많았다. 헤겔은 그런 관례가 "전반적인 소박함과 선량함"보다는 높은 가격에 대한 기대 때문에 생겼다고 보았다. 그래서 원래 적정한 값어치만큼 돈을 내면 불쾌하다는 표정을 짓고, 그보다도 적게 돈을 내면 원래 가격을 부른다.[24]

전체적으로 보아, 산의 거대함과 숭고함을 기대한 헤겔은 실망감을 느꼈다. 빙하 모습도 전연 흥미롭지 않았다. 그것을 보는 일은 정신에게 "더 할 일을 주지 않는다."[25] 훗날 헤겔의 미학에서는 자연미라는 개념에 완전히 무관심하다. 학창 시절에 위 롱기누스의 글《숭고에 관하여 Über das Erhabene》를 독일어로 번역한 헤겔이지만 특히 숭고라는 범주는 그리 중시하지 않는다. 그의 관심을 끈 것은 라이헨바흐 폭포뿐이었다. 라이헨바흐 폭포는 오늘날 아서 코난 도일의 1893년 소설《마지막 사건》으로 유명해졌는데, 셜록 홈즈는 바로 이 폭포에서 (잠정적으로) 사망한 것이다. 헤겔은 이 폭포가 수많은 이미지를 연달아 불러일으킨다고 적었다. 이미지는 곧바로 다시 해체되어 다른 이미지에 밀려난다. 그래서 "영원히 똑같은 이미지"를 보지만 아울러 "그 이미지는 결코 똑같지 않다." 어떠한 서술이나 어떠한 그림도 그 이미지를 몸소 보는 것을 대체할 수는 없다. 특히 그림은 더더욱 그럴 수 없다. 그림이 감상자에게 제시하는 그 그려진 것의 크기는 실제 폭포에 비해 너무 작기 때문이다. 게다가 폭포는 늘 똑같이 그려질 뿐 "영원히 해체되는 그 모습"은 그려질 수 없다.[26]

따라서 헤겔은 자연을 접하고도 곧장 문명으로 돌아가는 셈이다. 그의 감각기관은 사회 현상을 향한다. 물론 이상하게도 이 도보 여행자들이 나눈 대화는 일절 묘사하지 않지만 말이다. 생각에만 빠져 있던 걸까? 그가 얼마나 냉정했는지는 산중에서 궁핍하고 옹색하며 위태로운 삶을 근근이 이어나가는 사람들을 두고 하는 말에서 알 수 있다. 헤겔은 "아무리 믿음이 깊은 신학자라도 이 산맥의 자연에는 인간을 위한 유용성이라는 목적을 감히 갖다 붙이지"못할 것이라고 썼다. 만물이 완벽하게 인간을 위해 마련되어 있다고 인간에게 증명하는 유형의 물리신학은 이런 황량한 곳에서는 생겨나기 힘들다. 여기에서 헤겔은 동시대 사람들의 자부심도 이런 생각에 바탕을 둔다고 말한다. 이들은 자연이 인간에게 다가오는 것이 아니라 인간이 온갖 목적을 자연에 부과했음을 알지 못한다. 헤겔은 불행이 닥칠 때 위안이 더 필요한 것은 알프스 주민이 아니라 도시민이라고 말한다. 그래서 도시민은 나쁜 일에도 좋은 면이 있다고 생각하기 쉽다. "이익을 포기하지 못하기 때문이다." 도시민에게 신은 보상해주는 존재이다.[27]

이로부터 종교철학의 문제들이 곧바로 나타난다. 헤겔은 이런 문제들을 1793년 10월부터 1796년 겨울까지 베른에서 보낸 3년 동안 연구한 바 있다. 그중 하나는 유덕하게 행동하는 인간은 적어도 내세에서는 보상받을 권리, 즉 행복할 권리가 있는가라는 문제이다. 헤겔은 그러한 기대에 대해 이따금 무뚝뚝하게 말한다. 현세에서 포기하는 것에 대해 언젠가 보상을 받으리라는 희망은 물론 위안을 주지만, "가령 기대에 반하여 일어나는 일은 모두 부당하다고 보지 않는 데에 익숙해져야 한다"라는 것이었다. 이미 튀빙겐의 단편에서 헤겔은 자연에는 위안이 없는 고통이 있고, 신의 섭리만이 위안일 수 있는 수난이 있다고 적었다.[28] 그리고 이미 그 당시에 헤겔은 위안이라는 주제에 냉소적이었다. 종교에 이처럼 수많은 위안의 이유가 있다면, 여드레마다 아버지나 어머니를 여의지 않는 것이 애석하지 않겠느냐고 쓰는 것이다. 이제 그는 인간이 "사실 탓할 것 없는 이 세상을 눈물의 골짜기라고 탓하면서, 실제적이거나 몽상적인 수많은 고통과 비탄"을 만들어낸다고 단언한다. 불행이 그 자체로 부당한 것은 아니며, 궁핍이 그 자체로 보상받을 권리를 주는 것은 아니다.[29] 헤겔은 이성적인 인간은 엄살을 부리지 않을 것이라 기대했다.

반면에 튀빙겐의 인기 없는 교수 슈토어는 유덕한 궁핍, 즉 유덕한 행위로 인한 궁핍에 대한 보상을 주장하면서 칸트를 인용한다. "행복은 이성적이고 유한한 존재의 욕구에 필수적이다. 다시 말해서, 행복은 의욕의 필수 요소(객체)이다." 따라서 의지는 미덕을 결심하려면 미덕에 대한 주관적 관심을 가질 수 있어야 하며, 여기에는 "선한 의지의 어떤 촉발"이 필요하다. 그리고 법칙을 존중하려면, 그러한 존중과 준수로 행복을 얻을 수 있다는 신뢰가 있어야 한다. 그것을 부인하고 후일의 보상을 전혀 고려하지 않은 채 법칙을 따라야 한다고 주장하는 이는 나아가 타인과 자신이 그 미덕에 찬탄한다는 보상만 추구하게 된다. 슈토어가 보기에 "희망을 통한 미덕", 즉 내세에서 행복할 것과 그 행복이 현세에서 미리 드러날 것이라는 희망을 통한 미덕은 이성적으로 비껴갈 도리가 없다.[30]

그렇다면 슈토어는 도덕적 엄숙주의가 그것 자신과 모순되도록 만든다. 칸트는 목적을 의지하는 사람은 그 목적에 불가결한 수단도 의지한다고 교시했다. 따라서 칸트의 이론이성이 궁극적 문제를 해명하기에 충분치 않다면, 이런 문제에는 실천이성이 우선시된다. 그래서 슈토어에게는 어떤 사상, 이야기, 교리가 도덕에 대해 지니는 힘은 목적인 도덕적 행위를 실제로 끌어내는 수단이 된다. 이때 이 힘은 (이기심, 나약함, 탐욕, 태만 등의) 인간적 감성에 맞서는 역능이다. 아무리 깔끔하게 증명된 원리라 한들 아무것도 실제로 이루지 못한다면 무슨 소용이 있는가? 헤겔은 여기에 기꺼이 동의할 수 있었을 것이다. 그러나 그 때문에 슈토어는 말하자면 자율적 결단 없는 미덕이더라도 악덕보다는 낫고, 혹은 이성 자체 덕분에 유덕하다고 자처하는 사람들의 하나마나 한 가르침보다는 낫다고 본 것이다. 그는 순수하지 않은 이성이 순수한 이성보다 낫다고 본다. 그러므로 신, 영혼, 행복에 대한 진술은 입증도 반증도 할 수 없다는 주장은 그가 보기에 "실정적" 기독교를 뒤흔들기에는 불충분하다. "성경 교리를 도덕적인 이유로 논박할 수 있는가"라고 추가로 물어야 하기 때문이다.[31] 이런 교리는 도덕적으로 유효해야 정당성이 입증된다.

헤겔은 베른 시절에 쓴 원고에서, 특히 "어느 교수"가 가르치는 이러한 행복론의 지성적 옹호, 그리고 "인간성과 신성을 모두 모독하는 원칙"의 지성적 옹호를 간접적으로 여러 차례 공격한다.[32] 튀빙겐 신학생 중 그 누구도 슈토어를 직접 비난하려 들지 않았다. 헤겔도 비공개 원고에서조차 그를 직접 비난하지 않는다.

어쩌면 이 문제 자체가 그리 간단하지 않아서 그랬을지도 모른다. 헤겔이 칸트의 도덕철학 저술에 점점 의존하게 된 것도 별 도움이 되지 못했다. 칸트 자신도 신의 존재나 그에 대한 의심이 계몽철학에서 어떠한 위상을 차지하는지에 대해 결론을 내리지 못했기 때문이었다. 1781년《순수이성비판》에서 "나는 무엇을 해야 하는가?"라는 질문에 대한 대답은 "네가 행복할 가치가 있게끔 행동하라"였다. 그에 이어 "나는 무엇을 바랄 수 있는가?"라는 질문에 답하기 위해 칸트는 "이제 내가 행복할 가치가 없지 않게끔 행동한다면, 이를 통해 나는 행복에 참여할 수 있기를 바라도 좋은가?"라고 말한다. 즉, 순수이성의 의무가 전제하는 것은 신과 어떤 미래의 삶이다. 도덕 법칙을 지키면 행복해지리라는 기대가 없는 한, 도덕 법칙은 "공허한 망상"일 따름이다. 한편 이런 행복은 ("예지계"인) 내세에서만 기대되는 것이다. 이것은 지혜로운 신이 나누어주는 것이므로 신의 존재는 도덕적 이성의 전제조건이다.[33] 명백한 순환 논증이다. 도덕적 행동을 위해 신의 존재가 필수적이라는 것으로 신을 증명하기 때문이다. 더 나아가 칸트는 도덕을 결과에 의존하게 만들고, 정언명령을 가언명령으로 만들며, 따라서 그의 기준에 따르면 이성을 비이성적인 것으로 만드는 것이다.[34]

따라서 칸트는 1785년《윤리형이상학 정초Grundlegung zur Metaphysik der Sitten》와 1788년《실천이성비판》에서 신과 불멸이 "실천적 공준"이라고 주장을 수정했다. 1786년 〈사유 안에서 방향을 정한다는 것은 무엇을 뜻하는가? Was heißt: sich im Denken orientieren?〉라는 논문에서는 실천이성의 법칙이 지니는 도덕적 가치가 그것이 이성적이라는 것 외의 다른 것에 의존한다는 것을 분명하게 반박한다. 그러나 1787년《순수이성비판》재판에서는 기존 입장을 문자 그대로 되풀이한다. 이 문제는 1790년《판단력비판Kritik der Urteilskraft》에서 새롭게 다루어진다. 이 저작에서는 모든 이성적 존재의 최종 목적은 행복이며, 그것이 의무 수행과 일치하는 한 최상의 물질적 선이라고 표현한다. 신과 불멸은 다시 "단순한 믿음의 문제"³⁵이며, 그들의 존재는 도덕적 필요이지 그 이상은 아니다. 신 존재를 의심함으로써 도덕적 의무를 피해갈 수 있는 사람은 없다. 신이 없음을 확실히 아는 사람이라면 도덕에서 벗어날 수 있겠지만, 문제는 그것을 알 수 있는 사람은 아무도 없다는 데 있다. 그리고 1788년에 펼친 주장을《이성의 한계 안에서의 종교Die Religion innerhalb der Grenzen der bloßen Vernunft》에서 되풀이하는데, 그것은 "참된 종교"가 오직 이성으로 인식되는 것으로만 이루어진다고 말하기 위함이다.

그러니까 이 무렵 칸트는 이성과 영혼 불멸의 관계에 대해 서로 다른 이야기를 하는 것이다. 이는 이 문제의 복잡성을 시사할 뿐만 아니라, 헤겔이 계속 이 문제를 해결하기 위해 새롭게 노력을 기울이는 이유를 설명한다. 그 해결 방안으로서 유망한 칸트의 이성 개념과 도덕 개념은 사실 헤겔에게는 그 자체가 하나의 문제였다. 그는 시민종교에 관한 루소의 저작, 그리스 종교, 초기 기독교를 숭배하는 사람인 것이다. 그래서 그가 도덕과 감성의 대립을 극복하기 위해 이 열쇠로 열리던 자물쇠는 계속 다시 잠긴다.

게다가 그의 신학 교수였던 슈토어의 주장은 여러 이유로 그를 분노케 했다. 먼저 헤겔을 화나게 한 것은 이렇다. 신이 어떤 일을 좋아한다는 것을 사람들이 알면 도덕이 고양된다는 논리로 정당화되지 않는 일이 대체 있는지 모르겠다는 것이다. 육신의 부활 같은 보상에 대한 유아적 희망, 더욱 심각하게는 온갖 징벌, 지옥, 악마, 그리고 꾸준한 미사 참례, 자선, "면죄부 판매" 등이 그렇다.[36] 그러나 칸트를 동원하여 결국 가톨릭적 주장을 펴는 것은 [칸트의] 이성비판의 취지일 수 없다. 여태 튀빙겐에서 공부하고 있던 셸링은 1795년 1월에 이런 취지를 담은 편지를 헤겔에게 보내 튀빙겐의 지적 상황을 전했다. "이제 온갖 교리에 실천이성의 공준이라는 인장이 찍혀 있다네. 그리고 이론적이고 역사적인 증거가 불충분한 경우에는 (튀빙겐의) 실천이성이 이 난제를 단숨에 해결한다네."[37] 헤겔은 실천이성을 지닌 선한 사람이나 기독교 가르침을 따르는 선한 사람이나 모두 행복할 자격이 있다고 인정한다. 다만 기독교에서는 자신의 능력과 통찰로 선인이 되는 것은 불가능하다고 단정한다. 그렇지 않다면 그리스도가 모든 이의 죄를 대신하여 죽을 필요가 없었다는 것이다. 이런 교리는 튀빙겐뿐 아니라 모든 곳에서 설파되었다. 원죄론은 "어린이도 이미 벌을 받아야 한다고 선포하는데", 이런 교리에서는 그리스도에 대한 신앙만이 인간 본성의 타락을 구제할 수 있다.[38] 그러나 헤겔에게 있어 바로 이런 믿음(교회가 다듬은 숱한 교의)이야말로 이성과 지성에 대한 과도한 요구를 잔뜩 담고 있다. 그뿐 아니라 이런 믿음은 태도가 아닌 행동만이 행복을 안겨준다는 사실에서 벗어난다.

그뿐 아니라, 헤겔은 인간이 순수한 이성적 논리를 따르기에는 너무 약하다는 그릇된 주장이 불쾌했다. 그는 슈토어의 전제에 동의하지 않는다. 그 전제는 (이것을 하고 저것을 하지 말라는) 법칙을 존중하는 것은 이 법칙의 유익한 효과에 대한 신뢰를 전제하며, 그래서 인간이 비천한 욕망에서 벗어나려면 보다 높은 행복의 성취라는 기대가 꼭 필요하다는 것이다.[39] 그러나 헤겔에게 의무와 미덕은 자족적이다. 의무와 미덕을 다른 시각에서 보면서 권유하는 사람은 오히려 의무와 미덕을 더럽히는 것이다. 특히 (헤겔에게는 스피노자, 샤프츠베리Shaftesbury, 루소, 칸트와 같은) 위대한 철학자들은 납득할 수 없는 교리에 의존하지 않고 자신의 심정으로부터 도덕성이라는 이념을 발전시켰다.[40] 헤겔이 보기에, 도덕적 행위를 보상에 의존하게 만든다면, 이런 바람을 사후까지 기꺼이 유예한다고 해도 별반 나아지지 않는다.[41] 그밖에도 헤겔은 행복을 얻는다는 동기를 통해 인간을 이성적으로 만들려는 시도의 이면에는 국가가 틀린 믿음에 가하는 부정적 제재가 숨어있다고 보았다. 그러므로 순종이라는 기치 아래 정치 권력과 교회가 융합하는 것은 그에게는 견딜 수 없는 일이었다.

헤겔은 교회라는 "실정적" 기독교가 그리스도를 동원하는 데에 이의를 제기한다. 그에게 예수 그리스도라는 인물은 순수한 도덕성을 지닌 이성종교의 태도를 보여주는 모범이다. 그래서 다음과 같은 특이한 말을 하게 된다. "그리스도 도덕의 정신 전체가 모든 숭고한 도덕과 일치할 수 있으며, 그 안에서 법칙의 무조건적 순종이 고취될 수 있다."[42] 바로 앞에서는 예수가 가족, 재산, 권리 등 시민적 삶을 이루는 모든 것에 (사회적으로는 실현 불가능한) 거리를 두는 모범이라고 했다. 그러나 이제 그리스도는 원칙적으로는 칸트주의자이다. 베른 시절에 쓴 가장 분량이 많은 원고 중 하나에서 헤겔이 시종일관 집중하는 문제는 초기 기독교의 자유로운 이성이 어떻게 권위주의적 교회의 무지로 변질될 수 있었는가이다.

결국 헤겔은 기독교의 자칭 보편구원론을 지적하는 것이다. 인류의 대부분은 그리스도를 믿을 기회조차 얻지 못했다. 이 믿음은 널리 퍼진 곳에서조차 처음부터 "만인의 재산이 아니었다." 애초부터 이 믿음을 알게 되려면, 언어적 지식과 역사적 지식이라는 비용이 어마어마하게 필요했기 때문이다. "우리가 신뢰하는 사람들, 혹은 우리의 신뢰를 받는 특권을 국가로부터 부여받은 사람들의 말을 믿으라. 그것은 스스로 생각하는 습관을 기르는 것보다 월등하게 편한 일이다."[43] 이것이 헤겔에게 더욱 심각하게 느껴진 이유는 교회에서 나타나는 기독교 신앙은 즐거운 신앙이 아니라, 대개 삶의 침울한 상황과 관련되기 때문이다. 이 신앙의 이미지는 "지독하게 슬프고 겁에 질린 절망의 분출로서, 이런 절망은 장기臟器를 송두리째 파괴한다. 종종 치유할 수 없을 정도

로."⁴⁴ 또한, 기독교 자체는 전제정뿐 아니라 노예제에도 저항하
지 않았다. 그러나 헤겔이 신랄하게 표현하듯이, 우리가 이런 사
실을 발설하면 "그다음에" 듣는 말은 철학자들은 기독교가 없었
다면 자신의 원칙을 발견하지도 못했으리라는 것이다. 그러나 기
독교의 "수호자"에 맞서지 않고 기독교와 **함께** 도덕의 진보를 이
룬 곳이 대체 있었던가?⁴⁵

그러나 행복론에 대한 이 모든 날카로운 항변은 헤겔이 사상
적으로 고수하던, 튀빙겐 시절 자신의 입장과 핵심 개념에도 해
당한다. 여전히 그에게는 "보편적 인간 이성"을 사회 전체에 전
파하기에 적합한 민중종교의 전제조건이 중요하다.⁴⁶ 그러나 이
제 인간의 감성적 욕구를 고려하는 데 격렬하게 반대하기 때문
에, 민중종교의 구상은 완전히 관심 밖으로 밀려나게 되었다. 그
는 이런 종교가 겨냥하는 심정에 관해 쓰기보다는, 도덕적 엄격
함과 이성을 주장한다. 그는 "이성의 진보"⁴⁷에 수반하는 상상력
의 상실을 무정하게 감수하는 듯하다. "주관종교"는 이제 심정의
종교가 아니라, 정언명령을 통찰하는 종교이다. 종교는 거기에
헌신해야 한다. 어느 대목에서는 이렇게까지 쓴다. 종교의 신비
는 이성, 지성, 공상으로 접근할 수 없고, 다만 기억을 위해, "다
만 심정을 위해" 사용될 수 있다.⁴⁸

한 해 전까지만 해도 이런 생각은 떠오르지도 않았을 것이다.
그때까지는 심정이 여전히 사랑이나 이성의 장소이자, 감성과 도
덕을 매개하는 장소였던 것이다. 거의 헤겔은 감정이 감성과 이
성을 매개할 수 없다고 말하려는 것처럼 보인다. 감정 자체는 감

성의 영역에 속하지만, 이성적 인간의 심정에는 유덕한 행동이라는 추상적 이상도 자리 잡을 수 있기 때문이다. 그러나 어쩌면 단지 칸트의 종교철학에 관한 슈토어의 글에서 심정 개념을 자주 쓰는 것을 보고 이 말을 핵심 개념으로 쓰는 것을 꺼리게 되었을지도 모른다.[49] 어찌 됐든, 감성을 적대시하는 기독교에 대한 비판과 도덕적으로 흠 없는 행동의 호소를 연결하는 것에 헤겔이 느끼는 당혹감은 분명히 나타난다. 그런 까닭에 이제 그리스인이 모범인 이유는 아름다운 신을 숭배하고 그에 열광적으로 도취하는 생생한 공동체이기 때문이 아니라, 공화주의자의 공동체이기 때문이다. 이제 그리스인은 로마인이나 다름없다. 사랑이 이성과 비슷하다고 생각한 튀빙겐 시절의 "사랑" 개념도 이어받는다. 즉, 그것은 사심이 없고 타인에게서 자신을 발견하는 것이다. 이제 "의무에 대한 사랑"을 주관종교로 논하는 것이다.[50]

그래서 헤겔은 자연스레 이성종교를 점점 더 감성과 대비하고, 감성적 욕구 혹은 심성적 욕구를 만족시키는 민중종교와 대비한다. 이런 민중종교야말로 헤겔의 원래 관심사이던 것이다. 튀빙겐 시절 그가 특히 관심을 기울인 것은, 종교를 통해 이성에 별반 흥미가 없는 사람들에게도 이성을 설득력 있고 어느 정도 직관적으로 만드는 일이었다. 이제 베른 시절의 미출간 원고는 민중의 교육자가 그 자신과 추종자들에게 질서를 지키도록 권면하는 것처럼 보인다. 진정한 자유란 도덕적 행동을 하도록 스스로를 강제하는 것이라고 해석한다. 이제 그에게는 감성을 고려할 필요가 없어 보인다. 또한, 감성에 상응하는 욕구, 즉 불안하지 않은 행복한 삶에 대한 욕구, 위안이나 구원에의 희망에 대한 욕구도 더는 고려할 필요가 없어 보인다. 더욱 심각한 일은 따로 있다. 헤겔은 이제 이런 고려를 하는 것은 신앙은 사람들을 안심시켜야 한다는 저 기대를 가장 중시하는 종교관이 침입하는 가도假道라고 생각한다. 감성은 타협이 일어나는 영역인데, 베른 시절의 헤겔은 이런 타협을 원치 않는다. 첫째 이유는 당시 그는 이성 개념이 관용을 뜻한다고 여기지 않았기 때문이다. 둘째 이유는 그가 보기에 말하자면 간질 환자[쉽게 타락하는 사람]에게 정신을 바짝 차려야 한다고, 그럴 수 있다고, 그래야 모두 행복해진다고 외치는 것도 무리한 것이 아니기 때문이다.

이전에 헤겔은 추상적 도덕이 심정을 도외시하기 때문에 사회 상황이라는 살아있는 현실을 놓친다고 비판했지만, 이제 이런 비판은 유효하지 않다. 추상적 도덕주의 자체가 하나의 현실이기 때문이다. 그것은 실존적으로 느껴지는 것이자, 하나의 삶의 방식으로서 옹호하거나, 적어도 요구할 수 있는 것이다. 민중종교에 대한 글에 따르면, 민중에게 필요한 것은 신이나 불멸에 대한 신앙이 아니라, 의무로부터 행동하는 "자유로운 공화주의자"[51]이다. 파리에서 로베스피에르가 집권한 당시 베른에서 쓰기 시작한 원고에서 헤겔이 도달한 입장은 "도덕감"보다 보편적 이성이 우위에 있다는 많은 프랑스혁명가의 입장과 크게 다를 바 없었다. 대체 "언제 인류는 감각이 아니라 원칙이 지배하고, 개인이 아니라 법칙이 지배하는 데 도달할 수 있을 것인가?"[52] 이것은 더 이상 루소를 사숙私淑하고 야코비를 탐독한 사람의 글처럼 느껴지지 않는다.

따라서 가정교사로 지내던 무렵 헤겔은 기독교 교회를 칸트의 엄격한 견해와 대비하는 가능성과 아름다운 그리스와 대비하는 가능성 사이를 오간다.[53] 그에게는 둘 다 일리 있어 보이지만, 칸트는 그리스인이 아니고 예수는 칸트주의자가 아니다. 그래서 음울하고 억압적이고 비이성적으로 느껴지는, 자신의 학창시절의 신학에 맞서서, 때로는 이상에의 사랑이, 때로는 생생함에의 사랑이 헤겔 사유의 전면에 나선다. 때로는 그리스 고전기, 나아가 그리스도의 삶을 예로 들면서, 사회적 삶에서 성공하는 것이 역사적이고 지역적인 상황에 크게 의존한다고 말한다. "그리스도의 계명을 오늘날 도입하는 국가는 […] 이내 해체될 것이다."[54] 이와 달리, 때로는 초역사적 이성이 우위에 있다고 보았는데, 이 이성의 원리는 몇 가지로 표현할 수 있다.[55] 때로는 민중종교의 전제조건에 관심을 두는데, 그 이유는 그가 자신을 민중종교의 사상가로 상상하기 때문이다. 그러나 때로는 만인이 이성종교에서 깨달음을 얻어야 한다고 말하는데, 자유는 오로지 거기에 있기 때문이다.

이처럼 서로 모순되는 것들을 하나로 묶는 요소는 당대의 종교와 신학에 대한 헤겔의 반대일 뿐이다. 그러나 이런 것들이 어떻게 서로 조화를 이루는지는 아직 알 수 없다. 간단히 말해서, 헤겔은 기쁨, 낙관, 불안과 같은 현상을 종교적 측면과 정치적 측면 모두에서 균등하게 고려할 심정 이론이 없다. 그리고 왜 감성이 좋으면서도 좋지 않은지 해명할 수 없다. 소크라테스의 이성이나 일종의 민주주의와 결부된, 다채롭고 열정적인 그리스 신들의 세계에 담긴 감성은 좋다. 그러나 슈토어 교수가 기독교적인 행복에의 약속이 지니는 의의를 납득시키고자 끌어들이는 감성은 좋지 않다는 것이다.

하지만 그는 이성을 모든 세계 해석의 척도로 삼을 때 어떤 가능성이 열릴지 예감한다. 예나와 튀빙겐에서 이런 이론이 연구되고 있다는 것을 헤겔은 아직 소문이나 셸링과의 서신 교환으로 알 뿐이지만, 벌써 그것을 신봉했다. 1795년 4월 헤겔은 셸링에게 이런 편지를 썼다. "인간을 그토록 높이 고양하는, 모든 철학의 이러한 정상頂上에서 우리는 현기증을 느끼리라. 하지만 인간의 존엄을 이처럼 높이 평가하고, 인간을 모든 정신과 동등한 등급에 편입시키는 저 자유라는 능력을 왜 그토록 늦게 인정하게 된 것인가?"[56]

여기서 그가 말하는 철학의 정상은 도덕적 입법자가 신이 아니라 인간적이고 실천적인 이성이라는 점을 인식하는 데 있다. 1795년 5월 9일부터 7월 24일 사이에 썼으며 그의 사후에 [로젠크란츠에 의해] 《예수의 생애Leben Jesu》라는 제목이 붙은 원고도 이와 같은 취지에서 다음과 같이 시작한다. "모든 한계를 능가하는 순수한 이성은 신 자체이다."[57] 물론 이성은 역사에 있어서 이따금 어두워지지만, 그 빛은 결코 완전히 꺼지지 않는다. 신이 인간이 되는 것은 인간이 신이 되는 것으로 볼 수 있다. 적어도 이성을 사용할 줄 아는 인간, 신의 이름으로 인간을 억누르는 압제에 저항하는 인간이 신이 되는 것이다.

이와 같은 관점을 "공화주의 무신론"[58]이라고 부르는 것은 적절할 것이다. 그렇지만 여기에서 문제는 당시 헤겔이 공화국 없는 공화주의자, 신 없는 신학자, 참된 소명 없는 지식인의 처지였다는 것이다. 렌츠의 희곡《가정교사》가 발표되었을 때, 수사학자이자 문헌학자 크리스티안 고틀로프 하이네Christian Gottlob Heyne가《괴팅겐 학술신문Göttinger Gelehrten Anzeiger》에 실은 서평만이 이러한 절망적 상황을 건드리는 질문을 제기했다. 대학을 졸업한 청년은 개인교습이 아니라면 어떤 일자리를 찾아야 하는가? "국가가 공공의 학교나 교육기관을 제대로 확립한다면, 개인교수와 가정교사는 모조리 사라지는 편이 오히려 나을 것이다."[59] 달리 표현하자면, 제공할 것이 교육이나 고매한 사상의 단편뿐인 사람이 나아갈 길은 무엇인가? 그 당시 헤겔에게 가정교사의 대안은 또 다른 가정교사였다. 1797년 횔덜린의 주선으로 얻게 된 자리인 것이다.

베른에서 횔덜린이 있는 프랑크푸르트로 가게 된 주된 이유는 자신보다 철학적으로 훨씬 빠르게 발전하는 이 친구와 가까이에서 교류하려는 희망이었을 수 있다. 1796년 8월 헤겔은 "재회의 달콤한 희망"을 담은 시 〈엘레우시스Eleusis〉[60]를 횔덜린에게 헌정했다. 시의 제목은 [비극작가] 아이스킬로스Aischylos의 고향이자 그리스에서 가장 비밀스러운 종교의 중심지에서 따온 것인데, 페르세포네가 명계冥界에서 돌아온 것과 봄철에 자연이 부활하는 것을 기리던 것이다. 그리 대단하지 않은 시라고 할 수도 있다.

기본적으로 서투른 시구로 쓴 감상적인 편지이기 때문이다. 하지만 이를 통해 알 수 있는 것은 헤겔이 이 학창시절의 친구가 없다면, 그리고 튀빙겐 시절 교유 관계를 회복하지 않는다면, 자신의 사상을 진전시킬 수 없다고 확신한다는 점이다. "벌써 눈에 선하네, 오래 갈망해온 열렬한 포옹의 장면, 지금 친구의 태도, 표정, 성정에서 그때와 무엇이 달라졌는지 서로 은밀히 탐색하는 장면. 서약으로 봉인하지 않았을지라도 오랜 결속의 신의가 더 굳고 원숙해졌음을 확신하는 기쁨, 오직 자유로운 진리에서 살며 신념과 감정을 단속하는 교의와의 화평은 결단코, 결단코 받아들이지 않겠다고 확신하는 기쁨."

황금사슬 저택에서

– 횔덜린이 있는, 그리고 횔덜린이 떠난 프랑크푸르트에서 헤겔

"정신의 생성은 인간에게 숨겨져 있지 않다.
그리하여 인간이 살아가는 생이 그러하듯,
그것은 생의 한낮이고 생의 아침이다,
정신의 풍요로운 성시盛時처럼."

프리드리히 횔덜린

황금사슬 저택에서

헤겔이 베른에 머무는 동안 그의 두 친구는 계속 발전하고 있었다. 셸링은 1794년 《철학 일반의 형식의 가능성 Über die Möglihkeit einer Form der Philosophie überhaupt》을 출간하고, 1795년에는 인간 지식에서의 무제약자에 대한 저작[《철학의 원리로서의 자아, 혹은 인간 지식에서의 무제약자에 대하여 Vom Ich als Prinzip der Philosophie, oder über das Unbedingte im menschlichen Wissen》]을 펴냈다. 또한 같은 해에 《자연법의 새로운 연역 Neue Deduction des Naturrechts》과 《독단주의와 비판주의에 대한 철학 서간 Philosophische Briefe über Dogmatismus und Kritizismus》을 출판했다. 1797년에는 (그럼, 1796년에는 무엇을 했던가? 라이프치히에서 과학과 의학을 공부하기 시작했다) 피히테의 학문론에서의 관념론에 관한 저작[《학문론에서 관념론 해명을 위한 논구 Abhandlungen zur Erläuterung des Idealismus der Wissenschaftslehre》]과 자연철학의 이념에 대한 저작[《자연철학 연구 입문으로서 자연철학의 이념 Ideen zu einer Philosophie der Natur als Einleitung in das Studium dieser Wissenschaft》]을 발표함으로써 관념론에 천착하기 시작했다. 그는 6년 동안 약 400쪽 분량의 글을 저술했다. 1797년에 셸링은 스물두 살이었고, 정신의 분야에서 이미 일종의 자연현상이 되어 있었다.

한편, 횔덜린은 세 장르의 글을 썼다. 시를 계속 쓰지만 작품 생산은 다소 정체되어 있었다. (불멸, 진리, 뮤즈, 조화의 여신, 그리스의 정령, 인류, 아름다움, 청춘의 정령, 우정, 자유, 사랑에 헌정하는) 튀빙겐 시절의 찬가들이 그 직후에 자신이 보기에 너무 추상적이고 어쩌면 너무 찬가적으로 보였던 것이다. 그 외에도 소설《히페리온》의 여러 판본을 작업했는데, 그 첫째 권은 1797년 마침내 출판되었다. 또한, 1794년 예나 대학의 피히테 문하에서 공부하다가 곧이어 의식의 철학에 관하여 피히테를 앞서나가는 근본적 성찰에 돌입한다.

헤겔은 어떠했는가? 헤겔은 책은 읽었지만, 글은 쓰지 않다시피 했다. 민중종교에 관한 단편들을 계속 새로 쓰지만, 출판 가능한 저작은 고사하고 어떤 결론에 이르지도 못했다. 그는 이 단편들에서 칸트와 피히테의 종교 관련 저작과 상당히 함축적으로 대결했다. 시민종교는 인간적이고 단순해야 한다는 루소를 따르면서, 이를 위해 몇 가지 근본 개념을 발전시켰다. 아울러 복음서에 있어서 "수천 년 전 시리아에서나 이해할 수 있고 거기에나 어울리는 상투어와 이미지"가 아니라 헤겔 자신의 시대에도 유효해 보이는 것들을 가지고《예수의 생애》를 구성했다.[1] 이런 단편들이나 이들의 여러 퇴고 단계는 모두 흥미롭기는 하지만, 베른 시기의 헤겔이 튀빙겐 시절의 두 학우보다 제법 뒤처져 있는 것은 분명했다. 자신이 던지는 질문에 대답하는 데 중요한 근본 개념(자유, 이성, 도덕, 법)은 여전히 칸트의 저작들에서 끌어내는데, 훗날 예나 시기에는 이 저작들을 새롭게 분석할 것이다.

헤겔은 이런 사실을 잘 알고 있었다. 헤겔은 베른에 머물면서 튀빙겐 신학교의 벗들을 점점 더 그리워하게 되었다. 교류의 결핍은 그의 사유에 손실을 가져왔다. 횔덜린과 셸링이 헤겔 자신은 가늠조차 할 수 없는 방향으로 발전하고 있다는 그의 느낌은 옳은 것이었다. 또한, 친구들과 얼굴을 맞대고 대화하는 것이 이성종교에 대한 자신의 성찰에 도움이 되리라는 예상도 옳은 것이었다. 1796년 여름 그는 횔덜린과 셸링에게 그들과 좀 더 가까운 곳에 가정교사 자리가 있는지 알아봐 달라고 부탁했다.[2] 횔덜린도 헤겔이 그리웠다. 그는 헤겔이 필요했고, 헤겔도 그러리라 믿었다. 헤겔은 베른에서 차츰 더 침울해졌다. 좋은 친구로서 헤겔의 약점을 알고 있던 셸링은 헤겔의 편지에서 이런 사실을 알아차리고 답장을 썼다. "음! 자네 같은 능력을 지닌 사람은 절대로 우유부단해서는 안 된다네. 가능한 한 빨리 떨쳐내게."[3] 한편 횔덜린도 안정을 추구하고 있었다. 실러는 그에게 철학적 문제에서 벗어나고 시를 장황하게 쓰지 말라고 권고한다.

1796년 10월 24일 횔덜린은 헤겔에게 편지를 보냈다. 이틀 전에 프랑크푸르트 상인 요한 노에 고겔Johann Noë Gogel이 자신을 찾아와서는 헤겔이 자기 집 가정교사 자리에 아직 관심이 있는지 물었다는 것이었다. 횔덜린은 헤겔에게 그 가족을 강력하게 추천했다. 부유할 뿐 아니라, 그 도시에서 가장 아름다운 장소 중 하나인 로스마르크트 광장에서도 가장 멋진 집에 산다는 것이다. 그러면서도 고겔 가족은 횔덜린 자신이 좋아하지 않는 "프랑크푸르트 사교계 인간들"과 거리를 둔 채 "대개 동떨어져" 살고 있다.[4] 횔덜린의 《히페리온》에서는 그리스에서도 이런 거래 장소는 벗어나기 어렵다. 시장은 시끄럽고 이기심과 허풍이 가득하고 연줄 만들기에 혈안이 된 곳이다.

포도주 상인 겸 은행가인 고겔의 저택 "황금사슬"에서 멀지 않은 곳에 횔덜린 자신도 살고 있었다. "황금사슬"에는 고겔의 사무실도 있고, 고겔의 부친이 모은 400점의 그림도 소장돼 있었다.[5] 괴테 생가에서 불과 100미터 떨어져 있던 이 저택은 1900년경 철거된다. 1797년 초에 헤겔은 프랑크푸르트에 도착해서 편안하고 까다롭지 않은 고용주를 만났다. 헤겔은 고겔의 조카인 열한 살과 아홉 살 아이를 가르쳐야 했다. 아이들의 아버지는 요절했다. 위그노파 태생이고 포도주 상인으로서 프랑스와도 교류하던 고겔은 헤겔의 프랑스어 실력을 반겼다. 횔덜린은 친구에게 춤, 펜싱, 정서淨書 수업은 담당 교사가 따로 있으니 맡지 않을 것이라고 썼다. 게다가 "식탁에서는 최고급 라인산 포도주나 프랑스산 포도주를 마실 것"[6]이라고도 했는데, 이 말은 고겔 가에서는 가정교사가 가족과 한 식탁에서 식사한다는 뜻이기도 했다.

자유 제국도시인 프랑크푸르트는 베른에 비하면 훨씬 덜 고루했다. 물론 그렇다고 도시의 명문가가 훗날 시민계급이라 불리는 것에 해당한다는 것은 아니다. 프랑크푸르트에는 유럽 최후의 유대인 게토 중 하나가 있었는데, 프랑스혁명군이 이 도시에 포격을 가해 그중 3분의 1이 불길에 휩싸여 파괴되고 헤겔이 도착하기 직전에야 해체되었다. 그에 앞서 (그 당시 헤겔과 마찬가지로 "시민"으로 불리지 않았을) 일요일 오후에는 "유대인 거리"를 벗어날 수 있도록 허락해 달라는 유대인 시민들의 청원은 기독교인과 대등해지려는 주제넘은 시도라고 기각당했다.[7] 프랑크푸르트는 프랑스에 우호적이지도 않았고, [제국의 국민의회가 열린] 프랑크푸르트에서 제국헌법 개정 논의는 프랑스혁명과는 전혀 무관하게 진행됐다.[8] 이와 관련하여 헤겔은 프리메이슨과 관계를 맺게 되는데, 여기에는 고겔, 교육 개혁가 빌헬름 프리드리히 후프나겔 Wilhelm Friedrich Hufnagel, 의사 요한 크리스티안 에어만Johann Christian Ehrmann이 속했다.[9]

헤겔이 프랑크푸르트에 머무는 동안 독일 헌법 비판의 초안을 잡기 시작한 것은 우연이 아니다. "독일은 더 이상 국가가 아니다"[10]라는 유명한 문구로 시작하는 이 비판은 무단정치, 전쟁, 정치적 미사여구에 시달리며 공법과 사법私法이 혼동되는 제국을 서술한다. 요약하자면, 영주들은 그보다 큰 전체, 즉 독일 국가 혹은 "제국"에 속한다는 환상을 포기하지 않기에 두 개의 체제를 구별하지 못한다. 물론 제국의 영주들은 신앙이 서로 다르기에 신앙과 국가의 일치는 해소되었다. 그러나 수많은 개별 국가에서는 여전히 불관용이 지배하고 있으며, 시민권은 신앙에 따라 결정되었다. 그러나 헤겔이 보기에 하나의 정치 구성체가 이루는

142

국가성에 모순되는 것은 그것의 내적 차이 자체가 아니다. "진정한 민법과 사법司法을 염두에 둔다면, 유럽을 하나의 국가로 만드는 것은 법률이나 소송절차의 동일성도 아니고, 각각의 비중, 규모, 부富의 동일성도 아니다. 그리고 이들의 차이가 한 국가의 통일성을 제거하는 것도 아니다."[11] 혁명 전에 프랑스를 가로질러 여행하는 사람에게는 역마驛馬만큼 자주 법률이 바뀐다는 말이 있었다. 그러므로 정치적 통일을 위태롭게 하는 것은 다양성이 아니라 모순이다. 가령 제국의회의 다수결에 의한 결정에 불복할 권리를 각 종파에 보장한다는 모순이 그렇다. 그것이 종교와 무관한 결정이라도 말이다.[12] 헤겔에게 독일은 더 이상 국가가 아니었다. 기껏해야 개별 이해관계가 이용하는 껍질처럼 보이는 독일은 영주들 자신에게도 웃음거리일 뿐 아니라, 다른 국가들에게도 온갖 기회주의의 덩어리로 보이는 것이다.

독일 헌법을 다룬 헤겔의 단편들과 당시 그의 많은 글과의 차별점은 언어의 명료성만이 아니다. 여기에서는 출판을 위해 집필한다는 의도가 감지될 뿐 아니라, 사실에 대한 감각도 감지되는 것이다. 이미 언급했듯, 그는 훗날 자기의 시대를 사유 안에서 포착하는 것을 철학의 의무로 보게 된다. 그리고 이제 스물아홉 살의 헤겔이 여기에서 처음 그것을 실천한 것이다. 그 외에도 그는 유클리드 기하학을 연구하고, 역학, 천문학, 경제학, 국가법을 공부했으며, 고대 회의주의자 섹스투스 엠피리쿠스Sextus Empiricus와 플라톤의 저작을 읽었다. 그래서 이른바 "청년기 신학논집"으로 규정되는 프랑크푸르트 시절의 이미지는 적절하지 않다. 우선 그것은 신학이 아니라 종교이론에 관한 글들이기 때문이다. 그뿐 아니라, 이 이미지는 지나치게 헤겔을 거의 종교에만 관심을 보이는 지식인으로 묘사하기 때문이다. 헤겔은 청년기부터 만물에 관심을 두었다. 물론 헤겔은 한낱 경험적인 지식이나 "앎"을 끊임없이 헐뜯기는 했다. 그러나 이로부터 헤겔이 철학은 사유에 필요한 지식을 모조리 스스로 산출할 수 있다는 생각했다고 여긴다면 오해이다.[13]

물론 횔덜린과의 재회에서는 전적으로 사유의 근본 개념에 대한 횔덜린의 체계적 숙고가 중요했다. 횔덜린은 아마 헤겔도 놀랐을 만큼 철학적 논변을 가득 빨아들였고, 헤겔도 이로부터 득을 보았다. 그 친구는 오랜 수련 기간을 거쳤다. 횔덜린은 1794년 11월에 예나로 가서 실러를 만나고 예나 대학에서 피히테 강의를 들었다. 그는 그전에 이미 튀빙겐의 세 친구 중 처음으로 피히테의 "학문론"을 공부하기 시작한 것이다. "저는 다른 강의는 듣지 않고 오로지 그분 강의만 듣고 있습니다."[14] 심지어 1795년 봄에는 예나에서 철학으로 교수자격을 취득할 생각도 한다. 그러나 같은 해 6월 돌연 그 도시를 떠나버린다. 프리메이슨의 영향을 받은 학생 소요와 연관이 있을 것이라는 추측도 있다. 하지만 그의 시 〈하이델베르크Heidelberg〉 습작 중 "사람과 책에서 도망치는 / 추방당한 방랑자"라는 구절은 암시하는 바가 많다. 즉, 실러와의 친분, 그리고 그 시인에게 끊임없이, 그러나 헛되이 "호의적 시선을 구걸하는" 자신의 행동이 더는 견딜 수 없어지고, 나아가 강사로 자리 잡으려는 그가 피히테나 그의 제자들과 경쟁하는 것도 견딜 수 없어진 것이다.[15] 횔덜린의 고뇌는 분명 그가 품은 야망과 저작을 통한 그 야망의 표출이 균형을 이루지 않는다는 데 있다. 그 야망은 자신이 실러와 피히테를 "극복"했다는 느낌에서 나온다. 그러나 저작을 통한 야망의 표출은 얼마 안 되는 단장斷章, 집필을 시작한 소설들, 스스로 불만스러운 서정시들, 계획만 하고 발표는 하지 못한 논문들인 것이다.

철학과 관련해서는, 거의 모든 것의 중심에는 여전히 자유를 어떻게 생각해야 하냐는 질문이 놓여 있었다. 횔덜린은 피히테의 주장에 거부감을 느꼈다. 그것은 자아가 모든 실재를 "정립"하고 따라서 자아 자신도 "정립"하며, 이 실재 외부에는 아무것도 없다는 주장이다. 그는 1795년 1월 헤겔에게 편지를 보냈다. "하지만 객체 없는 의식은 상상할 수 없다네. 그리고 나 자신이 이런 객체라면, 나 자신도 필경 제약받고 시간 속에 있어야 하며, 따라서 절대적이지 않지. 그러니까 절대 자아는 의식이 있을 수 없고, 절대 자아로서의 나는 의식이 없는 걸세. 그리고 나는 의식이 없으므로, (나에 대해) 아무것도 아니므로, 절대 자아는 (나에 대해) 무無라네."[16] 피히테는 자유는 세계의 저항에 맞서서 무한하게 추구하는 자아의 자유가 아니라면 무의미한 말이라고 덧붙이지만, 그런다고 문제가 풀리지는 않는다. 그가 보기에는 이런 저항도 자아의 제약을 받기 때문이다. 그렇다면 자유나 자유가 맞서는 세계나 모두 절대 자아가 자신에 몰두하는 데로 귀결한다. 횔덜린은 1798년 크리스마스이브에 편지를 썼다. "절대적 군주정은 늘 스스로를 지양한다. [다스릴] 객체가 없기 때문이다."[17]

피히테의 논제는 의식이 단지 감성적 인상들을 조합하여 처리하는 것이 아니라 반정립이라는 것이다.[18] 그러나 의식과 객체의 반정립은 양자가 무언가에 의해 연결되는 경우에만 가능하다. 무엇에 의해서인가? 피히테는 곧바로 가장 어려운 경우를 다룬다. 즉 의식 자신이 스스로의 객체가 되는 경우, 자아가 자신을 생각하고 알고 느끼고 확신하는 경우이다. 그리고 그는 자아가 자신과 맺는 이런 관계, 즉 자기의식에 선행하는 것이, 자아의 자기 자신과의 절대적 통일, 즉 어떠한 제약도 없으며 그래서 자유로운, 객체 없는 통일이라고 주장한다. 아주 단순화하자면, 우리가 자기 자신에 대해 사색하면서 자신에 대해 정말로 사색하고 있음을 인식하려면, 그 전에 이미 자기 자신을 알아야 한다는 것이다. 다른 방식으로 표현하자면, "나는 존재한다"는 명제는 부정할 수 없으므로, 세계가 존재하는지, 또는 세계가 나에게 나타나는 방식대로 존재하는지 묻는 것은 둘째 문제이다. "어쨌든 나는 '이미' 존재한다."[19]

그에 반해 횔덜린의 생각은 자기의식의 기초가 되는 통일을 "자아의 자신에 대한 지식"으로 묘사할 수는 없다는 것이다. 그가 보기에 지식, 의식, 자아는 모두 어떤 거리나 대립을 가리키며, 그런 점에서 모든 대립에 있어 기초가 되는 것을 지칭하는 데는 적합하지 않다. 횔덜린은 이처럼 기초가 되는 것을 "단적인 존재"라고 부른다. 그러나 그 존재로부터 어떻게 온갖 대립이 유래하고 그다음에 그 대립 안에서 지식, 의식, 자아가 판단을 매개로

146

움직이는지 설명하지는 않는다. 그에게 더 중요한 것은 이런 대립을, 인식, 사랑, 종교, 예술의 형태로 회복될 어떤 근원적 통일에 연관시키는 것이다. 예를 들어서 사랑을 규정하는 것은 개인들의 합일의 추구와 그들의 상호 지각 사이의 긴장, 헌신과 자유 사이의 긴장이다. 이미 실러가 《인간의 미적 교육에 관한 서한 Über die ästhetische Erziehung des Menschen》에서 제압하는 힘과 대조하면서 해명하는 예술미는 횔덜린에서도 세계와의 회복된 합일이 현현하는 것이다.[20]

헤겔이 이러한 고찰로부터 얼마나 영향을 받았는지는 "사랑"과 "믿음"의 개념을 다루는 프랑크푸르트 시절 단편들에서 엿볼 수 있다.[21] 예를 들어 〈믿음과 존재〉라는 단편은 횔덜린 논리의 변조처럼, 혹은 횔덜린 논리를 변주하여 받아들이려는 시도처럼 읽힌다. "합일과 존재는 같은 의미이다. 모든 명제에서 '이다'라는 계사는 주어와 술어의 합일, 즉 존재를 표현한다. 존재는 믿어질 수 있을 뿐이다. 믿음은 존재를 전제로 한다. 따라서 믿기 위해서는 우선 존재를 확신해야 한다는 말은 모순이다."[22] 횔덜린이, 그리고 횔덜린을 경유하여 피히테가 헤겔에게 환기한 것이 무엇이었는지는 쉽사리 알아챌 수 있다. 그것은 "합일", "반정립", "규정함"과 "규정됨" 같은 개념에 관한 관심이다. 이런 개념들은 살아있는 것의 일반적 논리에 속하므로 아주 다양한 사태를 기술할 때 적용할 수 있는 것이다.

그래서 처음에는 종교에 관한 성찰에서 "우리가 사랑하는 사람은 우리에 대해 반정립되지 않는다. 그는 우리의 본질과 합일한다. 우리는 그에게서 우리 자신만을 보지만, 그러나 그는 우리가 아니다. 이것은 우리가 이해할 수 없는 어떤 기적이다"라고 말하지만, 곧 헤겔은 이 개념[사랑]을 이런 신성한 연관에서 떼어낸다. 얼굴의 아름다움을 신과 같이 묘사하는 플라톤의 《파이드로스Phaidros》의 한 대목을 인용하며, 스피노자의 "신에 대한 사랑"을 시사하고는 인간의 사랑, 특히 줄리엣과 로미오의 사랑에 관한 사색으로 넘어간다. 사랑에서의 합일은 "물론 온전"하지만, "권력이 동등하며, 그러므로 철두철미 서로를 위해 살아있는" 사람들만 가질 수 있다. 오직 "우리 본질의 반향을 향하여" 생기는 사랑은 "반정립되는 그것으로부터 타인이라는 특징을 모두" 소거한다. 사랑에는 "분리되는 것이 여전히 있지만, 그것은 분리되는 것이 아니라 합일되는 것으로 있다."²³ 사랑은 다름에서의 하나임이다. 따라서 사랑은 종합을 통해 객체를 산출하는 이론보다도, 그리고 적어도 칸트와 피히테식의 실천으로서 감성에 반하는 실천보다도 더욱 객체를 "무화한다."²⁴ 이렇게 헤겔은 단숨에 칸트와 피히테에서 탈피한다.

말이 나온 김에 속세의 사랑에 대해 말해보자. 헤겔은 베른에서 프랑크푸르트로 가는 도중 슈투트가르트에 잠시 머물렀다. 프랑크푸르트에서의 가정교사 활동과 관련해서 교회의 허가를 받기 위해서였다. 누이는 그가 "깊은 생각에 잠겨" 있었으며, "친밀한 모임에서만 쾌활했다"라고 기록했다.²⁵ 그는 부모님 집에서 만하임 출신이고 스물두 살인, 누이의 친구 나네테 엔델Nanette Endel을 만나고 곧 좋아하게 되었다.²⁶ 그는 프랑크푸르트에 도착한 즉

시 그녀에게 "사랑스럽고 다정한 나네테"로 시작하는 편지를 썼다. 비록 편지로 이야기를 나눌 수밖에 없는 운명이지만, 상상력으로 "당신의 목소리, 다정한 눈빛, 말로 표현할 수 없는 다른 모든 모습"을 대신함으로써 이 운명을 극복하고 있다는 것이다. 또한, 프랑크푸르트에서 "이스트ist [⋯이다]"라는 말을 들으면, "이쉬트ischt"라고 발음하는 자기에게는 슈바벤 사투리가 아닌 그녀 발음이 떠오른다고 했다.[27] 엔델이 그에게 보낸 편지들은 현재 전하지 않는다. 아마도 유산관리인이었던 헤겔의 아들들이 이런 연애 행적은 후대에 전할 가치가 없다고 여겼을 것이다.[28]

헤겔은 고겔의 집에서 편하고 성실하게 지내고 있다고 말했다. 그러나 에데사의 성 알렉시우스Alexius von Edessa (나네테가 농담 삼아, 혼인 직후 아내와 가족을 떠나 청빈하게 지낸 고대 후기 은자의 이름을 헤겔에게 붙여주었다)의 미덕은 프랑크푸르트에서 숭배자를 찾기 어렵다는 것이다. 헤겔은 자신이 프랑크푸르트 사람들에게 모범적인 금욕을 보여주는 것보다는 성 안토니우스Antonius가 물고기에게 설교하는 편이 더 성공적일 것이라고 했다. 그래서 헤겔은 [성자의] 체념을 체념했다. 그는 훗날 베를린 대학의 미학 강의의 한 대목에서 성 알렉시우스의 이름은 밝히지 않은 채 그의 전설을 예시로 들어서 순교 담론을 날카롭게 비평했다. 가족을 떠난 성 알렉시우스는 아무도 알아보지 못하는 거지로 돌아온다. 자기 집 계단 밑에서 20년 동안 기거하면서 자기를 걱정하는 사람들을 내내 바라보다가 죽고 난 뒤에야 신분이 밝혀졌다. 헤겔은 이 남자야말로 "우리가 거룩하다고 숭배하는 광신이 얼마나

끔찍하게 완고한가"를 보여주는 실례라는 것이다.[29]

엔델은 독실한 가톨릭 신자였고 그런 교육을 받아들여야 했다. 헤겔은 그녀를 자클린 수녀라고 불렀다. 이것도 참회 고행에 전념한 자클린 아르노Jacqueline Arnauld 포르루아얄 수녀원장 이름에서 따온 것이다. 헤겔은 프랑크푸르트에서 이미 누추한 카프친 수도승들이 여럿 돌아다니는 것을 보았다고 했다. 가톨릭 대미사가 열리면 그곳에 가서 아름다운 성모상을 보고 영혼을 고양하겠다고도 했다. 그러나 다음 편지들에서는 프리메이슨 교회의 음악적 대미사인 모차르트의 〈마술 피리〉나 "음악 때문에 너무도 보러 가고 싶은" 〈돈 조반니〉만 언급한다. 자신은 교회는 늘 지나치기만 한다면서, "여기 프랑크푸르트에서는 다시 좀 더 세상을 닮게 될 것"이라고 썼다.[30] 그가 희망한 두 사람의 재회는 이루어지지 않는다. 그 사이에 프랑켄 지방의 어떤 남작 부인의 말동무가 된 엔델에게 보내는 헤겔의 편지는 너무 부정기적이었고 그나마 1798년 5월의 편지가 남아있는 마지막 편지이다. 그리고 이 편지들은 헤겔이 프랑크푸르트 시절에 쓴 유일한 편지였다.

이 시기에 횔덜린은 은행가 곤타르트 가문의 가정교사 자리에서 쫓겨나기 직전이었다. 1796년 여름부터 곤타르트의 부인과 불륜 관계를 이어왔기 때문이다. 이 관계는 그가 쫓겨난 후에도 계속되었다. 헤겔이 둘 사이에 편지를 전해주었다. 이따금 중간 지점인 보나메스에서 밀회하기도 했다. 횔덜린은 1798년 9월부터 프랑크푸르트에서 도보로 3시간 거리에 있는 홈부르크(지금의 바트홈부르크)의 성문 앞에서 살게 된 것이다. 횔덜린은 예나에서 알게 된, 홈부르크 궁정 외교관 싱클레어와 그의 친구인 철학자이자 장교 야콥 츠빌링Jakob Zwilling과 예전부터 이미 토론 그룹을 이루고 있었다. 우리가 아는 한, 이 그룹에서 헤겔은 사상적으로 혜택과 자극을 받았다. 그들은 피히테의 저작이나 칸트의 가장 독특한 저작《판단력비판》에 대해 토론했다. 칸트는《판단력비판》76장과 77장에서 부분으로부터 전체로 나아가는 것이 아니라 전체로부터 부분으로 나아가는 지성의 가능성을 염두에 두었다. 그들은 자기들이 쓴 초안에 관해서도 토론했는데, 츠빌링의 글《만물에 대하여 Über das Alles》나 횔덜린의 희곡《엠페도클레스 Empedokles》와 미학 이론이 그것이다.[31] 헤겔이 철학과 대학이라는 진로를 택한 데는 이 토론 그룹에 참여한 것이 결정적인 역할을 했을 수 있다.

한편 헤겔은 초기 유대교와 기독교에 대한 원고를 계속 집필하는 중이었다. 오늘날 알려진 바로는, 이 원고는《기독교의 정신과 그 운명 Der Geist des Christentums und sein Schicksal》이라는 제목의 첫 출판물에서 드러나듯이 그리 통일적인 글이 아니다. 이 원고는 여러 차례 정서淨書하거나 같은 주제를 여러 차례 변주하는 20여 개의 단편으로 이루어져 있는데, 헤겔은 이 단편들을 어떤 순서에 따라 정렬하지 않았다. 이 단편들의 공통점은 종교에 대한 사색이 도덕적 근거들에서 점차 벗어난다는 점인데, 이는 사회가 스스로를 종교적으로 서술하는 이론을 통해서였다. 헤겔은 퇴고 작업에서 "생명"과 "존재"라는 개념을 한층 자주 사용함으로써, 종교가 단순한 도덕의 한 형태가 아니라는 것, 그리고 특수한 종교 형태에서 어떤 역사적 세계 전체와 그것의 한계를 발견할 수 있다는 것을 표현한다. 이제 그리스도는 더 이상 칸트주의자가 아니라, 사회적으로 실천 불가능한 규범을 설파한 혁명가이다. 헤겔은 정치적 의도에서 새롭고 "아름다운" 종교를 구상한다는 이 연구의 목표를 견지한다. 그러나 이런 연구의 내용인 자유는 이제 종속에서의 해방이 아니라, 공고하게 굳어진 상호대립적 사태들의 합일로 해석된다.[32]

헤르더는 《신학 연구에 대한 서한Briefe, das Studium der Theologie betreffend》의 서두에서 "성서를 인간적으로 읽어야 한다"라고 지적하는데, 1785년 재판이 나온 이 저서는 헤겔 같은 학생에게 직접 말을 건다. "여러분은 (이 말의 가장 좋은 의미에서) 인간적으로 신의 말씀을 읽을수록 그 말씀을 하신 분의 목적에 가까워집니다." 하지만 성서를 인간적으로 읽는다는 것은 어떤 의미인가? 헤르더는 마치 성지로의 관광여행에 초대하듯이, "여러분은 목동과 더불어 목동이 되고, 농사짓는 민중과 더불어 농부가 되며, 고대 동양인과 더불어 동양인이 되십시오"라고 설명한다. 그러니까 "만일 성서를 그것이 유래한 공기 중에서 즐기려면" 가령 서양인이어서는 안 된다.[33]

이는 더 이상 성경 텍스트에서 그릇된 주장, 모순, 경험적 비개연성의 증거를 찾고자 애쓰는 계몽주의적 성서 비판의 관점이 아니다. 여기에서 이미 성서는 진리를 지성에 전달하기보다는 경건하거나 도덕적인 행동을 유도하는 무언가를 감정(심성)에 전달하는, 거의 시적인 텍스트로 해석되는 것이다. 이것은 "이성의 신화"인가? 그렇다면 결정적인 논점은 이런 [신화의] 상상을 따르는 사람이 얼마나 자유로운가 하는 것이다. 민중종교가 자유에 기반을 두지 않는다면 이성에도 기반을 두지 않기 때문이다. 그렇지만 민중종교가 특정한 한 민족의 신화라면, 그것은 이성의 신화일 수 없다.

헤겔 역시 이 모순 속에서 동요하고 있었다. 그가 프랑크푸르트 시절에 성찰한 바로는, 아름다운 종교를 판단하는 척도는 사람들이 자연과 조화를 이루어 살았다는 고대 다신론이었는데, 유대교는 이런 아름다운 종교와 대척을 이루었다. 조국을 떠나 떠돌던 유랑자 아브라함은 자기의 신에 대한 순종으로만 심장이 뛰었고, 그래서 선은 인식이 아닌 의지로부터 나온다고 여겼다. 헤겔이 보기에는, 그는 "완전히 대립적인 세계"에 맞서 불화의 삶을 산 것이다. 헤겔은 프랑크푸르트의 유대인 게토를 떠올리며, 유대교의 현재 상황도 유대교가 이러한 고립을 통해 자초한 증오의 결과라고 생각했다.[34] 이것은 권리를 박탈당한 이들더러 스스로 희생자가 되는 것을 자초했다고 비난하는 것과 그리 다를 바가 없다. 다른 한편으로 이 이론에서 유대 신앙이 불화를 대표한다는 것은 대립 없는 세계의 온전한 인간성이 사상이나 현실에서 실현되기 직전이라는 주장에 대한 생생한 반론으로 해석될 수 있었다. 여기에서는 그리스도가 유대인이었고, 동양인들이 서양의 토대를 놓았으며, 순수한 사랑의 종교는 기독교 내에서도 철저히 저지되었다는 사실은 여전히 이야기되지 않는다.

프랑크푸르트 시절에 헤겔이 이러한 문제를 압축적으로 전개한 원고가 있는데, 이것은 철학사에 있어서 가장 철저히 연구된 텍스트 중 하나일 것이다. 1913년 헤겔의 제자 프리드리히 푀르스터Friedrich Förster의 유산에서 발견되고, 베를린의 프로이센 국립도서관이 경매에서 취득한 원고이다. 그로부터 4년 후, 프란츠 로젠츠바이크Franz Rosenzweig는《독일 관념론의 가장 오래된 체계기획Das älteste Systemprogramm des deutschen Idealismus》[35]이라는 완전히 오도하는 제목으로 이 원고를 출판했다. 그러나 이런 제목이야말로 이 원고의 스물여섯 개 문장에 대한 지속적인 관심을 불러일으킨 것이다. 이 원고는 세심하게 측량되고 접힌 부분까지 조사되었다. 이를 통해 헤겔이 평소에는 이렇게까지 종이 여백을 좁게 쓴 적이 없다는 사실은 적어도 알게 되었다. 이 글은 "하나의 윤리"라는 말로 시작하는데, 이 말은 다른 원고에서 뜯겨 나왔기에 이제 알 수 없게 된 어떤 문장의 마지막 부분이다. 우리는 누가 이렇게 뜯어냈는지, 이 텍스트 원문의 전체 길이는 어느 정도인지, 왜 헤겔이 이 단편을 보관했는지 알 수 없다. 종이의 투명무늬나 단어 통계로, 이 글은 아마 1796년에서 1797년 사이에 작성되었을 것으로 추정된다. 헤겔이 1796년 12월까지 스위스에 살고 있었지만 [이 종이를 만든] 제지공장에서 그곳에 종이를 보낸 일이 없다는 사실, 그리고 1797년 2월 이후 프랑크푸르트에 머물 당시 특정 글자의 서체에 변화가 생겼다는 사실을 근거로 연구자들은 헤겔이 슈투트가르트에 머문 1796년 크리스마스와 프랑크푸르트에 머문 1797년 2월 9일 사이에 그 글을 썼으리라 추정한다.

글의 내용은 무엇일까? 저자는 형이상학이 장차 도덕의 하위 영역이 될 것이고, 모든 이념은 어떤 가정이라고 주장한다. 이런 가정은 칸트의 용어에 따르면, 이성적 행위가 애초에 가능해 보이려면 실천적인 이유에서 이루어져야 하는 "요청"이라 할 수 있다. 이런 이념 중 첫 번째는 "당연히 절대적으로 자유로운 존재인 **나 자신**이라는 표상이다. 자유롭고 자기의식을 가진 존재와 더불어, 세계 전체가 무로부터 나타난다. 이것은 유일하게 참되고 상상가능한, **무로부터의 창조**이다." 여기서 질문은 세계가 어떤 특성을 가지는가가 아니라, 도덕적 존재를 위해 세계는 어떤 특성을 가져야 하는가이다. 이 부분에서 저자는 우선 물리학을 언급한다. 물리학이 현 상태에서는 이런 질문에 답할 수 없기에 헤겔은 물리학을 고무하고자 하는 것이다. 또 다른 질문은 이상국가가 어떤 특성을 가지는가라는 질문이 아니라, 이상적 상황에서는 도대체 국가라는 것이 존재하는가라는 질문이다. 이 단편에서는 이상적 상황에서는 국가라는 것이 존재하지 않는다고 확언한다. 왜냐하면 "**자유**의 대상만이 **이념[이상]**이라고 불리기" 때문이다. 그러므로 국가는 지양되어야 한다. 인간은 자기 자신 이외의 아무것에도 의지하지 않아야만 자유롭다. 따라서 신과 불멸 역시 자기의식의 외부에서 구해서는 안 된다. 그러나 저자에게 아름다움은 진리와 선함보다 고귀하다. 모든 이념을 포괄하는, 이성의 가장 고귀한 행위는 미적 행위이다. "정신 철학은 미적 철학"이다. 만물을 표와 목록으로 만드는 이들에게 결핍된 것은 바로 미적 감각이다.

이 단편에서 가장 유명한 문장이 그 뒤를 잇는다. "이성과 심성의 일신론, 상상력과 예술의 다신론이야말로 우리에게 필요한 것이다." 그렇다. 양자는 "이성의 신화" 속에서 결합해야 한다. 그래야만 대중이 이성에 관심을 보일 것이기 때문이고, 철학자는 이성의 신화에 대해서만 부끄러울 필요가 없기 때문이다. 헤겔은 성직자가 인민을 경멸하지 않고 인민이 성직자 앞에서 움츠러들지 않는 새로운 종교를 창시하고자 한다. "하늘에서 보낸 저 고귀한 정신은 우리 중에서 이러한 새로운 종교를 창시할 것이며, 이 종교는 인류 최후의 위대한 업적이 될 것이다."

이것이 헤겔의 사상일까? 헤겔 연구자들은 그렇게 생각하지만, 여기에서 횔덜린 연구자들은 횔덜린의 스타일을 발견하고 셸링 연구자들은 셸링의 스타일을 발견한다. 심지어 프리드리히 슐레겔Friedrich Schlegel까지 끌어들이지만, 헤겔이 왜 그 당시 아무 인연도 없던 낭만주의 이론가의 글을, 그것도 여기 외에는 어디에서도 발견되지 않는 글을 베꼈다는 것인지는 해명하지 못한다.

이 글의 주제를 보면 헤겔이 저자임이 명백하다. 야코비는 모든 스피노자주의는 무로부터의 창조를 배제한다고 진술한 바 있다. 이 글은 (자아를 "통해서"가 아니라) 사유하는 자아"와 더불어" 온 세계가 생성한다는 데 이의를 제기한다. 또한, 헤겔은 과거에도 국가를 기계로 보는 것을 논박한 바 있고, 앞으로도 그럴 것이었다. 그는 피히테가 이 은유를 빈번히 활용한다고 여긴다. 특히 국가는 시민들도 자신을 독립적 존재가 아니라 기계로 생각하게 만든다는 논점이 그렇다.[36] 그러므로 국가는 "자신의 소멸을 지향한다. 모든 정부의 목표는 정부를 불필요하게 만드는 것이다."[37] 성직자들은 "최근에 이성"을 가장하고 있는데, 그에게는 슈토어와 그 추종자들이야말로 그렇게 보였다. 마지막으로, "이성의 신화"가 청년 헤겔의 모든 저술을 관통하는 민중종교가 아니라면 무엇이라는 말인가? 훗날 그는 미학 강의에서, 예술은 각 시대의 문화를 지배하는 종교적 견해를 재현하는 데 복무한다고 말할 것이다. 횔덜린의 영향은 뚜렷하다. 〈종교와 종교의 창시Religion, eine Religion stiften〉라는 헤겔의 단편은 체계 기획과 긴밀한 관련 하에서 탄생한 것이다.

어째서 새로운 신화인가? 기독교가 낡은 신화를 밀어냈기 때문이다. 어떻게 그렇게 됐는가? 공공심이 쇠퇴하고 성직자 계급이 생겨났기 때문에, 그리고 기독교가 결코 정치적 민중종교였던 적이 없었기 때문이다. 게다가 기독교는 행위 대신 인내를 설파한다. 철학이 신화적이어야 한다는 것은 자유의 이념을 이야기로 만들어야 한다는 것이다. 헤겔이 저자라는 것은 이런 거창한 논의가 여러 주제를 한데 묶어낸다는 데서도 알 수 있다. 우선 실천이성이 이론이성보다 우월하다는 주장이 있는데, 이에 따르면 물리학마저 도덕철학에 통합되어야 한다. 아마 1968년이라면 물리학도 존재하는 것을 단순히 그려내는 것이 아니라, 자연을 지배하기 위한 지식이라고 말할 텐데, 따라서 헤겔에게는 물리학도 정신이 구성한 산물이라고 할 것이다. 그다음에 국가에 관한 주장이 있는데, 이에 따르면 자유로운 존재들의 사회에서는 국가가 지양되어야 한다는 것이다. 나중에는 헤겔이 이런 생각을 한 적이 있다는 것조차 상상하기 힘들어질 것이다. 그다음에 이어지는 주장은 실러와 횔덜린을 연상시킨다. 그것은 도덕이 미학에 속하며, "기계적이지 않은" 공동체, 즉 국가 아닌 공동체는 아름다움에 의하여 통합된다는 것이다.

여기에서는 한편으로 그리스에 대한 향수가 울려 퍼지는 것을 들을 수 있다. 저 신학교 학생들에 의하면, 그리스인들의 제의에서 요체는 아름다움이기 때문이다. 다른 한편으로, 셸링은 하나의 체계로 나아가는 길을 걷고 있었는데, 이 체계의 쐐기돌은 예술철학이 될 터였다. 물론 그러려면 아직 3년을 기다려야 한다. 마지막으로, 새로운 종교로서 이성의 신화를 요구하는데, 이런 종교는 민중은 이념에 익숙해지게 만들고 철학자는 직관으로 이끌어 "감성적으로 만드는 데" 적합하다. 그리고 《체계기획》은 프랑스혁명을 인민에게까지 확장하기를 요구한다. 1798년 헤겔은 "아름다운 종교를 창시한다는 이상은? 그런 이상이 존재하는가?"[38]라고 묻는다. 헤겔은 향후 발전의 도상에서 이런 기대로부터 멀어질 것이다. 피히테 독자에 의한 종교의 창시? 교양소설에는 [디킨스 소설 제목처럼] "거대한 기대[위대한 유산]"가 어른이 되는 와중에 [발자크 소설 제목처럼] "잃어버린 환상"이 되는 순간이 언제나 등장한다. 헤겔 사유의 도정은 이처럼 전망을 현존하는 것과 대조하여 그 전망을 청산하기를 거부한다. 그는 현실적인 것의 전회라는 기대를, 자신이 보기에 신화보다 나은 자신의 개념으로 옮겨놓는다.

예나에서 신은
어떻게 죽었는가?

- 헤겔, 철학자가 되다

크루델리: 그대가 신앙을 잃는다면 어떤 행동을 할지
여쭤봐도 될까요?
마르샬린: 안 돼요. 묻지 마세요! 그건 고해에서 털어놓을
비밀이랍니다.

드니 디드로, 《마레샬과 철학자의 대화 Entretien d'un philosophe
avec la Maréchale de***》(1796)

예나에서 신은 어떻게 죽었는가?

헤겔은 예나로 왔다. 1799년 1월 15일 타계한 부친의 유산 덕분에, 서른한 살의 헤겔은 미성숙한 가정교사의 삶에서 벗어날 수 있게 되었다. 그의 몫은 3천 굴덴인데, 여동생과 남동생도 같은 액수를 받았다. 오빠와 남동생 같은 교육을 받지 못한 데 대한 보상으로 여동생은 추가로 얼마간 더 받았다. 3천 굴덴은 나중에 하이델베르크 교수로 받은 연봉의 두 배였다. 그러나 헤겔은 곧바로 프랑크푸르트의 가정교사 자리를 때려치우지 않았다. 1801년 1월에야 예나로 간 것이다. 오로지 철학에 헌신하겠다는 결심을 한 시기와 이 튀링겐의 대학도시로 옮겨간 시기 사이의 18개월 동안 무엇을 했는지는 확실하지 않다. 헤겔은 1800년 11월 셸링에게 보낸 편지(그 전의 1년 반 동안 헤겔의 편지는 전해지지 않는다)에서까지만 해도, 그럭저럭 살 수 있는 가톨릭 도시를 찾고 있는

데, 자기 체질상 그곳 맥주는 괜찮아야 한다고 적고 있다. 거기에서 공부를 마치고 난 다음, 예나의 "문학적 향연"에 "감히 몸을 맡기겠다"는 것이다.[1]

그러니까 그때까지 상당히 은일하게 살아온 헤겔로서는 예나의 저명한 지식인들에 대해 다소 두려움을 느꼈던 것이다. 예나는 실제로 명성이 높았다. 헤겔이 말한 문학적 향연은 이 소도시의 요란한 출판계를 뜻한다. 인구가 5천 명에 불과한 이 도시는 당시 수많은 작가와 학자가 모여 끊임없이 정신적 자극을 주고받는 곳이었다. 훗날 고전주의와 낭만주의라고 부르게 될 것들이 여기에서 마주치고, 피히테, 라인홀트, 셸링, 그리고 헤겔이 대표하는 철학적 관념론은 일부는 이런 고전주의와 낭만주의의 차이에 무심하고, 일부는 이 중 어느 한 편으로 경도되었다. 이런 차이에 대한 지적 민감성은 역사적으로 유례없는 정도로 (모방, 경쟁, 끊임없는 분쟁의 각오, 때로는 성적性的 경쟁을 통하여) 참여자들의 생산성을 고무했다.

문학적 향연의 주인공은 단연 슐레겔 형제였다. 하노버의 목사 아들인 형제는 괴팅겐에서 고전문헌학을 공부하고 법학 공부는 중단했으며, 1796년부터 예나에 살고 있었다. 그들은 예나에서 번역, 미학 이론 및 비평, 나아가 꽤 활기찬 행동과 모임 조직으로 유명해졌다. 그들이 명성을 얻는 방식을 잘 보여주는 사례는 실러와의 문학적 난투였다. 실러는 1789년부터 예나에서 가르치고 1794년부터는 거기서 거주했다. 낭만주의자들은 실러의 시 〈여성의 존엄Würde der Frauen〉과 〈종鐘의 노래Das Lied von der Glocke〉를 공격했다. 카롤리네 슐레겔Caroline Schlegel은 자신들이 모임에서 〈종의 노래〉를 낭독하다가 폭소가 터져서 거의 의자에서 떨어질 뻔했다고 전한다. 그후 그녀 남편인 아우구스트 빌헬름 슐레겔August Wilhelm Schlegel은 서평에서 이 시는 수다스러울 뿐 아니라, 종의 주조와 관련한 사실관계조차 틀리다고 힐난했다. 프리드리히 슐레겔은 형에게 자극을 받아 또 다른 서평에서 〈여성의 존엄〉의 의미를 알려면 뒤에서부터 거꾸로 읽어야 한다고 권한다. 여기에 대해 괴테와 실러는 [공동시집] 《크세니엔Xenien》에 실린 시에서 조롱했다.[2] 그러니까 낭만주의자들은 재치있는 착상을 잡지에 투고함으로써 일종의 도시의 게시판에 재빠르게 공표하는 것이다. 실러는 이 비판자들이 건방지고 재능 없는 비평가라는 조롱으로 답한다. "날래게 쓰는 자들. / 어제 배운 것을 오늘 벌써 가르치려 들다니. / 아! 이 신사들의 장腸은 얼마나 짧단 말인가."[3]

이 소화가 빠른 신사들은 1798년 자신들의 잡지 《아테네움Athenaeum》을 창간했다. 여기에서는 그들의 스타일이 덜 논쟁적이되었지만 여전히 재치가 넘쳤다. 가령 프랑스혁명, 피히테의 학문론, 괴테의 《빌헬름 마이스터Wilhelm Meister》를 "이 시대의 가장 위대한 경향들"이라고 선언하는 유명한 잠언에서는, 이런 비교의 근거를 다양하게 제시하면서 독자들이 예컨대 어떻게 하나의 소설이 대체 '경향'일 수 있을지 궁리하게 만든다.[4] 그로부터 얼마지난 후 프리드리히 슐레겔은 〈불가해한 것에 관하여Über die Unverständlichkeit〉라는 에세이에서 이 문제를 다시 제기한다. 그는 프랑스혁명을 그보다 늦게 나타난 "초월론적 관념론 체계에 대

162

한 탁월한 우의寓意"라고 부르면서, 경향이라는 말이 "단장斷章의 어법에서는, 만물이 단지 경향이고 시대는 경향들의 시대라는 뜻"이라고 주장한다. 그리고는 이런 경향이 프리드리히 슐레겔 자신에 의하여 완성되는지, "아니면 나의 형이나 루트비히 티크 Ludwig Tieck에 의해서 완성되는지, 아니면 우리 당파 중 누군가에 의해서 완성되는지, 아니면 우리들의 어느 아들에 의해서 비로소 완성되는지," 그도 아니면 "심판의 날에 완성될지, 아니면 영영 완성되지 않을지"를 판단하는 것은 독자의 지혜에 맡긴다.[5]

그러니까 이런 소통은 재치있게, 연상적으로, 역설적으로, 이해하기 어렵게, 떠들썩하게, 아이러니를 통해, 그리고 단장, 짤막한 주장, 강령 초안을 통해 이루어진다. 아울러 피히테의 강의는 낭만주의의 시학 이론에 강력한 추진력을 제공한다. 프리드리히 폰 하르덴베르크Friedrich von Hardenberg는 1796년 프리드리히 슐레겔에게 보내는 편지에서 "철학은 제 삶의 영혼입니다. 피히테는 저를 고무합니다. 저를 깨우고 완곡하게 부추기는 것은 피히테입니다"[6]라고 쓴다. 사상사를 통틀어서 피히테만큼 작가들에게 영향을 끼친 철학자는 없다. 물론 무시무시한 쇼펜하우어를 제외하면 말이다. 그러나 낭만주의자들은 피히테를 그저 추종한 것이 아니라, 사유를 통해 그의 주장을 실험한다. 이에 따르면, 생산하는 자아 외에는 아무것도 존재하지 않으며, 만물은 자유롭게 "창작되고 고안된 것이 틀림없다."[7] 자아와 비자아 사이에는 상상력이 부유한다. 거꾸로 말해서 존재하지 않는 어떤 것을 상상하는 문학의 능력이야말로 모든 인식의 뿌리라는 뜻이다. 그로부터 모든 것이 도출되는 하나의 원칙은 없다. 원칙은 두 개이거나 세 개이거나 무수히 많다. 낭만주의자들은 피히테의 텍스트 여백에 끊임없이 주석을 달면서, 그의 문장을 지우고 그와 대립되는 문장이나 착상으로 대신한다.

슐레겔 형제 부부들은 예나에서 한동안 넷이 함께 살았다. 아우구스트 슐레겔의 부인인 카롤리네는 괴팅겐의 동양학자 미헬리스Michaelis의 딸로서 서른일곱 살이 되는 1800년까지 이미 모험적인 삶을 살아왔다. 스물한 살에 남편과 사별한 그녀는 마인츠에서 프랑스혁명에 참여하고 프랑스 장교와의 사이에서 임신했다. 자코뱅 당원으로서 독일에서 성채에 감금되는 형벌을 받았고 석방 후에도 정치적으로 수상하고 도덕적으로 경박하다는 평판 때문에 가는 곳마다 불청객 신세였다. 그녀는 아우구스트 슐레겔과 함께 셰익스피어의 가장 유명한 희곡들을 번역했는데, 그와 결혼한 이유에는 사교적으로 인정받을 수 있는 집단으로 복귀하려는 것도 있었다. 예나에서는 곧 열두 살 연하인 셸링이 구애를 했고 성공을 거두었다. 그녀는 1803년 아우구스트 슐레겔과 이혼했다. 한편 프리드리히 슐레겔은 예나의 로이트라가세 5번지에서 도로테아 파이트Dorothea Veit와 낭만적 주거 공동체 생활을 했다. 철학자 멘델스존과 그의 부인 프로메트Fromet 사이에서 1764년 태어난 파이트의 결혼 전 이름은 브렌델 멘델스존Brendel Mendelssohn이었다. 열네 살에 약혼한 베를린의 유대인 은행가와의 결혼 생활이 이혼으로 종지부를 찍은 후, 도로테아라는 이름으로 개명하고 스스로 작가로 활동하면서 예나에서 프리드리히 슐레겔과 동거했다.

　그러나 슐레겔 형제 부부들은 단순히 지적인 소요騷擾이자 장안의 화제일 뿐 아니라, 또 다른 이주자들로 이루어진 집단에서도 중심이었다. 가령 물리학자 요한 빌헬름 리터Johann Wilhelm Ritter가 대학에서 학생들을 가르치고 있었다. 시인이자 철학자 프리드리히 하르덴베르크(노발리스)는 앞서 언급한 바 있다. 그리고 소설가이자 극작가 티크도 한때 예나에 살았다. 그리고 다름 아닌 피히테가 있었다. 그러나 그는 기질상 전혀 심미적 정신의 소유자는 아니었다. 아니, 학술적 정신의 소유자조차 아니었다. 그의 배경은 교양이 아니었다. 빈한한 집안에서 태어난 그는 열여덟 살에 이미 재능 있는 소년으로 작센의 남작 눈에 띄었다. 교회에 지각한 남작에게 설교 내용을 통째로 외워서 나중에 알려준 것이다. 남작의 장학금 덕분에 좋은 학교에 다니고 라이프치히 대학까지 진학한 그는 가정교사로서의 불안정한 생활을 거치면서 1790년에 불과 며칠 내에 칸트의 비판서 세 권을 통독해야 했다. 일요일만 빼고 매일 한 시간씩 개인 교습을 하면서 이 책들의 개요를 가르쳐야 했기 때문이다. 특히 《실천이성비판》이 그의 삶을 뒤흔들었다. 그는 "나의 머리에서, 그리고 가슴에서 아주 유익한 혁명이 일어났다"[8]고 말했다. 그러니까 헤겔, 횔덜린, 셸링이 플라톤부터 스피노자를 거쳐 루소, 레싱, 헤르더에 이르기까지 매우 이질적인 독서를 종합하고자 했던 것과 달리, 피히테에게는 단 하나의 거대한 자극으로 한순간에 회심이 일어난 것이다.

　피히테는 1792년 《모든 계시에 대한 비판 시론Versuch einer Critik

aller Offenbarung》을 출판했다. 이 책은 저자의 이름 없이 쾨니히스베르크에서 출간되었는데, 그래서 많은 사람은 [쾨니히스베르크에 사는] 칸트가 저자라고 생각했다. 칸트가 이 책의 저자가 피히테라고 말하자 피히테는 하룻밤 사이에 유명해졌다. 1793년 《프랑스혁명에 관한 대중의 판단을 교정하기 위한 논설Beitrag zur Berichtigung der Urtheile des Publicums über die französische Revolution》이 출판되었다. 1794년부터 예나에서 〈학문론〉을 늘 새로운 형태로 강의했고, 같은 해에는 〈학자의 사명Bestimmung des Gelehrten〉을 강의했다. 당시 태동하던 엘리트의 윤리, 철학을 신학의 지위로 올리려는 시도, 인간이 스스로에게만 종속되는 사회(1793년은 프랑스의 혁명이 학살로 변질된 해이다)에 관한 이러한 일련의 사상은 학생들의 마음을 사로잡았다. 피히테의 가르침은 자기의 자아로부터 시작하는 소수의 기본 관념들에 기초하여, 삶에 대한 전체적 통찰을 보여주기를 약속했기 때문이다. 피히테는 청강생들에게 "여러분이 무언가를 알고 싶다면, 먼저 앎이란 대체 무엇이고 왜 알기를 원할 수 있는지에 대해 이야기해야 합니다"라고 말하는 듯했다. 셸링은 학문론은 아직 철학이 아니라 "철학에 관한 철학"이라고 언급한 바 있다.[9]

피히테는 "그대는 스스로 철학해야 한다"고 말한다. 우리의 공부가 사실에 관한 지식이 아니라 일종의 자기인식으로 나아가야 우리가 자유로울 수 있기 때문이다.[10] 모든 인식은 그저 이런저런 가정에 기초하는 것이 아니라, 아주 구체적으로, 인식하는 의식이 자기 자신에 관해 가지는 가정에 기초한다. 따라서 세계에 관해 우리의 모든 언명의 바탕에는 우리 자신의 세계 내 위치에 대한 어떤 초안이 있다. 달리 말하자면, 의식에 관한 진술이 지니는 커다란 이점은 어떤 사실로서 전달될 필요가 없다는 것이다. 누구나 추체험을 통해 이런 진술을 스스로 검증할 수 있기 때문이다. 오늘날에는 피히테의 강의를 실존주의적이라고 부를 수 있을지도 모른다. "학문론[지식론]에 대해 숙고하면서, 대체 사물 자체의 특성은 어떠한가라고 묻는다면, 이렇게 대답할 수밖에 없다. 사물 자체의 특성은 우리가 그것을 만드는 대로이다."[11] 이런 방식으로 생각한다면, 지식은 실천적 관심의 결과이다. "확실성", "사실", "대상" 같은 개념은 이런 개념을 사용하는 사람의 자기기술에 대해 여러 가지를 알려준다. 그것은 "사물에 의해 규정되는 것이 아니라 사물을 규정하는 것으로서" 체험되는 자아에 관한 자기기술이다.[12]

피히테는 자유를 자기 외의 어느 것에 의해서도 규정되지 않는 것으로 간주한다. 하지만 자기 외의 어느 것에 의해서도 규정되지 않은 "절대적 자아" 같은 것이 대체 존재할 수 있는가? 이것은 "그대 외의 누구에게도 순종하지 말라" 같이 지극히 난감하고 어쩌면 공허한 도덕적 요청에 불과하지 않은가? 혹은 이런 생각은 결국 일종의 자아 과대망상이 아닌가? 당대에는 이에 대해 편을 갈라 논쟁을 벌였다.

철학자들보다는 이 논쟁의 국외자인 작가들을 잠깐 인용해보자. 장 파울은 1800년 출간한 《클라비스 피히티아나Clavis Fichtiana》, 즉 피히테 세계의 해설서라는 책에서 절대적 자아는 신의 다른 이름일 뿐이라고 말한다. 그러나 여기에서 나타나는 의문은 이런 신이 대체 얼마나 많냐는 것이다. 피히테는 윤리이론, 법이론, 국가이론에 관해 저술했는데, 이런 이론은 피히테 자신의 철학에서 용납할 수 없는 "다수의 자아"를 전제한다. 그래야 자아가 서로 도덕적 관계를 맺을 수 있기 때문이다.[13] 이것이 야코비 제자의 대답이었다. 관념론은 피히테에 이르러 이기주의 체계로 나아간다는 것이다. 한편 하인리히 하이네 Heinrich Heine 는 프랑스 독자에게 관념론을 설명하기 위해 1834년 출판한 《독일의 종교 및 철학의 역사 Zur Geschichte der Religion und Philosophie in Deutschland》에서 피히테에 대해 이렇게 쓴다. "나폴레옹과 피히테는 거대하고 냉엄한 자아를 대변한다. 이 자아에게 사유와 행위는 하나이다. 그리고 두 사람이 구축하는 육중한 건축은 육중한 의지를 증언한다. 그러나 이런 의지의 무절제 탓에 이 건축은 곧 몰락한다. 학문이론이나 제국이나 모두 지어질 때만큼 빠르게 허물어지고 사라진다."[14]

피히테는 《학문론》에서 의지를 강조하는 자신의 철학에 걸맞게, 자아가 사물을 어떻게 규정하는가라는 물음에 이렇게 대답한다. 자아는 지각들의 조합이 아니라 이들의 구별, 특히 대립에 의해 사물을 규정한다는 것이다.[15] 이에 따르면, 가령 사물의 다양한 성질들로부터 사물을 "종합"하는 것과 같이, 의식의 개개 행위들을 추체험함으로써 의식을 이해하는 것은 아니다. 오히려 이러한 행위 의지의 원리를 탐구해야 한다. 의식은 행위의 연속인데, 피히테는 이런 행위를 "시행 事行 Tathandlung"이라고 부른다. 그 이유는 한편으로 모든 것이 자아의 자기주장에 기초한다는 것은 아무리 강조해도 지나치지 않기 때문이고, 다른 한편으로 "사실 事實Tatsache"에 대응하는 개념이 필요하기 때문이다. 의식에 대한 실재Sache가 아닌 실재(그러니까 "사물 자체")는 없다. 그리고 우리는 자기지시적이라는 점에서 사물과 대립하는데, 바로 이 점이 우리를 모든 사물과 구별하는 차이이다. "대다수 사람은 자기를 자아로 여기기보다 달의 용암 덩어리로 여기기 쉽다."[16] 피히테의 사상은 자신의 가능성에 못 미친 채 살아가면서, 명명백백하게 입증되는 것, 즉 자아라면 받아들여야 하는, 자기 자신에 대한 권리를 도무지 인정하지 않으려는 사람들에 대한 비판이다. 훗날 아힘 폰 아르님Achim von Arnim은 피히테가 베를린에서 어떤 강의를 이렇게 시작했다고 전한다. 피히테 자신이 15년 전부터 학문 이론을 강의하고 있지만 "그 핵심은 누구에게도 가르칠 수 없었다"[17]는 것이다.

1798년에는 셸링이 예나로 온다. 그는 슈투트가르트에서 가정교사를 하다가 1796년부터 라이프치히 대학에서 특히 자연과학을 연구했다. 그가 이른 나이에 얻은 명성은 그때부터 두 가지와 관련된다. 한편으로 그는 피히테를 "잘 안다"는 것이다. "무제약", "자아", "비판적"이라는 말이 무슨 뜻인지를 각 저서를 하나하나 들추면서 쉬운 말로 설명하는 책들을 거의 청년기에 내놓은 것이다. 하지만 여기 더해서 셸링은 《자연철학의 이념Ideen zu einer Philosophie der Natur》에서 피히테의 의식 이론을 아득히 멀리 떨어져 보이는 문제에 적용했다. 자유 이론이 곧 자연철학이라고? 자연과학뿐 아니라 자연 자체가 주체의 현현이라고? 셸링은 피히테 사상을 삶의 영위와 자기주장의 문제에 국한되는 것에서 벗어나게 했다. 자율이란 어떤 관통할 수 없고 어두운 영향을 끼치며 거기에 어떠한 영향도 끼칠 수 없는 듯 보이는 것에 종속되지 않는 것이라면, 다시 말해 자율에 대해서는 변화시킬 수 없는 어떤 것이 대립한다면, 셸링이 보기에 이 어둠을 밝힐 수 있고 이처럼 변화시킬 수 없는 것(중력, 자력, 물질)까지도 의식에 필적하는 어떤 힘의 산물로 이해할 수 있어야 자율이 가능하다.

따라서 셸링은 철도의 전철기轉轍機를 놓은 것과 같다. 세계를 해명하는 데 있어서 의무나 의지에 큰 의미를 두는 관념론적 충동에 어떤 과제를 부여한 것이다. 그것은 의지나 도덕적 명령이 거의 다가갈 수 없는 사실들의 인식에서도 자신을 입증하라는 과제이다. 그는 여러 표현에서까지 피히테를 따르기는 한다. 그러나 그가 보기에 "절대적 의지"와 "초월론적" 자유, 즉 만물을 지탱하는 자유에서 경이로운 점은 이들이 우리를 어떤 특정한 것에 어떻게, 그리고 왜 머물게 하는가가 아니다. 그를 열광시키는 것은 오히려 자유가 "유일무이하게 파악 불가능한 것, 풀이 불가능한 것, 그 본성에서 토대가 없는 것, 증명 불가능한 것, 그러나 바로 그래서 우리 지식에서 가장 직접적이고 가장 명증한 것"[18]이라는 점이다.

그러니까 피히테는 자아이자 자기라는 확실성이 무엇을 뜻하는지를 해명하고자 계속 새롭게 시도한 데 비해, 셸링은 자아와 자기가 증명 불가능하지만 명증하다는 데 매혹되었다. 셸링은 심지어 거기로부터 세계를 관찰할 수 있는 이 지점 자체는 세계 안에 있지 않다고까지 말한다. 그러므로 자유의 절대적 증명 불가능성, 그리고 경험적 자아와 절대적 자아의 심연을 피히테는 반대하지만 셸링은 찬양한다고 말하는 것은 크게 과장하는 것이 아니다. 정신은 절대적 의지 안에서 "자기 자신에 대한 지적 직관"을 가진다. 셸링이 이것을 명시적으로 지적 직관이라고 부르는 것은, 그것이 개념을 통해 결코 이를 수 없는 어떤 대상을 가지기 때문이다. 이것은 "지적"이라는 말을 특이하게 사용하는 것이다. 한편 직관이라고 부르는 것은 그것이 "무매개적[직접적]으로", 다시 말해 개념, 판단, 추론을 매개로 하지 않고 이루어지기 때문이다. 셸링은 "개념에서 서술되는 것은 멈춰있기에" 개념의 대상은 제한적이라고 말한다. "운동의 개념은 운동 자체가 아니며, 우리는 직관이 없다면 운동이 무엇인지 알지 못할 것이다."[19] 그러나 그것은 지적 직관이어야 하는데, 감성적 직관만으로는 그 움직이는 것이 [여럿인지] 하나의 것인지 전혀 확인할 수 없기 때문이다.

피히테에게 절대적으로 자유로운 것은 사행인데, 이것은 직관을 통해서나 사고를 통해서나 파악되지도 않고 제한되지도 않는다. 이에 비해 셸링은 그 안에서 양자의 통일을 추구한다. 이때 자연에 주목하는 데에는 어떤 희망이 깃들어있다. 피히테처럼 단지 객관성 일반의 근거를 자아에서 구하는 것을 넘어서, 매우 구체적인 자연 현상을 정신 활동의 산물로 규명한다는 희망이다. "자연이 절대자 자체인 것은 그것이 자아이기 때문이 아니라 아직 자아가 아니기 때문이다."[20] 혹은, 자연의 생산성을 의지의 생산성에 견주기를 잊기 때문이다. 셸링과 무의식에 관한 낭만주의의 사유의 친연성, 영혼에서 자연 현상의 공명, 겉으로만 대상적인 모든 것의 근원으로서의 상상력을 이런 희망으로부터 이해할 수 있다. 스물세 살의 셸링은 괴테의 영향력으로 예나 대학의 비전임 교수로 초빙된다.

예나에서는 절대적인 명제와 절대적인 것에 관한 명제를 추구하는 야심을 품고, 텍스트와 사상과 집단이 샘솟듯이 만들어지면서, 경험적 성향의 지성은 곧 쇠퇴한다. 이 문학적 향연에서는 만인이 만인에게 찬동하거나 반대하여 글을 썼다. 아우구스트 폰 코체부August von Kotzebues가 1799년 발표한 악의적인 희극《상춘국常春國의 당나귀, 혹은 현대의 교양Der hyperboreische Esel oder Die heutige Bildung》에서는 주인공에 대해서 "더 이상 꾸물거리지 않는다. 그는 이제 초월적이다!"[21]라고 쓴다. 이 주인공은 거의 언제나《아테네움》에 실린 문장으로만 대화하는데, 마치 아무 말이나 주어지면 이 잡지를 송두리째 검색하여 알맞은 대목을 찾아내어 대답하는 기계 같다. 그의 모친이 "아, 이럴 수가! 이게 대체 무슨 일이냐?"라면서 "카를, 너는 아직 종교를 믿는 거니?"라고 물으면, "종교는 대개 교양의 보충에 불과하거나 심지어 교양의 대체물입니다"라고 대답하는 식이다. "신"을 "절대자"로 대체하고 절대자를 다시 "자아"와 자아의 자기성찰로 대체한다면, 모친이야 당연히 이해하기 어렵겠지만 제법 명료한 잠언이 된다. 그렇다면 대체 종교가 왜 아직도 필요한가? 이 희곡에서는 모든 사람이 이 낭만주의자를 미쳤다고 보거나 철저히 비도덕적이라고 본다.

곧 복수가 시작된다. 아우구스트 슐레겔이 코체부 찬가, 코체부 희곡, 코체부 음악으로 채워진 책을 출간하여, 그의 어리석음, 허풍, 그리고 몰취미한 작풍을 폭로하는 것이다. "그는 쉰 목소리로 엉터리로 노래하고 / 현絃을 울리지도 못하지만 / 연극은 만들수 있지, / 수천 개의 멋진 연극을. / 손바닥을 뒤집기도 전에 / 그의 머리에서 연극들이 튀어나오니 / 그에게는 식은 죽 먹기지, / 그의 가슴에는 연극이 낙숫물처럼 떨어진다네."[22] 당시 예나에서는 모두가 다른 사람더러 너무 많이 쓰고 너무 빨리 쓴다고 비난하곤 했다.

헤겔은 이런 지적 전위前衛의 환경으로 이끌려 들어간다. 그러나이것은 그가 새로운 생활방식, 심지어 심미적 생활방식에 의의를두었기 때문이거나, 자신도 이런 출판 경쟁에 끼어들고 싶었기때문이 아니다. 1800년 무렵 예나는 독일의 정신적 수도였고, 헤겔은 학문에 헌신하기로 결심한 것이다. 물론 그가 도착했을 때피히테는 이미 없었다. 그는 무신론자라는 비판을 받았다. 인격신을 상정하지 않아도 도덕적 세계 질서를 유지할 수 있다고 주장하는 철학자 프리드리히 카를 포어베르크Friedrich Karl Forberg의논문을 출판한 것이다. 예나 대학의 라인홀트에게서 공부하고 거기에서 강사로도 활동했던 포어베르크는 당시 잘펠트의 어느 김나지움 교감이었다. 그는 1798년 니트하머와 피히테가 출간하는《철학 저널Philosophischen Journal》에 실린 〈종교 개념의 발전Entwickelung des Begriffs der Religion〉[23]이라는 논문에서, 널리 알려진 물음을 칸트식으로 논구했다. 그것은 종교에 필요한 유일한 신 개념, 즉 언젠가 미덕은 보상하고 악덕은 처벌하는 도덕적인 세계 통치자라는 개념을 상정할 만한 좋은 근거가 있는가라는 물음이다. 이 논문이 소동을 일으키게 된 것은 이 물음에 대한 포어베르크의 대답보다는 그가 그로부터 끌어내는 귀결과 그의 표현 때문일 것이다.

행위의 도덕성이 운명에 아무 영향도 끼치지 않는 것이 아니라면, 이것을 관장하는 신이 얼마나 많다고 상정해야 하는가, 그리고 이 신들에 대해 그 외에 또 어떤 말을 할 수 있는가는 부차적 문제이다. 포어베르크는 도덕적 세계 통치라는 믿음의 근거가 무엇이지 묻는다. 이 세상을 돌아보기만 하면, 경험이 근거가 될 수 없음은 금방 알 수 있다. 포어베르크는 칸트를 들어 이론적 근거도 거부한다. 그 완전성에 공의로움도 포함되는 완전한 존재에 관한 한낱 개념은 결코 그의 실존을 함축하지 않는다. 어떤 것의 실존을 결정하는 것은 개념이 아니라 직관이기 때문이다. 질서가 질서를 형성하는 어떤 정신을 전제한다는 생각은 질서 형성의 원인을 자의적으로 제한하는 것이다. 게다가 이 세상의 상태를 보면, 악을 허용하는 선한 신 대신에, 간간히 선도 허용하는 악마를 세계의 통치자라고 불러도 무방할 것이다. 그렇다면 이제 신을 상정할 근거로 남는 것은 "도덕적으로 선한 심성" 혹은 양심이다. 악한 심성은 정의를 원치 않지만 선한 심성은 그것을 원한다. 그러나 그렇다면 종교는 마치 신을 믿는 양 행동해야 하는 의무이다. "자연은 그러기를 원치 않더라도 나는 더 나아지기를 원한다!" 포어베르크가 단언하는 것은, 무신론자라도 이런 규준을 따른다면 종교를 가지는 것이라는 결론이 도출된다는 것이다. 그러니까 신을 믿지 않더라도 경건할 수 있고, 도덕적 인간에게는 신에 대한 믿음이 아니라 종교성만 요구할 수 있다는 것이다.

예나뿐 아니라 잘펠트에서도 떠들썩한 소동이 벌어졌다. 신을 부인하는 자도 유덕할 수 있다고 인정하고, 어떤 종교라도 특정 신보다 중요하다고 여기는 사람이라면 그 자신이 무신론자이다. 그러나 피히테와 니트하머는 포어베르크의 논문에 거리를 두기를 거부했다. 오히려 이 논문을 인쇄하지 말라는 권고를 받았던 피히테는 이 논문 앞에 자기 글을 게재하여, 이 논리를 해명하고 완화하고자 했다. 도덕적 세계 질서 자체가 신이며, 그것의 원인인 어떤 존재로의 이행은 불필요하다는 것이다.[24]

그러나 이런 일은 도움이 되지 않았다. 잘펠트 바깥에서 누가 포어베르크에게 신경을 쓰겠는가? 문제는 피히테였다. 익명으로 출판된 여러 글에서 그의 가르침을 받는 젊은이들을 걱정했다. 성직자들은 그의 면직을 요구했다. 작센 정부는 《철학 저널》 배포를 금하고, 그곳의 젊은이들이 이 예나의 악당에게서 공부하는 것을 금하겠다고 을러댔다. 피히테는 이런 항의는 구실에 불과하고 그들이 겨냥하는 것은 자신 안의 무신론자가 아니라 자코뱅주의자라고 선언했다. 그러나 바이마르의 정부는 1799년 봄 그를 면직했고, 괴테는 장관으로서 여기 서명했다. 그 후에 학생은 크게 줄었고 피히테의 동료 교수들도 예나에 등을 돌렸다.

피히테가 떠난 후 셸링의 별은 더욱 환하게 빛났다. 게다가 이 별은 피히테의 별이 돌던 궤도에서 벗어나기 시작한 것이다. 여기에서 중요한 역할을 한 것은 자아의 철학과 자연철학을 결합하는 시도였다. 이제 막 태동하는 학문인 물리학과 화학의 지식에서 밝혀진 것을 자연철학에 편입시켜야 한다. 이것은 괴테와 궁정의 마음에 들었다. 괴테의 마음에 든 이유는 그가 도덕적 요청보다는 자연사에 관심이 있었기 때문이고, 궁정의 마음에 든 이유는 이로써 지적 에너지가 비정치적 대상과 강하게 결합했기 때문이다.[25]

셸링은 헤겔더러 가능한 한 빨리 예나로 오라고 재촉했는데, 이것은 틀림없이 자신과 더불어 싸울 사람이 필요했기 때문이다. 사교적인 환경에서, 그리고 무엇보다도 대학에서 연구를 계속할 수 있다는 이런 전망은 헤겔에게는 분명 즐거웠을 것이다. 지적으로 고립된 베른이나 오직 횔덜린과의 교유에만 집중하던 프랑크푸르트에서의 상황과는 다른 것이다. 1801년에 도착했을 때, 예나에서는 약 800명의 젊은 남성이 공부하고 있었다. 헤겔은 물론 앞으로 일어날 일을 알 수는 없었다. 두 사람의 후펠란트(법학자 고틀리프 후펠란트Gottlieb Hufeland 외에, 수강생이 500명에 달하는 저명한 의학자 크리스토프 빌헬름 후펠란트Christoph Wilhelm Hufeland가 있었다)가 1803-1804년 다시 예나로 오고 그 직후 하인리히 에베르하르트 고틀로프 파울루스Heinrich Eberhard Gottlob Paulus와 니트하머도 왔다. 그리고 실러는 1805년 타계했다. 또한, 젊은 법학자 안톤 프리드리히 유스투스 티보Anton Friedrich Justus Thibaut와 파울 요한 안젤름 포이어바흐Paul Johann Anselm Feuerbach는 곧 다른 대학의 초빙을 수락하고, 셸링도 1803년 뷔르츠부르크 대학의 초빙을 수락했다. 예나의 학문적 명성과 더불어 학생 수도 줄었다. 어느 학생은 1805년 "외국인은 사라지고 학생은 내국인 200명으로 줄었다"라고 적었다.[26]

하지만 헤겔이 연구하는 방식도 횔덜린, 피히테, 셸링의 영향 아래 변화했다. 헤겔은 1800년 말 셸링에게 보내는 편지에서 이렇게 쓴다. "나의 학문적 교양은 인간의 하위 욕구에서 시작하였고 나는 이러한 교양에 있어서 학문을 향해서 밀려갈 수밖에 없었네. 청년 시절의 이상은 아울러 성찰의 형태로, 즉 하나의 체계로 변화해야 할 테지."[27] 그러니까 헤겔은 하나의 체계를 꾀하고 있음을 일찌감치 선언한 것이다. 따라서 그로서는 우선 그 자신과 최첨단 철학적 사유 사이의 지적인 격차를 만회해야 한다. 헤겔이 예나로 오기 전의 사상의 현황은 이른바《체계단편 Systemfragment》에 요약되어 있다. 1800년 9월 14일 집필한 이 단편의 중심에는 생의 개념이 있다.[28]

이에 따르면 생은 대립들의 통일이다. 그 이유는 한편으로는, 모든 생은 부분들로 이루어지는데, 이 부분들은 통일을 이루고 전체 "조직"에 참여해야만 존재하기 때문이다. 다른 한편, 생에서는 서로 분리된 부분들이 차이를 나타내기도 한다. 인간에게 개별적 생이 있는 것은 오직 자신과 차이를 지니는 타인들과 관계를 맺기 때문이다. 헤겔의 청년기 저작의 이상인, 살아있고 자기의식적이며 이성적인 공동체는 개인들을 전제하는데, 이 개인들은 이 공동체 안에서 사라지지도 않고 이 공동체로부터 분리되지도 않는다. 헤겔은 결합과 대립의 통일이라는 이러한 이미지를 자연적, 개인적, 사회적 생이라는 모든 차원에서 "무한한 형태로" 발견한다. 그의 표현에 따르면, 그로부터 "죽은 것, 그리고 다양성을 죽이는 것"을 빼어내면, 이 무한한 생의 총체를 "신"이나 "정신"이라고 부를 수 있다.

다수를 통일하는 또 다른 방식을 헤겔은 "법"이라고 부른다. 그러나 법은 살아있지 않다. 그에게 법은 그 자체로 연관을 지니지 않는다. 따라서 "그것으로부터 분리되고 죽은 단순한 다수"를 드러내는 다양한 것을 단지 하나로 합쳐서 하나의 규칙 아래 모을 뿐이다. 이에 반해 다수의 개별 요소를 기관들로 볼 수 있다면 정신이라고 말할 수 있다. 헤겔이 드는 예는 예배이다. 그것은 노래, 설교, 신체 동작, 기꺼운 희생을 통해, 공동체에 대립하는 신인 "객관적 신에 대한 명상적이거나 사색적인 관조"를 살아있는 자들의 주관성과 합일시키는 것이다. 그래서 예배에서 주관적 표현은 춤이 된다. 이것이 1800년경 뷔르템베르크나 헤센 식의 예배가 아님은 분명하다. 예배에서 음악에 대한 신체 동작이 아니라 단지 내면의 감동으로 반응하는 것은 오래전부터 기독교 예배의 특징이었기 때문이다.

그러나 죽음이라는 것, 즉 전체로부터 개별적인 것의 분리라는 것이 존재한다. 그리고 생은 합일로 서술될 수 있을 뿐 아니라, "연결과 분리의 연결", 따라서 생과 죽음의 통일이기도 하다. 이때 헤겔은 죽음을 자연적 소멸과만 연계시키는 것이 아니라, 분석 작용을 통해 사물을 서로 분리하는 지성 활동과도 연계시킨다. 이에 따르면, 합일에서 바람직한 모든 것과 분석, 구별, 고립

178

하는 의식 작용을 서로 대립시키는 것은 무의미하다. 달리 말해 야코비 철학은 헤겔에게는 선택지가 아니다. 존재하는 모든 것은 어떤 다른 것과의 관계, 아울러 그것과의 대립에 기초하여 그것 인 것이다. 존재하는 모든 것은 생산적 차이이다.

따라서 예나로 올 무렵 헤겔은 이러한 사유의 이미지를 모든 가능한 대상에 적용하여, 칸트, 피히테, 셸링이 수행한 것과 뚜렷 하게 구별되는 하나의 "체계"로 구성할 수 있다고 확신했다. 그 러나 그 전에 몇 가지 행정적으로 처리할 일이 있었다. 헤겔은 "공인公認"이 필요했다. 즉, 튀빙겐 대학에서 쓴 석사논문을 박사 논문으로 인정받아야 했다. 그는 《차이논고Differenzschrift》 표지에 이미 "철학박사"라고 기재했다.[29] 학부에서는 슈바벤 신사들(셸 링, 니트하머, 역사학자 카를 빌헬름 프리드리히 폰 브라이어 Karl Wilhelm Friedrich von Breyer, 그리고 이제 헤겔)이 대학을 바꾸고 있다며 투덜 대기는 했지만, 헤겔을 슬쩍 통과시켰다. 헤겔은 응분의 책무를 다할 수 있고, 신실한 사람으로 보이며, 그의 《차이논고》에 대한 평가에 긍정적 소견서가 첨부되었다는 것이다. 이 소견서는 철학 자 요한 아우구스트 하인리히 울리히Johann August Heinrich Ulrich가 작성했는데, 그는 이미 30년 이상 이 학부에 속해 있었다. 이제 헤겔은 학위논문 요지 토론회를 거치고, 짧막한 교수자격 논문을 인쇄하여 제출하면 되었다.

헤겔은 이런 일을 처리하고, 〈행성궤도론De orbitis planetarum〉을 급하게 작성하여 자신의 생일인 1801년 8월 27일 논문 심사 토 론회를 가졌다.[30] 이 글의 전제라고 표현한 논제들 중에는 가령 사각형은 자연의 법칙이고 삼각형은 정신의 법칙이라는 등의 기묘한 논제도 있었지만, "자연상태는 부당하지 않고 따라서 자연상태로부터 나와야 한다"라거나 "모순은 참된 것의 규칙이고 비모순은 그릇된 것의 규칙이다"[31]라는 첫 번째 논제와 같이 사유를 자극하는 논제도 있었다.

교수자격 논문에서 자연과학의 주제를 다루는 것은 헤겔 자신의 결심이었다. 청년기의 신학 저작이나 정치적 기획을 제출하더라도 교수자격 획득이 위태로웠을 수 있다. 그러나 이런 주제를 고른 것은 헤겔이 천문학에 정통하다고 느꼈음을 보여준다. 아마 그는 이 연구를 위한 자료를 이미 프랑크푸르트 시절부터 가지고 있었을 것이다. 그가 인용하는 최신 문헌인 헤르더의 《신Gott》과 셸링의 《세계영혼에 관하여Von der Weltseele》는 1798년 출판된 것이다.

그의 논문은 대체 자연을 어떻게 인식할 수 있는가와 관련된 어떤 근본적 생각에 맞서 씨름한다. 그에 따르면 자연은 그 자체가 이해할 수 있는 안정적 질서를 드러낼 때에만 인식 가능하다. 이해의 수단은 수학 공식인데, 그것은 경험적 관찰들로부터 얻어낼 수 있는 규칙성을 모사하는 것이다. 헤겔은 여기에 반론을 제기한다. 그런 식으로는 물리학이 아니라 "천체의 기계학"에 도달할 뿐이다. 투석기와 총탄을 관찰하고 계산하는 것만으로는 "원심력", "충돌", "중력" 같은 개념을 도출할 수 없다. 헤겔은 요하네스 케플러Johannes Kepler를 참조하는데, 케플러는 자연과학에서 중요한 것은 단지 수많은 데이터를 가지고 실험을 통해 모델링하는 것이 아니라, 바로 진리라고 주장한 것이다. 데이터들을 하나의 개념 아래 편입시키려면 먼저 이 개념이 있어야 하기 때문이다. 그렇다면 행성 운동을 묘사하는, 수학적으로 정의된 선들은 실제 힘들에 부합하는가? 헤겔은 수학을 물리학과 동일시하는 것을 경고한다.[32] 자연이 그 자체로 이념적 구조를 따른다면 전혀 모델링할 필요도 없다.

불행히도 헤겔은 뉴턴에 대해 구체적으로 비판하는 바로 그 지점에서 그 자신이 혼란에 빠진다. 그는 관성력과 원심력을 혼동하는데, 헤겔 이후에도 많은 사람이 이런 혼동을 일으켰다. 그리고 헤겔은 지구가 적도에서 평평해진다고 여기고, 셸링의 자연철학을 배경으로 하여 힘이란 사실 에너지를 뜻한다는 듯이 말하며, 따라서 천체 운동의 기계적 이해를 비판한다.

하지만 이보다 더 불행한 것은 그 글의 마지막 몇 쪽이다. 여기에서 헤겔은 행성 사이 거리를 언급하면서, 당시로서는 네 번째 행성인 화성과 다섯 번째 행성인 목성 사이에 다른 천체가 있을 만한 자리가 없다고 단언한다. 18세기에는 행성 간 거리가 등차수열을 따른다는 가설이 등장했다. 화성과 목성 사이 거리는 지구와 태양 사이 거리의 3.7배이고, 화성과 지구 사이 거리는 겨우 0.5배이다. 이런 관계식에 따라 행성 하나가 더 발견될 것이라는 결론을 도출했다. 헤겔은 이 가설을 "이성에 맞지 않은"[33] 사고방식이라고 비난하면서, 그 어떠한 "진지한 탐색seduloque quaeritur"을 통해서도 아직 아무것도 발견되지 않았다고 지적한다. 그는 철학적 관점에서 고개를 가로저으면서 등차수열은 자신으로부터 수조차 만들지 않는다고 말한다. 수가 나타나려면 등비수열에 토대를 두어야 한다는 것이다. 헤겔은 플라톤의 대화록《티마이오스Timaios》를 염두에 두면서 자신의 수열을 도출하고, 이것을 수학적으로 불투명하게 처리하며, 게다가 계산까지 잘못해서 이 수열이 자연의 보다 참된 질서를 드러낸다면 화성과 목성 사이에는 행성이 없을 것이라는 결론을 내린다.[34]

그러나 그보다 이전엔 1801년 1월에 이미 이탈리아 천문학자 주세페 피아치Giuseppe Piazzi가 소행성 세레스를 발견했는데, 그것의 위치는 그 직후에 헤겔이 (약 50년 후 철학자 다비트 프리드리히 슈트라우스David Friedrich Strauß의 표현에 따르면) 발견될 수 없다고 한 바로 그곳이었다.[35] 따라서 그의 논문에 대한 첫 번째 천문학 서평에서 이미 수많은 "초월론적 물리학자"에 대한 격앙된 반응이 나타난다. 이런 자들이 판을 치지만 이들의 "초물리학"은 어떠한 발견도 이루지 못한다는 것이다. 사상사의 아이러니가 아닐 수 없다. 헤겔의 자연철학에 반대하는 사람들이 헤겔에 대해 쉽게 격분한 이유는 철학이 자연과학 영역을 침범하기 때문이 아니라, 그의 가설적 계산이 수열로 무장한 "천체 경찰들"을 조롱하지만 실패로 돌아가기 때문이다.

그러나 위원회는 이런 일을 아직 까맣게 모르고 있었다. 소행성 세레스의 발견 소식이 예나까지 전해지지 않은 것이 분명하다. 헤겔은 10월 중순 시범강의를 했는데, 그 주제는 이제 전해지지 않는다. 그 직후 교수와 사강사의 특권이므로 헤겔에게는 본래 허용되지 않는 무료 강의를 허가해줄 것을 청한다. 헤겔에게 이런 예외가 허용되었는지는 기록이 남지 않아 알 수 없다. 그에 비해 우리가 아는 것은 1801년 겨울학기에 행한 첫 강의《논리학과 형이상학Logik und Metaphysik》의 수강생들 이름과 숫자이다. 모두 열한 명이고 그중에는 셸링도 있었다. 다시 수강하는 것이 강의 만족도를 뜻한다면, 이 강의는 그리 성공하지 못했다. 1803/04년에 행한 두 번째 강의인《사변철학 체계Das System der speculativen Philosophie》수강생은 어느새 서른 명에 달했고 더구나 이들은 세계 각지(리투아니아, 트란실바니아, 페테르부르크, 에스토니아, 리브란트, 샤프하우젠)에서 왔지만, 이중에서 이후에 강의를 다시 들을 사람이나 그 전에 강의를 들은 사람은 없었다. 1805년 헤겔은 비전임 교수에 임명되지만, 예나에서 활동이 끝날 때까지 안정적인 자리는 보장되지 않았다.

1801년 아직 교수자격 논문이 통과되기 전에 헤겔은 이른바《차이논고》를《피히테와 셸링의 철학 체계의 차이Differenz des Fichteschen und Schellingschen Systems der Philosophie》라는 제목으로 출간했다. 사상적 전략에 의거하여 이 저작에서는 셸링이 1800년 저작《초월론적 관념론 체계System des transzendentalen Idealismus》로 피히테 학파에서 탈피했음을 강조한다. 피히테가 의식에 부여한 임무는 궁극적으로 도덕적 동기에서 나오는데, 그것은 의식이 자신과 객체의 차이를 되찾음으로써 주관성이 어디에서나 활동하고 있음을 인식하는 것이다. 이에 반해 셸링의 체계는 두 개의 세계를 서로 관련시키는 것이다. 그중 하나인 실천적 세계에서 주관은 행위에서 객관화됨으로써 모든 발전을 담지하는데, 이런 행위는

법과 역사 개념으로 이어진다. 그리고 다른 세계에서는 자연이
"자아의 과거"[36]이고, 따라서 무기체와 유기체를 경유하여 자아
로 흘러드는, 그 자체가 예지적 발전의 담지자이다. 오늘날에는
이런 설명은 진화론에 관한 사유 외에서는 읽을 수 없는데, 당시
에는 진화론이 나타나기까지 아직도 60년을 기다려야 했다.

흥미롭게도 셸링에게는 이 두 가지 발전 노선이 결국 예술에
서 합류한다. 셸링이 보기에 예술에서는 의식적(자아적, 계획적)
생산과 무의식적(충동적, 욕구적) 생산이 서로 맞물리기 때문이다.
헤겔은 종교도 마찬가지라고 보충한다. 아니, 어느 문장에서는
절대정신에 관한 훗날의 이론이 스치듯 지나간다. "양자는, 즉 예
술과 사변은 그 본질에 있어 예배이다. 둘 다 절대적 생의 생생한
직관이고 따라서 그것과의 하나됨이다."[37] 그러니까 사유 및 사변
이 믿음 및 능력과 범주가 다르지 않듯이, 예술은 (헤르더가 가장
먼저 제기한 명제에 따르면) 능력이나 "지식nosse aut posse으로부터,
어쩌면 양자로부터 나온다. 적어도 예술은 양자를 적절한 정도로
연결해야 한다."[38] 나아가 헤겔이 이 대목에서 "지적" 직관이 아
니라 "생생한" 직관이라고 말하는 것은 태동 중인 자신의 체계와
셸링의 체계의 차이를 벌써 드러내는 것이다. 생이라는 개념은
관계들의 체계를 뜻하는데, 여기에서 모든 구별은 오로지 전체라
는 개념을 통해서만 이해할 수 있다. 아마 셸링도 그렇게 표현할
수 있었을 것이다. 그러나 헤겔에게서는 훗날 "이성"과 "정신"이
라고 불리고 모든 개념화Begreifen의 공통 전제를 뜻하는 생 자체
로부터, 모든 외관상의 주관-객관 구별을 일관되게 부정함을 통

해 전체라는 개념이 산출된다.《차이논고》에서 이미 이런 명제가 나타난다. "이성은 부정적 절대자의 힘으로 드러나고, 따라서 절대적 부정으로 드러나며, 아울러 서로 대립하는 객관적 총체와 주관적 총체를 정립하는 힘으로 드러난다."[39]

셸링과 헤겔은 예나에서《비판적 저널Kritische Journal》을 창간하여, 타오르는 비평을 통해 명성을 날리고자 했다. 이 비평의 불길은 칸트와 피히테를 이어 널리 회자되는 수많은 철학을 구웠다. 피히테와 니트하머의《철학 저널》은 무신론 논쟁으로 사라졌고, 《아테네움》이라면 피히테를 이미 극복된 철학자로 묘사하는 글은 거의 싣지 않을 것이며,《일반 문학신문Allgemeine Literaturzeitung》은 셸링이 자신의 자연철학에 관한 첫 번째 서평이 실리자마자 떠들썩하게 항의한 이후로 더 이상 셸링에게는 열려있지 않았고, 셸링의 또 다른 기관지《사변 물리학 잡지Zeitschrift für spekulative Physik》가 중점을 두는 주제는 다른 것이었다.[40] 헤겔과 셸링이 앞서 제시한 이 저널 기획의 요점은 기본적으로 자신들이 지나갈 길을 비키라는 것인데, 그 이유는 이제 그 길로 절대자가 등장할 것이기 때문이다. 자신들처럼 절대자의 인식과 이성의 자기인식을 요구하지 않는 철학자는 전혀 다루지 않겠다는 것이다. 그러니까 하나의 이성만 존재하므로 기본적으로 하나의 철학만 존재할 수 있다. 따라서 비판은 오직 "하나의 철학이라는 이념을 지니는"[41] 사람에게만 어떤 의미가 있다.

또 다른 주장은 철학은 "본성상 어떤 밀교적인 것으로서, 그 자체는 어중이떠중이를 위한 것도 아니고 어중이떠중이를 위해 어떤 것을 마련할 수도 없다"는 것이다. 이로써 계몽주의의 확산과 함께 우후죽순으로 늘어난 잡지와는 거리를 두었다. 어중이떠중이와 섞여 있는 철학자가 평범한 사람, 아니면 다른 일로 바쁜 시민이 어떤 사람들인지 이해한다면, 이들이 피히테의 자아에 몰두하기에는 문해력이 부족하고, 초월론 철학이 대중적인(혜겔 표현으로는 "진부한") 서술방식으로 제공되기를 떼거리로 기다리고 있지도 않다는 것을 알게 될 것이다. 수준 높은 문체 외에도 도덕적 우위까지 주장하는 이런 허세는 상당한 과장처럼 들린다. 오히려 이들이 목표로 하는 철학은 상식에 반하고 이들의 세계는 "전도된 세계"라는 것이 적합한 표현일 것이다.[42]

혜겔은 철저히 무명이었고 유산으로 살아갔다. 그래서 여러 해 동안 시계만 바라보면서 셸링 전문가라는 평을 들어야 했다. 이 점에 관련해서 혜겔은 애꿎은 사람도 끝까지 용서하지 않았다. 그에게 이 저널은 유명해질 수 있는 아주 좋은 기회였다. 이 점을 통해서, 난해함과 냉소적 문체의 무모한 혼합이라는 당시 그의 글의 특징이 설명될 것이다. 혜겔은 (익명으로 발표된 여러 글에서) 철학자 고틀로프 에른스트 슐체Gottlob Ernst Schulze의 생각을 아주 신랄하게 비판했다. 그것은 명백하게 규명되는 것을 넘어서는 것은 유익하지 않다는 생각이다. 혜겔은 모든 사변에 대해 회의하라는 이런 주장을 비판하면서, 회의에 대한 회의는 어떠냐고 반문한다. 고대의 회의주의자만 해도 상식에 반하는 주장을 펼쳤으며, 그런 회의주의자가 빠지는 여러 모순은 조목조목 지적된 바 있다. 회의주의라는 명칭에 어울리지도 않는 근대의 회의주의는 궁극적으로 "개념과 존재는 하나가 아니다"[43]라는 주장으로 나아갈 뿐이다. 헤겔의《정신현상학》에서는 극단적 형태의 회의를 제시할 텐데, 그것은 의심의 여지가 없다고 여겨지는 것이 일반적으로 근거가 전혀 없음을 보여주는 것이다.

헤겔은 철학자 빌헬름 트라우고트 크룩Wilhelm Traugott Krug에게서 또 다른 형태의 "상식"을 발견한다. 여기에서 그의 필기도구는 헤겔에 의해 철학사에 영원히 기록된다. 그러니까 크룩은, 초월론 철학자들이 자신들과 다른 입장에 대해 인식과 개념화를 적절하게 서술하지 못한다고 비판하는 것은 일면적 비판이라고 반박하면서, 그 이유는 관념론자는 개도, 고양이도, 그리고 크룩 자신의 펜도 도출할 수 없기 때문이라고 말한 것이다. 이에 대해 헤겔은 초월론 철학자들은 지금 그보다 고상한 다른 일로 바쁘다면서, 크룩 씨는 개별자로부터 필연성을 개념화하려면 먼저 좀 더 고상한 존재("모세, 알렉산드로스, 예수 등")가 되어야 할 것이라고 반박한다. 그러나 헤겔은 사실 언젠가는 시간만 주어진다면 필기도구를 "연역"하는 것도 가능하다고 여긴다. 헤겔은 크룩의 비판이 겨냥하는 셸링이 적어도 펜의 원료인 자연물은 연역한다고 넌지시 비추는 것이다.[44] 그러니까 그는 "무례한 태도"와 "언젠가는 가능하다"는 전망 사이를 오가며 말할 뿐이다. 훗날에야 그는 필연적으로 우연적인 것에 대해 숙고하고, 자연 영역에서의 우연의 형태를 다루는《철학대계Enzyklopädie der philosophischen Wissenschaften》250절에서 크룩의 질문에 대해, 절대적 우연을 개념화할 것을

"개념에 요구하는 것은 지극히 부당하다"라고 논평한다.[45]

그들은 보다 고상한 것에 몰두한다. 훗날 교사이자 교장이 되는 베른하르트 루돌프 아베켄Bernhard Rudolf Abeken은 사후 출판된 비망록에서 1800년경 예나와 바이마르 시절을 회상하면서, 헤겔의 첫 번째 세미나를 아주 짧게 언급한다. "신, 신앙, 구원, 불멸은 전에는 내 안에서 확고히 자리 잡았지만 이 새로운 이론과는 연결되지 않는다. 아니, 그와는 모순되어 보인다. 그리고 이내 셸링을 끌어들이는 헤겔은 강의를 시작하면서, '여기에 들어오는 자, 모든 희망을 버리라! Lasciate ogni speranza voi ch'entrate!'라는 단테의 말을 외친다. 나는 쓰라린 눈물을 흘렸다."[46] 이 학생이 세미나 중에 울었는지 세미나가 끝난 후에 울었는지는 모르겠지만, 셸링과 헤겔이 전통적 신앙과 팽팽한 긴장 관계에 있는 이론을 설파하는 철학자임은 알 수 있겠다. 예나의 분위기는 전반적으로 그렇게 종교 친화적이지는 않았다. 오히려 학생들은 충분히 교양하기만 하면 인간 자신이 신이라는 선언을 들었다. 코체부가 비판한 "종교는 대개 교양의 보충에 불과하거나 심지어 교양의 대체물"이라는 잠언이나 "모든 선한 사람은 점점 신이 된다. '신이 되다', '인간이다', '교양한다'라는 말은 같은 뜻이다"[47]라는 잠언의 출처는 모두 《아테네움》이다.

전통적 신앙에 대한 공격은 다양한 방향으로 이루어졌다. 아무것도 믿지 않는 사람도 있을 수 있다는 디드로식의 냉담함은 독일 사상가들에게는 허용되지 않았다. 칸트는 《순수이성비판》 말미에 〈의견, 지식, 믿음〉이라는 제목의 장을 썼다. 이보다 앞서 칸트는 이성만으로는 궁극적 진리를 발견할 수는 없고 오류를 막을 수 있을 뿐임을 증명했다고 자부했다. 다시 말해, 이성 자체의 남용으로 생기는 오류, 즉 제약이 있는 지성의 온갖 판단으로부터 어떤 무제약자를 추론하는 것을 막는다는 것이다. 이에 따르면 이성은 "소크라테스는 죽는다"와 같은 명제에 더해서 "모든 인간은 죽는다"와 같은 일반적 원리를 탐색하고, "소크라테스는 인간이다"와 같이 [개별자를 일반자에] 포섭시키는 판단을 통해 둘을 결합한다. 이제 이성은 "모든 인간은 죽는다"라는 명제도 이렇게 다루면서 그보다 더 일반적인 명제를 찾는다. 이로부터 가령 "모든 생물은 죽는다" 같은 명제가 나타나고, 언젠가는 더 이상 다른 것으로부터의 추론이 아닌 명제들이 나타난다. 그것은 무제약적 원리이고 무제약자에 관한 진술인데, "신은 불멸이다" 혹은 "인간의 필멸성은 육체에만 해당한다"와 같은 것이 그 예이다.[48]

　하지만 모든 인간이 죽는다는 명제를 참으로 여기는 것은 어디에 토대를 두는가? 칸트는 누구에게나 타당한 어떤 객관적 근거에 토대를 두어 참으로 여기는 것을 확신이라고 부른다. 그는 이것을, 단지 어떤 것을 참으로 여기는, 즉 설득을 당하는 한 개인의 성향에 토대를 두어 참으로 여기는 것과 구별한다. 아주 많은 사람, 혹은 심지어 모든 사람이 어떤 것을 참으로 여긴다면, 그것이 맞다는 개연성이 높아진다. 하지만 칸트에 따르면 그것은 여전히 추정이다.[49] 이러한 확신에는 의견, 믿음, 지식이라는 세

종류가 있다. 칸트에게 의견은 주관적으로나 객관적으로 불확실한 것이다. 의견을 가진 사람은 스스로 의심한다. 믿음은 주관적으로는 확실하고 객관적으로는 불확실하다. 증명할 수는 없지만 나는 그것을 확실하게 믿는다. 이에 비해 지식은 주관적 확신과 객관적 확실성을 결합한다. 따라서 칸트에 따르면, 논리학과 순수수학에는 의견이 있을 수 없다. 그러나 이성을 사변적으로 사용할 때는 의견은 과소하고 지식은 과다하다. 신은 믿는 것이지 추정하거나 아는 것이 아니다. "이런 경우에 믿음의 표현은 **객관적** 의도에서는 겸양의 표현이지만, 아울러 **주관적** 의도에서는 견고한 신념의 표현이다."[50] 칸트는 자신이 신이 존재한다는 데 대한 논리적 확실성이 아니라 도덕적 확실성 속에서 살아가고 있으며, 이러한 도덕적 확실성은 주관적 근거, 바로 자신의 신조에 토대를 둔다고 고백한다. 그렇지만 이성에게 주관적 근거를 제공하는 것 이상을 기대할 수 있다면, 이런 상황에서 "이성 신앙"이란 무엇인가? 그리고 대체 "도덕적 확실성"이란 무엇인가? 그보다는 "도덕적 신념"이라고 해야 하지 않을까?

　칸트가 옹호하는 계몽적 이성은 당시에 실정 종교를 논리로 이겼다. 아직도 기적을 믿는 사람이 있는가? 아직도 교회가 하는 이야기를 글자 그대로 믿는 사람이 있는가? 신학을 하나의 학문으로 승인하는 사람이 있는가? 1802년 7월《비판적 저널》에 발표된 100쪽에 달하는 헤겔의 논문 〈신앙과 지식 Glauben und Wissen〉은 이렇게 시작한다. 그러나 헤겔은 이성이 너무 쉽게 승리를 거두었다고 말한다. 이성은 비이성적으로, 단지 종교에서 종교에 고유하지 않은 것, 즉 "이미 끝장나고 의심스러운 것"[51]만 겨냥하기 때문이다. 헤겔은 "속류 계몽Aufklärerei[옮긴이 주: 헤겔이 처음 사용한 이 표현은 계몽주의가 기계적이고 관성적으로 남용되는 현상을 지칭한다)"[52]이라는 표현을 쓰는데, 그것은 성직자의 사기, 폭압적 국가와 교회의 이익공동체, 신학의 지나친 면밀함과 역사적 허구에 성공적으로 응전했다. 이 모든 것은 이론적으로는 비교적 쉽게 해명할 수 있다(그러나 실천적으로는 그렇지 않은데, 그러다가는 생명을, 아니면 적어도 안전을 희생할 수 있기 때문이다). 그러나 이것은 종교의 핵심을 건드리는 것이 아니다.

헤겔은 당대의 위대한 철학자들에서 이 점을 보이고자 한다. 교회와 종교에 맞서 신 이념의 참된 내용을 보이고자 시도한 이들은 그가 보기에는 의미심장한 방식으로 실패했기 때문이다. 이들은 헤겔이 "북방의 원리"[53]라고 부르는 것을 따르는 개신교 철학자들이다. 이들은 종교를 개인의 심성과 도덕적 확실성에 위치시킨다. 헤겔은 칸트, 야코비, 피히테 모두 종교를 주관적 믿음으로, 도덕적 신조, 감정, 무지의 문제로 환원했다고 비판한다. 이들은 신 자체, 무한, 초감성적인 것은 도달할 수도 없고 인식할 수도 없으며 기껏해야 예감할 수 있을 뿐이라고 말한다. 믿음은 지식의 영역에서도 월권을 행사한다. 감정은 신을 동경하는데, 이성은 이런 동경, 탄식, 기도는 주관적 소망일뿐이라고 여긴다.

그러나 헤겔이 보기에, 이를 통해서는 미신이 단지 내면화될 뿐이다. 이제 미신은 이렇다. 우리는 신에 대해 아무것도 모르지만, 그래도 인식을 통해 신에게 이를 수 없다는 것은 안다. 헤겔은 개신교가 의미로 충만한 어떤 것, "절대적이고 영원한 것"을 동경하면서도 아울러 그것을 "완전히 직관하고 복되게 누리는 일"은 할 수 없다고 주장한다고 비판한다.[54] 헤겔은 글에서 이 말을 너무 여러 차례 되풀이해서 열 쪽만 넘어가도 우리는 무슨 말인지 알겠다고 소리치고 싶은 심정이 된다. 그러나 헤겔은 이제 냉소로 넘어간다. 삶의 목표가 행복이라는 데 반대할 이유는 없다. 행복의 관념을 너무 좁게 잡아서 "영원한 직관과 지복"이 아니라 "경험적 행복, 감각의 향유"로 여기지만 않는다면 말이다.[55]

이게 무슨 말인가? 헤겔이 염두에 둔 사람들은 예배 후에 특히 파이프 오르간을 칭찬하거나 미사에서 받은 자신이 하찮다는 느낌을 찬양하는 자들, 즐겁거나 잘 이해되지 않는 예술을 좋아하는 자들, 다른 것이 없어도 기술적 진보만 가져오면 과학을 긍정하는 자들, 그러니까 사물 "자체"가 아니라 오로지 "우리에 대한" 사물만 향유하는 자들뿐만이 아니다. 그가 염두에 두는 사람들은 오히려 신이 멀리 있어서 느껴지는 고뇌를 향유하는 자들, 바로 경험적 현실과 이념 간의 거리와 신의 도달 불가능성을 즐기기 때문에 이런 거리에 만족하는 자들이다. 이들은 자신의 유한성에 지나친 자부심을 느낀다.

여기에서 헤겔은 어떤 변증법을 작동시킨다. 계몽주의는 감수성이 충만한 개신교와 동일한 정신에서 나왔으나, 다만 개신교가 부정적으로 여기는 모든 것을 계몽주의는 긍정적으로 여긴다는 것이다. 계몽주의는 감성을 높이 평가하지만, 개신교는 감성이 죄악과 결부되어 있다고 거부한다. 계몽주의는 자유를 찬양하지만, 개신교는 순종을 찬양한다. 계몽주의는 우리가 만물을 탐구해야 한다고 생각하지만, 개신교는 성경을 글자 그대로 믿으라고 권한다. 그렇다면 이 두 가지 태도가 어떻게 같은 정신에서 나올 수 있는가? 계몽주의는 세계를 냉정하게 관찰하려고 애쓴다.

이것이 도달하는 지점은 모든 살아있는 것을 기계적 법칙이나 화학적 법칙으로 환원할 수 있다고 믿는 자연주의, 그리고 모든 것을 유용성이라는 기준으로 검토할 수 있다는 태도이다. 한편 개신교에서는 모든 외적인 사실, 자연과 신체와 사회적 사건은 궁극적으로 무가치하다. 오직 영혼, 자기의식, 양심만 중요하다. 그래서 계몽주의와 개신교의 공통점은 현세의 일들에 대한 냉정한 시선이다. 물론 계몽주의는 이러한 시선을 통해 종교가 산출한 환영에서 해방될 수 있다고 반기는 반면, 개신교는 이런 시선이 겸허한 태도로 이끌어간다고 생각하지만 말이다.

그래서 종교에서 남는 것은 영혼 안에서 울려 퍼지는 메아리 뿐이고, 교회는 보이지 않는 교회가 되며, 한때 자연의 정령으로 가득하던 임원林苑은 헤겔의 표현에 따르면 다만 목재 더미로 보인다.[56] 주관성은 자기 안으로 철수한다. 외부 세계는 지성과 인과적 지식에 맡겨지고, 유한한 것은 이성과 신앙에 비생산적인 것으로서 억눌린다. 지성이 접근할 수 없는 것은 전혀 접근할 수 없는 것, 혹은 지극히 내면적인 것이라고 주장된다. "따라서 이런 철학들에서는 하나의 체계로 상승하는 반성의 문화만 나타난다. 이런 문화를 이루는 통속적 인간 지성은 어떤 일반적인 것을 사유하는 데까지 상승하지만, 통속적 지성에 머물기 때문에 무한한 개념을 절대적 사유라고 여긴다."[57]

혜겔에게는 이러한 세속화의 순서가 명확하다. 주관성은 자기 안으로 철수하기 때문에, 세계를 지성과 계몽주의에 넘겨주는 것이다. 그러면 약간의 시와 음악만 남는다. 신들은 유령이 되고, 사람들은 낮에는 이들을 강경하게 반대하다가 밤이 되면 이들에 대해 수군댄다. 물론 철학자 발터 예쉬케Walter Jaeschke는 우선 고대의 임원이 열정이 충만한 개신교에 의해서야 비로소 "탈마법화"된 것이 아님을 지적한다. 일신교는 [루터가 종교개혁을 일으킨] 비텐베르크에서 시작된 것이 아니다. 다른 한편으로 바로 ("탈마법화"라는 말을 독일에서 처음으로 사용한) 야코비는 탈마법화가 신앙이 감정으로 철수한 일의 결과가 아니라 그 전제라고 표현했다. 이원론적 세계관에서 주관성이 은신처를 제공하기 때문에 이 세계가 산문적이 된 것이 아니라, 기계론, 결정론, 스피노자주의를 따르는 세계관이 늘었기 때문에 주관성이 자기 자신에 몰두하게 된 것이다.[58] 《신앙과 지식》에서는 낭만주의도 비판하는데, 낭만주의는 계몽주의에 대한 반작용이었지만 그런 가운데 그 적수에게 구속되어 버렸다. 이렇게 말할 수도 있다. 세속화는 일신교가 시작한 일을 일신교 자체에 대해 한 번 더 수행했다. 그것은 세속이라는 드넓은 지대로부터 신성한 것을 몰아낸 것이다.

절대적인 것을 다루는 이런 방식은 혜겔과 셸링이 보기에는 그릇된 방식이다. 혜겔은 여기에 세 단계가 있다고 본다. 칸트는 사물 자체의 인식 불가능성으로부터 사유의 제한성을 도출하고, 모든 진리를 어떤 "마치 그렇다는 듯"으로 취급한다. 칸트에게 이성은 "순수 부정성으로서의 절대적 피안"이다.[59] 유한성과 무한성의 대립은 사유에서 해소될 뿐이다. 우리가 세계를 현실적으로 인식한다는 것은 "한낱 생각일 뿐"이다.[60] 야코비도 인식은 단지 형식적 인식이라고 보지만, 이와 다른 결론을 끌어낸다. 인식에서 물러나서, 주관성을 어떤 개인성으로 해석하는 것이다. 그 개인성은 즉 대립을 인식하는 것이 아니라 느끼면서 이런 대립을 극복하고자 하는 개인성이다. 따라서 칸트에게는 인식 능력의 제한인 것이 야코비에게서는 고통과 동경으로 나타난다.[61] 헤겔에 따르면 피히테는 둘을 결합한다. 그는 동경 및 고뇌와 유한한 인식에 관한 칸트의 주장을 결합하여 어떤 당위로 나아간다. 주체와 객체는 일치해야 한다.[62]

정: 진리(신)는 인식될 수 없고 요청될 뿐이다. 반: 진리(신)는 부정적으로 느낄 수 있을 뿐이다. 합: 진리(신)의 실현은 충족할 수 없는 의무이다. 우리는 헤겔이 《신앙과 지식》에서 이 도식을 도입한다고 생각하기 쉽다. 많은 사람은 헤겔이 이때부터 이 도식을 끊임없이 사용한다고 여긴다. 물론 여기에서 이 세 단계로부터 나오는 극적인 결과는 이 세 입장 모두와 대립한다. 헤겔은 "현대 종교의 토대는 신은 죽었다는 감정이다"[63]라고 말한다. 잃어버린 신Dieu perdu이라는 이런 감정은 앞서 다룬 세 철학자가 느끼는 감정이지만, 절대적 자유의 철학이라면 이 "사변적 성聖금요일"을 "그 무신無神의 온전한 진리와 냉정함 가운데에서 재건"해야 한다. 무신을 경유지로, 계기로, 어떤 지표地表로 삼아야 이런 재건이 가능하기 때문이다. 철학은 모든 것을 부정 가능성이

라는 시험에 들게 해야 한다. 긍정적인 것, 직접적 토대를 제공하는 것은 아무것도 없다. 또한 세속화는 긍정해야 하지만, 제대로 이해해야 한다. 그래야 자유를 실현할 수 있는 것이다.

헤겔은 여기에서 여전히 셸링이 발전시킨 개념들 안에서 사유하면서도 새로운 어조를 띠기 시작한다. 그것은 좀 더 냉정하고 좀 더 역사적인 어조로서, 진리 추구를 종교사의 관점에서 보면서도, 어떤 경애하는 신의 역사를 활용하지 않는다. 또한 무한한 의지, 세계에 대한 경외감, "해야 하므로 할 수 있다" 같은 어떤 깔끔한 것으로부터 무언가를 얻어내려 하지도 않는다. 헤겔은 이런 냉정함을 점차 해독이 어려워지는 문장들과 결합하고, 이런 냉정함은 종종 이런 문장들로부터 공격적으로 곧바로 튀어나온다. 야코비는 이 잡지를 받은 후에 라인홀트에게 이렇게 썼다. "괘씸한 헤겔이 글을 좀 잘 쓰면 좋겠습니다. 때로는 이해하기가 너무 어렵습니다. 문체가 형편없는 걸 보면 셸링이 아니라 헤겔이 썼다는 것은 확실합니다."[64]

196

인간 안의 밤
- 헤겔의 《정신현상학》

"우리가 모든 것이 아님을 알려주는 것은 모순뿐이다.
모순은 우리의 불행이고, 불행의 느낌은 현실의 느낌이다.
우리가 우리 불행을 만든 것이 아니기 때문이다.
그것은 진실이다. 그래서 그것을 사랑해야 한다.
다른 것은 모조리 상상이다."

시몬 베유 《카이에르Cahiers》 (1942. 2. 8)

인간 안의 밤

예나는 바이마르이기도 했다. 헤겔은 1803년 11월 편지에서 셸링이 뷔르츠부르크 대학으로 옮긴 데 대한 유감을 다소 내키지 않은 듯이 표현한다("평범한 사람들도 자네를 잃은 것은 엄청난 손실로 여기고, 평범하지 않다고 자처하는 사람들은 자네를 다시 보기를 원하는 듯하네"). 이 편지에서 헤겔은 처음으로 괴테를 간략히 언급했다. 괴테는 "헤겔 박사"를 이미 1801년 가을에 접견한 바 있고, 그의 일기에 따르면 그 후에도 여러 차례 다른 사람들과 더불어 차를 마시거나 포도주를 마시는 자리에 초대했다. 괴테가 헤겔과 맺는 관계는 낭만주의자들과 맺는 관계와는 달랐다. 가령 하인리히 하이네는 괴테와 낭만주의자들의 관계를 이렇게 서술했다. "바이마르에서 낭만주의자들은 추밀고문관 괴테와 여러 차례 담화를 나누었다. 늘 매우 탁월한 외교관이던 괴테는 슐레겔 형제

198

의 말을 경청하면서 동의하는 미소를 보냈다. 또 종종 식사를 대접하거나 여타 호의를 베풀기도 했다."[2] 괴테에게 헤겔과의 교제는 유쾌한 일이었고 괴테는 셸링보다 헤겔의 자연철학적 관심을 좋아했다. 나중에 괴테는 어차피 뉴턴을 좋아하지 않은 헤겔을 자신의 색채론의 용감무쌍한 수호자로 여겼다. 그러나 무엇보다 괴테는 피히테, 셸링, 그리고 다른 교수들이 떠난 후에, 그가 섬기는 공작으로부터 관심을 받지 못한 예나 대학이 몰락하는 것을 막으려 애썼다. 바이마르 성을 짓는데 매주 4천 탈러가 들었다. 탁월한 아나톰 유스투스 크리스티안 로더Anatom Justus Christian Loder는 4천 400탈러의 연봉을 제공하는 할레로 갔다.[3]

바로 그 1803년 11월 괴테는 실러에게 보낸 편지에서, 헤겔에게 수사학을 가르치면 도움이 될지 묻는다("매우 뛰어난 사람이지만, 그의 말에 대해서는 할 말이 많네"). 이에 대해 실러의 대답은 서술하는 재능의 결핍은 독일의 민족적 하자이지만, 철저함과 진지함으로 보상된다는 것이었다. 물론 독일의 독자에게만 말이다. 실러는 바이마르 궁정사서이자 예술사학자 카를 루트비히 페르노프Carl Ludwig Fernow를 헤겔과 만나게 할 것을 추천한다. 헤겔은 철학에는 문외한인 페르노프와 대화하면서 상대가 이해할 수 있도록 이야기해야 하고, 반대로 페르노프는 헤겔과 마주하면서 "자신의 진부함에서 탈피"해야 한다는 것이다.[4] 괴테는 이 제안을 받아들여서 페르노프와 헤겔을 초대했다. 그리고 스탈 부인Anne Louise Germaine de Staël이 그 도시에 머물 때 헤겔과 만나도록 주선했는데, 적어도 헤겔의 프랑스어는 이해할 수 있었기 때문이다.

실로 헤겔은 "불가해"하다고 여겨졌다. 물론 많은 사람이 "조롱받는 절대자에 관한" 헤겔의 강의를 찬양했다. 이 강의가 전적으로 의존하는 원고는 오늘날 연구자들도 이해하기 어려워하지만 말이다. 헤겔의 수강생이 겨우 여덟 명이던 1805년 5월 한 학생은 "헤겔의 강의는 상당히 나아졌다"라고 쓴다. 그러나 훗날 베를린 대학에서 헤겔의 후임이 될 제자 게오르크 안드레아스 가블러Georg Andreas Gabler는 헤겔이 강의한 것이 내용뿐 아니라 언어에서도, 이전의 어떠한 사고방식이나 표현방식과도 완전히 동떨어진 것이었다고 기억한다.[5] 우리는 예나에서 헤겔의 수강생들이 이런 강의에서 무엇을 이해할 수 있었을까 고개를 갸우뚱하게 된다. 가령 그리스 테살리아에서 예나로 온 의학도 스카를라투스 사라파키Scarlatus Saraphaky나 1806년 여름 헤겔의 《논리학과 형이상학 혹은 사변철학Logik und Metaphysik oder speculative Philosophie》 강의를 들은 이스탄불 출신의 게오르기우스 레토리디스Georgius Rhetoridis 같은 학생들이 말이다. 하지만 어쩌면 헤겔은 어차피 모두에게 외국어 같은 말을 했다. 수강생들이 치러야 하는 시험은 없었다. 그러니까 누구든지 무언가 얻어가거나 아무것도 얻어가지 못하거나 했다. 헤겔은 《철학의 전체 학문Die ganze Wissenschaft der Philosophie》이나 《논리학과 형이상학》뿐 아니라, 자연법, 기하학, 산술학 강의도 진행했다.[6]

그러나 무엇보다도 헤겔은 이제 자신의 "체계"를 만드는 데 몰두한다. 이미 이런 제목을 단 강의도 여럿 있었다. 1803/04년의 《사변철학의 체계Das System der spekulativen Philosophie》, 1804년의

《철학의 일반 체계Ein allgemeines System der Philosophie》, 1804/05년의 〈철학의 전체 체계Das ganze System der Philosophie〉 같은 "개인강좌"가 그것이다. 헤겔은 예나로 가기 전에 셸링에게 편지를 쓰면서, 청년 시절의 이상은 하나의 체계로 변화해야 하지만, 자신은 거기 계속 몰두하면서도 "인간 삶에 개입하는 데로 돌아갈 것"[7]을 모색한다고 말한다. 이것은 무슨 의미인가? 19세기로 접어들 무렵 헤겔에게 "체계"라고 할 만한 것이 없었음은 분명하다. 당시 "체계"라는 말이 통용되던 여러 의미 중 어느 의미를 대입하더라도 말이다.[8] 더구나 헤겔은 자신이 이런 편지를 최근 1년 동안 "체계"라는 말이 제목에 포함되는 책을 세 권이나 출간한 셸링에게 쓰고 있음을 의식했다. 1799년의《자연철학 체계의 최초 기획 Ersten Entwurf eines Systems der Naturphilosophie》, 이와 별도 출간된 이 기획에 대한《서론Einleitung》, 그리고 1800년의《초월론적 관념론 체계》가 그것이다. 어쩌면 헤겔은 바로 그래서 셸링에게 이런 글로 암시했는지도 모른다. 그 자신도 철학 체계로 나아가는 시대의 흐름을 따르지만, 자신의《헌법논고Verfassungsschrift》에 드러나는 실천적이고 정치적인 철학에 관한 관심은 계속 유지하겠다고 말이다.

이런 이중의 의도가 제기하는 물음은 우선 "대체 체계란 무엇인가?"이다. 앞서 언급한 셸링 저서들에 따르면, 체계란 어떤 원리에 의해 서로 필연적으로 묶인 사건이나 사실의 온전한 집합, 그 안에서 "모든 것이 서로를 떠받치고 지탱하며" 그것이 "그 자체로 일관적인" 어떤 "유기적 전체"이다. "체계"의 반대 개념은 역사, 경험, 사실 모음, 관찰된 것의 이야기, 그리고 의심이다.[9] 그러니까 셸링은 회의주의자들은 이처럼 모순 없고 스스로 지탱하는 질서라는 전제를 거부한다고 보는 것이다.

이제 헤겔은 자연, 국가, 종교, 예술을 망라하여 당대의 지식이 그 안에서 일관적으로 서술될 수 있는 이런 "체계"라는 생각에 어떻게 도달하는가? 이 물음에 대한 첫 번째 답변은 이렇다. 헤겔은 특히 횔덜린에게 자극을 받아서, 우선 자신의 기독교 연구에서 대두되는 문제들을 해결하는 데 도움이 될 사유 이미지들을 만난다. 생생한 관계는 무엇이고, 생은 무엇이며, 사랑은 무엇인가? 그러나 이에 대한 답변을 통해 그는 애초에 관심을 가진 물음들을 넘어서 나아간다. 그는 이런 답변을 오히려 언뜻 보기에는 이와 동떨어진 문제들에 적용한다. 그래서 사랑은 "지성이 아니다. 지성의 관계들은 다양성을 늘 다양성으로 그대로 남겨 두고, 지성의 통일은 그 자체로 대립들이다."[10] 지성은 여기서는 어떤 것을 밝혀내고 저기서는 다른 어떤 것을 밝혀내며, 이들을 구별한 채 그대로 놓아둔다. 이에 비해 사랑은 생명을 준다. 낯선 자가 아닌 다른 자의 관점에서 모든 것을 결속하기 때문이다. 분리하는 모든 것은 우선 불완전한 사랑의 징표로 받아들여지고, 그다음에는 불완전한 숙고의 징표로 받아들여진다. 헤겔에게는 단지 경계를 식별한다는 것은 사유의 체념적 특징이다. 그렇다면 "체계"는 칸트의 "비판"에 대한 대항개념이다.

물론 체계를 만들 수 있다고 헤겔이 낙관하는 또 다른 근거는 바로 칸트라는 그 이름과 관련이 있다. 그러니까 칸트는《순수이성비판》에서 서로 다른 것들의 연결은 모두 지성의 작용에 기초한다고 주장했다. 세계의 질서는 모두 표상능력의 작용에 근거한다. 우리가 "객체에서 결합해 있다고 표상하는 모든 것은 앞서 우리가 결합한 것이고, 모든 표상 중에서 객체에 의해 주어지는 것이 아니라 오로지 주체 자신에 의해 수행될 수 있는 유일한 표상은 결합이다."[11] 예를 들어 "빨강"과 같이, 지각되는 어떤 객체의 색깔 특성을 밝혀내는 사람은 이와 동일한 의식이 다수의 다른 객체들에서도 밝혀낼 수 있는 어떤 것을 표상하는 것이다. "빨강"은 비교를 전제하는 명칭이다. 그러나 모든 비교에서는 칸트가 "통각의 종합적 통일"이라고 부르는 것이 작동한다. 즉, 비교하는 주체가 자신의 여러 지각을 서로 연결하고, 이들이 자신의 지각임을 확인하고, 그래서 각각의 감각 인상마다 새로 시작하지 않는 것이다. "그렇지 않다면 나는 표상들을 스스로 의식할 때마다 다채롭고 다양한 자기일 것이기 때문이다."[12]

한마디로 각 개념의 통일은 그것을 형성하는 의식의 통일이다. 그러니까 서로 연결될 수 없는 개별 사물들은 없다. 세계에 대해 최종 결정권을 가지는 것은 분리하는 지성이 아니다. 마찬가지로 만물의 신적 통일을 그리는 동경의 감정도 최종 결정권이 없다. 개인과 사회, 육체와 정신, 주체와 객체, 당위와 존재 같은 이원론은 충분히 숙고하지 않은 대립에 불과하다. 이와 달리 사랑과 생이라는 두 현상에서 드러나는 것은 이런 대립에 만족하는 것이 현실에 관한 제한적 견해에 불과하다는 것이다. "이렇게 굳어진 대립을 지양하는 것이 이성의 유일한 관심이다."[13]

헤겔이 이 문제를 다루는 방식은 예나 시절에 집필한 체계기획들의 여러 대목에 나타난다. 예를 들어 사회적 삶의 토대를 서술하는 시론인 1802/03년의 《인륜성의 체계System der Sittlichkeit》에서 그렇다. 헤겔은 "분리의 감정"에서 시작한다. 이 감정은 먹고 마시는 욕구를 느낄 때 생생하게 나타난다. 여기 허기가 있고, 저기 허기를 채울 수 있는 것이 있다. "지양의 감정"은 향유이다. 욕구와 향유 사이에는 가장 넓은 의미의 노동이 있다. 노동은 먹을 수 있는 것과 향유할 수 없는 것, 혹은 사냥감과 사냥꾼을 구별하는 일을 포함한다. 그리하여 외부 세계는 이제 "일반적이고 동일한 세계"가 아니라 "개별적이고 특수한 세계"가 된다.

따라서 객체에 대한 의식은 단순히 감성적 감각들에 범주를 적용하는 것에 의해서가 아니라, 욕구와 분리의 조합에 의해 나타난다. 노동이 많이 행해질수록, 욕구와 향유 사이에 노동이 많이 끼어들수록, 그러니까 욕망이 "지체"될수록, 향유는 더욱 관념적으로 된다(분화되고 문명화된다). 과실과 노획물은 "보관과 절약"을 통해 소유물이 된다. 반대로 노동이 단순히 행해지는 것이 아니라 숙고되고 대상화될 때 도구가 된다. 도구라는 사물은 사물들의 속성을 부정하고 우리를 위한 사물들로 변형하기 위해 존재한다.[14] 결국 노동은 노동하는 자 자신에 대해서도 행해지는데, 이것은 교양으로 이어진다.[15]

이제까지 요약한 "자연적 인륜"의 발전에서 무엇을 알 수 있는가? 첫째, 헤겔에게는 인식이나 행위가 두 단계로 이루어져 있지 않다. 인간에게 먼저 감각 인상이 있고 거기에 의식의 기술技術을 적용하여 객체를 지각하는 것이 아니다.[16] 헤겔이 훗날 《법철학 Rechtsphilosophie》에서 표현하듯이, 모든 욕망은 곧바로 대상과의 연관을 산출하고, 모든 의지는 사유이자 모든 사유는 의지이다.[17] 둘째, 이런 의지하는 사유와 사유하는 의지가 유발하는 운동은 쉽게 멈추지 않는다. 이 운동은 욕망의 여러 단계를 거치면서 기본적으로 늘 같은 운동으로서 일어난다.

헤겔이 예나에서 시작한 것은 일면성에 대한 비판이다. 이것 역시 체계로 이어진다. 헤겔은 의식이나 자연이나 도덕이나 예술로부터 전체의 철학에 이르는 것은 아니라고 생각한다. 따라서 "진리는 전체이다"[18]라는 문장은 세계의 상태에 대한 칭송이 아니다. 그것은 세계의 모든 차이와 결합을 개념화하기를 요구하는 단 하나의 세계만 있다는 사실을 회피하지 않는 학문의 과업을 서술하는 것이다. 그래서 헤겔은 어떤 무제약적 명제(A=A, "나는 생각한다, 고로 나는 존재한다", 신은 존재한다)로부터 모든 다른 명제를 전개하여 세계를 이해하려는 시도를 "망상"이라고 명확하게 표현한다.

헤겔은 절대자, 즉 어떤 다른 것이 아니라 오직 자기 자신을 통해서 설명될 수 있는 그것은 명제들의 연속의 원인이 아니라 체계라고 표현한다. 다시 말해, 우리는 세계를 직관할 수도 추론할 수도 없고 다만 재구성할 수 있을 뿐이다. 우리의 사유를 규정하고 세계 안에서 우리의 위치를 규정하는 것이 무엇인지 이해하려면, 사유 자체의 역사를 규명해야 한다. 이때 헤겔은 사유를 책상머리에서의 활동보다 훨씬 넓게 이해한다. 그가 문제 삼는 것은 노동, 종교, 기술, 예술, 경제, 법률 등 세계를 규명하는 모든 행위의 역사이다. 철학은 모든 지식 형식에 관해 사유한다. 그것도 이 형식들 자체를 매개로, 논리적 범주와 기초적 표현(존재, 관계, 질, 모순, 부정 등)을 매개로 사유한다. 이때 헤겔이 떠올리는 것은 개념화의 역사이다.

그렇다면 개념화하는 의식은 무엇인가? 그것은 항상 어떤 것을 구별하고 결합하면서 의식하는 것이다. 우리는 어떤 사태(사태는 사물일 수도 있지만, 선율, 삼각형, 도시, 헤엄치는 여자, 사랑 고백일 수도 있다)를 의식할 때, 이 사태를 다른 사태들로부터 식별하고 아울러 다양한 특징의 통일로 규정한다. 삼각형이나 선율은 단순하게 지각되지 않는다. 이들은 단순하게 의식에 복사되지 않고, 측량기구가 신호를 다룰 때처럼 단순히 "기록"되지 않는다. 선율, 삼각형, 헤엄치는 여자에 대한 의식적 지각에는 판단이 개입하는 것이다. 의식은 끊임없이 이런 판단을 통해 검증한다. 예를 들어 공간적 위치, 경계, 연쇄, 원인, 동일성에 대해 검증하는 것이다. 어떤 것은 언제부터 삼각형이기를, 선율이기를, 도시이기를, 사랑 고백이기를 그치는가? 저것은 정말 헤엄치는 여자인가? 내가 오해한 것인가? 의식은 보충하고, 임시적으로나 최종적으로 하나에서 다른 것으로 추론하고, 표식을 읽고, 수정하고, 판단을 위한 정보가 부족하면 어깨를 으쓱한다. 이렇게 표현해도 좋겠다. 의식은 끊임없는 애매함, 식별의 어려움, 의심스러운 경우, 모순, 방향설정 문제로 가득한 이 세계에서 견디어내도록 다소간에 성공적으로 이바지하는 쉼 없는 활동이다.

따라서 이것은 의식 자체에 대해서도 타당하다. 의식 자체는 물론 특수한 사태이지만, 그래도 구별될 수 있어야 하고 어떤 통일성을 지녀야 한다는 요구에서 벗어날 수 없는 것이다. 의식은 자신이 의식하는 것에 의존하지 않는다. 그러니까 의식은 예를 들어 자신을 둘러싼 무수한 소음이나 고요로부터 어떤 선율이 의식될 때, 한편으로 이를 의식하면서도 다른 한편 이에 대해 어떤 판단을 하도록 억지로 강요받지는 않는다. 헤겔은 이것을 의식의 "부정성"이라고 불렀다. 의식은 자신이 의식하는 내용에 수동적으로 관계하는 것이 아니라 그것을 처리한다. 의식은 부단히 "아니다"라고 말한다. 가령 자극과 반사 사이에서 의식은 반사를 성찰하여 더욱 능란하게 만든다. 어떤 사람이 정치적 의도에서, "나는 동물이 아니어서 길들일 수 없다"라고 말한다고 해보자. 이 말을 숙고하면, 거의 모든 동물(거미, 영양, 파리, 나비, 가자미 등)도 마찬가지로 길들일 수 없다는 것을 규명하게 된다.

"부정성"이 의식의 가장 중요한 특징을 지칭하는 또 다른 이유는 의식이 자신이 의식하는 대상의 순수한 현전을 부정하기 때문이다. "벽 앞에 꽃병이 하나 있다." 그러나 우리는 이 사태를 볼 수는 없다. "벽"이나 "꽃병", 나아가 "앞에", "있다", "하나"도 오롯이 지각으로만 규명할 수 있는 속성이 아니기 때문이다. "앞에"는 무엇과 구별되는가? "있다"는 "있었다"와 구별되는가, 아니면 "있는 것 같다"와 구별되는가? "하나"는 "둘"과 구별되는가, 아니면 "전혀 없다"와 구별되는가? 이런 식의 물음이다. 의식은 최초의 판단을 정확하게 규정하고자 시도하자마자, 부정 속에서 움직이게 된다. 마치 탐정이 불합리하거나 그럴듯하지 않은 가능성, 그리고 일어나지 않는 가능성을 배제해 가면서 범행 경과를 재구성하는 것처럼 말이다. 이때 의식의 판단은 부정에 대해 계속 열려있다. 어쩌면 저것은 벽이 아니라 무대 배경일지도 모른다. 어쩌면 저것은 꽃병의 그림자일지도 모른다. 철학자 로버트 피핀 Robert B. Pippin의 표현을 변주하자면, 의식의 작용은 어떤 상태가 아니라 다소간 안정적인 견해이다.[19]

이런 의식의 노동이 거두는 수확이 가장 풍성한 것은 당연히 의식의 내용 자체가 변화할 때이다. 우체통은 비교적 단순한 대상이다. 우체부만 해도 좀 더 어렵고, 사설 우체부는 더 어렵고 우편제도는 가장 어렵다. 의식은 자신의 대상에 대해 숙고해야 할 때 스스로에 대해 가장 명석하다. 그런데 헤겔에게는 특히 대상이 생동할 때가 그런 경우다. 즉 의식이 대상에 촉발될 수 있음을 대상이 생동하는 가운데 의식의 눈앞에 드러내는 경우이다. 의식의 기능은 사물들을 배열하는 것이 아니라, 사태들로 이루어진 세계 안에서 자신을 유지하는 것이다. 의식은 자기 유지이다. 자기의식은 "욕망"이라는 헤겔의 주장은 이런 의미이다.[20]

의식의 기능을 이처럼 대상에 대한, 완결될 수 없고 생동하는 노동으로 이해한다면, "자기"가 무엇인지 깨달을 수 있다. 헤겔을 관념론 철학자, 정치적으로는 혁명 정신의 나폴레옹적인 진정 鎭靜을 대표하거나 프로이센 국가를 대표하는 철학자, 미학적으로 고전주의자, 종교적으로 그리 열심이지 않은 개신교도, 사회적으로 교양의 사상가, 그리고 이와 관련된 시민적 삶에서 맥주,

포도주, 카드놀이를 좋아하는 유쾌한 아버지라고 흔히 이야기한다. 모두 일리가 있다. 그러나 헤겔은 이런 글도 쓴다. "인간은 모든 것을 단순한 자신 안에 포함하는 이런 밤, 이런 텅 빈 무이다. 표상과 그림은 무한히 많고 풍부하지만, 그 중 어느 것도 지금 그에게 떠오르지 않는다. 아무것도 현전하지 않는다. 여기 존재하는 것은 밤이고 자연의 내면이며 순수 자기이다. 환등과 같은 표상들에서 사방이 밤이다. 그러면 여기에서 피투성이 머리가 튀어나오고 저기에서 다른 허연 형상이 튀어나오고 곧바로 사라져버린다. 우리는 사람의 눈을 들여다볼 때 이 밤을 응시한다. 무시무시한 밤을 들여다본다. 여기에서 그 사람 앞에는 세계의 밤이 드리워있다."[21]

헤겔은 1805/06년 예나 대학 강의에서 이 내용을 강론했다. 그러니까 헤겔에게 인간은 여러 자연적 사물 중의 한 가지 사물이 아니다. 헤겔은 인간의 자유에 무시무시한 면들이 있음을 표현하고자 애썼다. 즉, 텅 빈 무로서의 인간은 어떤 규정도 없어서, 자신에게 주어지는 것을 취했다가 다시 놓을 뿐이다. 인간은 자신이 무엇을 원하는지 알지 못한다. 인간이 꼭 해야 하는 일은 아무것도 없다. 인간은 먹어야 하고 잠을 자야 하므로 이 말은 틀렸다고 주장하는 사람도 있겠지만, 그것은 부분적으로 옳다. 인간은 자신을 자신의 본성에 예속시키는 이런 욕구들에도 맞서 최대의 자유를 증명하기 때문이다. 무엇을 먹을지, 어떤 주기로 잠을 잘지, 폭식이나 식이요법이나 금욕이나 자살 중 어느 것에 열중할지는 그의 본성에 의해 미리 지시되는 것이 아니다. 인간은

1초 전에는 떠오르지 않은 이미지에 사로잡힐 수도 있다. 잃어버린 것에 대한 애도나 욕망에서 나오는 소원을 품은 채 이런 이미지에 미치도록 매달리다가, 잠시 후에는 현재 있는 것, 현재 자신에게 밀려드는 것으로 다시 눈길을 돌릴 수 있다.

빛이 환히 비추면 보일 이런 연관들이 온전히 가려지는 것이 "세계의 밤"이다. 밤의 이미지는 뚜렷한 자의恣意가 얼마나 강력히 세계에 개입하는지 보여준다. 낮에는 길과 풀밭과 숲이 서로 구별되면서도 결합하여 눈에 보인다. 그러나 밤이 되면 바로 그 자리에서 모든 것이 "검은색 속의 검은색"으로 보인다. 아울러, 가령 어떤 동물처럼 그래도 두드러지는 것은 좀 더 뚜렷하게 다른 모든 것에서 분리되어 보인다. 인간은 연관을 볼 수 있지만, 이 연관을 외면한 채, 마치 어둠에서 튀어나오는 형상처럼 지금 자기 눈앞에 있는 것에 초점을 맞추고 그 직후에는 시선을 다시 다른 곳으로 돌릴 수도 있다. 헤겔은 밤을 달콤한 꿈, 인간이 환경과 연결되고 환경 안으로 들어가는 그런 꿈과 구별한다.

그래서 생성도 소멸도 하지 않는 스피노자의 실체와는 달리, 그리고 우주의 원 운동과 타원 운동을 유지하는 아리스토텔레스의 부동의 동자[움직이지 않는 채 움직이게 하는 자]와는 달리, 인간은 자기 안에 죽음을 지닌다. 나아가 동물과는 달리, 자기 안에 죽음을 지닐 뿐 아니라 자기에 대해서 죽음을 지닌다. 인간은 자신이 죽을 것임을 상당히 일찍 알게 되기 때문이다. 욕망으로서의 자기의식은 그것에 맞선다. 동물은 욕망을 가지는데, 지금은 이런 욕망, 바로 뒤에는 다른 욕망을 가진다. 인간은 자신의 욕망에 대해 알고, 그 욕망을 직접 충족하기 어렵다는 것을 알고, 그것을 충족하기 위해 조직이 필요하고 상호조율을 통한 결정이 필요하다는 것을 안다. 이런 욕망에 적대적인 어떤 끔찍한 "세계의 밤"이 있다는 앎은 인간을 자연에서 두드러지게 한다. "우리가 이런 비현실적인 일을 죽음이라고 부른다면, 죽음은 가장 무시무시한 것이다. 그리고 죽은 것을 계속 붙들고 있는 일은 가장 큰 힘을 요구한다."[22] 죽은 것만 붙들 수 있을 뿐 죽음 자체는 그럴 수 없다. 우리의 의식은 우리 자신의 없음을 의식할 수 없다. 표상함은 존재함을 함축하므로, 존재하지 않는 것이 어떤지 표상할 수 없는 것과 같다. 그 대신 죽음에 대한 앎은 체험한 에피소드를 넘어 사유하기를, 더욱 똑똑히 기억하기를, 이제 없는 모든 것을 배경으로 지금 있는 것을 대상화하고 현재화하기를 강요한다. 사람이라는 것은 늘 새롭게 시작하지 않아도 된다는 것이야말로 사람됨에 속하기 때문이다.[23]

그리하여 헤겔은 예나 시절이 끝날 무렵 출판할 첫 번째 대작《정신현상학》에 도달한다. 이 책은 여러 의미를 지니지만, 특히 우리가 자기의식 덕분에 에피소드 같은 삶을 영위하지 않을 수 있다는 것을 보여주는 것이다. 우리가 영위하는 삶에는 "부정적인 것의 얼굴"을, 즉 무상함을 기꺼이 직시하는 가능성이 속한다. 하지만 의식이 자유로운 사유를 통해 스스로를 인식하게 되기까지, 오류와 그릇된 구별에서 벗어나기 위해 어떠한 부정, 노동, 교양, 세계사가 얼마나 필요했는가라는 문제가 남는다. 이 책의 정확한 제목은 《학문의 체계: 1부 정신현상학System der Wissenschaft: Erster Theil, die Phänomenologie des Geistes》이다. 책을 다 쓰고 난 뒤에 쓴 서설과 서론 사이에는 《정신현상학이라는 학문Wissenschaft der Phänomenologie des Geistes》이라는 중간 제목이 끼워져 있다. 초판의 여러 인쇄본에서는 이 중간 제목이 《1부: 의식의 경험의 학문Erster Theil: Wissenschaft der Erfahrung des Bewußtseyns》이다. 책이 인쇄되는 와중에 헤겔은 이 제목을 다시 들어내도록 했지만 어떤 인쇄본에서는 미처 그러지 못한 것이다.[24] 헤겔은 때때로 이 저작을 체계의 1부로 생각했는데, 물론 2부는 영영 이어지지 않는다. 《논리학》을 2부로 간주하지 않는다면 말이다.

헤겔이 "현상학"이라는 개념을 채택했을 당시 이 개념의 전사前史는 그리 오래되지 않았다. 스위스 수학자이자 물리학자 요한 하인리히 람베르트Johann Heinrich Lambert는 1764년 인식론에서 자신이 "초월적 광학"이라고 부르는 것을 이 개념으로 지칭한다. "그래서 우리는 단순히 참된 것을 틀린 것과 대립시켜서는 안 된다. 우리의 인식에서 이 둘 사이에는 가상이라고 불리는 중간자가 있다." 따라서 진리론, 사고법칙론, 기호론에 덧붙여, 현상학은 가상에 관한 연구, 가상의 유형과 원인 및 그 결과와 극복에 관한 연구로 등장한다.[25] 칸트는 이 개념을 람베르트에게서 받아들이지만, 그 의미를 가상과 진리의 구별에서부터, 현상적 운동과 물리학에서 이 운동의 이론적 가공(경험)의 구별로 이동시킨다.

헤겔은 현상학을 "생성하는 지식"의 서술로 이해한다. 그래서 여기에서 숙고하는 현상은 그저 어떤 객체가 아니다. 여기에서는

212

대상 일반이 의식에 현상할 수 있는 유형들을 문제 삼는 것이다. 그리고 인식의 역사에서 만날 수 있는 주체-객체 관계들과 진리 주장들의 연쇄 전체를 문제 삼는데, 이들 각각이 지식의 완전한 개념에는 아직 충분하지 않음을 보여주어야 한다. 그러나 헤겔의 목표는 통상적 의미의 "인식론"이 아니다. 서론에서 헤겔이 맞서는 철학자들은 확고한 인식에 이르기 위해 먼저 인식의 형식, 도구, 방법을 점검하기 시작하는 철학자들이다. 그러니까 오늘날 말하자면, 학문보다 먼저 학문이론을 탐구해야 본격적 연구에서 오류를 범하지 않고 미더운 개념만 사용할 수 있다고 말하는 철학자들이다. 헤겔이 보기에 여기에는 모순과 소심함이 깃들어 있다.

모순이란 이런 것이다. 인식 도구, 예를 들어 "원인과 결과", "감각자료", "개연성" 같은 범주를 점검하는 것 자체가 이미 인식이다. 안경 같은 도구를 닦음으로써 인식 "이전"에 안전하게 오류를 피할 가능성은 전혀 없다. 헤겔이 안경에 대해 반대하는 것은 아니다. 특히 안경알이 깨끗하면 안경은 더 잘 볼 수 있게 해주는 것이다. 다만 우리는 렌즈를 사용함으로써 이미 인식 매체로서의 시각을 받아들이고 "매체"로서의 인식이라는 개념도 받아들이는 것인데, 렌즈를 미리 점검한다고 해서 이 사실이 바뀌는 것은 아니다. 헤겔에 따르면 인식의 "도구"라는 은유는 오도하는 것이다. 이 은유는 우리와 독립적인 대상을 이런 도구를 통해 더 가깝게 끌어올 수 있다는 암시, 그러나 도구를 쓸 때 으레 그렇듯이 이 대상이 변형된다는 암시를 담고 있기 때문이다. 그는 "오류에 빠질 수 있다는 우려"는 "학문에 대한 불신"으로 이끄는데, 이때 "왜 거꾸로 이런 불신에 대해서는 불신하지 않는지, 그리고 왜 이런 오류에의 불안 자체가 이미 오류임을 우려하지 않는지"[26] 설명하지 못한다는 것이다.

그리고 소심함이란 이런 것이다. "현실은 궁극적으로 …하다"라든가 "진리는 …하다" 같은 식의 절대적 지식의 요구는 철학적 형태를 비롯하여 무수한 형태로 제기된다. 가령 이런 것들이다. 현실은 감각인상으로 환원할 수 있다. 현실은 그 속성에 따라 서로 구별되는 사물들로 이루어진다. 현실은 그 법칙이 현실의 진리를 포함하는 힘들의 게임이다. 우리에게 나타나는 바대로의 현실은 우리의 자기 유지 욕구의 표현이다. 이런 것들은 단지 《정신현상학》에 등장하는 여러 현실 개념 중 처음 네 가지일 뿐이다(간략하게 헤겔은 이들의 이모저모를 차근차근 살피면서 그것의 함의를 밝히고 있다).[27] 헤겔의 제안은, 이러한 진리 주장 및 현실 주장 중 가장 단순한 것들에서 시작하여, 그가 "규정적 부정"이라고 부르는 것을 통해서 점점 복잡한 형태들로 나아가는 방식으로 이들을 검토하는 것은 왜 안 되느냐는 것이다. 규정적 부정이란 이런 뜻이다. 어떤 주장되는 입장이 불충분하고 자기 자신의 기준도 따르지 않으며 모순에 빠진다는 것을 증명한다면, 그 입장의 의미에 관한 보다 완전한 서술로 이행하는 지점을 이미 여기에서 찾아낼 수 있다.

예를 들어 세계가 서로 다른 여러 속성을 지닌 사물들로 이루어져 있다고 주장한다면,[28] 일단 이 주장은 매우 설득력 있게 보인다. 인간은 사물이 아니라는 반론은 그다지 쓸모가 없다. 예컨

대 인간에게 속성(사교적인가 아닌가, 양심적인가 아닌가, 개방적인가
아닌가, 붙임성 있는가 아닌가, 불안정한가 아닌가)을 부여하는 심리
학에서는 인간은 사물과 비슷하기 때문이다. 헤겔은 "관찰 심리
학"에 할애하는 짤막한 장에서 이에 대해 그리 우호적이지 않은
결론을 내린다. 개인의 행위, 이력, 교화 가능성, 그리고 (개인의
속성에 영향을 끼치는) 환경으로부터 포착되는 심리적 유형을 구별
하는 것보다는 곤충과 이끼의 다양한 유형을 구별하는 것이 훨씬
흥미롭다는 것이다.[29] 그러니까 헤겔에게 중요한 것은 어떤 현상
은 "사물"이라고 칭하면 그보다 상위의 특질을 간과하게 된다는
점이 아니다(베토벤의 현악사중주, 어린이, 민주주의는 당연히 사물이
아니다). 그를 추동하는 것은 통상적으로 사물로 불리는 현상까
지도 사물이 아니라는 것이다. 그가 보기에는 소금, 책상, 등불,
보치아 게임의 공도 자세히 들여다보면, 사물이라는 서술은 불완
전하다. 사물도 사물이 아닌 것이다. 그에게는 우리가 일상에서
부단히 실천하는 사물적 사유가 문제이다. 그래서 헤겔이 진행하
는 분석에 따르면, 사물은 첫 번째로 그것의 특징들의 통일체이
고, 두 번째로 다른 사물들로부터 구별되는 어떤 개별적인 것이
며, 세 번째로 그것에서 일어나는 어떤 변화에도 불구하고 사물
로 유지되는 것이다. 시든 꽃도 여전히 꽃이다.

("세계는 사물로 이루어진다"는) 이러한 지식의 주장을 검토하는
데 있어서 헤겔에게는 건설적인 불신임 결의만이 타당하다. 이런
결의가 건설적인 것은 어떤 규정적인 것을 부정하여 오류로부터
힘을 끌어내기 때문이다. 그것은 종국에는 모든 지식은 상대적이

고 언제나 무언가는 잘못이라는 싱거운 진리만 남기는 것이 아니다.[30] 이때 헤겔은 대상이 이중생활을 살게 하는 고유한 용어를 도입한다. 대상은 한편으로는 바로 그것인 바대로 "그 자체로" 있다. 소금은 그 자체로 희다. 헤겔은 이것을 진리라고 부른다. 그러나 대상은 다른 한편 "우리에 대해", 의식에 대해 있다. 소금은 우리에 대해 검지 않다. 헤겔은 이것을 지식이라고 부른다. 사유는 언제나 "그 자체"가 "우리에 대해"(혹은 단수형의 의식에 대해서는 "그것에 대해")와 일치하지 않을 때만 움직이기 시작한다. 의식은 대상 자체의 이러한 두 형태를 끊임없이 비교하면서 이런 일을 알아차린다. 이에 따라 "그 자체"의 새로운 규정이 시도되고 다시 "우리에 대하여"와 비교된다.

헤겔이 예로 드는 소금은 그 자체로는 후추나 소금통과 구별되는 "단순한 여기einfaches Hier"이면서 "이와 동시에 다중적viel-fach"이다. 즉, (검지 않고) 희고, (달지 않고) 짜고, (삼각형이 아니라) 결정 형태이고, (연하지 않고) 단단하다는 등이다. 이런 속성 목록에서 각 항목은 서로 무관하다. 소금이 다른 흰 것들과 공유하는 색은 무게에 영향을 미치지 않고, 결정 형태는 맛에 영향을 미치지 않는다. 헤겔은 속성들이 섞여 있지만 접촉하지는 않는다고 쓴다. 그리고 이 속성들은 다른 속성들과 대립한다. 결정 형태는 단단함을 포함한다고 반론을 제기한다면, 헤겔은 아직 몰랐을 액정이나 탤크라 불리는 함수규산마그네슘으로 반박할 수 있겠다. 아울러 "단순한 여기"도 속성들과 무관하다. 소금의 추상적 물성物性 자체는 그 속성에 의존하지 않기 때문이다. 그것은 장밋빛을 띤다고 해도 다른 속성들은 그대로라면 여전히 소금이다.

따라서 모든 사물은 서로 긴장 관계가 아닌 속성들이 "아울러 있음"인 동시에, 오로지 대립으로 서술할 수 있는 어떤 통일, 다른 속성과 사물을 배제하는 어떤 "하나임"이다. 그러니까 사물은 내적으로 서로 무관한 것들의 "아울러 있음"과 외적으로 부정하는 "하나임"이 관계를 맺는 것이다. 헤겔은 동일한 대상이 때로는 어떤 속성들의 내적으로 불변하는 모임으로 보이고, 때로는 부정의 결과로 보이며, 때로는 양자의 통일로 보이는 이유는 무엇인가 자문한다. 그것은 우리 지각 때문이다. 대상이 가물거리는 것이 아니라, 바로 우리가 그때그때 다른 관점에서 대상을 지각하는 것이다. 우리는 때로는 흰색이 검은색이나 여타 다른 색이 아니라는 것을 감지하고, 때로는 소금이 서로 양립 가능한 속성들의 조합이라는 것을 본다. 헤겔은 "희다", "짜다", "단단하다"와 같은 속성을 부여하는 것이 철두철미 의식 자신에 달려있음을 의식이 알게 된다고 말한다. 소금은 우리 눈에 대해서만 희고 우리 혀에 대해서만 짜며 우리 피부에 대해서만 단단하기 때문이다. 사물이 무엇인가는 그 사물의 그 자체로 불안정한 지각됨에 의존한다. 소금은 "우리에 대해서" 지각되는 객체이다.

그러나 헤겔은 지각이 우리를 속일 수 있다고 말한다. 지각은 사실 설탕인 것을 소금으로 여긴다. 그러니까 지각은 대상에 어떤 속성이 부여되는가가 자신에게만 달린 것이 아님을, 사물의 정체성이 자신에게만 달린 것이 아님을 알게 된다. 그래서 사물은 그 자체로 하나의 통일성이면서, 관계들이 이루는 하나의 체계 안에서만 규정되는 어떤 것이기도 하다. 예컨대 소금은 원소의 주기율표에 따라 염화나트륨으로 규정된다. 소금에는 감성적인 측면도 있고, 언어로 매개되는 분석적인 측면도 있다. 후자는 다른 모든 가능한 사물에 대해 부정적이면서 관여하는 관계를 맺는다.

이 지점에서 헤겔은 "늘 매우 견실한 재료 및 내용을 가진다는"[31] 지각이 하나의 사물이 무엇인지를 포착하기에 얼마나 부실한지 깨닫는다. 의식은 자신이 사물을 구별하고 그 정체를 확인하기 위해서는 지각뿐 아니라 지성도 사용했음을 알게 된다. "사물"이나 "속성"은 단순한 감성적 인상이 아니라 범주이다. 그리하여 사물의 속성들에 어떻게 도달하는가라는 물음으로 넘어가게 된다. 다음 장은 사물을 규정하고 묶어두는 힘들, 그리고 그 사물의 법칙적 현상인 힘들을 다룬다. 현실에 관한 이러한 주장 역시 헤겔을 현실에서 모순들이 드러나는 지점까지 이끌어간다. 가령 사실이 어떤 법칙을 따른다고 상당히 경험적으로 주장하는 이론은 모순을 지닌다. 이런 법칙은 일반적으로만, 오늘날의 표현으로는 실험실 조건에서만, 혹은 모델에서만 유효하기 때문이다.

헤겔은 《정신현상학》에서 다양한 대상에 대하여 이런 류의 분석을 수없이 진행한다. 이때 그는 곧 개별 의식의 영역에서 벗어난다. 이런 개별 의식은 어떤 사실에 직면하여, 실천적 주장에 기초하여 현실에 열중하는 의식이다. 그의 논리에 따르면, 현실은 광의의 객체에 관련된 이론적 전제들을 토대로 해서만 구성되기 때문이다. 우리는 대상, 힘, 법칙의 세계를 탐구할수록, 이런 모

218

든 연구에서 어떤 "우리"가 활동하고 있음을 알게 된다. 이를 통해, 헤겔의 표현에 따르면 의식은 행위하는 의식으로서 "그 자체가 참된 것이 된다." 실험실, 모델, 주기율표, 그리고 중력에 관한 주장은 행위이다. 따라서 헤겔은 이런 기초적 행위들의 세계를 탐구한다. 실험실이 생기기 오래전부터 이런 세계를 구성해온 것은 욕구, 두려움, 냉정함, 불행, 무관심이던 것이다. 간단하게 말해보자. 어떤 것이 실험실 조건에서만 유효하다면, 먼저 실험실이 필요하다. 실험실은 어디에서 오는가? 실험실과 모델에 신빙성을 부여하는 세계에서 요구하는 정신적 능력은 무엇인가? 자연을 탐구하는 지성이 자연을 탐구하기 위해서는 세계에 대한 어떤 태도들을 멀리해야 하는가?

헤겔에게 이것은 이제 단순한 객체의식의 차원에서 해명될 수 없다. 이것은 자기의식을 전제로 하는 물음이다. 그 이유는, 명백하게 드러나지는 않아도 이제까지 연구들의 배후에서 이미 계속 작동해온 어떤 정황 때문이다. 가령 소금과 같은 어떤 것에 대한 모든 주장은 그 대상에 대한 다른 주장들도 존재하는 어떤 공간 안에서 일어난다. 언어는 사회성을 전제한다. "소금은 흰색**이다**"라거나 "소금은 염화나트륨**이다**"와 같은 진술의 진리를 주장하는 사람은 가능한 다른 판단들이나 이미 내려진 다른 판단들과의 관계 속에서 이런 주장을 하는 것이다. 진리 주장은 훗날의 용어에 따르면 의사소통이다. 이를 통해 진리는 언제나 반성의 계기를 내포한다. "소금은 흰색이다"는 말을 풀어쓰면, "나는 당신/당신들에게 소금이 흰색이라고 말하며 이것이 소금에 관한 내 견해이다"라는 말이다. 그래서 헤겔은 이렇게 표현한다. "따라서 자기의식과 더불어 우리는 이제 진리의 고향으로 들어간다."[32] 그는 이 영역에 관한 서술을 우리가 이미 얼핏 다룬 놀라운 주장으로 시작한다. 세계를 의식하고 이를 통해 세계 내의 자기 자신도 의식하는 자아의 통일성은 욕망, 그것도 "욕망 일반"[33]이다.

왜 "욕망"이고 왜 "일반"인가? 의식은 이런저런 것들에 관해 판단을 내리더라도 늘 자기에게 돌아오고 이 모든 판단에서 자기 자신이 활동한다고 파악하는데, 이에 대한 가장 일반적인 서술은 의식이 판단을 통하여 자신이 살아있도록 유지한다는 것이기 때문이다. 의식은 살아있는 존재의 자기 유지 기능이다. 의식은 환경에 대한 반성적 주의이자 해석이고, 환경을 일관성 있게 규명하고 환경에 대해 가능하면 오인하지 않으려는 시도이기 때문이다. 그러나 그것은 밤을 품고 있기에 이러한 자기 유지는 지각, 본능, 반사에 의지할 수 없다. 그래서 헤겔이 보기에 자기의식에는 언제나 유類와의 관련, 즉 그의 표현에 따르면 어떤 "우리"인 자아의 여러 특질과의 관련이 나타난다.[34] 그것은 충족될 수 있는 특정한 욕망이 아니라 원리적으로 결코 충족될 수 없는 욕망이기 때문에 "욕망 일반"이다. 이런 욕망은 줄곧 새로워지고, 의식이 마련하는 새로운 대상을 줄곧 찾는다. 이처럼 모든 대상의식은 부정과 종합을 매개로 세계 내에서의 구별들과 마주치는데, 헤겔은 이런 객체의식에서 사물의 섭식이나 자연의 가공과의 유비를 발견한다. 이때 의식이 마련하는 것은 대상만이 아니다. 육체적으로 나타나는 욕망만 있는 것이 아니라, 비감성적 충족을 겨냥하는 욕망도 있기 때문이다.

이런 분석 중 가장 유명한 것은 주인과 노예의 대립에 관한 분석이다. 이 분석의 전제가 되는 주장은 자기의식은 다른 자기의식과의 관계에서만 자신을 발견한다는 것이다. 무슨 뜻인가? 객체를 이루는 것뿐 아니라 의식 자체를 이루는 것도 알고자 하는 사람은 자신의 자기감정[Selbstgefühl], "나는 나다(나는 생각한다, 고로 나는 존재한다)", 자신과의 선반성적 친밀함에 피히테 풍으로 이론적으로 천착할 수도 있다. 그러나 헤겔에 따르면 의식은 다른 "자아들"과의 만남을 통해서 자신과 조우한다. 그러니까 의식은 자기에만 머물지 않을 수도 있고, 피히테 풍의 어떤 완강한 객체로서 스스로 창조된 것임을 증명하고자 시도하지 않을 수도 있지만, 그렇다고 해도 아직은 자기의식이 진지하게 고려되는 것은 아니다. 자기의식은 다른 자기의식의 눈을 직시할 때 비로소 진지하게 고려되는 것이다. 자아[나] 자체와 같은 "어떤 것"은 자아[나] 및 사물과는 다른 것이기 때문이다. 그것은 비-자아나 사물이 아니다. 그것은 객체로 볼 수 없으며, "우리"라는 개념으로 이끌어가는 어떤 상대이다.

　여기에서 상위의 욕망은 상대를 인식하는 데서 발현되는 것이 아니다. 물론 상대의 인식은 자기 유지, 관계 수립, 아니면 (그것·그·그녀는 더 강한가, 무장하고 있는가, 수줍은가, 교태를 부리는가, 수다스러운가, 아름다운가 등에 관한) 단순한 호기심 같은 이유에서도 일어날 수 있고 노상 일어나는 일이지만 말이다. 상위의 욕망은 오히려 상대에게 인정받으려는 욕구에서 발현된다. 이것이 뜻하는 바는 특히 우리가 어떤 말을 할 때 특정한 소리를 내는 특징을 지닌 객체로 대접받기보다 "우리"의 일부로 대접받는다는 것이다. 헤겔에 따르면 이를 위해서는 구체적인 상대가 있을 필요조차 없다. 이러한 "인정"은 의식이 자신에 대해서, 그리고 자신의 판단에 대해서 숙고할 때 이미 일어나는 것이다. 의식은 자신이나 세계에 관한 모든 진술에서 벌써 어떤 관계에 들어서는데, 이 관계는 어떤 객체와의 관계가 아니라, 의사소통하는 살아있는 존재와의 관계이다. "난 위로하는 사람이 아냐", "메스껍네", "이런 일은 다시는 안 해"와 같은 생각은 언어로 표현함으로써 원리적으로 다른 사람들에게도 인정받을 수 있다는 것을 이미 포함한다. 메스껍다고 자신에게 말하는 사람은 자기의식을 지니고, 첫째로 "나는 나 자신의 어떤 상태를 의식한다"라고 말하는 것이고 둘째로 "나는 이 상태를 의식하고 있음을 안다"라고 말하는 것이다. 여기 이 대목에서의 표현뿐 아니라, 이와 관련해 특히 뛰어난 피르민 슈테켈러 Pirmin Stekeler의 《정신현상학》 주석의 표현도 마찬가지이다. "따라서 직접적 자기의식이 '자기 밖으로' 나오는 것은 자신의 자기지식을 직접적으로 주장함으로써가 아니다. 이 지식을 **자기 자신에 관한 지식으로서 검사**하고 이를 통해 **한낱 수행적 자기확실성**에 맞섬으로써 '자기 밖으로' 나오는 것이다."[35] 이에 따르면 우리가 지니는 자기의식에는 언제나 우리의 능력과의 관련이 들어있는데, 이 능력은 우리 자신을 비판하고, 우리 자신에 대한 어떤 개념을 산출하며, 우리에 관하여 단순한 확실성이 아니라 지식을 가질 수 있는 능력이다.

그런데 주인과 노예는 어떻게 이런 서술에 끼어드는가?《정신현상학》의 매혹적인 측면은 헤겔이 모든 장에 있어서 개념 분석에 대해 소소한 모델과 예증을 제시한다는 것이다. 그리하여 〈교양〉 절에서는 괴테가 번역한 드니 디드로의 소설 《라모의 조카 Rameaus Neffe》에 등장하는 수다스러운 인물을 예로 든다. 이를 통해 자기의식이 이제 그저 욕망이 아니라, (전통이든, 국가든, 자기의 재산이든, 종교이든) 어떤 "실체"에 더 이상 구속되지 않는 교양된 판단력일 경우에 어떤 일이 일어나는지 보여주는 것이다. 라모의 조카처럼 오로지 성찰의 힘만 가진다면 좋음과 나쁨의 개념은 모두 사라진다. 이런 사람에게는 모든 것을 나쁘다고 보면서 자신은 좋다고 느끼기란 쉬운 일이기 때문이다. 그뿐 아니라 이런 사람에게는 모든 가치마다 그에 반대되는 가치가 있다는 것, 명예는 위선으로 변한다는 것, 용감함은 허풍이라는 것, 선의는 결과가 나쁘다는 것 등을 보이기는 쉬운 일이기 때문이다. 헤겔은 다른 대목에서 요한 카스파르 라바터 Johann Caspar Lavater의 골상학을 예로 들어 현실관의 한계를 긋는다. 그것은 인간의 외모가 내면의 표현이고, 한 인물에 관한 진실을 몸짓, 표정, 손금에서 읽어낼 수 있다고 보는 현실관이다. 이러한 형태의 "관찰하는 이성"은 이미 극복되었다고 여기는 사람은 이런 것이 신경과학, 거짓말탐지기의 세계, 그리고 (피부 전압과 심장 박동의 변화로부터 시가 주는 감동이 무엇이고 어떻게 유발되는지를 도출하고자 하는) "경험적 미학"과 얼마나 가까운지를 간과하는 것이다. 혹은 마지막으로 헤겔의 계몽주의 해석을 생각해 볼 수 있다. 이 해석에서는 (민중에 대한 왕과 성직자의 권력은 적법할 때만 유효하다는 것을 민중에게 알려준다는) 비판적인 동기가 어떻게 독단주의로 뒤집히는지를 보여주고자 한다. 이런 독단주의는 계몽주의자 자신이 살아가는 방식 외의 모든 다른 삶의 방식을 비합리적이라거나 무용하다고 간주하고, 이를 통해 공공의 이익과 "일반 의지"라는 개념에 대한 자신의 해석을 받아쓰도록 하는 것이다.

이런 모든 본보기에서 일차적으로 중요한 것은 역사적 분석이 아니다. 문학, 역사, 사상사는 오히려 진리 주장의 유형들을 예시하기 위해서 끌어들이는 것이다. 그렇다면 헤겔의 자기의식의 첫 단계로서, 서로 자신을 인정하도록 강요하려는 두 개인이 생사를 걸고 벌이는 투쟁을 서술할 때, 이것은 어떤 진리 주장인가? 헤겔은 적어도 철학은 부정성의 얼굴을 직시해야 한다고 요구하는데, 이것은 그에게는 죽은 것을 붙드는 것이다. 그것은 망자를 땅에 묻는 일, 망자를 추모하는 일, 기억을 고정하는 일, 나아가 어떤 사람이 남긴 것, 즉 어떤 행위의 기억을 위하여 자기의 죽음까지 감수하는 일이다. 인간이 자연으로부터 분리되는 것은 바로 인간에게 자연인 것을 통해서이다. 그것은 무상함에 대한 반성, 혹은 인간의 집단적 존재와 관련해서는 그에게 역사인 것에 대한 반성이다. 오직 인간만이 죽음으로부터 어떤 것을 산출한다. 그리고 자신을 자연으로 들여보내는 것이 아니라, 자연을 구별하고 가공하기 시작하는 것이다. 그러나 죽음은 인간을 경악시킨다. 죽음은 인간이 자연에서 떨어져 나온 동시에 자연에 속한다는 것을 의식하게 만들기 때문이다. (4만 년 전 창조한 동굴 벽화 같은) 태고의 성찰도 이미 이런 의식을 웅변한다. 거기에는 인간에게 사냥당하는 동물들, 그리고 인간과 마찬가지로 사냥하는 동물들을 그렸다. 그밖에도 자신의 성생활도 그렸다. 그러나 그림 그리는 일 자체는 그를 이런 자연의 범위 밖으로 끌어냈다. 아마 당시에는 그림 그리기 외에는 불의 사용과 언어만 그럴 수 있었을 것이다.[36] 그래서 자기의식은 반성되는 욕망이다.

이것이 주인과 노예로 이끌고 간다. 왜냐하면 "자기의식은 오직 다른 자기의식에서만 충족되기 때문이다."[37] 왜 그런가? 헤겔은 다음과 같은 모델을 염두에 두는 것 같다. 욕망하는 존재가 사물을 보는 고유한 방식은 자신의 자기 유지에 이바지할 수 있는가를 묻는 것이다. 그러나 욕망하는 존재는 여럿이고 따라서 사물을 보는 방식도 여럿이다. 이에 반해 자신의 견해에 대한 독백 같은 검토는 존재하지 않는다.[38] 나아가 의식이 즉물적 모순을 피하는 데만 집착하면, 그것을 넘어 자신의 자기 유지와 관련된 사회적 구별들도 있다는 점을 전혀 보지 못한다. 동물의 왕국에 대해서는 이렇게 서술한다. 양은 특정 계절에 특정 장소에서 찾을 수 있는 식물을 먹이로 보는데, 이런 관점은 이 양이 자신도 늑대의 먹이임을 간과한다면 온전하지 않다. 모순을 피하기 위해서는, 식물의 먹이로서의 특성을 천적의 사냥터에서 자란다는 추가적 특성으로 보충하여 온전하게 해야 한다.

자기의식은 인간의 이러한 반성이다. 그리고 이것이 온전한 것은 오직 다른 자기의식에 의해 확인될 때뿐이다. 그러니까 여러 개인의 공통적 기대가 그것을 덮고 있으므로 사물을 보는 서로 다른 방식들이 공존할 수 있을 때뿐이다. 양과 늑대 사이에는 이런 일이 수월하지 않다. 이런 어려움은 우화에 다양한 소재를 제공한다. 늑대는 양을 먹음으로써 사물에 대한 자신의 관점을 관철하지만, 이를 통해 어떤 자기의식을 얻는 것은 아니다. 자기의식은 거리를 두고 보는 것, 말하자면 다른 자의 눈으로 보는 것, 그리고 사물에 대한 자신의 관점을 같은 사물에 대한 다른 자의 관점과 조율하는 것을 전제하기 때문이다. 그러나 우리는 다른 자의 눈으로 볼 수 없다. 그리고 다른 자가 우리에 대해 말하는 것, 그리고 다른 자가 우리에 대해 취하는 태도에 대해서는 들어서 알 수밖에 없다. 게다가 이것조차 오직 우리 눈으로만 보고 우리 의식으로만 판단할 수 있다. 그러므로 우리의 자기의식은 다른 자들의 확인에 달려있다. 헤겔의 결론은 "이를 통해 **정신** 개념부터 이미 우리에 대해 존재"하며 그것도 "**우리인 나, 나인 우리**로서의"[39] 우리에 대해 존재한다는 것이다.

여기서 헤겔이 말하는 인정은 단지 약속된 인정이 아니라, 실제적인 인정, 실천적으로 증명되는 인정, 행동으로 실행되는 인정이다. 의식은 살아있으며, 이 의식을 가진 자의 생에 이바지한다. 그래서 의식이 요구하는 확인 역시 살아있는 확인이어야 한다. 즉, 이 확인은 시체나 먹이를 통해 이루어질 수 없다. 먹는다는 것은 헤겔의 용어를 따르자면, "타자의 지양"이자 부정이다. 먹을 때 우리는 우리 욕망의 주체가 아니다. 욕망이 우리를 장악한다. 요리에서야 비로소 자기의식이 드러나는데, 요리는 음식에 대한 욕망의 반성으로서 (요리법이라는 규범을 따르는) 규범적 의미를 지닌다. 따라서 욕구를 공동으로 가공하는 데에 요점은 욕구 자체가 아니다. 욕구는 늘 다시 나타나기 때문이다. 자기의식은 헤겔이 쓰고 있듯이, "자신의 부정적 관계를 통하여 그것[대상]을 지양할 수 없다."[40] 그러므로 요점은 오히려 욕구를 다른 방식이 아니라 바로 이런 방식으로 가공한다는 안정적 합의에 있다. 자기 유지를 안정적으로 확보하기 위해서는, 물질적 저항뿐 아니라 사회적 반대도 감안해야 한다.

사물에 대한 다른 자의 관점을 감안하는 것은 자기의식의 단순한 단계에서는 자기 관점을 관철하고자 시도하는 것이다. 그러나 이것은 특정 사태에 대한 특정 관점을 뜻하는 것이 아니다. 의식의 특징은 바로 유연성, 즉 어떤 특정한 것에 제약되지 않는다는 것이기 때문이다. "나는 그것을 이렇게 본다"는 것은 그 자체로 인정되어야 한다. 이 말은 헤겔에게는 자기 유지를 위해 생을 투입해야 한다는 것이다. 그래야만 자기의식에서 중요한 것이 어떤 구체적 세계관의 관철이 아님이 분명해진다. 자기의식은 협상하지 않는다. 자기의식에게는 이런저런 것의 선호가 중요한 것이 아니다. 자기의식은 《일리아스》 시작 부분의 아가멤논과 아킬레우스처럼, 이 구체적 여인이나 심지어 그 여인의 "황금 같은 가치"조차 원하지 않는다. 자기의식은 그가 가진 것이 그에게 속한다는 것이 인정되고 그가 사물을 보는 방식이 옳다는 것이 인정될 때에만 만족하는 것이다. 따라서 인정 문제는 결핍을 해소하는 것으로 해결되지 않는다. 마치 아이들이 장난감을 두고 다툴

때 다른 장난감을 주어서 싸움을 해결하려는 부모처럼 말이다. 아이들은 장난감 자체를 원하는 것이 아니라 다른 아이가 가지는 바로 그 장난감을 원하는 것이다. 따라서 나의 욕망을 작동시키는 것은 다른 사람이 욕망하는 장난감이다. 그래서 어쩔 수 없이 분쟁이 일어나고 분쟁은 금지를 통해 종식될 수밖에 없다.

이와 유사한 어른들의 분쟁에서 전개되는 변증법은 다음과 같다. 한 사람은 죽음을 두려워하지 않지만 다른 사람은 죽음을 두려워한다. 그래서 목숨보다 자기의식에 더 매달리는 전자는 주인이 된다. 그리고 자기 유지에 더 얽매이는 후자는 노예가 된다. 죽은 자에게서는 인정을 기대할 수 없으므로 주인은 패배자를 죽이지 않기 때문이다. 헤겔이 보기로 드는 이야기에서 투쟁의 승자는 패자가 노예 노동을 통해 자신을 또 인정하도록 강요한다. "다른 동물을 삼켜버리는 동물은 아무것도 더 '얻지' 못한다. 지금 상태로 남는 것이다."[41] 인간은 명예를 둘러싼 전투에서 승리하여 주인 지위를 얻는다. 그러나 그 결과로 노예는 계속 발전하지만 주인은 그렇지 못하다. 주인은 "대상과의 부정적 관계"를 맺지 못하기 때문이다. 즉, 많이 숙고하지도 않고 노동하지도 않기 때문이다. "이에 반해 노동은 욕망의 **억제**이자 소멸의 **저지**이다. 혹은 노동은 **형성한다**."[42] 다르게 표현해 보자. 주인은 노예가 필요하지만, 노예는 주인이 훨씬 덜 필요하다. 따라서 주인이 되는 것은 일종의 노예가 되는 것이다. 노예는 자기 유지의 상위 형식, 즉 자연의 가공을 통한 자기 유지를 실현하는 반면, 이처럼 주인은 다른 자의 노동을 향유하기만 한다. 물론 주인은 자신의 종복을 경멸하고, 말이나 토지의 소유, 군사적 능력, 소비를 통해 우월함을 증명하지 못하고 노동하는 자를 경멸한다. 한 사람은 경작하고 추수하고 요리하지만 다른 사람은 먹는다. 헤겔의 해석에 따르면, 한 사람은 세계를 변화시키고 다른 사람은 세계 안에서 거의 천적 없는 동물처럼 너무 안일하게 살아간다. 후자는 비록 인정은 획득하지만, 이 인정은 강요된 것이기에 그리 가치가 없다.《정신현상학》에서 이어지는 교양에 관한 이야기는 노동하는 사람에 관한 이야기이다.

이제까지 몇 가지 사례를 들어서, 헤겔의 복잡한 논리, 그리고 언어적으로도 아주 천천히 읽을 수밖에 없는 논리, 그러나 모든 절에서 우리를 놀라게 하는 논리를 전달했다. 여기에서는 이 정도에서 만족해야 할 것이다. 예를 들어 주인과 노예의 투쟁을 다루는 열한 쪽에 대한 여러 해석은 크게 갈려서, 심지어 다음과 같이 주장할 이유도 충분하다. 즉, 적어도 우선은 이것은 개인 간의 투쟁이 아니라 자기의식과 육체적 존재의 투쟁에 관한 서술이고, 이 이야기는 단지 "의식되는 자기관계의 논리적 구조"에 대한 우의일 뿐이라는 것이다.[43] 헤겔에게는 극히 부적절한 "이렇게 볼 수도 있지만 다르게 볼 수도 있다"는 식으로 이런 견해 차이를 좁히지 않는다면, 이 차이는 이 책의 이례적인 서술방식에 대해 무언가를 알려준다. 이 책은 매우 구체적인 문제를 취급하면서, 그리고 점점 상위 단계로 올라가는 현실 개념들을 꽤 명료한 구조로 만들면서, 줄곧 수수께끼를 제시하는 것이다.《정신현상학》의 모든 페이지는 철학적 입장들에 대한 주석이다. 이 책은 시간적 순서에 얽매이지는 않으면서, 어떤 의미로는 연속적으로 그 입장들의 모순에 천착하여 하나의 입장에서 다음 입장으로 나아가는 시도이다. 소포클레스의《안티고네》보다 앞서 실러의《도적 떼 Räuber》와 야코비의《볼데마르Woldemar》가 격앙되거나 예민한 심성이 지닌 세계관의 전범으로 제시된다. 고대 회의주의에 이어서 칸트와 피히테를 다루고, 여기에 이어서 당시 막 태동한 물리학과 생물학의 여러 분과의 근본개념들에 대한 논구가 내리 이루어진다. 그리고 이 모든 것은 여러 종교의 신 개념, 그리고 진리 개념에 대한 검토로 수렴한다. 그리고 "절대지"에 관한 마지막 장이 나타나는 것이다.

이 장을 이 책에서 가장 모호한 장이라고 보는 것은 프랑스 철학자 장 이폴리트Jean Hyppolite만이 아니다.[44] 이유는 여러 가지이다. 주제 자체의 난해함, 불과 몇 쪽에서 자신의 철학 개념을 이제까지 이루어온 의식 경험의 총합으로 제시하려는 헤겔의 시도, 그리고 외적인 출판 상황이 그것이다. 이 주제는 특히 종교사를 통해 얻은 혜안에서 나온 것이다. 그것은 정신을 "신"이나 "영혼" 같은 이름으로 부르면서 하나의 대상으로 숭배할 수 있다는 것은 오류라는 혜안이다. 그래서 헤겔은 다시 한번 "타자에 대한 존재"[45]로서의 "사물"에 주목한다. 그것은 객체 관계의 전형인 것이다. 마지막 장에서는 더 이상 경험의 역사가 이야기되지 않고, 소금도, 노예도, 칸트도, 라모의 조카도 등장하지 않는데, 이것은 헤겔이 자신의 논변이 도달한 곳이 어디라고 생각하는지를, 바로 이러한 비가시성을 통해 가시화한다. 그의 논변은 바로 표상 없는 공간에 도달하는 것이다. 이 공간에는 사물이 이제 존재하지 않는다. 여기에는 오로지 실행만, "자기의 행위"[46]만 존재한다. 헤겔에게는 세계에 관한 사물적 관점 혹은 일반적으로 말해 "객체적" 관점은 사유로 규정되는 실천으로 모조리 해체되기 때문이다.

어떤 실천으로 해체된다는 것인가? 학문의 실천이다. 헤겔은 여기에 다음과 같은 주장을 결부시키지 않는다. 그것은 헤겔 생전에 전개되기 시작한 과학기술 문명에서는 "그것은 이러하다"는 주장들이나 "그것은 받아들여야 한다"는 태도들에 맞서는 가장 커다란 정신적 해체 능력이 자연과학적 분과학문들에 있다는 주장이다. 그가 보기에는, 사물적 사고에서는 실로 지극히 해체적인 이러한 학문도 〈관찰하는 이성〉 장에서 서술하는 대상화에 감염되기 쉽다. 그러나 이에 대한 반론, 그리고 자연 연구자만이 진정으로 학문적이라는 생각에 대한 반론은 바로 학문만 제기할 수 있다. 《정신현상학》 서설에서는 이렇게 말한다. "그렇게 발전한 자신을 정신으로 인식하는 정신은 **학문**이다."[47]

이제 이 마지막 장이 처한 외적 상황을 지적하는 일만 남았다. 헤겔은 엄청난 압력을 받고 있었다. 돈이 떨어지고 있었고, 가정부와 정사에 빠졌다. 1807년 2월에 둘 사이에서 태어난 아들은 사생아로 태어나서 계속 사생아로 살아갔다. 셸링은 뮌헨으로 갔고 괴테는 그를 위해 공작에게 힘을 써줄 수 없었다. 나폴레옹 군대는 도시를 점령했다. 그는 밤베르크 출판업자 괴프하르트 Goebhardt와 협의하여 쪽수에 따라 돈을 받기로 했지만, 이 돈은 헤겔이 책의 절반을 넘긴 후에야 지급하기로 되었다. 그러나 미국 철학자 테리 핀카드Terry Pinkard가 올바르게 지적한 것처럼, 이 계약에는 논리적이고도 실천적인 문제가 하나 있었다. 책이 계속 불어난다면 어디까지가 절반인가?[48] 언젠가 인내심이 바닥난 괴프하르트는 더 이상 이 약속을 지킬 필요가 없다고 여겼다. 그래서 계약 조건을 수정해서 원고 전체를 넘겨준 후에야 돈을 지급하겠다고 통보했다. 약속된 시한은 1806년 10월 18일이었다. 헤겔의 친구인 철학자 니트하머는 튀빙겐 신학교를 다니기도 했고, 예나 대학의 비전임교수가 되어 이미 2년 전에 헤겔을 도운 바 있다. 이제 밤베르크에서 고위 교육당국자로 재직하던 그는 다시 한번 헤겔을 도왔다. 보증을 서서 출판업자의 마음을 누그러뜨린 것이다.

1806년 10월 6일 편지에서만 해도 헤겔은 전쟁이 아직 일어나지 않았고 아마 며칠 내에 "평화의 바람이 불 것"이라고 썼다.[49] 착각이었다. 첫 번째 원고를 우체국에서 소포로 부친 이틀 후에는 자정까지 포격 소리를 들었다. 전쟁 때문에 다시 우편배달이 불안정해져서, 원고가 정시에 도착하기 어려워졌다. 두 번째 원고를 밤베르크로 부친 것은 10월 10일이었다. 10월 13일 프랑스 군대가 예나를 점령했다. 헤겔은 니트하머에게 편지를 쓰면서 날짜를 "프랑스인이 예나를 점령하고 나폴레옹 황제가 예나 성벽에 도착한 날"이라고 적었다. 편지에는 이 황제에 대해 이렇게 적고 있다. "이 세계영혼이 도시를 둘러보기 위해 말을 타고 지나가는 것을 보았습니다. 이런 개인을 보는 것은 실로 경이로운 느낌

232

이었습니다. 그는 여기 하나의 점에 집약된 채, 말 위에 앉은 채, 세계에 손을 뻗치고 세계를 지배합니다."⁵⁰ 헤겔이 《정신현상학》을 예나-아우어슈테트 전투가 벌어진 날, 그러니까 10월 14일 완성했다는 전설이 있다. 이로부터 헤겔이 같은 날짜를 통해 세계영혼과 정신이 결합하는 것을 염두에 두었으리라는 추측을 끌어낼 필요는 없다. 헤겔의 제자 가블러는 이렇게 전한다. "10월 14일 도시 전역이 파괴되고 폐허가 되었으며 약탈을 피한 집은 얼마 되지 않았다. 집이 안전하지 않다고 느낀 헤겔은 등에 광주리를 짊어진 가정부와 함께 우리에게 왔다."⁵¹ 사방에 군인들이 주둔했다. 이 책의 마지막 부분, 즉 절대지를 헤겔은 불타는 도시를 가로질러 스스로 지니고 나온 것이다.

신문, 셸링, 그리고 "누가 추상적으로 사유하는가?"라는 질문

"무대에서는 명료하고 단순해야 한다. 놀라게 하기보다는 가슴을 움직여야 한다. 훈련이 덜 된 귀도 이해할 수 있게 표현해야 한다. 음을 매 순간 바꾸는 사람보다는, 음을 바꾸지 않으면서 바뀐 노래를 표현하는 사람이 더 재능 있다."

안토니오 사치니Antonio Sacchini

8

신문, 셸링, 그리고
"누가 추상적으로 사유하는가?"라는 질문

헤겔은 예나를 떠났다. 예나는 파괴되었고 지적으로 황폐해졌다. 프랑스 군대에 점령되었을 뿐 아니라 무자비하게 약탈당했다. 그의 친구 대부분은 이미 오래전에 떠났다. 등록한 학생도 거의 없었다. 1806년 11월 학생은 31명에 불과했다.[1] 헤겔이 니트하머에게 쓴 편지에 따르면, 화재가 일어났지만 "다행히도 바람이 불지 않아" 자신의 집은 "도시 전체에서 유일하게 멀쩡했다."[2] 예나 전체가 병원이 되었다. 예나 인구는 5천 명 미만이었지만 1806년 11월 병원에 입원한 환자가 1천 200명에 달했다.[3] 결국 헤겔은 자택을 떠나 70명에서 80명에 달하는 프랑스인과 50여 명의 독일인과 함께 카를 프리드리히 에른스트 프로만Carl Friedrich Ernst Frommann의 집에 신세를 졌다.[4]

헤겔은 녹초가 되었을 것이다. 전적으로 철학에 헌신할 수 있게 하던 부친 유산은 거의 다 축나고 있었다. 전쟁 때문에 물가가 상승했다. 아직 전쟁이 터지지도 않은 1806년 가을에 이미 헤겔은 돈 걱정을 하고 있다. 그는 니트하머에게 보내는 편지에서 "아주 긴급하게 필요합니다"라면서 도움을 청한다.[5] 대학 변호사인 루트비히 크리스토프 페르디난트 아스베루스Ludwig Christoph Ferdinand Asverus(우리는 헤겔에게 공부한 그의 아들을 나중에 베를린에서 해후할 것이다)는 이런 이례적인 상황 때문에 채무가 면제될 것이라며 헤겔을 안심시켰다. 그렇지만 여전히 헤겔은 빈곤에 빠질 위기에 처해 있었다.

여기에 더해서 정신적인 긴장이 심해졌다. 1807년 1월 말 헤겔은 《정신현상학》 서론을 완성했다. 이 책의 초안은 1805년 5월 썼고 첫 부분은 1806년 2월 인쇄되었다. 모든 페이지가 비범하고 유례없는 이 수백 쪽의 책을 쓰는 데 2년도 채 걸리지 않았다. 그것은 틀림없이 어떤 도취 속에서 만들어진 책일 것이다. 그리고 1807년 2월 5일 사생아인 게오르크 루트비히 프리드리히 피셔Georg Ludwig Friedrich Fischer가 태어났다. 그 어머니는 기혼자였으나 남편에게 버림받은 집주인이자 가정부 크리스티아네 샤를로테 요하나 부르크하르트Christiane Charlotte Johanna Burkhardt였다. 루트비히는 그녀의 세 번째 사생아였다. 어머니의 결혼 전 성인 피셔Fischer를 받은 이 아이를 헤겔은 받아들이지만, 1816년까지는 거리를 둔 채 그렇게 할 것이었다. 그 이후에야 비로소 헤겔은 아이를 집에 들인 것이다. 헤겔은 아이를 루이스Louis라고 불렀는데 이것을 거리를 두려는 의도로 해석할 필요는 없다.[6] 그것은 아이가 태어나던 당시 상황이 "프랑스적"이었음을 기념하는 것일 수도 있다. 헤겔은 자기가 아이의 어머니에게 그 권리에 상응하는 만큼 도움을 주지 못하는 데 대해 괴로워했다. 친구인 예나의 출판업자이자 서적상 프로만이 헤겔을 도왔다. 그는 양녀를 키운 적이 있었다. 양녀 빌헬미네 "미나" 헤르츨리프Wilhelmine "Minna" Herzlieb는 이후 문학사에 (불행한 인물로나마) 등재되는데, 괴테의 여러 소네트의 수신인이자 괴테 소설《친화력Die Wahlverwandtschaften》에 등장하는 오틸리에Ottilie의 모델이 된 것이다. 프로만의 처제는 남자아이를 위한 고아원을 운영하고 있었는데, 루이스는 네 살 때 그곳에 들어간다.

헤겔은《정신현상학》을 출간한 저명한 출판사가 있는 밤베르크로 갔다. 처음에는 그저 이 책의 교정 과정에 참여하려는 것이었다. 그러나 그다음에 헤겔은 니트하머의 주선으로《밤베르크 신문Bamberger Zeitung》편집자 자리를 제안받는다. 헤겔은 곧바로 괴테에게 보낸 편지에서 바이마르의 공작에게 휴직을 청한다고 썼다. 봉급이 쥐꼬리만 한 예나의 교수 자리와는 달리 이 자리로는 생계를 꾸릴 수 있겠다는 것이다. 그래서 그 결정은 자의 반 타의 반이었다. 계속 교수로 남고 싶었을 테니 말이다. 나폴레옹 치하 독일의 새로운 정치 질서도 교수로 남는 데 대한 희망을 불러일으켰다. 새로운 대학들이 설립되고 많은 적폐가 청산되었기 때문이다. 1807년 1월 셸링에게 "내게는 바이에른만 남았네"라고 편지를 쓰지만, 셸링은 헤겔에게 란츠후트나 에를랑겐이나 뉘른베르크에 임용될 희망을 안겨줄 수 없었다.[7] 교수직이나 다른 생계유지 방도가 좌절된 이유는 신설되거나 공석이 된 교수 자리에는 낭만주의자들이 대거 임용되었기 때문이기도 하다.

그는 하이델베르크에서 신문 발행인 자리를 제안받은 적이 있고 1807년에는 학술 및 문학과 관련한 "논구論究 유형"의 비평을 게재하는 신문의 기획안을 작성했다. 헤겔이 염두에 둔 것은 평가하는 서평보다는 너무 참신해서 아직 평가할 수 없는 신간들의 내용을 전하는 일반교양 수준의 글들이었다. 가령 그는 낭만주의 계통의 화학자 야콥 요제프 빈터를Jacob Joseph Winterl을 지적한다. 그의 이원론적 원자론은 원소들의 차이를 모두 산성 요소와 염기성 요소의 비율로 환원한다. 헤겔은 비평가들이 이 이론을 평가하면서 "성급하게 잘난 체할 것이 아니라" 일단 이것이 어떤 말인지 분석해 보아야 한다고 쓴다. 오히려 헤겔은 "우선 적어도 의아함과 놀라움을 불러일으키고 그다음에는 숙고를 유발하기 위해서는 … 관습적인 것, 관례적으로 그러해온 것, 오래전부터 알려진 것"을 뒤집을 필요가 있다고 보았다.[8]

그러나 헤겔은 그렇다고 해서 철학으로 과학을 "침수시키거나" 흐트러뜨려야 한다는 것은 아니라고 덧붙인다. 그는 당대에 "절반만 이해된 개념들, 피상적이고 대개 졸렬하기까지 한 착상들의 설익은 사용" 탓에 상식이 침해받고 있다면서, 몇 명의 이름을 적시한다. 우선 거명하는 카를 요제프 히에로니무스 빈디쉬만Karl Joseph Hieronymus Windischmann은 청년 낭만주의자들과의 대화를 최근 《시대의 자멸, 그리고 재생의 희망Von der Selbstvernichtung der Zeit und der Hoffnung zur Wiedergeburt》이라는 책으로 출간한 바 있다. 그리고 코블렌츠의 물리학 교사인 요제프 괴레스Joseph Görres를 언급한다. 그는 1803년 출판한 《기관 법칙에 관한 경구Aphorismen über die Organonomie》에서 "미켈란젤로 피히테"와 "라파엘로 셸링"을 이 성학의 예언자라고 말하고 피히테를 산소, 로크를 수소, 라이프니츠를 탄소로 설정했다.[9] 헤겔은 또한 1806년 《철학적 자연과학 개요Grundzüge der philosophischen Naturwissenschaft》를 출간한 하인리히 슈테펜스Henrich Steffens도 지적한다. 이 책에서도 온갖 유비가 난무하는데, 아무 데나 열어도 이런 유비를 인용할 수 있을 정도이다. "자기磁氣 축에서 상대적으로 우세한 무한자는 그것이 가장 순수하게 등장하는 실험물리학에서는 **질소**라고 불린다. 이것은 자기선의 비응집적이고 팽창적인 측면을 드러내며, 지상 공기의 본질을 이룬다. 전체적으로 보아 질소는 지구의 덜 응집적인 남극을 대표한다. 과거 자연과학자들은 지구의 이 남쪽 원리를 의미심장하게 **공기**라는 원소로 표현했다."[10] 남극 – 질소 – 공기, 이 모든 것은 흥미롭지만 애매하고 입증되지 않은 채 상호 연결된다. 존재하는 모든 것은 어떤 다른 것을 대리한다.

그리고 헤겔은 마지막으로 결정적인 이름, 즉 셸링을 거명한다. 앞서 언급한 낭만주의적 자연철학자들은 셸링의 제자이자 추종자를 자처한다. 헤겔은 셸링에게 보내는 편지에서 피히테에 대한 비판을 토론하고자 했고 나아가 자신의 곤란한 상황에 대해 전했다. 셸링은 답신에서 자신은 바이에른의 교수 임용에 대한 영향력이 없다고 답변할 뿐 아니라, 물과 금속에서의 진자운동 실험이나 [수맥이나 금맥을 찾는] 점장占杖에 대해서도 길게 설명했다. 이로 인해 헤겔은 복잡한 감정을 느꼈을 것이다. 물론 자기장에 대한 사변에 관심이 있고, 편지의 이 부분을 그 직후에 괴테에게 전하기도 했지만 말이다.[11] 잡지 기획안에 등장하는 기묘한 표현의 문장에서 헤겔은 어쨌거나 과거의 지적 동지이던 셸링에 대해 비판한다. 낭만주의적인 어법을 처음 시작해놓고 이제 이런 어법을 "숙연하게" 포기하기 시작한다는 것이다.[12]

헤겔이 이 젊은 시절 친구와 사이가 소원해진 것, 그리고 자신의 학문관이 자기가 보기에 판에 박힌 문구들의 공허한 유희들과 다르다는 것을 글로 표현한 것은 이것이 처음이다. 물론 그는 셸링에게 이 잡지에 참여해달라고 요청하고, 이 잡지를 위한 자신의 계획을 뮌헨의 고위 당국에 보고할 것을 제안한다. 임용 가능성을 높이기 위한 것이다.[13] 헤겔은 당혹스러운 처지에 놓여 있었다. 인맥을 관리하는 동시에 이 인맥의 핵심 구성원들을 점점 비판하고 어쩌면 강하게 거부하는 관점을 포함하는 자신의 철학적 입장도 옹호해야 한다. 그는 니트하머에게 보낸 편지에서 이런저런 이야기 끝에 경력을 위해 수모를 무릅쓰고 야코비와 화해하기를 원한다고 선언했다. 바로 이 편지에서 "지극히 무능한" 철학자 빌헬름 쾨펜Wilhelm Köppen이 란츠후트 대학에 임용된 데 대해 불만을 토로한다. 이런 일은 야코비가 바이에른에서 영향력이 얼마나 강한지를 보여줄 뿐이라는 것이다.[14]

헤겔의 잡지 기획안에서는 "1807년 7월 시작할 것"이라고 쓰지만 아무 일도 시작되지 않았다. 하이델베르크에서 추진한 일이 수포로 돌아간 것이다. 그동안 밤베르크에서 저작의 인쇄 과정을 지켜보던 헤겔은《정신현상학》서설을 쓰면서 낭만주의에 대한 비판을 공공연하게 내놓았다. 헤겔은 이 책의 초판본을 받지 못한 셸링에게 용서를 구하면서 집필이 예나 전투가 시작되기 전날 자정에 끝나는 바람에 마지막 장이 "볼품없다"라고 말한다. 계속해서 그는 "자네는 내가 서설에서, 특히 자네 형식과 관련하여 온갖 횡포를 자행하고 자네 학문을 불모의 형식주의로 격하시키는 피상적 견해를 너무 심하게 다루었다고 여기지는 않을 걸세"라고 말한다. 셸링이 서설의 여러 부분이 자신을 겨냥한다고 생각할 수 있다는 데 대해 완연한 불편함을 느끼는 헤겔은 셸링에게 이 부분들은 셸링의 그릇된 추종자들을 겨냥한 것이라고 확언했다.[15]

헤겔의 서설은 그가 쓴 가장 난해한 텍스트 중 하나이다. 괴테의 친구인 카를 루트비히 크네벨Karl Ludwig Knebel이 저자에게 전달한, "좀 더 이해하기 쉽고 명료하게" 써달라는 요청에 이후 수 세대의 철학도들은 동의할 것이다.[16] 이 글은 철학을 학문으로 상승시킬 것을 선포한다. 철학이 다른 모든 학문과 다른 점은 사유의 결과가 사유의 서술 자체에 독립적이지 않다는 데 있다. 이 둘이 합해져야 비로소 "현실적 전체"가 된다. 개념화는 활동인 동시에 이 활동에서 나오는 결과이다. 그래서 해부학 교과서와는 달리, 개념화의 결과가 어떻게 나오는지를 보여주지 않고 그 결과만 서술하는 것은 아무 의미가 없다. 사상사는 사상에 본질적이다. 독자는 함께 생각해야 하고, 생각하는 방식 자체가 책의 내용이다. 헤

242

겔은 교양은 생의 확실성에서 탈피하는 노동이라고 쓴 청년기의 경험을 성찰한다. 이러한 노동은 여러 원리와 관점에 관해 아는 것, 여러 주장의 근거와 반박을 통찰하는 것, 판단력을 점진적으로 획득하는 것으로 시작한다. 그다음에는 "사태 자체의 경험으로 이끌어가는 … 충족된 삶의 진정성"이 나타나고 마지막으로 개념의 진정성이 나타난다. 헤겔은 다른 것에 의해서가 아니라 오로지 자기 자신에 의해서 개념화되는 것, 즉 온전한 현실을 절대자라고 부르는데, 이 절대자는 보거나 느끼는 것이 아니라 개념화되어야 한다.

헤겔은 온전한 현실을 절대자, 참된 것, 전체, 신, 정신 등 다양한 개념으로 부른다. 그러나 어떻게 부르든 간에, 이것을 규명하는 길은 헤겔에게는 하나밖에 없으니, 그것은 학문이다. 세계를 이해하는 일은 결국 학문의 능력을 넘어선다는 상투적인 말에 대해서, 헤겔은 "하지만 이에 대해 이제 살펴보고자 한다"와 같은 태도로 맞선다. 그는 세간에 머물지 말고, 천공이나 천국에서 쉽게 찾을 수 있는 저 명료함을 굳이 세속에서 찾지 말라는 교화적 관념을 반박한다. 이런 생각의 기반은 혼란스러운 세간적인 것보다는 초세간적인 것을 통찰하고 정리하는 일이 쉬우며, 따라서 서양사에서 신학과 신학의 그늘에서 활동한 철학이 그토록 높은 개념적 분별 능력에 도달할 수 있었다는 것이다. 사람들은 신이 삼위일체라거나 포도주가 피로 성변화聖變化한다는 데 관해 끝없이 생각할 때, 일관적인 논리 및 개념들의 조율을 넘어서는 아무런 난점도 발견하지 못한다. 이것이 신학의 건설적 업적을 부정하는 것은 아니다. 그러나 사유는 초세간적인 것에 자신을 내맡기는 곳에서는 이런 사변을 제한하는 현실과 마주치지 않는다. 이 시대에 태동하는 학문들의 지식은 이제 개별 사상가의 특권을 넘어 널리 확산하고 있다. 이런 시대에 "저 높은 것"을 호명하는 일은 개별 지식에 국한하는 일 만큼이나 사유가 지닌 가능성에 미치지 못하는 저주이다.

당대에는 분과학문들의 지식 획득이 점차 전문화되기 시작했는데, 헤겔은 여기에서 이런 경향에 반응한다. 그는 당시 등장하는 새 시대에는 "담소"나 나누는 얼치기 교양의 계몽주의자나, 그저 운을 맞추는 게 좋아서 모든 것을 하나의 운으로 맞추려는 낭만주의적 자연철학자 및 사회철학자 모두 아직 학문과 제대로 된 관계를 맺지 못하고 있다고 본다. 기술, 법률, 정치, 경제, 과학, 미학의 변화가 불러오는 이런 사회에서는 두 가지 물음이 나타난다. 이 사회를 과거와 연결하는 것은 무엇인가? 그리고 이 사회의 통일성은 어디에 있고, 이 사회에서 이제 종교적 덮개가 사라진 여러 부분을 결합하는 것은 무엇이며, 이런 사회는 전체라고 볼 수 있는가?

이런 통일성을 새로운 신화에서 찾으려는 시도들에 대하여 헤겔은 조롱의 화살을 수없이 날린다. "아름다움, 거룩함, 영원함, 종교, 사랑은 덥석 물려는 욕망을 불러일으키는 데 필요한 미끼이다. 실체의 풍요로움을 유지하고 계속 확산하는 데 필요한 것이 개념이 아니라 황홀함, 냉정하게 전개되는 사태의 필연성이 아니라 끓어오르는 열광이라는 것이다." 그러나 헤겔이 썼듯이 무규정적 신성의 무규정적 향유를 향한 동경은 신이 아니라 그렇게 동경하는 자에 대해 무언가를 누설할 따름이다. 우리는 마르틴 하이데거의 "신만이 우리를 구원할 수 있다"는 말을 떠올릴 수 있다. 이런 신은 구원 기능 외의 모든 상세 규정이 누락된 어떤 신이다. 헤겔은 그 당시에도 인기 있던 이런 생각을 "공허한 심오함"이라고 진단하면서, 지성을 포기하는 사람은 실은 잠을 자면서, 즉 꿈을 꾸면서 신에게 "지혜"를 받는 자라고 냉소한다. 헤겔이 반박하는 관점은 달리 말해 이 세계가 경험적으로 탐구할 수 있는 대낮의 개별자들과 최종적으로 사유가 아니라 새로운 종교적 언어로만 접근할 수 있는 한밤의 전체로 나뉜다는 관점이다. 이런 전체는 감정, 직접적 직관, 혹은 이야기로만 규명되기 때문이다.[17]

셸링은 1804년 《철학과 종교Philosophie und Religion》에서 "단순한 것은 직관되고자 한다"라고 쓰면서, 사유이면서 현실인 것에 설명과 서술을 통해 다가갈 수 없다고 보았다. 영원한 것의 인식으로 이끄는 것은 "지도指導나 수업 등"이 아니라, 모든 우연적인 것, 육체적인 것, 현상세계를 도외시하는 것이다.[18] 이것은 헤겔 마음에 들지 않았다. 그는 교양을 주장했다. 세계 전체를 이해하는 데 가장 중요한 관념들을 왜 배울 수 없다는 말인가? 이런 관념들이 왜 특정 직관을 전제한다는 말인가? 전체는 헤겔에게는 빛을 본 소수에게만 허여되는 어떤 비밀이 아니다. 그리고 헤겔에게 전체는 그것이 전체인 한에서, 모든 고뇌와 결핍, 모든 낭패와 절망, 모든 고통과 모든 우연을 자기 안에 품는 어떤 것으로 서술되어야 한다. 헤겔에게 고난, 실패, 그리고 신, 절대자, 진리에의 황금빛 기대의 좌절을 빼고 세계의 전체를 정의하는 것은 무의미하다. 우연, 감성, 한낱 현상, 죽음, 고통은 현실의 부분이다. 세계 전체를 이해하고자 하는 의도는 어떤 것을 근거 없이 2등급의 현실이라고 경시하지 않는다.

이에 비해 헤겔은 새 시대의 통일성이 전 분야에서 폭증하기 시작하는 지식에 있고, 《정신현상학》에서 탐구할 "다양한 교양 형태의 광범위한 전복"[19]에 있다고 본다. 이때 전체는 인식가능한데, 이 전체 자체가 인식 획득을 위한 노동에서 나오기 때문이다. 따라서 헤겔은 세계 전체의 서술에서 개별적 인식들의 위치가 모두 같은 것은 아니라고 주장한다. "절대자 안에서는 모든 것이 같다는 이런 지식", 즉 전체는 구조가 전혀 없고 어두운 근원에서 출현하여 그곳으로 다시 사라진다는 이런 지식은 절대자를 "흔히 그 안에서는 모든 소가 검다고 말하는"[20] 밤으로 취급하는 것이다. 셸링은 특히 이 문장에서 자신에 대한 공격을 감지한 것으로 보인다. 셸링은 《철학과 종교》에서 "절대자는 유일한 실재이고, 유한한 사물들은 실재가 아니다. 따라서 이들의 근거는 … 절대자에서 먼 곳, 절대자에서 떨어져 나온 곳에만 있을 수 있다"[21]고 쓴 바 있다. 여기에서 헤겔은 스피노자와 피히테에게도 있는 사고 틀을 알아차린다. 현실을 전체의 이성적 전개가 아니라 전체의 제한으로 이해하는 것이다.[22]

이 글에서 셸링은 철학의 상황을 이렇게 서술한다. 오래전부터 철학은 "이성의 탄생"과 지성 개념인 이념의 탄생을 분석하고자 노력을 기울였다. 그러나 칸트가 지성과 관련하여 증명한 것은, 그것이 경험 대상에 대해서만 어떤 의미 있는 것을 말해야 하지만 초감성적 세계와 이성에 대해서는 안 된다는 것이다. 그러나 이제 다른 유형의 철학은 절대자를 주목하면서 반성에서 벗어나는 "객체"의 문제에 봉착한다. 반성은 모든 반성되는 것에 대립을 끌어들이는데, 절대자는 대립 없이 사유되어야 하는 것, 다시 말해 전혀 사유되지 않는 것이기 때문이다. 결국 대립은 셸링에게는 "무실한nichtig"것이고 헤겔에게는 생산적인 것이다.

헤겔은 이미 《차이논고》에서 유한한 것과 무한한 것을 엄정하게 분리하는 분열된 지성의 시력을 서술하면서, "절대자는 밤이고 빛은 그보다 젊다. 그리고 둘의 구별, 나아가 밤으로부터 빛의 출현은 절대적 차이이다"라고 표현한 바 있다.[23] 물론 셸링도 이런 이미지를 비판적으로 사용한 바 있다. 1802년에 "대다수는 절대자의 본질을 오직 공허한 밤으로 보면서 그 안에서 아무것도 인식하지 못하기 때문이다"[24]라고 쓴 것이다. 그러나 셸링을 겨냥한 헤겔의 비판은 셸링이 모든 정체성, 모든 대상성, 모든 삶의 방식에 있어, 현실에서 부정의 노동을 응시하고 역사의 동력으로서의 이성을 신뢰하는 대신에, 어떤 힘들의 평형 상태를 자력으로 인식하고자 애썼다는 데 있다. 훗날 셸링은 역사는 이야기될 수 있을 뿐이라는 입장을 개진하지만, 헤겔은 역사가 개념화될 수 있다고 주장한다.

결국 헤겔은 모든 것은 "참된 것을 **실체**뿐 아니라 그만큼 **주체**로 파악하고 표현"[25]하는 데 달렸다고 쓴다. 자주 인용되는 이 명제의 의미는 진리가 단순히 어떤 대상이나 어떤 실체를 인식하려는 시도의 결과가 아니라는 것이다. 예컨대 데카르트는 유명한 "나는 생각한다, 고로 나는 존재한다"라는 명제에서, 모든 확실성의 토대가 될 능력을 자아에 부여했다. 내가 나의 존재를 의심하더라도 이 의심에서 활동하는 것은 여전히 어떤 자아이기 때문이다. 간략히 말해, 우리는 모든 가능한 것을 배제하는 사유를 할 수 있지만, 우리의 사유 자체를 그렇게 배제할 수는 없다. 그렇지만 이런 사유의 성질은 무엇인가? 데카르트가 말하는 자아는 사유하는 것(레스 코기탄스res cogitans) 혹은 영혼 실체이며, 공간적 연장이 없다는 속성도 지닌다. 어떤 자(나)는 어떤 것(실체)이다.

혜겔은 이것을 전복하여, 어떤 지식의 주장이 지닌 진리를 단순히 판단과 대상이 대응할 때 인정하는 것이 아니라, 모든 대상의 규정에 이미 주체의 활동이 들어있음을 생각하라고 요구한다. 각각의 판단에는 이전의 부정들이 무수히 들어있으며, 이들이 없다면 이런 판단은 이해조차 할 수 없을 것이다. 혜겔에게 영혼은 어떤 비공간적 사물이 아니다. 영혼은 공간적이지는 않지만 그래도 하나의 신체에 존재하고 여러 신체를 마주하여 존재하기 때문이다. 왜 "자아"를 신체와 구별되는 영혼으로 보는가? "자아"가 생각뿐 아니라 의지도 지닌다면, 어떻게 이런 동력을 신체로 전달하는가? 우리가 어떤 신체에 영혼이 깃든다고 말할 때, 그것은 신체에 인식 능력을 부여하는 심급을 뜻하는가?[26]

따라서 한 인간의 인지적 생동을 유발하는 무수한 원인을 "레스 코기탄스"로 압축하는 것은 어떤 은유이다. 이것은 스피노자가 세계나 자연과 동일시하는 신을 이런 식으로 어떤 체계로 상상하는 것과 마찬가지의 은유이다. 만물을 규정하는 거대하고 역동적인 이 체계는 모든 자연 사건으로 이루어져 있으며, 그 자신도 자연 사건으로 나타날 뿐인 주체들의 행위에 의존하지 않는다. 헤겔에게 세계 전체는 자연이 아니다. 오히려 세계 전체의 구조는 주체성의 구조와 똑같다. 즉 그것은 그 자체의 생성인 것이다. 그것은 자기와 관계 맺고 활동을 하고 요즘 식으로 말하면 진화하며 검토하고 기각하고 노동하고 갈등을 품고 차이 안에서 살아간다. 한마디로 그것은 역사이다. 그래서 헤겔은 우리 인식의 전제를 "정신"이라고 부른다. 우리는 늘 사태에 관해 판단하는데, 이런 사태는 단순히 존재하는 것이 아니라, 개별 판단들의 총합을 훌쩍 넘어서는 지식 질서들의 연관에서만 규명될 수 있다. 그러니까 헤겔은 "정신"이라는 개념을 우리 인류가 오래전부터 이루어온 의미 공동체로 이해한다. 그는 이런 의미 공동체를 "보편적 개인"[27]이라고 부른다.

이를 통하여 "진리는 전체이다"[28]라는 유명한 명제가 등장한다. 물론 이 명제의 요점은 일차적으로 전체의 찬양이 아니다. 이 명제는 진리가 무전제의 개별 명제들이 지니는 개개의 특질이 아니라 오랜 발전의 결과라고 주장할 뿐이다. "이것은 물 한 잔[유리잔]이다"라는 가장 단순한 주장도 이미 무수한 전제가 있다. 예를 들어, 찻잔, 술잔, 사발이나 여타 다른 물건들과 구별되는 유리와 유리잔의 생산 및 개념이 그 전제이다. 그 외에도 맥주, 차, H_2O와 구별되는 물의 개념도 그 전제이다. 그리고 "물 한 잔"이라는 표현을 이해하는 것도 전제인데, 이 표현은 "이것은 옷이 가득 담긴 가방이다"라거나 "이것은 물이 담긴 구덩이이다"라는 문장과는 다르게 기능한다. 그 외에도 다양한 전제가 있다. 우리는 꽤 자명하게 판단을 내리지만, 잠깐만 숙고해 보더라도 우리가 세계를 이렇게 전유할 수 있다는 것은 매우 엄청난 기적으로 드러난다. 명제는 단어로부터 개념을 만드는데, 이런 개념은 다른 명제들로도 들어가서 그들에서 정교해지며 무엇보다 그들에 의해 부정된다. 유리잔은 금속 잔이 아니고, 마시는 물은 H_2O가 아니다. 이런 일련의 부정을 통해서 비로소 어떤 개념의 의미를 품는 것을 의식할 가능성이 열린다. 헤겔은 훗날 이렇게 설명한다. 단어가 개념이 되는 것은, "파랗다"라거나 "인간"과 같이 "추상적이고 일반적인 표상"이 '밝다/어둡다'나 '신체/정신'과 같이 모순적 구별을 내포한다는 것이 명백해질 때이다.[29]

헤겔은 한 잔의 물로 이 모든 것을 예증하는 것은 아니다. 그는 모든 지식 주장에서 제기되는 여러 물음을 가장 폭넓은 진술들을 근거로 다룬다. 이런 진술에서 유효한 것이라면 그보다 덜 까다로운 명제에도 유효할 것이다. 예를 들어 "신"이라는 단어를 처음 사용할 때부터 나타나는 직관들은 헤겔에게는 종교사를 검토하고 비로소 충족되는 것이다. 이러한 검토는 "신" 개념의 무수한 시험적이고 불안정한 형태들을 훑어보는 것이다. 예컨대 "신"이 이제 불안의 투사나 소망 충족 욕구의 투사에 불과한 것이 아닐 때, 이제 도달할 수 없는 피안에 머무는 것으로 보이지 않거나 그저 세계에 대한 염증의 표현으로 요청되는 것이 아닐 때, "그"

가 이제 수염 난 남자이거나 번개이거나 팔이 여럿인 영靈으로 파악되지 않을 때, 어떤 살아있는 존재로 나타나서 자기의 죽음도 함축할 때 등이다. 따라서 역사적으로 온갖 가능한 속성들이 부여되어온 거대한 세계 주체로서의 "신"도 어떤 개개의 객체가 아니라 이 개념의 "자기운동"이다. 헤겔은 1807년 1월 어느 편지에서 이런 취지로 다음과 같이 쓴다. "학문은 오로지 변신론이다." 즉 신은 악을 허용했기에 선하지 않다는 비난에 맞서 신을 옹호하는 것이다.[30]

나아가 헤겔에게 전체가 참된 것인 이유는 인식에 역사가 있기 때문만이 아니라, 거기서 역사가 현시되는 개념적 활동들이 서로 연결되어 있기 때문이기도 하다. 헤겔에게 진리는 체계라는 성격이 있다. 따라서 각각의 개념사는 서로 분리된 학과들에서가 아니라 그들의 연관에서만 다루어질 수 있다. 내친김에 말하자면, 연관Zusammenhang이라는 이 독일어 개념은 번역이 거의 불가능하다. 그 의미는 "상호관계"나 "상호접속"이나 "상호의존" 같은 말로 옮기기 어렵다.

마지막으로 헤겔은 이런 방식의 인식이 여기에 헌신하는 사람들에게 어떤 요구를 내세우는지 서술한다. 그(헤겔에게는 특수한 개인은 남자이다)는 세계사적 교양 단계들을 모두 통과하고 그것을 소유하여야 한다. 참을성이 있어야 하고, 여유가 있어야 하며, 기지既知의 것을 인식된 것이라고 앞서 전제하지 않아야 한다. 학문은 자신의 대상을 낯설고 비현실적으로 다루어야 한다. 그래야 이런 낯섦을 통과하여 결국 이 대상을 새롭게 재인再認할 수 있는 것이다. 헤겔은 이것을 특이하게 기술한다. 어떤 것을 분석하는 사람은 이미 그것의 기지의 형식을 파괴하는 것이다. 이를 통해 분석되는 것에서 실제로 활동하면서 이것을 움직이는 관념들을 발견하는데, 가령 다른 것과 견줄 수 있는 요소, 힘, 구조 같은 것이다. 가령 병리학자의 지식은 주체가 이제 스스로 움직이지 않는 것을 가정한다. 역사학자는 자신이 사건의 일부가 아닐 때 그 사건을 가장 잘 서술할 수 있다. 헤겔은 어떤 사태로부터 이 사태를 인식할 수 있게 만드는 것을 뽑아내는 이런 활동을 "부정적인 것의 엄청난 힘"이라고 부르면서 죽음과 비교한다. 분석은 대상을 해체하고, 정지시키고, 대상의 내부에 침입하고, 대상의 부분들을 떼어내고, 대상을 다른 대상과 관계시키고, 어떤 현상의 골격 혹은 맥관脈管을 탐구하고, 대상을 살아있는 연관에서 떼어내며, 때로는 대상이 이미 지나간 후에야 가장 잘 인식할 수 있다. 이것은 다음과 같은 의미이기도 하다. "우리가 저 비현실성을 죽음이라고 부른다면, 죽음은 가장 무서운 것이고, 죽음의 규명이야말로 최대의 힘이 필요한 일이다." 우리는 모든 것이 살아있었으면 하고, 지금과 다른 시간에 있는 것을 기꺼이 꿈꾼다. 우리는 덧없음을 느낄 때 경악하고, 전승되는 생각이 여전히 쓸모있는지 여부를 검토하지 않은 채 거기 매달리며, 우리가 익숙해진 습관을 지성이 앗아가는 것을 불쾌하게 바라본다. 이런 지성이야말로 헤겔이 "가장 놀라운" 힘이라고 부를 뿐 아니라, 가장 강력한 힘이자 절대적인 힘이라고 부르는 것이다. 헤겔은 서설에서 감상에서 벗어나서 인식의 충직함을 신뢰하는 능력에 호소한다.[31]

밤베르크의 의사 아달베르크 프리드리히 마르쿠스Adalbert Friedrich Marcus는 1807년 4월 말 뮌헨에 도착한 셸링에게 보내는 편지에서 "헤겔은 여기서 신문을 만들고 있습니다"라고 건조하게 쓴다.[32] 헤겔은 이 편집 업무를 1807년 3월부터 1808년 11월까지 이어갈 것이다. 당시 정기구독 부수가 약 2천 부에 달하던《밤베르크 신문》은 그 도시를 넘어서까지 영향력을 행사했다. 그전에 편집을 맡은 사람은 1791년 프랑스에서 탈출한 가톨릭 신부였다. 그러나 그는 이제 폴란드로 진격하는 프랑스 군대에 합류했다.[33] 그의 후임인 밤베르크 대학의 어느 교수는 읽을 가치가 없는 글들을 실었다. 니트하머가 헤겔에게 보낸 편지의 표현에 따르면 "거의 장례식 횃불"에 점화한 셈이다.[34] 좌절한 발행인은 니트하머에게 편집인을 맡아줄 것을 제안했지만 니트하머는 고사했다. 하지만 발행인은 헤겔의 저작이나 문체를 모르면서도, 헤겔에게 신문을 맡기자는 니트하머의 제안을 신뢰했다. 헤겔은 발행된 장부들을 검토한 후에 이 자리를 수락했다. 숙소를 무상 제공하고 수익의 절반을 봉급에 더해주기로 했기 때문이다. 그러면서도 하이델베르크 대학에 임용될 희망을 언급하는 것도 잊지 않는데, 이 희망은 그 직후 무너지게 된다.

헤겔은 밤베르크 자체는 예나보다 훨씬 도시적이라고 여겼다. 실제로 밤베르크는 예나보다 거의 네 배나 큰 도시이기도 했다. 로젠크란츠는 지금은 전하지 않는 편지를 인용하는데, 여기에서 헤겔은 예나를 수도원이라고 표현한다. 그곳은 바이마르와 마찬가지로 독일의 다른 지역과 격리되어 있으므로, 학파는 이제 세상으로 나가야 한다는 것이다.[35] 헤겔은 지금까지 자신의 저서를 읽어오던 소규모 독자층을 넘어 나아가고자 했다. 그리고 《정신현상학》 집필의 고역에서 벗어난 그에게서는 사교적인 면모가 뚜렷하게 나타났다. 겨울학기가 시작한 1806년 11월에 이미 한 차례 밤베르크에 머물던 때, 그는 프로만에게 보낸 편지에서 "점잖은 사람들"을 알게 되었고 "부인들과 옴브레 게임을 했다"라고 쓴다. "저는 이로부터 여기 문화가 얼마나 앞서가는지 알 수 있었습니다. 예나의 부인들도 아직은 이 정도 수준에 이르지 못했기 때문입니다."[36] 세 사람이 하는 카드놀이인 옴브레는 당시 유행이었다. 헤겔은 사람들이 모이면 여러 탁자에서 이 게임을 했다고 여러 편지에서 되풀이 전한다.

밤베르크에서 살 때 헤겔이 아는 점잖은 사람들은 훨씬 늘었다. 헤겔은 신문 편집인으로서 그 지역의 유력 인사가 되었다. 특히 고등법률고문 하인리히 리베스킨트Heinrich Liebeskind와 음악적 재능이 있는 그 부인의 집에 자주 드나들었다. 도시의 축제에도 참가했는데, 축제 참가자들은 루터, 순교자, 곰, 여신으로 분장했다. 세 시간에 걸친 만찬에서 (시종으로 분장한) 헤겔은 아프로디테와 환담했다.[37] 그는 맥주를 칭송하고, 그와 마찬가지로 맥주에 정통한 장 파울을 알게 되었다. 장 파울은 "헤겔은 모든 기대를 뛰어넘을 만큼 마음에 든다"라고 쓰는데, 다독가인 장 파울은 《정신현상학》을 이미 읽은 것이다. 그는 야코비에게 헤겔의 "명석함, 문체, 자유로움과 힘"을 상찬하고 나아가 헤겔이 그의 "해파리 영감" 셸링에게서 벗어난 것을 칭찬한 바 있다.[38]

언론인으로 활동한 덕분에 헤겔은 늘 시달리던 사유와 공적 영향력 사이의 긴장에 있어서 균형을 찾을 수 있었다. 그는 이렇게 쓴다. "철학은 고독한 일이다. 철학은 물론 골목이나 시장에 속하지 않는다. 그러나 철학은 자신이 관심을 가지는 인간의 행동에 아직 거리를 둔다. 자신이 자부심을 느끼는 지식에 거리를 두는 것과 마찬가지로 말이다."[39] 낱말들이 특이하게 결합하더라도 문법적으로는 문제가 없을 수 있다. 철학은 물론 골목에 속하지 않지만, **그러나** 거기 있지도 않다는 것이다. 철학이 인간의 관심에 도달할 수 있다는 희망을 표현하는 것이 아니라면 이 "그러나"는 왜 있겠는가? 물론 신문은 철학을 위한 장소가 아니지만, 세계에서 일어나는 사건에 대한 헤겔의 관심은 그것을 상쇄한다. 그는 편집인으로서의 위치에 대해 "저는 그럭저럭 사적인 삶을 살지는 않을 것입니다. 신문 편집자만큼 공적인 사람은 없기 때문이고 문학적 작업은 바로 공적이기 때문입니다"라고 쓴다.[40]

이 신문 자체는 바이에른에서 발간되기 때문에 친나폴레옹 노선을 띠었는데, 헤겔은 이 노선을 지키는 것이 어렵지 않았다. 헤겔보다 한 살 많은 나폴레옹(옮긴이 주: 본문은 한 살 적다고 되어 있으나, 저자의 착오로 보인다)은 당시에 그의 영향력의 절정에 도달해 있었다. 프로이센의 영토는 절반으로 줄었고, 이제 정치적으로 생각하는 사람은 누구나 나폴레옹에 대해 숙고했다. 헤겔은 "독일의 국법학자들은 주권의 개념과 [1815년 빈 회의에서 제정한] 독일 연방 약관에 관한 무수한 글을 줄기차게 쓰고 있다. 저 위대한 국법학자는 파리에 있다." 저 위대한 국법학자는 독일 영주들에게 주권과 폭군의 차이를 가르치기 때문이다.[41] 이 시기 나폴레옹이 스스로 경계를 넘어 폭정으로 나아가고 있음을 헤겔은 깨닫지 못한다. 뉴스를 전할 때의 소소한 표현방식을 보면 그가 어느 편을 드는지 알 수 있다. 가령 프리틀란트 전투에서 거둔 프랑스의 승리를 가리켜 "영광스러운" 승리라고 쓴다.[42] 또 파리의 학자들이 나폴레옹에게 바치는 충성에 대해 전할 때도 그렇다. 그는 그다음 여러 호에서는 반혁명 진영의 두뇌인 루이 가브리엘 앙브루아즈 드보날드Louis-Gabriel-Ambroise de Bonald의 반계몽적이고 종교적으로 비관용적인 책동을 낱낱이 비판한다. 헤겔은 1807년 1월의 한 편지에서, 프랑스 민족이 다른 민족들에 맞서 입증한 위대한 힘이 어디에서 기인하는지 쓴다. 그것은 개인들이 죽음의 공포를 느끼는 데에서, 그리고 혁명으로 "무대 배경이 바뀜에 따라 … 발판을 상실한 관습적 삶"을 벗어던진 데서 기인한다는 것이다. 그는 이런 일이 독일에도 영향을 미치기를 희망한다. 그리고 어쩌면 내면성이 현실을 적대시하는 타성에서 탈피하여 외면성에서 자신을 유지하고 "자기의 스승들을 능가하기를" 희망하기까지 한다.[43]

헤겔은 자신의 "모든 정치적 정서"[44]가 독일 국가들이 프랑스 국가의 방식에 따라 하나의 헌법을 마련할 수 있을지에 달려있고, 나아가 평화에 달려있다고 본다. 물론 신문 편집자에게 평화 시기는, 도둑에게 달빛이나 뛰어난 경찰이 방해가 되는 것과 마찬가지로 불리하다.[45] 그러나 그가 베른 시기부터 마음에 간직해 온 헌법 문제는 저 정치적 정서를 끓어오르게 한다. 아무리 "프랑스를 모방해도" 독일에서는 절반은 늘 빠뜨린다. 그것은 민중의 자유, 보통선거권, 정부 조치의 공개적 정당화이다. 그래서 헤겔에게는 다른 절반도 쓸모가 없다. "출판의 자유와 언론의 자유 Preßfreiheit(거의 탐식食食의 자유Freßfreiheit라고 해도 좋겠다)는 있지만, 정부가 민중에게 국가의 상태를 공표하는 공공성은 없다. … 정부가 자신의 이익과 민중의 이익에 관하여 이렇게 민중과 이야기하는 것은 프랑스 민족과 영국 민족이 지닌 힘을 이루는 가장 큰 요소 중 하나이다."[46] 헤겔이 독일의 정치적 상태를 묘사하는 단어들은 단호하다. 자의적임, 조야함, 야만적임, 대부분 침묵함, 공공성에 대한 증오, 착취, 낭비, 둔감함, 불쾌함, 모든 공적인 것에 대한 무관심, 비굴함, 야비함 등이다.[47] 이 목록에서 도출되는 분석은 이렇다. 정치적 자유가 없다면, 그리고 지역 차원의 자치에 대한 신뢰가 없다면, (각지에서 나폴레옹의 국가를 보고 배우며 특히 국가재상 막시밀리안 폰 몬트겔라스Maximilian von Montgelas가 다스리는 바이에른에서 준비하고 있는) 행정 정비나 중앙집권화도 별로 소득이 없을 것이다.

헤겔이 이런 글을 출판할 수는 없었을 것이다. 1799년에 제정된 바이에른의 언론법은 "불평하는 기사", 그러니까 솔직한 견해를 개진하는 글은 전혀 허용하지 않았다.[48] 그러나 헤겔은 프랑스 신문이나 여타 독일 신문에 난 기사들을 조합하고, 서로 모순되는 보도들을 설명한다. 그리고 어느 보도의 말미에는 이런 논평을 달아놓았다. "그래서 악의를 품거나 생각이 모자라는 자들은 자료들을 서로 비교하지 않으면서 이런 소식들을 다른 지역들에도 유포하는 데 몰두한다. 그러나 이런 소식들에서 진실은 프로이센 총독령이 곤경에 처해 있다는 것뿐이다. 그래서 이런 몰상식한 날조에서 피신처를 찾는 것이다." 1807년 말부터 신문의 거의 모든 호에는 나폴레옹이 새로 세운 베스트팔렌 왕국의 수도 카셀에서 보내온 기고문이 한 편씩 실린다. 헤겔은 이 "자유로운 군주정"의 자신에 대한 묘사를 사실상 모두 인쇄한 것이다. 그밖에도 여러 차례 연재한 기사에는 얼마 전 베스트팔렌 왕국의 최고위 교육관에 임명된 역사학자 요하네스 폰 뮐러Johannes von Müller의 연설이 실렸다. 카셀에서 행한 베스트팔렌 왕국 의회에서의 연설에서 뮐러는 새로운 나폴레옹의 질서("혼란스러운 법률들이 종지부를 찍고, 명료하고 질서정연한 하나의 법률이 나타난다")를 설명하고 "신분이 낮은 시민과 계급을 높인다"는 헌법의 취지를 야단스럽게 칭송했다. "누구나 명예가 있고 모두가 동등한 권리를 가진다."[49] 헤겔은 [1806년과 1807년 벌어진] 제4차 대프랑스 동맹 전쟁에 참전한 프랑스 군대는 호의적 이미지로 그려내고 러시아 군대는 나쁜 이미지로 그려내고자 했다. 그리하여 1807년 3월 21일자 《밤베르크 신문》은 약 한 달 전에 헤르스펠트에서 일어났다는 일화를 실었다. 나폴레옹이 사상자가 나온 소요 사태 이후에 어느 장교에게 도시를 약탈하고 불태워버리라고 명령한다. "사령관은 시민들을 모아놓고 황제의 명령을 공표하고 다시 한 번 어떠한 저항도 하지 말라고 경고했다. 공포에 질린 시민들은 경황이 없어서, 가장 중요한 물건들만 챙기라고 사령관이 상기시킬 정도이다. 그다음에 사령관은 병사들(바덴의 별동대)을 모아놓고 먼저 시민들의 비극적 운명을 생생하게 묘사한 다음에 이렇게 말했다. 제군들이여! 이제 약탈을 허가한다. 이 허가를 활용하고자 하는 사람은 열에서 나오라! 움직이는 병사는 한 사람도 없었다." 이 글은 그다음에 독자들에게 이런 행동을 며칠 전 "코사크 부대"의 잔인한 행동과 비교할 것을 요구한다.[50]

따라서 헤겔이 프로이센 국가의 어용 사상가라고 치부하는 사람은 그가 밤베르크에 머물던 시절에서는 이런 생각의 근거를 찾지 못할 것이다. 예나와 아우어슈테트 전투에 관해 프로이센 궁정이 발표한 공식 보고서에서는 프로이센 국왕의 말을 강조했다. 프로이센이 전쟁 경험에서는 적에게 뒤질 수도 있지만, 용맹에서만은 그렇지 않다는 것이다. 헤겔은 이에 대해 날카롭게 반응한다. 이 보고서에서는 전사한 프로이센 왕자들을 거명하지만, 성과에 따라 평가할 후세에게는 아무 의미가 없다는 것이다. "전투에서 자신을 바치는 것은 영주가 아니라 병사의 탁월한 특성이다."[51]

코펜하겐 앞에 진을 친 영국군, 산돼지 사냥에 나선 국왕, 바르샤바 공작령의 헌법, 아일라우 전투에 관한 상세한 개관, 어느 공작 가문의 떠남, 이런저런 원수元帥들의 여행, 프로이센 총독령의 선전 전단, 틸지트 조약으로 인한 독일의 신질서, 베스트팔렌 왕국의 지속적 발전 등이 헤겔이 자신의 신문에서 언급하고 논평한 사건들이다. 그는 자신의 활동이 "재미는 없지만 불쾌하지도 않습니다"[52]라면서 신문을 꾸리는 일을 "근근이 이어가고 있습니다"[53]라고 쓴다. 그리고 니트하머에게 자신의 마음을 북돋기 위하여 럼퍼드 커피메이커를 요청했다. 기이한 인물인 럼퍼드Rumford 백작이 발명한 그 여과 포트는 당시 최신 유행품이던 것이다. "여러 학문의 덕택에 탄생한 기계"가 도착하자 헤겔은 감사를 표하면서도, 밤베르크에서는 학문의 영향력이 여전히 미미해서 자신에게 양철 주전자 하나 마련해 주지 못한다는 불평을 잊지 않았다.[54] 헤겔은 그리 흥겹지 않게 업무를 서술하면서, 자신이 늘 정치에 애착이 있었지만 이런 애착이 이상하게도 신문 편집 때문에 약해졌다고 말한다. 기사의 내용보다는 새로움을 중시해야 하기 때문이다. 호기심에 찬 주변 사람들은 헤겔이 신문에 나온 것보다 훨씬 많이 알고 있을 것이라고 말하지만, 헤겔은 이런 추측에 부응할 수 없었다. "우리 사이니까 말씀드리지만, 저는 제 신문에 나온 것보다 많이 알지 못할 뿐 아니라, 그만큼도 알지 못하는 경우도 흔합니다."[55] 헤겔은 공적 매체를 "매우 신성한 권력"이라고 부르면서도 이렇게 덧붙인다. "어떤 사안이 인쇄되면 종종 그것이 말해질 때나 행해질 때와는 전연 달라 보입니다. 인쇄되면 그런 사안의 탁월성이 비로소 빛을 발하기도 하지만, 그만큼이나 그것의 그릇됨도 명백히 드러납니다." 그러고는 신문이라는 공평무사한 거울을 깨끗이 유지하기 위해 이제 흰 종이를 주문했노라고 전한다.[56]

헤겔이 밤베르크 시절에 쓴 거의 모든 편지에서는 자기의 본래 사명에 걸맞은 자리를 찾고 있다고 언급한다. 그러나 밤베르크에서 종교 교사가 되라는 요구는 고사한다. 편집 업무를 마친 후에

260

는 논리학 연구를 진행하고 있는데, 아울러 신학 강의를 하는 것은 마치 "표백공이면서 동시에 굴뚝 청소부이거나, [설사약인] 비너 트랭크헨을 먹고 부르군트 포도주를 마시는 것과 같습니다. … 주여! 이 잔을 제게서 거두어 주소서!"[57]

1807년 11월 2일 셸링은《정신현상학》을 받은 후 답신을 보내면서, 우선 양해를 구한다. 너무 일에 쫓기다 보니 서설까지밖에 읽지 못했다는 것이다. 반년이나 지났는데? 상상하기 힘든 일이다. 헤겔이 보낸 저작은 셸링이 1801년부터 1807년 사이에 쓴 가장 긴 저작보다도 다섯 배는 방대한 것이다. 먼 훗날 헤겔은 철학사 강의에서 "셸링은 철학을 독자를 앞에 두고 공부했다"[58]고 말한다. 헤겔과 달리 셸링은 한마디로 자기 머리에 떠오르는 거의 모든 것을 출판했다. 그래서 셸링은《정신현상학》을 손에 들었을 때 머리를 한 대 얻어맞은 느낌이었을 것이다. 예나에서 대개 셸링의 궤적을 따라 움직이는 것으로 보였던 이 대기만성형의 헤겔이 이런 책을 쓴다는 것은 한마디로 기대하기 어려웠기 때문이다. 게다가 이 저작은 그 목차나 각 장 제목에서부터, 칸트의《순수이성비판》이래로 출간된 모든 관념론 저작과 얼마나 다른 유형인지를 분명하게 보여주었다. 그러나 셸링이 이 책을 보려는 욕망을 억누른 이유는 이 책에 어떤 비범한 것이 셸링 자신에 대한 아무 배려 없이 담겨 있을 것을 예감했기 때문인지도 모른다.

어쨌거나 셸링은 곧바로 본론을 끄집어낸다. 그는 그리 오래 생각하지 않아도, 서설에 실린 논박이 자신을 겨냥한 것임을 알 수 있었다고 쓴다. 헤겔은 편지에서는 이런 비판이 [셸링 철학을] "오용하고 생각 없이 반복하는 일"을 겨냥한 것이라고 말하지만, "이 책 자체에는 이런 구별이 보이지 않는다." 이것이 수단과 방법을 가리지 않는 공격임을 이미 이해한 셸링은 그들의 차이를 "어떠한 화해도 없이, 간명하게 발견하고 결정할 수 있네. … 모든 것에 관해 화해할 수 있지만, 단 하나는 그렇지 않으니 말일세"라고 썼다. "단 하나"는 무슨 뜻일까? 불충, 배신, 악의? 그러나 셸링은 평정을 유지한다. 그는 다만 헤겔이 왜 직관 개념에 반대하는지 모르겠다고 쓴다. 두 사람이 "이념"이라고 부르는 것에는 개념이라는 면과 직관이라는 면이 있기 때문이다.[59]

실제로 셸링은 직관과 개념화를 통합하는 인식 유형을 줄기차게 요구했다. 마지막으로는 1802년 저작 《철학체계 상술Fernere Darstellungen aus dem System der Philosophie》에서도 그랬다. 셸링은 자연과 관련하여 가장 비정신적으로 나타나는 것까지 규명하면서 모든 자연법칙을 지성의 산물로 탐구하고자 한다. 이를 위해서는 자연과 정신의 대립 자체가 오류임을 입증해야 하고, 자연을 단지 조금 복잡한 인과 기계로 보는 자연과학도 오류임을 입증해야 한다. 하나의 원인이 그보다 앞선 원인을 계속 가리킬 뿐, "인식들의 연쇄에서 어느 지점에도 무제약자가 없다면, 이런 인식들의 연쇄가 도대체 어떻게 지식일 수 있겠는가?" 여기에 만족하는 것은 전체의 의미를 아는 것이 불필요하다고 확신하기 때문이다. 셸링은 이렇게 덧붙인다. "이것은 영국의 국가 부채와 같다. 첫 번째 빚을 갚기 위해 두 번째 빚을 지고, 두 번째 빚을 갚기 위해 세 번째 빚을 지는 끝없는 차용인 것이다." 셸링은 자연을 인과의 기계적 연쇄로 보는 이런 계몽주의적 방식에 대해 비판하면서, 설명과는 다른 철학의 본래적 특징인 "사유와 직관의 동일성"에서 이탈하는 것이라고 말한다.[60]

셸링은 이미 1800년에 이러한 동일성에서 나오는 능력인 상상력이 유한자와 무한자, 자연과 자유 사이의 "중간에 부유하면서" 이념들을 생산한다고 표현한다. 이것은 그가 자연과 역사를 개념들로 포착하기를, 나아가 심지어 하나의 개념으로 포착하기를 주저한다는 것을 잘 보여준다. 그는 자연과 정신을 대립시키지 않으며 모든 것을 산출하는 생산적 지능을 시적, 신화적, 종교적 생산 방식에 빗대어 독창적 지능이라고 여긴다. 이에 비해 헤겔은 이것을 사유하는 지능이라고 본다. 셸링은 힘과 반대 힘을 말하지만, 헤겔은 쉬지 않는 사유의 부정성을 말한다. 셸링은 극성極性에 관심을 두지만, 헤겔은 모순에 관심을 둔다.[61]

따라서 헤겔과 셸링 사이에서 문제가 되는 것은 철학적 논변뿐 아니라, 그와 연관된 철학하는 방식이기도 하다. 헤겔의 글에서 세계는 셸링과는 전혀 다르게 이야기된다. 그 세계에는 국가, 전쟁, 지식인, 기아, 기요틴, 극장, 프롤레타리아, 개신교, 디드로가 있다. 헤겔이 오랫동안 그 양식을 따랐던 셸링의 연구에는 이런 것들이 등장하지 않는다. 셸링의 연구는 청년기부터 대개 원리, 범주 안에서만 움직이고, 해소되는 대립들 안에서 사유를 체득한다. 나중에 셸링은 자신이 《초월론적 관념론 체계》에서 발전시킨 방법을 다른 사람이 도용하여 자기 것인 양 자랑하는 것을 허락할 수 없다고 불평한다. 그것을 창안한 것은 바로 자신이기 때문이다. 여기서 가리키는 사람은 헤겔이고, 방법은 자아의 "초월론적 과거"를 입증하는 것이다. 자아에 마주하는 모든 "객체성"이 실은 그보다 앞서 자아 자신이 생산한 세계일 뿐임을 보임으로써 말이다. 자아는 이 세계의 주관성을 단지 잊어버린 것이다.[62] 그러니까 자아는 주체이자 객체이고, 철학자는 자아에 이 점을 상기시켜야 한다. 셸링이 자신이 이 방법을 창안했다고 말하는 것은 옳다. 그러나 헤겔이 이 방법을 활용하는 방식은 셸링에게는 새로운 것이었으리라.

헤겔은 이 편지에 답장을 보내지 않는다. 두 친구는 앞으로 오랫동안 서로에 관해 이야기할 뿐, 서로 이야기를 나누지는 않을 것이다. 싱클레어는 횔덜린의 안부를 묻는 헤겔에게 보낸 1807년 5월 23일 편지에서, 횔덜린이 튀빙겐의 아우텐리트Autenrieth 교수 집에서 "요양"하고 있다는 것 외에는 모른다고 답한다.[63] 사실 이 시인은 바로 직전에, 우리가 아는 바에 따르면 학대가 자행된 이 강제치료에서 불치 진단을 받고 퇴원했다. 이로써 독일 사상사에서 가장 중요한 지성의 성좌 중 하나가 스무 해도 지나지 않아 떨어져 버렸다. 정신적으로 몰락한 횔덜린은 간병을 받으며 때로는 정신이 나갔다가 돌아오기를 되풀이하는 어둠 속에 살게 되었다. 셸링은 가톨릭 신지학자 프란츠 폰 바더Franz von Baader의 영향으로 세계의 나이에 대한 이론을 전개했다. 1809년 출간된 중요한 저작《인간 자유의 본질에 관한 철학적 탐구Philosophischen Untersuchungen über das Wesen der menschlichen Freiheit》부터 점차 이 이론에서는 역사에 관한 사유의 근본 개념으로서의 이성이 뒤로 물러나게 된다. 이에 반해 헤겔은 청년기의 구호를 고수하면서 이제부터 꾸준한 연구를 통해 한발씩 자신의 "체계"를 제시하게 된다. 논리학, 철학대계, 법철학, 그리고 기타 수많은 강의가 그것이다.

그렇지만 이 일은 아직도 오래 걸릴 것이었다. 대학으로 돌아가려는 헤겔의 희망은 여러 해 동안 이루어지지 않았다. 헤겔은 지적으로, 그리고 경력이라는 견지에서, 그가 자기 주위에서 번창한다고 보는 수많은 나쁜 철학들에 시달리고 있었다.《정신현상학》에 관한 최초의 비평들은 부정적이고 몰이해했다. 물론 누가 기꺼이 이런 책의 서평을 쓰겠는가? 때때로 이런 서평들은 헤겔이 다른 데에서 서평자나 그들의 스승에게 쏟아낸 냉소에 대한 보복에 불과했다.《바이에른에서 빛의 진보Die Fortschritte des Lichts in Baiern》(1805)를 쓴 그보다 네 살 연상의 가톨릭 신부 야콥 잘라트Jakob Salat와《셸링의 이론, 혹은 절대적 무에 관한 모든 철학Schellings Lehre oder Das Ganze der Philosophie vom absoluten Nichts》(1803)을 쓴 다섯 살 연하의 야코비 제자 프리드리히 쾨펜Friedrich Köppen 같은 비평가들은 란츠후트 대학에 임용되었다. 헤겔은 "란츠후트에서는 파이를 태워 먹고 있다"[64]고 쓴다. 카를 로트만너Karl Rottmanner라는 사람이 불쑥 튀어나와 학계에 관한 야코비의 강연을 공격했을 때, 야코비의 추종자도 아닌 헤겔은 격분하여 북독일과 남독일의 사유의 차이라는 인기 있는 주제에 대해 논평했다. 로트만너는 자신이 "과거의 교양"이라고 부르는 북쪽의 개신교 교양은 고귀한 의미와 생명이 결핍되고 낯선 관습과 외국의 허영에 몰두하는 반면, "진정 독일적인" 교양은 자연스럽고 따뜻하고 오랜 신앙에 헌신한다고 썼다.[65] 헤겔은 이 글에 철학에 무지한 잡담만 수두룩하다고 볼 뿐 아니라, 어떤 아이러니도 발견한다. "이 문하생도 가톨릭 중세의 탁월함을 되뇌고 있지만, 이런 탁월함이 바로 북독일에서 창안된 것은 주지의 사실이다." 그들은 가톨릭 신앙에 대한 공격을 냄새 맡고 다니고, 책을 읽을 때는 성호를 그으면서 악마적인 철학자들에 현혹되지 않겠다고 끊임없이 중얼거린다. 그래서 이 철학자들이 말하는 것을 전혀 파고들지 않는 것이다.[66]

밤베르크 시절에 헤겔이 쓴 〈누가 추상적으로 생각하는가? Wer denkt abstrakt?〉라는 미출간 논문에서는 철학이 상식에서 너무 동떨어지고 너무 냉정하고 일반적이고 너무 사변적으로 생각한다는 비난으로부터 철학을 수호하고자 한다. 여기에서는 아름다운 세계와 좋은 사회에 대하여, 형이상학을 혐오하고 추상적이고 난해한 사유를 혐오한다는 진단을 내린다. 철학자들은 자기들의 난점들로 우리를 괴롭히는 일을 그만둘 수 없는가? 그러나 헤겔은 추상적인 것은 철학이 아니라고 말한다. 오히려 가령 사형 선고를 받은 범죄자에게서 "이 자는 살인자이다"라는 것 외에는 어떤 것도 보지 않으려는 잡담이야말로 추상적이다. 이런 잡담을 늘어놓는 사람은 누군가 이 사람이 불우하게 살았다거나 잘 생겼다고 말하면 불평한다. 또한, 자신이 환형輾刑 당하는 바퀴를 화환으로 장식하는 자들의 위선이야말로 추상적이다. 그것은 "코체부식으로 나쁜 것과 화해하는 것, 감상적으로 안일한 타협을 하는 것"이기 때문이다. 누군가 자살을 옹호하는 글을 쓰면, 시장市長이 격분한다. "끔찍하도다. 너무 끔찍하도다! 더 물어보면《젊은 베르터의 고뇌》도 이해한다고 하는 것이다." 시장에서 장사하는 여인이 달걀이 상했다는 불만에 대해서 오히려 손님이 부도덕하고 집안이 형편없고 행실이 나쁘다고 대꾸하는 것이야말로 추상적이다. 또한 프랑스인들과는 달리 시종을 시종으로만 보는 주인이야말로 시종을 추상적으로 다루는 것이다. 그는 시종을 어떤 의견이 있고, 새로운 소식을 알고, 여자도 알며, 관청의 공시도 알아서 그에 관해 물어볼 수 있는 사람으로 보지 않는 것이다.[67]

홋날 헤겔은 "상식은 구체적인 것을 겨냥한다"[68]라고 표현한다(이때 ["상식"이라는 의미로 통용되는] "건전한 인간 지성gesunder Menschenverstand"이 아니라 "건전한 인간 이성gesunde Menschenvernunft" 이라고 쓴다). 시장통의 여인이 범한 잘못은 문제가 되는 사안에 머물지 않고, 그 사안에서 전달되는 "비난"만 추상적으로 떼어내는 것이다. 그리하여 그 비난에 곧바로 응수하여 이제 자기가 수많은 비난을 돌려주는 것이다. 지성은 일면적이지만, 이성은 사물을 고찰할 때 그것의 구체적 일반성이나 전체성을 고려한다. 따라서 사유를 경시하는 사회야말로 스스로에 대해 추상적으로 사유하는 것이다. 그런 사회는 구체적 사유가 아니라 추상적 사유만 알고있다. 이런 사회가 상류층만 교양이 있다고 본다면 오판이다. 추상적 사유는 모든 계층에서 일어나기 때문이다. 그런 한에서 이런 사회는 자신이 믿는 것보다 교양이 낮다. 헤겔은 비극, 희극, 그리고 연극의 원리에 대한 강의에서 말한다. "일반적으로 희극적인 것은 … 자기 행위를 스스로 모순으로 끌고 가고 해결하는 주관성, 그러면서도 여전히 평온하고 자신을 확신하는 주관성이다."[69]

전력을 다하는 것이 중요하다
- 학교, 논리, 결혼

"인간은 아무것도 덜지 않은 채 오롯이 사랑받아야 한다."

프리드리히 헤벨 Freidrich Hebbel

9

전력을 다하는 것이 중요하다

헤겔이 군사훈련을 감독하는 것을 상상할 수 있겠는가? 아니, 그저 감독하는 정도가 아니라, 교육적으로 가치 있다고 생각하는 것을 상상할 수 있겠는가? 1810년 9월 14일 헤겔은 청중에게 이렇게 말한다. "교육 수단으로 보아도 이 수업은 매우 중요합니다." 군사훈련에 대한 말이다. 나아가 헤겔은 정신이 한 점 흐트러짐 없이 "명령을 받은 사람이 이런저런 생각을 하지 않고 즉시 정확하게 이행하게 만드는" 훈련이야말로 "정신의 나태함과 산만함을 고치는 가장 직접적 수단입니다. 정신이 나태하고 산만하다면, 귀로 들은 것이 의식에 들어오는 데 시간이 걸리고 행동으로 나오는 데는 시간이 더 걸립니다. 그래서 반쯤 이해한 것을 반쯤 이행하게 됩니다"라고 말한다. 그렇다면 생각하는 것만이 아니라 생각하지 않는 것도 학교의 의미라는 말인가? 김나지움Gymnasium

이라는 학제의 명칭은 그리스어와 라틴어에서 온 것으로 신체 단련을 암시하지만, 당시 김나지움에서는 체육수업이 없었다. 헤겔은 말을 이어간다. 물론 이런 수업이 《갈리아 전기De bello Gallico》나 《일리아스》 강독과는 아주 다르게 보이므로 "군사훈련은 학업의 사명에는 매우 이질적으로 보이곤 합니다. 그러나 청소년의 정신 자체는 여기서 멀리 떨어져 있지 않습니다. 그리고 이런 연습은 우리가 우리의 사명 주위에 두르는 격막膈膜이라는 표상을 허무는 데 가장 크게 이바지합니다."[1]

헤겔의 강연은 현재의 학생과 교사뿐 아니라, (독일 최초의 인문계 김나지움이고 현재는 멜란히톤 김나지움이라고 불리는) 뉘른베르크 에기디엔〔옮긴이 주: 17세기 독일의 주요 개신교 학교 중 하나〕을 다닌 학생들과 거기에서 가르친 교사들도 들었다. 헤겔은 1808년부터 1816년까지 그곳의 교장이던 것이다. 인문계 김나지움이 어떤 모습이어야 하는가는 아직 선례가 없어서 전적으로 열린 문제였다. 헤겔의 학교관은 평소에는 정신을 중시하는 것이지만, 그는 심지어 상급반에서 명령을 이행하는 "수업을 간곡히 권고"[2]하고 이것을 자신의 학교관에 통합하고자 애썼다.

그러니까 헤겔은 다시 학교에 가는데, 이제는 교사이자 교장으로 간 것이다. 그는 청소년기 말미에 이미 지적인 민중의 교육자로서 살 것을 상상했다. 그에게는 레싱이 모범이었다. 물론 문제는 당시 헤겔이 이런 역할을 담당할 권리를 정당화할 글을 하나도 내놓지 못했다는 것이었다. 그는 연극, 미학 강령, 종교적이고 정치적인 개입 등을 내놓지 못했고, 그의 정치신학 기획도 일관성이 떨어진다고 올바르게 판단하여 출간하지 않았다. 그뿐 아니라 그는 처음에는 작업이 느렸고, 독자에게 등을 돌린 채 자신을 교양했다. 헤겔은 두더지와 같았다. 경탄을 자아내는 디드로의 성정이 헤겔에게는 없었다. 디드로는 연달아서 어떤 기획을 추구하고, 때로는 소설을 쓰고 때로는 공적 논쟁에 참여하며, 그 와중에도 백과사전 전체를 편집하고도 시간이 남아 크고 작은 대화록을 발간한 것이다.

그 외에도 간과하기 쉬운 것은 그 당시 레싱과 디드로의 지위가 경제적으로는 아슬아슬했다는 것이다. 레싱은 저자로 받는 사례금으로는 생계를 유지하기 힘들었다. 디드로에 대해 전해지는 일화는 하나밖에 없는 셔츠를 세탁소에 맡겨서 종종 외출하지 못했다는 것이다. 또한, 수백 개 소국의 국경 너머까지 저작권을 관철하기 힘들었기에, 당시 문필가의 삶은 경제적으로 더욱 어려워졌다. 그러니까 "자유 문필가"라는 것은 말로는 쉽지만, 시민적 생활방식의 틀 안에서 막상 실현되기는 어려웠다. 자유 문필가가 (가령 가정을 이루는 등의) 시민적 생활방식을 누리려면, 예컨대 잡지처럼 충분한 보수를 주는 독자들로 이루어진 문학 시장이 필요하기 때문이다. 이런 시장이 언제 생겼는가에 대해서는 각설하고, 1800년경 이런 시장은 독일어권 저자 중 극소수에게만 존재했다. 적어도 장 파울이나 티크처럼 소설을 쓰지 않는다면 말이다. 다른 지식인들은 재산을 상속받지 못하면, 후원자의 지원, 대학, 목사직, 연극, 사서직에 의존하거나, 아니면 사무직, 교회 관리, 관료 등 지적인 분야 바깥에서 본업을 가져야 했다.

헤겔은 서른여덟 살이었다. 그때까지 베른과 프랑크푸르트에서는 가정교사였고, 예나에서는 철학 분야의 무보수 사강사이거나 (때때로 역시 무보수의) 비전임 교수였지만 1806년 6월부터는 괴테의 추천으로 봉급을 받게 되었다. 마지막으로 밤베르크에서 지역신문 편집인이었다. 물론 헤겔은 민중 교육을 이렇게 상상하지 않았다. 그는 "저의 신문사에서 보내는 매시간은 잃어버린 삶이고 망해버린 삶입니다"[3]라고 쓰는 것이다. 이 말은 파워포인트로 프레젠테이션을 하느라 인생의 시간을 잃어버린다는 뜻이나, 신문 소유주와 소통하느라 생각을 낭비한다는 뜻이 아니다. 그를 녹초로 만든 것은 오히려 검열과 벌이는 싸움이었다. 바이에른은 1805년부터 나폴레옹 치하의 프랑스와 동맹을 맺고 1806년에는 왕국이 되었다. 저 유명한 국가재상 막시밀리안 폰 몬트겔라스는 국가를 정비하고 행정을 중앙집중화했다. 이런 와중에 국왕은 국가의 허가 없이 정기간행물을 발행하는 것을 금지했다. 헤겔은 "신문의 [노예가 노를 젓는] 갤리선"에서 신음했다. 여기에서는 그가 싣는 어떤 기사라도 자칫하면 자신에 대한 신문 소유주의 신뢰를 박탈할 수 있는 것이다.[4]

그래서 가령 밤베르크 왕립 경찰청은 1808년 10월 26일《밤베르크 신문》에 실린 기사의 출처를 문의해왔다. 이 기사는 막 종결된 회담을 다루었다. 그것은 나폴레옹 1세와 러시아의 차르 알렉산드르 2세가 당시 프랑스 외부영토이던 에르푸르트에서 3주간 벌인 회담이었다. 헤겔이 여기 관심을 가진 이유는 이 G2 정상회담에서 괴테와 나폴레옹의 만남도 성사되었기 때문이기도

하다. 1774년부터 괴테의 귀 역할을 해온 헤겔의 친구 크네벨은 헤겔에게 편지를 보냈다. 여기에서는 군주와 영주들의 도착, 조찬, 사냥, 극장 방문, 그러나 무엇보다 나폴레옹이 주는 인상에 관한 정보를 전달했다. "사람들은 이 위대한 남자에 열광했다네. 나폴레옹은 우리의 괴테와 이미 여러 차례 상당히 오래 환담했지. 어쩌면 이를 통해 독일 군주들에게도 그들에게 있는 가장 탁월한 남자들을 인정하고 경의를 표하기를 꺼리지 않아야 한다는 모범을 보인 거지."[5] 크네벨은 이런 묘사를 하면서 헤겔에게 이 정보를 활용해도 좋지만 자기를 곤경에 빠뜨리지는 말아 달라고 청했다.

검열 당국은 10월 26일의 이 기사를 "불쾌하게" 읽었고 이 신문에 대한 감독을 이제 뮌헨으로 이관할 것이었다. 검열 당국의 지체 없는 문의에 헤겔은 "황송하게" 그리고 "지극히 겸손하게" 답변했다. 이 기사의 일부는 에르푸르트의《일반 독일 국가신문 Allgemeine Deutsche Staatsbote》에서, 일부는 고타의《민족신문 National- zeitung》에서 글자 그대로 옮겨왔다는 것이다. 그러나《밤베르크 신문》의 다음 호에서 이미 그 기사에 실린 소문들을 반박했다는 것이다. 가령 에르푸르트가 자유도시로 남을 것이라는 소문 등이다.[6] 그러나 이런 해명은 헤겔에게 크게 도움이 되지 않았다. 이미 여러 달 전에 바이에른 정부는 신문 기사에서는 "공식 출처", 즉 프랑스와 베스트팔렌의《모니퇴르 Moniteur》만 활용해야 한다고 지시한 것이다.[7] 밤베르크의 이 신문에 대한 감독권이 뮌헨의 중앙 당국으로 이관된 것은 (당시 머릿속에만 있지 법률적 현실에서는 없던) 사상의 자유에 대한 침해였다. 나아가 신문에는 엄청난 지연을 초래하는 일이었다. 밤베르크의 편집진이 인쇄하려는 것을 인쇄해도 좋은지 뮌헨에서 검토하는 동안 새 소식은 낡은 소식이 되어버렸다.

헤겔이 신문의 특수한 상황을 매우 정확히 서술하는 것은 주목할 만하다. 당대의 여타 산업체, 즉 "모든 공장이나 기업"과는 달리,[8] 신문의 생존은 우연에 달려있다. 단 한 편의 기사가 모든 것을 위태롭게 만들 수도 있다. 그런데도 기사의 생산자, 이번 경우에는 그 기사를 받아들인 헤겔에게는 해당 기사가 검열 당국에서 어떤 결과를 낳을지 판단할 수 있는 명확한 기준이 없다. 1808년에는 구두창이나 의자나 오믈렛에 대한 불쾌감보다 견해에 대한 불쾌감이 훨씬 심하고 다양할 수 있다는 것이다. 헤겔이 밤베르크를 떠난 직후 이 신문은 폐간되었다.

그래서 헤겔은 녹초가 되었다. 헤겔은 예나에 있을 당시 벌써 프랑크푸르트의 김나지움 교사 일을 하면 생활고에서 벗어날 수 있지 않을지 고심한 적이 있다.[9] 밤베르크에서는 이 끈을 다시 잡고자, 리제움이나 김나지움의 교직에 관한 (지금은 유실된) 건의서를 작성했다.[10] 그렇지만 1808년 5월 막상 김나지움 교장 제안이 들어왔을 때 놀라지 않을 수 없었다. 행정 경험이 없는 자신이 상사들이 있는 이런 직위를 받아들일 수 있을지 의구심이 들었다. 자신이 본래 사명으로 여기는 것에 신경을 쓸 시간이 있을 것인가? 뮌헨에서 자리를 얻을 전망조차 거기에 "문학신문"이 있는가라는 물음과 결부시켰다. 즉, 부업의 필요성과 결부시킨 것인데, 이 부업은 자신에게는 본래의 주업인 것이었다.

이런 모든 일에 있어서 그가 상의하는 사람은 개신교 신학자이자 학제 개혁자인 니트하머이다. 그는 말을 타고 예나를 가로지르는 세계영혼에 관한 저 유명한 편지를 헤겔에게 받은 사람이었다. 니트하머는 헤겔에게 김나지움으로 옮길 것을 권했다. 헤겔은 4살 연상인 니트하머를 1789년 튀빙겐 신학교에서 만났다. 니트하머가 철학 공부를 위해 예나 대학으로 가기 직전이었다. 거기에서 니트하머는 1798년부터 1804년 사이에 신학 비전임 교수였다. (헤겔을 그리로 데려오려 했던) 뷔르츠부르크에서의 신학 교수직 이후에 니트하머는 1806년 밤베르크에서 종교위원이자 교육위원으로 부임했고 1808년부터는 바이에른에서 가장 중요한 교육정책 담당자 중 한 사람이 되었다.

횔덜린과도 절친한 사이이던 니트하머는 김나지움을 근대적 형태로 만들어낸 사람 중 한 명이었다. 헤겔에게 어떤 지방 수도에서 김나지움 교장이 되기를 촉구할 당시, 그는 막 직업적 유용성을 지향하는 교육에 반대하는 전투적 저서를 출간했다. 오늘날에도 읽을 만한 가치가 있는 글이다. 니트하머에 따르면, "실용적" 학교관의 출발점은 고전어 교육의 목적과 수단의 혼동이다. 고전어 공부는 "문화의 가장 완전한 걸작"인 고전 텍스트를 "예술 향유와 이를 통해 얻어지는 교양이 요구하는 만큼, 손쉽게 읽고 공부하도록 하는" 수단으로 이해해야 하지만, 이제 점점 그 자체가 목적이 되고 있다. 니트하머가 보기에는 라틴어와 그리스어

276

의 주입식 교육에 대한 혐오에 더해서, "산업과 근면한 직업 활동"을 촉진한다는 프리드리히 2세의 의도가 작용하고 있다. 오로지 유용한 것만 중시해야 한다. 니트하머는 어떤 세속적 정신이 지배하고 있다고 말한다. 그것은 결국 종교도 도덕으로 환원하고 "철학을 세속적 지혜로, 학문을 맥박 재는 일 따위로 전락시킨다." 세속적인 것을 넘어서는 일은 경멸을 받는다. 니트하머는 우리가 내면세계를 희생하여 외부세계의 지식을 진흥하고 있다고 표현한다. 학교는 "장래 시민적 사명과 직업적 사명을 위한 한낱 예비 반"으로 간주된다.

이것은 취학 의무와는 모순된다. 특정 직업을 행해야 하는 의무는 존재하지 않기 때문이다. 즉, 취학 의무를 관철하는 국법은 인간으로 교육한다는 이 취학 의무의 취지에 기초한다. "가령 어린이에게는 지상을 넘어 천상을 지향하는 시선이 그 자체로 지배적이지 않은가? 그래서 이와 대립하는 교육의 과제에는 상당한 적응이 필요하지 않은가?" 따라서 학교는 유용한 전문지식을 추구하는 경향에 맞서는 교육을 해야 한다. 니트하머는 학교가 일반 교육에 이바지하되, 오직 한 경우에만 전문 교육에 이바지해야 한다고 말한다. 그것은 학문 혹은 "학자 양성"의 경우이다. 실용적 학교관의 오류는 이렇다. 학교 수업이 모든 직업을 포함할 수는 없다. 청소년기의 학생은 향후 어떤 직업을 가질지 아직 알 수 없다. 오직 실용적인 지향은 이상주의, 열정, 그러니까 현대 (1808년!)에 인정되는 애국주의를 허문다. 아동 도서에서는 "고결한 인물"을 칼, 가위, 바늘이 대체했다. 박애주의는 언어뿐 아니라 사태에 관해서도 훈련을 해야 한다고 말한다. 그러나 감정과 사고도 사태이다.

　니트하머는 인간은 이성과 동물성으로 이루어진다고 말한다. 이성과 동물성을 아울러 고찰하지 않으면 인간을 통찰할 수 없다. 그러나 니트하머는 이 둘이 대칭적이지는 않다고 주장한다. 정신적인 것을 소홀히 하는 것은 실용적인 것을 소홀히 하는 것보다 더 심각한 결과를 낳는다. 우리는 정신적인 것에서 실용적인 것으로 들어갈 수는 있지만, 그 반대는 불가능하기 때문이다. 인간은 자신을 교양하여 이성을 지닐 수 없고, 오직 이성만 그렇게 할 수 있다. 어떻게? 정신을 훈련하는 것이다. 소수의 교과목을 집중적으로 가르쳐야 한다. 사태보다 이념이 중요하다. 좋음, 참됨, 아름다움의 모범을 위해서 고대가 교과목이 되어야 한다.[11]

　이 저서의 정신은 관념론[이상주의]의 정신이다. 헤겔은 니트하머에게 보내는 편지에서 "제가 나날이 확신하는 것은 실천적 작업보다 이론적 작업이 세상에 더 많은 것을 준다는 것입니다. 먼저 표상의 왕국에서 혁명이 일어나면 현실은 버틸 수 없습니다"[12]라고 쓴다. 1808년 5월 이미 니트하머는 헤겔에게 학교를 위한 논리학, 즉 "국민 논리학"을 쓰도록 권고한다. 헤겔은 당시에는 유보적 태도를 보인다. 이 과제를 제대로 수행할 수 없다는 것이다. 그가 보기에 또 하나의 전통적 논리학이라면 필요가 없을 것이고, 그가 작업하고 있는 새로운 논리학은 김나지움 교과서에서 가르칠 수가 없다. 이런 책은 교사나 학생에게 너무 낯설기 때문이다. 그는 아직 과거의 것과 새로운 것을 이런 개요로 통합할 수 있을지 모르겠다는 것이다. "섬세한 방식으로 불명료한 것이 단순한 방식으로 명료한 것보다 쉽다는 것을 잘 아시겠지요."[13] 그렇지만 자신의 논리학을 완성할 시간이 난다면, 이에 관한 대중적 발췌본을 낼 가능성은 있다. "이 두 가지 일을 결합하면 상급 기관에서 동기로 활용될 수 있겠습니까?"[14] 여기서 동기란 그를 임용할 동기를 뜻한다. 헤겔은 가령 에를랑겐이나 알트도르프 등지의 대학교수 자리를 빨리 얻지 못할 것을 당분간 감내해야 했다.

1808년 10월 때가 되었다. 헤겔은 뉘른베르크 에기디엔 김나지움 교장으로 임용되었다. 니트하머는 "이제 국왕 전하의 서명만 있으면 됩니다"[15]라고 썼다. 학교는 과거 아우구스티누스파 수도원에 있었다. 그를 담당하는 교육위원은 친구인 신학자 파울루스였는데, 헤겔은 그의 부인 카롤리네 파울루스Caroline Paulus와도 편지를 주고받았다. 그리고 헤겔은 철학 예비학 교수로도 임명되었다. 헤겔은 처음에는 이것이 무슨 뜻인지 전혀 몰랐다. 이것은 철학 입문, "논리학 연습", 만학萬學의 연관 입문, 종교 지식, 법률 지식, 의무 지식을 뜻한다. 모두 각각 네 시간 강좌였다. 헤겔은 김나지움 학생은 30명에서 40명 사이인데, 네 학급으로 편성되고 최종 학급에는 8명이 있다고 썼다. 그는 교과과정을 정리한 니트하머가 "그리스어 공부를 강조한 데 대해서" 그리고 온갖 "기술, 경제, 그리고 나비 잡기 같은 잡동사니"를 교과과정에서 빼버린 데 대해서, "세 번, 일곱 번, 아홉 번" 상찬한다고 썼다.[16]

이것은 특히 "전全 쿠어팔츠바이에른 중등학교 교과과정"을 염두에 둔 말이다. 가톨릭 신부이자 김나지움 교장 카예탄 바일러 Kajetan Weiller가 1804년 발표한 이 교과과정은 고전어 외에 농업, 처세술, 민족학 수업도 지정하고 있었다. 바일러는 실물과 올바른 신앙을 중시하는 가톨릭 계몽주의의 옹호자였기 때문에, 바이에른에서 사변적 개신교도들이 점차 교육정책에서 주요 위치를 차지하는 데 대해 역정을 냈다. 니트하머와 파울루스 외에도 예컨대 야코비가 1807년 바이에른 학술원장이 되었고, 셸링은 1803년 뷔르츠부르크 대학, 그리고 3년 후에는 뮌헨 대학의 교수가 되었다. 그리고 고전문헌학자 프리드리히 야콥스 Friedrich Jacobs는 1807년 왕세자의 추밀고문관, 교육담당관, 가정교사가 되었다. 그가 뮌헨의 빌헬름 김나지움에서 물러난 1809년에는, 《이른바 북독일과 남독일의 차이에 관한 고찰 Betrachtungen über die angenommenen Unterschiede zwischen Nord- und Süddeutschland》을 쓴, 더욱 강경한 고전학자인 프리드리히 티어르쉬 Friedrich Thiersch가 그 자리를 차지했다. 그리고 이제 다름 아닌 헤겔까지 등장한 것이다.

바일러는 1803년 《셸링, 헤겔, 그리고 그 집단의 최신 철학의 정신 Der Geist der allerneuesten Philosophie der HH. Schelling, Hegel, und Kompagnie》이라는 책에서 개신교도들에게 응수했다. 이 책은 [부제에서 말하듯이] 《학교 언어에서 세상 언어로의 번역 Eine Übersetzung aus der Schulsprache in die Sprache der Welt》을 독자에게 제공하고자 했다. 관념론자들의 이론은 이해할 수 없고 "현기증 나는 공중에 떠있기 때문이다. 그것이 이성의 가장 높은 산정山頂이든, 아니면 상상력이라는 조종사가 탄 비행선이든 말이다."[17] 관념론은 단지 개념과 환상의 유희일 뿐이라는 것이다. 외적 강제는 단지 꿈속의 형상으로 묘사되고, 외적 강제에서의 자유를 다만 내적 강제에의 속박이 대체한다. "그렇다면 사슬을 바꾸는 것이 자유인가?"라고 바일러는 묻는다.[18] 따라서 그에게 관념론적 교육은 지나치게 이론에 짓눌려 있다. 같은 해 출간한 그의 교육 논고는 《현재 교육의 주요 과제로서 심성 교육과 지성 교육의 적절한 관계 형성에 관하여 Über die Herstellung des gehörigen Verhältnisses der Bildung des Herzens zur Bildung des Kopfes als die dermalige Hauptaufgabe der Erziehung》라는 명료한 제목을 달고 있다. 여기에서 그는 이 시대에는 지식보다 강한 심성이 결핍되었다고 진단한다. 그러나 강한 심성은 교훈적 숙고, 교리문답 시간, 설교를 수단으로 하여, 궁극의 이성적 존재를 향한(요즘 같으면 "위한"이라고 표현할 것이다) 감정을 연습하는 데에서 생긴다.[19]

그러나 헤겔은 뉘른베르크에서 곧바로 물리학 수업을 몇 시간 더 하기를 원했다. 그는 ("문자로 하는 계산"이라는 의미의) 대수代數를 이해하지 못하는 수학 교사 대신 수업을 하기도 했다. 중급반에서는 심리학을 "정신론"으로 가르칠 계획을 세웠다. 그는 "중급반을 위한 의식론", 하급반 논리학과 중급반 논리학, "고급반을 위한 개념론"을 기획했다. 우리는 그의 이런 활동이 무엇을 염두에 두는지, 그리고 이런 수업의 준비가 자신의 주저들의 발전에 얼마나 중요한지를 곧 알게 될 것이다. 그는 몰리에르Molière부터 루소에 이르는 저자들을 프랑스어로 읽게 했다. 그 외에 고전어들은 필수과목이었다. 그뿐 아니라 독일어 종교 수업, "조국의 고전" 수업, 역사 수업도 있었고, 사생과 서예 수업도 있었다.[20]

헤겔은 1809년부터 1815년까지 (1812년과 1814년을 빼고) 매년 학년 말에 행한 김나지움 연설에서 자신의 교육 개념을 설명했다. 그에게 김나지움의 목표는 그리스와 로마를 토대로 하는 학술적 연구를 위한 준비였다. 학문에서의 (헤겔이 "도약"이라고 부른) 진보는 모두 고대로의 회귀를 통해 이루어졌다는 것이다. 그 것은 다소 과장된 말이다. 예컨대 근대 물리학의 본질적 성과가 고대의 물체 이론이나 운동 이론에서 탈피함으로써 이루어졌음을 생각해 본다면 말이다. 그러나 헤겔은 유럽 사상사에서 그리스와 로마의 사상, 계산, 측량, 건축, 문학, 조형의 다양한 르네상스[재생]를 염두에 두고 있었다. 물론 그는 현재는 라틴어를 배우는 것 자체가 목적이던 시대는 지나갔다고 본다. 이제는 학문도 종종 고대 문헌에서 완전히 벗어난 채 이루어진다. 그러나 (이제부터 교육 사상이 전개되는데) 민족어로 소통하는 이 세계에서 고전어 공부에는 특별한 연습이 필요하다는 바로 그 사실은 교육계 전반에 걸치는 전망을 드러낸다. "자기 원리에 격리된 채 온전해지는 것만이 일관적 전체가 된다. 즉, 그것은 **무언가**가 된다. 그것은 깊이를 얻고 해박해질 강력한 가능성을 얻는다."[21]

이 말의 의미는 이렇다. 교양이 미지의 문제와 씨름하고 예측하지 못한 사실에서 어떤 것을 얻는 능력이라면, 그것은 넓이보다는 깊이를 추구하는 연습으로 생긴다. 어떤 복잡한 사태를, 여기서는 라틴어와 로마 세계를 규명하고 오롯이 수용하는 경우에

282

는, 정신은 비로마적 현대 세계 전체에 대해 더욱 개방된다. 일면적일까 두려워 "다면적이고 비일관적인 피상성"을 선호하는 경우보다 더욱 개방된다는 것이다.[22] 여기에서 헤겔은 우리가 "범례학습"이라고 부르는 것을 창안한다. 이런저런 것을 산만하게 다루기보다 전문화가 일반교양의 열쇠로 더 낫다고 선언하는 것이다. 이에 따르면 먼저 일면적이던 사람, 어떤 것에 몰입했던 사람, 제한된 분야에서 전문적이고 때로는 동떨어진 난점에 몰두했던 사람만 다면적일 수 있다. 한 분야의 일면적 통달이 다면적 능력으로 이끈다는 이 주장의 전제는 분명하다. 줄곧 같은 문제가 회귀한다는 것이다. 로마인과 그리스인에게서 배운 것은 바이에른인이나 중국인에게도 효력이 있다. 그것은 바이에른인이 일종의 로마인이나 그리스인이거나 그들의 계승자이기 때문이 아니다. 그것은 그리스인과 로마인이 그 전승된 문헌들에서 어떤 "탁월한 것"의 범례를 보여주기 때문이다. "이런 걸작들의 완벽함과 장려함은 영혼을 위한 정신적 목욕이자 세속적 세례임에 틀림없다. 그것은 영혼에 취향과 학문을 위한 최초의 잊히지 않을 음조와 색조를 부여하는 것이다."[23]

그러니까 헤겔은 그에게는 "존재했던 가장 아름다운 세계"인 고대 그리스에 대한 열광과 교육적으로 유용한 그 세계의 낯설고 복잡함 사이를 오간다. 젊은이의 영혼이 발전하는 소재는 "아울러 영양분"이어야 한다. 무엇을 배우는가는 헤겔에게 아무래도 좋은 것이 아니다. 그리고 교과의 단순한 유용성은 충분하지 않다. 교과는 이와 동시에 놀라움과 생기와 어려움을 주어야 한다.

카예탄 바일러는 머리와 심장을 "서로 독립적이고 서로 무관한 두 개의 존재인 양" 분리하는데, 헤겔은 납득할 수 없다.[24] 왜 심장은 논리로 움직이지 않고, 생각은 감정을 따르지 않는다는 말인가? 머리와 심장은 난제를 통해 움직인다. 그래서 헤겔은 예컨대 고대 텍스트를 원문으로 읽어야 한다고 주장한다. 그래야 언어를 습관적으로 사용하지 않고, 언어 수용이 모두 의식적으로, 그리고 어려움의 극복을 통해 이루어지기 때문이다. 헤겔은 일반적으로 낯설게 하기와 "가벼운 고통과 표상의 노고"를 "이론적 교양의 조건"이라고 부르기까지 한다. 어려워야 하고, 우리는 스스로에 대해 낯설어져야 하고 멀리 나아가야 한다. 그래야 거기에서 돌아오면서 뚜렷한 경험을 할 수 있다.[25]

여기에서 헤겔이 놓치지 않는 것은 학교 수업의 사회적 특수성이다. 그가 김나지움 강연에서 거의 지나치듯이 언급하는 통찰은 그로부터 150년도 더 지나 사회적 개혁을 이룬다. 학생들에게 학교가 "가정과 현실 세계 사이"에 있음은 모두 알고 있다. 하지만 이것은 무슨 뜻인가? 가정을 규정하는 것은 사랑, 공적이 없어도 받는 인정, 법률적 근거가 없는 노여움이다. 이에 비해 현실 세계에서는 업적이 중요하다. "여기에서는 감정이나 특수한 인격이 아니라 사태가 중요하다." 그러나 학교는 하나에서 다른 하나로 넘어가는 지대이다. 아이들은 공식적 질서와 마주친다. 아이들은 서로 비교를 당한다. 인격적 순종은 법률에 근거하고 따라서 예외가 없는 의무로 대체된다. "학교에서는 사적 이해관계나 사리사욕의 정념은 침묵한다. 학교는 무엇보다 표상과 사유를 둘러싼 여러 활동의 영역이다."[26] 나아가 헤겔은 자신이 속한 국가의 정부가 학생들에 대한 공공연한 성적 평가를 금한 것을 칭송한다. 정부에서는 상류층 학생들을 보호하는 것을 염두에 두었을 수도 있다. 헤겔의 학생 대부분은 뉘른베르크의 유지 가문 출신이고, 관료, 상인, 목사, 의사 등의 아들이었다. 그러나 헤겔은 학생들의 평가 관련 공고에서 이와 다른 것을 간파한다. 그는 이런 평가는 사전 판단이라고 쓴다. 판단받는 사람의 장래 발전에 관해 아무것도 모르는 교사가 학생에 대해 내리는 판단이기 때문이다. 헤겔은 교육자로서 학교에 극히 엄격한 요구 사항을 제시하지만, 그러면서도 학교는 잠정적이라고 말한다. 학교에 관한 이런 현실적 시각을 더 추적해볼 필요가 있다.

헤겔 자신의 수업은 이렇게 진행되었다.[27] 그는 먼저 ("이리저리 담뱃재를 흩뿌리면서") 학생들에게 자신이 다양한 수업 주제에 대해 작성한 원고의 여러 절을 받아쓰게 했다. 논리학, 의식론, 철학 대계, 개념론, 종교론 등이 주제였다. 그다음에는 이들을 말로 설명했다. 학생들은 이것도 필기했다. 그다음에 학생들은 받아 적은 것을 집에서 정서하고 헤겔의 논평을 자기식으로 요약한다. 매시간 수업이 시작될 때마다 한 학생을 지목해서 지난 시간에 말로 전달한 것을 재연하게 했다. 질문을 던질 수도 있었다. 헤겔은 1810년 10월 싱클레어에게 이렇게 썼다. "나는 철학을 가르치는 교육자일세. 아마 그래서라도 철학이 기하학처럼 충분히 가르칠 수 있는 어떤 질서정연한 구조가 되어야 한다고 생각하네."[28]

헤겔의 교육관에서 교양의 핵심은 어떤 낯선 것을 자기 말로 요약하는 것이다. 그는 (당시는 남자뿐이던) 청소년들이 자기 나름 대로 "거침없이 생각하는 것"에 극력 반대했다. 그가 보기에 교육의 주요 목적은 젊은이 자신의 착상, 생각, 반성을 "뿌리 뽑는"[29] 것이기 때문이다. 뿌리 뽑는다는 것은 호전적으로 들리고 루소 추종자의 말처럼 들리지 않는다. 헤겔은 1812년 친구 니트하머의 《김나지움 철학 수업에 관하여Über den Vortrag der Philosophie an Gymnasien》에 대한 평가에서 그보다는 약하지만 역시 단호하게 표현한다. 학교는 독창성이라는 의미에서 "스스로 생각하고 스스로 산출하도록 교육"하면 안 된다. 진리가 독창성보다 중요하고, 진리를 자기 것으로 만들려 할 때는 어차피 스스로 생각해야 한다.[30] 그러나 헤겔은 배움은 단순히 지식을 수용하는 것이라는 정반대 교육관도 거부한다. "인식을 소유하게 만드는 것은 받아들이는 것이 아니라, 움켜쥐는 자신의 활동과 그것을 다시 활용할 수 있는 힘이다."[31] 헤겔은 교양을 늘상 식물이 양분을 흡수하는 것과 비교하는데, 이런 교양은 노동을 통한 전유이다. 그것이 낳는 효과는 하나의 사례에서 이해한 것을 다른 사례에 적용하는 능력이다. 이를 통해 이런 사례들의 차이와 공통점을 시야에서 잃지 않고 활용할 수 있는 것이다.

학년 말에 이런 강연을 한 후에는 최우수 학생들을 표창했다. 1815/16년 학기에는 이렇게 표창한 10-12세 사이의 학생 중에 루트비히 프리드리히 빌헬름 아우구스트 제베크Ludwig Friedrich Wilhelm August Seebeck가 포함되었다. 그는 훗날 색맹 연구로 유명해진 물리학자였다. 그의 이름은 헤겔이 서명한 부상副賞의 면지面紙

286

에 기록되었다. 부상은 1811년 출간된 요한 페터 헤벨Johann Peter Hebel의 《라인 지방 가족의 벗의 작은 보물 상자Schatzkästlein des Rheinischen Hausfreundes》였다. 이것은 인문계 김나지움이 그리스어와 라틴어를 주입식으로 배우고 오직 고대 작가만 표준으로 여기는 학교가 아니었음을 보여준다. 그러나 상당한 문해력이 전제되고 있었다는 것도 보여준다. 제베크는 고작 열 살이던 것이다.

사유 능력도 그렇다. 헤겔은 중급반의 13세 학생들에게까지 자신이 저술을 기획하는 논리학을 가르친 것이다. 헤겔은 "본질은 자신의 직접성으로부터 자기 안으로 회수된 존재로서, 그것의 규정들은 단순한 통일성에서 지양된다"[32] 같은 명제에 대해 이런 학생들에게 어떤 사례를 제시했는가? 아마 이런 사례를 들었을 것이다. 어떤 사태(사물, 행위, 인물, 이미지 등인 어떤 존재)의 본질에 관해 이야기할 때는, 언제나 그것의 견실한 여기 있음(직접성)은 표면으로 지칭되고, 그 아래에는 그것의 존재에 결정적인 어떤 것, 어떤 내적인 것(자기 안으로 회수된 존재)이 있다. 이 내적인 것은 그것의 모든 속성(규정)을 일관적이고 통일적으로(단순한 통일성에서) 규정하되, 일련의 특징이 아니라 그들의 공통점이나 근거로서 그렇게 작용한다. 악마(존재)의 본질은 사악함(자기 안으로 회수된 존재)이고, 이것은 그것의 모든 여타 특징(규정) 뒤에 있는 것이다. 존재는 그에 대해 숙고하면 본질이 된다. 그러나 그것은 여전히 통일적이고 단순하게 서술된다. 가령 [존재의] 충분한 이유를 가진다는 것은 만물의 본질[충족이유율]이다.

혹은 헤겔이 같은 해에 강의한 〈하급반을 위한 법률론, 의무론, 종교론)의 짧은 구절을 들어보자. 12절에 이런 말이 있다. "그러나 의지가 참으로 그리고 절대적으로 자유로우면, 그것이 원하는 것, 즉 그것의 내용은 그것 자체와 다르지 않다. 의지는 오직 자신 안에서 의지하고 자신을 대상으로 삼을 수 있다. 그러니까 순수 의지는 어떤 특수한 내용을 그것의 특수성 때문에 의지하는 것이 아니라, 의지 자체가 자신의 행위 안에서 자유롭고 방면되기를, 혹은 일반 의지가 일어나기를 의지한다." 헤겔은 다음과 같은 문장으로 설명한다. "일반적으로 유한성은 어떤 것에 경계가 있다는 것, 즉 여기에서 그것의 비존재가 정립된다는 것, 혹은 그것이 여기에서 중단된다는 것, 그러니까 그것이 이로써 다른 것과 관계를 맺는다는 것에 있다."[33] 그러나 무한한 반성에서는 우리는 자신과 관계 맺는다. 이런 것이 열세 살을 위한 생각인가? 학생들의 머리에서 김이 났을 법하다. 헤겔은 수업의 과제가 청소년이 먼저 "보고 듣기를 멈추고 구체적 표상에서 벗어나 영혼의 내적 밤으로 회귀하도록"[34] 하는 데 있다고 생각한다. 아이들에게는 번역이 꽤 필요할 이런 대목들에서 이것이 무슨 뜻인지 분명해진다.

헤겔은 교사로 존경을 받았다. 그는 대개는 심각했지만, 학생이나 학교에서 일어나는 일에도 관심을 가졌다. 헤겔이 교사校舍의 맨 위층에 살았다는 것이 이 점을 상징적으로 보여준다. 그리고 셸링이 헤겔을 "내적이고 외적인 산문의 지극히 순수한 사례"이며 "지나치게 시적인 우리 시대에 성스럽게 여겨야 한다"라고 말한 것도 헤겔이 학생들에게 어떤 인상을 주었는지 확인해 준다. 셸링은 감상에 휘둘리지 않는 헤겔을 "부정하는 정신"이라고 부르는 것을 자제하지 못했지만, 그래도 곧바로 메피스토펠레스는 아니라고 누그러뜨린다. 이것을 보면 헤겔이 이 친구에게 얼마나 수수께끼가 되었는지 새삼 알 수 있다.³⁵ 셸링의 이 편지를 받은 사람은 의사이자 낭만주의적 자연철학자 고트힐프 하인리히 슈베르트Gotthilf Heinrich Schubert인데, 그는 그 직후인 1814년 《꿈의 상징론Symbolik des Traumes》으로 문학과 심리학에 커다란 영향을 미칠 것이다. 셸링은 헤겔의 공적인 인상이 사생활에서의 상냥하고 자상하고 재치있는 태도와 얼마나 다른지 서술한다. 클레멘스 브렌타노Clemens Brentano는 "성실하고 무뚝뚝한 헤겔"이라고 부르지만, 역시 덜 무뚝뚝한 마음을 보여주는 일화를 전한다. 역사를 가르치고 훗날 에를랑겐 대학의 동방언어 교수가 되는 동료 교사 요한 아르놀트 카네Johann Arnold Kanne의 결혼식을 헤겔이 구해낸 일화이다. 한평생 매우 불안정한 사람이던 카네는 결혼식 전날 밤 두려움에 사로잡혀 뷔르츠부르크로 떠나버렸는데, 헤겔이 뒤따라가서 신부에게 다시 데려온 것이다.³⁶

이런 일이 있고 나서, "성직자처럼 독신이 될 뻔한"³⁷ 헤겔도 결혼했다. 그는 1809년 10월 초 니트하머에게 "저는 곧 마흔 살이 되는 데다가 슈바벤 사람입니다"라고 썼다. 그래서 아내를 "얻기를, 아니 찾아내기를" 원한다는 것이다.³⁸ 이것은 슈바벤 사람에 대한 속담을 암시한 것이다. "슈바벤 사람은 마흔이 되면 똑똑해지지만, 다른 사람들은 영영 똑똑해지지 않는다." 로젠크란츠의 헤겔

전기에서는 17세기와 18세기 철학자 중에서 미혼인 사람을 일일이 거명한다. 브루노Bruno, 캄파넬라Campanella, 데카르트, 스피노자, 말브랑슈Malebranche, 라이프니츠, 볼프Wolff, 로크, 흄, 칸트가 그들이다. 이런 상황은 관념론자의 세대에 비로소 바뀐다. 피히테가 결혼한 "최초의 세계사적 철학자"였다는 것이다.[39] 이 전기 작가는 루소도 모험적인 결혼 생활을 했다는 것은 잊은 것이다.

이런 소망을 말한 후 반 년 후에 벌써 헤겔은 아내를 찾아냈다. 그러나 그녀 이름은 아직 발설하지 않는다. 1811년 4월에야 니트하머는 그녀가 마리 헬레나 주자나 폰 투허Marie Helena Susanna von Tucher라는 것을 알게 된다. 헤겔보다 스무 살 연하인 그녀는 그 도시의 가장 유서 깊은 귀족 가문의 딸이다. 두 사람은 메르켈Merkel이라는 상인 집에서 만났다. 장래의 장모는 헤겔과 동갑이었는데, 그녀의 누이가 중매를 섰고, 상업이사 파울 볼프강 메르켈Paul Wolfgang Merkel도 이런 교섭에 힘을 보탰다. 헤겔은 연인에게 시를 여러 편 보내는데, 그중 한 편은 이런 구절로 끝난다. "삶은 그저 사랑 안에서 사랑을 만들며 / 함께 사는 삶이기에 / 자기와 닮은 영혼에 헌신하며 / 심장은 자기 힘 안에서 열리고 // 정신이 자유로운 산마루에 오르면 / 자기 것은 아무것도 남기지 않습니다. / 살면서 제가 내 안에서 그대를 보고 그대는 내 안에서 그대를 본다면 / 우리는 천상의 지복을 누릴 것입니다."[40]

1810년 5월 이미 헤겔은 니트하머에게 이제 영원히 행복하거나 아니면 "퇴짜"를 맞을 것이라고 썼다.[41] 1811년 4월에 마리 폰 투허와의 결혼 승낙을 얻지만, 연인의 부모는 처음에는 헤겔이 대학교수가 된다는 조건을 달아서 이 구혼을 수락한 것이다. 이 것은 당시 혼인 법률에 대해 알려줄 뿐만 아니라, 김나지움 교장과 시市참사위원 가문의 격차도 보여준다. 그 직전에 뉘른베르크는 자유 제국도시의 지위를 상실했다. 니트하머는 국가공무원인 헤겔이 국왕에게 결혼 허가를 받아야 한다는 점을 상기시켰다. 그리고 헤겔은 에를랑겐의 교수보다는 뉘른베르크의 교장으로서 이런 허가를 더 쉽게 얻을 수 있다는 것이다. 왜 그런가? 과부 연금을 담당하는 학교 연금기금은 이미 설립되었으나 에를랑겐 대학의 연금기금은 아직 설립되지 않았기 때문이다. 이것은 투허 가문에게 중요한 점이었던 같다. 헤겔은 자신이 원하는 그 [교수] 칭호를 5년 후에야 제시할 수 있었지만, 1811년 9월 이미 결혼한 것이다. 그는 니트하머에게 보내는 편지에서 "이제 세속적 목표를 … 다 이루었습니다"라면서 "직분이 있고 사랑스러운 아내가 있다면 이 세상에서는 모두 이룬 거지요"라고 쓴다.[42]

그 전에 헤겔은 약혼자에게 보내는 장문의 편지에서 자신에게 결혼은 본질상 종교적 결속이고 그 안에서는 "행복이라고 불리는 모든 것"보다도 "**지복의 만족**"을 추구하겠다고 쓴다. 헤겔이 그 전에 한 말이 마리 폰 투허를 언짢게 한 것이 분명하다. 헤겔은 자신이 소망하는 행복을 표현하면서 "만일 행복이 제 삶의 사명에 **들어있다면**"이라는 제한을 덧붙인 것이다. 헤겔은 행복과 만족의 차이에 관한 몇 가지 고찰을 마무리하면서 만족을 옹호하지만, 결국 자기 말에 말려든다. 이런 차이를 되풀이 강조하는 것을 "우울증적 현학"이라고 부른 것이다.[43] 그가 다음 편지에서 다시 철학적 설명을 이어나가야 한다고 생각한 것은 애처롭기까지 하다. 이제 그녀는 행복하기를 원하고 자기는 만족하기를 원한다고 써서 그녀에게 더욱 상처를 준 것 같기 때문이다. 헤겔은 의무가 아닌 감정을 지향하는 것을 마리 폰 투허의 자아 자체가 아니라, 그 귀결까지 끝까지 생각하지 않는 그녀의 성찰일 뿐이라고 설명한다. 게다가 헤겔은 자신이 특정 규준에 관해 판단할 때 그런 규준이 얼마나 "특정 개인에게, 여기에서 그대에게 현실적인지"를 늘 잊어버린다는 것이다. 이 점을 그녀가 잊지 말아 달라는 것이다.[44] 그러니까 헤겔은 자기 의견을 고수하면서도, 이 대목에서 그런 생각을 고수하는 것이 적절하지 않음을 인정하는 것이다.

마리 폰 투허는 나중에 카롤리네 파울루스에게 보낸 편지에서 "헤겔은 아무것도 기대하지 않고 아무것도 욕망하지 않는 절망적인 사람들 중 하나입니다"라고 썼다. 아마 "이 세상에서는 어차피 아무도 더 나은 것으로 회귀하기를 기대하지 않습니다"라는 헤겔의 문장에 대한 평이었을 것이다(헤겔은 원래 "밀쳐지기 Ruck"라고 썼다가 "회귀하기Rückkehr"라고 문장을 수정했다).[45] 그뿐 아니라 마리 폰 투허의 말에서 읽어낼 수 있는 점은, 그토록 독특한 헤겔의 성격이 그녀 눈앞에 뚜렷하게 드러났다는 것이다. 욕망, 더 나은 것으로 밀쳐짐, 자유의 강조, 그리고 (그에게는 "사랑"을 뜻하는) 이성 등에 관하여 방대한 철학을 편지에 쓰는 바로 그 사람이 개인적으로는 이런 모든 충동에 거리를 두는 것이다.

일말의 의미

– 세상에서 가장 어려운 책

"지루함을 피하는 최선의 방책은 이론이다."

한스 블루멘베르크 Hans Blumenberg

일말의 의미

우리는 줄곧 생각하지는 않는다. 때로는 그저 무언가를 지각하고 느끼고 표상하고 꿈꾼다. 그러나 사실 지각, 감정, 꿈, 표상에도 생각을 닮은 의식작용이 끼어든다. 《정신현상학》은 무엇보다도 가장 단순한 인지에서도 "생각 일반이 활동하지 않은 것은 아니다"라는 것을 입증하고자 한다. 언젠가 헤겔은 "모든 사물은 하나의 판단이다"라고 주장했다.[1] 이것은 한편으로는 지각, 감정, 표상을 언어로 표현하려는 시도에서 드러난다. 모든 진술은 범주를 요구한다. 헤겔이 예로 드는 "이 종이는 녹색이다"라는 진술은 존재와 개별성이라는 범주를 요구한다. 따라서 헤겔은 표상을 "사유와 개념의 은유"라고 부른다.[2] 이것은 사유 속에서 사는 사람만 진정으로 사는 것이고 다른 사람은 모두 사유 이미지의 영역에서 살 뿐이라는 뜻이 아니다. 그의 야심은 만인을 철학자로 만드는

294

것이 아니다. 오히려 그의 주장은 모든 것은 사유와 "섞여" 있으므로 사유가 접근할 수 없는 것은 없다는 것이다.[3] 지각, 감정, 표상과 사유의 친연성은 우리가 올바르게 지각하는가, 우리의 표상이 옳은가, 그리고 우리의 감정이 적절한가 같은 물음에서 드러난다. 이것은 질투인가, 시기인가, 소유욕인가? 사랑에 빠진 것인가, 단지 기분이 좋아진 것인가?

사유에는 적어도 두 가지 전제가 있다.[4] 사유하려는 사람은 사유할 **무언가**가 필요하다. 사유는 수영이나 산책보다는 오히려 그림 그리거나 먹거나 지각하는 일과 같기 때문이다. 어떤 문제, 미리 주어진 어떤 객체, 어떤 대상, 혹은 오늘날의 표현으로는 어떤 화제가 필요하다. 생각은 늘 **무언가에 관하여** 이루어진다. 더 정확히 말하면, **무언가로서의** 무언가에 관하여 이루어진다. 허깨비로서의 바스커빌의 개에 관하여, 옳고 아름다운 것으로서의 피타고라스 정리에 관하여, 측량과 모델링의 결과로서의 기후 변화에 관하여, 어쩌면 중차대한 결과를 낳는 것으로서의 일시적 사랑에 빠짐에 관하여, 민주주의가 이상인가 현실인가에 관하여, 그러나 어쩌면 그저 라자냐 요리에 필요한 재료에 관하여 이루어진다. 그렇다면 이 모두에 관한 사유의 과제는 "자기 대상의 존재와 … 규정들을 실증하는 것"[5]이다. 달리 말하면, 바스커빌의 개 혹은 피타고라스 정리가 도대체 어떤 의미로 있는지, 그리고 그 속성은 무엇인지가 모두 중요하다.

그러므로 단지 무언가에 관해서가 아니라, 무언가를 매개로 하여 사유가 이루어진다. 사유는 개념, 명제, 판단에서 일어난다.

이때 논리학의 좁은 개념은 "그리고", "이다", "많은", "아마" 같은 단어도 포괄한다. 바스커빌의 개에 관한 사유를 위해서는 "허구"와 "-로 보인다"와 같은 개념이 필요할 것이고, 피타고라스 정리에는 "길이"와 "수", 그러니까 측량과 양의 관념이 필요할 것이다. 헤겔은 논리학이 "생성", "존재", "가상", "양", "가능성"으로 개념화되는 단어들이 어떤 사태인지 해명하는 일이라고 본다. 이런 단어들은 우리에게 의식되지 않지만, 우리가 사용하는 모든 범주에 들어있다. "동물", "신", "전쟁", "사랑" 같은 개념에도 들어있다. 가령 일신론에 관해 말하는 사람은 수의 개념을 요구하고, 사랑에 관해 말하는 사람은 이유라는 생각이 필요하다. 헤겔은 "자연 논리학"을 열정, 관심, 충동에 비견하는데, 이런 것은 우리가 그것을 가지는 것인지 그것이 우리를 가지는 것인지 불분명하다. 우리가 사용하지만, 무심코 사용할 때 오히려 우리를 지배하는 사유 형식도 이와 마찬가지이다. 그러니까 헤겔이 보기에 "고차원의 논리적 작업"[6]은 자유를 증진한다.

여기에서 사유 형식들이 무엇을 함축하는가는 사유 형식들이 서로 어떤 관계인가로부터 독립적이지 않다. 예를 들어 가능성은 현실성과 관계하지만, 필연성 및 생성과도 관계한다. 가능한 것은 필연적이지 않기 때문이고, 그래도 현실적인 것이 될[생성할] 수 있기 때문이다. 현실적이 될 수 없는 것은 가능하지도 않은 것이다. 이런 것은 헤겔보다 오래전부터 철학이 알던 것이다. 그러나 철학은 이런 모든 개념이 어떻게 서로로부터 전개되는지 보여주는 체계적 해명을 시도하지 않았다. 그뿐 아니라 현실에 관하여 참된 것을 진술하는 데 드는 무한한 개념적 비용을 그려낸다는 요구도 제기하지 않았다.

마지막으로 헤겔이 늘 강조하고 그와 관련하여 많은 비판을 받은 사유의 세 번째 특성이 있다. 그는 논리학의 마지막 부분에서 "고찰된 부정성은 […] 모든 활동의, 생동하는 정신적 자기운동의 가장 내적인 원천이자, 참된 모든 것을 그 자체에 지니고 참된 것이 오직 그를 통해 존재하는 변증법적 영혼"[7]이라고 쓴다. 그러니까 그에게 사유는 언제나 그리고 본질적으로, 부정하는 활동이다. 사유는 언제나 모순과 대립 안에서 움직인다. 이것은 이미 교수자격 취득 논문의 테제 중 하나였다. 모순은 "참된 것의 규범regula veri"이다. 여기에서 요점은 "언제나"에 있다. 우리는 부정을 포함하는 사유들에 대해 당연히 알고 있기 때문이다. "이것은 파이프가 아니다Ceci n'est pas une pipe", "아무도 장벽을 설치할 의도가 없었다", "아무도 모르다니 얼마나 좋은가" 등이 그렇다. 그렇지만 그야말로 모든 사유에서 무언가 부정된다는 것인가? 왜 모든 개념에 어떤 부정이 포함된다는 것인가?

한편으로 헤겔은 "모든 규정은 부정이다omnis determinatio est negatio"라는 스피노자의 명제를 주장한다. 이에 따르면 무언가에 관한 규정은 모두 적어도 하나의 구별, 대개는 여러 개의 구별을 포함한다. 이 종이가 녹색이라는 것은 노란색도 아니고 갈색도 아니고 빨간색도 아니라는 것이다. 상황이 심각하다는 것은 우스꽝스럽지도 않고 무해하지도 않다는 것이다. 악마가 사악하다는 것은 선하지 않다는 것이다. 어떤 것은 자신의 반대와 구별되고, 어떤 것은 다른 모든 것과 구별된다. 많은 개념은 그것이 어떤 대립되는 것과 구별되는지 알아야 사용하는 법을 이해할 수 있다. 사랑이 증오가 아니라 희롱, 섹스, 무심함과 구별된다면, 말하기가 침묵하기, 가리키기, 짖기, 노래하기와 구별된다면, 그때마다 많은 것이 달라진다.

그래서 헤겔에게는 모든 생각이, 그리고 생각에 기초하는 모든 것이 노동을 전제로 한다. 우리가 어떤 것에 관하여 진술할 때, 단순히 이 세계를 심적 용기用器로서의 개념 안에 집어넣는 것이 아니다. 또 우리는 세계의 대상을 빛에 노출하는 필름도 아니다. 헤겔의 시대에는 이렇게 말할 수도 있겠다. 우리는 현실을 묘사하는 밀랍 칠판이 아니다. 오히려 우리는 우리에게 밀려드는 것의 직접성을 부정한다. 그것에 이름을 붙이고 그것을 다른 것과 분리하고 다른 것과 비교하며 분석하는 것으로 이미 그렇게 한다. 하나의 돌은 단순히 다른 돌 옆에 놓여있지만, 우리는 깨어있는 한 단순히 다른 것 옆에 돌처럼 놓여있을 수 없다. 우리는 아름다운 얼굴을 지각하면서 이미 어떤 활동에 돌입한다. 이 활동은 이 얼굴을 다른 것들로부터 두드러지게 하고, 예컨대 꿈과 구별하며, 여기 없지만 관련된 것을 떠올리고, 그 상황을 파악한다. 헤겔은 지성은 "규정들을 규정하고 고수한다"[8]라고 쓴다. 지성은 속성들을 포착하지만, 이성은 이들을 서로 관계 짓는다.

모든 사유의 작동에서 부정의 다른 의미는 이런 사유의 작동이 그 자신을 부정하는 데 열려있다는 것이다. 우리는 착각할 수 있고 사유의 오류를 범할 수 있으며 나중에 그러지 않았으면 좋았겠다고 생각하는 행위를 할 수도 있다. 지크문트 프로이트는 사유는 "에너지 양이 적은 시험적 행위로서, 장군이 군대를 움직이기 전에 지도 위에서 조그만 인물상들을 옮겨보는 것과 같다"[9]라고 말한 바 있다. 그렇다면 모든 사유에는 그것이 틀릴 가능성, 자신이 확언한 것을 수정해야 할 가능성이 동반된다. 생각하는 데에는 끊임없는 동요가 포함되는데, 이 점에서도 생각은 기록이나 모사와 다르다. 헤겔이 사유의 고유성이라고 부르는 자유는 "개념의 절대적 부정성"이다. 그것은 다른 어떤 것에도 종속되지 않고, 모든 것을 검증할 수 있으며, 모든 것에 관해 그렇지 않다고 떠올릴 수 있다는 고유성이다. 그것은 어떤 말랑말랑한 외부 세계에 도장이나 활판처럼 개념을 찍는 자유가 아니다. 또한, 타자로부터의 자유가 아니라, "타자 안에서 획득하는 타자로부터의 독립성"이다. 헤겔은 요한복음 8장 32절의 "진리가 너희를 자유롭게 하리라"라는 문장을 "자유가 너희를 참되게 하리라"라고 뒤집는다. 자유로운 정신만 진리에 도달할 수 있는데, 헤겔에게 이것은 자유로운 정신은 자신에 반대할 수도 있다는 의미이다.[10]

헤겔의 《논리학》은 출판을 위해 세 차례에 걸쳐 인도되었다. 1812년 5월에는 〈존재론〉, 1812년 12월에는 〈본질론〉, 1816년 7월에는 〈개념론〉이 인도된 것이다. 헤겔은 예나에서 1801/02년 겨울학기부터 총 여섯 차례 《논리학과 형이상학Logik und Metaphysik》 강의 개설을 공지했고, 한 번은, 즉 1806년 여름에는 논리학 강의만 공지했다. 물론 이 강의들이 모두 실제로 행해졌는지는 분명하지 않다.[11] 적어도 1805년과 1806년에는 논리학과 형이상학의 순서가 사라졌다. 이 순서에 따르면, 논리학은 여러 범주의 모순을 입증하는 "부정적" 부분을 담당하고, 그다음에 체계의 긍정적 부분인 형이상학으로 나아가는 것이다. 뉘른베르크 김나지움 학생들을 위해서《논리학》의 다양한 판본을 썼고, 1827년과 1830년 재차 수정한《논리학》의 축약본으로 시작하는《철학대계》도 1817년 출판했다. 이 기획에 관한 최초의 언급부터 최후의 수정까지 포함하면,《논리학》집필 기간은 줄잡아 28년이 된다. 헤겔 생애의 거의 절반에 가깝다.

　헤겔이 이 책에 왜 이렇게 많은 공을 들였는가는 답하기가 어렵지 않다. 헤겔은 청년기에 칸트의 관념론 철학, 프랑스혁명, 세계관에서 낡은 신학적 권위의 해체 등으로 인하여 시대의 전환이 이루어졌다고 생각했는데, 그것은 이성의 시대로의 전환이었다. 이성의 시대에는 존재하는 모든 것(도덕, 법률, 종교, 가족, 예술, 학문)이 그 존재를 새로이 정당화해야 한다. 그러나 그 결과로 이성 자체도 정당화해야 한다. 하지만 이성이 모든 정당화의 **절대적** 기준이라는 권리를 제기함에 따라, 이성 자신이 이성을 정당화하는 것이 과제가 된다. 이것은 종교적 권위, 자연과학적으로 서술할 수 있는 필연, 자신의 무능함이라는 감정이 아니라, 오로지 자신의 능력에 의존해야 한다는 의미이다. 그것은 이성의 모든 추론을 자기 자신에 대하여, 그리고 자기 자신을 통하여 투명하게 만드는 능력이다. 그래서 논리학은 사유가 어떠한 권력도 두려워하지 않는다는 것, 그 무엇도 이해할 수 없거나 불분명한 것으로 그

낭 감수하지 않는다는 것을 입증해야 한다. 사유는 자신을 규명해야 한다. 헤겔이 사유가 하는 일을 설명할 때 드러내는 열정은 여기에서 나온다.

《논리학》초판의 서설에서 헤겔은 칸트 철학에 관한 널리 유포된 이해를 언급한다. 그러한 이해에 따르면 지성은 경험에 구속되는 데 비해 이론이성은 "망상"만 산출한다. 헤겔은 이를 언급하면서 실천적 의도만 추구하는 교육을 환기한다. 지성은 사태에 관한 인식에 접근할 수 있게 한다. 지성은 예컨대 어떤 것은 파란색인 다른 것과 비슷하므로 파란색이고, 다른 어떤 것은 흰색이며, 또 다른 어떤 것은 빨간색임을 규명하고, 이런 규명을 통하여 "색"이라는 개념 영역과 관계를 맺는다. 지성은 비교적 단순한 규칙을 따른다. 헤겔은 최초의 메모 중 하나에서 지성을 명령받은 것을 가져오는 궁신宮臣이라고 부른다. 오늘날에는 알고리즘이라고 부를 수도 있겠다. 그러나 유색임은 적어도 질, 정체성, 현상의 한 사례이다. 그래서 색 판단의 논리적 분석은 이런 관념들 없이는 이성적이지 않다. 이런 면에서 지성의 방식은 학생에게 수를 가르치는 어느 교육법, 즉 수를 가지고 계산하거나 풀게 하지만, 예컨대 영, 음수, 무한수, 허수 등이 무엇인가라는 물음은 다루지 않는 교육법과 닮았다.

여기에서 헤겔의 논리학은 어떤 것에 관해, 즉 사유 자체에 관해 **성찰**함으로써 사유의 첫 번째 전제조건을 충족한다. 논리학은 "반성적 사유"[12]이다. 헤겔은 논리학을 "자연 및 유한한 정신을 창조하기 전에 그 영원한 본질대로 존재했던 바대로의 신에 관한 서술이다"[13]라는 문장으로 요약한다. 창조 이전이라고 하는 이유는 무엇인가? 창조가 이미 일어났다면, 그 창조는 물론 사유를 통해 규명할 수 있어도 그것의 존속은 사유에 의존하지 않기 때문이다. 먹는 것이 "나름의 의미"를 지니더라도 우리는 그것을 개념화하지 않으면서도 먹을 수 있는 것과 마찬가지이다. 그러니까 우리는 헤겔을 이런 사람으로 떠올릴 수 있다. 그는 신문 편집이나 김나지움 교장의 업무를 마친 저녁에, 앞서 《정신현상학》에서 서술한 것처럼, 객체들을 지닌, 의식에게 현실적인 세계가 출현하는 데 필요한 모든 개념을 재구성하려는 사람이다. 그러나 보다 절제하여 표현할 수도 있다. 어느 적절한 표현에 따르면, 헤겔에게는 "우리의 개념적 이해에 있어서 논리적 지형학"[14]이 문제이다.

개념의 지도나 질서라는 은유에는 한계도 있다. 헤겔은 사유에 필요한 개념들의 실제적 상호관계를 규명할 뿐 아니라, 이들의 시간적 연쇄도 서술해야 한다고 주문하기 때문이다. 그러니까 개념들을 의미 있게 서술하려면, 이들이 어떤 순서에 따라 서로에게서 전개되는 것으로만 서술해야 한다는 것이다. 이 말은 "생성"의 의미를 성찰하려면 그 전에 "존재"가 무슨 의미인지를 이해해야 한다는 것이다. 파르메니데스가 먼저이고 헤라클레이토스는 다음이라는 것인데, 이러한 논리적 배열은 두 사람의 역사적 배열을 뒤집은 것이다. 헤겔은 우리가 결국 개념화와 "개념"이 대체 무엇을 뜻하는지를, 그러니까 존재하는 모든 개념의 공통점이 무엇인지를 개념화하게 된다고 전망한다.[15]

사유의 두 번째 전제조건, 즉 개념과 판단을 매개로 이루어진 다는 것은 시원始原의 문제로 이끌어간다. 사고는 곧 개념의 투입이라면, 그런 개념이 처음에는 존재하지도 않으면 어떻게 사유를 시작해야 하는가? 그러니까 《논리학》은 사유가 경험적 대상에 의지한다는 생각을 반박한다. "사태", "대상", "많다", "같은 것" 같은 개념이 없다면 이러한 경험은 애초에 존재할 수도 없다. 따라서 단순히 경험에서 개념을 얻는다고 볼 수 없다. 헤겔에게는 개념은 오히려 사유의 자기 검증에서 나타나는 것이다.

그러나 헤겔의 논리학이 이를 통해 칸트의 시도, 즉 이성의 한계를 규정하고, 이를 통해 한낱 사유를 통해 의미 있는 추론을 끌어낼 가능성을 가정하려는 시도와 구별되는 것은 아직 아니다. 칸트와의 결정적 차이는 오히려 다음과 같다. 개념 및 판단 형식은 오로지 현상의 구성으로 이끌 뿐 궁극적 현실에 관해서는 아무것도 말하지 않는다는 제한에 대해, 헤겔은 설득력이 전혀 없다고 여기는 것이다. 궁극적 현실에 관한 사고가 아니라 궁극적 현실 자체는 결국 "사고물"[16]에 다름 아니기 때문이다. 사유를 넘어선 사태란 존재하지 않는다. 헤겔은 "그 자체 존재자"는 "의식되는 개념"이고, 개념 자체는 "그 자체 존재자"[17]라고 말하는 데까지 나아간다. 우리가 어떤 것이라고 부르는 것이 무엇이든 간에, 우리는 그것을 그것의 개념과 비교하기 때문이다. 더 적절하게 표현한다면, 그것이 무엇인지 아는데 필요한 그것의 여러 개념과 비교하고, 그렇게 부르는 방식을 정당화하기 때문이다. 그러니 헤겔이 착수하는 사유의 학은 세계에 관한, 그리고 세계의

의미 있는 작동이라는 의미에서 세계의 "논리"에 관한, 근거에 기반한 파악의 학문이기도 하다.[18]

따라서 논리학에서는 주체와 객체의 대립이 극복된다. 존재는 순수 개념으로 알려지고 "순수 개념은 참된 존재로 알려진다." 둘은 분리할 수 없지만 구별할 수 있다.[19] 무슨 뜻인가? 생각은 생각되는 것과 구별할 수 있다. 모든 사물은 그에 관한 무수한 판단을 통해서만 규명되지만, 사물과 판단은 구별해야 한다. 판단은 사물을 모든 지각의 총체에서 풀어내어 바로 이 사물에 관해 무언가를 말하는 것이다. 우리는 아이 방의 상태에 관해 생각할 때, 아이 방이 어떤 생각이라고 주장하지 않는다. 헤겔에 대해서는 줄곧 이런 비난이 가해졌다. 헤겔이 현실성 부여는 늘 사유의 전체 그물을 전제한다는 사실로부터, 현실, "존재", "실존" 등이 사유의 구성물에 불과하다는 그릇된 결론을 내린다는 것이다.[20]

헤겔의 뉘른베르크 교장 관사에 아이 방이 있었는지는 알 수 없다. 그래도 우리는 그가 생각으로만 방에 들어갈 수 있다고 믿지 않았으리라 가정할 수 있다. 그러나 사유의 구성물인 개념을 움직여야, 현실적으로 들어간 그 공간에 관해 판단할 수 있다("아이 방은 엉망으로 어질러 있다"). 이 아이 방, 그 특징들, 그 중 특수한 하나의 특징, 아이 방은 어떻고 어때야 하는가, 무질서와 구별되는 질서 등이 그런 것이다. 아이 방과 그것에 관한 온갖 서술을 구별하기 위해서도 개념이 필요하다. 사물은 판단이 아니라 바로 사물임을 확인하기 위해서도 판단이 필요하다. 예를 들어 아이 방의 무질서가 실은 세심하게 배치된 것이었음을 깨닫는다면, 이것도 하나의 생각(목적으로서의 무질서)이다. 그러면 첫 번째 판단 ["아이 방은 엉망으로 어질러 있다"]은 아이 방에 관한 진실을 얻기 위해 역시 참작해야 할 어떤 가능성과 모순을 이룰 뿐이다.

《논리학》의 기획이 얼마나 까다로운가는 이미 분명해졌다. 헤 겔은 논리학의 객관적 부분과 주관적 부분을 나눈다. 객관적 부 분에서는 사유가 자신이 아닌 어떤 것, 예컨대 현존, 수, 도度, "이유" 개념 및 "원인" 개념 등에 몰두한다. 반면, 주관적 부분에 서는 사유가 자기 자신에 몰두하면서, "개념", "판단", "추론", "목 적" 같은 개념들을 다룬다. 이 구별을 다음과 같이 말할 수도 있 다. 헤겔이 먼저 다루는 개념들은 그것이 지칭하는 것이 그저 주 어진 것으로 여겨지기에 그 개념에 전제가 얼마나 많은지 언뜻 알아보지 못하는 개념들이다. 무언가가 있고 변화가 있으며 다수 가 있고 수학적 개념이 있고 모든 것에는 원인이 있다. 그다음에 헤겔이 주목하는 개념들은 사태의 본질과 사태의 현상 방식이라 는 구분과 관련된 개념들이다. 이런 개념들로 이미 명확해지는 것은 여기에서는 단지 주장이 아니라 논증을 하고 있다는 점이 다. 그리고 마지막으로 오래전부터 "논리학"이라는 표제 하에 다 루었던 개념들이 나타난다. 가정적 판단이란 무엇이고, 유비란 무엇이며, "필연"이란 무슨 뜻인가?

개념이 점점 구체적으로 발전하는 데 관한 이런 서술을 아무 렇게나 뒤적이다가 발견하는 대목이 무슨 말인지 이해한다는 것 은 가망 없는 일, 좀 더 신중하게 표현한다면, 매우 힘겨운 일이 다. 게다가 여기에도 이해할 수 있는 한계를 넘어서는 구절들이 있는 것이다. 아무리 점진적으로, 그리고 주석들을 참고하여 다가가도 말이다. 따라서 우리는 헤겔이 《논리학》에서 무엇을 시도하는지를 몇몇 절을 들어 본보기로 보여주려 시도할 뿐이다. 여기에서 방점은 "시도"에 있다.

곧바로 이 책의 악명 높은 첫 번째 문장을 들어보자(이것이 대체 문장이라면 말이다). "존재, 순수 존재 – 어떠한 추가 규정도 없는."[21] 헤겔은 아무 전제 없이 시작하고자 한다. 본 텍스트 앞에 헤겔은 "시작의 난점"을 다루는 긴 고찰을 놓는다. 이 난점은 이미 《철학대계》 서설에서, 그리고 그전에는 《정신현상학》 서설에서 토로한 것이다.[22] 난점은 각각의 사유 형식이 다른 사유 형식에 의존한다는 데 있다. 따라서 각 사유 형식을 이해하는 것은 다른 사유 형식의 보유를 전제하며, 다시 이 다른 사유 형식에 관한 이해는 또 다른 사유 형식에 의존한다. 이것은 계속 이어진다. 그로부터 모든 다른 사태나 명제를 규명할 수 있는 하나의 사태나 명제를 찾아낸다는 것은 데카르트 이래 철학의 확고한 이념이었다. "최종 근거"라는 말은 하나의 견실한 토대, 하나의 의심할 수 없는 판단, 하나의 반성 이전의 사실을 찾고자 하는, 점차 절망스러워지는 탐색을 분명히 드러낸다. 그렇다면 왜 낭만주의적 사고를 따르지 않는가? 낭만주의적 사고는 전체의 어떤 지점으로부터 시작해도 전체를 규명할 수 있다고 믿는다. 이런 믿음을 가지면 어디에서라도 시작할 수 있는데 말이다. 이것의 또 다른 장점은, 자신의 사유에 관한 모든 의심이 사유가 무전제로 일어난다는 주장을 향하도록 만들지 않는다는 것이다.

이 문제에 대해 헤겔이 내놓는 대답은 아이러니라고 할 만하다. 헤겔은 사유 내용이 거의 없어서 완전한 무전제로 보이는 어떤 것으로 시작한다. 그것은 존재이다. 그리고는 앞서 예비 고찰에서 말한 것을 논증한다. "무가 **있다**. 천상이든 자연이든 정신이든 어디에서나, 매개만큼이나 무매개를 포함하지 않는 것은 없다. 따라서 두 규정은 **분리되지 않고 분리될 수 없으며**, 저 대립은 무실한 것으로 드러난다."²³ 그러니까 헤겔에게 "무매개/매개"의 구별에는 다른 구별들에 없는 속성이 있다. 이 구별은 모든 것에서 나타난다는 것이다. 모든 것은 "…이 있다"라는 문장 형태로 사유에 바싹 다가서는 속성을 지닌다. 수가 있고, 나무가 있으며, 꿈이 있다. 그리고 이렇게 무매개적으로 있는 것은 매개된다는 속성도 지닌다. 우리의 사례에서는 가령 사유 작용, 분류, 식수植樹, 불안을 통해서이다. 예컨대 "움직임/정지함", "자아/비자아", "유한함/무한함" 같은 구별은 이렇지 않다. 모든 것이 움직이는 것은 아니고, 모든 것에 자아 속성이 있는 것은 아니며, 모든 것이 (바라건대) 유한하면서 무한한 것은 아니다.

피히테, 셸링, 슐라이어마허는 어떤 무매개적인 것, 무제약적인 것이 있다고 주장했다. 사행, 자아, 감정 등이 그것이다. 이에 반해 헤겔은 진리는 애써 얻는 것이지, 이 세계나 자아의 어딘가에서 그저 만나고 직관하는 것이 아니라고 주장한다. 그저 만난다고 해도, 그것이 무전제로 드러나는 것은 그 자체에 의해서가 아니라 사유에 의해서이다. 따라서 사유는 과제는 두 가지이다. 모든 진리 주장에 있는 네트워크 형태의 개념적 전제들을 조사해야 하며, 아울러 이런 전제들이 사유의 "대상"에서는 왜 저절로 보이지 않는지를 보여주어야 한다.[24] 헤겔은 예컨대 논리적 사유 자체는 "현상하는 정신의 학"을 전제로 가진다고 말한다. 이 말을 해석하자면 이렇다. 역사적으로 산출된 특정한 인지적 상황이 있는데, 거기에서는 (마술적 세계관, 자연법칙적 세계관, 회의적 세계관, 도덕주의적 세계관 등) 복잡도가 낮은 세계관이 (왜) 쓸모없는지 알게 된다. 이런 상황이 없다면 "순수 지知"의 추상 작용으로 가는 길도 열리지 않는다.

헤겔은 언뜻 보기에 상상할 수 있는 가장 수월한 개념으로 시작한다. 처음에 이 개념을 묘사하는 데에는 보조동사도 필요 없다. (가령 "존재는 추가 규정 없이 있다" 같은 말에서) "있다/이다"라는 보조동사를 사용하는 것은 무매개적이라는 인상을 방해하기 때문에라도 그렇다. 가장 기초적인 최초의 개념은 "있다", "여기 있다"나 "이렇게 있다"로 표현되는 것의 총괄개념인 "존재"이다.[25] 이것은 사유한다는 것이 어떤 식으로든 존재하는 것에 관해 성찰하는 것이기 때문이기도 하고, 존재하는 자만이 사유할 수 있기 때문이기도 하다. 헤겔이 "순수 존재"라는 보충적 표현을 쓰는 이유는 무언가가 있다는 주장의 추상적 의미를 다루기 때문이다. 이때는 이 무언가 자체가 구체적인 것으로 끼어들지는 않는 것이다. 우리는, 혹은 어떤 것은 즐거울 수 있고 우울할 수 있고 과거의 것일 수 있고 방수防水일 수 있고 귀찮을 수 있다. 그러나 헤겔에게는 우선은 이런 경우를 비롯해 모든 경우에 있어서, 존재한다는 것이 무슨 의미인가 물음만 중요하다. 《철학대계》에 포함된

308

논리학 부분인 〈소논리학〉에서 헤겔은 존재는 "단지 **그 자체**로만 개념이다"[26]라고 말한 바 있다. 왜 "단지"인가? 헤겔이 개념적 존재 규정들을 다른 규정과 구분하기 때문이다. 가령 어떤 사태의 본질 규정과 구분하고, 사태가 그렇게 보이는 것과도 구분하며, 사태의 현실성과도 구분하기 때문이다.

헤겔이 "존재" 개념으로 시작하는 그 절의 제목은 〈규정성(질)〉이다. 존재하는 것은 모두 그것이 그러하지 않은 것에 의해 규정된다. 2는 0이 아니고 1이 아니고 3이 아니다. 달다는 것은 색이 아니다. 곧은 것은 굽지 않은 것이다. 본은 바이마르가 아니다. 토르텔리니는 토르넬로니가 아니다. 파란색은 보라색이 아니다. 이제 옷은 여기 있다. 규정된 개념의 이런 속성을 어떤 부정("…이지 않다"거나 "…이 아니다")을 사용하지 않고 보여줄 수도 있지만, 그 배경에는 역시 부정이 있다. 파랑은 색이다(음이 아니다). 달다는 것은 맛의 성질이다(냄새도 아니고 시각적 속성도 아니다). 본과 바이마르는 어떤 정권 시기를 상징한다(단순한 도시가 아니다). 이제 옷은 여기 있다(여태까지는 여기 없었다) 등.

여기에서는 아주 다양한 종류의 구별이 거명된다. 단순한 차이, 범주의 구별(맛/모습), 대립, 명칭 구별, 하나의 연속체에서의 규정들(색)이 그렇다. 그러나 이 모두의 전제는 이런 구별을 하는 공통 영역이 있다는 것이다. 헤겔은 이 영역을 "존재"라고 부른다. "있다/이다"라는 말은 이 모든 경우에 이처럼 서로 다른 규정들의 공통점, 즉 무언가가 가지는 "존재"와의 관련을 보여주기 때문이다.

우리는 이 점을 이해 가능한 범위의 끝자락에 있는 매우 불합리한 판단들에서 쉽게 볼 수 있다. "아프로디테는 소수素數이다."[27] 아프로디테는 적어도 오늘날에는 매우 허구적으로 여겨지는(따라서 원래 헤겔의 〈가상〉 절에 속하는) 그리스 여신이다. 수학자들은 수의 실존에 관한 심원한 토론(수는 사유의 구성물에 불과한가, 아니면 자연이라는 책을 이루는 글자인가?)을 벌일 수도 있다. 그런데 어떤 인물이 수일 수 있다는 주장은 극단적인 범주 오류이기는 하지만, 그래도 아프로디테나 소수가 어떤 의미로든 "존재한다"는 것은 틀림없다. 우리가 예컨대 폴 발레리의 시에서 "소수인 아프로디테Aphrodite, nombre premier"라는 표현을 발견한다면, 무슨 뜻인지 궁리하는 것은 의미가 있을 것이다. 우리는 신의 형상과 수의 개념이 공유하는 것을 찾으려 할 것이다.[28]

따라서 우리가 살펴본 것처럼, 모든 "있다/이다" 진술들의 총괄개념으로서 존재도 어떤 속성을 지닌다. 존재를 다른 모든 것과 구별하는 그 속성은 어떠한 속성도 없다는 속성이다. 우리가 그것에 대해 어떤 진술을 한다면 단순한 개념 사용의 범위를 벗어나게 된다. 모든 다른 것은 어떤 것이지만, 존재 자체는 있다. 아무것도 아닌 것으로. 그것에 관해 어떤 진술을 한다면 "그것은 순수하게 파악되는 것이 아니다."[29]

헤겔은 ["아무것도 아닌 것nichts"의 첫 글자를] 대문자로 표기하여 "무Nichts"라고 쓰고 ["있다sein"의 첫 글자를] 대문자로 표기하여 "존재Sein"라고 쓴다. 우리는 보조동사를 명사화하는 것이 정당한지 토론할 수도 있다. 이런 명사는 "존재"라는 유형의 객체 영역이 있고, 존재하는 모든 것이 그 영역에 참여한다는 암시를 주는 것이다. 이것은 철학사의 유구한 문제를 건드린다. 소크라테스 이전 철학자인 파르메니데스는 존재는 지각 가능한 어떤 것이고 비존재는 전혀 존재하지 않는다고 서술했다. 물론 아무것도 아닌 것을 지각하는(어떤 것을 지각하지 않는) 사람은 전혀 지각하지 않는다. 아무것도 아닌 것을 지각한다는 말은 지각하지 않는다는 뜻이다. 그러나 어떤 것이 있지 않다고 **말하는** 사람은 어떤 것을 말하고 있다. 지각과 사유(말)는 다른 것이다. 사유에서는 부정("어떤 것이 있지 않다")과 비-사유가 구별된다.[30]

　나아가 기초적인 논리적 단위는 개념이 아니라 명제라는 반론이 제기되었다. 명제에서 "있다/이다"는 어떤 비독립적 요소이기 때문에, "무매개적" 존재, 즉 독립적 존재는 있을 수 없다는 것이다.[31] 그러나 "존재, 무규정적이고 무매개적인 것은 실은 무이다. 더도 덜도 아닌 무이다"[32]라는 명제를 다음과 같이 해석해도 잃어버릴 정보는 없다. "존재"라는 개념 사용은 아무것도 명명하지 않는다. 어떤 의미나 생각을 얻으려면, 존재와 대립하는 것, 즉 어떤 것의 비존재가 필요하고, "있지 않다"라는 진술 형식이 필요하기 하기 때문이다. 그 외에, 어떤 사람이 아무것도 생각하지 않는다거나 아무런 추가 규정 없이 존재를 생각한다고 말할 수 있는가는 중요하지 않다. 헤겔은 이것을 "공허한 사유 자체"라고 부르고 존재와 무를 "공허한 사고물"[33]이라고 부른다. 우리가 존재와 무를 서로 온전히 대립하는 개념들, 하지만 바로 그래서 서로 온전히 관계하는 개념들로 이해하는 것이 아니라, 서로 독립적인 사물들로 이해한다면 말이다.

(동일한 대상과 동일한 규정에 관련하여) "있다/이다"를 사용하는 진술과 "없다/아니다"를 사용하는 진술은 생성을 통해 서로 관련된다. 무언가가 어떠하고(종이가 녹색이고, 데스데모나가 행복하고) 동일한 것이 어떠하지 않으면(종이가 녹색이 아니라 노란색이고, 데스데모나가 절망한다면), 그것은 변화한 것이다. 헤겔은 이러한 생성을 존재와 무의 통일이라고 서술한다. 어떤 것이 생성해야, 혹은 (이렇게도 말할 수 있는데) 어떤 것이 다른 것이 되어야 비로소 그것에서 존재와 비존재를 구별할 수 있기 때문이다. 여전히 동일한 종이이지만 다르다. 우리는 여기에서 저 유명한 동일성과 비동일성의 동일성을 재발견한다. 자신에게 있어서 시간적, 사태적, 사회적 다양성을 포괄하는 어떤 것은 동일하다.

꽤 문법적으로 보이는 이런 숙고가 지니는 풍부한 함의는 이런 대목에서의 헤겔의 여러 언급에서 나타난다. 우리는 이런 언급들로 《논리학》의 연구방식에 관한 이 첫 번째 사례를 마무리하자 한다. 먼저 헤겔은 우리가 예로 든 것과 같은 문장들에도, "존재", "비존재", "생성" 같은 개념만 알 때는 전혀 없는 개념이 이미 많이 있음을 상기시킨다. 그러니까 우리는 이미 대상이나 사태에 관해 말했고, 어떤 존재("그것은 이러하다")에서 어떤 비존재("그것은 이러하지 않다")로 이행하는 어떤 것에 관해 말한 것이다. 논리학에서 나중에야 나오는 개념 분석, 즉 현존, 어떤 것, 실체, 질 등과 관련된 분석을 이처럼 선취하지 않고자 사람은 (격언일 뿐 아니라 창조신학에서도 주장하는) "무에서는 아무것도 나오지 않

312

는다" 같은 명제를 다루어야 한다.

　무에서는 아무것도 나오지 않는다는 말은 어떤 것이 생긴다면 어떤 이행으로 생기는 것이라는 의미일 수 있다. 그래서 기독교 신학은 이 명제를 기각하고 여기에 "무에서의 창조"를 대립시켰다. 정확히 말하면, 기독교 신학은 어떤 것이 생겨났음을 지적하면서, 이로부터 어떤 것이나 (더 적절한 표현으로는) 누군가가 그 이전에 있었어야 한다는 결론을 끌어낸다. (그것은 자유로운 창조여야 하므로) 그 누군가는 의지와 관념을 가지고, 물질적인 무로부터 상당히 많은 것, 그러니까 모든 것을 창조했다는 것이다. 이에 반대하여 헤겔은 "무에서는 아무것도 나오지 않는다, 무는 바로 무이기 때문이다"라는 명제를 수긍하는 사람은 만물이 이미 내내 있었다는 그리스의 범론이나 스피노자의 범신론에 동의해야 한다고 말한다.[34] 이런 세계관의 진리는 세계를 그것 자체를 통해서만 설명하고 내부로부터만 서술한다는 데 있다. 하늘에는 뒷면이 없다. 이에 반해 이런 세계관의 비진리는 만물이 기본적으로 이미 알려진 것의 새로운 조합일 뿐이고 새로운 것은 없다는 주장으로 나갈 때 나타난다. 엄밀한 의미에서 아무것도 생겨날 수 없고, 역으로 아무것도 상실되거나 소멸할 수도 없기 때문이다.

　헤겔에게는 이런 세계관의 비진리는 그것의 진리와 결부된다. 모든 사태의 규정에는 "이다"와 "이지 않다"라는 형태의 판단이 들어있다. (역시 스피노자의 명제이지만) 모든 규정은 부정을, 그것도 어떤 규정적인 부정을 포함하기 때문이다. 파란 것/취한 것

blau은 빨갛지 않거나 정신이 말짱하지 않다. 부정의 방향에 따라 다르다. 그러나 "하늘과 땅 어디에도 존재와 무 둘을 내포하지 않은 것은 없다"[35]라는 명제가 맞다면, 이런 관점에서 모든 사물의 총괄 개념은 어떻게 되는가? 그것을 신, 세계, 실체, 존재, 이성 등 어떻게 부르든 말이다. 이런 사태는 자신이 포함하지 않는 어떤 것과 구별되는가? 그렇다면 뚜렷한 모순일 것이다. 신은 무엇과 구별되는가? 세계와 구별된다고 하기는 어렵다. 두 번째 신과 구별되는가? 그렇다면 그들의 통일성은 무엇이고, 시간적으로 보자면 그들의 유래는 무엇인가? 신은 악과 구별되는가? 다시 반문하게 된다. 악은 어디에서 오는가unde malum? 누가 악을 만들었고 악을 용인하며 악을 구원의 계획 안에 배치했는가? 셸링은 신을 자신의 창조가 완전하도록 자유로운 존재를 창조한 창조주라고 상상했다. 이 존재의 자유는 신과 선을 부정할 능력에서 입증된다. 그러나 이런 셸링의 제안도 신의 규정적 부정을 신의 어떤 피조물의 가능성으로 옮겨놓은 것이다.

헤겔은 세계의 시작과 끝이라는 문제에서 이성을 사변적으로 사용하는 데 반대하는 칸트의 논변을 따라간다. 아무것도 시작할 수 없다. 무언가 이미 있다면 만물은 시작하지 않고 속행할 뿐이다. 반면 아직 아무것도 없다면, 무에서 어떤 것이 생길 수 없다. 물론 소멸도 마찬가지이다.

하지만 대체 어떻게 존재와 비존재가 같다고 말할 수 있단 말인가? 내 지갑에 50유로가 있는 것과 없는 것은 중요하지 않은가? 칸트는 이렇게 반박한다. 물론 중요하기는 하지만, 오직 지

314

갑과 나에게만 중요하지, "50유로"라는 개념에는 중요하지 않다. 개념에는 그것이 포괄하는 속성들에 "실존"이 더해지는가는 아무래도 좋은 것이다. 칸트에 따르면, "있다"는 것은 내용적 규정이 아니다. 가능한 것이 현실적인 것에 비해 덜 포함하지 않으며, 존재와 비존재는 개념에는 아무 역할도 하지 않는다. 그러나 이것은 헤겔이 개념이라고 이해하는 것, 어떤 고립된 표상이 아니다. 헤겔에게는 가능한 50유로(그는 100탈러라고 했다)와 현실적인 50유로는 분명히 다르다. 50유로의 규정이 다른 사태들과의 연관에서 비로소 나타난다면 말이다. 모든 상점에서 현금을 받는다면 은행에 있는 50유로와 지갑에 있는 50유로는 같은가? 50유로가 있는 것은 누구에게는 중요하지 않고 누구에게는 중요한가? 그러니까 어쩌면 50유로라는 개념은 상상하는 돈이 아니라 실재하는 돈에 의해서만 형성할 수 있다.

그렇지만 헤겔의 논리, 즉 자신은 여기에서 재산의 존재와 비존재가 아니라 "순수한" 개념을 논하고 있다는 논리에는 반박이 따른다. 그런 순수한 개념은 추상일 뿐이라는 것이다. 그러나 우리는 세계를 서술하고 세계 안에서 우리의 상태를 서술하는 문장에서 이런 추상적 요소를 사용한다. 헤겔에게 중요한 것은 올바르게 추상하는 것이다. 그는 공간 개념을 어떻게 얻는가를 묘사하는 야코비를 인용한다. "나는 깔끔히 잊고자 오래 애써야 한다. 나 자신까지 분명하게 포함하여 그 어떤 것이라도 보고 듣고 만지고 건드린 적이 있다는 사실을 말이다. 모든 운동을 깔끔히, 깔끔히, 깔끔히 잊어야 한다. 그리고 바로 이 **잊음**이야말로 가장 잊기 어렵기에 바로 그것을 가장 간절히 잊어야 한다. 모든 것을 생각에서 지우는 것과 아울러 모든 것을 오롯이 **소멸**시켜야 한다. 다만 **강제로** 남아있는 직관, 즉 무한하고 **불변하는 공간**의 직관 외에는 아무것도 남기지 않아야 한다."[36] 야코비는 이런 훈련이 무의미하다고 보는데, 헤겔도 동의한다. 헤겔은 냉소적으로 이런 훈련을 "극단적 부동자세로, 감각, 표상, 상상, 욕망 따위에서도 아무 자극 없이 몇 년이나 바늘 끝만" 바라보면서 옴, 옴만 중얼거리거나 아무것도 중얼거리지 않는 사람의 명상에 비견한다.[37]

헤겔에 따르면, 우리는 "영적 교사"가 요구하듯이 누락, 망각, 혹은 지성의 이른바 중지를 통해서 "존재"나 "무" 같은 개념에 이르는 것이 아니다. 또 야코비가 말하듯이, 이런 개념은 자기 방을 깨끗이 치우기 시작하면서 이런 개념의 의미를 직관적으로 생각하여 생기지도 않는다. 오히려 이런 개념은 실제적 명제들을 비교하고 이들의 전제에 관해 물음으로써, 구별들을 분석함으로써, 그리고 이들의 사용에서 아무 역할도 하지 않는 것을 탐구함으로써 생긴다. 그렇다면 무는 "사유, 표상, 담화 등에서 자신의 존재"를 가진다.[38] (무를 지각할 수는 없지만) 실존하지 않는 것에 관해 말할 수 있고, 무언가에 관해 없다거나 이제 없다거나 아직 없다거나 다시 있다고 의미 있게 말할 수 있기 때문이다. 더 정확히 말하면, 무언가나 누군가를 부재하는 것으로 표상할 때 심지어 그것을 지각할 수도 있다. 온기의 부재로서의 냉기, 허기의 부재로서의 포만이 그것이다. 그다음에 헤겔은 가령 빛 안에 어둠이 실존한다고까지 말한다. 빛은 순수한 빛으로는 지각할 수 없고,

316

색이 있는 것으로만 지각할 수 있기 때문이다.

이제 우리가 이 모든 논의를 따라와서 대체 무엇을 얻었는지 자문할 수 있겠다. 헤겔은 언뜻 보기에 어떤 사고도 없고 구별도 없이 주어지는 가장 기초적인 사태("존재")를 끌어들이는 것이 한편으로 실은 반성(구별)을 전제한다는 것, 다른 한편 모순들의 운동에 휘말린다는 것을 보여준다. 말 그대로 "항구적인 이념"은 없다. 모든 것은 활동의 산물이고, 더 정확히 말하면 자신을 수정하는 부정의 산물이다. 한낱 존재까지 그렇고, 나아가 객체, 사물, 구조라고 불리는 사태까지 그렇다. 모든 있는 것, 그것에 관해 "있다"라는 진술을 할 수 있는 모든 것의 공통성은 존재라고 부른다. 이 모든 것은 소크라테스 이전 단편들에서 큰 역할을 한 "만물"이다. "만물은 신으로 가득하다", "만물은 흐른다", "만물은 네 가지 원소로 이루어진다." 헤겔은 여기를 비롯하여 개념 분석이 진행되는 모든 곳에서, 모든 진술에는 그에 대립하는 진술로의 이행이 들어있음을 드러내고자 한다. 구별되는 것은 구별될 뿐 아니라, 그 구별에서 결합하기도 한다. 이 두 가지를 성찰하면 구별은 상대화된다. 헤겔의 표현에 따르면 구별이 "무매개적으로 해소된다."[39] 존재와 무의 구별은 생성을 함축한다. 또한 사라지거나 생기는 것을 고정하면 이제 현존 개념이 나타난다. 그것은 어떤 규정된 실존, 변하는 실재, 어떤 것이라는 개념이다.

그다음에 논리학의 첫 부분인 〈존재론〉에서는 신중하게 말하자면, "만물"의 수많은 규정을 고찰하는데, "어떤 것"인 만물은

"어떤 것이면서 다른 것"으로 나아간다. 여기에서 "유한" 개념이 등장하고, 다시 "무한"에 관한 성찰이 도입되는 식으로 계속된다. 그때마다 문제는 세계의 구조를 밝히는 것이 아니라 아래와 같은 난점을 극복하는 것이다. 존재하는 것은 변할 수 있다. 그러나 어떻게 정태적인 언어로 변화를 포착할 수 있는가? 우리가 낮과 밤, 산과 골을 구별하면서도 어디에서 산이 시작되고 언제 밤이 시작되는지 정확히 제시할 수 없다면 어떠한가? 귀는 얼굴에 속하는가? 여기에서 헤겔은 "자체 존재"라는 개념에 관해, 즉 재인再認되는 견본들을 가지고 도대체 어떻게 통일성을 형성할 수 있는가에 관해 성찰한다. 수는 구별 가능성의 포괄적 사례인가?[40] 연속체와 미세 부분들로 이루어진 통일성의 조합은 어떻게 구별되는가? 이산량離散量을 다루는 수학적 관습이나 물리학적 관습은 언어로 매개되는 세계 서술에 얼마나 적용할 수 있는가?

여기에서 헤겔이 이런 존재 규정들을 성찰하는 방식과 언어를 분명히 드러내기 위해, 〈정량〉이라는 장의 짧은 구절을 따라가 보자. 그가 추상적으로 사유한다는 주장은 사실에 부합하지 않는다. 그는 매우 구체적인 문제에 관하여 성찰하되, 다만 우리에게 추상적으로 보이고 실로 까다로운 언어로 성찰할 뿐이다. 정량이란 다수가 질이 된 것, 수가 도량 단위와 결합한 것이다. 화씨 451도, 4분 33초, 90.718킬로그램, 은화 30개가 그렇다. 수는 (온도계, 시계, 저울, 아니면 그저 체크리스트로) 어디까지 세어야 하고 어디까지 세는지 제시한다.

헤겔은 이것을 "현존하는 다수를 제한하는 경계"라고 부른다.

당연히 분은 지금 세어지는 4분 33초보다 많고, 은화는 30개보다 많기 때문이다. 이 말은 대부분 수는 셀 수 있는 모든 것을 센다는 뜻이다. 드문 예외는 특정 대상만 세는 2인조, 3인조, 4인조 같은 개념이다. 아무도 압정 3인조라고 하지는 않는다. 이와 달리 분, 도, 킬로그램 같은 척도는 자신에게 어떤 수가 주어지는지에 "무관심하다."

그러나 이제 헤겔은 그 자신과 독자를 어렵게 하는 명제를 제시한다. "지양된 자체 존재로서 양은 그 자체로 이미 자신의 경계에 무관심하다." 그다음에 이렇게 설명한다. "그러나 양은 경계나 정량이 되는 데에도 무관심하지는 않다. 양은 하나라는 절대적 규정됨을 그 자체 안에 자신의 고유한 계기로 포함하기 때문이다. 이 계기는 양의 연속성이나 통일성에서 정립될 때 그것의 경계이지만, 경계는 양이 일반적으로 그렇게 된 하나로 남는다."[41] 정량으로서의 양은 **일** 분, **일** 도, **일** 킬로그램 혹은 **일** 미터인 것에 "무관심하지 않기" 때문이다. 물론 여기 상응하는 도량 단위들을 가령 초, 밀리그램, 밀리미터 등 더 작은 것으로 대체할 수도 있다. 그러나 그렇다고 해서 도량 단위를 확정하는 과제에서 벗어나지 못한다. 예컨대 1791년 프랑스 국회는 파리 학술원의 권고로, 보편적 길이 단위를 극에서 적도까지 거리의 1백만분의 10으로 확정했고 이것은 2년 후 "미터"로 불리게 되었다. 물론 미터원기의 "하나임"은 경험적 측량과 분할을 통해 1천 밀리미터보다 조금 크게 되었지만 말이다.

그러니까 헤겔은 "한편으로 이렇고 다른 한편으로는 저렇다"

라는 추상적 숙고를 통하여, 자신이 연구하는 개념의 함의로 파고든다. 조금 뒤에 이런 식으로 셈의 또 다른 속성에 주목한다. "정량은 단지 그 자체로서 일반적으로 경계를 가진다. 그것의 경계는 그것의 추상적이고 단순한 규정성이다. 그러나 그것은 수이므로, 이 경계는 **그 자체로 다양한 것**으로 정립된다. 그것은 그것의 현존을 이루는 수많은 하나를 포함하지만, 무규정적 방식으로 포함하는 것이 아니다. 경계의 규정성이 그것 안에 들어오기 때문이다."[42] 이 말은 정량이 경계를 가지는 것은 그 통일성이 경계를 가지기 때문이라는 의미처럼 보인다. 예를 들어 분은 그램으로 바꿔 계산할 수 없다. 그 밖에도 수량도 정량을 경계 짓는데, 1킬로그램은 2킬로그램이 아니다. 이에 반해 "1킬로그램"이라는 표현의 이러한 경계는 "그 자체로 다양한 것"이다. 깃털 1킬로그램, 철 1킬로그램, 물 1킬로그램은 같은 1킬로그램의 다양한 종류이기 때문이다.

헤겔의 논변을 읽을 때는 때로는 여기에서처럼 추측이 필요하다. 헤겔은 "순수한" 개념 규정에 집착하는데, 이런 규정은 직관적 설명으로 주위를 흩뜨리는 것이 아니라 그 자체로 사유해야 한다. 그래서 이 부분을 주석하는 슈테켈러는 헤겔에게 가장 호의적이며 수학적 훈련까지 받았음에도 어느 대목에서 한숨을 내쉰다. "마침내 헤겔도 사례를 든다. 100이라는 수를 사례로 드는 것이다!"[43] 사례를 들어 설명하지 않는 것은 실제로 《논리학》에서 가장 짜증스러운 점 중 하나이다. 종종 독자에게 이 책을 따라오지 못하면 자기 잘못이라는 느낌을 주기 때문이다. 이런 사람

…젤의 생가. 1931년 찍은 사진. 오늘날 …르트슈트라세 53번지에 있으며, … 8월 27일 당시 주소는 클라이네 그 345호다.

…젤 부모의 실루엣: 마리아 막달레나 …741–83, 결혼 전 성은 프롬 Fromm) …오르크 루트비히 헤겔(1733–99 뷔템 …공작의 궁정 im hoheren Dienst에 …구 담당 관리)

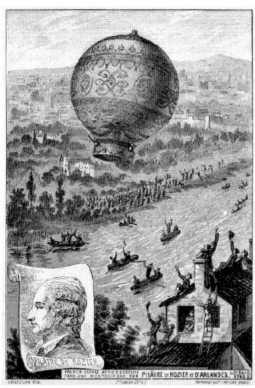

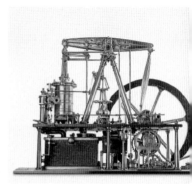

▲ 시초에 수리가 있었다.: 1763년 제임스 와트는 기관을 고치기로 되어 있었다. 그것이 산업의 역사 시대를 열었다.

◀ 1783년 11월 21일, 물리학자 장프랑수아 필라트르 드로지에는 사상 최초로 파시에서 파리 근교의 장티 지 기구 자유 비행을 감행했다.

일에서 가장 흉한 도시.
년경 튀빙겐 암 네크바

빙겐 수도원. 1900년경

견, 탐사, 식민지 지배: 제임
이 오스트레일리아를 영국
로 선포하다. 존 해밀턴 모티
림(1771)

▲ 스물두 살의 횔덜린(1770–1843)

▲ 셸링(1775–1854), 신동

▼ 헤겔의 친필.

▲ 헤겔(1770–1831),
그의 어린 시절 초상화는 없다.

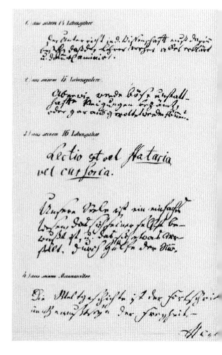

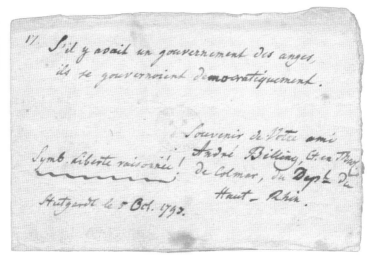

만일 천사들의 정부가
며, 그들은 스스로를
적으로 통치할 것이
콜마르 동기생이 헤겔
방명록에 쓴 글

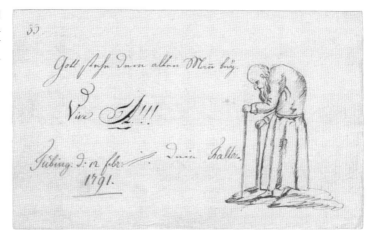

겔의 집 방명록에 헤
"노인네"로 묘사한 초
그는 튀빙겐의 학창
친구들에게 노인네로
다.

행을 저지른 학생들을 수감한 대학교의 구치소

▲ 프리드리히 푀르스터는 1820년 여름 헤겔과 어느 여인숙에서 보낸 저녁에 대해 이렇게 보고한다. "헤겔은 주변 사람들에게
술을 따른 뒤, 그날을 기념하여 여러분 잔을 비웁시다"라고 말했다. 우리는 모두 잔을 비웠지만 그날이 무슨 날인지 즉시 알지
못했다. 헤겔은 우리를 이상하다는 듯 바라보면서 큰 소리로 말했다. '1789년 7월 14일—바스티유 습격—을 위한 건배요.

임마누엘 칸트(1724-1804). 그와 더불어 모든 것이
달라졌다.

▲ 장 자크 루소(1712-78). 청년 시절 헤겔의 지적 스타

▶ 고틀로프 크리스티안 슈토어(1746-1805).
튀빙겐 수도원의 수석 신학자

낭트에서의 익사: 공화국 2년(1793) 프랑스 국민공회의
바티스트 카리에르의 명령에 의한 르와르강에서의
처형

▲ 헤겔이 가정교사 일을 한 "황금사슬 저□
프랑크푸르트 로스마르크트, 잉글리시하□
구텐베르크 기념비 사이에 있었다. (19□
그림)

◀ 요한 노에 고겔(1758-1825), 은행가□
포도주 상인

▶ 예나: 1800년 무렵의 코스모폴리탄□
5천 명의 주민과 우주에서 가장 진한 놓□

.한 고틀리프 피히테(1762-1814). "나"를 그토록 자주 언
으며 헤겔 곁에 묻히기를 원했다. 프리드리히 부리의 분필
(1800년경)

...이 논고》(1801). 헤겔을 '철학박사'라고 표기했다.

Differenz
des
Fichte'schen und Schelling'schen
Systems der Philosophie
in
Beziehung auf Reinhold's Beyträge zur leichtern
Übersicht des Zustands der Philosophie zu Anfang
des neunzehnten Jahrhunderts, 1stes Heft

von

Georg Wilhelm Friedrich Hegel
der Weltweisheit Doktor.

Jena,
in der akademischen Buchhandlung
bey Seidler
1801.

▲ 말 안장 위의 세계 영혼: 예나 아우어
테트 전투를 마친 나폴레옹. 에두아르
타유 그림

System

der

Wissenschaft

von

Ge. Wilh. Fr. Hegel

D. u. Professor der Philosophie zu Jena,
der Herzogl. Mineralog Sozietät daselbst Assessor
und andrer gelehrten Gesellschaften Mitglied.

————

Erster Theil,

die

Phänomenologie des Geistes.

————

Bamberg und Würzburg,
bey Joseph Anton Goebhardt,
1807.

◀ 《정신현상학》 1807년 초판본 표

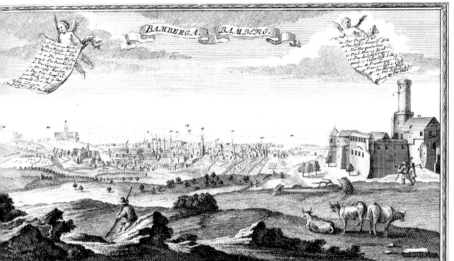

베르크. 1807년 헤겔에게 빈곤과
...에서의 난처한 일들(정사)로부터
...난처였다.

...스트는 많지만 몇 쪽에 불과하다.
...집자이자 단독편집자 헤겔의
...르크 신문》

▲ 마리 헬레나 주자나 헤겔(1791–1855), 결혼 전 성은 폰 투허. 뼈대 있는 뉘른베르크 귀족 가문에서 태어났다. 헤겔의 지
그녀의 부모에게 너무 불안정해 보였고, 따라서 그들은 마지못해 1811년 9월에야 결혼에 동의했다. 니트하머의 추천서가 토
되었다.

Die Neüerbaüte Egidier Kirche und das Gymnasium: auf den Dillinghof. zu Nürnberg.

L'Eglise St Gilles, nouvellement bâtie; avec le Collège à la place dite Dillinghof, à Nuremberg.

겔이 1808년부터 교장 겸 교사
었던 뉘른베르크 에기디엔 김나

마도 그가 등을 돌리지 않은 유
친구: 프리드리히 이마누엘 니
ㅓ(1766–1848). 신학자, 교육
육정책가. 근대적 형태의 김나
ㅓ 창시자

▲ "그러나 거대한 운명을 아는 성
곡 안에서 무겁게 땅 위에 드리워
다." 횔덜린은 이렇게 썼다. 크리
안 필리프 쾨스터는 1816/17년0
쪽에서 본 하이델베르크 시와 성
려 헤겔에게 선물했다.

◀ 헤겔과 그의 술친구들에게 철
사 학위를 받은 작가 장 파울(1
1825). 요한 로렌츠 크로일이 그
상화(1823)

▶ 학생 카를 잔트(우측으로 방을
나가는)가 시인 아우구스트 폰 코
를 1819년 3월 23일 칼로 찔렀다
하여 표현의 자유를 억압하는 "카
바트 결의"가 채택되었다.

체성 정치로서의 체조: 1817년 10월 바르트부르크로 가는 학우회 회원들의 행진

▲ 헤겔 법철학 수고(1821년)의 주석과

◀ 괴테가 1821년 4월 헤겔에게 헌사와 함께 선물한 술잔: "원 ᄒ
친숙하게 이해하려면 절대자를 가장 추천합니다."

베를린의 아름다운 전경. 화가 에두아르트 개르트너. 프리드리히스 베르더 교회에서 바라본 전망(1834)

그리고 베를린의 공장. 카를 에두아르트 비어만이 그린 〈보르지히 기계공작소〉(1847)

▲ 쿠퍼그라벤의 구 박물관 바로 맞은편에 있던 헤겔의 베를린 저택(1920년 촬영). 현재는 남아 있지 않다.

▶ 베를린의 라이벌이었던 프리드리히 다니엘 에른스트 슐라이어마허(1768–1834). 그는 신학자, 철학자, 교육자이자 언론인으로 활동했다. 1810년부터 그는 베를린 대학에서 강의했고, 헤겔도 1817년 그곳에 초빙되었다.

사상가 클럽: 1819년 9월 카를스바트 결의의 결과에 대한 풍자화

T. A. 호프만이 자신의 동화 《벼룩대왕》에서 크나르판티 고문관으로 그린 베를린 경찰청장이자 학생 사냥꾼인 카를 르트 폰 캄츠(1769–1849)

▼ 변호사, 작가, 작곡가였던 E. T. A. 호프만(1776–1822)의 자화상

◀ 헤겔은 말한다. "세계사는 행복의 땅이 아니다. 행복의 시기는 그 안에서 백지이다." 키오스섬의 학살: 외젠 들라크루아는 1822년 4월 오스만제국의 그리스 섬 유혈 침공을 그렸다.

▼ 헤겔의 강연을 학생들이 필기하고 있다. 프란츠 쿠글러의 석판화(베를린, 1828)

Gwf Hegel

"면"이라는 이름의 우편 및 여행 마차가 너무 느려서 헤겔은 그것을 "파레세Paresse"(나태)라고 불렀다.

드모아젤 마스, 배우 안 프랑수와즈 보테(1779–
. 헤겔은 파리에서 그녀를 흠모했지만, 그녀에
대받지는 못했다. 샤를 테브냉의 초상화(파리,

▲ 1827년 헤겔이 파리를 여행하는 동안
을 갔던 몽모랑시에 있는 루소의 은거지

◀ 철학자이자 미술사가인 하인리히 구스
호토는 헤겔에 대해 이렇게 회상했다. "그
모습은 구부정했지만 원초적인 인내심과
있었다. 황회색의 모닝가운은 어깨에서 흘
몸을 거쳐 바닥으로 단정치 못하고 편안하
러내렸다. 외모상 인상적인 기품이나 사로
매력은 없었다. 모든 행동에서 두드러지는
부르주아적인 강직함이었다." 서재의 헤
판화(1828)

혁명 이후: 1830년 9월 벨기에는 네덜란드에 맞서 일어났다. 벨기에 화가 구스타프 와페르스 그림(1835)

베를린은 전적으로 평온했다. 1830년 알렉산더 광장의 양모 시장

▲ 페퍼민트 오일에서 계피와 담배에 이르기까지
콜레라에 대한 권장 치료법을 그린 당대의 삽화

◀ 조각가 루트비히 비히만의
헤겔 흉상(1826)

은 이 논변의 흐름을 해독하는 데 인생의 몇 개월을 투자하기를 포기한다. 그렇지만 수학을 독학한 헤겔이 집합 이론이나 측량 이론의 기초 연구도, 아니 어떤 산술철학의 기초 연구도 시작되지 않은 당시 상황에서 이 분야의 여러 문제의 초안을 그려나가는 것은 매혹적인 일이다. 여기에서 그의 연구를 이끄는 것은 다음과 같다. 집합은 무슨 의미이고, 수는 무슨 의미이며, 셈은 무슨 의미이고, 단순한 양의 계산은 무엇을 포함하는가?

〈정량〉이라는 장은 기본연산에 관한 고찰로 넘어가고, "7+5=12"는 종합명제라는 칸트의 명제를 논평하고, 수를 세계인식의 열쇠로 여긴 고대 철학들에 대해 상술하며, 가령 외연량과 내포량의 구별을 연구한다. 온도와 같은 내포량은 집합을 가리키지 않고 그래서 센티미터나 킬로그램과 비슷하게 다룰 수 없다. 쌀 1킬로그램과 쌀 2킬로그램은 합하면 3킬로그램이지만, 측량한 물 온도 50도를 다른 온수의 온도 50도와 합한다는 것은 무슨 뜻인가? 종종 헤겔은 학교에서 계산을 "정신을 교육하는 주요 수단"으로 삼아야 한다는 견해에 대해 논평한다. 그는 계산하는 기계를 투입할 경우를 들어서, 정신을 "기계로 완성하는" 고문대에 앉히는 격이라는 것이다.[44] 그가 수학에서 관심을 두는 것은 그것의 사유 형식이지, 무언가를 계산할 가능성이 아니다.

그리하여 헤겔의 《논리학》의 과제의 절반 정도는 성취했다. 하지만 이 대목에서 독자에게는 정말 어려운 사유가 아직 기다리고 있다. 사유는 이처럼 존재하는 것을 다룬 다음에 〈개념론〉에서 전적으로 자기 자신(예컨대 개념 일반의 속성, 판단형식, 추론 등)에 몰두하는데, 그 전에 먼저 존재하는 것의 한 가지 속성, 즉 그것이 존재하는 방식들의 규정에서는 나타나지 않던 속성에 주목하기 때문이다. 그러니까 모든 존재하는 것은 질("유한한 인간")과 양("하나의" 신)만 있는 것이 아니다. 모든 존재하는 것에서는 그것의 현상과 다르게 "현실적으로" 있는 것도 구별된다. 알맹이와 껍데기, 본질적 특성과 비본질적 특성, 우연한 사실과 필연적 사실이 구별된다. 헤겔은 이런 개념 집합을 "본질의 논리학"이라고 명명하고, 그에 관한 고찰을 **"존재의 진리는 본질이다"**[45]라는 명제로 시작한다.

어떤 면에서 그런가? 우리가 헤겔과 더불어, 존재하는 모든 것이 존재와 비존재의 (이런 표현이 허락된다면) 혼합임을 보았다. 이 혼합은 어떤 것이라고 불릴 수 있는데, 그것은 다른 것과 구별되고, 하나이거나 여럿이고, 연속체에 있거나 이산적 통일성으로 존재하고, 세거나 잴 수 있고, 어쩌면 색이 있거나 온도가 있으며, 힘을 발산하거나 비례를 보인다. 그러나 이제까지 이렇게 서술할 수 있는 이런 존재가 대체 무엇을 뜻하는지는 묻지 않았다. 본질 논리학은 의미 분석의 영역으로서, 헤겔과 더불어 여기를 통과하면서 특히 "의미"의 개념, 본질의 물음, 사태의 진정한 의미는 어떠한가를 드러내야 한다.

그녀는 나를 진정 사랑하는가? 정치는 나쁘게 은폐된 폭력 행사에 불과한가? 소변기가 예술일 수 있는가? 수사학과 진리는 어떤 관계인가? 인생 편력은 우연의 연속일 뿐인가? 이런 물음들은 본질 논리의 개념들로 이끌어가는데, 헤겔이 보기에 이런

346

개념들은 그런 구체적 문제들과는 독립적이다. 가령 "이 사안은 정말 그런가, 아니면 그렇게 보일 뿐인가?"라는 성찰 형식은 그와 같은 무수한 사안에 적용되기 때문이다. 존재자 전체에 적용한다면, 존재의 본질에 관한 물음이 형이상학적 영역으로 나아감은 쉽게 알아볼 수 있다.

그러나 헤겔은 우선 사태의 의미를 그것의 질과 결부시키는 사람들에게는 놀라운 어떤 비교를 한다. "본질은 **전체에 있어서**, 존재 영역에서 **양**이던 것이다. 경계에 대한 절대적 무관심이다."[46] 물론 어떤 것이 무한하게 파랗거나 경계 없이 다를 수는 없겠지만, 모든 수에는 그보다 더 큰 수가 존재하는 것처럼 그 뒤에 숨은 것이 무엇인가라는 물음은 경계 없는 규정들을 향하는 방향으로 존재를 넘어가기 때문이다. 이들은 종교에서 발견되지만, 호르헤 루이스 보르헤스의 "신성한" 도서관 같은 사변들에서도 발견된다. 이 도서관에는 상상 가능한 모든 책이 있으며, 따라서 이 책들은 철자법의 26개 기호로 쓸 수 있을, 표현 가능한 의미 전체를 포함한다.[47]

어떤 사태나 전체의 본질에 대한 물음은 외관상 그러한 것과 부정적으로 관계 맺는다. 본질적인 것에 관해 말하는 사람은 그에 관해 이야기되는 수많은 특성을 비본질적이고 부차적인 것으로 규정한다. 그러나 이것은 온건한 유형의 부정이다. 이런 부정은 한마디로 어떤 사태를 이해하기 위하여 그 특성들을 더 높은 의미와 덜 높은 의미에 따라 분류한다. 3막으로 이루어지는 것은 연극에 본질적인가? 모든 상선商船이 단일한 상선단을 구성하는 것을 헌법에 명시하는 것(독일 기본법 27조)은 법치국가에 얼마나 중요한가? 다리가 두 개인 것은 인간의 본질에 속하는가? 여기에는 본질적인 것과 비본질적인 것이 병치되어 있을 뿐이다. 그리고 이러한 분류가 올바른지, 예컨대 천사들과 성모를 제외하는 것이 일신교에 본질적인지, 혹은 의회에서 의원들이 어떻게 앉는지, 즉 둥글게 앉거나 마주 보고 앉는 것이 민주주의에 비본질적인지 아니면 지극히 본질적인지에 대해서는 많은 토론을 할 수 있다.

본질 구별을 통해 이보다 훨씬 날카롭게 존재를 부정하는 것은 그것이 보이는 것과는 전혀 다르다고 주장할 때이다. 헤겔은 "가상의 존재는 오직 존재의 지양됨 속에 있다Das Sein des Scheins besteht allein im Aufgehobensein des Seins"라고 제대로 운을 맞추어 말한다 (사실 헤겔은 "지양됨 속에"를 "in dem Aufgehobensein"라고 쓰지만, 그러면 이 구절의 리듬이 잘 살지 않는다). 또한 가상의 존재는 "존재의 무실함 속에 있다. 이 무실함은 그것의 본질이다. 그것[가상]은 이 무실함 바깥에, 본질 바깥에 있지 않다."[48] 헤겔에게는 "가상" 범주를 강하게 사용하는 것은 회의적 태도에 상응한다. 회의주의자는 어떤 것에 대해 "이것은 **있다**"라고 말하는 것이 적절하지 않다고 여기기 때문이다. 회의주의자는 "이것은 마치 그러하듯이 보인다"라는 판단을 선호한다. (가상은 언제나 어떤 것에 의존하기 때문에) 가상이라는 개념은 그때까지는 단순히 실존하는 것으로 여겨지던 것을 좀 더 복잡한 어떤 것으로, 즉 어떤 다른 것의 현상으로 만든다. 그리하여 본질에 관한 물음은 두 세계를 만들어낸다. 하나는 현상하는 세계인데, 이 세계는 또 다른 세계의 현상이다. 사랑으로 보이지만 유혹일 뿐이다. 민주주의로 보이지만, "한낱 형식적 민주주의"이다. 1 더하기 1은 쉬워 보이지만, 정수론 학자가 끝까지 캐물으면 우리는 어떻게 계산에 성공할 수 있었는지 이해하지 못하게 될 것이다.

한편으로, 어떤 것을 가상이라고 부르는 것은 그것을 평가절하하는 것, 혹은 전체 존재를 평가절하하는 것이다. 다른 한편으로, 어떻게 두 가지(어떤 것이 이러저러하다는 인상과 그것이 실상은 전혀 다르다는 주장)가 서로 연관되는가라는 물음이 제기된다. 모든 것, 혹은 적어도 많은 것이 그것이 보이는 바와 실상은 다르다는 것을 설명해야 할 뿐 아니라, 어떻게 그렇게 반대되는 인상이 생길 수 있었는지, 그러니까 가상이 존재로 여겨지는 일이 일어날 수 있었는지도 설명해야 하기 때문이다.[49]

그래서 존재와 본질의 구별은 반성을 작동시킨다. 본질은 숨겨진 속성(행위에서는 가령 의도)에 관한 성찰을 통해서만, 혹은 어떤 것이 어떠어떠한 이유에 관한 성찰을 통해서만 나타날 수 있기 때문이다. 반성은 외관을 부정하는데, 때로는 거의 자의적으로 그렇게 한다.[50] "그것이 다르다면, 어떻게 그러한 것인가?"라는 물음을 제기하는 데에 꼭 어떤 의심스러운 점이 있어야 하는 것은 아니다. 상상만으로, 그리고 사유의 쾌감만으로 충분하다. 아니면 어떤 비밀스러운 것이라는 인상만으로 충분하다. 누군가가 항상 아주 세심하게 일한다고 하면, 이것은 예컨대 의무감의 발로인가, 지나치게 꼼꼼해서인가, 아니면 비굴하거나 상상력이 부족해서인가? 그의 속마음이 드러나지 않고 그저 보이는 모습의 내부나 배경에서만 작동하고 있는 한, 본질을 규정하려는 모든 시도는 오류에 빠지기 쉽다. 피핀의 적절한 표현을 들어보자. "때때로 우리는 어떤 것이 무엇의 현상인지는 모르더라도 그것이 무언가의 현상이라는 것은 안다." 즉, 어떤 본질을 찾을 수 있다는 것은 안다.[51] 그래서 본질의 탐색은 이중적인 성찰이다. 이런 탐색은 그것의 객체에 관해 성찰하고, 본질 규정 자체가 외견상으로만 맞는지에 관해 성찰한다. "반성은 **본질이 자체 내에서 현상함**이다."[52] 따라서 이런 시도를 하는 사람은 하나의 사태나 인물에 대한 오랜 고찰, 변화하는 상황에서 행위나 존재의 고찰, 하나의 텍스트의 다중적 독해에 의지한다.

헤겔의 《논리학》은 "생명", "인식", "진리", "선"의 개념에 관한 마지막 고찰로 수렴하지만, 우리는 그보다 훨씬 전인 이 대목에서 중단하고자 한다. 그보다 앞에 등장하는 판단과 추론의 설명은 헤겔이 사유의 실천적 측면에 어떤 의미가 있는지 의구심을 가지는 모든 사람에게 추천할 만하다. 여기에서는 수업하는 뉘른베르크 김나지움 교장의 목소리가 존재와 무, 정량, 가상의 부정성에 관한 명제를 설명할 때보다 훨씬 명료하게 들린다. 가령 명제와 판단의 차이를 설명할 때 그렇다. "내 친구 N은 고인故人이다"라는 명제는 친구의 상태가 논쟁의 여지가 있을 때에만, 그래서 우리가 이 명제에서 "이다"라는 표현이 수행적 성질을 지님을 알 때에만, 하나의 판단인 것이다. 혹은, "무한판단", 즉 주어와 술어의 어떠한 연결도 부인하는 판단에 관한 헤겔의 언급도 그렇다. "지성은 책상이 아니다", "장미는 코끼리가 아니다" 같은 판단이 그렇다. 혹은, 헤겔이 보기에, 특정 법률만 부정하는 것이 아니라 법률 일반을 부정하기 때문에 무한판단의 논리 형식을 가지는 범죄에 관한 언급이 그렇다. 필연적 판단에 관한 언급도 그렇다. 헤겔에게는 필연적 판단은 "참으로 객관적인" 판단이다. 여기에는 판단이 추론으로 이행하는 근거가 이미 포함되기 때문이다. "이러저러한 성질을 지닌 행위는 올바르다."[53] 여기에서도, 그리고 개별, 특수, 일반이 이런 추론에서 어떻게 배치되는가에 대한 설명에서도, 헤겔에게 중요한 것은 개별 사유 작용은 첫눈에는 보이지 않는 어떤 맥락 안에서만 의미 있게 이해될 수 있음을 입증하는 것이다.

헤겔의 논리학이 이런 식으로 보이려 하는 것은 사유가 실천의 한 형식이라는 것이다. 논리학에서 "선한 것의 이념"이 "참된 것의 이념" 뒤에 나오는 것, 따라서 행위가 인식 뒤에 나오는 것을 정당화하는 것은 이 이념이 "일반성의 위엄뿐 아니라" 나아가 "단적인 현실성의 위엄도" 지니기 때문이다. 이 경우 헤겔의 용어에서는 참된 것은 언제나 유효한 것, 그리고 실현을 겨냥하는 것과 결부되어 있다. 그러나 선한 것의 이념 아래에서는 아무 목적이나 실현하고자 하는 것이 아니라, 인간 의지의 자기규정이라는 목적을 실현하고자 하는 것이다. 헤겔에게 이러한 자기규정은 "외부 세계"에의 자유로운 관계를 전제한다.

헤겔에게 자유는 칸트의 표현에 따르면, 인간이 세계에 어울릴 때만 가능하다. 그러니까 세계가 인간에게 어떤 낯선 것으로 맞서지 않고 이해될 수 있을 때에만 가능하다. 헤겔에 따르면, 악에서의 해방을 겨냥하는 실천에는 종종 현실이 "극복 불가능한 장벽으로" 나타나는 동시에 "그 자체로는 무실한 것으로" 드러난다. 이 무실한 것의 유일한 가치는 목적을 설정하며 자신을 실현하는 주체에 의해 얻어진다. 그러나 그렇다면 의지는 그것이 바로 현실을 인정하지 않거나 자신이 현실에 참여함을 인식하지 못할 때만 "자신에게 장애가 된다." 그러니까 의지가 현실, 목적, 본질, 가상, 나아가 정량에 대해 말하는 것이 어떤 의미인지 알아보지 못할 때만 그렇다는 것이다. 상상 가능한 모든 완성 단계를 자각하는 것은 자유에 유리하다. 그것은 철저히 사유하지 않고 사용하는 여러 개념의 그 견고함을 해소하는 능력이자 사유 자체에 관한 사유를 매개로 자신을 해명하고자 하는 각오이다. 따라서 헤겔은 "선한 것의 이념은 … 오로지 참된 것의 이념으로만 보충될 수 있다"라고 마무리한다.[54]

정신의 관할권과
육체의 관할권
– 하이델베르크에서 누린 잠깐의 즐거움

"필요해서 마시면 안 된다. 그것은 이성적 음주이기 때문이고
죽음과 지옥으로 가는 길이다. 필요하지 않으니 마셔라.
이것이야말로 비이성적 음주이고 세계의 유서 깊은 건강이다."

길버트 키스 체스터턴 Gilbert Keith Chesterton

정신의 관할권과 육체의 관할권

헤겔은 1810년 가을 뉘른베르크에서 친구 니트하머에게 이런 편지를 쓴다. "지금 나는 마치 종교 희극에서 아담이 자기가 창조되기도 전인 창조의 엿새째 이른 아침에 '오, 이제 나도 창조되다니!'라는 아리아를 부르며 등장하는 것처럼 느껴진다." 또한, 프랑스 일기예보에서 "바람은 아직 불지 않아도 오래전부터 공기에 깃들어 있다"는 말을 읽었다고 한다. 자기도 그렇다는 것이다. 그는 아직 있지 않으면서 있다고 느낀다.[1] 저자는 아직 없는데 저작은 벌써 있다.

경력에는 우연적 요소가 있다. 《정신현상학》이나 《논리학》 같은 업적이 있더라도, 경력이 꼭 이런 업적에 좌우되는 것은 아니다. 헤겔은 이런 저작을 1807년과 1812년에서 1816년 사이에 출간했다. 그러나 이들은 당시 널리 주목받기는커녕 관심도 거의 끌지 못했다. 슐라이어마허는 1834년 세상을 떠날 때까지 서재에 소장한 《논리학》을 펼쳐보지도 않았다.² 헤겔은 여러 철학자 중 한 사람일 뿐이다. 그는 오랫동안 셸링의 제자로 간주되었다. 개신교 신인문주의자의 소규모 인맥이 헤겔을 후원했지만, 다른 사람들도 다 나름대로 인맥이 있었다. 게다가 헤겔은 예나 시절의 꽤 논쟁적인 모습 때문에 때로는 호감을 사지 못했다. 헤겔은 괴팅겐의 슐체에 대해서는 전대미문의 철학적 요술을 부리고 칸트 저작에 관해 대단히 무미건조하게 해석한다고 비판했다. 라이프치히의 빌헬름 트라우고트 크루크Wilhelm Traugott Krug의 저작 《철학 신기관 초안Entwurf eines neuen Organons der Philosophie》에 대해서는 "쥐똥과 고수풀처럼 온통 뒤죽박죽이다"라고 조롱했다.³ 피히테가 작고한 1814년부터 그 자리가 공석이었지만, 헤겔 부인이 베를린으로 이사하기를 꺼렸을 뿐 아니라, 베를린 대학교수 중에도 헤겔과 관계가 원만하지 않은 사람들이 있었다. 그 중 가장 중요한 사람을 들자면 가령 슐라이어마허이다. 그러나 슐라이어마허는 내키지 않더라도 그나마 베를린 대학에서 헤겔을 지지했다. 바이에른에서도 (헤겔이 "한밤에는 모든 소가 검다고 말한다"고 비판한) 셸링이나 ("냉랭하고 케케묵은 감정의 범람"이라고 꼬집은) 야코비나 ("잡담꾼", "수다쟁이"라고 조롱한) 그의 적수 가톨릭 신학자 잘라트도 헤겔에게 우호적이지 않았다.⁴ 1815년 무렵부터는 독일의 거의 모든 대학에, 헤겔에게 분명하든 아니든 평가를 받은 사람이 반드시 있던 것이다.

헤겔은 독일 대학의 초빙을 10년이나 기다렸다. 1816년 5월 헤겔은 예나 대학이 공석이 된 교수 자리에 셸링을 초빙하려 했으나 실패한 이후, 자신이 경멸하는 야콥 프리드리히 프리스Jakob Friedrich Fries를 임용했다는 소식을 들었다. 헤겔은 그의 저작을 "무의미한 출판물"[5]이자 "천박하고 우둔하고 빈약하고 시시하고 극히 지저분하게 설명하는, 지리멸렬한 강단의 수다이며, 오로지 바보가 먹은 것을 소화하면서 내놓을 수 있는 것"[6]이라고 힐난한 바 있다. 그러나 헤겔은 친구인 신학자 파울루스에게 보내는 편지에서, 예나에서는 자신이 (꼭 틀린 판단은 아니지만) 유창하지도 명료하지도 않게 강의한다는 편견이 존재한다고 쓰면서도,[7] 기분이 그리 언짢지는 않았다. 이제 프리스가 차지하고 있던 하이델베르크 대학 철학 교수 자리가 비게 되었기 때문이다.

물론 그동안 하이델베르크 교수가 되었고 곧 헤겔의 친구가 될 법학자 티보도 헤겔이 모든 것을 그저 읽고 아무것도 말로 설명하지 않는다는 의구심을 예나에서 하이델베르크로 가져왔다. 그러나 다른 사람들은 헤겔이 뉘른베르크에서 학생들을 가르치면서 이런 습관을 버렸다고 전하기도 했다. 물론 여전히 "슈바벤 사람의 무뚝뚝한 성격"은 있지만 말이다.[8] 뉘른베르크에서 헤겔에게 배운 학생들은 이 두 가지 전언이 모두 맞다는 것을 확인해 준다.

1804년에 예나를 벗어나 그보다 두 배는 큰 하이델베르크로 가는 본격적 대탈출이 벌어진 바 있다. 이미 이때 헤겔은 여기 합류한, 타소Tasso와 아리오스트Ariost 번역자 요한 디더리히 그리스Johann Diederich Gries에게 "지금껏 세상을 등진qui s'étoit retiré jusqu'ici du monde 철학자를 위해 거기에서 힘써줄 수 있을지"[9] 문의했다. "지금껏 세상을 등진"이라는 표현은 실상보다 다소 줄여 말한 것이다. 예나라는 '세계의 마을'에서 헤겔은 적어도 지성계와는 접촉도 하지 않은 것이다. 그로부터 2년 후 (예나에서 상당한 재정난을 겪고 이미 사생아가 태어난) 헤겔은 호메로스 번역자인 요한 하인리히 포스Johann Heinrich Voß에게 하소연한다.

포스에게 보내는 헤겔의 편지는 여러 초안이 남아있다. 헤겔은 이런 구직 활동을 하면서, 자신이 일종의 은둔생활을 하였기 때문에 아직 철학 "체계"를 이루지 못했다고 고백한다. 이 때문에 헤겔의 편지에서 가장 긴 문장 중 하나가 탄생한다. "제가 이 학문에서 무엇을 이룰 수 있을지 말씀드리자면, 최초 시론인 그것 자체로나 그로부터 어떤 완성품이 나올 맹아로나 어떤 정당한 판단 기준이 될 수 없는 첫 작품들 이후 저는 3년 동안 독자 앞에서 침묵한 채 철학이라는 학문 전체(사변철학, 자연철학, 정신철학, 자연법)을 강의해오면서, 하이델베르크에서 여전히 공석인 철학의 특정 분야를 메우고 미학을 문학 강좌 형태로 강의하기를 바라왔는데, 이처럼 오래전부터 품고 있는 염원을 내비치는 것은 다행스럽게도 귀하께서 후원해주실 것을 기대하기 때문입니다." 그다음에는 포스를 루터와 비교한다. 루터는 성경을, 포스는 호메로스를 "독일어로 말하도록" 했다는 것이다. 그리하여 "저는 철학이 독일어로 말하도록 가르치는 데에" 진력하겠다는 것이다.[10] 얼마 전 자신의 이해하기 어려운 강의가 예나 대학의 초빙을 받는 데 걸림돌이었음을 깨달은 사람으로서는 의외의 계획이 아닐 수 없다. 그런 독일어는 분명 종속문이 무수히 달리는 독일어일 것이다.

당시 포스는 우호적으로 답변했지만, 헤겔에게 어떤 약속도 할 수 없었다. 하이델베르크에는 자리를 만들 예산이 없다는 것이다. 그로부터 10년이 흐른 지금도 여전히 풍족하지는 않지만 그래도 자리는 하나 있다. 물론 베를린에서도 헤겔을 원했다. 1816년 4월 베를린 대학 총장과 평의회는 사변철학 교수직을 제안했다. 헤겔이 "일반적 철학 활동에 있어서 극히 노련하고 숙달되었기" 때문이다. "그는 이러한 사유의 솜씨를 통하여, 단지 이미 아는 것을 다루고 설명하는 것이 아니라 철학 전체의 근본적 진보를 이룩하는 창조자까지 되었다."[11] 그러나 마리 폰 투허는 베를린에 가고 싶지 않았다. 헤겔은 아내가 아니라면 "좀 더 활기찬 대학으로 갈 것"[12]이라고 말한다. 자신의 모든 역할을 똑같은 정도로 충족하는 사람은 없다.

프리스는 하이델베르크 대학에서 (그런 것도 물리학의 일종이라면) 물리학도 가르쳤다. 그래서 파울루스는 헤겔에게 필요하면 이런 것도 다 강외할 수 있겠느냐고 문의했다. 그에 대한 답변은, 물리학은 괜찮지만 "실험물리학을 강의하기에는 저 자신의 연구가 충분히 이루어지지 않았습니다"[13]라는 것이다. ["충분히"가 아니라] "전혀"라는 것이 올바른 답변이었을 것이다. 하이델베르크 대학은 헤겔에게 당시 프리스보다 봉급을 많이 줄 수는 없다고 했는데, 이것은 뉘른베르크에서 김나지움 교장이자 장학관으로 받는 봉급보다 적었다. 게다가 학생들에게 인기가 높은 이 네카르 강변 대학도시 하이델베르크의 집세는 뉘른베르크보다 비쌌다. 그에게는 봉급 1천 300굴덴(최종적으로는 1천 500굴덴으로 정해졌다)과 추가로 곡물 6말터(1천 리터) 및 밀 9말터가 제안되었다.

그러나 헤겔에게 이렇게 다소 인색한 제안을 한 [당시 하이델베르크 대학 총장] 신학자 카를 다우프Carl Daub는 이 일을 노련하게 처리했다. "열심히 가르치시고 어느 정도 갈채를 받으신다면" 봉급 인상이 가능하다는 말뿐 아니라, 1386년 대학 설립 이래로 헤겔이 최초의 철학자라는 말까지 편지에 끼워 넣었다. 진짜 철학자로는 처음이라는 의미일 것이다. 다우프는 "귀하도 아시겠지만, 예전에", 즉 1673년에, "스피노자 초빙은 실패로 돌아간 적이 있습니다"라고 덧붙였다. 게다가 자신은 헤겔 저서의 서설들이나 "귀하의 저서를 더럽히는 비평들"만 읽어서 헤겔을 아는 것이 아니라는 것이다.[14] 그러니까 이들은 헤겔을 스피노자 같은 사람으로 여기고, 그의 연구에 정통하고, 그를 위해 자리를 마련한다는 것이다. 누가 여기 넘어가지 않겠는가?

헤겔을 초빙한 하이델베르크 대학은 설립자인 영주 루페르토Ruperto와 1806년부터 대학을 위해 힘쓴 최초의 바덴 대공 카롤라Carola의 이름을 따서 루페르토 카롤라 대학 혹은 루프레히트 카를스 대학이라 불린다. 헤겔이 그 전에 이 도시에 가본 적이 있는지는 확실치 않다. 그는 1816년 여름 이 초빙을 수락한다. 그는 1801년 프랑크푸르트의 《귀부인 연보Jahrbuch für Frauenzimmer》에 실린 횔덜린의 시를 아마 알고 있었을 것이다. 이 시는 하이델베르크를 "내가 보기엔 조국의 도시 중 / 전원의 아름다움을 가장 잘 간직한 그대"[15]라고 읊는 것이다. 헤겔은 앞으로 겨우 2년 간 하이델베르크에서 지낼 것이고, (청년기 이후에는) 다시는 그 도시보다 남쪽에 살지 않을 것이다. 하지만 여름이니 남쪽이니 전원의 아름다움이니 하는 것이 다 웬 말인가? 헤겔은 하이델베르크의 "낭만적 환경"을 찬미하지만, 사실 1816년은 저 유명한 "여름 없는 해"였다. 1815년 4월 폭발한 인도네시아 화산 탐보라에서 솟구친 수백만 톤의 재는 하늘로 흩어진다. 재는 마치 햇빛을 차단하듯이 지구 전체를 덮고 1816년부터 유럽에서 흉작을 유발한다. 이런 이유 때문에라도 헤겔은 봉급 일부를 기근 전의 가격으로 추가로 곡물(10말터) 및 밀(20말터)로 바꿀 수 있다는 약속을 1816년 10월 곧 활용했다. 얼마 후 헤겔은 바이에른의 공직을 떠난 때와 하이델베르크 대학에 취임한 때 사이에 비는 한 달치 봉급을 추가 지급해 달라고 바덴 내무부에 청원했다. 그의 편지 중에서 이 시기의 재정난을 보여주는 유일한 흔적이다.

그러나 취임 강연에는 어떤 또 다른 흔적이 나타난다. 철학사를 다룬 이 강연은 훗날 베를린 대학 철학사 강의의 서론이 된다. 헤겔의 여러 머리말에서 그런 것처럼, 이 강연은 철학의 변론이었다. 여기에서는 철학을 "그것을 듣지 못하는 세계"에서 "거의 침묵하는 학문"이라고 부른다. 그가 보기에 현대가 "고귀한 내면의 삶"을 듣지 못하게 된 데에는 두 가지 이유가 있다. 궁핍한 시대에 일상생활의 소소한 관심을 우선시하게 되었기 때문이고, "현실의 고원高遠한 관심"을 둘러싼 투쟁, 즉 유럽 정치 질서를 둘러싼 투쟁이 벌어지기 때문이다. 헤겔 생각에는 이 두 가지 모두 사유의 주의력을 흡수해버렸다. 세계정신은 현실에 너무 몰두하느라 내면을 향하지도 못하고 자신에게 집중하지도 못하게 되었다. 일상의 소소한 관심과 정치의 고원한 관심. 헤겔은 국가가 "모든 관심을 삼켜버린" 이후에 이제 세속의 나라뿐 아니라 "신의 나라에 대해서도 다시 사유할 것"[16]을 소망해야 한다고 말한다. 이것은 단지 자신을 하이델베르크 대학으로 초빙한 신학자들에게 표하는 경의로 해석할 것은 아니다.

그러니까 튀빙겐 시절 신학생들이 온갖 정치적인 표상, 사회에 투영하는 온갖 표상에 결부시키던 표현인 "신의 나라"는 이제 이런 나라의 학문으로서의 철학을 의미하게 되었다. 헤겔은 유럽의 다른 나라들에서는 철학에 등을 돌렸다고 본다. 이런 나라들에서 지성은 실천적 문제에 몰두하고 있는데 그럴수록 이론적 업적은 줄어들 수밖에 없다. 헤겔은 이런 상황을 분석하기보다는, 다만 정신이 실천적 문제에 몰두하는 경우나 사상적 통찰에 몰두하는 경우에 일종의 총량이 불변함을 확인한다. 다시 말해, 실천적일수록 피상적으로 되는 것이다. 이렇게 말할 수도 있다. 프랑스, 영국, 독일이라는 매우 한정된 숫자의 유럽 국가들을 서로 비교하면서 "성찰의 깊이"라는 분야의 선두 자리는 독일 민족에게 내어주지만, 그 외 분야는 그렇지 않다. 어쨌든 헤겔의 하이델베르크 취임 강연은 독일인의 과제는 사유에 헌신하는 것이라고 호소한다.

어떤 사유에 헌신한다는 말인가? 강렬한 민족적 사유? 하이델베르크에 도착한 헤겔은 예나와 마찬가지 상황에 처한다. 여기

잠시 거처하던 낭만주의자들은 이미 철수했다. 예나에서 의학을 공부한(혹은, 제대로 공부하지는 않은) 브렌타노는 1804년 하이델베르크에 왔다. 그 직전에는 고전문헌학자이자 신화학자 프리드리히 크로이처Friedrich Creuzer가 하이델베르크 대학의 교수가 되었다. 가톨릭 신자로서 온갖 것에 관심을 가진 애호가이자 "코블렌츠 중등학교 물리학 교수"인 괴레스는 1806년부터 네 학기 동안 하이델베르크에서 강의를 하지만 수강생은 곧 급감했다. 요제프 폰 아이헨도르프Joseph von Eichendorff는 1807년 여름 하이델베르크의 티보 교수를 사사하여 법학을 공부하기 시작했고, 아르님은 가끔 이 도시에 들르다가 1808년은 여기에서 보내면서 브렌타노와 함께 민요집《소년의 마술 뿔피리Des Knaben Wunderhorn》작업을 했다. 두 사람을 하이델베르크에서 알게 된 괴레스는 여기에 자극을 받아 1807년《독일 민족문학Teutschen Volksbücher》을 출간했다. 이 책의 멋진 부제는 "우리 시대까지 수백 년 동안 간직한 일부는 내적 가치이고 일부는 우연으로 간직한"이다.

훗날 사람들은 (특히 아이헨도르프의 표현이지만, 그 시대에 대한 최근 서술들에서조차) 이들을 싸잡아서 "하이델베르크 낭만주의"라고 부르게 된다. 슐로스베르크의 〈파울펠츠〉 주점에 모이는 괴레스, 아르님, 브렌타노의 "삼두정치"가 이것을 지배했다는 것이다. 그러나 이것은 허구에 지나지 않는다. 아이헨도르프는 회고록에서 자신이 아르님이나 브렌타노와 접촉한 듯이 썼지만, 당시 열아홉 살에 불과하던 그는 두 사람을 만난 적도 없다.[17] 브렌타노는 아이헨도르프의 대학 시절에 겨우 1주일 동안 하이델베르크에 머물렀을 뿐이다. 그리고 이들은 주점이 아니라 그 앞의 집에서 어울렸다. 또한《소년의 마술 뿔피리》편집자들과 달리 괴레스에게는 역사적 문서를 규명하는 것이 아니라 주석과 상상을 통해 민족 전통을 이야기로 재현하고 "민족정신"을 입증하는 것이 중요했다.

그렇지만 이처럼 서로 독자적으로 이루어지는 낭만주의 "기획들"을 관통하여, 독일 민족의 자산을 지향하여 수집하고 보존하는 일단의 어문학적 활동이 이루어진 것은 사실이다. 그리고 이러한 과거의 발견은 산업, 발명, 발견, 전통적 태도의 해체로 규정되는 근대로 한발 한발 다가가는 사회에 반대하는 위치에 자리매김했다. 하이델베르크 위에 거대한 폐허, 즉 과거의 성의 폐허가 군림하는 것은 이 2세대 낭만주의 정신을 상징하는 이미지로 보였다.

그렇지만 이런 것은 어느 것도 헤겔의 문제가 아니었다. 그의 편지에서 이 성은 언급된 적도 없다.[18] 고대 독일의 신화를 비롯하여 "조국의 유물"은 그에게는 낯설었다. 같은 하이델베르크 대학교수이자 일반적 독일 민법 제정을 요구하는 티보와 이에 반대하는 베를린 대학 법학자 프리드리히 카를 폰 자비니 Friedrich Carl von Savigny 간의 논쟁에서, 헤겔은 이성적 입법의 옹호자 편을 들었다. 헤겔도 법은 민족의 규범적 관습이거나 성문화할 수 없는 "민족정신"의 발현이 아니라, 다수의 역사적 법원法源에서 얻어질 수 있는 것으로 보았다. 자비니의 논변은 온전한 법전 제정을 통한 "기계적 안정"이라는 가상을 공격했다. 법전은 새로운 입법으로 줄기차게 변하고, 서로 모순적인 규범들을 부단히 공표하기 때문이다. 이와 달리 진정한 법은 그것의 유기적 발전을 연구하는 데에서 비로소 드러난다. 자비니는 프로이센이나 바이에른의 언어와 문학이 따로 있는 것이 아니라 오직 하나의 독일의 언어와 문학이 있는 것과 마찬가지로, 영주들이나 프랑스 폭군들의 자의에서 벗어난 법의 "원천들"도 그렇다고 썼다. 그러나 이것은 법제사 교육의 규범에 관한 해석을 민족주의에 공감하는 교수들에게 넘겨주는 데로 이어지게 된다.[19] 무엇이 이성적인가에 관한 판정을 역사적인 전문지식에 넘긴다는 생각은 헤겔에게 반감을 불러일으켰다.

수많은 낭만주의자와는 달리 헤겔은 세계사에 대한 게르만 민족의 결정적 공헌이 아름다운 가톨릭 중세에 있다고 보지 않았다. 이러한 공헌은 오히려 종교개혁에 있고 교양 개념에 있다. 니벨룽겐 이야기보다는 (헤겔이 보기에는 외부의 적에 맞서 통합을 이룸으로써 그리스 "민족"을 형성한[20]) 트로이 전쟁이 차라리 현대와 더 연관이 있다. "마치 빗자루로 말끔히 치워진 것 같은 이야기"인 니벨룽겐 이야기는 "우리의 가정생활, 시민생활, 법률생활"과 더 이상 아무 관계가 없는 것이다. 브렌타노는 헤겔이 니벨룽겐의 노래를 좋아하려면 그리스어로 번역해야 하겠다고 조롱하고 분노한다.[21]

헤겔은 사생아 루트비히가 합류한 가족과 더불어 플뢰크가 48번지의 자택에서 이런 가정생활, 시민생활, 법률생활을 꾸렸다. 예나에서의 소란한 시간, 밤베르크에서의 그리 마음에 들지 않는 활동, 뉘른베르크에서의 엄청나게 바쁜 시기와 비교하면, 그로서 는 처음으로 균형 잡힌 삶을 누린 시기였다. 장모는 "이제 확실히 헤겔은 자신의 궤도에서 전혀 벗어나지 않는다"라고 쓴다. 그녀 는 교양 있는 친구들을 사귀며 "진리와 아름다움과 선함의 감각" 을 지닌 지극히 사려 깊은 사위 때문에 즐거운 것이다.[22] 이것은 헤겔의 기질 때문만이 아니라, 학문적 삶을 살아가는 여타 여건 때문이기도 했다. 하이델베르크에서 처음으로 자신과 경쟁하지 않는 동료들을 만난 것이다. 그 자신의 개념에 따르면 "인정받는 것"을 느낄 수 있었다. 그는 존중받았고, 자신의 저작에는 과도한 주장도 많음에도 불구하고 의심받지 않았다. 따라서 이제 학자들 사이의 사교는 중요한 역할을 했다. 그리고 시인 장 파울의 명예 박사 학위 수여와 같은 기분 좋은 일화가 등장한다.

낭만주의 이전에 고전주의와 나란히 활동한 이 독일에서 유명 한 작가는 풍자적이면서 감상적이고, 늘 박학다식하고 숨바꼭질 로 가득하지만, 남에게 이야기할 줄거리는 빈약한 소설을 썼다. 헤겔은 그를 뉘른베르크 시절부터 알고 있었다. 장 파울도 관념 론 철학과 친숙했다. 그는 야코비의 제자로 자처했고, 독일 지성 인 중 드물게《정신현상학》을 상찬했다. 영혼과 육신의 모든 가 닥에 있어 세계에의 관계를 단절한 인물들이 등장하는 일종의 심 리적 복마전인 소설《거인Titan》에서는, 피히테와 셸링의 세계관 과 자아관을 수용하는 것이 어떤 의미일 수 있는지 또박또박 서 술했다. 그것은 미치게 된다는 의미이다. 바이마르 양식의 미를 절대화하는 것을 신랄하게 비판하는《〈거인〉에 대한 우스운 부록Komischer Anhang zum Titan》에는 기구 타는 사람("비행선 선원") 잔 노초의 일기와 나란히 피히테에 관한 논문이 실려 있다.

1817년 한여름 장 파울이 하이델베르크에 들렀다는 소식은 들불처럼 도시에 번졌다. 호메로스 번역자[요한 하인리히 포스] 의 부친인 하인리히 포스Heinrich Voß는 그를 펀치주를 마시는 저녁 모임에 초대했다. 포스는 한 편지에서 "혀는 점점 달변이 되고 두개골은 타올라서, 과장하지 않고 두툼한 책 열 권 분량은 족히 떠들었다"라고 썼다. 헤겔이 소녀를 위한 철학책도 써보지 않겠냐는 어느 목사의 제안을 자기 글은 난해하다며 비켜나가자, 그런 일은 장 파울이 잘할 거라는 대답이 돌아왔다. 이것은 그의 언어 능력을 가리킬 뿐 아니라, 다채로운 감정으로 착색된 그의 소설의 독자층이 주로 여성인 것도 빗댄 것이다. 그러자 자신의 주제가 관념론과 대결하는 것이라고 자처하던 장 파울은 자신은 육신을 담당할 뿐, 정신을 담당하는 것은 헤겔이라고 대거리한다.

포스의 전언에 따르면, 술 단지가 여러 차례 들어오자 헤겔은 정말로 소녀 철학을 전개하기 직전에 이른다. 그는 "제법 들뜨고 쾌활해져서 (강단에서는 꼭 그렇지는 않은데) 아주 통속적으로 변했다." 술을 네 단지 비우고 귀가하는데, "몇 사람은 비틀거리고 정신이 나간 채로" 돌아갔다. 그러나 그 직전에 헤겔은 장 파울을 가리키며 "이분은 철학박사가 되셔야 합니다"라고 말한다. 그로부터 닷새가 지나고 헤겔 집에서 또 한 차례 펀치주 저녁 모임이 열리고 나서 정말로 학부 회의가 소집되었다. 반대도 있었다. 장 파울의 기독교 신앙은 "온전하지 않고", 게다가 과음하는 습벽은 젊은이의 모범이 되지 않는다는 것이다. 그러나 헤겔은 〈우주에서 내려온 죽은 그리스도가 신은 없다고 하는 말Rede des toten Christus vom Weltgebäude herab, daß kein Gott sei〉을 쓴 이 작가가 실은 "꽤 훌륭한 기독교인"이라고 옹호하고, 포스는 의구심을 품는 동료들에게 주신酒神의 취흥과 방탕한 명정酩酊의 차이를 설명했다. 이어서 명예박사 학위가 수여되고, 이어서 크로이처 교수 집에 초대되었고, 이어서 "다시 흥겨운 밤"이 이어졌다.[23]

1817년에도 민중은 여전히 기아에 시달리고 있었지만, 봄은 오고 또 여름이 왔다. 우리는 줄피츠 부아세레Sulpiz Boisserée의 일기에서 하이델베르크 사교계를 엿들을 수 있다. 동생 멜히오르 부아세레Melchior Boisserée와 함께 쾰른 상인인 부친의 유산을 상속한 그는 프리드리히 슐레겔의 인도를 받으며 독학한 예술사학자이자 건축사학자였다. 형제는 나폴레옹의 교회 재산 몰수로 이리저리 떠돌게 된 (특히 네덜란드 플랑드르 화단의) 회화를 수집하여 어마어마한 수장고를 만들었다. 1810년 미학의 멘토인 요한 밥티스트 베르트람Johann Baptist Bertram과 함께 하이델베르크로 이주한 형제는 소장품을 공개했다. 부아세레는 1808년 뉘른베르크에서 헤겔을 만난 이후 쭉 알고 지냈다. 그의 일기는 산책, 소풍, 시내에서의 대화나 티보 집에서의 저녁 음악회에 대해 적고 있다. 부아세레는 헤겔이 하이델베르크에서 집필한 《철학대계》에서 괴테의 색채론을 옹호한 것을 높이 평가했지만, 그의 사상은 "오락가락 철학"[24]이라고 불렀다. 부아세레만 이렇게 평가한 것은 아니다.

티보 자택의 저녁 음악회에 온 어떤 사람은 이 철학자가 장 파울과 물리학을 토론하는 장면을 기록했다. 헤겔은 "좀 전에는 견실하게 존재하는 변증법적 법칙을 들어서 자기磁氣요법은 있을 수 없다고 증명했다. 그런데 이제 똑같은 법칙을 들어 자기요법이 있을 수밖에 없다고 증명한다."[25] 부아세레는 이미 뉘른베르크에서 헤겔 사상이 예측불가능하다는 인상을 받았다. 헤겔이 (프랑스 혁명군 조직자, 국민개병제 창시자, 그리고 훗날 나폴레옹의 내무장관이던) 라자르 카르노Lazare Carnot 장군을 찬미하고 부르봉 왕가를 비방하는 것이 정신 개념에서 선악 구별을 지워버리는 것처럼 보인 것이다. 헤겔은 1822년에는 마그데부르크로 도주한 카르노를 방문하기까지 한다.

부아세레가 전하는 여러 짤막한 사건 중에는 네카르강의 거창한 뱃놀이도 있다. 헤겔이 놀이에 참석한 스웨덴 왕세자를 위해 축배를 들자, 이제 스물일곱 살밖에 안 된 법학교수이자 나폴레옹 해방전쟁 참전용사인 카를 테어도르 벨커Carl Theodor Welcker가 민족주의에 들떠 배에서 난동을 부리기 시작했다. "이 자는 독일 사람이 아니라고. 여기 있을 사람이 아니야. 참을 수 없구먼."[26] 바헨하이머 리슬링 포도주에 취해서 벌인 바보짓이었다. 그러나 임박한 소요를 예감하는 일화이기도 하다. 신선한 여름날 대학의 정신적 평정에 난 조그만 금처럼 보이는 이 소요는 헤겔이 세상을 떠날 때까지 이어질 것이다. 이 상황은 헤겔 사상에서 긴급하게 다루지 않는 두 정치 세력의 연합, 즉 민족주의적 자유주의 혹은 자유주의적 민족주의가 모습을 드러낸 것이다.

헤겔은 독일인에게 철학의 성화의 수호자라는 책무를 지우지만, 독일다움에 대한 지적 열광은 이와 별도로 피히테의《독일 국민에게 고함Reden an die deutsche Nation》으로 촉발되었다. 1814년 별세한 피히테는 프랑스가 유럽의 절반을 지배하던 1808년 이 글에서 독특한 이론을 전개한다. 영국인과 프랑스인은 언어적으로, 따라서 사상적으로도 라틴어 영향권에 있으므로 독창적이지 않고 외세에 지배받는 민족이라는 것이다. 피히테에게는 유럽에서 독일인만 "살아있는 언어를 가진 민족"이다.[27] 이런 표현은 라틴어 자체가 쇠퇴하고 이와 더불어 신학도 쇠퇴한 대학을 배경으로 할 때만 가능한 것이다. 헤겔의 하이델베르크 대학 취임 강연은 바로 이 신학의 자리를 철학이 대신할 것을 요구한 것이다.

미국의 헤겔 전기작가 핀카드는 이와 더불어 대학과 영방領邦이 대립하는 장이 이동했다고 본다. 하이델베르크의 가톨릭 신학은 프라이부르크로 옮겨갔다. 개신교 신학에서는 관념론과 합리론의 정신이 풍미하고 있다. 이제 사회질서 유지에 이바지하려는 정통 신학에 맞서는 투쟁이나, 가령 범신론과 무신론, 그리고 일반적으로 정통 신앙을 둘러싼 갈등이 아니라, 정치적 불화가 점차 전면에 등장한다.[28]

낭만주의 영향을 받은 학자들의 독일 언어, 법제사, 신화 연구는 학술적으로 큰 성과를 거두었다. 물론 이런 연구는 민족의식 고취에 기여한다고 자처하지 않더라도 그 자체로 잘 이루어질 수 있었을 것이다. 성의 폐허 아래에서 연구한다고 꼭 그 그늘에서 연구해야 하는 것은 아니다. 이런 견지에서 좋은 사례는 문헌학자 크로이처이다. 헤겔과 친분을 맺은 그는 1808년 이미 〈어문학과 신화의 단계와 상호관계Philologie und Mythologie in ihrem Stufengang und gegenseitigen Verhalten〉라는 논문에서, 학자는 "개별적인 것을 관찰하고 연구하지만" 사람들은 거기에서 일반적인 것만 들으려 한다고 주장한다. 그러나 일반적인 것(가령 헬레니즘 세계의 신화적 사유의 전모)에 관한 고찰이 꼭 학술적으로 생산적이라고 주장할 수는 없다.[29] 그렇지만 많은 사람에게 학술적 성과 자체는 이러한 지식을 추구하는 의미로 충분하지 않았다. 이들은 애초부터 자신이 좀 더 높은 연관 안에 있다고 보았다. 이때 이 높은 것이 있는 자리는 온갖 혼종적 형태나 "상상력의 다신론" 같은 것을 통하여, 신에서 민족으로 이동하였다. 영국, 프랑스, 그리고 자국의 시민 사회의 정치적, 산업적, 경제적 역동에 맞서기 위해 동원하는 진정한 독일다움의 모색은 특히 대학의 지성 중 "정신과학"[30] 분과에서 때때로 확고한 이념으로 화했다. 1818년 8월 헤겔은 셸링을 거쳐 자신에게 온 프랑스 학생 빅토르 쿠쟁Victor Cousin에게 보내는 편지에서, 자기 친구 니트하머와 야코비의 자유주의적 사상에조차 어떤 "독일적이고 반프랑스적인 애국주의"의 "완연한 흔적"이 있다고 썼다.[31]

이런 신조는 학우회의 형태로 조직되었다. 하이델베르크 대학은 새로운 이름을 얻은 1805년 이래로 부흥기를 맞이했다. 그로부터 2년 후 이미 학생이 400명에 달했는데, 1802년에 48명이었던 것에 비하면 엄청난 성장이었다. 덕분에 이제 학생들은 민족주의와 세계주의라는 견해 차이에 따라 각각 집단을 형성하게 되었는데, 이것은 하이델베르크로 온 학생들이 고향(민족)에 따라 나뉘던 과거 대학 전통과는 다른 것이다. 스스로 선택한 이 대학도시에서 이방인으로 살아가는 학생들은 예전에는 이런 단체를 통해 출신에 집착했다면, 이제 정치적으로 어떤 미래를 희구하는가라는 정신 속에서 서로 단합했다. 여기에서 세력을 잡은 반외국인 및 반유대 단체인 〈튜턴〉은 프리스와 그 추종자들의 영향권 안에 있었다. 여기 속한 학생들은 기센 대학에서 1814년 설립된 〈게르마니아〉("가슴의 의기, 모자 아래 담력, 칼에 묻은 피라면 모든 것을 이루리")를 본받아 검은 옷을 입었다. 헤겔의 제자 일부는 세력이 약한 세계주의 진영에 속했다. 예컨대 훗날 베를린에서 헤겔의 첫 번째 조교가 될 프리드리히 빌헬름 카로베Friedrich Wilhelm Carové가 그랬다. 카로베는 1818년 하이델베르크 대학에서 헤겔의 지도로 박사학위를 받는데, 학위논문은 당시 이미 출판되었던《학우회 조직 기획과 학우회 설립 시도Entwurf einer Burschenschaftsordnung und Versuch einer Begründung derselbe》였다. 헤겔은 이 박사 후보자가 라틴어로 글을 쓰지 않은 것은 "조국이 파괴된" 탓에 "외국을 떠돌아다닌" 삶의 정황 탓이라고 변호한다. 그 자체로 대학에서는 이례적으로 학우회를 다루는 이 글은 명예와 결투에 관한 프리스 교수의 견해를 반박하는 내용을 담고 있다. 헤겔은 심사서에 "만일 프리스 교수님이 이런 견해를 박사학위 취득을 위해 학부에 제출했다면 저는 반대표를 던질 것이라고 고백하지 않을 수 없습니다"[32]라고 적었다. 헤겔이 "천박한" 반유대주의자 프리스만큼 혐오한 사람은 없었다.

헤겔은 하이델베르크 시절 벌어진 뷔르템베르크 헌법 논쟁에
도 개입했다. 오랜 우정을 유지해온 신학자 파울루스와는 이 문
제로 결별했다. 이들의 삶의 경로는 거의 30년간이나 함께 이어
져 있었다. 헤겔보다 아홉 살 연상인 파울루스도 튀빙겐 신학교
에서 공부했다. 그는 예나 대학에서 1789년에는 동양어 교수로,
1793년에는 신학 교수로 임용되었다. 1807년에는 장학관으로
밤베르크에 부임하고, 1808년에도 장학관으로 뉘른베르크로 부
임하여 헤겔의 상사가 되었다. 그리고 1811년 하이델베르크 신
학 교수가 된 그는 친구 헤겔을 초빙하려고 노심초사했다. 그러
나 헤겔이 오자마자 정치적으로 불화가 일어난 것이다.

이 헌법Verfassung 논쟁의 쟁점도 법의 성문화였지만, 그 초점은
티보와 자비니의 논쟁처럼 "시민적" 법률[민법]의 형태가 아니
라 정치적 참여의 형태였다. "페어파숭Verfassung" 개념은 예전에
는 어떤 공동체에 있어서 전통, 계약, 법률의 혼합으로 나타나는
정치적 상태를 뜻했지만, 이제는 통일적인 "헌법Konstitution" 제정
을 뜻하게 되었다. 이런 헌법은 특히 각 신분의 권리를 규정해야
한다. 뷔르템베르크에서 이 신분들은 오래전부터 공동통치권까
지는 아니더라도, 참전이나 세법 등 중대사 결정에 참여할 권리
를 문서로 보장받고 있던 것이다.[33] 나폴레옹 군대에 의해 독일
민족의 신성로마제국이 무너지면서 신질서가 태동했는데, 나폴
레옹 편을 들었던 뷔르템베르크 공작은 이를 빌미로 독립적인 제
국 도시와 기사 영지를 "병합" 하는 형태로 무수한 땅을 확보하고
스스로 국왕에 등극했으며 각 신분의 자산을 압수했다.

그러나 나폴레옹이 패배하고 빈 회의에서 유럽을 새롭게 분할하면서 신분들의 권리에 관한 논쟁은 재점화되었다. 1815년 국왕이 제정한 헌법은 과거의 여러 특권을 일소했다. 가령 모두에게서 세금을 거두고자 한 것이다. 그러나 이 헌법을 즉각 준수하라는 통지를 귀족과 개신교 교회와 시민계급은 거부했다. 이들은 이러한 흠정헌법에 불복하고 협정헌법 제정을 주장한 것이다. 각 신분은 "과거의 좋은 권리"를 주장했고, 교회에서는 이런 권리를 설교했으며, 뷔르템베르크 태생의 낭만주의자 루트비히 울란트 Ludwig Uhland는 이런 권리를 기리는 애국시를 썼다.

1817년 헤겔은 헌법 협의와 관련한 상세한 논평에서 국왕 편을 들었다. 그러나 그가 관심을 둔 것은 군주정 자체나 군주의 특권이 아니었다. 오히려 그는 제국 해체를 중앙집권적 권력에만 바탕을 두는 국가가 아니라, 행정 권력이 확보되고 대의적 참여가 보장되는 국가를 실현할 기회로 보았다. "군주가 애초에 자기 수중에만 있던 국가권력에 또 다른 권력을 더하는 것보다, 그것도 인민을 그 본질적 영향을 끼치는 요소로 권력에 받아들이는 **가장 중요한** 토대를 더하는 것보다 큰 세계적 사건은 지상에 다시 없을 것이다."[34] 헤겔은 귀족, 시민계급, 관료가 참여하는 의회를 염두에 둔다. 관료는 "특권과 특수성"에 얽매이지 않으므로 피선거권이 부여된다. 일반적으로 의회 구성은 행위 동기의 국가 지향(다양한 신분에 의한 "공적 사안의 지속적 처리"[35])이라는 기준을 따라야 한다. 그래서 영국처럼 상인이 많이 참여하면 안 되고, 역시 직업적 관점 때문에 대부분 일반적 이해관계를 고려하지 않는 변호사도 소수만 참여해야 한다. 헤겔은 개인의 투표로 의회를 구성하는 민주 선거도 정치적 이해관계를 동원하기 어렵다고 비판한다. 투표는 "우연적 신조와 순간적 선호에 좌우되고" 이러한 투표가 정치적 영향력으로 이어지기 어렵기에 투표권자는 결국 자기 권리에 무관심해진다는 것이다.[36]

헤겔은 과거의 신분적 권리를 원상회복하는 데 반대한다. 그 논리는 자비니의 낭만주의 정신에 대한 의구심, 그리고 일반적으로는 현재를 위한 결정적 교훈을 역사에서 얻으려는 낭만주의의 지적 경향에 대한 의구심을 이러한 새로운 영역에서 재차 역설하는 것이다. 역사적 지식이 필요하다면 헌법 해석은 아예 전문가 몫이 될 것이다. 장로인 파울루스가 과거의 헌법 문헌들을 편찬한 총서만 보아도, 이것이 "변호사와 법률고문의 무궁무진한 무기고"가 될 것을 알 수 있다. 따라서 민중은 헌법 지식을 박탈당할 것이다.[37] 게다가 제국 해체와 더불어, 군주와 여러 신분 사이의 이견에 있어 결정을 내릴 심급도 사라졌다. 신분들이 시민의 권리를 말할 때 이러한 시민의 기준은 사실상 재산 소유이다. 그러니까 이제 헌법 유형, 의회 구성, 혹은 ("윤리적 부패", 모든 정치적 결정의 지체, 유사주권적 심급에 의한 "사적 약탈"을 가져올) 신분들의 세정秕政 권력 비판이라는 문제에서 헤겔이 견지하는 전망은 뷔르템베르크를 근대 국가로 만드는 것이다. 민중의 이익을 과거 특권에 희생시키지 않는 국가 말이다. 그가 내린 결론은 신분제 의회가 "세계사에서 유례없이 풍요롭던"[38] 1789년 이후 시기를 놓쳐버렸다는 것이다.

헤겔의 이런 입장은 매우 진지한 것으로 보인다. 그렇지 않다면 파울루스와의 우정을 희생하지 않았을 것이다. 1816년 가을 《하이델베르크 연보Heidelberger Jahrbücher》의 철학 및 어문학 분야 편집을 맡은 헤겔은 헌법 문제에 관한 파울루스의 논평 게재를 거부했고, 티보와 역사학자 프리드리히 빌켄Friedrich Wilken도 이를 지지했다. 이 논평이 너무 길다는 것이다. 그대신 헤겔의 훨씬 긴 글이 게재되었는데, 아무리 늦어도 이 때에는 파울루스도 이 일을 어떻게 받아들여야 할지 알게 되었다. 그는 헤겔과 절연한다.

헤겔이 뷔르템베르크의 이 분쟁에 이토록 진심인 이유는 자기 철학의 근본 개념에 대한 도전으로 받아들이기 때문이다. 이 전선의 양 진영은 서로 위치를 바꾸었다. 한 명의 국왕(정확히는 두 명이다. 유화적인 프리드리히 2세는 1816년 여름 사망하고 그보다 덜 타협적인 빌헬름 1세가 승계했기 때문이다)이 근대 국가를 대리하고, 신분제 의회는 이른바 민중을 대변한다는 것이다. 이런 전선은 헤겔에게는, 어디에서나 마찬가지로 역사에서도 행위자의 의도가 아니라 행동이 중요하다는 것을 보여주는 좋은 사례가 되었다.[39] 그리고 이런 행동은 그 행동을 하는 역할 및 법적 지위에 결부된다. 헤겔은 구체제에는 거의 헤아릴 수 없는 이익집단(영주, 기사, 수도원, 도시, 길드, 상인 등)이 속한다고 보았다. 이들에게 공동체는 그들이 서로 주거니 받거니 하는 것들을 둘러싼 거대한 거래에 불과하고, 궁정으로서의 국가는 여러 당파 중 하나에 불과하다.

헤겔이 보기에 이렇게 거래되는 권리와 과거의 계약에 집착하는 것은, 시민적 사법私法, 화폐경제, 원거리 무역, 세속화, 근대 행정이라는 현 상황에 비추어볼 때 이런 것이 시대착오적임을 몰각하는 것이다. 어떤 것이 한때 존재했고 그에 대한 기억이 좋다는 이유만으로 복구하려는 동기는 "낭만적"이라는 개념으로 지나치게 미화되고 있다. "인신공양, 노예제, 봉건적 압제, 그리고 무수한 추잡한 짓의 폐지도" 역시 "과거의 권리"이던 "어떤 것의 폐지"라는 사실을 깨달으면, 이런 동기는 무너진다.[40] 헤겔은 상인은 자기 배가 침몰해도 그에 대한 권리를 여전히 보유한다며 냉소를 보낸다.

1816년 8월 헤겔은 하이델베르크 대학의 초빙에 사의를 표하는 편지에서, 어떠한 학문도 철학만큼 고독하지 않으며 자신은 "생생한 영향을 미칠 수 있는 영역을 진심으로 갈구"한다고 쓴 바 있다.[41] 그렇다. 그것이야말로 헤겔이 삶에서 가장 열렬히 희구하는 것이다. 생생한 상호작용의 결핍은 이제까지 그의 연구에 불리하게 작용했기 때문이다. 하이델베르크에서 보낸 시간은 이런 희구를 충족시켰다. 그 앞에서 자신을 증명할 필요가 없는 동료들과 더불어 신이나 세계에 관해 대화하는 많은 기회를 통해 (이런 인상이 맞다면) 헤겔의 스타일은 좀 더 알기 쉬워졌다. 물론 부아세레는 괴테에게 보낸 편지에서, 학생들이 "형식과 언어가 난해한" 헤겔의 강의에 들어오는 데 망설인다고 썼다(헤겔은 첫 번째 강의에 네 명밖에 들어오지 않았다고 불평했다).[42] 그러나 부아세레는 이런 강의를 헤겔의 예나 시절 강의와 비교해보지 않은 것이고, 《논리학》도 읽지 않은 것이다. 헤겔이 하이델베르크 시절에 출간한 《철학대계》에서 자기 체계를 알기 쉽게 표현하려고 애썼다는 것은 부인하기 어렵다. 물론 "알기 쉽다"는 것은 상대적 평가이지만 말이다. 헤겔의 학생은 "우리는 멍청하게 앉아서 현기증이 날 지경이었고 끝까지 얼이 빠져 있었다. 무슨 말을 하는지 이해하고 여전히 이성을 신봉하는 사람은 극소수였다"라고 썼다. "폐병에 걸린 듯한" 강의에서 하는 말의 3분의 1은 "자!"라는 말로 시작했고, 많은 학생은 이 말이 몇 번 나오는지 세었다.[43] 그러나 헤겔이 하이델베르크에서 시작하고 베를린에서 무르익은 형태로 전 학년의 학생을 매료시킨 저 위대한 강의들의 풍부한 내용이나 필치는 전원의 아름다움을 간직한 조국의 도시 하이델베르크에서 보낸 이 짧은 시간과 동료들과의 대화에 빚지고 있다.

중심의 대학
- 헤겔, 베를린에 오다

"정신을 성찰하는 사람은 아무 데나 이르지 않는다.
그는 사원에 이른다."

베르나르 폰 클레르보 Bernhard von Clairvaux

중심의 대학

헤겔은 1818년 당시 설립한 지 9년밖에 되지 않은 베를린 대학의 초빙을 받았다. 이 대학은 바이마르, 예나, 그리고 프로이센 개혁의 정신에 따라 1809년 설립된 것이다. 바이마르의 정신이란 교양의 이상, 그리고 고대의 권위를 뜻한다. 예나의 정신이란 내면의 혁명으로서의 관념론 철학과 현대에 전통을 전달하려는 낭만주의적 의지를 뜻한다. 프로이센 개혁의 정신이란 국가 근대화와 학문적 소양을 지닌 전문가로서의 관료를 뜻한다. 따라서 이 대학이 흥미로운 것은 이런 혼종적 성격이다. 이질적 의도들, 그리고 말하자면 모순들이 이 대학에 흘러들어온 것이다.

　대학 설립 이전 여러 해 동안 프로이센은 불우한 시기를 보냈다. 돌이켜 보면, 이 시기에 대학 설립이 당대의 기획으로 부상했다는 사실 자체가 놀라운 일이다.[1] 물론 베를린은 군인은 대체로

2만 5천 명을 그대로 유지하면서 인구는 18만 명으로 증가하여 런던, 파리, 빈, 암스테르담, 상트페테르부르크에 이어 유럽에서 여섯 번째로 큰 도시가 되었다. 또 베를린은 느리기는 하지만 산업화의 길을 가고 있었다. 1800년경에는 가로등, 하수도, 합승마차가 등장한 지 아직 오래되지 않았다. 그러나 프로이센은 예나와 아우어슈테트의 패전으로 몰락했다. 나폴레옹은 1806년 10월 27일 베를린 브란덴부르크 문을 지나갔다. 베를린은 점령당했다. 새로 설치된 행정기관의 주요 임무는 과세, 압수, 천연자원 의무 납부를 통해 패전국에서 전비를 징수하는 것이었다. 50년 후 작가 빌리발트 알렉시스Willibald Alexis는 자신의 작품에서 이렇게 우회적으로 서술했다. "사람들은 약간의 강탈과 가혹행위는 마치 나쁜 날씨처럼 떨쳐버릴 수 있었지만, 그다음에 끝없이 이어지는 군인들의 행렬은 마치 흉몽처럼 깃들고 마치 흡혈귀처럼 피를 빨았다. 그들 뒤를 이어 낙오병, 야간 침입자, 화재, 야전병원, 그리고 치명적인 독기가 등장했다. 그러나 최악은 이 이방인들이 들여와 기존 상황에 주입한 체계, […] 체계적인 착취 체계였다."[2] 베를린 시민들은 비탄에 빠졌고 아동 사망률은 높아졌다. 1807년 흉작 후에 시 당국은 "이제 상업이나 공업은 모두 소멸했다"라고 말한다. 1808년에야 프랑스인들은 도시에서 차츰 철수한다.

프로이센의 수도에 대학을 세우려는 최초의 계획은 이미 이때 시작되었다. 1794년까지 베를린 국립극장 책임자였고 그전에는 요아힘스탈러 김나지움 교사이던, 작가이자 철학자 요한 야코프 엥겔Johann Jakob Engel은 생의 마지막 해인 1802년, 프로이센 추밀 고문관 카를 프리드리히 폰 바이메Carl Friedrich von Beyme의 요청에 따라《베를린의 대형 교육기관 설립 건의서Denkschrift über Begründung einer großen Lehranstalt in Berlin》를 작성했다. 프리드리히 빌헬름 3세의 스승이기도 했던 엥겔의 글은 독일 계몽주의의 정신을 품고 있었다. 이 글은 "전국에서 공장이 가장 많은 곳"인 베를린에 세울 이 교육기관은 이 도시에 직접적 경험을 통해 학업에 이바지할 미술관, 박물관, 극장, 도서관이 많다는 점을 활용해야 한다고 주장했다. 물론 "그 불분명한 기능을 추측할 뿐인 건물들"이 많다는 점도 고려해야 한다.[3] 학생들은 공부만 하는 것이 아니라 유곽이나 도박장에도 쉽사리 유혹을 받는다는 것이다.

그로부터 5년 후에, 즉 한창 점령기이고 베를린 대학 설립 2년 전, 예나에서 추방당한 피히테는 저 추밀고문관 바이메의 요청으로《베를린에 설립할 고등교육기관을 위한 연역적 계획Deduzierter Plan einer zu Berlin zu errichtenden hohern Lehranstalt》이라는 글에서 자신의 대학 이념을 제시했다.[4] 피히테는 처음에는 베를린에서도 무신론자라는 악명을 얻었지만, 은행가, 추밀고문관, 그리고 관심을 보이는 귀족들을 상대로 개인 강의를 했다. 그저 근근이 생계를 유지한 것은 아니다. 프로이센의 엘리트들은 그의 사유를 지켜보는 대가로 상당한 비용을 지불한 것이다. 1802년 베를린의 어느 서적상은 "그는 청중을 스무 명으로 제한했고 청중마다 4프리드리히 금화씩 지불한다. 총 40시간 강의를 하고 80프리드리히 금화를 받은 셈이다. 이 말을 들으면 베를린으로 오려는 교수가 많을 것이다"5라고 썼다. 오늘날의 통화로 대강 산정해 보면, 청중마다 1천 유로 이상씩 받은 것이다. 피히테는 나중에 수강료를 절반으로 내리기는 했지만, 이런 가격 때문에 학생은 듣지 못했다. 1804년의 개인 강의에는 훗날 프로이센 문화장관이 되는 알텐슈타인Altenstein, 어의御醫 크리스토프 후펠란트, 작가 코체부, 그 자신도 베를린에서 개인 강의를 개설한 아우구스트 슐레겔, 그리고 추밀고문관 바이메가 참석했다. 가장 어린 수강생은 열아홉 살의 카를 아우구스트 파른하겐 폰 엔제Karl August Varnhagen von Ense인데, 그는 당시 베를린 의학교육 기관인 "페피니에르"에서 공부하고 훗날 일기와 서한 출판, 그리고 아내 라헬Rahel에 의한 서한집 출판을 통해 1848년 이전 시기의 중요한 기록자가 되었다.

피히테의 글은 우선 대학이 대체 왜 필요한가 묻는다. 중간에 끊을 수도 없고 다시 넘겨볼 수도 없는 교수 강의를 듣는 것보다는, 책으로 사상을 받아들이는 편이 훨씬 실용적이지 않은가? 강의는 기껏해야 책을 집필하는 데 유용할 뿐이다. 아직 쓰지 않은 책은 시험 삼아 강의해 보면 나아질 것이다. 끝을 결국 맺지 못할 피히테 자신의《학문론》집필 작업을 떠올린다면, "영원히 나아질 것이다"라고 말할 수도 있겠다. 그러나 피히테는 강의는 사상을 발전시킨다는 이러한 이상에 대다수 교수가 동조할 것으로 생각하지 않았다. 그 직후 빌헬름 폰 훔볼트Wilhelm von Humboldt는 거의 100년 동안 출판되지 않을 어느 글에서 이런 이상을 암시했다. 이 시대가 후대에 물려줄 유산은, 그는 이루지 못한 "연구와 교육의 통합"을 대학의 본질적 핵심으로 삼는 것이다.6

피히테가 보기에 대학 설립의 진정한 정당성은 교사와 학생의 "부단한 담화"에 있다.[7] 교사의 임무가 자신의 지식을 전달하는 것이라면, 학생은 배운 것을 적용하고 되묻고 그 해법이나 난점을 보고해야 한다. 다시 말해 피히테는 [그저 "앞에서 읽는"] 강의가 아니라 [토론을 벌이는] 세미나가 대학 공부의 요체라고 여겼다. 대학은 "지성의 학술적 활용이라는 예술을 배우는 학교"이며, 여기 참여하는 사람은 "배움의 예술가"이다.[8] 피히테 자신의 교육 활동은 이런 이상에 그리 부합하지 않았다. 관념론자[이상주의자]라는 것은 자기의 의도가 실현되지 않는 것이 그것을 막는 현실적 상황 때문이라고 말하는 것을 의미할 수도 있겠다.

당대 독일 대학이 부응하지 못하는 피히테의 두 번째 요구는 학생을 "모든 다른 생활방식"에서 "분리"하고 "완전히 격리한다"는 것이었다. 피히테는 오로지 학문에만 몰두하려면 가족에서 떨어져 공부하는 것이 최선이라고 보았다. 학문은 어떤 수단이 아니라 그 자체로 목적으로서, "자기 삶의 뿌리를 오로지 이념에서 찾고 현실을 오로지 이념으로부터 고찰하는 법"을 익히는 일이다.[9] 피히테는 학생에게는 교사만 영향을 미쳐야 한다면서, 어느 정도는 의식적으로 루소의 교육 기획을 끌어온다. 여기에서 피히테의 사상은 교육으로 출신을 중화시키는 것이다. 그 자신이 에르츠산맥지대의 가내 수공업자의 자식인 피히테는 생의 수많은 우여곡절을 거쳐서 적어도 독일에서는 유명한 철학자 자리에 올랐다. 이제 그는 프로이센의 수도에서 《복된 삶의 지침 Anweisungen zum seligen Leben》을 내리고 《독일 국민에게 고함》이라는 연설을 하는 위치가 되었다. 그는 베를린 대학을 기획하면서, 귀족도 "현재의 지위를 획득하고 유지하는 것이 단지 경쟁이 없어서가 아님을 보여주기 위해서라도"[10] 재능에만 기반한 교육에 동의할 것이라고 말한다(아이러니를 잘 구사하지 못하는 그의 이런 말에는 아이러니의 의도는 전혀 없었으리라).

피히테는 학생의 격리를 실현하는 것은 물론 소도시에서 더 쉽다고 본다. 소도시의 학생은 "직업 활동을 하고 흐리멍덩한 즐거움을 누리는 시민이라는 일반 대중 속으로" 흩어지지 않고 자기들끼리만 교류하기 때문이다. 피히테가 튀빙겐 신학교를 알았더라면, 대학을 소도시의 수도원으로 만들려는 이런 바람에 대해 스스로 의문을 품었을 것이다. 슐라이어마허는 유고로 남았다가 사후에야 출간된 피히테의 이 글은 몰랐겠지만, 여기에 반대하는 매우 현실적이고 어느 정도는 경제사회학적인 논리를 제기한다. 바로 대도시에는 학생보다 부유한 젊은이가 많다는 것이다. 그래서 "방탕한 청춘에 기생하는" 자들은 이런 젊은이와 그 돈지갑을 노린다. 하지만 소도시에서는 젊은이 대다수가 학생이므로 "유혹의 기술"이 오직 이들을 겨냥한다.[11]

하여튼 역사학자 뮐러가 "옥스퍼드풍"이라고 부르는 피히테의 이런 사고방식[12] 중에서 베를린 대학에 흡수된 것은 대학이 전승된 지식을 그저 전달하는 것이 아니라 연구에 이바지해야 하고 학생은 지식 생산에 참여해야 한다는 생각뿐이었다. 이것은 당시에는 당연하게 받아들여지는 생각이 아니었다. 1800년경 역시 프로이센 대학인 쾨니히스베르크 대학의 규정에는 학위논문에는 새로운 것이 포함되면 안 된다는 사항이 있었다.[13] 물론 관념론적 대학 이념의 논쟁적 비판은 이러한 경직성을 겨냥했다기보다는 이미 18세기부터 존재했고 정치 혁명으로 강요된 프랑스 방식을 겨냥한 것이다. 그것은 대학을 전적으로 특정 직업 수요에 맞춤형인 엘리트 전문학교로 대체한다는 것이다. 예컨대 공학, 군사, 광업, 교량 및 도로 건설, 경제행정, 교사 양성, 수의학 학교가 그것이다.

1797년부터 1801년까지 파리에서 총재정부와 나폴레옹의 통령정부 치하에서 살았기 때문에 이런 문제에 정통한 훔볼트는 여기 반대한다. 학자가 "늘 연구에 매진"하는 학문을 감안한다면, 이미 완성되어 전달만 하면 되는 지식이라는 의미에서 국가에 알려지는 미래라는 것은 없다. 대학에서는 지식 전달이 아니라 지식 생산이 중요하므로 "국가는 대학을 김나지움이나 특수학교처럼 다루어서는 안 된다."[14] 1809년 2월부터 약 1년 반 동안 내무부 문화교육국장이던 훔볼트는 국왕에게 제출한 《베를린 대학 설립 제안서》에서, 대학은 제반 학부의 분리를 극복하고 도서관, 박물관, 천문관, 의학원을 통합해야 한다고 주장했다. 그래야만 "교양과 계몽"이 유용할 수 있다. 내무부 문서 중에서 공표되지 않은 여러 건의서도 접한 훔볼트는 과거 자신의 가정교사("나는 엥겔 선생님에게서 처음으로 좋은 교육을 받았다"[15])의 기획안을 바이마르에서 유래한 교육 이념 안으로 수용한 셈이다.

그러나 베를린 대학이 조합 형태의 구식 대학과 구별되는 점은 프로이센 국가와의 긴밀한 결속이다. 나폴레옹에 패배한 데서 자극을 받은 프로이센 개혁에는 교육제도 개혁도 포함된다. 틸지트 강화조약에 따른 영토 할양(프로이센 영토와 인구는 약 절반으로 줄어들었다)으로 프로이센은 할레와 에를랑겐을 포함하여 대학도시 여섯 군데를 잃었다. 1807년 국왕 프리드리히 빌헬름 3세는 잃어버린 물리적 힘을 정신적 힘으로 대체해야 한다고 선언한다.[16] 베를린 대학 외에도 브레슬라우의 "슐레지엔 프리드리히 빌헬름 대학"이 1811년에, 그리고 본의 "라인 프리드리히 빌헬름 대학"이 1818년에 개교한다. 대학 자체의 재판권은 폐지되고 교수 봉급은 정부 예산에서 지급되었다. 훔볼트는 베를린 대학을 위해서 대학 소유지와 국유지를 통한 자체 재정을 추가로 제안했다. 대학을 당국으로부터 더욱 자유롭게 만들려는 것이었다. 그러나 이런 일은 일어나지 않았고 대학도 더욱 자유로워지지 않았다. 그밖에도 교육이 학문뿐 아니라 관료 교육에도 이바지한다는 점을 보여주어야 했다. 철학자와 직업 활동을 하는 흐리멍덩한 시민이라는 피히테의 구별에서는 관료라는 직업군도 명시되지 않았고, 19세기에 적어도 도시 사교 형태를 서술할 때 존재하던 "교양시민"도 명시되지 않았다.

1818년 3월 31일 헤겔이 베를린 대학의 초빙을 수락했을 때는 이미 도시의 사회와 그 사회의 문화적 소통에 대학이 매우 강력하게 뿌리를 내리고 있었다. 그래서 "생계형 학자"와 "철학적 정신", 연구자와 속물, 정신과 세계의 논쟁적 대립으로는 상황이 포착하기 어려운 지경이었다. 그때까지 헤겔이 거주한 가장 큰 도시는 17년 전 살던 프랑크푸르트였는데 당시 이 도시의 인구는 약 4만 명이었다. 1818년 베를린 인구는 약 20만 명이어서 하이델베르크의 20배, 뉘른베르크의 7배, 예나의 40배에 달했다. 학생이나 대학을 도시의 사건으로부터 격리하는 것은 전혀 가능하지 않았다.

헤겔은 이것이 반가웠다. 대학에 대한 헤겔의 생각은 피히테와는 여러모로 달랐다. 이런 사실을 헤겔이 이론을 전개한 특정 저작에서 알아차릴 수는 없다. 칸트, 피히테, 셸링, 슐라이어마허와 달리, 헤겔은 대학 공부, 학부 간의 관계, 대학의 의미에 관한 강령적인 글을 쓰지 않았다. 1816년 헤겔은 프로이센 참사관 프리드리히 폰 라우머Friedrich von Raumer를 위하여 《대학의 철학 강의에 관하여Über den Vortrag der Philosophie auf Universitäten》라는 짧은 건의서를 작성한다. 당시 브레슬라우 대학교수이던 라우머는 뉘른베르크의 헤겔을 방문했고 훗날 베를린 대학 법학부 교수로서 헤겔의 동료가 된 인물이다. 이것은 베를린에서 벌써 헤겔이 피히테의 후임으로 적당한지 떠보고 있었다는 의미이다. 라우머는 좋은 인상을 받았다. 그는 훔볼트의 후임이 되고 그다음에는 프로이센 내무장관이 된 카스파르 폰 슈크만Kaspar von Schuckmann을 안심시켰는데, 대화를 나누는 헤겔의 소통능력의 측면에 관해서도 그랬다. 베를린 대학의 신학자 빌헬름 데베테Wilhelm de Wette는 하이델베르크 시절 친구이던 프리스를 베를린 대학에 데려오고 싶었기에, 내무장관에게 헤겔이 모호하게 강의하는 정신이 흐릿한 자연철학자라고 비방했던 것이다.[17]

388

헤겔은 이 초안에서 철학 공부는 일반적 공식이 아니라 지식을 획득하는 데 기여해야 한다고 주장한다. 사유가 출신을 중화한다는 피히테의 논리는 헤겔에게는 자명하다. 하지만 대학 공부가 그 자체로 독자적 신분인 학생의 생활방식에도 영향을 끼쳐야 한다는 생각에는 동의하지 않는다. 피히테와는 달리 지극히 사교적인 헤겔은 사유와 비철학적 여가활동을 극명하게 대립시킬 수 없는 것이다. 또한 헤겔은 출신을 고려하지 않는 사유의 왕국에 머문다고 해서, 진리에의 독창적 입구를 얻기 위해 자기 자신만 깊이 들여다보아야 하는 것은 아니라고 보았다. 그러니까 헤겔은 "스스로 생각함"에 대해 재차 반론을 제기한다. 다른 사람의 생각에서 벗어난다고 해서 자기 생각이 꼭 맞는 것은 아니기 때문이다. 오히려 다른 사람의 생각에 대한 성찰은 어문학에 이어서, 직업을 준비하는 두 번째 예비학문이다.[18] 헤겔은 1813년 뉘른베르크 김나지움 강연에서 이미 대학이 "특수한 직업에 좀 더 밀착해야 하는 사명"을 지닌다고 말한다.[19] 그리고 하이델베르크에서는 철학이 종교에 관한 관심을 일깨워야 하는 과제를 지닌다고 여긴다. 마지막으로 베를린에서는 교양과 학문이 "정신적 우위를 바탕으로 현실과 정치에서 중요한 비중을 차지하게 된" 세속 국가와 동맹을 맺어야 한다고 말한다.[20]

대학을 "성소聖所"[21]라고까지 하는 슐라이어마허와 마찬가지로, 헤겔도 대학은 곧 강의이다. 강의에서 전달하는 것은 실은 독서를 통해 더욱 잘 받아들일 수 있다는 반론은 헤겔이 보기에 그릇된 견해이다. 종교철학을 제외하면 헤겔의 (예술, 종교, 역사, 철학사에 관한) 주요 강의는 모두 텍스트로 접할 수 없었다. 슐라이어마허는 "강단의 연설"이 청중의 무지를 일깨워야 한다고 주장했다. 무지한 청중에게 교사가 알고 있는 것을 제시하는 것이 아니라, "교사 자신의 인식이라는 행위 자체를 재연하여, 청중이 가령 끊임없이 지식만 수집하는 것이 아니라 인식을 생산하는 이성의 행위를 눈앞에서 목격하고 따라 하도록 해야 한다."[22] 슐라이어마허는 "배움의 배움"이라는 훗날 유명해지는 표현까지 사용한다. 이런 성찰적 배움이 이루어지는 대학 공부는 그 전의 하급학교보다 시간상 짧을 수 있다.[23] 그러나 헤겔은 이런 의견을 꽤 실용적으로 비켜 간다. 그의 강의계획은 부분들을 배우는 것보다 전체를 배우는 것이 시간이 덜 든다는 의견을 입증하는 데 매달리지 않는다. 헤겔의 교육을 조직하는 것은 다양한 "지식"과 하나의 "인식 이념"이라는 대립이 아니다. 그의 교육에는 무수한 지식, 특히 역사적 지식이 포함되는 것이다.

오늘날까지도 운터덴린덴 대학[베를린 대학]은 왕년의 하인리히 왕자 궁에 자리 잡았는데, 여기에서 1810년 10월 학사과정이 시작될 때 강사 52명에게 학생 256명이 강의를 들었다. 많은 대학생이 곧 도제들이나 군의관 학교 "페피니에르" 학생들과 싸움질을 하고, 익숙한 방식으로 학우회를 조직했으며, 서로 결투를 벌이고, 반유대주의를 마음껏 발산했다. 예나에 있을 때부터 학생단체에 반대해온 피히테는 1811년 총장으로 취임한 후 이런 분규가 이어지는 와중에 1년 만에 사임했다. 동료 교수들은 학생들의 행패에 대항하는 피히테를 별로 도와주지 않았다. 피히테는 동료 교수들에게는 성가신 존재였다. 그가 완고한 도덕주의자이기 때문이기도 했고, 자신이 한 개인이 아니라 이념의 대리자로서 행동한다고 공언하기 때문이기도 했다.

헤겔에 대해서는 아무도 성가신 존재라고 주장하지 않았다. 물론 그가 베를린에서 슐라이어마허나 자비니 같은 동료와의 분쟁에서 몸을 사린 것은 아니다. 헤겔은 지적 논쟁에 있어서 가차 없었다. 이런 불화 때문에 그는 죽는 날까지 베를린 학술원에 받아들여지지 않았다. 처음에는 슐라이어마허가 어차피 학술원의 철학 분과를 해체하려 하고 헤겔을 경쟁자라고 제대로 알아보았기 때문이었고, 그다음에는 자연과학자들이 철학자 충원을 반대했기 때문이었다. 그러나 헤겔은 13년간의 베를린 시절 내내 시 당국, 대학, 그리고 시민계급의 사회적 삶에 맞서지 않았다. 헤겔에게 철학의 논변과 사유는 개인적 어휘와 활력보다는 "정신적" 어휘와 활력, 즉 일반적 어휘와 집단적 활력으로 이루어지는 것이다. 그래서 그는 개인으로서의 자신을 크게 내세우지 않았다. 간혹 조롱하거나 냉소하기도 하고 슐라이어마허에게 끊임없이 화살을 날렸지만, 남을 시기하거나 쓸데없는 데에 정력을 낭비하지 않았다. 그가 할 일은 다른 것이었기 때문이다. 적들(특히 "천박한" 프리스)의 성격까지 비난하는 경우는, 그가 보기에 그들의 우매함이 지나쳐서 마치 의도적으로 보일 때뿐이었다. 그에게는 거의 모든 이주(예나로의 이주와 예나로부터의 이주, 바이에른으로의 이주, 그리고 하이델베르크로의 이주)를 일종의 정신지리학에 따라 해석하는 소소한 기벽이 있었다. 따라서 베를린으로 초빙을 받았다는 사실에 대해서도 크게 만족했다. 하이델베르크를 떠나기 전 누이동생에게 보낸 편지에서 "베를린은 그 자체가 거대한 중심이고, 철학은 예로부터 남독일보다는 북독일에서 더욱 필요하고 더욱 적합했다"라고 쓴다.[24]

1801/02년의 헌법 논저에서는 아직 생각이 달랐다. 그는 프로이센이 "학술적이고 예술적인 독창성이 없으며" 따라서 "정신이 결핍된 채 둔감하게 살아간다"라고 진단한 것이다.[25] 당시 프로이센은 국가의 "기계장치"로 변형된 계몽주의의 편협과 "불모"를 상징했고, 북독일은 [프로이센이 아니라] 튀링겐, 작센, 니더작센이었다. 그러나 이제 헤겔에게 베를린은 이성의 문화적 발현이라는 특징을 지닌 국가성의 개혁을 상징했다. 1818년 9월 헤겔은 프랑크푸르트, 예나, 라이프치히를 거쳐 그 개혁의 중심지로 여행했고 그곳에서 곧 편안함을 느꼈다.

이미 1816년에도 헤겔을 베를린으로 초빙하려는 시도가 있었다. 하이델베르크 대학의 초빙을 수락한 바로 그 날, 베를린의 초빙이 뉘른베르크에 도착한 것이다. 1817년 그를 재차 초빙한 것은 1814년 피히테의 별세로 인한 공석을 뒤늦게 메꾸려는 것이었다. 훗날의 전설과는 달리 정치적 고려는 없었다. 1806년부터 뮌헨에 사는 셸링을 초빙하는 것은 무망한 일로 보였다. 셸링이 베를린으로 올 것이라고 기대하지 않은 것이다. 셸링은 뮌헨에서 대학교수로나 저술가로나 특출나지도 않았다. 셸링은 1809년 저작 《인간 자유의 본질에 관한 탐구Untersuchungen über das Wesen der menschlichen Freiheit》로 헤겔의 세계에 대항하는 기획을 시작하고

392

아울러 관념론에서 벗어나려는 시도를 시작했다. 그러나 이런 저작에도 불구하고 셸링은 이제 유명한 것으로 유명할 뿐이다. 그래서 베를린 대학 학부와 1817년부터 카를 폼 슈타인 춤 알텐슈타인Karl vom Stein zum Altenstein 장관이 이끄는 문화부는 셸링 다음으로 유망해 보이는 철학자를 초빙할 것을 결정한 것이다.

이전에 피히테의 개인 강의를 수강했던 알텐슈타인은 빈 회의 이후 나폴레옹이 약탈한 미술품 반환을 조율하기 위해 파리를 방문하고 돌아오는 길에 하이델베르크에서 헤겔을 만났다. 어쩌면 그가 이 경로를 택한 것은 부아세레가 소장한 예술품을 보기 위해서였을 것이다. 그는 국왕에게 헤겔 초빙을 청원하면서, "이치에 맞지 않고 이목을 끌고 근거가 박약한 체계나 정치적이고 종교적인 편견을 멀리하고, 평정하고 냉철하게 자기 학문을" 가르칠 철학자를 찾고 있다고 말한다.[26] 헤겔은 바덴의 장관에게는 베를린으로 가는 것이 철학이 좀 더 실천적인 활동으로 바뀔 가능성까지 염두에 두는 것이라고 말한다.[27] 알텐슈타인은 헤겔이 왕립 프로이센 학술원에서 지도적 역할을 할 것이라고 말했을 것이다. 그러나 이 일은 학술원의 철학 및 역사 분과 서기인 슐라이어마허에 의해 저지된다.

알텐슈타인은 문화부를 20년 이상 이끌었다. 헤겔에 대한 그의 호의는 당연히 그의 저작을 연구해서라기보다는 개인적으로 좋은 인상을 받았기 때문이다. 그의 누이가 베를린에서 헤겔의 첫 번째 거처, 즉 프리드리히슈트라세 모퉁이의 라이프치거슈트라세 29번지 집을 임대해준 것은 이들이 가까운 사이였음을 보여준다. 헤겔이 학자로서 살아가는 여생 내내 알텐슈타인과 가까운 관계를 유지한 것은 알텐슈타인이 점점 국왕의 호의를 얻었기 때문이기도 하다. 알텐슈타인은 격렬한 분쟁을 유발한 프리드리히 빌헬름 3세의 중대 관심사에서 1821년부터 국왕의 편에 섰다. 그것은 개혁파 개신교와 루터파 개신교의 예배를 통합하고 예배에서 설교의 비중을 회복하는 문제였다. 그래서 국왕이 그에게 감사하는 것은 당연했다.

알텐슈타인의 대학 정책이 학문의 내용에 관한 생각과 결부되었는지는 불확실하다. 괴테가 부아세레에게 쓴 편지에서, 알텐슈타인은 교수 초빙을 통해 "학술적 근위대"를 불리려 한다고 말한 것[28]은 아마 프로이센 문화부가 지식인의 보호나 명성이 필요하다는 사실을 과장한 것이리라. 프로이센 재상 카를 아우구스트 폰 하르덴베르크Karl August von Hardenberg가 사망할 때까지 어차피 그와 조율하는 절차를 거쳐야 했던 알텐슈타인은 헤겔이나 법학자이자 역사학자 라우머, 지리학자 카를 리터Carl Ritter, 독문학자 카를 라흐만Karl Lachmann, 역사학자 레오폴트 폰 랑케Leopold von Ranke 같은 주요 인물을 초빙하고, 비록 실패했지만 아우구스트 슐레겔을 베를린으로 부르거나 티크를 교수로 만들려고 하기도 했다. 그러나 그에 못지않게 수많은 평범한 사람을 교수에 임명하기도 했다.

1818년 10월 22일 헤겔의 취임 강연[29]은 여러 구절에서 하이델베르크에서 했던 강연을 글자 그대로 반복했다.[30] 영향력이 있는 것은 지금도 여전히 사상 앞에서 자신을 정당화해야 한다. 그러나 하이델베르크 강연에서는 국가에 대해 언급하지 않았다. 이에 비해 베를린 강연에서는 "이제 저를 받아준" 프로이센 국가는 열등한 외적 수단을 우월한 내적 수단으로 메꿀 수 있음을 보여준다고 말한다. 헤겔은 국왕이 한 말을 알고 있던 것 같다. 베를린 시절 헤겔은 하이델베르크 강연록의 여백에 "지성 위에 건립된 프로이센"이라고 적었다.[31] 이제 나폴레옹은 더 이상 세계영혼이 아니다. 오히려 프랑스인들은 "외세의 냉정한 폭정"의 대리자이다. 헤겔이 보기에, 철학에 맞서는 회의주의자는 진리는 결코 도달할 수 없다고 주장한다. 경험적이고 우연하고 무상한 것만 인식할 수 있을 뿐, 중요한 것은 하나도 인식할 수 없으며, 신앙을 굳게 유지해야 한다는 것이다. 그러나 헤겔은 진정한 종교는 지식의 한 형태라고 단언한다.

그리하여 헤겔은 《신앙과 지식》의 모티프를 끌어들인다. 이 저서는 처음으로 그의 철학적 기획의 초안을 보여주고, 북방을 철학의 방위方位로 규정한 저서이다. 이제 그는 비이성적인 것을 세 가지 유형으로 나눈다. 우선, 명백한 것에만 국한하고 유용한 것만 염두에 두는 계몽의 유형이 그것이다. 다음으로, 칸트가 사유를 감성적 직관으로 제한된 경험이라는 의미에서 알 수 있는 것으로 제한한 것이다. 마지막으로, 낭만주의에서 절정에 이른 태도이다. 그것은 진리와의 올바른 관계는 진리를 향한 그리움이라는 태도이고, 이런 태도의 비종교적 형태로서 확고한 언명에 도달할 수 없음을 전제하고 진리 요구와 아이러니의 유희를 벌이는 태도이다. 이에 반해 헤겔은 "이성에 대한 믿음"과 "정신의 힘에 대한 믿음"을 철학 연구의 조건으로 삼는다.[32] 이 세상에서 의식이 구속된 현재 영토와 정신이 "마음을 빼앗기는" 피안을 구별하는 자는 이 두 측면이 어떻게 통일되는지 자문해야 한다. 그러니까 대상에 의존하는 것이 어떻게 자유와 결합할 수 있고, 자연현상의 우연성이 어떻게 법칙성과 결합할 수 있으며, 자유로운 행위는 어떻게 이성적인 행동과 결합할 수 있는가?[33]

헤겔은 자신의 답변을 위한 전제들을 마치 진주 목걸이처럼 늘어놓는다. 우주는 이성적이다. 부분들은 전체의 견지에서만 파악할 수 있다. 전체를 이해하도록 밀고 가는 움직임은 감성적으로 주어지는 것에 멈추는 것이 아니라 그것의 근거와 원인을 캐묻게 만든다. (지식과 방법의 대립과 관련하여) 정신은 "긍정적 내용"을 가지는 일꾼이다. 따라서 "철학 없는 철학함"은 부족하기 짝이 없다.[34] 이것은 원칙적인 것에 머물면서 그 자리에서 세계에 온갖 요구를 하는 피히테의 성향에 대한 비판이다. 헤겔은 취임 연설에서 장차 베를린에서 꼼꼼하게 강의할 것을 공표했다. 그것은 종교와 그것의 역사에서 표상 형태(이야기, 이미지, 제식)로 실현된 것을 개념으로 전개하는 이론이다. 헤겔에게 창조, 선악과, 성자, 성령 같은 것은 모두 세속과 신성이 맺는 관계의 계기인데, 이들은 아직 인식되지도 않고 철저히 사유되지도 않았다. 이런 것을 신봉해야 한다면 자유가 아니라 권위로 나아간다. 자유롭다는 것과 어떤 일을 철저히 사유한다는 것은 헤겔에게 동의어이다. "철학과의 교제는 삶의 일요일이라고 할 수 있다"[35]라는 말에서 이처럼 직관을 완성하는 날을 요구하는 것은 물론 평일에 노동한다는 것과 여가는 이러한 "곤궁한 이해관계"를 넘어 존재한다는 것을 함축한다. 사람은 일요일을 위해서 일하는 것이지, 거꾸로 일요일이 휴식을 위해 있는 것이 아니다.

사람이라. 어떤 사람은 일요일에도 일하고, 어떤 사람은 일요일에 너무 지쳐 철학을 할 수 없다. 그리고 헤겔은 대다수가 일요일에 예배 보러 간다고 전제할 수 있겠지만, 사회적 노동분업에 관한 물음은 이성에의 헌신을 찬미하는 것으로 다 답변할 수 없다. 대학의 철학에 대한 그의 관점은 거의 2천 년 전 아리스토텔레스가 이론적 학문의 사명으로 서술한 것을 근대의 상황에 적용한 것이다. 그것은 모든 목적의 설정에서 벗어나서 세계 질서를 개념적으로 해명하는 것이다. 고대 그리스에서 "테오로스theorós"는 스포츠 경기 형태로 제식을 행하는 다른 도시의 신의 축제에 파견한 정치 사절이나 멀리 떨어진 신전에서 신탁을 청하는 대리인을 뜻했다. 흔히 주장하는 바와 달리, 테오로스는 처음에는 관객이 아니었다. 나중에야 "관찰하다"는 의미가 덧붙여졌는데, 이런 의미는 세상 물정을 접하는 경험이 이런 사절의 특권으로 여겨진 데에서 나온 것이다. "테오리아Theoria는 '여행에서 얻는 경험과 인식'이 되었고, 마침내 '관찰과 인식' 일반이 되었다."[36] 따라서 이론Therie은 여가를 전제하고 이해관계로부터의 해방을 전제한다.

헤겔은 베를린의 취임연설에서, 실로 철학자를 국록을 받는, 사제의 후계자라고 부르는 데까지 나아간다. 이 때문에 예전에는 철학이 "시장과 골목으로 가고, 설교가 되고, 일상의 투쟁에서 깃발이 되었다"[37]는 훗날의 서술은 기이해 보인다. 그러나 이런 말의 취지는 헤겔이 철학을 일상의 정치에 복무하는 데 종속시키지도 않고 도덕적 가르침을 주는 것도 포기했다는 것이다. 철학은 "그 자체가 목적, 즉 국가 대사이며 모든 목적은 그것을 위한 것이다."[38] 물론 헤겔에게 철학자를 일상에서 "분리"하는 것은 완전하지 않다. 철학자의 특수한 제식 양식은 곧 현실을 다루는 것이기 때문이다. 따라서 철학의 구체적 유용성을 적시할 수 있는데, 그것은 "끊임없이 본질적인 것에 적응하는 일"이다. 따라서 그것은 우연적인 것과 익숙한 생각에 얽매이는, 즉 선입견에 얽매이는 청중을 해방하는 것이다.

헤겔의 동료 교수 카를 빌헬름 페르디난트 졸거Karl Wilhelm Ferdinand Solger는 1819년 1월 1일 티크에게 쓴 편지에서 특히 헤겔을 포함하여 "엄밀한 철학자들"의 공명심을 비판한다. 이들은 사변적 사유를 유일하게 현실적인 사유라고 확신하는 반면, 모든 (평일의) "경험적 인식은 이런 법칙들로 소급하지 않는 한" 기만적이고 공허한 사유라고 여긴다는 것이다.[39] 그는 사유에서의 여행과 경험 외에도 다른 여행과 경험도 있다고 쓴다.

헤겔 전임자인 피히테도 이런 반박에 직면한 바 있다. 1804년 그가 처음 개인 강의를 한 후에《솔직한 사람, 혹은 엄숙과 익살 Der Freimüthige oder Ernst und Scherz》이라는 잡지에 짤막한 글이 실렸다. 여기서는 "가장 그릇된 통념 중 하나는 대상의 모든 측면을 고찰해야 한다는 것이다. 그렇지 않다! 사물의 올바른 측면을 고찰해야 한다"라는 피히테의 문장을 인용했다. 그리고 익명의 필자는 "그러나 모든 측면을 알지 못한다면 어느 측면이 올바른 측면인지 어떻게 안단 말인가? 여기에 어떻게 대답할지 쉽게 예측할 수 있다. 거룩한 인간이 우리에게 어느 것이 올바른 측면인지 가르쳐줄 것이다"라고 덧붙인다. 그리고 그러면 젊은이들이 사유하기보다는 그저 믿도록 가르치게 된다는 것이다.[40] 이에 대해 피히테는 다음 강의에서 자신을 잘못 인용했다고 말한다. 자신은 사물의 "경험적 측면들"을 고찰하지 않겠다고 말했을 뿐이라는 것이다. 이때 이 잡지의 공동발행인 코체부는 자신이 필자라는 설을 부인한다.

헤겔은 베를린 시절 이런 대립을 해소하는 데 진력하게 될 것이다. 헤겔이 사물의 "경험적 측면들"에 관한 개별과학의 연구에 지나치게 양보한다는 것은 아니다. 법, 예술, 자연, 역사를 다루는 그의 강의에서는 이러한 사태들에 관한 철학적 고찰과 한낱 설명하고 이해하는 고찰, 사실들을 수집하고 정리하거나 개개 문제에 몰두하는 고찰을 구별하고자 자주 노력을 기울인다. 헤겔은 온전한 의미에서 "학문"이라는 명칭은 철학만 가질 수 있다는 의견을 고수한다.

헤겔이 베를린에서 한 첫 번째 강의에서 《철학대계》를 청중에게 소개한 것은 우연이 아니다. 이 책은 상세하게, 그리고 《논리학》이나 《정신현상학》보다 훨씬 평이한 언어로, 경험적 학문과 철학적 학문의 원리적 차이를 개진하기 때문이다. 그는 가령 자연의 세부에 관한 모든 경험적 연구에 앞서 자연 개념이 있어야 한다고 설명한다. 그러나 아울러 경험이 개념 형성의 전제이기도 하다. "철학은 자연 경험과 일치해야 하지만 그 뿐 아니라 경험적 물리학이 철학적 학문의 **생성** 및 **형성**의 전제이자 조건이기도 하다. 그러나 어떤 학문의 생성 경로 및 예비 작업과 그 학문 자체는 구별해야 한다. 학문 자체에서는 경험적 물리학이 토대일 수는 없다. 여기에는 오히려 개념의 필연성이 토대이어야 하는 것이다."[41]

따라서 헤겔은 철학적 개념 형성과 무관하게 수행하는 연구라도 암묵적으로 철학적 개념 형성을 활용하고 있음을 사후적으로라도 보여줄 수 있다고 확언한다. 가령 이런 연구는 자연을 분과 학문에 따라 규명하면서 물리적 자연, 화학적 자연, 생물의학적 자연을 구별하는 것이다. 이런 구별은 우연적이거나 한낱 역사적인 구별이 아니다. 헤겔은 이런 구별을 이성적 구별로 간주한다. 이에 반해 (베를린의 동료 교수인 해부학자이자 생리학자 카를 아스문트 루돌피Karl Asmund Rudolphi가 연구한 내장 기생충이나 1809년부터 베를린 대학 교수이던 물리학자 파울 에르만Paul Erman이 입증한 볼타 전지의 전압 감소 등) 수많은 연구 대상은 먼저 "가변적이고 우연적인 것의 장"에서 규명되고 그다음에야 비로소 일반화를 통해 개념적으로 풍부해진다.[42]

이와 비슷하게 헤겔은 법철학에 관한 강의 첫머리에서 법률가가 법률 개념을 사용하는 어법을 비판했다. 이런 어법에서는 사안의 본질은 다루지 않고 "법규, 지성 명제, 원칙, 법률"만 다룬다. 법이 처한 상황, 개별 사례, 유용한 결과에서 법을 도출할 뿐만 아니라 정당화하기까지 한다. 그러나 이렇게 해서는 전승될 기회가 없는 추악한 강압 조치와 다르게 법을 법으로 만드는 것이 무엇인지는 아직 파악하지 못한다. 만일 어떤 제도를 가져오는 역사적 상황이 사라진다면 그 제도의 의미를 어떻게 뒷받침해야 하겠는가?[43] "저 모든 끝없는 세부사항에 관한 지식"은 "이성적 통찰에는 전혀 필요 없다."[44] 박학과 인식은 서로 다른 것이다.

법사학자이자 민법학자인 구스타프 후고Gustav Hugo에 대한 헤겔의 신랄한 비판은 이러한 "사태의 본성"과 "역사적 상황"의 구별에 근거한다. 후고는 로마의 어느 법학자를 상찬한 바 있는데, 후고에 따르면 역사적 상황에 의거하여 법률을 해석한 이 법학자는 법 비판적으로 개입하는 고대 철학자 파보리누스Favorinus를 반박한 바 있다. 그리고 헤겔은 지불 기한이 지나도 빚을 못 갚은 태만한 채무자는 채권자가 죽이거나 노예로 팔아도 좋다는 당대의 법률을 정당화한 이 법학자를 겨냥한다. 이 법학자가 내세운 근거는 이런 위협을 가하면 계약 체결에 있어서 "신의와 믿음"이 강화된다는 것이다. 헤겔은 이 학자가 이를 통해 오히려 "신의와 믿음"이라는 개념과 형벌의 균형이라는 개념이 모두 파괴된다는 것을 까맣게 모른다고 비판하는 것이다.[45]

그러니까 헤겔이 개별 학문의 개념적 판단능력을 상당히 존중한다고 말할 수는 없다. 오히려 그는 이런 판단능력이 오늘날 과학철학적 성찰이라고 부르는 것을 포함해야 비로소 "참된 지식"을 산출할 수 있다고 주장한다. 그것은 학문의 대상, 근본 개념, 한계사례, 추상화를 성찰하는 것이다.[46] 헤겔 이후 거의 100년이

지나 프랑스 철학자 가스통 바슐라르Gaston Bachelard는 자연과학의 사례를 들어 이렇게 표현했다. "책상 위의 어떤 대상을 1밀리미터 움직이는 것은 과학적 활동이 아니다. 과학적 활동은 그다음 소수점 이하에서 시작한다. 어떤 대상을 0.1밀리미터 움직이려면 도구가 필요하고, 따라서 수공업이 필요하다. 나아가 가령 간섭무늬의 너비를 알아내고, 적절한 측정으로 광선의 파장을 알아내기 위해 그다음 소수점 이하에 도달하려면, 기구와 수공업적 능력뿐만 아니라 어떤 이론도 필요하다. 따라서 학술원 전체가 필요하다."[47] 세포, 소립자, 광파를 막론하고, 우주의 구조를 깊이 파고들수록 추상이 더욱 필요해진다. 물론 바슐라르가 이 글을 쓸 당시에는 이미 오래전에 개별과학 자신이 이론적 성찰을 담당하게 되었다. 그러나 헤겔은 아직 철학이 이런 성찰을 수행할 수 있다고 여겼다. 그리고 예나에서 경험했다고 자신하는 것처럼, 대학에서 철학이 자연과학보다 우위를 차지해야 한다고 여겼다.

헤겔 당대에 베를린 대학에서 교육하고 연구하던 자연과학자들의 연구를 보면, 철학 없이도 연구를 잘해 나갔음을 알 수 있다. 특히 헤겔 철학처럼 뉴턴 물리학과 대립하는 철학, 괴테의 색채론을 옹호하는 철학, 메스머Mesmer를 추종하여 동물자기磁氣설을 설득력 있다고 여기는 철학, 물이 겨우 두 가지 원소의 조합으로 구성된다는 것을 불신하는 철학, 1811년 수확한 포도의 품질이 혜성 때문이라고 생각하는 철학은 불필요했다.[48] 베를린에는 은유를 즐기는 낭만주의 자연과학에 반감을 느끼는 사람이 많았다. 자신의 이름이 여전히 셸링을 연상시키는 헤겔도 이런 데 심취하고 있다는 선입견을 이겨내야 했다. 그의 동료들은 오히려 일반식물학자 하인리히 프리드리히 링크Heinrich Friedrich Link 같은 계통학자이거나, 기생충학자 루돌피나 전기 현상을 연구하고 자연철학자를 경멸하던 물리학자 에르만처럼 전문 분야에 몰두하는 학자였다. 한편, 병리학자 크리스토프 후펠란트는 (가사假死 현상, 자기요법, 건강한 영양섭취, 천연두, 빈곤 구제와 콜레라 등) 온갖 것에 관해 글을 썼지만, 이들을 체계적으로 연관시키는 것은 필요하지 않았다.

헤겔이 개별 현상들로 이루어진 세계와 맺는 관계에는 이런 긴장이 있었지만, 학문의 근본 개념들을 철학적으로 구명하려는 그의 시도는 이런 개별 현상들에 관한 지식을 전제로 한다. 헤겔은 법, 종교, 역사, 예술, 자연철학에 대해 강의한다. 그러나 확실한 것은, 이제 헤겔이 철학 외의 분야에 대한 폭넓은 독서가 있어야 철학적으로 규명할 수 있는 대상들까지 "체계"를 크게 확장한다는 것이다. 더 정확히 말하면, 이제 헤겔은 평생 지속해온 이런 독서의 성과를 바탕으로 하여, 청중들 눈앞에 펼쳐지는 이런 세계를 규명하려고 한다.

헤겔이 개설한 강의는 많은 학생이 수강했다. 첫 학기에 자신의 《철학대계》와 《자연법과 국가학Naturrecht und Staatswissenschaft》을 다루는 강의의 수강생은 102명이었다. 반년 후에 《논리학》과 《철학사》 강의에는 170명이 들어왔다. 헤겔 강의는 피히테와 달리 명료함이나 정열이 결핍되었고, 슐라이어마허와 달리 매끄러운 노련함이 결핍되었기 때문에 이것은 더욱 놀랍다. 《할레 연보

Hallischen Jahrbüchern》에 실린 어느 글에서는 "그의 침침하고 난해한 언어, 그리고 질질 끌리고 코맹맹이의 새된 소리에다 뚝뚝 끊기기까지 하는 이야기는 끔찍하다"라고 적으면서도, 이러한 침침함이 온갖 부류의 수강생을 끌어들인다고 덧붙인다. 이들은 "즉자, 대자, 즉자대자"에 대해서나 존재와 무의 동일성에 관해서 토론한다는 것이다.[49] 헤겔의 어법에 대한 거의 예외 없는 묘사는 헤겔의 더듬거리는 말이 수 없는 헛기침으로 끊기고 생각을 표현하기 위해 힘겹게 애쓴다는 것이다. 1824년 강의를 들은 루트비히 포이어바흐Ludwig Feuerbach만이 헤겔의 강의가 저서보다 명료하다고 생각했다.[50]

강단의 헤겔에 관한 가장 인상적인 묘사는 훗날 헤겔 미학강의 편집자인 하인리히 구스타프 호토Heinrich Gustav Hotho의 서술이다. "맥 빠지고 뿌루퉁한 채, 고개를 깊이 숙이고 오그라드는 것처럼 앉는다. 그리고 이야기를 계속 이어나가면서, 길쭉한 2절판 공책을 앞뒤로, 위아래로 뒤적이며 찾는다." 언변은 유창하지 않고, 또렷하지 않은 슈바벤 사투리는 계속 끊기고, 모든 문장은 따로 논다. 헤겔은 생각을 말로 표현하고 나서도 계속 생각한다. 논변은 앞으로 나가지 않고 "같은 단어를 가지고 계속 같은 지점을 맴돈다." 그러나 이 때문에 집중력을 잃고 산만해진 사람은 몇 분후에 맥락을 완전히 놓친다. 그사이에 사유가 격동했기 때문이다. 헤겔은 아주 간단한 사안을 설명하는 데에는 애를 먹지만, 난해하기 짝이 없고 "감각과 무관한 추상"에 있어서는 제법 유창하다. "그는 마치 제 세상을 만난 양 그것과 하나로 얽히는 것 같다.

그리고 전체 그림을 그리고 난 다음에야, 이 그림을 무너뜨리거나 다음 단계나 형태로 이행시키는 결함과 모순을 드러낸다."⁵¹

이런 서술은 하인리히 폰 클라이스트Heinrich von Kleist의 1806년 논문 〈말하면서 생각이 점차 생기는 데 관하여Über die allmählige Verfertigung der Gedanken beim Reden〉의 예화처럼 읽힌다. 이에 따르면, 다른 사람을 가르치려 한다면야 자기가 이해하는 것만 이야기해야 할 것이다. 그러나 스스로를 가르치려 한다면, 생각은 말을 하면서 생긴다. 마치 식사를 하면서 입맛이 살아나는 것처럼. "무언가를 아는 것은 우리라기보다는 일차적으로 우리의 특정 상태이기 때문이다."⁵² "다른 사람을 가르치는 것"과 "스스로를 가르치는 것"의 이 차이야말로 훔볼트가 대학 강의가 극복해야 한다고 요구한 것이다. 헤겔의 청중이자 독자인 문학사가 알렉산더 융Alexander Jung은 이와 비슷하게 헤겔의 표현방식을 묘사한다. "그의 책을 읽을 때는, 아직 언어가 존재하지 않는다고, 그는 생각하면서 바로 지금 언어를 창조하고 있다고 생각해야 한다. 그의 생각은 말이고 말은 생각이다. 모든 것이 막 생겨난다."⁵³

뒤에서 보게 되겠지만, 사실 헤겔 강의의 침침함은 늘 똑같지는 않다. 《논리학》이나 자연철학 강의의 부분들에 비하면, 자신의 근본적인 생각을 지나치듯 해명하는 구절들은 꽤 일목요연하다. 가령 철학사 강의에서 야코비에 대한 생각을 개진하는 구절이다. 야코비는 개념화란 하나의 사태를 다른 사태를 통해, 즉 "그것의 가장 가까운 원인"을 통해 해명하는 것이라는 사실로부터, 무제약자인 신은 개념화할 수 없다는 결론을 도출했다는 것이다. 그러므로 신은 무매개적이고, 그래서 우리는 지식이 아니라 신앙으로 신을 대한다. 그러나 헤겔은 그렇다면 우리는 구체적 규정 없는 신의 존재를 믿을 뿐이다. (황소로 나타나는 신, 목소리로 나타나는 신, 십자가에 매달린 신 등) 구체적 규정은 다시 유한하고 제약이 있고 매개된 것이기 때문이다. "예를 들어 나는 미국을 무매개적으로 안다고 해도, 이것은 실은 꽤 매개된 지식이다. 내가 미국에 있으면서 그 대지를 볼 수 있으려면, 그보다 앞서 그리로 가야 하고, 그보다 앞서 콜럼버스가 그것을 발견해야 하고, 선박을 건조해야 한다. 그 외의 온갖 발명품도 필요하다. 지금 우리가 무매개적으로 아는 것은 실은 무한히 많은 매개의 결과이다. 나는 직각삼각형을 보면, 직각을 낀 두 변이 각각 이루는 두 정사각형의 넓이의 합이 빗변이 이루는 정사각형의 넓이와 같다는 것을 안다. 나는 이것을 무매개적으로 알지만, 사실 이것을 배웠을 뿐이고 증명이라는 매개를 통해 확신하는 것이다. 따라서 무매개적 지식은 언제나 매개된 것이다." 이것은 신에 대해서도 성립한다. 신이라는 개념에 이르려면, 아니 심지어 신에 관한 감정에 이르려 해도 수많은 전제가 필요하다. 무제약자의 개념은 제약된 것이다. "따라서 무매개적 지식과 매개적 지식의 대립은 아주 공허하다. 이런 것을 참된 대립으로 여기는 것은 최악의 진부한 생각 중 하나이다. 무매개성이 독자적으로, 아무 매개 없이 그 자체로 존재할 수 있다는 생각은 지독하게 말라붙은 지성일 뿐이다."[54] 무매개적인 것의 매개됨에 관한 《논리학》의 구절을 이런 설명과 나란히 놓아보면, 베를린에서 헤겔의 강의를 침침하다고 부를 수 없을 것이다.

《정신현상학》 이후 헤겔의 저서는 실상 책이 아니라 "강의 메모"일 뿐이라는 테어도르 아도르노Theodor W. Adornos의 생각은 이런 맥락에서 주목할 만하다.[55] 이 말이 헤겔의 대논리학에도 해당하는지는 의문스럽다. 뉘른베르크 시절의 강의를 위한 논리학조차 자유롭게 강의한 것보다는 학생들이 기억하고 복습할 수 있게 받아쓰게 한 것이 대부분이기 때문이다. 하지만 이것은 당연한 의미로 강의에는 해당한다. 아도르노는 헤겔의 강의가 수강자의 강의 공책이나 강의 원고 초안으로만 전해오는 것이 기이하다고 평한다. 논리학에서는 그렇지 않지만 "그토록 엄청난 요구를 내세우는 사유가 확정적이고 최종적으로 전승되기를 단념했다는 것"은 "그것의 서술 이념으로만, 즉 서술의 부정으로만 설명할 수 있다." 아도르노는 헤겔이 예술, 역사, 종교, 철학사에 대한 진술을 최종적이고 결정적으로 정리하기를 단념한 데에서, 자의성이라는 특징까지, 아니 사유에서 움직임과 멈춤의 교체에 대한 낭만주의적 탐닉까지 읽어낸다. 이런 것은 헤겔 저작의 다른 필치에는 낯설다는 것이다. 그러나 헤겔의 이런 단념을 단순하게 이해할 수도 있다. 즉, 그것은 노동하는 정신이 강의실에서 실제로 나타나는 것이다. 인식 획득과 교육이 독자를 위해 정리하는 것보다 일단 중요한 것이다.

정치적으로 난처해지다

- 겁쟁이, 경솔한 사람,
추밀고문관 크나르판티

"비방은 미풍 같아서,
생길 때는 거의 들리지 않고,
불 때는 고요하고 나지막하지.
귀 기울여 보자, 이제 바스락거리기 시작하네,
점점 가까이, 점점 가까이 다가오네."

〈세비야의 이발사 Der Barbier von Sevilla〉

Kapitel 13

정치적으로 난처해지다

헤겔은 프로이센 국가의 중심에서 철학적으로 풍요로운 명성을 기대했다. 그는 오래도록 이런 명성을 누리지 못한 것이다. 1819년 3월 말 니트하머에게 쓴 편지에서 헤겔은 이처럼 평온하고 만족하고 넉넉하게 산 적은 오랫동안 없었다고 쓴다.[1] 그 후로도 넉넉함은 계속 유지될 것이다. 1년에 네 차례 지급되는 2천 탈러의 봉급은 수강료("시장, 대령, 추밀고문관까지 강의를 들으러 왔다"[2])와 수험료로 4분의 1가량 올라간다.[3] 그러나 헤겔이 이처럼 만족감을 드러내던 때, 이 평온한 시간을 순식간에 종결시킬 어떤 일이 겨우 사흘 전에 일어났음을 그는 아직 모르고 있었다. 1819년 7월 20일 《일반 프로이센 국정신문Allgemeine Preußische Staats-Zeitung》은 이 일에 대해 이렇게 쓰고 있다. "지금까지 독일에서 일어난 선동적 책동을 수사하는 것은 온 나라의 평온함을 위해서나 모든 합법적 국민을 위해서나 매우 중요하다. 이미 상당 정도 수사 결과는 나왔다. 이에 따르면, 정부가 이미 조사한 바와 같이 여러 독일 국가에 퍼져 있는 단체의 존재가 입증되었다. 사악한 인물들과 꿈에 빠진 젊은이들로 이루어진 이 단체의 목적은 독일의 현재 헌정 질서와 개별 독일 국가들을 전복하고 독일을 통일, 자유, 그리고 이른바 민족성에 기초한 공화국으로 개조하려는 것이다."[4]

　1819년 3월 23일 예나의 대학생 카를 루트비히 잔트Karl Ludwig Sand는 괴테 시대의 인기 극작가 코체부를 만하임 자택에서 칼로 살해했다. 코체부는 성공을 거두었으나 다소 음험하고, 무엇보다도 자신의 명성을 지나치게 과대평가한 작가였다. 그는 언론을 통해 독일의 학우회에 퍼부은 조롱으로 이목을 끌었다.[5] 그는 무엇보다도 체조를 주창한 학우회 광신도 프리드리히 루트비히 얀Friedrich Ludwig Jahn을 비꼬았고, 학우회의 자유주의, 독일 숭배, 외국인 혐오를 비웃었다. 《문학 주간지Literarischen Wochenblatt》에 실린 글에서는 얀의 체조 기구들에 매달리는 그의 제자들은 피가 머리로 쏠린다고 썼다. 이들의 애국적 고함에 대해 이웃 유럽 국가들은 홍소를 터뜨린다는 것이다. 게다가 유혹이나 뚜쟁이질을 즐겨 다루는 코체부의 희극은 순수하다고 자처하는 학생들에게는 상당히 풍속에 어긋나게 보였다. 그뿐 아니라 민족주의자들은 쾨니히스베르크 주재 러시아 총영사 직함을 가진 코체부를 외국 첩자로 간주했다. 그가 독일 지성계와 관련하여 그 전제 국가에 유리한 소식을 상트페테르부르크로 전하고 있다는 것이다. 코체부는 1800년 봄 이미 러시아에서 자코뱅주의자로 체포된 적이 있었다. 그러나 시베리아로 추방된 그는 석방되고 리보니아의 영지와 400명의 농노까지 하사받았다. 황제 파벨 1세에게 〈표트르 3세의 늙은 마부Der alte Leibkutscher Peters Ⅲ〉라는 감상극을 헌정한 덕분이다.[6]

지극히 독일적이고 민주주의적이며 희생을 불사하는 성정을 지닌, 격정적인 학우회원들은 1815년 빈 회의 이후 환멸을 견뎌야 했다. 나폴레옹의 멍에를 벗어던짐으로써 독일 국가들의 통일 가능성이 높아졌다는 기대가 실현되지 않은 것이다. 그들은 코체부를 기존 질서를 대변하는 매수된 저명 언론인으로 생각했다. 러시아 황제의 이익을 위해서, 그리고 "상식"과 그것의 안온한 제도라는 틀에 들어맞지 않는 모든 것과 투쟁하기 위해서 자신의 펜을 빌려준 자라는 것이다. 1817년 이미 학생들은 바르트부르크에서 자울 아셔Saul Ascher의 《게르만광Germanomanie》, 나폴레옹 법전, 카를 루트비히 폰 할러Karl Ludwig von Haller의 《국가학의 복원 Restauration der Staatswissenschaften》과 더불어 코체부의 《독일제국사 Geschichte des Deutschen Reiches》도 불살랐다. 코체부의 이 책은 독일적이고 기독교적인 중세에 대한 열광적 숭배를 비판한 것이다.[7]

코체부 암살은 유럽의 군주정에 대한 어떠한 비판이라도 의심의 눈초리로 주시하던 세력들에게 다시 학생들에게 강경하게 대처할 반가운 구실을 마련해 주었다. 오스트리아 재상 메테르니히 Metternich에게 독일 언론과 대학은 이미 오래전부터 의혹을 사고 있었다. 1818년 아헨 회의에서 러시아 황제는 신성동맹에 속한 프로이센, 오스트리아, 러시아, 영국, 프랑스의 대표자들에게 각서를 제안했다. 이 각서는 독일 영토와 특히 독일 대학에서 사상의 자유를 통제할 것을 요구했다. 이 문서는 몰다비아 출신 러시아 외교관 알렉산드르 스투르자Alexander Stourdza가 작성했는데, 그는 그전에 독일어로도 출간된 정교회 찬양 문서로 널리 알려진 인물이었다. 이제 그는 독일 대학을 "국가 내의 국가", "수 세기에 걸친 모든 오류의 서고書庫", 종교적 냉담의 온상이며, 따라서 (독자가 이렇게 추정할 수 있듯이) 정치적 반항의 온상이라고 맹공을 퍼부었다. 독일은 유럽 중앙에 있는 "로마제국의 텅 빈 관棺"이며 따라서 스스로에게 내맡겨두기에는 너무 중요하다는 것이다.[8]

그러나 프로이센에서 억압적 세력은 아직 우위를 점하고 있지 않았다. 국가는 모든 자유주의 성향에 맞서는 가톨릭과 정교의 동맹에 합류하기를 여전히 주저했다. 따라서 이 세력에게 잔트는 때맞추어 나타난 것이다. 1819년 4월 말 메테르니히는 로마에서 프리드리히 폰 겐츠Friedrich von Gentz에게 보낸 편지에서 이 일은 행운이라고 썼다. "훌륭한 잔트는 […] 가련한 코체부를 희생하여" 이제 다시 되돌려야 할 종교개혁에서 비롯된 "대학의 비행非行"에 본때를 보일 수 있게 해주었다.[9] 이러한 대립을 가장 입체적으로 보여주는 것은 헤겔의 생각이다. 그는 "게르만" 세계가 자유의 역사에 이바지하는 것이 종교개혁이고, 독일 철학까지 이르는 종교개혁의 정신적 영향이라고 보는 것이다. 이에 반해 메테르니히는 종교개혁을 뒤로 무르고자 했고 이를 위해 본능적으로 대학과 사상의 자유를 겨냥한 것이다. 잔트의 범행 직후에는 이에 대해 명백하게 거리를 두지 않는 사람들에 대한 탄압이 시작되었다. 1819년 9월의 카를스바트 결의는 학우회를 해산하고 검열을 확대하며 자유주의자라는 의심을 사는 교수들을 파면할 토대를 마련했다.

베를린으로 돌아와 보자. 이제 《일반 프로이센 국정신문》에 실린 저 글을 읽는 헤겔을 상상하면 의문이 떠오른다. 프랑스혁명 구호인 "평등, 자유, 우애"를 "통일, 자유, 민족성"으로 옮겨놓은 것을 보는 그의 머리에는 어떤 생각이 떠올랐을까? 꾐에 빠진 젊은이들이 독일의 국가들을 공화국으로 개조하고자 작당하고 있다는 우려는 헤겔에게 젊은 시절을 떠오르게 했을지도 모른다. 민족적 통일의 촉구? 그는 헤르더를 따르면서 공동체 형성의 표현으로서 "민족정신"에 대해 깊이 사려하지 않았던가? 이러한 혁명적 목적의 "사도들"을 "법과 자유의 설교자"로 자처하며 특히 "끔찍한 자코뱅주의 이론"을 수단으로 "대학의 젊은이들을 꾀어내고자" 획책하는 인물들로 묘사한 것도 헤겔에게 튀빙겐 시절 구호이던 "신의 나라"와 프랑스혁명에 대한 자신의 열광을 떠올리게 했을 것이다. 물론 당시 그는 자코뱅당보다는 지롱드당에 더 공감했지만 말이다.

이제 그로부터 사반세기가 지났다. 헤겔은 그동안 자신의 철학으로 1789년 혁명을 이념 혁명으로 진지하게 수용하고 근대 세계의 출현을 그 상호모순적 영향들과 관련하여 분석하고자 했다. 먼저 종교, 국가, 법률, 예술에서 모든 "실정적인 것"이 빠져드는 이런 모순들을 확인해야 했다. 이제 안정은 단순히 전통에 바탕을 두거나 신이 원하는 만물의 질서에 바탕을 둘 수는 없었기 때문이다. 하지만 나아가 이런 모순을 이 사회적 세력들의 지속적 영향력과 조화를 이루게 하고, 시대의 단절과 연속을 하나의 구상 하에 포섭하는 일도 필요했다. 따라서 자유Freiheit는 그 개념에 있어서 단지 (그 시대의 언어유희를 따라) 불손Frechheit인 것이 아니라 이성이라는 점을 입증해야 했다.[10] 헤겔에게 자유로운 행동은 근거를 가지고 행동하는 것이기 때문이다. 다시 말해 인과적 설명이나 전통이나 유용성 따위를 끌어들이지 않고 스스로 도달한 논변의 수준에서 행동하는 것이다. 여기에서 생기는 의문은 헤겔이 흔히 "시민사회"라고 칭해지는 것을 근대 사회와 동일시했는지, 그리고 그것의 발전이 이미 완료되었다고 여겼는지이다. 그렇다면 나폴레옹을 포함해 프랑스혁명은 세계사적 역할을 다했고 "신의 나라"는 실현되었을 것이다. 세계에서 신성이 사라졌다는 낭만주의의 불만이나 계몽주의의 환희와는 달리, 헤겔은 양 진영이 공유하는 전제, 즉 구세계와의 절대적 단절이라는 전제를 반박한다. 특히 정치적 혁명으로 생겨났으나 오직 그것으로만 생겨난 것은 아닌 이 세계의 병폐는 헤겔의 생각으로는, 사실에 입각하지 않은 자기 해석이자 일면적 서술이고 이후에 "이데올로기"라고 불리는 것이다. 그 자신의 사상 경로는 바로 이러한 오류들에서 탈피하려는 노력으로 볼 수밖에 없다.

따라서 헤겔은 프로이센의 정치적 분쟁에 당혹할 수밖에 없었다. 물론 1819년 베를린의 상황은 그가 보기에는 1793년 튀빙겐의 상황과는 확연히 다르지만 말이다. 그가 보기에 이제 시작되는 시대에 가장 중대한 일이 바로 자신을 통해 이야기된다는 그 느낌이 여러모로 시험에 들게 되는 것이다. 학문이 철학에 귀기 울이는 일은 점점 줄어든다. 예술은 어떤 식으로든 낭만주의와 아이러니로 빠지는데 그에게는 몹시 거슬리는 일이다. "인륜적 세계의 무신론"[11](하지만 헤겔에게 훨씬 더 염려스러운 것은 인륜적 세계가 종교 자체에 냉담한 것이다)이 확산하고 있다. 그리고 "욕구의 체계"인 경제는 이미 오래전부터 이성적 자유의 제도인 국가 및 법률과 경쟁하고 있다.

국가 질서에 대한 학생들의 저항을 어떻게 받아들일 것인가라는 구체적인 사안에서 헤겔은 어느 편도 들지 않는다. 《일반 프로이센 국정신문》의 표현들도 헤겔보다는 그의 동료인 슐라이어마허와 구약 및 신약학자 데베테를 겨냥했다. 슐라이어마허는 예전부터 학생 조합에 우호적이었다. 그는 매제인 에른스트 모리츠 아른트Ernst Moritz Arndt에게 보냈다가 압수당한 편지에서 프리드리히 빌헬름 3세가 우스꽝스러운 인물로 보인다고 거리낌 없이 말했고, 나아가 모임에서는 암살자 잔트를 위해 건배했다.[12] 또한, 철학자 프리스의 측근이자 헤겔의 숙적인 데베테는 1818년 가을 예나에서 잔트와 아는 사이가 되었고 그 후에는 (그렇지 않아도 장 파울 출생지여서 지성인들을 끌어들이던) 분지델에 있는 잔트 가족을 방문했다. 1819년 데베테는 교수직에서 쫓겨났고 심지어 프로이센에서 추방되었다. 1819년 가을 잔트 모친에게 장문의 위로 편지를 보냈기 때문이다. 이 편지에서 데베테는 암살 자체는 비난하면서도 잔트의 동기는 옹호했고 그 행위를 "시대의 아름다운 증거"라고 불렀다.[13] 여기에는 개신교 신학이 드러난다. 누구나 세상의 법정 바깥에서 오직 신앙에 따라 판결받고, 죄는 그 죄를 짓게 만든 신념의 순수함으로 상쇄된다. 그리고 잔트는 자기 마음의 가장 고상한 충동을 위해 죽음을 결의했다는 것이다. 데베테는 추신에 자코뱅파의 장 폴 마라Jean-Paul Marat를 암살한 지롱드파 샤를로트 코르데Charlotte Corday에 관한 장 파울의 에세이 한 구절을 덧붙였다. 여기에서 장 파울은 그녀의 행위를 브루투스의 카이사르 암살에 비유한 것이다.

하지만 데베테는 잘못 짚었다. [장 파울과 잔트의 공통의 고향인] 분지델이야 어떻든 간에, 장 파울은 이 행위들이 서로 다르다고 생각했다. 장 파울은 길고도 복잡다단하지만 숨막힐 만큼 도덕적으로 명료한 두 문장으로 이런 비유를 반박한다. 소설《카첸베르거 박사의 온천여행Doktor Katzenbergers Badereise》다음 판에 다음과 같은 구절을 끼워 넣은 것이다. "지성과 감성 모두 탁월하신 매우 존경할 만한 학자 한 분이 [코르데에 관한 에세이의] 상기 대목을 매우 그릇되게도 어떤 열렬한 젊은이에게 적용했으나, 이 젊은이가 탁한 젊음의 불에서 끓여낸 행위가 브루투스의 행위를 연상케 하는 것, 그리고 그 젊은이 자신이 브루투스를 연상케 하는 것은 단지 두 경우 모두 자유를 위해 한 사람의 생명이 희생되었지만, 바로 이 자유가 이후에 더욱 심각하게 희생되었다는 점뿐이다. [희생자의] 어떤 **행위** 때문이 아니라 어떤 **의견** 때문에 두 사람의 목숨을, (모든 살인은 곧 자살이기도 하므로) 다른 사람의 목숨과 자신의 목숨을 빼앗은 이 끔찍하게 눈먼 자는 자신이 (법정이라기보다는 단지 **한 명의**) 재판관이며 검사이며 증인이며 형리

이기 때문에, 그가 은밀하게 목숨을 빼앗은 희생자에게 변호인도, 심문도, 집행 연기도 허용하지 않았기 때문에, 인류가 아무리 최악의 범죄자에게도 가족과 그 자신과의 정산을 위해 기꺼이 허용하는 시간조차 허용하지 않았기 때문에, 종교재판소보다 끔찍한 것을 만들었으며, 자신의 결백과 타인의 폭력적 죄악이라는 유독한 감정으로 행동한 것이다."[14] 이 마지막 부분에서는 독선에 대한 개신교의 반감이 드러나고 있다.

사실 잔트가 제지한 그 사람은 정치적으로 유력한 행위자라기보다는 그리 중요하지 않지만, 눈에 잘 띄는, 어떤 의견의 유포자 중 한 사람이었다. 코체부는 어떤 행위를 해서 살해된 것이 아니라, 뻔뻔스럽게 연출한 명성, 경박한 태도, 그리고 자신의 의견 탓에 살해된 것이다. 그런데 예로부터 도덕주의자들은 행위보다 의견이 더 중차대하다고 여기는 것을 마치 특권처럼 여겨왔다. 잔트나 그 추종자들이 따르는 공식은 단순했다. 사람됨은 도덕적 행위 능력에 기초하는데, 코체부는 조국의 해방이라는 숭고한 명분을 조롱하는 몰염치한 행위를 저질렀으므로 사람됨을 박탈당했다.[15] 기센 대학의 원조 학우회원 카를 폴렌Karl Follen(그가 속한 집단은 〈무조건〉이라는 단체명을 자랑스럽게 내걸었다)은 1819년 예나 대학 법학부에서 사강사로 활동하면서 잔트에게 영향력을 행사했다. 폴렌은 윤리적으로 필요한 일은 폭군 살해 같은 일일지라도 즉각 실행에 옮긴다는 원칙을 잔트에게 불어넣었다. 설령 그 폭군의 직업이 희극 작가에 불과하더라도 말이다.[16]

헤겔이 이런 견해로 젊은이를 유혹한 사람으로 여겨지지 않았다는 것은 명백하다. 그의 모든 사상은 엄격한 도덕을 공적 행동의 척도로 드높이는 데 반대했다. 그는 젊은 시절부터 미덕을 자신에게나 전체에게 요구하는 것으로 보았지, 구체적으로 다른 사람들에게 요구할 수 있는 것으로 보지 않았다. 나아가 그는 전체에 대한 요구, 즉 덕 있는 행동이나 경건한 행동을 가능하게 만들어야 한다는 요구를 혁명적 억압이 아니라 개혁을 옹호하는 관점으로 보았다. 그는 프랑스혁명의 미덕 테러를 "교만한 광기"로 간주하거나 때로는 이기주의의 역설적 형태, 즉 독선으로 간주하면서 분석했다. 헤겔의 사상은 이렇다. 개인은 인류의 안녕을 염려하더라도 이러한 안녕에 대해 아주 특수한 견해, 즉 자신만의 견해를 가지고 있다. 그의 행동과 판단의 근저에 무엇이 있는지가 자신에게는 명료하다. 다시 말해, 그의 심정은 그가 신봉하는 것의 명증함을 자신에게 알려준다. 그러나 이 심정에 그 개인이 자신에게서 읽어내는 것들도 제법 많이 들어있음은 부인한다. 마치 야코비와 칸트를 더하는 덧셈과 같다. 감정의 확신[야코비]에다가 그 확신을 법칙으로, 즉 이런 통찰 외의 다른 모든 것에 부과되는 법칙으로 다루는 것[칸트]을 더하면, 곧 실천적 결정이 도출된다. 광신주의자는 타인이 자신의 전제를 공유하지 않는다는 것은 상상조차 할 수 없다.

동료 교수 졸거의 유작에 대한 1828년의 서평에서 헤겔은 학생들의 반란과 잔트에 대한 자신의 견해를 표현하기 위해 졸거를 인용한다. "그러나 이제 늙은 겁쟁이를 살해해서 조국을 구하겠다는 저 편협한 어리석음! 세계의 어린 판관으로서 이른바 악덕을 심판하겠다는 저 냉정하고도 뻔뻔한 교만! 종교를 가지고, 나아가 끔찍한 만행을 정당화하는 미사여구를 가지고, 자신을 속이는 공허한 기만!" 헤겔은 이 "정치적이고 철학적인 광대들"을 가르친 교수들을 주목하는 것이 중요하다는 데 찬동한다. 그러면서 1819년 사건에 대한 졸거의 묘사가 생전에 공개되지 않은 것을 한탄한다. 물론 그 사건 후 얼마 지나지 않아 세상을 떠난 졸거는 [이러한 묘사가 공개되지 않음으로써] "비굴한 신념을 지녔다는 중상모략"을 생의 마지막 반년 동안 피할 수 있었다.[17]

그러나 헤겔은 이런 중상모략을 피할 수 없었다. 우리가 곧 보겠지만, 헤겔은 모든 진영 사이에서 난처한 처지에 있었다. 어떤 사람들은 헤겔, 헤겔의 철학, 프로이센 정치에 대한 헤겔의 입장에 비판적 동력이 없다고 아쉬워했다. 나중에는 헤겔이 "불만이 많아서 세상을 바꾸려는 사람들을 역사철학으로 계몽된 정적주의靜寂主義로 교육하려 한다"[18]는 비방까지 받았다. 즉, "일부 경솔한 젊은이의 망상적 행동"[19]만으로 혁명이 일어나지는 않는다는 이론적 관점을 취하는 사람은 실천적 과제를 소홀히 하고 있다는 것이다. 헤겔은 정치적 행동이나 나아가 "변혁적 실천"을 철학적으로 이끌지 않는다는 평가를 받았다. 물론 뷔르템베르크에 관한 논문이나 헌법을 다루는 글에서 나타나듯이 헤겔도 1800년 무렵까지는 이런 야망을 품고 있었지만, 예나 시절 말미에는 이런 야망을 포기하고 귀족적이고 정관적靜觀的인 이론 개념으로 전향했다는 것이다. 이런 평가가 1807년 이후 헤겔 저작에 들어맞는지는 의문스럽다. 그러나 더욱 의문스러운 점은 헤겔의 논리학, 법철학, 종교철학 강의를 탐독하는 일의 "비판적" 효과를 과소평가하는 것이다. 청년 헤겔이 카를 마르크스를 선취했다고 상찬할 필요는 없다. 청년 마르크스를 비롯한 여러 사람이 노년의 헤겔 덕분에 얻은 것을 깨닫는다면 말이다.

또 어떤 사람들은 이와 반대로 헤겔의 저서에서 혁명 정신을 느꼈다. 그들은 헤겔 제자들이 군주정의 충실한 지지자가 전혀 아니라는 의혹을 품었다. 그뿐 아니다. 직접 공격을 받은 슐라이어마허와 데베테는 신학 및 철학의 견해가 헤겔과 다르지만 그래도 헤겔과 가까운 학술장에 있었다. 1819년 5월까지도 세 교수는 학우회원들과 함께 베를린 서쪽 하펠강변에 모여서 반 나폴레옹 해방전쟁의 첫 전투인 뤼첸 전투를 기념하고, 피헬스베르크 언덕 위에서 포도주를 마셨다. 이날 약 90명이 참석하여 157병의 적포도주를 마셨다.[20] 헤겔 강의를 들은 사람 중에는 반란의 의혹을 받는 학생들도 있었다. 저 하펠의 주연에서 헤겔의 제자 퓌르스터는 "잔트를 기리는 것이 아니라, 단도로 찌르지 않아도 악이 무너지기를 기원하며!"[21]라고 건배사를 외쳤다. 나중에 헤겔 강의의 보충 교사가 되는 레오폴트 폰 헤닝 Leopold von Henning은 학우회원으로서 베를린의 "선동자 검속" 와중에 구금되었다. 로젠크란츠에 따르면, 그가 갇힌 시립형무소의 감방은 슈프레강 쪽을 향하고 있었는데, 그의 동학들이 밤에 배를 타고 그곳을 방문할 때 헤겔도 끼어있었다. 이들은 조심하느라 라틴어로 대화를 나누었다고 한다.[22]

헤겔의 제자인 법학도 구스타프 아스베루스Gustav Asverus도 구금되었다.[23] 예나 대학 법률고문인 그의 부친은 헤겔의 사생아를 둘러싼 교섭에서 이 철학자의 편에서 자문한 바 있다. 구스타프 아스베루스는 하이델베르크에서 학우회의 철학적 기반을 제공한 프리스와 가까워졌고, 매우 민족주의적이고 반유대적인 단체의 회원이었다. 그러나 그다음에는 헤겔과 친분을 맺고자 했는데, 이를 통해 그는 점차 온건해졌다. 그러나 베를린 대학으로 옮긴 후에도 특별히 헤겔 철학에 관심을 가지지는 않았다. 처음 구금된 것은 예나에서의 결투 때문이었다. 그러나 암살자를 찬양하는 옥중편지에서 그가 헤겔의 사상으로 간주한 구절을 활용했다. "영원히 진보하는 세계정신"은 행위를 통해 권리를 주장한다. 그 이유는 "만인의 자유와 조국의 통일"을 쟁취해야 하기 때문이다. 물론 헤겔은 그에게 "공화정, 선거군주정, 재산의 평등은 전혀 도움이 되지 않는다"라고 했지만 말이다. 1819년 7월 구스타프 아스베루스는 다시 체포되었는데, 이번에는 선동 혐의였다. 헤겔은 프로이센 치안부에 그는 "아집에 찬 교만이나 몽상에 빠지지 않았습니다"[24]라는 탄원서를 제출했다. 1년 동안 갇혀있던 구스타프 아스베루스는 1826년에야 [사면을 받아] 석방될 수 있었다.

당시 치안부 책임자는 카를 알베르트 폰 캄츠Karl Albert von Kamptz (하나의 모음과 다섯 개의 자음으로 이루어진 [캄츠Kamptz]라는 성은 독일 성일 수는 없겠다)였는데, 헤겔 주변에서 호평을 받지 못했다. 바르트부르크에서 학생들이 책들을 불살랐을 때 캄츠의 1815년 저서 《흥미로운 경찰법 총서Sammlung interessanter Polizeigesetze》(부제는 헌병대 수칙Codex der Gensd'armerie)도 여기 포함되었는데, 이후 캄츠는 분서의 적법성 여부에 대해 상세히 논한 바 있다. 이에 대해 헤겔의 제자 푀르스터는 냉소적인 글로 응수했다. 그는 이 치안 책임자의 빈약한 독일어와 무지(그는 "표명하다bezeigen"와 "증언하다 bezeugen"를 혼동하고, "어릿광대들Histrionen"이라는 말을 뜻도 모르면서 쓰고 있다)를 폭로했을 뿐 아니라, 그 주장의 법률적 취약성과 어이없는 입법 제안을 "명백한 헛소리"라고 질타했다. 푀르스터는 나중에 프로이센 법무장관이 될 캄츠에게, 저자의 마음이 아무리 상했더라도 어떤 저작에 반대하는 것이 곧 "명예훼손"은 아니라고 훈계했다. 그러려면 저작에 대한 비판을 표현하는 분서 외에도 저자에 대한 욕설이 더해져야 한다. 그러나 바르트부르크에서는 저자를 이렇게 모독하지 않았다. 아니, 캄츠는 실상 저자도 아니고 단지 경찰법들을 모아놓은 편집자에 불과하다. 이 치안 책임자가 젊은이들에게 "선동적 강령이라는 독을 주입하는" 대학교수들의 저작과 신체를 불태울 장작더미를 요구하는 것이야말로 공정한 프로이센 사람을 오싹하게 만드는 일이다.[25]

그로부터 얼마 지나지 않은 1822년 캄츠는 원치 않는 문학적 명성을 얻었다. E. T. A. 호프만E.T.A.Hoffmann의 마지막 소설《벼룩대왕Meister Floh》에 크나르판티Knarrpanti 추밀고문관으로 등장한 것이다. 이 기이한 일종의 크리스마스 동화는 주인공 페레그리누스 티스Peregrinus Tyß가 하필 "쾌적한 로스마르크트 광장의 굉장한 저택을 소유한"[26] 프랑크푸르트를 배경으로 한다. 이 중 한 편의 에피소드에서는 귀부인이 유괴당했다는 소문이 떠돈다. 이런 소문은 아직 검찰이 없던 당시에 법원에서 수사를 반드시 개시해야 하는 이유가 된다.[27] 그러나 수사를 통해서도 유괴당한 여인이 누구인지 알 수 없었고 그녀가 유괴되었다는 저녁 모임의 손님들도 누구인지 알 수 없었다. 경찰이 이 사안을 종결하려는 찰나에 저 크나르판티가 등장한다. 사실 이 자는 다른 데서 실종된 공주를 찾고 있었지만, 프랑크푸르트에서 유괴당했다는 귀부인을 찾는 일에도 구미가 당겼다. 그는 범인을 이미 알고 있었다. 바로 티스가 범인인 것이다. 크나르판티는 "범죄가 있어야 범인이 있다"[28]는 원칙을 뒤집는다. 범인을 색출했다면 당연히 범죄가 일어난 것이다. 귀부인이 유괴당했다는 것을 입증하지 못하는 것은 가령 이 유괴당한 사람이 나타나기를 꺼리기 때문일 수 있다.

고등법원의 고위 법관을 지낸 호프만은 베를린의 "반역단체 및 여타 위험한 책동 조사위원회" 위원이었으므로, 캄츠의 추적 환상과 추적 책략을 익히 알고 있었다. 이 동화에서 캄츠의 이런 환상과 책략에 대비되는 것은 혐의를 받는 주인공의 낭만적 상상이다. 주인공의 부친은 그를 예나 대학에 보내 공부시켰지만, 그는 예나로 떠날 때와 다름없이 몽상을 품고 귀향했다고 한다. 더 정확히는 몽상이라기보다는 악몽이라고 하겠다. 그의 이야기는 훗날 공포 장르에서 펼쳐질 모티프들로 점철되기 때문이다. 통제할 수 없고 크기가 변하는 곤충, 서로에게로 변신하는 여성들, 현미경에 부착되는 눈, 이미 죽었지만 귀환하는 연구자 등. 헤겔은 "호프만 작품에는 엄청난 그로테스크가 나타난다"라고 평했는데, 이것은 칭찬이었다.[29]

이 작품이 검열을 받았기 때문에 헤겔도 모르는 것이 있었다. 호프만은 《벼룩대왕》에서 "자유"라는 말을 편지에 쓴 수감자의 목록을 만든 "인용 수집가" 캄츠를 조롱하기 위해 "유괴" 관련 목록을 실었다. 그러나 그게 다가 아니었다. 호프만은 구스타프 아스베루스 사건 자료도 인용하여 이 혐의의 엉뚱한 논리를 드러낸 것이다. 아스베루스는 일기에 아무것도 하지 않는 자신이 "죽도록 게으르다mordfaul"라고 썼는데, 캄츠는 "죽도록mord"라는 말을 [곧이곧대로 "살인"의 의미로 해석하여] 그 아래 빨간 밑줄을 세 번이나 쳤다. 호프만의 이런 풍자가 알려지자 이 치안 책임자는 영향력을 총동원하였다. 그리하여 이미 불치병에 걸린 호프만을 기소하지는 못했지만, 자신과 관련된 에피소드를 통째로 삭제하는 데는 성공했다. 이 부분은 1908년에야 출판될 수 있었다.

마지막으로 [헤닝과 구브타프 아스베루스에 이어서] 세 번째 구금된 학생에 대해 이야기해 보자. 카로베는 하이델베르크에서 학우회에도 가입하고 [헤겔의] 정신의 철학에도 가까워졌다. 그는 바르트부르크에서 벌인 축제에서 연설했고 1818년에는 헤겔과 함께 베를린으로 이주했다. 그가 코체부 암살 한 달 뒤 즉각 내놓은 글은 암살에 대한 헤겔 학파의 의견으로 간주되었다. 카로베의 주장은 잔트의 행위가 단지 그릇된 데 그치지 않고 "계몽 혹은 개명"을 완벽하게 대표한다는 것이다. 여기에서 세계는 "성대한 향연" 같은 것이어서, "모든 개인은 거기에서 배부르게 먹고 온갖 재미를 즐길 수 있다." 유럽의 국가 체제에서도 나타나는 이러한 이기심 및 국적 없는 "세계주의"의 숭배에 대해, 칸트, 피히테, 셸링, 헤겔은 "자유"와 "사랑"이라는 개념으로 맞선다. 잔 트처럼 "공허하게 자신에게 권한을 위임하는 것"이 아니라, 이처럼 오류를 이성적으로 반박하는 것이야말로 올바른 반응이다.[30] 캄츠는 이와 관련해서도 기록하는데, 카로베 박사는 혐의가 없으며 출판물에서나 살인과 살인범을 비판한다는 것이다. 그리고 그의 둔중한 서술 탓에 암살의 옹호자로 판단한다면, 이는 "현대 철학, 특히 헤겔 철학의 불행한 신비주의에 기인하는 것이다."[31]

여기에서 발견되는 것은 하인리히 폰 트라이츠케Heinrich von Treitschke가 잔트의 행위에 대한 "교양 계층의 일반적 평가"라고 말하는, "동기는 인정하나 행위는 비판하는 것"[32]이 아니다. 오히려 선동가 탄압을 이해하려는 태도의 딜레마가 드러난다. 이런 태도의 계기는 우매함과 독선의 혼합에서 나왔다. 이에 대한 반응은 위선적이었다. 호프만 소설의 주인공은 심판관 크나르판티의 마음을 들여다보며 어떠한 정당화도 신경 쓰지 않고 출세만 좇는 저 철면피 같은 탄압 의지의 냉소주의를 발견할 뿐이다. 이에 반해 헤겔은 매우 실질적 태도를 보인다. 그는 학생들의 견해에는 전혀 동의하지 않으면서도 그들을 도우려 나선다. 반역 혐의를 받고 구금된 학생들을 위해 헤겔은 매우 적극적으로 나서기까지 한다. 그들을 위해 당국과 교섭하고, 보증을 서고, 그들과 경찰을 중재한다.[33] 왜 그랬던가? 바로 세계를 개혁하려는 개인이 역사에 그렇게 큰 영향을 미친다고 믿지 않았기 때문이다. 프로이센이든, 독일이든, 세계이든.

이성적, 현실적,
현실적으로 이성적?

- 단 한 문장 속의 헤겔

"한 번은 내가 '존재하는 모든 것은 이성적이다'라는 말에
불만을 드러내자, 그는 기묘하게 웃으면서 말했다.
'이성적인 모든 것은 존재해야 한다고 표현할 수도 있지요.'
그는 황망하게 주변을 두리번거렸지만 곧 다시 안정을 찾았다.
그 말을 들은 것은 하인리히 베어Heinrich Beer뿐이었기
때문이다."

헤겔과의 만남에 대한 하인리히 하이네의 서술

이성적, 현실적, 현실적으로 이성적?

철학자가 만물은 유전한다고 주장하면, 지나친 과장으로 여기기보다는 신중하게 해석하고자 한다. [이 말을 한 헤라클레이토스가 살았던] 에페소스는 바닷가에 있다. 그리고 적어도 아주 많은 것이 어떤 식으로든 흐른다. 물론 어느 이론가[니클라스 루만]는 "하늘도, 산도, 철학자 자신도?"라고 묻는다. 하지만 어쩌면 흐름이 아니라, 만물을 포괄하는 이런 초기의 주장 자체가 철학적으로 흥미로운 것이다. 그래서 만물에 신이 깃들어 있다거나, 만물이 불로 되어 있다거나 물로 되어 있다거나[탈레스] 하는 그러한 초기의 세계 개념이 있는 것이다. "왜 세계가 여러 가지로 되어 있다고 해석하지는 않는가?"[로젠츠바이크] 이처럼 왜 세계를 하나에서 유래한다고 해석하는가 하는 의문은 당연하다. 물론 당시 철학은 아직 어렸다. 그래서 이런 표현은 생생하고 심오하다고 할 수도 있고, 미완성이라고 할 수도 있다. 철학이 꽤 나이 들었을 때 또 다른 철학자[비트겐슈타인]가 세계는 (다시) 사실들의 총체라고 주장하자, 동시대와 후대의 사람들은 적어도 안심했다. 그러니까 "언제나 논리학은 모든 명제가 그 자신의 증명인 것으로 이해할 수 있다"와 같은 난해한 문장이 들어있는, 대개의 부분이 매우 다루기 어렵지만 그래도 매우 중요한 저작[《논리-철학 논고》]에서, 다행히도 적어도 심오함, 진부함, 그리고 종교적 은유(아담의 타락!) 사이를 오가는, 그러나 무엇보다 인용이 가능한 문장을 찾아낸 것이다.[1]

철학에서 이런 문장들은 철학의 영향사와 긴밀한 관계가 있다. 무거운 것을 가볍게 들게 만듦으로써 휴대할 수 있는 것이다. 가령 "나는 생각한다. 고로 나는 존재한다"[데카르트], "존재하는 것은 지각되는 것이다"[버클리], "계몽은 자신의 잘못으로 초래한 미성년 상태에서 벗어나는 것이다"[칸트] 등의 문장이다. 그러나 복잡한 논리에서 공식 비슷한 말을 뽑아내는 일은 단순히 철학적 사유가 어렵기 때문이거나 (헤라클레이토스의 경우처럼) 문헌학적 연구가 어렵기 때문은 아니다. 이런 작업에는 여러 가지 목적이 있다. 예컨대 하이데거는 상상력이 풍부한 분석에서, 아낙시만드로스의 단 하나의 명제를 통해 철학사 전체를 전복하고자 했다. 오래전부터 그릇되게 번역된 명제, 즉 "사물은 생겨난 곳으로 반드시 소멸해 가기 마련인데, 이는 시간의 질서에 따라 자기의 악행을 서로 갚아야 하기 때문이다"라는 명제는 이후의 모든 오류 이전의 사유를 드러낸다.[2] 이 중에서 두 번째 부분만 아낙시만드로스의 말이라고 생각하는 하이데거는 따라서 이 명제를 단편이 아니라 "잠언"으로 분류한다. 선지자 간의 원격통신에는 "잠언"이 더 적당하기 때문이다. 그러니까 함께 생각하고 따라서 생각하는 사람들의 다양한 압축 욕구를 따라가면 사유의 역사를 쓸 수 있다.

이런 역사에서 헤겔은 결정적인 역할을 했다. 그의 글이 난해한 탓에 요약이 더욱 필요한 것이다. "이성적인 것은 현실적이고 현실적인 것은 이성적이다."³ 이 명제도 대개 그것이 들어있는 글에서 분리된 채 불려 나오는 운명이다. 아니, 정확히 말하자면 그것이 그 안에서 특별히 두드러지는 글에서 분리된 채 불려 나온다고 해야 하겠다. 이 문장은 실은 그 전과 그 후의 헤겔의 많은 글에 들어있기 때문이다. 다만 대개는 1820년 출간된 헤겔의 마지막 저서인 《법철학 강요Grundlinien der Philosophie des Rechts》와 똑같이 표현되지 않을 뿐이다. 이 책의 서문에서 이 문장은 두 행의 시구처럼 들여쓰기가 되어 있어서, 모든 독자가 주목하는 말일 뿐 아니라 저자 자신이 권위를 부여하는 말로 받아들일 수 있다. 그리고 실제로 그렇게 되었다. 이 운을 맞추지 않은 이성의 시구는 이 책의 표어로 해석되고 이 책이 여기에 요약되었다고 대다수가 인식했다.

다만 이 문장을 신중하고 사려 깊게 독해하는 경우는 극히 드물었다. 이성적인 것이 현실적인 것과 같다는 문장에 대한 대다수의 반응을 방불케 하는 것은 아마 스피노자의 "신이 곧 자연Deus sive natura"이라는 말에 대한 반응뿐일 것이다. 그 반응은 대체 어떻게 이런 터무니없는 말을 주장할 수 있냐고 당혹스럽게 반문하는 것이다. 현실적인 것이 이성적이다? 이성적인 것이 현실적이다? "어불성설 아닌가?"⁴, "피할 수 있는 사람은 피하라! sauve *qui peut!*⁵ 그러나 기왕 이런 말을 들었으니 일단 다루어야겠다.

헤겔 저작에는 인용의 고전이 된 문장이 수두룩하다. 그의 문체는 독자에게 여러 쪽에 걸쳐서 독일어의 극단적 가능성을 알려준다. 특히 긴 중복문重複文에서 지배 동사를 잃었다가 갑자기 간결하고 예리하고 명료해지는 가능성이다. "진리는 전체이다", "아름다운 것은 이념의 감성적 현상함이다"(원문에서는 "아름다운 것은 이를 통해 이념의 감성적 현상함으로 규정된다"로 되어 있다), "행복의 시기들"은 세계사의 "백지이다", "어떤 의도의 진리는 행위이다", "알려진 것은 알려져 있으므로 인식되지 않는다", "아침에 신문을 읽는 것은 일종의 현실주의적 아침 기도이다", "죄 있음은 위대한 성격의 영예이다", "세계를 이성적으로 보는 자를 세계도 이성적으로 본다."

다시 저 문장과 저 문장을 담은 글로 돌아오자. 1820년의 법철학은 헤겔이 베를린에서 처음 출간한 저서이자 그의 마지막 저서이기도 하다. 《자연법과 국가학 강요》라고도 불린 《법철학 강요》는 강의를 듣는 학생들을 위한 것이다. 1817/18년 겨울학기에는 하이델베르크에서, 그리고 1818/19년 겨울학기에는 베를린에서 자연법과 국가학을 강의하고, 1819년 3월에는 처음으로 저서의 원고를 언급한다. 젊은 시절부터 철학적 문제에 관한 그의 탐구는 공동체의 정치적이고 법률적 상황에 관한 아주 구체적인 관심과 결부되었다. 개인적 삶과 의식이 그가 "정신"이라고 부르는 조건들, 그가 보기에 사유와 개념 구성에 영향을 미치는 조건들에 의존한다는 것은 그에게는 명백했다. 이 철학에 따르면, 우리가 무엇을 생각하는지, 우리가 세계를 어떻게 이해하는지는 우리가 "의지", "소유", "인격", "죄", "가족" 같은 단어를 어떻게 규정하는지에 결정적으로 의존한다. 그렇게 본다면, 법철학은 현대 사회의 어떤 특수한 영역이 아니라 그 중심에 천착하는 것이다.

1819년 여름 헤겔 가족은 뤼겐에서 휴가를 보낸다. 그전에는 이 원고에 매달려 계속 작업을 한 것 같다. 학생들에게 10월[에 시작하는 여름학기 강의]에 대해 곧 "실마리"가 보일 것이라고 천명하기 때문이다. 그러나 아직 뤼겐에 체류하는 동안 카를스바트 결의가 법률로 제정되었다. 공화주의적 권리와 자유의 주창자들을 근절하기 위한 이 결의는 그보다 한 달 전에 확정된 것이다. 중앙 관청이 혁명 음모를 수사할 수 있도록 언론 법과 대학 법을 다듬었다. 그의 벗인 하이델베르크의 고대 학자 크로이처에게 보내는 편지에 헤겔은 이제 자신이 하는 일이 무엇인지 알게 되었고 이 원고를 "마침내" 인쇄할 것이라고 썼다.[6]

그러나 헤겔은 그렇게 하지 않았다. 아마 원고를 끝마치지 못했기 때문일 것이다. 물론《논리학》이나《철학대계》의 인쇄를 시작할 때에도 탈고하지는 못했다.[7] 출판사가 이미 일부를 인쇄하는 동안 헤겔이 계속 쓰는 경우는 드물지 않았다. 그런데 이제 이런 관례에서 벗어난 것은 저 검열 결정이라는 구체적 이유 때문이다. 그때까지 대학과 학술원은 검열에서 예외였지만, 1819년 10월 18일부터는 피할 수 없게 된 것이다. 그러니까 헤겔은 책 전체를 검열에 내놓고자 했다. 그래야 그가 그럴 수 있다고 여긴 검열의 개입으로 출판사가 피해를 입지 않을 것이다. 헤겔은 1820년 6월 이 책의 서문에 서명했다. 이 완결된 저작《법철학 강요》는 "1821년"으로 연도가 표기되어 발행되었다. 헤겔은 이 책을 프로이센 재상 카를 하르덴베르크에게 보내면서, 이 책이 프로이센 국가가 "다행스럽게도 일부는 이미 가지고 있고 일부는 앞으로 가질 것"과 일치할 것이라는 희망을 분명하게 표현한다.[8]

이 표현의 의미는 이중적이다. 여기에서 "가지다erhalten"는 말은 "얻는다"는 뜻인가, 아니면 "지닌다"는 뜻인가? "앞으로 가질"이라는 말은 국가가 앞으로 또 다른 좋은 것을 얻을 것이라는 뜻인가, 아니면 어떤 좋은 것을 여전히 지니고 있다는 말인가? 어쨌든 헤겔은 이 책이 그 이론을 제공하려는 프로이센 국가, 슈타인-하르덴베르크 개혁의 국가, 중심의 대학이 있는 국가가 막 변모하려는 참임을 의식하고 있다. 1789년 혁명의 성과(자기 입법의 의지에 기초하는 국가) 덕에 집필한 이 책은 바로 이른바 복원 Restauration이 시작되는 때에 출간된 것이다. 그래서 금세 헤겔을 비난하는 목소리도 들리기 시작했다. 현실적인 것이 이성적이고 이성적인 것이 현실적이라고 선언한 서론을 들어, 헤겔이 복원을 노래한다고 비난하고, 더욱 심각하게는, 폭력적으로 관철되는 모든 것을 필연적이라고 축복한다고 비난하는 것이다.

《법철학 강요》에 대한 최초의 비평부터, 현실적 이성을 논하는 이 문장은 "이 저작 전체를 그로부터 해석해야 하는 고유한 입장"을 드러낸다고 보았다.[9] 익명으로 이 비평을 쓴 사람은 신학자 파울루스이다. 헤겔은 그와 오래 친교를 나누었으나, 이 우정은

1817년 깨진 바 있다. 뷔르템베르크 헌법 문제 때문이었고, 파울루스가 낡은 법을 추종하기 때문이었다. (헤겔은 "그는 우리 신분제 의회의 신입니다"라고 탄식한다.[10]) 파울루스는 이성과 현실을 동일시하는 것이 헤겔의 독창적 사상은 아니라고 보았다. 플로티노스뿐 아니라, 셸링도 그랬다는 것이다. 셸링은 1806년 저작에서 이렇게 말한다. "존재는 진리이고 진리는 존재이다. 철학자가 생각하고 그에 관해 말하는 것은 **참**이기 때문에 **존재**해야 한다. **존재**하지 않는 것은 참이 아니다."[11] 물론 이 대목에서 셸링이 존재하는 것을 위해 이성을 요구하지 않는다. 그는 "존재하는 자연"을 이야기하는 것이다. 그래서 파울루스의 무딘 비평에서 알 수 있는 것은 오히려 "**존재하는 것**을 이해하는 것은 철학의 과업이다. **존재하는 것**은 이성이기 때문이다"[12]라는 헤겔의 말을 셸링을 정면으로 반박하는 것으로 보아야 한다는 점이다.

한 해가 지나 요한 프리드리히 헤르바르트Johann Friedrich Herbart도 장문의 논평에서 헤겔의 이 문장을 정조준한다.[13] 이 책의 부제[《자연법과 국가학 강요》]에서 자연법과 국가학을 연결하는 "과und"부터가 그에게는 거슬렸다. 국가(현실적인 것)가 법(이성적인 것)을 늘 뒤따르는 것은 아니라는 것이다. 국가 통치술은 오히려 "다수 의지의 공조에서" 어떻게 "아마 아무도 의지하지 않을" 결과가 나올 수 있는지 내다보려는 시도이다. 헤르바르트는 개인은 국가 안에서만 자유롭다는 사상에서도 "셸링의 개작을 거친 스피노자주의"를 냄새 맡는다. 여기서는 스피노자처럼 강자의 권리, 즉 절대적 부정의를 주장하는 결론은 빠진 것이다. 헤르바르트가 보기에 "현실"과 "이성"의 동일시는 바로 그리로 나아간다. 쾨니히스베르크 대학에서 칸트의 교수직을 물려받은 헤르바르트는 "국가는 정녕 개인을 절대적 실체로 퇴화시키는 저 사상을 표현하는가?"라고 물으면서 헤겔을 겨냥한다. "그의 손가락은 가령 국가 기계의 톱니바퀴에 낀 적이 단 한 번도 없단 말인가? 그렇다면 평자는 진심으로 행운을 빈다. 그의 국가론은 이처럼 경험이 일천하더라도 말이다." 철학자로서 현실을 넘어서지 않으려는 것이 헤겔의 진지한 신조일 수는 없을 것이다. 현실로부터의 추론을 통해 헤겔은 가령 민족마다 자신에게 알맞은 헌법을 가진다고 말하는데, 그렇다면 프랑스가 1789년부터 가진 다수의 헌법중에서 "매 순간 그때그때 존재하는 헌법이 올바른 헌법이었다는 말인가?"[14] 현학적 규범을 거부한다고 해서 꼭 현존하는 것을 숭배해야 하는 것은 아니다.

　이런 식으로 계속된다. 당시 헤겔 저작에 대해 표명한 입장 중에서 저 문장을 다루지 않은 것은 없다시피 하다. 비판적인 논리는 늘 같다. 철학이 그때그때 정치적 의제에 이런 식으로 "순응"한다는 것이다.[15] 그것도 우연이 아니고 헤겔 개인이 그래서가 아니라, 애초에 현실이 이성적이라고 판정하는 법철학은 필연적으로 그렇다는 것이다. 헤겔의 제자인 슐레스비히-홀슈타인의 법학자 니콜라우스 폰 타덴Nicolaus von Thaden은 1821년 헤겔이 "때로는 왕당파 철학자로, 때로는 철학적 왕당파로 악평을 받고 있다"[16]는 근심 어린 편지를 헤겔에게 보냈는데, 헤겔은 아마 이런 평가를 인정할 수 있었을 것이다. 그는 밤베르크 시절에 나폴레옹의 통치에 대해 "자유 군주정"이라는 개념을 창안하고 이런 국가 형태를 독일인에게 권장한 적이 있던 것이다.

　그러나 타덴이 한 또 다른 말은 그 무게가 달랐다. 철학이 현실로 향해 그 현실을 개념화해야 한다는 요구가 나쁜 현실을 개념화하면 이 현실이 개념으로서 이성적이 된다는 뜻은 아니라는 것이다. 터키 국가의 정치를 통찰한다고 해서 이 정치가 좋은 것이 되지는 않는다. 누차 등장하는 이와 비슷한 논리는 다음과 같은 식이다. 국가가 여럿이고 따라서 현실도 여럿이므로 이성도 여럿이어야 할 텐데, 이런 이성들은 서로 모순을 이룬다는 것이다. 파울루스나 카를 잘로모 차하리애Karl Salomo Zachariae나 모두 이런 식으로 비판했다. 이런 비판에서 다음과 같은 물음이 나온다. 가령 국가에 대해 역설하는 진술은 구체성을 띨 수 있는가? 바람직한 국가의 사례가 여럿이라는 사실 탓에 흔들리지 않으면서 말이다. 이에 대한 대답은 이 역설의 강세를 줄이거나, 바람직하지 못한 것은 결국 관철되지 못할 것이라고 기대하면서 이런 진술을 시간적으로 제한하는 데 있을 것이다.

　이런 원칙적 비판의 공식은 헤겔이 타계하기 전에 이미 구체적 비난들로 가득 차게 되었다. 사람들은 헤겔의 문장에서 출발하여 헤겔을 프로이센 국가의 철학자로 등극시켰다. 1820년의 이 나라 현실을 이성적 현실로 선포한다는 것이다. 그런데 프로이센은 점차 개혁 노력을 좌절시키고, 문필가 코체부 암살에 억압으로 반응한 국가인 것이다. 이런 조치 중 하나인 신학자 데베테의 파면을 둘러싼 논쟁에서, 헤겔은 교수에게 봉급을 계속 지급하면서 파면하는 것은 국왕의 권한이라며 옹호했다. 이에 대해 슐라이어마허는 "처참하다"고 여겼다. 물론 헤겔이 이와 "똑같이 거칠게" 응수하자 자신의 "무례한 말"을 곧 후회했지만 말이다.[17] 크로이처에게 보낸 편지에 헤겔은 이렇게 쓴다. "저는 곧 50살이 됩니다. 그중 30년을 이처럼 두려움과 기대가 공존하는 끝없이 불안한 시대에서 보내면서 언젠가 두려움과 기대가 다 끝나기를 기대했습니다. 이제 이런 일은 계속된다는 것을, 아니, 사람들이 음울한 시기에 말하듯이 점점 나빠진다는 것을 깨달았습니다."[18] 헤겔은 니트하머에게 이렇게 썼다. "저는 한편으로 겁이 많은 사람이고 다른 한편으로 평온한 것을 좋아합니다. 그래서 해마다 이 악천후가 심해지는 것을 보는 일은 즐겁지 않습니다. 제게는 기껏해야 가랑비 몇 방울이 떨어질 뿐이라고 확신하면서도요."[19]

헤겔 저작 색인에서 "프로이센" 항목은 그리 많지 않고 헤겔 법철학은 분명 프로이센 법만 다루는 것도 아니다. 그래도 구체적으로 "프로이센"을 가지고 "현실적이자 이성적"이라는 말을 진지하게 해석해 볼 수 있다. 이 국가는 1806-1807년의 패전이 남긴 폐허에서 근대화를 시작했다. [프로이센 재무장관] 카를 아우구스트 폰 슈트엔제Carl August von Struensee가 어느 프랑스 외교관에게 한 말을 떠올려 보자. "귀국에서는 아래에서 위로 이루어진 저 유익한 혁명이 프로이센에서는 위에서 아래로 천천히 이루어질 것입니다. 국왕은 나름의 방식대로 민주주의자이십니다. 그분은 귀족의 특권을 제한하기 위해 쉼 없이 일하시지요. […] 몇 년 지나지 않아 프로이센에서는 특권층이 사라질 것입니다."[20] 경제력이 강한 시민계급이 없었으므로 이런 변혁의 주체는 대학 교육을 받은 저 관료들이었다. 헤겔은 바로 이들을 자신을 경청할 이성적인 청중으로 여긴 것이다. 관료들은 패전을 들어서, 자신들의 이상이야말로 프로이센을 다시 강국으로 만들 유일한 수단이라고 내세울 수 있었다. 베를린에서 헤겔은 1817년 하이델베르크에서 처음 한 철학사 강의의 여백에 이렇게 덧붙였다. "이제 우리는 오직 이념만 유효하고 만사가 이성으로 정당화된다고 할 만큼 발전했다. 프로이센은 지성 위에 건설되었다."[21]

그러므로 헤겔의 문장이 이성적인 것이 현실적이라고 시작하고 두 번째 부분에서야 현실적인 것이 이성적이라고 말하는 것은 우연이 아니다. 그런데 정말로 물의를 일으키면서 훨씬 자주 인용된 것은 이 두 번째 부분이다. 100년이 지나서야 누군가가 이 점을 알아차렸지만 크게 변한 것은 없었다.[22] 로젠츠바이크가 그 인물이었다. 그는 이 표현에서 "행위의 원칙"이자 "역사의 해석인 선행문"과 "인식의 정초인 후행문"을 구분했다.[23] 이처럼 이성은 실효성이 있어야 한다는 요청의 의미에서 카를 하르덴베르크는 1807년 프로이센 국왕에게 리가 진정서Rigaer Denkschrift를 올렸다. 그는 이제 국가의 과제는 "정부의 지혜를 모아서 저 세계 기획에 조용히 참여하는 것"이라고 거의 헤겔의 음성으로 말한다. 구체제를 고집하는 것으로 프랑스혁명에 맞서는 것은 망상이라는 것이다. 혁명의 원칙들은 너무 위대하고 널리 퍼지고 일반적으로 승인되기 때문에, 여기에 저항한다면 국가는 패망하거나 외세에 의해 이런 원칙들을 억지로 받아들이게 된다는 것이다. 카를 하르덴베르크는 "좋은 의미의 혁명"을 권고하는데, 이것은 군주정 하에서 민주적 원칙들을 유지하는 것이다. "순수 민주주의는 2440년쯤 할 수 있을 것이다. 그런 것이 다른 데서 인간에게 있었다면 말이다."[24]

이것이야말로 헤겔이 당대에 본 이성적 현실 중 하나이다. 그것은 교양 있는 행정 엘리트들이 세계사적으로 부상하는 법치국가를 실현하는 것이다. 상업을 자유화하고 영업의 자유를 보장하며 군대의 재조직을 추진하고 교육개혁을 실행하며 유대인의 시민적 평등을 이룩하고 농민 자녀의 직업 선택의 자유를 도입했다.[25] 사회사적으로 해석한다면, 이성이 현실적이라는 문장은 철학적 교양을 지닌 전문가들에 의해 이성이 마침내 실현되는 것을 뜻한다. 이 문장을 숙고한다면, 마르크스가 내놓은 물음에 이른다. 사상이 현실로 육박하는 것으로 충분한가, 아니면 현실도 사상으로 육박해야 하는가? 적어도 헤겔은 확신하는 것처럼, 사상 자체가 현실이라면 판단하기 어려운 물음이리라.[26]

나폴레옹이 패배한 뒤 개혁의 압박은 줄었고 정치적이고 군사적인 예외 상태는 끝났다. 헌법을 제정하겠다는 약속은 약속으로 끝났다. 인민을 대표하는 대의제는 더 이상 고려하지 않게 되었다. 신분제 의회로 충분하다고 메테르니히는 생각했고 프로이센도 여기 따랐다. 신분 문제 장관인 훔볼트는 1819년 프로이센의 카를스바트 결의 수용을 비판하고 겨우 반년 후에 면직되었다. 이와 비슷하게 생각하는 다른 장관들도 면직되었다. 이제 시작되는 시대를 훨씬 이후에 테어도르 폰타네Theodor Fontane는 "20

년대와 30년대의 정체停滯와 치안의 시대"라고 부른다. 물론 그 시절은 자신이 사는 현대의 "편협함과 부자유"는 없었다고 덧붙이면서 말이다.[27] 선동가에 대한 박해가 일어났다. 물론 많은 프로이센 관료는 내키지 않아서 이런 시도를 주저하면서 따르지만 말이다.

사태가 이렇게 전개될 무렵 헤겔은 자유주의 철학자이면서도 베를린에 도착한 직후 이러한 역사적 사건의 그늘에서 불안을 느끼고 현실이 이성적이라고 서둘러 진단한 철학자로 인식되었다. 1819년 경찰이 검거 선풍을 일으킨 "선동가" 중에는 헤겔의 제자도 많았다. 그래서라도 헤겔은 1819년 5월부터 이 방향으로 나갔다는 것이다. 평온을 희구하는 마음을 담은 그의 편지는 이런 서술의 증거로 받아들여졌다.

실제로 당시 학생 소요를 바라보는 헤겔의 시각은 복잡했다. 전체적으로 보아 그는 소란을 피우는 민족 해방자들의 어법을 "잡담"이라고 여긴다. 그러나 혁명으로 어떤 것을 약속하는 사람들에 맞서서 프로이센 상황이 이성적이라고 말하지는 않는다. 또한, 소위 자유주의적인 민족민주주의자들의 외국인 혐오, 남성 동맹, 반유대주의에 관해서도 말하지 않는다. 오히려《법철학 강요》에서는 "공허의 자유"와 "현존하는 모든 사회 질서를 파괴하려는 극단주의"라는 표현을 쓰면서 이것은 사유와 의지의 분열로 생긴다고 말한다. 사유하지 않으면서 의지하기만 하는 사람은 모든 현실을 의지의 추상적 표상에 견주어 보게 된다. 이런 사람이 깨닫지 못하는 것은 하나의 질서를 제거하면 언제나 새로운 질서가 나타나고 이 신질서는 때로는 불평등과 지배라는 면에 있어서 구질서와 본질상 다르지 않다는 것이다. 모든 제도는 "평등의 추상적 자기의식에 맞선다." 헤겔은 "어떤 질서의 의심스러운 개인들의 제거"는 "광포한 파괴"로 이끌어간다(여기에서 헤겔이 ["어떤 질서의"라는 표현에서] 소유격["…의"]을 쓴 데 주목하게 된다. 어떤 질서가 의심스러운 개인들을 제거해야 한다는 뜻인가(카를스바트 결의), 아니면 어떤 질서의 옹호자로 의심받는 개인들을 제거해야 한다는 뜻인가(잔트의 코체부 제거)?). 한낱 의지는 오직 파괴에서 "자신이 존재한다는 느낌"을 받기 때문이다. 헤겔은 프랑스혁명 때문에 테러리즘에 대해 깊이 궁리했다.[28]

헤겔이 대학생 학우회와 학우회에 이념을 제공하는 철학자 프리스의 민족주의 입장을 언짢아했음은 확실히 해야 한다. 왜 그래야 하는가? 현실이 이성적이라는 문장 때문에 헤겔을 민족사회주의[나치즘]의 선지자로 여기는 것은 사상사에 있어 해괴한 일이기 때문이다.[29] 이런 민족사회주의 정신을 예비한 사람은 헤겔의 철학적 숙적 프리스인데, 그는 독일에서 유대인이 표식을 달고 다닐 의무를 주장하는 역겨운 글을 썼다.[30]

나아가 이 문장은 "복원 정신의 고전적 표현"이자 "정치적 보수주의, 정적주의, 낙관주의의 절대적 문구"를 발설한다는 주장이 있다.[31] 이런 비판이 우스꽝스러운 이유는 [보수주의, 정적주의, 낙관주의를] 저렇게 조합했기 때문만이 아니라, 헤겔이 책에서 공공연하게 난타한 소수 학자 중 한 사람이 바로 "복원"이라는 개념의 창시자인 할러였기 때문이기도 하다. 가톨릭으로 개종한 스위스 헌법학자인 할러는 1816년 여섯 권으로 출간한《국가학의 복원》에서 "자연적이고 공동체적인 상태의 이론"을 "인위적이고 시민적인 상태의 키메라에 대립"시킨다.[32] 이것은 일종의 강령이었다. "혁명의 히드라는 그 도구에 있어서, 그리고 그 결과에 있어서 대부분 근절되었다. 이제 그 뿌리도 근절하자"라고 쓰면서 이 뿌리가 국가에 대한 그릇된 이해에 있다고 보았다. 혁명에 있어 정치가 기초하는 이론은 국가를 기계적으로 변화시킬 수 있는 어떤 기계로 이해하는 이론이다. 프랑스혁명은 자유와 소유를 파괴했다. 이제는 "국가의 미생물학, 혹은 양생술"을 발전시켜야한다. 이를 위해 할러는 봉건적 법질서의 재건을 제안한다.[33]

여기 상응하는 할러의 견해, 즉 법률은 영주의 호의로 주어지는 것에 불과하다는 견해에 대해 헤겔은 "이러한 경솔한 생각은 법률과 국가에서는 일반적으로 이들의 제도가 이성적 제도로서 그 자체로 필연적으로 논해진다는 사실을 전혀 모르는 것이다"라고 말한다.[34] 이에 따르면 근대 국가에서 사법권의 의미에 관해 중요한 것은 사법권이 나타난 역사가 아니라 그것의 기능이다. 따라서 헤겔은 "복고의 관념론"(하임 Haym)에 복무하기는커녕, 바로 복고의 선동자들에 맞서 이성적 현실을 내세우는 것이다. 그러나 무엇보다도 헤겔은 저 문장에서 경구처럼 표현된 철학을 베를린으로 이주하기 훨씬 전부터, 그리고 이 무렵 프로이센의 본질과 씨름하기 훨씬 전부터 이미 발전시킨 것이다. 이것은 그의 국가학의 개개 내용에도 해당하고 그것의 다음과 같은 기본 원칙에도 해당한다. "일반적으로 타당한 것은 일반적으로 유효하기도

하다. **있어야 하는** 것은 실제로 **있기**도 하다. 그리고 **있지** 않으면서 **있어야 하기**만 하는 것은 진리를 가지지 않는다"라는 말이 1807년《정신현상학》에 이미 등장한다.[35]

　그리하여 이 문장에 대한 원칙적 반대는 여전히 남아있다. 헤겔 자신은 자기 사상을 표현하는 가장 좋은 형식이 무엇인지에 대해 그다지 확신이 없었던 것 같다. 1817/18년 법철학 강의에서는 "이성적인 것은 일어나야 한다"라고 말한다. 한 학기 뒤인 1818/19년에는 "단지 이성적인 것만 일어날 수 있다"라고 한다. 또 1819/20년에 이 문장은 "이성적인 것은 현실적이 되고, 현실적인 것은 이성적이 된다"로 바뀐다. 그리고 1820/21년에는 "또한 이 세계에는 교만한 자가 생각하는 것보다 이성이 많다"라고 표현한다. 1821/22년의 표현은 결국 이렇다. "이성적인 것은 현실적이고 현실적인 것은 이성적이다. […] 우리는 덜 형성된 것이나 너무 익은 것을 현실적이라고 불러서는 안 된다." 또한 1822/23년에는 "현실은 비이성적이 아니다"라고 하였다.

　해야 한다, 할 수 있다, ~이 된다, 더 많이, 비이성적이 아니다. 이성이 현실적이 되**어야 한다**는 것은 청중에 대한 호소이자 청중이 미래에 미칠 영향력에 대한 호소이다. 청중 중에서 근대 국가 건설에 참여한 사람들을 떠올린다면, 헤겔은 자신의 문장을 뒤집을 수도 있었을 것이다. 이성에는 흔히 생각하는 것보다 현실이 많다고 말이다. 이념은 효력이 있다. 이성적인 것이 현실적이 **된다**는 것은 이 문장을 역사철학적으로 풀이한 것이다. 현실에 많은 사람이 생각하는 것보다 이성이 **많다**는 것은 사유가 앞선 해석을 반드시 거부할 것을 요구하지만, 현실이 철두철미 이성적이지는 않음을 인정하는 것이기도 하다. 마지막으로 헤겔이 택한 현실 개념의 사용 가능성에 따르면, 타덴이 말하는 터키 국가나 헤르바르트가 말하는 1789년 이후 프랑스의 여러 헌법은 이런 지위를 잃는다. 이들은 비이성적이므로 **비현실적**이다.

1827년 《철학대계》 6장에서 이 문장은 마찬가지로 들여 쓰고 이탤릭체인 데다가 논평도 덧붙여진다. 이 문장은 "많은 사람에게 특이하게 보였고 적대감을 자아냈다." 그러나 현존은 일부가 현상이고 일부가 현실임을 이해하려면 교양이 필요하다는 것이다. 그러니까 헤겔은 현상은 일시적인 데 반해 현실은 불변한다는 주장을 고수하면서, 비판자들에게 존중을 요구한다. "자기 주변에 보이는 많은 것이 실은 그래야 하는 대로 있지 않음을 모를 만큼 어리석은 사람이 어디 있겠는가?" 그러나 철학 분야에서는 특히 우연성과 현실성, 필연성과 가능성을 구분하지 않는 진부한 관찰로는 이루는 바가 적다. 우연적인 것만 해도 가능한 것일 수도 있고 그렇지 않을 수도 있다. 그래서 "현실적인 것이라는 강력한 이름"을 얻지 못한다. 여기에 대해 토론을 벌일 수도 있지만, 이런 개념들의 의미에 친숙하고 아리스토텔레스 이래로 계속 벌어지고 있는 오랜 토론에 친숙해야 이런 토론이 더욱 유익하다. 헤겔은 비판자들이 《논리학》을 읽지 않았다고 공공연하게 불만을 드러낸다. 자신은 거기에서 "현실도 다루었고, 현실을 현존하기도 하는 우연과 즉시 구분하였을 뿐 아니라, 존재, 실존, 그리고 여타 규정들과도 면밀하게 구분했다"

는 것이다.³⁶

격언이 되어버린 이 문장들은 이런 상황에 놓인 것이다. 이들이
지니는 의미는 그 의미 자체보다 더 많은 것을 읽어내기를 강권
하고, 그때까지 어떤 판단을 삼가기를 강권한다. 헤겔의 문장에
는 현실이라는 개념이 두 가지 들어있다. 현실적인 것은 우리 앞
에 있는 것이다. 그리고 헤겔은 철학자에게 그것을 "실천"이라고
여겨서 어떤 바람직한 세계로 도피하지 말고, (물론 헤겔에게는 하
나밖에 없는) 실제적인 세계를 진지하게 받아들이라고 권고한다.
그러나 현실적인 것은 사유에 있어 명백하고 안정적이라고 믿어
지는 것이기도 하다. 여기에서 주목할 점은 현존하는 것이 현실
적이라고 불리는 데 필요한 기간이다. 헤겔의 문장은 플라톤의
《국가》에 대해 토론하던 와중에 나타난다. 아니, 로젠츠바이크의
표현으로는, 이 문장은 이 토론에서 권총으로 발사하듯이 나타난
다.³⁷ 헤겔에 따르면, 플라톤도 이미 이성과 현실의 통일이라는
저 원칙을 따랐지만 기독교가 가져올 "앞으로 다가올 세계의 전
복"은 예감하지 못했다. 이런 전복이야말로 이 원칙을 현실적으
로 만든 것이다. 따라서 플라톤은 "외적" 형식들에 대해, 자신의
이상 국가의 이성을 약속했고, 그것의 이상적 질서에 순응하지
않으려는 개인 혹은 "무한한 인격성"에 대한 시정을 약속했다. 달
리 말해 플라톤은 무엇이 이성적인지를 사상에 의해 판정해야 하
고 판정할 수 있다고 믿었기에, 지나치게 구체적이며 이성에 전
혀 합치하지 않는 지시, 가령 유모가 아기의 요람을 어떻게 흔들

어야 하는지에 관한 지시까지 내리기에 이르렀다.[38]

헤겔이 쓰고 있듯이, 진리의 현실적 힘에 대한 소피스트적 회의에 맞서는 대책은 "높은 곳에서 온다." 어떤 높은 곳인가? 《역사철학 강의》에서 헤겔은 국가 헌정憲政에 대한 플라톤의 이상이 지닌 결함을 지적하기에 이른다. 그는 이것을 키메라라고 부르는데, 우리는 아마 유토피아라고 부를 것이다. "어떤 이념이 너무 좋아서 실존할 수 없다면, 이것은 이상 자체의 오류다." 헤겔이 보기에 플라톤적 이념의 한계는 이러한 공동체 구성에 개인의 주관적 자유, 권리, 이해관계의 원리, 그리고 양심의 원리가 수용되지 않는 것이다. 다시 말해 이성적 질서가 자발성, 부정성, 변덕, 불일치의 결과임을 알지 못한 것이다. "왜냐하면 이성이 일반적 힘이지만 이 힘은 본질적으로 정신적이라면, 정신적인 것에는 주관적 자유가 포함되기 때문이다." 인간이 플라톤의 국가를 이루기에 덜 유덕한 것이 아니라, 이 국가의 구성이 인간에게 너무 나쁜 것이다. "현실은 너무 좋다. 현실적인 것은 이성적이다."[39]

따라서 헤겔에게는 이성적인 것이 현실적이 된 것은 기독교에 내재한 사유에 의해 세계를 전복한 일이다. 이 사유는 말씀이 육신이 된다는 것, 신이 개인으로, 아니 인격으로 십자가에 매달린다는 것, 그리고 지복이 의례를 거행하는 데 달리지 않으며 지복의 추구는 양도될 수 없다는 것이다. 헤겔은 애초부터 사회 질서 내부에서 효력을 발휘하고 있는 자유가 차츰 이 사회 질서에 통합되는 일, 즉 자유가 차츰 발현되는 일을 현실적 이성이라고 여긴다. 정치신학적으로 이것은 세속화를 긍정하고 만인의 자유를 내포하는 종교를 뜻한다.

이것이야말로 이 문장이 본래 주장하는 바이고 이 문장이 유래하는 바이다. 즉, 헤겔은 우리가 이해해야 할 현실적 이성의 현재를 그리스도가 십자가에 매달린 이래로 지속해온 현재로 이해한다. 《정신현상학》과 달리 여기에서는 기독교가 더 이상 정신의 통과점이 아니라 종착점이다. 그가 보기에 역사의 종언, 진정한 혁명, 그리고 이성의 실현은 서기 30년과 50년 사이에 시작되었다. 그때 그 근본 사상에서 현세를 격하하지 않은 종교가 탄생했다는 것이다.

이것은 아주 그릇된 역사철학이라거나 기독교에 대한 기이한 해석이라고 여길 수도 있겠다. 오늘날에는 아마 기독교가 최종적이라는 헤겔의 명제를 과도한 유럽 중심주의로 여기거나, 세계보다 저자에 대해 많은 것을 알려주는 극히 사적인 견해로 여기는 사람이 많을 것이다. 이성의 역사에서 기독교가 결정적이라고 보는 것은 더 이상 (조심스럽게 표현하자면) 모든 사람에게 자명하지는 않다. 이에 반해 헤겔이 자기 철학에서 전달할 수 있다고 믿은 논리는, 자기 시대까지의 세계사는 초기 기독교의 사상을 도구로 두더지처럼 땅을 파는 노동의 결과로 서술할 수밖에 없다는 것이다. 그는 세계에 대한 올바른 서술은 특수한 형태의 종교성으로 제약받는다고 주장했다. 서술하는 사람이 주관적으로는 종교와 관계 맺지 않으려 하면서 이런 주장과 무관하게 이성 개념을 사용할 수 있다고 생각하더라도 말이다.

이성은 현실적이고 현실은 이성적이라는 주장에서 이처럼 들고 다니기에는 무거운 사상에 이르는 길은 멀기만 하다. 현재가 거의 2천 년이나 묵었다는 느낌으로 살았던 사람은 이미 헤겔 시대에도 소수에 불과했다. 물론 헤겔의 세계와 별 관련이 없다고 할 수 있는 프랑스 작가 샤를 페기Charles Péguy는 1913년 이렇게 말했다. "세상은 예수 그리스도 이래로 변한 것보다 지난 30년 동안 더 많이 변했다."[40]

크리스티아네, 루트비히, 그리고 역사상 가장 찬란한 인물

– 가족에 관한 헤겔의 생각

"나는 누구에게 가장 마음에 들지 알고 있다."

소포클레스 《안티고네》 91절

Kapitel **15**

크리스티아네, 루트비히,
그리고 역사상 가장 찬란한 인물

많은 사람이 사회적 사태라는 것이 독자적으로 존재한다는 것을 부정한다. 이런 사람이 보기에는 개인만 있을 뿐이다. 이런 견해에 따르면, 개인 외의 어떤 것, 그리고 개인 간 약속(가령 계약이나 조직)이나 이런 약속의 의도적이지 않은 결과(가령 시장市場이나 습속習俗)에 기초한 구성체 외의 어떤 것을 말하는 자는 유령을 부르는 것이다. 이런 사람은 사회와 같은 사태가 존재한다는 것은 상상할 수도 없다. 더 정확히 말하면, 이런 사람은 이와 같은 사태를 상상의 산물로 여긴다. 그것은 개인을 속이거나 개인의 행위 책임을 면제한다는 것이다. 그래서 존재하는 모든 것은 사회적인 것의 원자라 할 수 있는 행위하는 사람으로 환원해야 한다.

이런 태도를 가장 분명하게 표현한 것은 1979년부터 1990년까지 영국을 통치한 마거릿 대처의 말이다. 이 가장 순수한 형태

450

의 무의식적 반헤겔주의자는 "사회 같은 것은 없습니다"라고 말했다. 그리고 "개인으로서의 남자와 여자, 그리고 가족"만 있다고 덧붙인다.[1] 그러니까 이런 세계관에 따르면 사회를 들먹이는 것은 존재하지 않는 더 높은 힘을 불러들여서 자신의 개인적 이해관계를 은폐하고, 나아가 개인적 실패를 은폐하는 데 불과하다.

이런 공격에 헤겔이라면 어떻게 답했을지 시험 삼아 잠깐 상상해 보자. 그는 이와 관련한 많은 견해를 "방법론적 개인주의"라고 요약한다. 그것은 인간 사이에 실재하는 모든 것을 개인의 견해, 욕구, 사유, 행동으로 환원한다. 어쩌면 헤겔은 그저 대처 여사와 그 추종자들에게 "남자"와 "여자", 그리고 "가족"이 무엇을 의미한다고 생각하는지 되물을지도 모른다. 개인을 그 자체로 호명하는 것이 아니라, "남자"와 "여자"라는 명칭으로 호명하는 것은 무슨 의미인가? 그리고 대체 가족은 무엇인가? 그것도 계약 당사자의 약속, 이익집단, 개인적 욕구의 의도치 않은 결과에 불과한 것인가?

헤겔의 법철학에서는 가족에 대해 "자연적이고 인륜적인 정신"이라고 말한다.[2] 이 개념들을 세심하게 들어보면, 오늘날에는 기이하게 느껴질 수도 있다. 이제 우리는 자연이 안정적 관습과 문화적 관행인 인륜과 대립한다고 보는 경향이 있기 때문이다. 자연적 인륜이라는 것은 대체 무엇인가? 그뿐 아니라 우리는 사회적 관례와 자유의 정신도 모순된다고 본다. 관례는 자유를 제한하지 않는가? 루소도 이미 그렇게 주장했다.

헤겔에게 가족은 인륜적이고 나아가 정신이다. 헤겔은 두 개념을 동의어로 사용한다. "정신은 인륜적 현실이다."³ 왜냐하면 개인은 그것 안에 독립적으로 존재하고 독자적 도덕을 따르는 인격이라기보다는, 어떤 이성적 제도의 성원으로 그것과 조화를 이루어 행동하는 인격이기 때문이다. 우리의 인식이 언제나 우리의 지각 기관을 넘어서는 낱말과 문법을 활용하는 것과 마찬가지로, 우리의 행위에는 언제나 초개인적 행위 규범이 끼어든다. 헤겔에 따르면 이런 규범은 존재하는 것에서 취하는 것이지, 개인적 결심에 따라 존재해야 하는 것에서 취하는 것이 아니다. 그것은 사회적으로 구현되는 규범이지, 신조가 아니다.

  헤겔에게 가족은 그러한 규범적 기대로서 이성적으로 보인다. 법률적 규정이 아니라 부부의 자유로운 결심에 바탕을 두는 한에서 말이다. 인륜성은 단순한 의도나 개별적 자기 입법도 아니고 집단적 법령도 아닌, "살아있는 선墡"⁴이다. 부부는 혼인의 결심을 통해서, 인간을 부자유하게 만들 수 있는 것, 즉 자연적 욕구에의 의존성과 어떤 관계를 맺는다. 헤겔은 자유를 결코 즉흥적으로 거침없이 행동할 수 있다는 것으로 이해하지 않는다. 그러니까 칸트의 저 특이한 사상, 즉 자유는 어떠한 원인에도 종속하지 않고 그 스스로 하나의 원인일 수 있는 능력에 있다는 사상을 따르지 않는 것이다. 헤겔은 오히려 자유를 바로 어떤 것이나 다른 사람과 결합함으로써 자기 자신에 이르고, 다른 사람 안에서 스스로에게 머무는 능력이라고 보았다. 헤겔에게는 (훗날 지적인 손자인 마르크스와 마찬가지로) 자연에서 풀려나는 것이나 자연과 대립하는 것이 아니라, 자연의 충동을 전유하여 변형함으로써 자연의 강제를 해소하는 것이야말로, 모든 형식의 정신에서의, 즉 미적 정신, 인륜적 정신, 학문적 정신에서의 자유로움이다.

그래서 헤겔에게 가족이 "자연적"이라는 것은 가족에서 성적 재생산이 이루어지기 때문이 아니다. 가령 성적 재생산은 얼마든지 다른 형태로도 일어날 수도 있는 것이다. 또한 가족 바깥에서는 아무도 잘 클 수 없기 때문도 아니다. 여기에 대해서도 반례를 들 수 있다. 오히려 가족이 자연적인 것이라는 것은 가족의 통일성이 감각되고 따라서 의식되지만 인식되지는 않기 때문이고, 가족이 사고가 아니라 감정에, 즉 사랑이라는 감정에 바탕을 두기 때문이다. "가족으로서의 정신은 감각하는 정신이다."[5] 따라서 헤겔에게 가족을 이루는 혼인은 칸트의 말처럼 "성별이 다른 두 사람이 결합하여 그들의 성적 특성을 평생 서로 소유하는 것"[6]도 아니다.

여기서 사랑은 양면적이다. 먼저 두 사람이 인격으로서 각각 불완전하다고 느끼는, 즉 플라톤의 《향연Symposion》에서 말하듯 "반쪽"[7]이라고 느끼는 감정이 있다. 그리고 상대에게서 자신을 온전하게 발견하는 안정감이 있다. 이미 그는 프랑크푸르트 시절의 사랑에 대한 단편에서, 온전하면서도 불완전해서 "내가 많이 줄수록 많이 가지게 된다"[8]고 말한다. 그래서 그로부터 20년이 더 지나서도 사랑을 "가장 터무니없는 모순"이자 이 모순의 해소라고 말한다.[9] 사랑은 저 방법론적 개인주의에 대한 가장 격렬한 항의이다. 이런 개인주의는 사랑을 "배우자 선택"으로 볼 수밖에 없다. 그러나 누군가가 여러 가능성 중 하나를 움켜쥐는 것이 아니라 두 사람이 서로를 선택하는 것이라면, 이때 선택의 개념이 어떻게 바뀐 것인지 규명하지 못한다.

헤겔에게는 가족을 이루는 데 선행하는 혼인은 두 인격을 하나로 만들고, 사랑에서 연애의 우연적이고 변덕스러운 특성을 제거한다. 이때에도 하필이면 이 남자이고 하필이면 이 여자이어야 한다는 우연은 여전히 남는다. 헤겔은 혼인의 가능성에서 부모가 주선하는 혼인을 해명한다. 이때는 애정이 혼인 이후에(물론 헤겔에게는 결혼식 이전의 약혼 기간에) 나타난다. 또한 이와 반대의 입구로 혼인에 들어서는 것은 직접적 애정이 선행하는 것이다. 헤겔은 특히 현대의 문학, 연극, 소설에서 이것을 선전한다고 본다. 그러면서 헤겔은 헛기침을 하는데, 왜냐하면 기본적으로 부모가 주선하는 편이 낫다고 보기 때문이다.

그러나 한편으로 그에게 중요한 것은 사랑과 신뢰의 존재이다. 이것은 정열로 시작되고 심지어 정열을 계속 수반할 수도 있지만, 정열 이상의 것, 즉 어떤 정신적 유대이다. "육체적 결합은 […] 인륜적으로 연결된 인연의 결과"[10]이다. 물론 이것과 모순되는 사실은 헤겔이 당대의 기준으로 보거나 자기 철학의 기준으로 보아도 저러한 인륜적으로 연결된 인연 없이, 예나에서 집주인과의 사이에서 혼외 아들을 낳았다는 것이다. 이에 대해서는 나중에 다시 말할 것이다. 다른 한편 헤겔은 혼인을 통해 가족이 단지 계승되는 것이 아니라 결성된다는 것을 강조한다.[11] 그러니까 부동산과 숲과 친족끼리 이러한 재산 유지를 위해 자기들끼리 혼인하는 귀족의 가족이 아니라 시민의 가족을 말하고 있다. 그런 이유에서라도 혼인은 일종의 자유이다. 혼인은 강요할 수 없으며 나아가 혼인은 과거로부터 직위를 넘겨받지도 않기 때문이다.[12]

이것은 100년도 더 지나 가족사회학이 내놓은 소견에 대체로 부합한다. 현대의 핵가족은 친척들과 결합하지만, 이런 결합을 활성화해야 한다는 강제는 존재하지 않는다. 가족 간의 위계 관계는 전형적이지 않다. 근친혼 금지 외에는 누가 누구와 결혼해야 한다는 규정은 없다. 또한 통상적으로 가족은 친척들과 다른 데 산다. 가족 결성은 사랑을 요구한다.

이 지점에서 헤겔 저작에서 사랑 개념이 초기부터 어떻게 변해왔는지를 간략히 살펴보자. 처음에 헤겔은 사랑을 이성과 유사한 것으로 보았다. 사랑도 어떤 외화外化에 기초하는데 이 외화는 완전한 포기로 귀결되지는 않기 때문이다. 헤겔은 헤르더의 논문 〈사랑과 자기성 Liebe und Selbstheit〉에서 사랑의 향유가 서로 화음을 이루지만 "동음을 이루지는 않고 하물며 동일하지는 않은 피조물들"[13]의 존재를 전제한다는 생각을 가져왔다. 따라서 곧 헤겔에게 "사랑"은 결합하는 사람들이 독자성을 잃지 않으면서 결합할 수 있음을 보여주는 개념이 되었다. 그래서 사랑은 인식을 비롯하여, 주체와 객체의 여러 관계의 범형이 되었다.[14] 나중에 헤겔은 사랑 개념을 "생명" 개념으로 대체한다. 둘은 구조는 같지만, 생명 개념의 장점은 유기체와 조직을 서술하는 데에도 적합하다는 것이다. 마지막으로 "생명" 대신에 "정신"이 등장하는데, 아마 삶과 죽음의 통일을 더욱 강조하는 개념이 필요했기 때문일 것이다. 어쨌든 이렇게 개념을 대체함으로써 사랑 개념은 이제 은유로서 이 체계가 주는 부담(인지 작용만 해도 주체와 객체의 결합이라는 종합을 포함하는데, 그렇다면 이것도 사랑의 사례란 말인가?)을 덜게 되었고, 따라서 철학 바깥에서 사랑으로 부르는 것을 서술하는 데에도 사용할 수 있게 되었다.

따라서 헤겔이 법철학에서 염두에 두는 것은 성관계에 토대를 두는 가족이다. 이때 헤겔에게 가족을 만드는 혼인의 특징은 양성의 비대칭성이다. 물론 그는 가족에서 남성이 여성보다 중요한 것은 아니라고 말한 적도 있지만,[15] 이러한 동등한 가치에도 불구하고 서로 매우 다른 일을 하는 분업을 염두에 두었다. 소녀(이제는 여성이라고 부르지 않는데, 그에 마땅한 나이 차이를 생각했기 때문이다)의 과제는 기본적으로 혼인의 관계 내부에만 있다. 소녀는 감성적 헌신 안에서 자신의 명망을 포기하지만,[16] 남성은 그렇지 않다. 왜냐하면 남성은 그 밖에도 "국가"에서 인륜적 활동을, 즉 직업 활동을 하기 때문이다. 즉, 남성은 "외부 세계 및 자기 자신"과 더불어 인식하고 투쟁하고 노동한다. 헤겔은 이 지점에서 정말 거리낌이 없다. 심지어 남자는 동물과 비교하고 여자는 "순결한 모습으로 자신과의 통일에 머무는"[17] 식물과 비교하기도 하고, 여자가 국가의 고위직에 있으면 국가에 위협이 된다고 주장하기도 하는 것이다. 여기에 대해서는 남성이 차지하든 여성이 차지하든 국가의 고위직이 국가에 위협이 되는 일은 흔하다고 반박하거나, 엘리자베스 1세나 마리아 테레지아나 예카테리나 대제가 그 나라의 연대기에서 과연 국가에 위협을 준 사람으로 기록되었는가라고 반문할 수도 있다.

또한 헤겔이 뜻하는 것은 남성이 "그 밖에도" 추가로 노동한다는 것이 아니라 "원래" 노동한다는 뜻이다. 남성은 자신 안에서, 그다음에는 직업과 가족에서의 다양한 역할 안에서 분열된다. 이에 비해 여성의 "인륜적 심성"은 경건함이다. 여성은 경건함으로 가족의 정서적 바탕을 돌보고 가족의 내면을 이끌어 간다. 여성에게는 가족으로 족하다. 헤겔이 볼 때 여성도 교양을 가질 수 있지만, "어떤 보편적인 것을 요구하는" 생산에는 어울리지 않는다.[18] 헤겔은 자연철학에서 의사 야콥 피델리스 아커만Jakob Fidelis Ackermann의 양성인 兩性人 연구[19]를 토대로 동물계에서 처음에는 암수가 동일했다는 전제를 받아들인다. 그러다가 고등생물에서는 두 개의 성이 발전하는데, 이들의 기관은 서로를 비추는 거울로 이해할 수 있다. 그러나 여기에서도 헤겔은 곧바로 남성에게 활동, 생산, 환경의 장악과 같은 여타 특성을 부여한다.[20] 그리고 그는 꽤 야릇한 대비도 마다하지 않는데, 가령 발기는 혈액의 능동적 투입이라면 생리는 혈액의 단순한 배출이라는 것이다.[21]

헤겔이 1800년경 그에게 보이는 가족을 다루었을 뿐이라는 변명은 받아들이기 어렵다. 그는 실은 가족의 이상화된 모습을 다루기 때문이다. 헤겔에게는 가족의 온갖 분쟁, 가족이 처하는 긴장, 틀에 박힌 생활 속에서 식어가는 사랑 따위는 가족 개념에 들어오지 않는 것이다.[22] 그는 "여자는 마땅히 조용해야 한다"라고 말한다.[23] 그러니까 이성적 존재를 서술하는 것이 아니라 마땅히 그래야 함을 서술하는 것이다. 게다가 헤겔은 감성/이성, 주체/객체, 신앙/지식 같은 단순한 개념적 구분을 어떤 표준으로 인정하기를 평생 거부했다. 그런데 여자와 남자는 어떤가? 헤겔은 양성의 자연적 규정이 "그 이성적인 본성에 의해" "지성적이고 인륜적인 의미"를 획득한다고 말한다.[24] 이것은 양의적 표현이다. 자연적 구분이 그 자체로 이성적이라는 의미일 수도 있지만, 혼인에서 이런 자연적 구분을 이성적으로 다룬다는 의미일 수도 있기 때문이다.

양성 구분이 이성적이라는 암시는 적어도 헤겔의 자연철학에서는 소수에 불과하다. 가령 "성행위"는 주체가 그 역시 주체인 어떤 객체와 충동적 관계를 맺는 것이라는 말이 그런 소수의 암시 중 하나이다. 개체에는 결핍감이 있는데, 그것은 한편으로는 그 종種에 속하지만 다른 한편으로는 그 종에 딱 들어맞지 않는다는 느낌이다. 헤겔에게는 이런 결핍감의 표현이 자연적 성차이다. 그러나 종에 딱 들어맞지 않는다는 느낌, 그리고 교미를 통해 "그 종의 타자에서 자신을 느끼려는 충동"이 정말 당연하려면, 먼저 이런 타자가 있어야 한다. 그러나 이것은 결핍감의 근거로 전제되어야 하는 이 타자의 존재는 해명하지 못한다.[25]

여기에서 창조 이야기의 역설을 떠올릴 수 있다. 신은 인간을 자신을 닮은 모습으로 창조한다면서 남자와 여자로 창조한 것이다(창세기 1장 26절). 다음과 같은 생각으로 이 역설을 해소할 수도 있을 것이다. 신이 창조한 인간은 신의 거울상이지만 선악을 모르므로 신을 온전히 닮지는 않았다. 신은 선악과를 따먹지 말라고 경고한 직후에, 남자/인간에게 이런 객체주체 Objektsubjekt를 주었다("인간이 혼자인 것은 좋지 않다", 창세기 2장 18절). 그도 남자를 온전히 닮지는 않았는데, 그렇지 않으면 거울에 비출 것이 없을 것이기 때문이다.[26] 물론 헤겔은 원죄를 해석하면서 그것이 이브로 말미암는다는 여성 혐오적 해석에는 동조하지 않는다. 그러니까 헤겔은 원죄를 자유로의 결단이라고 긍정적으로 해석하므로, 아담 혹은 "인간 일반"에게 원죄를 종교사의 대차대조표에서 수익 쪽에 놓는 것이다.[27]

그러니까 헤겔은 각 성을 지니는 개인이 다른 성과 관계 맺고, 양성 모두 사랑 안에서 독립성을 포기하고 가족 안에서 그것을 끊임없이 받아들인다고 말한다. 그러나 양성이 인정을 얻는 방식은 같지 않다. 이러한 인정은 "한낱 자연적 인정"이 아니다. 이런 인정은 성차에 바탕을 두지 않으며, 이런 차이는 가족에서 서로 다르게 나타나기도 하기 때문이다.[28] 헤겔에 따르면, "소녀"는 사랑에서 인정을 얻기 위해 독립성을 오롯이 포기하는 반면, 남자에게는 다른 인정, 즉 공민으로서의 인정이 기다리는 영역이 남아있다. 물론 헤겔에게 가족에서 독립성의 포기가 이상적으로 보면 부자유는 아니다. 다른 개인[배우자]은 자신을 제한하는 것이 아니라, 자신의 자존감을 뒷받침하는 존재로 체험되기 때문이다.[29] 그러나 자유는 매우 불균등하게 배분된다. 헤겔 시대에 여성은 결혼하면 권리를 잃지만, 남성은 그렇지 않은 것이다.

헤겔도 남성에게는 능동적 직업 생활을 통한 자유로운 일반성을 부여하지만, 여성에게는 구체적 가족의 수동적 "지식과 의지"를 부여한다. 헤겔은 이 대목에서 《정신현상학》에서 소포클레스의 《안티고네》에 의거한 남녀 구분의 설명을 환기한다. 헤겔에게 이 연극은 "비극의 절대적 전범"[30]이자 "모든 시대를 망라하여, 가장 숭고하고 모든 면에서 가장 고귀한 예술작품 중 하나"[31]이 다. 헤겔이 의무에 대한 상이한 해석, 아니 상반되는 해석을 여자 와 남자에게 배당하는 것은 "정신" 개념의 의미에 대해 제시하는 첫 번째 사례이다. 상반된 세계관의 갈등과 그것의 해소에서, 우리가 **하나의** 세계에 산다는 것이 의식될 때, 정신이 드러난다. 그러니까 이런 세계 해석들은 이런 조건에서만 서로 갈등하게 된다. 여기에서는 한편으로 정치적 입법의 규범적 세계 해석이고, 다른 한편으로 자명하게 감각되는 선의 규범적 세계 해석이 갈등한다.

"지상에 살았던 가장 찬란한 인물"[32]인 안티고네는 한때 테베의 왕이던 오이디푸스의 딸이다. 그녀는 오빠 폴리네이케스[33]를 매장한다. 크레온 왕이 어기면 사형시킬 것이라며 금지한 일이다. 폴리네이케스와 에테오클레스 형제는 아버지의 서거 이후 테베를 교대로 다스리기로 합의했다. 그러나 에테오클레스가 이 합의를 어기면서 "추잡한 알력"과 전쟁이 일어나고 형제는 서로를 죽인다. 이후 왕위에 오른 크레온은 두 사람을 공공의 적으로 선포한다. 크레온은 [오이디푸스의 어머니이자 아내인] 이오카스테의 오빠였으므로, 오이디푸스의 외삼촌이자 손위 처남인 셈이다. 오이디푸스는 (그의 말에 따르면 착오로) 아버지를 죽이고 어머니와 결혼하여 그 사이에 폴리네이케스, 에테오클레스, 안티고네, 이스메네를 낳은 것이다. 그래서 안티고네도 이오카스테의 딸이자 손녀이므로, 크레온은 안티고네의 종조부이기도 한 것이다. 혈연관계는 가뜩이나 복잡한데, 그 질서의 어느 대목에 근친혼이 끼어들면 더욱 복잡해진다. 그러나 헤겔은 근친혼 금지를 이러한 무질서를 피하기 위해서라든가, "허약한 후손"이라는 끔찍한 결과를 피하기 위해서라고 보지 않는다. 그가 보기에 가까운 인척의 혼인은 혼인이 그로 인해 비로소 친밀해지는 독립적 인격들의 결합이라는 요구와 부합하지 않기 때문이다.[34]

방계 출신으로 테베의 권력을 거머쥔 크레온은 그 때문에라도 자신을 과도하게 폴리스, 조국, 법률, 시민 "복지"[35]와 동일시했다. 따라서 그는 교대로 다스린다는 합의를 지킨 폴리네이케스가 아니라, 도시를 통치하고 "도시를 위해 싸운"[36] 에테오클레스의 편을 들었다. 안티고네는 정반대를 선택했다. 고대 테베의 합창단은 크레온에게 법은 산 자뿐 아니라 죽은 자에게도 적용된다는 것을 환기한다.[37] 하지만 왜 그래야 하는가? 여기에서 과거의 사회에서 조상숭배의 특징을 떠올릴 수도 있겠다. 그러나 우리 사회를 돌이켜보아도 추모라는 형태로 과거에 권위를 부여한다는 것을 쉽게 알 수 있다. 망자에게 빚이 있다는 느낌은 현대에도, 그리고 계몽에 의해서도 사라지지 않는다.

안티고네는 지상의 권력이 내리는 명령에만 순종하기를 거부한다("하계의 습속은 다를지 누가 알겠는가"[38]). 따라서 폴리스의 법, "국가"의 법을 거슬러서 신의 법을 따르는 것이다. 안티고네에 따르면, 남편은 대체할 수 있고 자식도 새로 낳을 수 있지만, 아버지와 어머니가 돌아가시면 "다른 형제가 또 태어날 수는 없다."[39] 그러나 모든 시민은 국가권력에 복종해야 하므로(폴리스에는 국가에 맞서는 저항권은 없고, 헤겔의 법철학에서 국가에는 기본권 같은 것은 없다) 여기에 맞서는 신의 법은 죽은 시민에게만 적용된다. 이제 충돌이 일어나는 이유는 크레온이 죽은 자에게도 권력을 행사하고자 하고, 나아가 여자를 비롯하여 어떤 혈족도 발언하지 못하게 하기 때문이다. "나의 삶에서는 어떠한 계집도 군림하지 않는다."[40] 안티고네는 산 채로 무덤에 갇히게 된다.

복잡한 사회는 개인들로 무매개적으로 이루어지는 것이 아니라, 개인들이 이미 결합한 공동체들로 이루어진다. 개인은 이러한 공동체와 대립할 수 있다. 이런 공동체의 규범은 그 사회의 정치 권력이 내리는, 집단적 구속력이 있는 결정에 어긋나면서도 스스로 일반성을 주장할 수도 있기 때문이다. 감성적 지각에서는 일반적 개념을 끌어들이지 않으면 개별 대상을 서술할 수 없다는 것이 그 개별 대상들에서 입증된다. 이와는 달리 정신의 영역에서는 공동체의 서로 모순되는 서술들이 "온전한 정신"[41]이 되고자 한다.

그러나 이들은 "온전한 정신"이 아니다. 개인은 정치질서나 가족 없이는 존재할 수 없다. 여기에서 헤겔은 가족이 하나의 경제 단위, 즉 오이코스oikos이던 고대의 상황을 계속 염두에 둔다. 물론《정신현상학》에는 나타나지 않지만 말이다. 헤겔은 국가로 대표되는 인간의 법은 남자와 낮에 배정하고, 가족에서 작용하는 신의 법은 여자와 밤에 배정한다. 왜 그런가? 헤겔에게 가족이라는 제도는 자신의 구성원을 전체로 본다. 다시 말해 자신의 구성원을 업적으로 판단하지 않는다. 가족은 교육을 통해 자녀에게 가정을 벗어난 삶, 특히 현대적 여건에서의 삶을 준비시킨다. 또한, 가족의 의미는 개인의 부양에 있지 않고, 혈연에 근거한 권력의 축적에 있지도 않다. 이것은 정신의 영역이 아니라 욕구의 영역에 속하는 것이다. 만일 가족을 이렇게 이해한다면, 가족은 마피아와 구별할 수 없고, 때로는 심지어 "가족국가"로 넘어갈 수도 있는 (가령 보르지아Borgia 같은) 일족[42]과 구별할 수 없게 된다.

따라서 헤겔에 따르면, 가족 고유의 "인륜적 행위"는 그 구성원이 어떤 사람인지, 그리고 지금 어디 있는지 가리지 않고, 그를 온전한 인격으로 생각하는 데 있다. 이 말은 그가 종국에는 세상을 떠나 어떠한 업적도 이룰 수 없을지라도 여전히 기억한다는 뜻이다. 공적인 삶에서는 가령 정치 행위, 승전, 예술작품, 발명 등 특정한 것을 통해 돋보이는 사람을 기억한다. 이에 반해 가족의 실정적 목적은, 헤겔의 표현에 따르면, 모든 공적 인정 이전의 "개인 자체"[43]이다. 그래서 거꾸로 가족 내에서 개인의 과오는 모두 기꺼이 포용하고 용서하거나 최소한 너그럽게 받아들인다. 이런 목적을 실현하는 것은 가족의 위계적 요소나 감성적 요소를 모두 벗어나는 것이다. 그래서 저 비극에서 이런 목적에 자신을 바치는 것은 누이이다. 그녀는 오빠 생전에도 오빠를 감성적으로 사랑하는 것이 아니다. 따라서 그녀는 가족에 대한 비감성적인 헌신, 그러나 바로 그 때문에 가차 없는 헌신을 드러내도록 예정된 것이다.

안티고네는 이런 헌신을 실현하면서, 시신을 그냥 내버려두고 잊어버리는 짐승처럼 오빠를 방치하라는 정치적 명령을 죽음을 무릅쓰고 거부한다. 헤겔은 다시 문명을 죽음의 힘에 대조시킨다. 여기에서 개인의 몸은 부패하지만, 문명의 일부인 가족이 그 개별 인격을 경배하고 기억에 붙드는 것이다.[44] 그러나 시민적 세계에서와는 달리 고대 연극에서는 가족의 감정적 삶을 대표하는 것이 아내와 어머니가 아니라 누이이다. 여기에서 헤겔은 기억의 관계에서 감성을 배제하는 직관을 발견하고, 나아가 타인과의 종속적이지 않은 대칭적 관계에 바탕을 둔 저 자유에의 암시를 발견한다. 누이는 자신과 성별이 다른 오빠와 성적으로 관계하지 않으면서 오빠와 관계한다. 이것은 아내가 남편과 맺는 관계와 다르지만, 어머니가 아들이나 딸과 맺는 관계와도 다르다. "그래서 여성적인 것은 누이로서 인류적 존재의 지고한 예감이 된다."[45]

안티고네는 왕녀이지만 시민은 아니다. 헤겔이 묘사하는 것처럼, 여성은 폴리스, 나아가 시민사회의 시민일 수 없는 것이다. 그뿐 아니라 안티고네는 욕망하는 여성도 아니다. 누이의 역할을 위해 신부의 역할을 뒷전에 두기 때문이다. 딸이지만 이제 양친은 살아있지 않고, 누이이지만 이제 오빠들은 살아있지 않다. 다만 여동생 이스메네만 남아 그녀와 함께 죽고자 하는 것이다. 안티고네는 죽음에 둘러싸인다. 죽음은 모든 이해관계, 모든 감정, 모든 일상적 사건과의 관계에서 그녀를 풀어놓는다. 그녀는 욕망하지 않고 노동하지 않으며 싸우지도 않는다. 자신이 대표하는 세계의 인정을 얻기 위한 투쟁은 전적으로 수동적으로 이루어진다. 비극의 비극적인 면은 이 여성이 감성적인 삶이나 정치적인 삶과 무관하게 살아갈 때만, 그러니까 어떤 그림자로서 행위하는 어떤 그림자처럼 살아갈 때만 자유롭다는 것이다.

이에 비해 근대에는 기독교의 영향으로 자매와 형제 관계 대신 부부 관계가 인륜적 심급으로 등장했다. 기독교는 그 이상에서 개인만 인정하고 사랑을 내면화하며 성을 그저 혼인의 한 요소로 만든 것이다. 자연적 성차는 중화되기는커녕 과대평가된다. 부부는 서로를 영혼을 지닌 존재로 인정한다. 서로를 성에서만, 그리고 가정의 재생산 기능에서만 인정하는 것이 아니다.[46] 그러나 시민적 혼인이나 고대 가족에서 여성은 늘 감정의 영향권에 갇힌다. 1800년경에는 안티고네가 부르짖은 저 신의 법이 이제 없으므로, 법적 단위로서의 가족을 대표하는 사람은 결혼 전부터 법적 인격체인 남편이다. 낭만주의는 시민으로서 독립성이 없는 여성과 혼인을 통해서 비로소 성적 행위의 책임을 지는 남성의 사회적 비대칭성에 무심하다. 이에 비해 헤겔은 혼인과 가족에서 어떤 자유가 가능한가를 문제 삼을 때, 이런 조건이 중요하다고 주장한다. 법적 상황을 간과한 "자유로운" 사랑이라는 초기 낭만주의 이념은 헤겔이 보기에 유혹자의 세계관에 불과하다.

그래서 헤겔 가족 이론의 실마리는 개인이 사회적 제도에서 독립하여 삶을 영위할 수 있다거나 이미 영위하고 있다는 생각이 착각이라는 통찰이다. 헤겔이 목도하는 시민사회의 토대는 오히려 서로 긴장 관계인 두 형태의 개인성을 가능케 한다는 데 있다. 첫 번째는 인격을 온전한 개인으로 상호인정하는 것이고, 두 번째는 인격을 독립적 개인으로 상호인정하는 것이다. 전자가 사랑을 통해 그리고 가족에서 이루어진다면, 후자는 "국가에서" 이루어진다. 여기에서 헤겔이 말하는 국가는 공적 활동의 총체, 특히 직업적 삶을 뜻한다. 헤겔이 보기에 개인성의 이 두 형태는 두 성으로 나뉠 수밖에 없다. 헤겔은 이 점이 여성과 남성의 신체적이거나 정신적인 구성에서 중요하다는 것을 입증하고자 애쓰고, 남녀 모두에게 자기의 성적 특성의 필연성을 통찰하기를 권고하고자 애쓴다. 그러나 이것은 바로 이 이론의 한계를 노정한다. 이이론은 하나의 역사적 상태를 고착시켜서 이 상태가 최종적이라고 보고, 고래로부터 모든 이성이 이 상태를 향해 나아간다고 보는 것이다. 헤겔은 이미 바로 주변에서 여성이 평등권을 요구하면서 뚜렷하게 나타나는 것들을 완전히 간과한다. 그리고 가령 그가 보기에 근거가 박약한 낭만주의적 사유로부터 낭만주의적 삶의 방식의 부적절함을 추론해 낸다. 카롤리네 셸링Caroline Schelling의 사망에 대한 그의 반응은 경악스럽다. 1809년 10월 4일 니트하머에게 보내는 편지에서, 니트하머의 부인을 가리켜 "지고하신 여인의 아름다운 손에 1천 번이나 입맞춤합니다. 공덕이 많으신 그분은 하느님이 보우하사 최근 부고를 들은 그 여자보다 열 배나 오래 사실 것입니다. 여기에서 몇몇은 악마가 그 여자를 데려갔을 것이라고 쑥덕거립니다"라고 쓴 것이다.[47]

성차에 관한 헤겔의 생각을 상세히 인용한 이유는 가족에 대한 그의 사유가 모든 시민적 인격은 혼인과 가족 안에서 삶을 영위해야 한다고 전제하기 때문이기도 하다. 헤겔은 결혼의 의무를 들어 비혼자를 꾸짖는다.[48] 나아가 성적 재생산은 혼인 안에서만 인륜과 부합한다고 보았다. 그러나 여기에 반하는 두 가지 사례, 즉 혼인하지 않은 여성과 혼외 자녀가 헤겔 자신의 삶에서 큰 비중을 차지한다. 누이동생 크리스티아네와 사생아 루트비히를 말하는 것이다. 이런 특수한 상황은 그의 이론에는 전혀 포함되지 않는다.

크리스티아네는 오빠보다 겨우 세 살 어리다. 어머니가 1783년 돌아가시고 아버지는 재혼하지 않아서, 이 장래의 철학자의 누이는 겨우 열 살의 나이에 슈투트가르트의 헤겔 집안의 수많은 의무를 짊어지게 되었다. 당시 귀족이 아닌 성인 여성과 소녀는 독일뿐 아니라 여러 곳에서 남성이 가능성을 펼칠 수 있도록 뒷바라지하는 역할을 부여받았다. 이들의 의지와는 무관하게 그랬다. 역사를 쓰는 것은 (직업적 출세라는 형태로) 오로지 이들의 아버지, 오빠, 남동생, 아들의 책임이었고, 여성들은 역사의 들러리였다. 방금 우리는 헤겔이 이를 애써 정당화하는 것을 살펴보았다. 크리스티아네는 고등교육을 받지 못해서 유년기나 청소년기의 기록을 거의 남기지 않았다. 때때로 헤겔의 죽마고우들이 편지에서 그녀를 언급했다. 그녀 자신이 처음으로 남긴 문서상 기록은 스물여섯 살에 쓴 편지이다. 1799년 1월 오빠에게 쓴 편지에서 부친의 부음을 알린 것이다. "지난밤 자정 직전에 아버지가 아주 잔잔하고 평안하게 돌아가셨어요. 더 이상 글을 쓸 수는 없네요. 신이 저를 지켜주시기를! 크리스티아네 드림."[49]

그렇지만 그녀의 전기작가 알렉산드라 비르케르트Alexandra

Birkert의 걸출한 역사적 연구에 힘입어 그녀의 생애에 대해 아주 많은 것을 알게 되었다.[50] 오랜 시간 동안 환멸에 환멸을 거듭한 불우한 생애였다. 교육을 받을 희망, 사랑, 정치적 기대는 모두 무너지고, 점점 유명해지는 오빠와는 소원해졌다. 그녀가 오빠에게 느끼는 친밀감은 오빠가 그녀에게 느끼는 것보다 강했다. 헤겔식으로 표현하자면, 크리스티아네는 삶의 조건이 좋았음에도 원하는 인정을 한 번도 받지 못한 것이다.

아마 크리스티아네는 어린 시절 개인 교습을 받았을 것이다. "중간계급"도 딸이 초등학교에서 하층계급 아이들과 접촉하는 것보다는 개인 교습을 선호했기 때문이다. 어쨌든 그녀는 라틴어를 알았고 나중에는 프랑스어를 가르치기도 했다. 철학자 야콥 프리드리히 아벨Jakob Friedrich Abel은 실러의 스승으로 유명하고(실러는 《피에스코Fiesco》를 그에게 헌정했다), 김나지움에서, 그리고 1790년부터는 튀빙겐 대학에서 헤겔도 가르쳤는데, 슈투트가르트에서는 "지위 높은 귀부인"을 위한 공개 강좌를 개설했다. 크리스티아네는 거의 확실하게 이 강의를 들었을 것이다. 인척과 지인을 통해 그녀는 일찌감치 슈바벤의 계몽된 교양인들의 사회에 속하게 되었다. 헤겔 집안에서는 당시 계몽주의적 비밀결사인 일루미나티의 지역 조직이 모였다. 1776년 잉골슈타트의 교회법 학자이자 철학자인 아담 바이스하우프트Adam Weishaupt가 결성한 이 단체는 비밀 저작들이 누설되어 그 사이비 종파적 교리가 만천하에 드러나면서 1787년 해산되었다. 그러나 일루미나티가 여러 제도를 잠식함으로써 실현하고자 한, 신분 사회에 맞서는 계몽의 이념은 크리스티아네도 속한 뷔르템베르크의 지식인 네트워크로 퍼져 나갔다.

클레트Klett, 코타Cotta, 노이퍼, 하우프Hauff, 마르클린Marklin, 울란트, 라인하르트Reinhard, 빌핑거Bilfinger를 비롯하여 많은 사람이 속한 이 네트워크에 대해서는 아직 연구가 미비하다. 크리스티아네는 여기에서 친구를 만나고 애인도 만났지만, 결혼할 사람은 만나지 못했다. 그녀가 진심으로 사랑한 사람은 슈토이들린이었다. 그러나 로젠크란츠에 따르면, 그녀는 "아마 고뇌 끝에 이 사랑을 포기해야 한다고 믿었을 것이다. 그는 이 사랑을 결코 포기하지 않은 채 그녀에게서 멀리 떨어져 비혼으로 살다 세상을 떠났다."[51] 크리스티아네보다 열다섯 살 많았고 나중에 법률가가 된 슈토이들린은 김나지움 시절부터 시인의 재능을 보였다. 또한 시인으로서 실러의 적수이자 연적이기도 했다. 그리고 전체적으로 바람둥이에다 공화주의 술꾼이자 도박꾼이기도 했다. 내각 사무처 법률고문인 그가 1794년 슈투트가르트에서 도피한 계기 중 하나는 자신이 발행하던 《연보Chronik》가 출판 금지를 당한 것이다. 그는 호헨아스페르크 소재 뷔르템베르크 주 형무소에 갇힌 가장 유명한 지식인 수감자이던 크리스티안 프리드리히 다니엘 슈바르트Christian Friedrich Daniel Schubart에게서 이 잡지를 넘겨받아 발행하였다. 물론 이런 정치적 이유로만 궁정에 의해 추방당한 것은 아니다. 그가 도피한 또 다른 이유는 사실 엄청난 채무 때문이기도 했다. 슈토이들린은 이리저리 방랑하면서, 바덴에서 다른 잡지를 창간하여 재기하고자 했지만 이 잡지도 폐간되었다.

1796년 9월 그는 최후의 편지에 쓰는 것처럼 지치고 "결국 거대한 비운에 압도당한 채" 스트라스부르의 일강에서 익사했다.[52] 크리스티아네와 슈토이들린이 정말로 사랑으로 결속되었는지는 단정할 수 없다. 그러나 여러 정황을 볼 때, 그녀가 그와 함께라면 [헤겔의] 누이의 삶이 아닌 다른 삶을 살 수 있었으리라 생각한 것은 맞는 것 같다.

그러나 좀 더 정확하게 말할 필요가 있다. 크리스티아네는 꽤 나이 들어서까지 당시 기준으로는 여전히 신붓감으로 여겨지던 젊은 시절을 아주 강렬하게 겪어냈다. 우선 그녀는 일찍부터 가족을 위해 살아야 했던 아이였다. 그리고 슈투트가르트에서 교유하던 여자친구마다 적어도 오빠나 남동생이 한 명씩은 있었으므로, 교양 있을 뿐 아니라 앞으로 쟁취할 장래가 촉망되는 젊은 남자들에게 둘러싸여 있었다. 그뿐 아니라 프랑스혁명이 뷔르템베르크에 깊은 영향을 미치고 있었다. 스무 살이 되었을 때 독일 민족의 신성로마제국은 프랑스에 선전포고한다. 같은 해인 1793년 3월 슈토이들린의 《연보》가 출판 금지를 당한다. 1793년 여름 횔덜린은 《히페리온》 초판을 슈투트가르트로 보내면서 친구 노이퍼에게 이렇게 편지를 쓴다. "그대와 친분이 있는 고귀한 여성들께 청해주게. 오늘 우리의 슈토이들린에게 부치는 단편을 보시고, 어쩌면 나의 히페리온이 수다스럽고 모험도 많이 하는 기사보다는 좀 더 재미있는 주인공이 아닌지 판단해 주십사 말일세."[53] 횔덜린이 특히 궁금해하는 것은 편지에서 언급하지 않는 어느 여성 독자이다. 그것은 크리스티아네가 연정을 품은 남자의 누이 로테 슈토이들린Lotte Stäudlin이다. 횔덜린은 늘 여성의 마음을 얻으려 하는 것이다. 나중에 헤겔은 《히페리온》 같은 교양소설 장르를 현대판 기사 이야기라고 부를 것이다. 이런 비교를 어떻게 평가할지는 차치하더라도, 크리스티아네가 모험이 가득한 시대를 산다는 느낌을 뚜렷하게 토로한다.

이것을 가장 강하게 드러낸 것은 아마 투옥 위험을 무릅쓰고 공화주의 활동에 참여한 일일 것이다. 그녀는 1799년 친구인 미네 하우프Mine Hauff가 호헨아스페르크 요새에 갇힌 남편 아우구스트 하우프August Hauff에게 보내는 편지를 몰래 전달한 것으로 보인다. 크리스티아네가 1802년 대모가 된 이들의 아들 빌헬름 하우프Wilhelm Hauff는 훗날 동화작가로 성장한다.[54] 크리스티아네의 주변에는 은밀한 공화주의자이면서 아울러 신분제 국가 뷔르템베르크의 공직자가 많이 있었다. 프랑스는 오래전부터 이 나라와 평화를 유지했다. 프랑스로서는 혁명의 이념과 행위를 독일에 전파하는 것보다 국경의 평온이 더 중요했기 때문이다. 따라서 이 무렵 슈바벤 지방에서는 자코뱅주의자가 무수하게 수배당하고 체포당했다. 헤겔 자신도 1800년 경찰의 요주의 인물이 되었다. 구금된 어느 뷔르템베르크의 소위가 헤겔이 아무것도 모르는 채 프랑스 관리에게 장문의 편지를 전달했다고 말했기 때문이다. 1799년 6월 뷔르템베르크는 프랑스에 대항하는 동맹 전쟁에 가담한다. 아들을 잃게 생긴 대다수 국민은 분노했다. 그래서 반전론자들은 파리에서 이 상황을 어떻게 생각하는지 알아내고, 프랑스 정부에 뷔르템베르크에서 저항 의지가 높다는 사실을 알리고

자 했다. 이 편지는 아무 관리에게나 전달된 것이 아니라 바로 아베 시예스Abbé Sieyès에게 전달되었다. 1789년 출판된 저 유명한 《제3신분이란 무엇인가? Was ist der dritte Stand?》의 저자에게 전달된 것이다. 혁명에서 살아남은 그는 그로부터 10년 후 프랑스 집정 내각에 들어가지만, 곧 이 내각의 전복을 꾀했다. 물론 슈투트가르트에서는 이를 알지 못했다.

편지를 쓴 사람은 비밀 혁명조직에 속한 소위 카를 프리드리히 폰 페나세Carl Friedrich von Penasse였다. 그는 슈투트가르트의 카를슐레에서 교육을 받고 튀빙겐 대학에서 법학을 공부한 후 군복무를 했다. 프랑스 정부와 접촉하기 위해 편지를 전달할 사람을 물색할 때, 페나세는, 혹은 그에게 자문하던 사람들은 프랑크푸르트에 사는 헤겔에게 생각이 미쳤다. 아마 헤겔이 뷔르템베르크의 공화주의자 네트워크와 긴밀한 관계를 맺고 있고, 독일 영토에 있는 프랑스 공화국의 전초기지이던 마인츠와 가까운 곳에 살기 때문일 것이다. 기록에 따르면 실제로 헤겔은 이 무렵 두 차례 마인츠를 다녀왔다. 1800년 3월 반란 모의가 발각되자 가담자는 모두 가혹한 처벌을 받게 생겼다. 물론 뷔르템베르크 당국은 자유 제국도시에 사는 헤겔을 직접 체포할 수는 없었을 것이다. 그럴수록 헤겔의 누이는 슈투트가르트는 이제 안전하지 않을 수 있다는 불안에 시달렸을 것이다.

1801년 가을 그녀는 뷔르템베르크를 떠난다. 그 사이 부친은 세상을 떠났고 양친의 집은 매각했으며 그녀는 스물일곱 살이 되었다. 많은 친구가 막 결혼했지만 그녀는 그 신분의 여성에게 허용된 몇 안 되는 직업 중 하나를 택한다. 집사 겸 가정교사가 된 것이다. 슈투트가르트에서 한데 모여 살던 젊은 시절이 끝났기 때문이기도 하다. 이제 그들은 대부분 다른 곳으로 가고 삶의 길은 흩어져 버린다. 그러나 정치 상황의 근본적 변화라는 기대나 삶에서 공동체 이상이 실현되지 않았기 때문이기도 하다. 오빠 헤겔은 상속분을 받아서 곧 예나 대학에 가는 데 썼다. 경제학적으로 말하자면, 이것은 장기적인 투자라고 볼 수 있다. 그러나 오빠와 남동생의 대학 공부에 들었던 비용을 계산하여 헤겔보다 상속을 더 받은 그녀는 이 돈을 자신의 삶에 투자할 방도가 없었다. 그래서 이자로 생활할 수밖에 없었다.

크리스티아네는 13년 동안 하일브론 북쪽에 있는 자유 제국기사 요제프 폰 베를리힝겐Joseph von Berlichingen의 집에서 가정교사로 지냈다. 그는 괴테의 희곡으로 유명해진 괴츠 폰 베를리힝겐 Götz von Berlichingen의 후손이다. 여기에서는 이 검사劍士의 저 유명한 "강철 의수"를 보관하고 있다. 그러나 나폴레옹 전쟁의 상황에서 제국기사단은 그리 큰 활약을 벌이지 못했고, 베를리힝겐은 당시 나폴레옹 편으로 돌아선 뷔르템베르크 국왕에게 싫든 좋든 봉사하고 있었다. 이 집안은 야크스트하우젠에서 먼저 쇼른도르프로, 그다음에는 루트비히스부르크로 이사했다. 크리스티아네는 베를리힝겐의 아내인 조피Sophie 남작 부인이 1807년 요절한 후 다섯 명의 딸을 가르친다. 비르케르트의 전기에 따르면, 그녀는 이 일에 탁월했다고 한다. "학문 외에도" 교육에서 좋은 영향을 끼쳤다는 칭찬을 받았을 뿐 아니라, 나중에는 여성임에도 불

구하고 "학식"을 추구한다는 비난까지 받은 것이다.[55]

혜겔이 누이에게 보낸 몇 안 되는 편지를 보면 그녀가 점점 지쳐가고 있음을 알 수 있다. 1814년 뉘른베르크에 있던 혜겔은 그녀가 계속 아파서 일할 수 없다면 "우리 집으로 영영 들어오기를" 제안한 것이다.[56] 혜겔은 누이가 베를리힝겐이 재혼한 부인과 갈등을 빚고 있다고 전한 데에도 반응한다. 크리스티아네는 이 여자가 의붓자식들의 교육에 좀 더 관심을 보일 것을 바란 것이다. 혜겔은 누이더러 마음을 가라앉히라고 말한다. 혜겔은 그녀 자신도 "스스로 적절하게 응수하고 수습할 수 없으므로" 다른 사람에게 어떻게 해야 한다고 말하지 못하는 이런 불안정한 상황을 잘 안다고 말한다. 그래서 크리스티아네에게 그 자리를 일종의 사명으로 여겨서, 지시를 기다리기보다는 스스로 결정하라고 권한다. 그러나 얼마 지나지 않아 그녀는 베를리힝겐 집안에서 일하기를 그만둔다. 건강이 좋지 않은 탓에 그렇게 통보받은 것이다. 베를리힝겐이 막 공석이 된 야크스트하우젠의 목사 자리와 열한 살인 막내딸의 교육을 맡긴 사람은 미심쩍고 빚이 많은 데다가 알코올에 중독된 달변가였는데, 크리스티아네에게는 어쩐지 슈토이들린을 떠올리게 했다. 크리스티아네는 그 후에도 한해 동안 목사관에서 살면서 집안일을 맡았지만, 목사가 결혼한 후에는 다시 어떻게 해야 할지 모르게 되었다.

그러는 동안 그녀는 마흔두 살이 되었다. 이제 가정을 꾸린 오빠와 16년 만에 뉘른베르크에서 상봉했다. 정확히 말하면 안스바흐에서 만났는데, 혜겔이 그녀를 마중하러 그리로 간 것이다.

거주 환경은 갑갑했다. 당시 헤겔의 아들들은 각각 두 살과 10개월이었다. 그보다 1년 전 헤겔은 자기 부인 마리 폰 투허를 도와주기를 동생에게 청했다. 마리 폰 투허는 얼마 전 유산했고 1815년에 또 한 차례의 유산을 겪을 것이었다. 이런 요청은 뉘른베르크에서 건강을 회복하려는 그녀의 희망에 어긋나는 것이었다. 그녀는 거기 잠시 머물다 다시 떠난다. 크리스티아네를 시기하는 헤겔 부인과 다투었다는 주장에는 근거가 없다. 그녀는 오빠에게 보내는 편지 초안에서 자신이 "가정의 질서를 어지럽혔지만" "가정의 평화"는 어지럽히지 않았다고 썼다.[57]

이 편지를 초안만 쓰고 실제로 보내지 않은 것만 보아도, 그 후 남매의 편지가 뜸해진 것을 잘 알 수 있다. 헤겔은 다른 일로 바빴다. 경력을 쌓고 여러 저작을 차례차례 쓰고 있었다. 한번은 돈을 보내면서 그녀의 상황에 대해 언급했다. 멀리 있는 헤겔은 누이가 누구에게 의지할 수 있는가에 관해 완전히 오판했다. 어느 사촌에게 전적으로 의지하면서 그녀의 생각을 그에게 "맡기라"[58]는 충고는 결국 아무 도움이 안 되었다. 슈바벤 지방 알렌의 목사인 사촌 루이스 괴리츠Louis Göritz는 이 피후견인을 돌보기는 했지만 자기 이익도 추구하고 있었다. 크리스티아네는 뜨개질 교습을 하고 1817년에는 가난한 여자아이들을 위한 편물 학교를 열었는데, 괴리츠는 이 학교를 큰 시설로 만들고자 했다. 인구가 사실 3천 명도 안 되는 마을인 이 시의 지방 관리이던 괴리츠는 그 지역의 면직 직조공들과 갈등을 빚게 되었다. 이들은 그렇지 않아도 당시 부상하던 섬유공업과 힘겹게 경쟁하고 있던 것이다.

이 갈등으로 크리스티아네의 계획은 2년 만에 다시 무산되었다. 홀아비인 사촌은 그 직후 세 번째로 결혼했다. 그녀는 어떻게 보아도 사촌이 자신을 이용한 것이라고 느꼈다. 그녀에게 받은 고액 하숙비만 해도 그녀의 연간 이자 수입 및 베를리힝겐 가문 연금을 초과하는 것이다.[59]

그리하여 실패를 거듭하는 그녀의 삶은 평온을 찾지 못한다. 크리스티아네가 만나는 남자들은 늘 그녀 뒤를 봐주면서 금전적 이득을 취하고 그녀를 가르치려 하고 결국 다른 여자와 결혼한다. 그녀가 늘 자동차의 다섯 번째 바퀴 같은 존재였다는 비르케르트의 평은 정확하다. 여기에 대항하면 심술궂다거나 변덕스럽다거나 신경질적이라거나 거만하다고 했다. 이에 대한 그녀의 대응은 이런 불행과 고독이 가져올 것으로 충분히 예상되는 대응이었다. 우울하고 절망한 채, 주변에 반항하며 사는 것이다. 야크스트하우젠에 정착하려는 새로운 시도도 실패한 것은 이제 정말로 정신착란이 일어났기 때문이다. 그녀는 외람되게 기사 영지에 나타났다. 분노한 베를리힝겐에게 통지를 받은 오빠 헤겔이 반응하기도 전에, 그녀는 사설 보호소로 보내졌고 1820년에는 마침내 강제로 츠비팔텐 "국립정신병원"에 보내졌다. 그녀와 회복할 수 없는 갈등을 빚던 괴리츠는 그녀의 후견인으로 베를린의 헤겔을 호출했다. "오늘도 어떤 말을 써야 할지 모르겠습니다. 그 소식은 제게 큰 충격을 주었습니다. 인간이 겪을 수 있는 가장 힘겨운 일입니다."[60] 헤겔은 누이가 아니라 사촌에게 먼저 편지를 써서 오빠처럼 돌봐달라고 청한다.

물론 그녀가 미쳤다는 증거는 없다. 연이은 환멸, 그에 대한 점점 무력해지는 반응, 잘못하고 있다는 주변의 비난, 그리고 최근의 곤경으로 인해 마음은 황폐해졌다. 허약한 체질 때문에 늘 몸이 아팠고 쇠약해졌다가 회복하기를 되풀이했다. 이런 모든 일을 악화시킨 것은 돈 걱정이었다. 그러나 무엇보다 그녀는 후원과 진심 어린 애정을 받지 못했고, 평생 갖가지 충격을 피하지 못했다. 가령 남동생은 1812년 나폴레옹의 러시아 원정에서 전사했고, 혁명기 친구인 싱클레어는 1815년 빈에서 세상을 떠났다. 우정, 직업, 재산 등 의지할 만한 것은 모조리 사라지곤 했다. 헤겔의 표현을 빌자면, 그녀를 온전한 인격으로 인식하는 사람은 아무도 없었다. 평생 그녀는 어떤 자원이나 문제로만 여겨졌다. 시설에서 그녀에게 내려진 진단인 "은밀한 우울증적 광기"[61]는 기대의 배반과 지나친 심적 긴장에 대한 심신 상관적 반응으로 해석된다.

1821년 치료가 끝난 그녀는 시설에서 나와 슈투트가르트로 돌아간다. 헤겔은 다시 그녀에게 편지를 써서(그가 그 전에 보낸 몇 통의 편지는 분실되어 전달되지 않았다) 과거는 잊으라고 권한다. 아니, 권하는 것이 아니라 내용이 같은 여섯 개의 문장으로 그야말로 그녀에게 때려 박는 것 같다. 고통스러운 과거의 기억 때문에 현재와 미래를 힘들게 하면 안 된다. 자신에게 가해진 과거의 부당한 일에 대한 감정을 극복해야 한다. 과거를 잊기 위해 노력해야 한다. 과거를 극복할수록 마음이 회복될 것이다. 헤겔 자신에게 편지를 보낼 때 자기 정당화를 위해 과거를 들먹이지만, 기억을 되풀이하는 것은 다른 사람을 비난하게 만들고 그러면 정당성을 알아주기를 바라는 그 사람들이 오히려 애정을 거두게 만드는 악수일 뿐이다. 그러면서 부당한 일에 대한 기억을 지워버리라고 격려한다.

그렇지만 있었던 일을 잊어라, 있었던 일을 잊어라, 있었던 일을 잊으라고 말하는 것이 어떤 효과를 낳겠는가? 아마 기억을 불러오는 효과를 낳을 것이다. 게다가 헤겔은 편지에서 이어서 수많은 과거사를 끄집어낸다. 사촌인 괴리츠, 야크스하우젠에 그녀가 나타난 일, 돈 걱정을 끄집어내고, 마지막으로 심지어 그녀가 알렌의 편물 학교를 포기하고 사촌에게 의존한 것이 유감이라고 말한다. 한때 그 사촌의 생각을 따르라고 권한 사람은 바로 헤겔이다! 헤겔의 편지 중에서 가장 경솔한 편지 중 하나이다.

슈투트가르트에서 크리스티아네는 예전과 같은 상황에 다시 직면한다. 과거 양친의 집 부근에 살고 가정교사로 일하며 과거 지인들을 다시 만난다. 거기에서 10년간 살았지만 1827년부터는 병 때문에 개인 교습을 할 수 없게 되었고 따라서 재정난은 이중으로 심각해졌다. 수입이 없어진 데다가 치료비까지 들어가게 된 것이다. 1831년 말 정신 상태는 점점 심각해진다. 크리스티아네는 녹초가 되었는데, 특히 사람들이 이런저런 치료법을 그녀에게 시험해 보았기 때문이다. 그녀는 의사들의 "전기충격 기계"[62]에 대해서, 그리고 뷔르템베르크에 퍼지는 콜레라에 대해서 점점 불안해진다. 그녀를 괴롭히는 강박관념은 꽁꽁 묶인 소포가 되어 어디론가 보내지는 것이다.[63] 어머니가 살아 계시면 아흔 살이 되는 생신이었을 1831년 11월 14일에 극심한 우울증에 빠진다. 아마도 당시 가족 모두가 걸린 장티푸스를 떠올린 것과 연관이 있을 것이다. 그 직후 오빠의 갑작스러운 부고를 듣는다. 헤겔은 하필 바로 이날 세상을 떠난 것이다.

주치의 카를 셸링 Karl Schelling(세상은 좁은 것이, 이 사람은 1807년까지 헤겔의 절친이던 그 철학자의 동생이었다)은 그녀가 슈투트가르트를 떠나 슈바르츠발트의 온천 요양지인 바트타이나흐로 이사하도록 주선한다. 예로부터 그곳의 물은 심기증과 우울증에 좋다는 평판이 자자했다. 그러나 아버지의 도시, 아니 그보다는 어머니의 도시에서 멀어지면서 우울증은 심각해질 뿐이었다. 하지만 홀로 남은 헤겔 부인에게 마지막으로 보낸 1832년 1월 9일 편지에서는, 짧고 이해가 쉬운 헤겔 책을 부쳐달라고 청한다. 그녀는 한때《신앙과 지식》에 심취했지만, 어느 젊은 친척이 가져가 버렸다는 것이다. 크리스티아네는 유서를 작성한다. 여기서 그녀는 헤겔의 온데간데없는 사생아에게도 동일한 몫을 남기는데, 나중에 헤겔 집안은 헤겔 장모의 말을 빌자면 이 "자격 없는" 루트비히에게 그렇게 한 데 대해 불쾌해했다.[64] 사흘 후인 1832년 2월 2일 크리스티아네는 쉰여덟 살의 나이로 바트타이나흐를 가로질러 흐르는, 그리 크지 않아도 급류인 나골트강에 빠져 세상을 떠난다.

그녀의 유서를 통해서야 헤겔의 아들들은 자신들과 함께 자란 루트비히가 양자가 아니라 이복형제임을 알게 된다. 헤겔은 1807

년 예나에서 태어난 이 아이의 존재를 결혼 전에 아내 마리 폰 투허와 장인 장모에게 알렸다. 엔제는 아이 어머니인 크리스티아네 부르크하르트가 뉘른베르크로 달려와 소동을 부리며 결혼 약속을 요구했고 헤겔이 동의했다고 서술하지만, 매우 의심스럽다. 어쨌든 헤겔은 1817년 하이델베르크로 이사하면서 열 살이 된 루트비히를 새로운 가정에 받아들였다. 그 사이 아이 어머니는 세상을 떠났고, 헤겔은 그녀의 죽음이 "저보다 아이에게 더 충격이었습니다. 저의 마음은 이미 오래전에 그녀를 떠났으니까요."[65] 라고 쓴다. "루이스"는 김나지움에 진학했다. 헤겔은 자신과 아내가 이 아이를 좋아한다고 썼다.

그리고 베를린에서 이 사생아는 헤겔의 성을 써서 프랑스 김나지움에 들어갔다. 헤겔은 그가 슈투트가르트에서 상인 견습생으로 도제교육을 받게 하고 싶었지만 산림 감독인이나 농장 관리인 같은 직업도 고려했다. 루트비히는 의학을 공부하고 싶었지만, 헤겔은 돈이 너무 많이 들거나 이 아이에게 그럴 능력이 없다고 생각했다. 예나에서 헤겔이 15년 전 루트비히를 돌보아 준 출판업자 프로만에게 보낸 편지의 행간에서는 아들의 불안정한 성격에 대한 염려를 읽어낼 수 있다. 이제 아이가 부지런하다고 강조하면서도, 이미 그 당시에도 자기에게 부과되는 의무에 자주 저항한다는 것이다.[66] 처벌하면 고집을 피웠다. 아이가 도제 수업을 받는 곳에서 소소한 도둑질을 하다가 발각되자, 헤겔은 자신의 성을 다시 박탈했다. 엔제가 전하는 바에 따르면, 이 일로 루트비히는 "죽을 만큼 수치심을 느꼈다."[67] 헤겔의 맏아들은 1825

년 암스테르담에서 보낸 편지에서, 자신은 잘못을 인정하지 않기 때문에 용서를 구할 수 없다고 썼다. 늘 부모를 두려워했을 뿐 부모를 사랑한 적은 결코 없다고도 했다.[68] 이제 다시 루트비히 피셔라고 불리게 된 그는 네덜란드 식민지에서 근무하다가 1831년 인도네시아의 욕야카르타에서 말라리아로 사망한다.

크리스티아네는 생의 마지막에 가서야 오빠에게 이 아들이 있다는 것을 알게 되었다. 오빠에게서 들은 것은 아니다. 홀로 남은 헤겔 부인은 이렇게 쓴다. "헤겔은 자기가 포기한 이 잃어버린 아들이 그와 저에게 유발한 저 형용할 수 없는 역정과 비애를 영원한 침묵으로 덮고자 했습니다. 그리고 이제 정말 오래전에 망각하고 극복한 것, 제 자식들 앞에서 입에 올리지 않아야 했던 것이 제가 아이들 고모의 편지를 읽는 중에 아이들에게 알려지고 아이들을 당혹하게 했습니다. 카를의 낯이 붉어진 것이 보였습니다. 그 아이가 손에 든 종이(유서)에 명백하고도 가차 없이 쓰인 것을 보고 저는 경악했습니다. 이런 일은 쉽게 떨쳐내거나 누그러뜨릴 수 없는 일이고 실제로 일어나는 불행보다 더욱 상처를 주는 일입니다."[69] 헤겔의 저작에는 이상화된 누이가 오빠와 가족에게 입은 은혜에 대해 여러 가지 생각이 담겨있다. 그러나 오빠가 실제 누이와 가족에게 입은 은혜에 대해서는 한마디도 하지 않는다.

헤겔, 예술의 종언 후 오페라하우스로 서둘러 가다

"아름다운 것들은 인간이 세계에 어울린다는 것을 보여준다."

이마누엘 칸트

Kapitel 16

헤겔, 예술의 종언 후
오페라하우스로 서둘러 가다

"아니면, 예술이, 그리고 세계 자체가 쓸쓸한 종언을 맞이하는 가?" 1831년 이렇게 물은 사람은 하인리히 하이네이다. [파리의] 살롱과 루브르의 회화 전시품을 독일 독자들에게 전하는 글에서 이 물음은 예술의 어떤 임계 상황을 느끼고 있음을 보여준다.[1] 이 작가는 1830년 7월 혁명의 인상을 간직한 채 1831년 파리로 건너갔다. 그곳에서 시대의 맥박을 느끼고자 한 것이다. 예술과 문학은 당대의 정치적 갈등에 다가가야 한다는 기대도 그의 시대의식을 규정했다. 그보다 3년 전 하이네는 자신이 발행하는 잡지인 《신 정치연감Neue Politische Annalen》에서 역사학자 볼프강 멘첼Wolfgang Menzel의 2권짜리 문학사를 비평했다. 여기에서 이 문학사를 프리드리히 슐레겔의 빈 대학 강의이자 1814년 출판된《고대 및 근대 문학사Geschichte der alten und neuen Literatur》와 비교했다. 프리드리히 슐레겔의 저작에서는 "예술의 이념이 여전히 지배적인 중심점"인 반면, 멘첼은 "삶이 책과 맺는 관계를 파악"하고자 한다는 것이다. 그 외에도 멘첼은 학문성을 추구하는데, 이것은 우리 시대를 앞선 "예술 시대"와 구별하는 "최근 우리 시대의 경향"이다.

하이네는 이러한 학문을 지향하는 경향의 의의가 여러 곳에서 심지어 공적으로 인정되고 있다고 보았다. "특히 프로이센에서" 그러하다. 여기에는 훔볼트, 헤겔, 인도 게르만 학자 프란츠 보프 Franz Bopp, 프리드리히 슐레겔의 형 아우구스트 슐레겔, 그리고 슐라이어마허가 현재의 유용성이 아니라 인식 자체를 위한 인식의 가치를 장려하는 것이다. 그러므로 하이네에게는 예술의 이념은 프리드리히 슐레겔의 빈 대학 강의의 중심일 뿐 아니라 "아울러 괴테의 등장으로 시작했고 이제 막 끝난 저 문학 시대 전체의 중심"[2]이기도 하다.

"예술 시대의 종언"[3]이라는 하이네의 진단은 예술(그리고 괴테에게는 자연)이 (이후에 그렇게 불리듯이) "독립적인 제2의 세계로" 보이던 시대에 관한 것이다. 이 세계에 비하면, 종교, 도덕, 정치, 즉 좀 더 강한 의미에서의 역사가 있는 제1의 세계는 이차적이 되었다.[4] 괴테에게 있어서 이것은 그의 범신론에 기인한다. 범신론 때문에 역사에 무관심해진 것이다. 이런 생각에 따르면, 어차피 모든 것이 신이라면 그저 가장 좋아하는 것에 몰두해도 좋은 것이다. 그것은 괴테에게는 지고한 인류의 관심사보다는, "예술이라는 장난감, 해부학, 색채론, 식물학, 구름 관찰"이었다. 괴테의 작품은 걸작이어서 사랑받을 만하지만, "신성과 돌의 서투른 혼합[75]인 고대 조각만큼이나 비생산적이다.

하이네는 고전주의의 조각에 열광하면서도, 고전주의뿐 아니라 낭만주의도 예술 시대에 포함시킨다. 그는 프랑스 독자들에게 낭만주의 역시 현재로부터 시선을 돌려, 문학적으로 파악하는 중세와 가톨릭, 그리고 민중문학과 전설을 향하는 것이라고 서술한다. 그러므로 하이네에게 예술 시대의 종언은 의도적으로 자신의 시대와 대립하기를 추구하고 이 시대에 등을 돌리는 예술의 몰락을 뜻한다. 하이네의 이러한 고찰 이후 30년 동안에는 예컨대 스탕달, 발자크, 멜빌, 새커리Thackeray, 플로베르Flaubert의 소설, 뷔히너Büchner의 극작품, 포Poe의 단편과 보들레르의 시가 등장했다. 자기의 시대와 그 시대의 갈등을 진지하게 탐구하는 위대한 문학이라는 하이네의 바람이 충족된 것이다. 물론 독일은 여기에 이바지한 바가 적지만 말이다.

이렇게 시대를 진단한 하이네는 헤겔의 제자였다. 1821년 여름학기에서 1822/23년 겨울학기까지 베를린 대학에서 헤겔의 강의를 들은 것이다. 하이네는 30년 이상 지나 〈고백Geständnisse〉에서 회상한다. "별이 총총한 아름다운 어느 저녁, 우리 둘은 나란히 창가에 서 있었다. 스물한 살의 젊은이인 나는 방금 훌륭한 식사를 하고 커피를 마셨다. 그리고 나는 열광적으로 별에 관해 이야기하면서 별은 죽은 이들의 거처라고 말했다. 그러나 스승은 중얼거렸다. '별이라, 음! 음! 별은 그저 하늘에 돋아난 빛나는 물건이지.' '아닙니다.' 나는 소리쳤다. '그러면 사후에 미덕을 보상해줄 행복한 장소가 저 위에 없다는 말씀이신가요?' 그러나 스승은 흐릿한 눈으로 나를 무표정하게 바라보며 따끔하게 말했다. '그러니까 자네의 병든 어머니를 돌보고 형을 독살하지 않은 보답으로 팁이라도 받고 싶은 건가?'"⁶

이 일화는 이 철학자가 (튀빙겐 시절부터 변함없이) 지복의 이론을 혐오한다는 것을 잘 드러낸다. 그뿐 아니라 아름다움에 대한 그의 태도도 간결하게 드러낸다. 헤겔은 수강생들에게 처음부터 자신이 아름다움이나 숭고에는 관심이 없다고 딱 잘라 말하곤 했다. 별이 하늘에 돋아난 물건이라는 말은 칸트의 말을 비튼 것이다. 칸트는 자기 위의 별이 빛나는 하늘과 자기 안의 도덕법칙이 자신의 마음을 언제나 커다란 경탄으로 가득 채운다고 말한 것이다.

헤겔은 1820/21년부터 베를린에서, 그리고 1818년 전에 이미 한 번 하이델베르크에서 행한 강의를 거의 기분이 언짢은 것처럼 시작하면서, 특히 미학에서 무언가를 얻기는 어렵다고 강조한다. 자신이 다루는 이 대상에 대해 불평하다시피 한 것이다. 그는 "미학Ästhetik"이라는 개념 자체가 적절하지 않다고 말한다. [미학의 어원인] "아이스테시스aisthesis"개념의 의미와는 달리, 미학은 지각과 감각에 대한 학문이 아니기 때문이다. 그렇지만 단순히 이름으로서라면 이런 표제는 "우리에게는 아무래도 좋다"를 의미하는데, 이 말이 이제 이렇게 널리 통용되므로 그대로 쓰면 된다는 것이다. 헤겔이 개념인 "이름"에 대해 그렇게 너그러운 것은 드문 일이다.

그러나 아름다움의 일반적 개념에도 관심이 없다. 헤겔은 학생들에게 이 강의에서는 오로지 아름다운 예술만 다루지, 아름다운 사람이나 경치나 동물이나 꽃이나 별 같은 다른 아름다운 것은 다루지 않는다고 말한다. "모든 정신적인 것은 모든 자연 산물보다 낫고," 그려진 경치는 실제 경치보다 훌륭한 것이기 때문이다.[7] 오직 예술에서만 아름다움은 정신적이고 자유로운 산출이며 따라서 개념적으로 파악될 수 있다. 헤겔은 이를 뒷받침하는 익살스러운 논리를 댄다. 그리스 비극과 바로크의 비애극을 비교할 수 있고 어쩌면 요하네스 페르메이르Johannes Vermeer의 그림과 뱅퇴유Vinteuil의 소나타도 비교할 수 있지만, 고양이의 아름다움과 저녁놀의 아름다움을 비교할 수는 없다는 것이다. 그래 놓고 얼마 지나지 않아 몇몇 동물을 내면의 영혼과 우아한 생동감의 정도에 따라 쭉 훑어본다. 나무늘보는 게을러서, 그리고 오리너구리는 네발짐승과 새의 "혼종"이므로 특히 평가가 박하다. 그러나 헤겔은 오리너구리에 대한 이런 힐난을 [역시 혼종인] 켄타우로스나 천사나 물의 정령에게까지 확대하지는 않는다.[8]

헤겔은 아름다운 예술 외의 다른 예술도 다루지 않는다. 칸트를 심란하게 한 "숭고" 개념에서 헤겔은 별로 얻는 것이 없다. 인간과 절대자의 측량 불가능한 거리라는 것을 믿지 않기 때문이다. 헤겔에게 이런 거리는 예술 이전의 단계에 있을 뿐이다.[9] 또한, 추를 보여줄 뿐 아니라 그 자체가 의도적으로 추한 예술도 거의 다루지 않는다.[10] 헤겔에게 자연주의는 미학적 원리가 아니다. 그는 가령 초상화 예술에서는 그려지는 인물의 성격에 상응하지 않는 외적인 것("솜털, 땀구멍, 흉터, 피부 반점")은 모조리 제거해야 한다고 요구한다.[11] 훌륭하게 그린 풍자화나 캐리커처는 예술 시대의 붕괴나 이행을 보여주는 현상이다. 또한, 세 권에 이르는 그의 강의록에는 "아름답다"라는 판단이 무엇을 뜻하는가에 대해 거의 한 문장도 없다.[12]

연구 대상의 제한은 또 있다. 장식, 치장, 오락으로서의 예술도 다루지 않는다. 나아가 교화 수단으로서의 예술, 혹은 이성과 감성, 의무와 성향을 화해시키려는 예술도 다루지 않는다.[13] 예술의 목적에 관한 이런 생각은 실러로 거슬러 올라가는데, 헤겔은 강의 시간에 이에 대해 단 몇 분도 허비하지 않는다. 그만큼 설득력이 없다고 여긴 것이다. 이성과 감성 모두 매개는 불필요하다. 자기 안에 목적을 지니는 것이 아니라 다른 목적을 위한 기만적 수단으로서의 예술은 철학적 관심을 끌지 않는다. 철학적 관심은 진리를 향하지 (우리가 덧붙인다면) 기법을 향하지 않기 때문이다. "그러나 **우리가** 고찰하고자 하는 것은, 그 목적과 수단 모두가 자유로운 예술이다." 그러니까 벽걸이나 오락이나 교육이나 기분전환 등에 봉사하지 않으며("이런 일에는 음악이 낫다") 선의 재현에도 봉사하지 않는 예술이다.[14]

그렇다면 남는 것은 무엇일까? 헤겔은 이 물음에 답하기 전에 학생들에게 또 다른 무리한 주장을 제시한다. 이것은 다시 하이네를 상기시킨다. 하이네가 파리의 살롱에 관해 쓴 글은 튀빙겐과 슈투트가르트의 《교양층을 위한 조간신문Morgenblatt für die gebildeten Stände》에 연재되었는데, 헤겔은 이 글을 끝까지 읽을 수 없었을 것이다. 첫 편은 1811년 11월 헤겔이 죽기 3주 전에 실렸고, 예술 시대의 종언에 관한 글은 헤겔 사후에야 실린 것이다.

헤겔은 예술 시대의 종언에 대하여 언뜻 보기에 아주 다른 진단을 내린다. 이에 따르면, 1800년 무렵 현대의 미적 생산은 아름다운 예술의 전 역사와 대립한다는 것이다. 그가 보기에 세계사적으로 예술이 가장 존경받은 시대는 괴테 시대가 아니라 고전기 그리스의 신화, 조각, 건축의 시대이다. 그후에도 예술작품은 여전히 신성과 긴밀하게 연관되었다. 그러나 그리스 폴리스의 몰락 이후, 그리고 늦어도 성상聖像을 숭배하는 중세 이후에는, 예술은 더 이상 우리의 가장 높은 욕구를 채우지 않는다. 우리는 이제 예술작품을 숭배하지 않고 다만 그것을 마음에 들어 하고 그것에 관해 생각할 뿐이다. "우리에게 예술은 이제 진리가 그 안에 실존하는 최고의 방식이 아니다." 그리스 신상과 사원의 시대, 기독교의 예수와 마리아의 그림 및 교회건축의 시대는 지나갔다. "소용없다. 우리는 이제 무릎을 꿇지 않는다."[15] 그의 강의에서 아마도 가장 무리한 이런 주장은 예술의 종언이라는 명제로 유명해졌다.

　수강생들은 늦어도 이 지점에서는 그렇다면 대체 예술이 세계를 이해하는 데 왜 여전히 중요한지 자문할 것이다. 예술작품을 별로 경험하지 않는다면 세계를 개념화하는 데 무언가 부족해지는가? 전체의 개념화에 관한 헤겔의 이념을 떠올린다면, 무엇보다 학문적 지식을 세계에 들어가는 근본적 입구라고 부른 사람에게 예술의 이해가 중차대한 문제일 수 있는가라는 물음이 생긴다. 세계 전체는 헤겔에게는 스스로 인식하고 스스로를 인식하면서 움직이는 어떤 구성체이다. 그러나 예술은 앎이 아니라 할 수 있음에서 나온다. 예술은 진지함보다는 유희에 가깝고, 작업보다는 느긋한 시간에 가까우며, 진리보다는 가상에 가깝다. 그렇다면 예술의 최고 산물들을 감안하더라도, 예술은 오래전에 지나간 어떤 것이어야 하는가? 그렇다면 어떤 예술작품을 감상하고 난 뒤, 기껏해야 이 작품에 관한 지식까지 얻는 것을 제외하면, 세계에 대해 더 알게 되는 것이 무엇인가? 예술은 어디에서 역사적 관심만이 아니라 현재적 관심도 불러일으킬 수 있는가?

헤겔이 자신의 예술철학을 광범위한 시기에 걸쳐 실로 역사적으로 펼쳐놓기 때문에, 이것은 더욱 정당한 질문이다. 그 원고가 사라진 베를린의 강의는 네다섯 시간씩 이루어졌다. 그래도 수강생은 많았는데, 이 점은 이해가 된다. 학생들이 (대체로 헤겔의 말을 그대로)[16] 적은 필기는 헤겔의 텍스트 중 그나마 가장 이해하기 쉬운 텍스트일 것이기 때문이다. 여기에서 헤겔은 그 어느 곳에서보다 명료하다. 그뿐 아니라 그의 예술철학 강의는 광범위한 시기를 섭렵하면서도 이 시대들을 가로질러 이야기하듯이 진행된다. 하지만 또 다른 놀라운 점이 곧 나타난다. 헤겔에게는 예술의 시대가 세 개밖에 없는 것이다. "상징적" 예술, "고전적" 예술, "낭만적" 예술의 시대가 그것이다. 그리스도의 죽음으로 시작하는 "낭만적" 예술의 시대에는 예술 창작이 이미 정점에서 내려왔다. 낭만적 예술의 시작이 그리스도라니? 물론 "낭만주의", "르네상스", "바로크"와 같은 여러 시대 명칭은 헤겔 사후나 헤겔 생전에 비로소 자주 쓰이게 되었다. 그러니까 헤겔이 일부러 모른 체한다고 비난하기는 어렵다. 그렇기는 해도 예술사에 있어서 가장 최근의 거대한 단절이 1천 800년 전에 일어났다는 주장은 적어도 독창적이기는 하다.

왜 헤겔에게는 예술의 시대가 세 개밖에 없는가? 예술을 자율적으로 보지 않기 때문이다. 헤겔에게는 예술작품이 해결하려는 문제는 일차적으로 미학적 문제가 아니다. 그것은 인간의 감성적 동인과 사유적 동인의 근본적 긴장에서 나오는 문제이다. 헤겔에게 존재하는 모든 것은 한편으로는 어떤 사실이고, 다른 한편으로는 사고의 출발이자 목표이다. 그것은 감성적 객체이면서 의미의 담지자이다. 예술작품은 수천 가지 변형으로 이런 이중성을 나타나게 하는 감성적 객체이다. 이에 대한 가장 유명한 표현은 아름다운 것은 이념의 감성적 나타남이라는 것이다. 예술작품은 사유적인 것과 감성적으로 파악되는 것을 통합한다. 예술작품은 가상과 정신적 아름다움에 의해, 욕망이나 개념적 가공과 같은 객체에 대한 무매개적 충동을 억누르기 때문이다. 헤겔의 표현에 따르면, 예술작품은 직접적 감성과 이념적 사유의 중간에 있다. 예술작품은 하나의 객체처럼 보이지만, 우리는 그것을 지각하고 행동에서 벗어나 그것에 관해 성찰하는 것 외에는 그것으로 아무것도 할 수 없다. 그것은 생각을 촉발하지만, 어떤 논리가 아니라, 사물과 개념 사이의 어떤 제삼의 것이다. 따라서 헤겔에게는 모든 유력한 작품은 감성적인 것과 초감성적인 것의 관계에 관한, 그때그때 역사적으로 지배적인 이상과 직결된다.

《철학대계》에서 이미 헤겔은 예술을 "절대정신"의 한 가지 모습으로 보았다. 따라서 예술은 신성에 관한 지식의 한 형태이고 결국은 종교의 한 형태이다.[17] 그렇지만 여기에 짤막하게 끼워 넣는 구절에서 이미 느껴지는 것은 예술과 지식의 관계에 커다란 긴장이 내재한다는 것이다. 한편으로 예술은 "외적이고 공공적으로 존재하는" 작품과 그것을 숭배하며 감상하는 주체로 분열된다. 다른 한편 예술은 이념을 구체적으로 직관하게 한다. 이때 헤겔에게 "이념"은 어떤 내세적이거나 공중에 붕 떠 있는 것이 아니라, 사물이 그래야 하는 대로 그러한 상태이다. 그래서 이념은 어떤 의미로는 어떤 사태의 진리[참]이다. 가령 우리는 어떤 것이 주의와 감정, 그리고 사고를 빨아들일 때, "참된 예술작품"이라고 부른다. 예술작품에 대해 이렇게 말할 때는 가령 이 작품이 다른 작품들도 따르는 어떤 규칙을 그저 따르지는 않는다는 뜻이다. 이런 작품은 어떤 시대에 속한다면 다만 동일한 근본 문제를 공유할 뿐이다. 종교적으로 표현하면 "사물은 그것에 내재하는 신적인 사유, 따라서 창조적인 사유를 통해서만 그것인 바 대로 존재한다."[18]

모든 대립은 절대정신의 모습들에서 평온을 얻는다. 주체와 객체의 대립, 감성과 정신의 대립, 특수와 일반의 대립이 그렇다. "동물은 자기 자신 및 주위 사물과 평화롭게 산다. 그러나 인간의 정신적 본성은 이원성과 분열을 유발하고 그런 모순 안에서 씨름한다."[19] 헤겔은 자유와 종속의 대립을 해소할 다양한 가능성을 제시한다. 허기는 밥을 먹게 하고 피로는 잠을 자게 한다. 하지만 충족은 욕구를 완전히 달래지 못한다. 욕구는 도지기 때문이다. 이에 반해 무지한 사람의 부자유는 이미 배움을 통해서 좀 더 안정적으로 극복할 수 있다. 행동하는 사람의 부자유는 법치국가가 해결한다. 물론 헤겔은 이러한 충족을 "일면적"이고 변덕스럽다고 본다. 자유의 행사는 서로 무관한 개별적인 것들, 나아가 늘 자유에 한계를 제시하는 개별적인 것들에서 드러나기 때문이다. 국가에서도 인간은 유한성에 얽매여 있다.[20]

종교에 이르러서야 대립이 사라지는 영역이 형성된다. 이에 따르면 사물을 종교적으로 관조한다는 것은 사물을 대립들로 분열된다고 보거나 스스로를 사물과 대립시키지 않는다는 것이다. 그것은 모순을 내포한 모든 것이 그보다 높은 통일 안에서 균형을 이룬다는 것을 아는 것이다. 이것은 어떠한 표상 없이도(즉, 천국이나 구세주나 망자의 부활이나 환생 등이 없이도) 이러한 통일을 생각할 수 있는 철학에도 해당한다. 헤겔에 따르면 이것은 예술에도 해당한다. 그 아름다움으로 감상자를 열광시키는 어떤 객체를 감성적으로 직관할 때, 자유와 유한성의 대립을 지양할 수 있는 것이다. 여기에서 염두에 두는 것은 세속적인 것의 승화만이 아니다. 이러한 세속적인 것의 승화는 우리가 한편으로 라파엘로 Raffael에 이르는 수많은 기독교의 조형예술에, 다른 한편으로 음악에 귀속시킬 수 있는 것이다. 헤겔은 이에 반대되는 방향으로, 가령 비극에서 신들을 감각적으로 보여주거나 규범을 생생하게 묘사하는 것도 염두에 두는 것이다. 그는 무매개적이고 감성적인 지식을 논하는데, 그에게 그리스 예술은 당대의 신들을 묘사하는 최고 형식이다.

이에 대해서는 이미 다른 견해도 있었다.[21] 예를 들어 플라톤은 시인이, 아니 기본적으로 모든 예술가가 거짓말쟁이라고 여겼다. 모상의 모상을 만들 뿐이기 때문이다. 플라톤이 든 예에 따르면, 침대를 그리는 화가는 그것을 만든 장인보다 그것에 관해 잘 모른다. 그리고 장인이 침대를 만들 수 있는 것도 그 전에 안정성, 기하학, 무게에 대한 어떤 이념을 가지기 때문이다. 플라톤에게는 이런 것이 모두 침대의 원상原像을 가리키는 사고이며, 이 원상은 장인이 아니라 신이 창조한 것이다.[22]

　사람이 이념에 누울 수는 없으므로 이 원-침대에도 누울 수 없을 텐데, 신이 이런 원-침대를 정말 만들었는가에 대해서는 왈가왈부하지 않도록 하자. 그러나 예술가가 주로 침대의 모습이 비치는 "그림자"의 모상을 다루는 것인지에 대해서도 의심의 여지가 있다. 회화는 침대를 같은 사물을 흉내 내는 것이 전부가 아니기 때문이고, 나아가 회화도 예술의 여러 사례 중 하나일 뿐이기 때문이다. 플라톤이 시인을 비판하면서, "미메시스"라는 개념을 통해 이미지 예술을 슬쩍 끌어들여서 수공업보다 열등하게 묘사하는 것도 수사학적 속임수로 볼 수 있다. 플라톤은 가령 음악이나 시를 그렇게 쉽게 모상의 모상이라고 비판할 수 있었겠는가? 시는 어떤 의미에서 허구인가?[23]

　예술가가 산출하는 작품은 때때로 예술 바깥의 사태를 전달하는 것이 아니라, 환영, 허구, 환상, 상상력의 유희이다. 아리스토텔레스는 시인은 실제 있는 것을 이야기하는 것(그렇다면 문학은 역사 서술을 흉내 내는 것이리라)이 아니라 가능한 것을 이야기하는 것이라고 누그러뜨리지만, 그 유서 깊은 비난에서 벗어나는 것은 아니다. "한낱 유희이지, 현실을 진지하게 포착하는 것은 아니다."[24]

마지막으로 칸트이다. 그의 《판단력비판》도 여전히 예술작품을 때로는 더 높거나 더 깊은 현실 안에서 확보하려는 욕구를 드러낸다. 여기에서는 "아름다운 예술이 예술인 것은 그것이 아울러 자연으로 보이는 한에서이다"[25]라고 말한다. 그러므로 자연과 마찬가지로 작품도 그것이 만들어진 것이라는 사실은 그리 높이 평가할 일이 아니다. 그것은 의도하지 않고 산출되었다는 인상을 주어야 한다. 왜 그런가? 아름다움이 마음에 드는 것은 바로 마음대로 할 수 없다는 것, 행운의 섭리 덕분이라는 것, 어떤 법칙에서 도출되지 않는다는 것, 그러니까 공장에서 제작되는 것이 아니라는 것에 있다.[26] 그러나 성공한 예술작품은 만들어지지 않은 듯한 긍정적 외관이라는 이런 견해를 가진다고 해서, 예술작품에는 특수한 형태의 지식이 결부된다는 이론이 나오지는 않는다. 오히려 정반대이다. 의도치 않게 생겨난 것처럼 보이는 것은 감상자에게 지식을 전한다고 자처하기 힘들다.

그럼에도 불구하고 헤겔에게 예술은 일종의 자기인식이다. 그러니까 헤겔이 쓰는 것처럼, 현대적 상황에서 인간은 두 개의 모순되는 세계에서 살아가는 양서兩棲의 존재이다. 한편으로는 욕구와 열정의 세계에서, 다른 한편으로는 영원한 이념의 세계에서 살아가는 것이다. 여기에서 지성은 더 높은 것의 "당위"로만 나아가고, 의식은 이 세계 사이를 오락가락한다. 둘 다 예술로 통하는데, 성찰에는 상상도 속하고, 자신의 착상을 타인에게 보이려는 욕구도 속하기 때문이다. 또한 환경을 가공하는 데에는 사물을 합목적적으로 배치하는 것뿐 아니라 더욱 아름답게 하는 것도 속한다. 그래서 예술은 감성과 이념의 대립을 화해시키는 것이다.[27] 어떤 대상이 그저 대상일 뿐이면 사유를 부자유하게 만든다. 사유가 대상에 맞추어야 하기 때문이다. 어떤 감각이 그저 감각일 뿐이면 의지를 부자유하게 만든다. 우리는 감각을 떨쳐낼 수 없기 때문이다. 감각은 들이닥쳐서 우리를 휩쓸어버리거나 밀어내버린다. 이에 반해 어떤 대상은 아름다우면 저절로 자신의 개념에 상응한다. 어떤 예술작품이 감각을 유발하더라도 욕구는 객체를 향하지 않는다. 예술작품은 목적을 위한 수단으로 사용되지 않는다. 적어도 그것이 예술작품으로 받아들여질 때는 그렇다. 헤겔이 이해하는 바에 따르면, 아름다움을 감상하는 데에서 소유욕과 사용은 나오지 않는다. 이러한 감상은 "자유로운 본성"을 지닌다.[28]

그러니까 헤겔에게 예술작품은 아름다운 한에서(그리고 헤겔에게는 아름다움으로만 예술작품이 된다) 지각할 수 있는 완전함이라는 역설이다. 이것이 역설인 이유는 지각할 수 있는 것 자체는 불완전하기 때문이다. 사유의 해석이 없으면 불완전하고 이해되지 않기 때문이다. 다이아몬드는 아름답게 연마할 수 있지만, 완전하다고 여겨지려면 "장식" 개념이 필요하다. 이 개념 자체는 지각할 수 있는 것이 아니라 어떤 사회적 상황에서 나오는 것이다. 그래서 "그 안에 주관적 특수성의 징표가 없을" 때에야 예술작품은 완전하다. 물론 예술작품은 "자유로운 의지의 작품"이지만,

아울러 "예술가는 신의 장인Meister des Gottes이다." 이 마지막 문장에 많은 독자가 놀랐다.[29] 헤겔은 이 문장에서 소유격["~의des"]으로 장난을 친다. 그리스는 신들 덕분에 시인과 조각가(또 건축가)를 가졌다는 자신의 견해["신이 만드는 장인"][30]에다가 예술가는 절대적인 것을 만드는 장인["신을 만드는 장인"]이라는 의미를 결부시키는 것이다. 헤겔에 따르면 예술가는 사물로 간주할 수 없는 것을 어떤 사물로 만드는데, 이렇게 만들어진 사물은 생동하고 생기를 끼침으로써 아울러 자신의 사물성을 부인하는 것이다.

헤겔에게 예술은 때로는 종교나 사유와 비슷한 것이다. 이 영역에서 우리는 우리 자신을 조우하기 때문이다. 한편으로는 자기를 집단적으로 상상한다는 엄밀한 의미의 "우리"로서, 다른 한편으로는 아무런 이해관계도 없이 그렇게 한다.[31] 예술은 현실로 진입하는 특수한 입구이다. 현실은 무매개적 감각으로 열리지 않기 때문이다. 예술은 어떤 것을 창안하거나, 어떤 것을 그럴듯하게 보이게 하거나, 음악으로서는 아무것도 모사하지 않는 세계 안으로 안내한다. 사유를 통하여 집단적 세계이해("정신")는 지각되는 것에서 풀려난다. 이때 "모든 것이 지각되지는 않는다"는 느낌은 "초감성적인 것이 있다"거나 "내세라는 것이 있다"는 느낌이 된다. 이것은 물론 "현세라는 것이 있다"는 느낌을 함축한다.

이제 헤겔의 명제는 아름다운 예술이 내세와 현세, 정신과 자연의 이 불화를 "치유"하고자 한다는 것이다.[32] 이런 예술작품은 "아직 순수 사유는 아니지만, 감성적임에도 불구하고 이제 한낱 물질적 존재도 아니다."³³ 예술이 치유한다면 일종의 형이상학적 의술인가? 예술은 서로 다른 것을 매개하는 것이 아니라는 말로 실러를 몰아내 버렸다면, 정신이 예술을 산출하여 불화를 치유한다는 것은 대체 무슨 말인가? 헤겔은 예술에 "완화력³⁴"이 있다고 말한다. 평소에는 그저 있는 것(열정, 불안, 고통, 흥분 등)을 재현하고 이를 통해 의식시키기 때문이다. 예술은 감각에서 해방한다. 감각에 관해 판단하도록 만들기 때문이다. 달리 말해, 예술작품이 없다면 우리는 자신의 감정에 대해 잘 모를 것이다. 예술작품은 감정을 다루면서, 감정이 대개 모호한 혼합으로 나타날 뿐인 일상에서보다 훨씬 명료하게 드러내기 때문이다.

이렇게 전제하는 헤겔에게는 감성이 초감성과 관계하는 방식이 세 가지 있다. 감성은 초감성을 가리키거나, 초감성과 분간할 수 없거나, 초감성에 어울리지 않는다. [첫 번째 경우] 지각되는 것은 신성한 것의 기호이다. 이것이 상징적 예술이다. [두 번째 경우] 지각되는 것은 완전한 아름다움을 통해서 생기를 끼치는 신성의 효과를 눈이나 귀에 제시하고, 보거나 듣는 사람이 어떤 해석 욕구도 없이 몰두하게 만든다. 이것이 고전적 예술이다. [세 번째 경우] 지각되는 것, 그리고 아름다운 것이 영혼에, 그리고 주관성의 갈망과 분열에 어울리지 않는다는 점이 드러난다. 이것이 낭만적 예술이다.

　상징적 창작의 시대에는 예술작품은 숭배받으려면 수수께끼여야 했다. 모든 예술의 주제가 세계 자체의 수수께끼였기 때문이다. 여기에서 헤겔은 오늘날까지도 읽을 가치가 있는, 하이델베르크의 친구 크로이처의 연구를 참조한다. 크로이처는 초기 문화들에서 최초의 상징 생산을 "상상의 범신론"이라고 보았다. "자연은 기호를 통해 인간에게 말하는데, 이것은 지혜로운 자에게만 들린다."[35] (동물 조각, 인도의 신 그림, 이슬람의 시, 나아가 우화와 속담까지) 이런 작품은 신비롭고 경이로운 것을 부르는 제식에서 아직 벗어나지 않는다. 따라서 이런 작품은 객체와 의미 간의 실질적 차이, 민중과 해석 권한이 있는 엘리트 간의 사회적 차이를 증언한다.

　헤겔이 "전前예술"[36] 단계라고 부르는 이 시대에는 모든 작품이 신화적이고 종교적인 연관체계에 뿌리내리고 있다. 따라서 이런 작품은 개인의 창작이 아니다. 나아가 지각만으로 해득하기 어려워서 그것을 판독하도록 유도한다. 모든 작품은 이 무상한 현세를 넘어서는 것이 있는가라는 물음에 천착하며, 죽음, 생멸, 사후에 천착한다. 동물은 그 내면이 신비로운 생기를 지니므로 신적 존재로 숭배된다. 가장 사치스러운 예술품인 피라미드는 시신이 방부 보존된 폐쇄 묘실로서 현세 안의 묵언의 내세이다. 헤겔이 베를린에서 미학 강의를 하던 바로 그해 9월에 장 프랑수아 샹폴리옹Jean-François Champollion은 로제타석의 상형문자를 해독했다. 이 집트 예술작품이 우리뿐 아니라 "특히 그 수수께끼를 낸 사람들에게도"[37] 수수께끼라는 헤겔의 말은 이 사건에 대한 주석처럼 들린다. 헤겔은 기자의 거대한 스핑크스상을 상징적인 것의 상징이라고 말한다. 다른 중간적 존재들과 마찬가지로 스핑크스도 절반

500

은 인간이고 동물이기 때문이다. 따라서 전설은 논리정연하다. 이에 따르면, 아침에는 다리 네 개, 점심에는 다리 두 개, 저녁에는 다리 세 개로 걷는 것이 무엇이냐는 수수께끼를 낸 스핑크스는 오이디푸스가 "인간"이라는 정답을 맞히자 바위에서 떨어지는 것이다.

고전적 예술의 시대에 인간은 이러한 동물적 삶의 속박으로부터 이미 해방을 쟁취했다. 이 시대에 예술의 내용은 오직 아름다움이다. 헤겔은 그리스의 조각과 건축 작품에서 "의미와 육체의 동일성"[38]에 도달했다고 말한다. 이제 아름다움을 지닌 것은 다름 아닌 인간인데, 그것은 인간 육체에서 온갖 이질적인 것이 제거되고 인간의 영혼, 성격, 내면이 이 육체에 반영되기 때문이다. 여기에서는 민중 신앙으로서의 신화에 이미 주어진 인물들이 형상화된다. 신, 반신半神, 영웅뿐 아니라, 가시를 빼는 소년이나 원반던지기 선수 같은 주변적 인물도 그렇다. 예술은 여기에서 어떤 종교적 세계를 더욱 발전시키는데, 이 세계에서는 동물을 숭배하기보다 제물로 바친 뒤 먹는다. 인간이 동물로 변신하는 것은 고양되는 것이기보다 저주이거나 적어도 불행한 일이다. 그리고 통치하는 신은 자연의 어두운 힘과 싸워 이긴다. 여기에서는 초감성적인 것이 감성적인 것 자체를 떨쳐버린다기보다 암흑을 떨쳐버리는 것이다.

헤겔은 여러 쪽에 걸쳐서 좁은 의미의 예술작품에 관해서가 아니라, 그리스의 신의 세계에 사는 새로운 올림포스의 개체들에 관해서 이야기한다. 헤겔에게 이들은 전체적으로 문학적 상상력의 소산으로 보이며 이것을 즐기는 것이 꼭 미신은 아니다.[39] 미학의 3부에서는 기본 개념과 시대 구분을 설명한 후에 개별 예술 장르를 훑어보는데, 헤겔은 여기에서야 비로소 작품에 관해 이야기하면서 조각이 고전적 예술형식의 중심이라고 말한다. 조각은 인간 육체의 비정상성이나 색깔은 무시한 채(헤겔은 고대 조각에 문신이 있는 것은 아직 모르고 있었다) 그 육체를 이상화하기 때문이고, 어떤 형상의 정지 상태에 집중하기 때문이다. 이런 형상은 "행동을 처음 가볍게 시작해야" 움직인다.[40] 이런 창작물에서 예술은 오직 아름다움, 우아함, 생동감, 그리고 감성적으로 경험되는 것의 승화에만 몰두한다. 정신은 사유 외에도 감성적이고 몽상적이며 상상하는 삶을 누린다는 헤겔의 말에서, 그가 세계 지각의 관능적 차원이 그리스의 예술형식에서 실현되었다고 본다는 것이 분명해진다. "이보다 아름다운 것은 있을 수도 없고 생길 수도 없다."[41]

따라서 사람들은 헤겔이 고전주의를 지지하며 결국 다른 유형의 예술에 대한 감수성은 없다고 생각해왔다. 그러나 헤겔은 그리스 신화와 그것에서 나오기도 하고 그것을 낳기도 하는 상징적 창작 시대의 예술이 서로 가깝다는 점을 망각하지는 않는다. 동물 신에서 황소 모습의 제우스까지, 땅의 신에서 거인족의 싸움까지, 인신 공양에서 아트레우스 가문 이야기까지는 그리 멀지 않다. 그러나 헤겔이 보기에, 예술은 신화로부터 아름다움이나 정치적 교훈을 지닌 요소들을 추출하고 그것들을 인간화하고 정화했다. 이처럼 감성적인 것이 아름다움으로 이상화될 때, 아름

다움으로 다 녹아들지 않는 또 다른 결정적인 것이 남아있다. 그
것은 죽음의 부정성이다. 이것이 없다면 현세에 관한 모든 생각
은 불완전할 것이고, 따라서 이것을 담아내지 못하는 모든 예술
도 불완전할 것이다.

라오콘 군상에 관한 수많은 서술에서 생각해 볼 수 있는 것은
비록 죽음에서도 아름다움을 얻을 수 있지만 죽음 자체는 정신만
큼 아름답지 않다는 것이다. 게다가 모든 예술형식에서 "신적인
것 자체가 예술의 대상"[42]이라면, 그리스의 신성 개념에는 필멸이
빠져있다. 낭만적 예술에서야 죽음은 개인과 주체의 끔찍한 부정
으로 주제화된다. "그리스에서는 죽음이 그 본질적 의미에서 포
착되었다고 볼 수 없다." 기독교 세계에서 불멸이라고 불린 것을
그리스인들은 진지하게 여기지 않았기 때문이다. 나아가 기독교
예술에서 신의 조형적 형상화는 기본적으로 한 가지뿐이었다. 십
자가에 매달린 신의 형상화이다. 고전적 예술 이후의 예술에서야
불행, "무상함의 고뇌",[43] 인생의 고통, 불멸에의 갈망이 모티프로
등장한다. 이로써 예술은 유정有情하고 "초상을 닮으며" 서사체가
된다. 시간 속에서 펼쳐지는 유한한 것 자체가 예술의 내용이 되
기 때문이다. 이것은 영웅적이지 않은 것, 소박한 사물, 범상한
사람도 아우른다. 죽음은 귀족적이지도 영웅적이지도 않기 때문
이다. [《돈키호테》의] 산초 판사, [예수 탄생의] 구유 곁의 소와
나귀, 셰익스피어 작품의 하인도 묘사할 가치가 있다. "낮은 자를
높일 것이라는 [성경의] 말씀이 예술에서도 실현된 것이다."[44]

낭만적 예술(헤겔은 어떻게 이 개념에 도달했는지는 말하지 않는다)

에서는 묘사되는 객체가 의미를 담은 것이 아니라, 이 객체에 응하는 영혼과 주체가 의미를 담은 것이다. 물론 신이나 반신이나 요정의 아름다운 몸은 보이지 않는 것이 보이는 것으로 온전히 들어간다는 점을 우리 눈앞에 펼쳐 보인다. 그러나 신뿐 아니라 영혼도 묘사하지 않으면 보이지 않는다. 다만, 영혼의 묘사는 늘 영혼에 관해 생각되는 것의 뒤로 물러나 있는 것이다. 예컨대 아름다운 몸은 여기 어울리지 않는다. 아름답지 않거나 그다지 경탄할 만하지 않은 몸에도 영혼이 있기 때문이다. 헤겔의 표현으로는, 그리스도가 십자가에 달릴 때, 정신은 "자신의 진리가 몸에 탐닉하는 데 있지 않다는 것"을 안다. 정신의 진리는 바로 정신에 거스르는 상황에서도 정신이 자신을 승화하거나 고수하는 데 있다. 그리하여 지각되는 것은 정신적 아름다움이 되고 심지어 예술이 된다. 이 예술에서는 이제 아름다움이 중심 이념이 아니다. 괴테의 극 작품에서 이피게니에가 아름다운 것은 아름답게 행동하기 때문이다. 그녀를 연기하는 배우의 외모는 아무 상관이 없다. 자화상 속의 렘브란트가 아름다운 것은 자신의 늙음을 체관하며 받아들이는 한 남자의 영혼이 그 그림으로부터 이야기를 건네기 때문이다.

마지막으로 헤겔에게 음악은 낭만적인 예술 장르의 중심적 사례이다. 감각에만 열중하면서, 일상적 의미의 객체를 산출하기보다는 객체 없는 아름다움만 산출하기 때문이다. 음악은 "심정의 예술"이다. 지각은 미술이나 문학보다 음악에 대해 거리 두기가 훨씬 어렵다. 음악의 내용은 바로 주관적인 것 자체이기 때문이

다.[45] 다른 한편 헤겔을 당혹스럽게 하는 것은 음악이 온갖 소재
(특정한 감정, 제식의 배경음악, 오페라 같은 줄거리, 문학의 가곡적 표
현)에서 풀려나서 순수 기악이 될 수도 있다는 것이다. 그래서 헤
겔은 순수 기악을 음악적 구조를 지닌, 재치는 있어도 사상이나
감수성이 결핍된 유희와 구별하지 못한다.[46] 그러니까 헤겔은 동
요하고 있다. 한편으로 음악을 지상의 중력에서 자유로울 수 있
으면서도 감성적 감각에 호소하는 예술이라고 예찬한다. 그러나
다른 한편으로 헤겔은 이처럼 자유로운 작품이 우리에게 어떤 의
미를 전할 수 있을지 자문한다. 이런 물음을 비롯한 여러 물음에
있어서 헤겔은 철학적인 설명, 그러니까 명료한 설명을 제시하려
는 욕구를 억제한다. 객관적으로 애매한 실제적 상황이나 개념적
상황을 서술하는 데에는 단정적 판단을 내리기보다는 또 다른 연
구가 필요하다는 것을 지적하는 편이 낫다는 것이다. 당대의 사
람들은 이런 딜레마를 일화를 통해 전한다. 가령 학생들은 헤겔
의 모습을 이렇게 증언한다. "대학의 종이 여섯 시를 치자 '음악
은 공허한 몽상의 예술입니다'라는 말을 막 마친 그는 서둘러 바
로 맞은편의 오페라하우스로 갔다. 그리고 거기에서 글룩Gluck의
오페라에 출연하는 여가수 밀더Milder에게 열광적으로 갈채를 보
냈다."[47]

요약하자면 낭만적 예술의 오랜 역사에서 아름다움의 개념은 기
원전 400년경 폴리스의 시민은 쉽게 이해하기 어려울 면모를 다
양하게 포함한다. 따라서 헤겔의 미학은 그의 초기 저작들을 움

직였던 생각, 즉 철학의 과업이 현대의 조건에서 아름다운 사회를 수립하고 그리스의 국가성을 재건하는 데 이바지하는 것이라는 생각과도 결별한다. 그래서 헤겔이 볼 때 우리가 더 이상 예술 앞에 무릎을 꿇지 않는다는 사실은 예술이 무엇이 있어야 하는가를 우리에게 알려주지 못한다는 것을 뜻하기도 한다. 우리는 과거가 산출한 대상들에서 그 과거를 떠올릴 수 있지만, 그 과거를 더 이상 현재의 기준으로 삼을 수는 없다. 헤겔은 아름다움의 상실을 애도하면서도 한때 그 아름다움을 위해 지불해야 했던 대가를 꿰뚫어 본다. 그것은 수많은 사람이 부자유했고, 죽음의 심각성을 애써 외면했던 일이다.

헤겔이 보기에 기독교와 더불어 시작한 낭만적 예술은 모험적인 기사 서사시와 연애 서사시에서, 그리고 헤겔 시대의 풍속화나 우연들로 유희하는 해학적 소설에서 나타난다. 따라서 헤겔의 비교에 따르면, 낭만적 예술은 아름다움이라는 관점에서는 고전적 예술보다 떨어진다. 이렇게도 말할 수 있다면, 미학보다는 종교와 철학의 관점에서 더 인상적이다. 이처럼 고대 조각, [중세 기사의] 연애 서정시, (헤겔이 좋아하는 소설인) 《트리스트램 샌디 Tristram Shandy》를 비교하는 것은 특이하다. 적어도 소설가는 가장 아름다운 작품이 되기 위해 경쟁을 벌이는 것은 아니기 때문이다. 거꾸로 우리는 《오레스테이아 Orestie》나 《오이디푸스 왕 König Ödipus》도 거두절미하고 "아름답다"고 부르지는 않을 것이다. 이 점을 깨달은 헤겔은 예술이 비극에 이르러 자신을 넘어 "사유의 산문"[48]

으로 건너간다고 말한다. 그러나 고전적 예술형식에 관한 그의 서술에서는 단지 예술작품을 중시하는 것이 아니라, 그리스인이 자신의 신들이 감성적 현상임을 주장했다는 사실을 중시한다. 예술의 과제가 지각되지 않는 것을 지각되도록 하는 것이라면, 그리스 신화에서도 시적 재능이 작용함을 보는 것은 당연하다. 헤겔은 고전적 예술을 "계시하는 가르침"[49]이라고 부른다. 호메로스가 없다면 신들도 없는 것이다.

헤겔이 보기에, 예술은 바로 이 지점에서 인간의 내면을 적절하게 표현하고 이 내면과 육체 사이의 긴장을 적절하게 표현하는 형식으로 나아간다. 낭만적 예술은 "예술이 자신을 넘어가면서도 자신의 영역 내에 머무는 것"이다.[50] 그래서 낭만적 예술은 곧바로 자명한 객체를 산출하기보다는 세계를 해석하고 세계에 관해 이야기한다. 진리는 단순한 직관에서 얻을 수 없고, 기껏해야 무수한 이질적 이야기들을 훑어봄으로써 얻을 수 있다. 그래서 낭만적인 여건에서 예술은 만물에서 형상화의 계기를 찾아내기도 한다. "꽃, 나무, 아주 평범한 살림살이"가 예술의 소재가 된다. 차츰 주관성이라는 특성을 보이는 예술가는 집단적 구속력이 있는 객체나 이야기를 산출하기를 고집하지 않기 때문이다. 헤겔은 바로 대상 없는 예술을 예견하고 있다. 낭만적 예술에서는 아무리 외면적인 사물도 내면적으로 다룸으로써 가치를 부여하는데, 여기에서 내면은 "마치 자기 자신만 듣는 듯한 외면 없는 외면화[표현], 대상이나 형상 없는 울림 자체, 물에 떠 있음, 세계 위에서 울리는 소리"이기 때문이다. 모든 낭만적 예술의 기본 색조는

음악적이고 서정적이다. 예술작품은 아름다움의 현실을 재현하는 것이 아니라 영혼을 움직인다.[51]

물론 이것은 미학적 생산의 주관성이 커지는 것과 결부된다. 예술가는 무엇을 재현할지를 점차 스스로 선택하고, 그것을 종교적 구속력이 있거나 정치적 대표성이 있는 사전 원칙으로 받아들이지 않는 것이다. 하이네가 탄식하듯이, 예술가는 자기 시대에서 어긋날 수도 있고, 일반적으로 관심이 없는 동기를 취할 수도 있다. 심지어 자신의 동기에 거리를 두어 아이러니한 태도를 취하면서, 가령 이야기와 같은 자신의 수단 자체를 성찰하거나 시각이나 청각과 같은 자신의 지각 방식 자체를 성찰할 수도 있다. "낭만적인 내면은 **모든 여건**에서 자신을 드러낸다."[52] 헤겔이 네덜란드 풍속화에 관해 표현하듯이, 대상 선택도 예술 자체를 보여주려는 욕구를 따른다. "우리를 자극하는 것은 내용이나 그것의 현실성"이 아니다. 현실에는 포도, 넘어진 의자, 비단옷 등, 그런 것이 이미 충분하다.[53] 아름다운 것에서는 나타남이라는 그 자체에 초점을 맞출 뿐, 굳이 어떤 것이 나타나지 않아도 좋다. 주관성 자체가 내용이 된다.

헤겔은 낭만적 예술의 귀결이 "예술 소재의 내면적 해소"[54]라고 말한다. 낭만적 예술에는 결국 "우리"가 더 이상 없다는 의미이다. 변증법적으로 표현해 보자. 예술에 더 이상 "우리"가 없다는 것이 예술 참여자들이 그나마 여전히 합의할 수 있는 유일한 규칙이다. 헤겔이 보기에, 이러한 예술의 최종 단계에서 예술가는 작품 안에서 자신을 재기발랄한 주관성으로 드러낸다. 이 주관성은 우연과 감정에 내맡겨지고 우연과 감정을 이용한다. 구속력 있는 소재의 힘은 사라지고 모든 작품은 단지 그 작품 자신이 기획한 것을 실행할 뿐이다. 종교적이거나 형이상학적인 사전 원칙은 더는 존재하지 않는다. 헤겔이 당대의 낭만주의자들을 비꼬듯이, 예술을 위해 가톨릭적으로 되는 것은 아무 도움이 되지 않는다. 오늘날 그리스 신이나 성모 마리아를 조각이나 회화의 대상으로 삼는 사람에게는 이런 소재에 대한 진지함이 결핍되어 있다. 과거의 소재는 그 자체로 "흘러간 유행가"이고, 기껏해야 변죽을 울리는 것에 불과하다.[55]

헤겔은 하이네가 종언을 진단한 그 시대의 예술을 어떻게 보았는가? 헤겔이 예술의 종언을 말하던 바로 그 무렵, 바이마르의 영향권 안에 있는 수많은 당대인, 나아가 횔덜린과 셸링, 그리고 온갖 유형의 낭만주의자는 바로 예술이 그 시대의 중대한 욕구와 통찰을 표현하기를 고대하고 있었다. 예술가는 그야말로 자유롭고 상상력이 풍부하며 만물을 서로 연결하는 활동을 상징한다고 여겨졌다. 괴테 숭배는 그저 특정 작품의 저자에 대한 숭배가 아니라, 현실에서 아름다움의 대리인에 대한 숭배였다. 실러는 미학적 교양을 통한 사회 개혁을 기대했다. 많은 낭만주의자는 시, 연극, 소설에의 심취를 바로 근대 세계에 대한 감각을 키우는 중요한 학교로 상상했다. 이런 근대 세계에서는 패션, 디자인, 오락, 그리고 연출에 민감한 대중을 매개로, 미학적 형식이 예술의 영역을 훌쩍 넘어서 효력을 발휘하게 될 것이다. 1833년-1834년 연재된 토마스 칼라일Thomas Carlyle의 소설 《의상철학Sartor Resartus》 (이 라틴어 제목의 뜻은 "다시 재단된 재단사"이다)은 관념론을 풍자하는 작품인데, 주인공인 독일의 철학 교수 디오게네스 토이펠스드뢰크Diogenes Teufelsdröckh의 주저는 《의상, 그 기원과 영향Kleider. Ihr Ursprung und Einfluß》이다.[56]

이에 반해 헤겔은 당대에 예술 자신의 역사를 성찰하는 예술을 인지한다. 이런 예술이 자신의 내용을 다루는 태도는 낯선 인물을 상정하는 극작가와 같다. 가상을 창출하는 지금까지의 모든 형식을 염두에 두고, 예술에 관한 예술이자 예술을 매개로 하는 예술을 창조하는 것이다. 물론 헤겔의 "예술의 종언"이라는 말은 작곡가 펠릭스 멘델스존 바르톨디Felix Mendelssohn Bartholdy의 다음과 같은 생각과는 다르다. "이런 소동이 여태껏 계속되다니 불쾌하다. 예술은 이제 끝장났다고 주장하던 철학자는 도대체 예술이 끝날 수 있다는 듯이 예술이 끝장났다고 여전히 주장하고 있다."[57] 헤겔 자신이 예술작품은 계속해서 존재할 것이라고 매우 간결하게 말하는 것이다. "재기 넘치는 자유"의 가능성, 순수하고 갈망 없는 대상 애호의 가능성을 언급하면서 말이다. 헤겔은 괴테의 《서동시집West-östlicher Divan》이 그런 작품이라고 본다. 그러나 집단적 구속력이 있는 예술은 남기 어렵다. 예술은 법률, 종교, 학문과는 달리, 언제나 개별 작품들, 그리고 종종 작품의 개별 인식들로 이루어지기 때문이다. 그래서 예술은 그것을 이루는 요소들이 서로 갈라지는 데 취약하다. 이런 요소들은 그 양식이나 규범적 원칙이나 내용을 매개로 통합될 수는 있지만, 자유로 말미암아 이러한 사회적이고 미학적인 틀이 떨어져 나가면, 혹은 한 시대의 특정 이념이 더는 구체화할 수 없으면, 산산이 흩어진다.

예술은 이런 상황에서는 회고적·현학적 유희나 미적 영역의 존재 자체를 해설하는 유희가 된다.[58] 하이네는 자신이 시대 진단의 형태로 규명한 미적 세계 자체가 이처럼 예술의 주요 내용이 되는 데 반대한다. 이런 반대는 이 지점에서 헤겔의 소견과 맞아떨어진다. 당대 예술에 대한 그의 판정을 몇 마디로 요약하면, 아이러니 비판과 시적 조예의 향유가 될 것이다.

무엇보다 미학적 근본 태도로서의 아이러니에 대한 헤겔의 신랄한 비판[59]은 어떠한 정신이 그의 시대를 규정하는가를 하필이면 예술에서 읽어내려는 데 대한 반감을 드러낸다. 그의 기준에 따르면, 이것은 예술을 사례로 들어 다음과 같은 견해를 증명하는 분석으로 나아가기 때문이다. 그것은 진리가 단지 사회적 삶의 다양한 관점 중 하나라는 견해, 그리고 단지 즐길 뿐 아니라 생각하게도 만드는 예술은 단지 여러 예술형식 중 하나라는 견해이다. 그러니까 아이러니에 있어서는 가상이 예술작품에서 어떤 진리를 재현하려는 욕구에서 벗어나서, 가상 자체로서 이미 모든 것이라고 주장하는 것이다. 아이러니를 애호하는 예술가는 특히 어떤 것을 다른 관점에서 보면 다른 것이 된다는 것을 보여준다. 그래서 피히테 철학에서처럼 자유를 통해서, 혹은 더 정확히 말하면 예술적 자아의 "임의"를 통해서, 사실과 맺는 관계는 모조리 무너진다.[60] 따라서 예술가는 더 이상 어떤 것을 가지고 작업하는 것이 아니라, 자기 자신을 가지고, 그리고 모든 것을 유희적으로 이용하는 능력을 가지고 작업한다. 여기에서 헤겔은 훗날 쇠렌 키르케고르Sören Kierkegaard가 "미적 실존"이라고 부르고 칼라 일이 "댄디의 몸〔옮긴이 주: 토마스 칼라일이 우아하고 세련된 몸치장과 생활태도를 추구하는 남성들의 몸을 지칭하기 위해 고 안한 표현)"이라고 부르는 것을 그려내고 있다. 이런 것은 1822년 의 독일에는 아직 없어도 같은 시기의 런던과 파리에서는 벌써 출현한 것이다. 전적으로 심미적 기준에 따라 살아가려는 이러한 시도에서는, 허구와 현실, 환영과 진리, 가상과 존재의 구분 자체 가 허구이자 환영으로, 그리고 유희의 소재이거나 따분한 일로 여겨지는 것이다.

헤겔은 두려워하고 낭만주의자들은 환영하는 이러한 주관성 의 방면放免은 물론 미학적 성취의 소재와 조건에서 한계가 있다. 모든 것은 허용되지만, 그래도 여전히 인상적이어야 하고 어떤 문제의 해법임을 입증해야 한다. 이미 플라톤은 장인이 예술가보 다 낫다고 말한 바 있다. 장인은 그래도 "테크네", 즉 어떤 지식 을 보유하고 있지만, 예술가는 의자를 전혀 이해하지 못하면서도 의자를 그리기 때문이다. 하지만 예술가가 의자를 전혀 모르면서 의자를 잘 그릴 수 있겠는가? 다르게 표현해 보자. 화가의 관점 에서 의자에 대해 이해한다는 것은 무엇을 의미하는가? 시인, 화 가, 작곡가의 앎은 단지 눈속임 기술, 마술의 사기, 수사법에 불 과하다는 의심을 받고 있다.

그러나 우선 여기에서 "단지"라는 말은 무슨 뜻인가? 현대 세 계에서 심화된 개인주의와 심화된 모방 욕구가 지배하는 삶이 지니는 함의를 관객, 독자, 청중이 주목하게 하려면, 발전한 회화적 묘사, 이야기 형식, 작곡 방식에 능통해야 하지 않겠는가? 개인주의와 모방 욕구를 결합하는 패션을 다시 떠올려 보자. 아니면, 18세기의 수많은 교양소설을 떠올려 보자. 이런 소설이 다루는 것은 문학을 통해 삶에서 독창성, 아름다움, 사랑에 대한 기대가 일깨워지고 이를 통해 삶 자체와 관계를 맺는 것이다.

다른 한편, (헤겔이 낭만적 예술형식에 관한 서술을 마치면서 이야기하듯이) 예술의 위대한 사회적 구속력이 사라진 후에도 예술에는 그에 따른 보상이 존재한다. 한마디로 인간과 관련된 모든 것에 관심을 두게 되면서 그 소재가 엄청나게 넓어진다는 것이다. 예컨대 이런 것들이다. 영국의 생계를 위한 결혼 시장에서 천천히 달아오르는 사랑. 늘 같은 인물들과 그들의 재산과 정열이 순환하는 장소인 대도시. 프랑스 한가운데에서 삶에 지친 여성 독자의 황폐한 몽상. 포경선에서의 격정. 경마장이나 야외의 아침 식사가 주는 이미지. 어느 탐미주의자의 자신의 유년기 탐색. 아주 작은 모티프의 끊임없는 변주를 통한 엄청난 음악적 서스펜스의 전개. 한때 아름다움이 가장 중요하던 예술이 종언을 고하자, 신성하지 않은 새로운 예술이 출현한다. 이 예술이 산출하는 작품은 루카치 죄르지 Lukács Georg가 말하는 "초월적 실향失鄕"을 전제로 하면서도 여기 맞서야 한다. 향후 예술이 어떻게 될 것인가에 관한 헤겔의 예측에서 어떤 진전된 내용이 나오지는 않는다. 그러기에는 이런 예측은 너무 부차적으로 이루어지는 것이다. 그러나 헤겔은 어떤 생산적 역설을 후대에 남겨놓았다. 이 역설에 따르면, 현대는 한편으로는 기억의 세계로 불리지만, 다른 한편으로는 "현재만 생생하다. 다른 것은 창백하거나 더 창백하다"[61]라는, 헤겔의 말이지만 하이네도 할 법한 말을 추종하는 것이다.

체계인가, 소설인가?

– 역사철학

"법이 악덕을 속박하고 억압하면 악덕도 우리를 이용한다."

버나드 맨더빌 Bernard Mandeville(1714)

체계인가, 소설인가?

"우리는 히오스로 멋진 항해를 하면서 수천 가지 즐거움을 느꼈습니다." 횔덜린이 1797년 출간한 소설 《히페리온》에서 이 대목은 주인공이 친구 알라반다와 함께 소아시아 해안 바로 앞의 그리스 섬으로 떠난 소풍을 묘사한다.[1] 에게해의 수많은 섬 중에서 왜 하필 히오스섬일까? 횔덜린은 슈토이들린에게 헌정한 1794년 시 〈그리스Griechenland〉에서 이미 "그대는 거칠고 소란한 광장에서 벗어나 / 달콤한 히오스 포도의 피로 달아올라 / 안식할 것"이라고 썼다. 그리고 횔덜린 자신이 창안한 바다의 신을 에게해의 아버지라고 부르는, 1801년의 송가 〈에게해〉에서도 이 섬의 풍요로움을 찬양했다.[2] 당시 이 섬은 자연이 번영을 선사하는 무풍지대로 유명했다. 그 외에도 히오스는 그곳에서 태어난 호메로스의 표현에 따르면 "절벽 많은 곳"으로 여겨졌다.

나중에 그리스 해방 전쟁에서 오스만제국에 맞서 싸우게 될 두 친구가 이제 이곳에서 대화를 나눈다. 자유로운 삶의 조건에 관한 대화였다. 히페리온은 알라반다에게 국가에 지나친 권력을 부여한다고 비난한다. 국가를 천국으로 만드는 것은 곧 지옥이 되게 하는 것이다. 공동체에서 가장 중요한 것은 "사랑과 정신이 주는 것"이지 강요로 이루어지는 것이 아니다. 이런 사상이 헤겔 초기 저서와 일치한다는 점은 명백하다. 횔덜린이 《히페리온》을 쓰던 1796년, 헤겔은 독일 관념론의 최초의 체계 기획을 쓴다. 여기에서는 국가가 자유와 화해할 수 없이 대립한다고 보았다. 국가는 어떤 기계적인 것인데, 기계에는 아무런 이념이 없다. 자유에서 나오는 것만 이념을 가질 수 있다. "따라서 우리는 국가를 넘어서야 한다! […] 그러니까 국가는 지양되어야 한다."[3]

알라반다는 국가가 국가 자체보다 중요한 것을 보호할 뿐이라고 반박한다. 이에 대해 히페리온은 국가의 폭력으로 지킬 것은 아무것도 없으므로 국가는 도움이 되지 않는다고 응수한다. 세 명의 자유의 전사가 합류한다. 환상 따위는 품지 않는 강경한 인물들이다. 이들은 자신들이 온 이유를 이렇게 말한다. "이 대지를 깨끗이 할 것이다. 밭에서 돌을 골라내고 […] 잡초의 뿌리를 찾아내어 잘라내고 통째로 뽑아내서 햇볕에 말라 죽게 할 것이다." 이 전사들은 이제 살아생전에 그들의 희망이 결실을 거둘 것이라고 믿지 않는다. 자신들의 싸움에 사람들이 찬동하는 것은 포기했다. "우리는 사람들의 마음을 얻고자 구걸하지 않는다." 어차피 만사는 그들 의도대로 이루어지고 있고, "야만과 교양의" 모든 미덕이 자신들에게 복무하고 있으며 "우리 목표를 무조건 돕고 있다." 히페리온은 이런 태도에 깜짝 놀란다. 그는 몽상적 나르시시즘 탓에 이런 자들과 친구를 공유하는 것이 견디기 어려운 탓이다.[4] 나아가 히페리온은 "마치 전지한 것처럼 구는" 이 자들을 사기꾼으로 여긴다. 대화는 중단되고 친구들은 흩어진다.

　여기에서는 관념론 철학의 테두리에서 중요한 어떤 논쟁이 문학적 형식으로 암시된다. 이 논쟁의 핵심 물음은 좋은 공동체를 수립하려는 개인의 의도와 실제로 일어나는 역사적 사건이 어떤 관계인가이다. 좋음을 실현하는 데에는 좋은 의도로 충분한가? 좋음을 증진하기 위해 좋지 않음을 어느 정도까지 활용해도 무방한가? 역사에서도 자유와 "사랑과 정신"이 폭력 없이 관철되리라는 믿음은 근거가 있는가? 아니면, 칸트가 1784년 《세계시민적 관점에서 본 보편사의 이념 Ideen zu einer allgemeinen Geschichte in weltbürgerlicher Absicht》에서 표현한 것처럼, 사회는 "인간 행위의 무계획적 집합"에 불과한가?

　칸트는 무계획적 집합의 반대로 두 가지 개념을 제시한다. 첫번째는 회의적인 개념이다. 칸트는 이성적 목적이 세상사와 일치하는 것은 역사보다는 "소설"에 속하는 것 같다는 것이다. 두 번째는 낙관적인 개념이다. 칸트는 고대 그리스와 로마부터 현재에 이르기까지 국가의 역사를 보면, "우리 대륙에서 국가의 헌법"이 진보해왔다는 인상을 받으므로, 역사는 단지 "뒤죽박죽의 유희"가 아니라 어떤 "체계"를 드러낸다고 희망할 수 있다는 것이다.[5]

　이로부터 10년 후에는 이성의 기대가 소설에 속하는지, 아니면 철학이 이런 기대를 입증하는 세계사적 체계를 발견할 수 있는지를 알아내려는 온갖 시도에는 해방의 의도를 피바다로 만든 혁명의 그림자가 드리워졌다. 이러한 살육을 자행하는 자들은 무엇이 옳은지 확신하기에 사람들의 마음을 구걸하지 않는 자들이다. 횔덜린이 《히페리온》을 쓰기 시작한 1794년은 프랑스가 공식적으로 자국 영토에서 노예제를 폐지한 해이고, 먼저 당통Danton과 그 친구들이, 그러나 그다음에는 로베스피에르와 그 추종자들까지 처형된 해이며, 프랑스의 방언들을 억압하고 종교와 국가를 근본적으로 분리할 것을 결정한 해이다. 이성적 이념에서 사회적 현실로 넘어가기를 꿈꾸는 이론은 이런 상황에서 난관에 봉착할 수밖에 없었다. (악하지는 않더라도) 나쁜 것은 좋은 의도에서 출발했다. 이성과 자유에의 열광은 광신적 학살의 연료임이 드러났다. 프랑스혁명은 모든 것을 휩쓸면서 점점 빨라지고, 개인을 조금도 고려하지 않으며, 급작스럽고 압도적이어서, 여러모로 마치 자연재해처럼 서술되었다. 지진, 홍수, 태풍, 번개, 화산, 뇌우, 난파, 혜성, 산사태, 폭포, 급류, 그리고 나중에는 역병과 착란으로 서술된 것이다.[6] 마치 필연적으로 일어나는 듯 보일 뿐 아니라, 사회에 파괴적이고 개인에 치명적인 사건에 대해서는 이런 이미지 외에 어떤 개념도 쓸 수 없었다.

어쩌면 이런 이유 때문에라도 셸링은 1797년-1798년의 소논문에서 "역사에 관한 철학은 가능한가?"라고 자문하고 불가능하다고 자답한 것이다.[7] 역사가 이성의 발현인 혁명으로 흘러가는 것을 지켜본 사람은 그 직후에 이처럼 이성이 단두대로 실현된 데 대해 어떻게 말하겠는가? 그 후에 의회로 분칠한 군부 왕정에 의해 다시 혁명이 진정될 것을 미처 모른다면 말이다. 역사는 인간에게 "미리 그려지지 않는다. 인간은 자신의 역사를 스스로 만들 수 있고 만들어야 한다."[8] 이것은 역사를 만들 수 있다는 데 대한 최초의 정신사적 표현으로 추정된다.[9] 그러나 만들 수 있다는 것은 예견할 수 없다는 것이다. 루이 16세는 [바스티유 감옥 습격 사건이 일어난] 1789년 7월 14일 일기에 "아무 일도 없었다"라고 적었다. 물론 이 일기장은 사냥 일기장이었고 그저 이날 아무것도 못 잡았다는 의미였겠지만, 이것은 만사가 예전처럼 흘러갈 것이라고 기대하고 있었음을 드러낸다.

그러나 셸링에 따르면, 예전처럼 흘러가므로 예측할 수 있는 것은 "기계장치"로서 (체계 기획에서 국가라는 기계가 그렇듯이) 엄격한 법칙을 따르므로 역사의 요소가 아니다. 나중에 셸링은 "자유의 영역에는 선험적인 것은 없다"라고 쓴다.[10] 그가 보기에는 예측할 수 없게 변하는 것만 역사적 존재이다. 따라서 당대의 지식수준으로는 우주나 ("좋은 진보하지 않으므로") "동물성"은 역사적 존재가 아니다. 시계도 역사가 없고, 자연적인 농사 주기나 인생 주기에 따라 사는 "시계를 따르는 사람들"도 역사가 없다. 셸링의 말을 보충하여, 새로운 것을 산출하는 교수나 여타 주역들에게는 역사가 있다고 할 수도 있겠다. 그러나 이 말은 우리가 세계사에 기록될 행위들에 대해서 많이 알수록, 그리고 이런 행위들의 해석에 대해서 많이 알수록, 역사는 오히려 줄어든다는 뜻이 된다. 따라서 역사의 철학은 불가능하다.

물론 역사의 종언이 이루어졌다면 가능할 수도 있다. 혁명을 판단하기 위해 나폴레옹을 알아야 하고, 나폴레옹의 영향을 예측하기 위해 프로이센을 알아야 하며, 프로이센의 개혁에 대한 반동을 평가하기 위해 카를스바트 결의를 알아야 하는 등 이렇게 계속 이어진다면, 한 시대에 대해 도대체 어떤 말을 하려면 그 시대가 끝났다는 인상이 결정적으로 중요하다. 다시 말해 이제까지 역사 흐름의 의미까지 아주 새로운 조명 아래에서 보도록 하는 어떤 새로운 것이 덧붙여지지 않아야 비로소 이제까지의 전체 흐름이 이성적인지 비이성적인지 판정할 수 있다.

독일의 헌법 문제에 끊임없이 관심을 두고 프랑스혁명에 열광하며 기독교 역사를 다루는 헤겔이지만 이 시점에는 아직 역사의 문제에 관해 어떤 일반적인 명제를 제시하지 않는다. 이런 일은 7년 후에야 일어날 것이다. 이와 달리 셸링은 1800년에 다시 한 번 이 문제에 착목하면서, (일어나는 모든 일이 역사학의 대상, 적어도 예측할 수 있는 대상은 아니라는) 전제는 여전히 유지하면서 결론은 다소 달라진다.[11] 완전히 예측가능한 것이나 가령 개인의 제각각의 자발성처럼 완전히 예측불가능한 것도 역사 개념을 도출하지 못하지만, 어떤 이상으로의 집단적 접근을 가리키는 데에 이 개념을 사용할 수는 있다. 개인이 자유롭게 설정한 목표를 실현하는 것은 결코 그 개인 자신에게만 달린 것이 아니라 그의 동시대 사람들에게도 달려있다. 모두가 자유롭게 행위한다면 한 사람의 자유는 다른 사람의 자유와 맞부딪힐 테고, 따라서 만인의(혹은 적어도 시계를 따라 살지 않는 사람들의) 자유를 어떻게 전체의 조화로운 목표지향으로 변형할 수 있을지 불분명하기 때문이다. 게다가 자아가 아무리 자유롭더라도, 자아 자신이 참여하지 않은 법이 자아의 행위에 적대적이라면 이런 자유는 있어 봐야 별무소용이다.

이런 생각을 일반화하면, 셸링에게는 이상적 상태의 실현을 추구할 수 있는 것은 국가로 조직되는 유類뿐이다. 그렇다면 이런 유는 역사를 가질 뿐 아니라 역사를 만든다. 그러니까 여기에서도 행위하는 개인의 등 뒤에서 이루어지는 역사적 진보를 따르는 것은 공동체의 법적 상태이다. 셸링의 표현에 따르면 "여기에 인간의 자유보다 고귀한 어떤 것이 있어야 한다"는 것,[12] 즉 자유를 유효하게 하는 상황이 있어야 한다는 것은 관념론 철학에는 사소한 문제가 아니다.

역사가 라인하르트 코젤렉Reinhart Koselleck의 연구에 따르면, 단수형으로 쓰는 하나의 역사가 있다는 생각, 나아가 이런 역사를 만들 수 있다는 생각은 프랑스혁명과 나폴레옹의 출현 이전에는 전혀 표명된 바 없다. 그때까지는 다수의 (가령 어느 나라나 왕조나 교회의) 역사가 나란히 있거나 차례로 나타난다는 인상이 지배적이었다. 이런 역사들은 그때그때 의미의 특정한 심도에 따라 기껏해야 신의 섭리와 어떤 식으로든 결부된다는 말로 미화할 수 있을 뿐이다.[13] 이에 대립되는 셸링의 해석, 즉 인류가 무의식적으로 어떤 역사적 진보를 위해 역사役事한다는 해석은 칸트의 미학적 비유로 돌아가되, 셸링은 다만 이 비유를 어떤 소설의 줄거리에서 무대의 사건으로 옮겨놓는다. 셸링은 칸트와 같은 표현까지 동원하여 이렇게 말한다. "만인이 참여하여 아주 자유롭고 선의로 배역을 연기하는 연극으로 역사를 본다면, 이런 혼란스러운 연극의 이성적 전개는" "오로지 이 모든 것을 창작하는 하나의 정신이 있어야만 상상할 수 있다."[14] 그러나 연극을 창작하는 작가와는 달리 세계사의 작가는 자신의 작품과 떼어서 생각할 수 없다. 그래서 마치 연극의 작가와 배우가 하나의 공동의 무대에 있는 것과 같다. 아니, 이 배우들, 즉 우리 자신은 "이 전체를 함께 창작하고 우리 각각이 맡는 특수한 역할을 스스로 창안한다."[15]

"지구에는 하나의 역사가 있는가? 역사란 무엇인가?" 1805/06년 예나 대학에서 행한《자연철학과 정신철학》강의에서 이 개념이 그에게 남긴 유일한 흔적은 이러한 난외의 언급이다. 1822/23년 겨울학기 베를린에서 처음으로 역사철학을 강의할 때, 프랑스혁명을 둘러싼 논쟁의 시기는 오래전에 지나갔다. 그러나 프랑스혁명이 제기한 물음들은 지나가지 않았다. 프리드리히 슐레겔은 《철학적 수업시대Philosophische Lehrjahre》에서 "혁명이 언젠가 중단될 일은 아마 없을 것이다. 혁명은 분명 영원하다. 꼭 파리에서만 그런 것은 아니다"[16]라고 썼다. 그의 견해가 헤겔의 견해와 이처럼 비슷한 일은 드물다.

그렇지만 헤겔에게 있어서 이 인류의 끝에서 두 번째 혁명(마지막 혁명은 독일의 철학 혁명이다)이 강의에서 차지하는 분량은 비교적 적다. 총 550쪽 중에서 11쪽 남짓인 것이다. 그는 나폴레옹보다 중국 황제에 대해 더 많이 말한다. 서술해야 할 사건으로서 프랑스혁명은 역사철학에 큰 영향을 미치지 못했다. 오히려 헤겔에게 프랑스혁명은 대체 역사에 관해 말해야 할 가장 중요한 이유였다. 헤겔은 세계사를 "자유 의식의 진보, 그 필연성에 있어서 인식해야 하는 진보"[17]라고 보았다. 그런데 프랑스혁명은 만인의 자유 의식을 풀어놓았다. 자유 의식은 그때까지 유례없는 형태의 정치적 자기 입법으로 인도한 것이다. 아니, 더 정확히 말한다면, 이러한 자기 입법을 강제한 것이다. 합스부르크 황제는 1806년 퇴위했다. 영구적인 제국의회가 사라짐으로써 최고 입법 기관이 사라졌다. 베츨라의 제국대법원과 빈의 제국추밀원은 문을 닫았다. 유럽 한가운데에서 거의 1천 년을 이어온 헌법의 역사는 막을 내렸다. 1820년 출판업자 프리드리히 페르테스Friedrich Perthes는 "우리 시대를 여러 민족과 여러 세기의 역사에 있던 전환점들과 비교하는 것은 모두 너무 자질구레하다"라고 썼다. 그가 보기에 당대에는 "지나가는 500년과 도래하는 500년이 서로 대립하며 충돌하고 있다." 모든 라틴 민족은 동요하고, 모든 슬라브 민족은 꼼짝하지 않으며, 모든 게르만 민족은 그 중간에서 "정신적으로는 라틴 민족처럼 동요하고 정치적으로는 슬라브 민족처럼 꼼짝하지 않는다."[18] 헤겔은 이런 상황에서 강의하면서, 칸트나 셸링과 비슷하게 국가성의 역사를 역사의 주요 동인으로 보았다.

그러나 이 선구자들과는 달리 헤겔은 이것을 세계사 흐름에 근거하여 보이려 하기도 했다. 역사철학에 관한 강의는 광범위한 시대를 망라하면서 과거의 국가 형태들과 그들의 사회적 영향이 지닌 특징을 다룬다. 베를린 대학의 청중은 아프리카의 왕국, 인도의 종교, 그리스의 도시국가, 로마의 연극에 대해 듣는다. 헤겔은 도입부에서 이런 구체적 예화들에서 나타나는 철학과 역사의 모순을 지적한다. 역사는 필연적으로 그렇게 일어난 사실, 사건, 행위의 수집으로 보이기 쉽다. 우리는 "그 일은 그냥 그랬어"라고 말한다. 그 일이 단순하지 않고 복합적이더라도 이러한 사실성은 전혀 달라지지 않는다. 일어난 일을 보고하거나 서술하는 데에 그친다면, 철학을 대체 어디에 쓰겠는가? 이에 대해 내놓을 수 있는 한 가지 대답은 과거 사건들은 숱하게 많으므로, 이 중에서 보고할 것을 선정하려면 몇 가지 신중한 기준이 필요하다는 것이다. 그리고 이렇게 보고할 가치가 있는 것을 고르는 기준에는 개념적 사전 결정, 혹은 철학적 사전 결정이 들어있다는 것이다. 특히 오늘날처럼 보고하는 사람이 수만 명에 달하지 않던 시대에는 더욱 그렇다. 그 외에도 가령 "사건", "결정", "경과", "결과"와 같은 역사의 근본 개념을 성찰할 관할권이 철학에 있다고 말할 수도 있다. 그렇다면 어떻게 하면 과거에 대해 의미 있게 보고할 수 있는가를 해명하는 일은 역사철학의 과제일 것이다.

그렇지만 헤겔은 이렇게 말하지 않는다. 그의 《역사철학》은 역사적 연구의 인식론도 아니고 역사적 판단의 논리학도 아니다. 그가 보기에 과거에 어떤 일이 일어났는가에는 논란의 여지가 전혀 없다. 적어도 그것을 알아내는 일은 그다지 어렵지 않다. 헤겔은 역사적 사건들의 개별 보고에 관해서는 논쟁적으로 다루지 않는다. 그가 유일하게 관심을 보이는 것은 이런 사건들이 이루는 연관이다. 그러므로 18세기부터 확립된, 역사를 단수로 이야기하는 방식을 강의 첫 문장부터 아주 당연하다는 듯이 아무 설명도 없이 활용한다. "하나의" 역사가 있다. 철학이 이 역사의 해석에 이바지하는 바는 바로 그것의 통일성을 규정하고, 따라서 모든 세계사 서술을 결합하는 토대를 놓는 일이다. 문학적 표현을 쓴다면, 역사의 교훈 혹은 역사의 진수[19]를 확립하는 것이다.

그것은 여기에서 사용하는 세계사 개념 안에 들어있다. 실러도 이미 예나 대학 취임강연에서, 사건의 총합으로부터 오늘날 세계의 모습에 "본질적이고 거부할 수 없고 쉽게 관찰할 수 있는 영향"을 미치는 어떤 것을 부각하는 것을 보편사라고 부른다. 사건들의 연속은 현재를 향하여 흐르지만, 보편사의 역사학자는 현재로부터 "사태의 기원으로 나아간다."[20]

헤겔도 그렇게 보았다. 그가 보기에 과거의 진수는 처음부터 고정되어 있다. 세계사가 이성적으로 나아간다는 것은 헤겔에게는 역사적 고찰의 전제이지 그 결과가 아니다. 세계가 이성적이라는 점은 철학에서 이미 입증되었다. 따라서 역사에 대해서 이미 전제할 수 있는 것이다. 그러나 헤겔은 "내가 전체를 벌써 알기에" 세계사의 "이성적" 결과는 내게 이미 알려져 있다는 말까지 한다. 그렇지만 강의에서는 이것이 세계사 자체를 고찰함으로써 비로소 드러난다는 것이다. "우리는 역사적이고 경험적으로 처리해야 한다."[21] 교육 상황에서의 이러한 동요는 의미심장하다. 교육 상황에서는 제기되는 물음의 대답을 이미 알고 있기에 이런 물음은 수사적으로 제기될 뿐이다. 헤겔은 역사에서의 이성에 관해 알고 있지만, 당연히 이런 판단을 선험적 확실성이 아니라 어

526

떤 결과로서 제시해야 한다고 느끼는 것이다.

한편으로 사실에의 호소와 다른 한편 역사의 이성적 진행에 대한 깊은 확신 사이에서 이렇게 동요하는 것은 그저 역사학자와 철학자의 긴장을 표현하는 것이 아니다. 오히려 헤겔은 살육, 저열한 행위, 우연, 선의 파괴, 진퇴유곡으로 가득한 세계사가 "전체적으로는" 이성적이라고 말하는 것이 과도한 주장임을 분명히 깨닫고 있었다. 헤겔은 이러한 역사관은 사유하는 정신을 악과 화해시키려는 일종의 변신론, 즉 신에 대한 변호라고 명확하게 말한다. 세계적 사건의 연대기에서, 이러한 악, 아니면 적어도 불행과 우연은 넘쳐난다. 우리는 20세기는 빼고 보더라도, 역사를 움직이는 것이 이성이 아님을 발견한다. 척박한 자연에서의 생존 투쟁, 권력 투쟁, 증오와 야만, 경제적 무자비와 경쟁, 압제와 정복욕을 발견하는 것이다. 헤겔 생전에 유럽의 길거리는 난민과 군인으로 넘쳐났다. 가령 나폴레옹 원정군과 같은 참전군인의 일기를 읽는 사람은 그들의 고통에 마음이 아프게 된다.

히오스섬을 예로 들어보자. 횔덜린의 소설에서 히페리온은 (횔덜린과 헤겔이 태어난 해인) 1770년에 오스만제국을 상대로 그리스가 벌이는 자유의 전쟁에 참전한다. 그러나 문학적이 아니라 역사적으로 본다면, 이 자유의 전쟁은 진정 자유를 위한 것이던가? 사실 오스만제국의 통치에 대한 그리스인의 저항은 모스크바와 이스탄불의 일련의 분쟁 중에 일어난 하나의 일화에 불과했다. 1768년 이미 일어난 러시아와 터키의 전쟁을 유발한 것은 폴란드 내부 갈등이었다. 그것은 귀족과 러시아 지원을 받는 국왕의 갈등이었으며, 그 과정에서 (현재는 우크라이나에 속한) 발타에서 러시아 카자크인들이 폴란드의 반대자들을 억압하는 과정에서 오스만제국 영토에 진입했다. 오스만인들은 뛰어들 태세가 되어 있었다. 흑해와 그 연안의 상업 도시들에의 접근로를 얻으려는 러시아의 확장 정책이 오래전부터 오스만제국을 위협해왔기 때문이다. 콘스탄틴 프랑수아 드볼니Constantin François de Volney의 저서 《시리아와 이집트 여행Reise nach Syrien und Ägypten》이 1787년 출간된 이후부터, 오스만제국이 약하다는 것은 전 유럽에 널리 알려져 있었다. 나폴레옹 보나파르트의 오랜 친구인 드볼니는 터키인들에 맞서 근대화를 위한 전쟁을 벌일 것을 촉구했다. 그가 보기에 터키는 야만적이고 계몽되지 않은 사회인 것이다.[22]

터키인들은 자신의 영토 안에서 인구의 40퍼센트를 이루는 정교회 기독교인을 모질게 탄압하고, 무거운 세금을 부과하고, 기본권을 박탈했다. 러시아의 예카테리나 대제는 1769년 오스만제국 통치자와 그 하수인에 맞서는 그리스의 봉기를 지원하기 위해 군선 열네 척을 지중해에 파견했다. 그리 내키지 않았지만, 터키와 해전을 벌이기 위한 것이다. 그 결과 (이스탄불의 술탄 궁전을 부르는 말인) "고귀한 성문"은 승전국 러시아에 영토를 할양했다. 러시아는 흑해로 자유롭게 진출할 수 있게 되었고, 러시아 선박들은 보스포루스해협을 자유롭게 통과할 수 있게 되었다. 이에 반해, 러시아의 지원을 기대하며 더욱 격렬하게 타오른 그리스의 봉기는 유혈 진압당했다. 나아가 그 결과로 이스탄불은 그리스에 보복 조치를 강화했다.

그래서 헤겔이 강의를 하던 때, 하필 그 이전에는 터키의 통제가 약하여 말하자면 무역이 행해지던 전원 지대로서 부유하던 히오스섬은 자유를 외친 대가로 잔혹한 살육의 현장이 되었다. 스스로 자족하고 평온한 정치 상황에 자족하던 주민들은 근래에 발발한 그리스의 자유의 투쟁에 참여할 태세가 되어 있지 않았다. 그들은 참전을 요구하는 그리스의 전쟁 지도자들을 돌려보냈는데, 이 일은 화를 불러일으켰다. 다른 그리스인들의 애국적인 외침과 이스탄불의 불신이 커지면서 1822년 4월 단기간 내에 갑작스럽게 분쟁이 일어났다. 오스만 군대와 그리스 군대가 히오스섬에 진입하여 인질을 잡고 이 섬의 부를 탐냈다. 마침내 술탄은 대군을 파병했다. 터키인들은 히오스에 사는 그리스인들을 철저하게 학살했다. 며칠 지나지 않아 2만 5천 명이 살해되었고, 4만 5천 명이 노예가 되었으며, 1만 명 이상이 도피한 것으로 추산된다.[23]

이것이 역사이다. 여기에서 어떤 이성을 발견할 수 있을까? 나폴레옹에 대항하는 해방 전쟁에서 "프랑크인[프랑스인]"을 겨냥해 "놈을 죽여라! 세계 법정은 / 너희들에게 이유를 묻지 않는다!"[24]라고 하는 클라이스트의 끔찍한 말에 헤겔은 찬성하지 않았을 것이다. 언제나 역사의 진행에는 이유가 있다고 보기 때문이다. 물론 돌이켜 볼 때 그렇다는 것이다. 그러나 선이나 악이나 같은 정도로 늘어나지 않는가? 그렇다면 발전을 결산하려는 역사적 비교는 불가능하지 않겠는가? 따라서 이 결산에는 부자유 의식의 발전도 포함해야 하지 않겠는가? 역사는 매일매일 칸트의 물음을 새롭게 제기한다. 그것은 세상에서 일어나는 일과 도덕이 충돌하는 마당에, 체념이나 한낱 가설적인 바람, 때로는 절망적인 바람, 따라서 역설적인 바람 외에 무엇이 가능하겠는가? 대체 어떻게 헤겔은 역사의 최종 목적이 자유라고 생각하게 되었는가? 행위의 동기인 자유조차 그 자체로는 그토록 많은 부자유나 고통을 동반하는데 말이다. 그의 강의 서론에 등장하는 유명한 표현에 따르면 "행복의 시기들은 세계사의 백지이다."[25] 그러니까 헤겔은 역사의 비참함을 부정하는 것이 아니다. 오히려 그는 역사라는 도살장을 앞에 두고 어찌할 바 모르는 슬픔에 빠지는 사람을 보호하는 것은 종종 이기심뿐이다. 그것은 거기에서 멀리 떨어져 "뒤죽박죽의 폐허의 저 원경을 즐기는"[26] 일이다. 그것이 즐길 수 있는 일이라면 말이다.

그러나 헤겔에게는 역사를 멀리서 평가하는 것과 역사에 참여하는 것은 다른 일이다. 전자는 "난파를 구경하는 것"인데, 여기에서 구경꾼을 프랑스혁명의 바다로 밀어 넣을 수 있는 것은 가령 개입 전쟁의 "악령"뿐이다.[27] 그리고 후자는 "사람들의 삶에 개입하는 것"[28]이다. 역사의 재료는 이처럼 열정, 관심, "이기적 의도"의 투입이다. 여기에서 헤겔은 열정과 관심을 구별하지 않는다. 초기 근대의 시작부터 이런 구별을 자주 활용한 것은, 무분별한 의지 표출과 냉정한 계산에 따르므로 예측할 수 있는 의지 표출을 구별하고, 공명심과 국가이성을 구별하며, 명예 추구와 세수稅收 추구를 구별하기 위해서였다.[29] 헤겔은 역사의 이성이 개인이 고귀하고 이성적인 관점에서 행위하는 데에서 나온다고 기대하지 않는다. 도리어 헤겔에게는 그 때문에 "열정"이라는 개념이 전적으로 만족스럽지 않다. 이 개념이 대개 감정적이거나 불안한 행동을 가리키기 때문이 아니라, 특수한 관점에서의 행위를 가리키기 때문이다. 개인은 결코 "인간 일반"[30]으로 행위하는 것이 아니다.

개인은 열정적인 행위를 통해 외려 의도하지 않은 어떤 것을 촉진한다. 한편으로 헤겔이 보기에는 "세계사적 개인"이 존재한다. 이런 개인은 이제까지 유효하던 것에 반하는 가능성을 움켜쥐는데, 그러면 이 가능성은 적어도 일정 시간 동안은 보편적으로 타당해진다. 헤겔이 보기에 이런 개인은 특출한 열정 덕분에, 적어도 사후에 고찰하면 당시 시의 적절했다고 여겨지는 것과 조화를 이루게 된다. 그러나 헤겔은 이러한 "세계정신 관리자"[31]의 삶도 행복하지는 않다고 말한다. 열정 때문에 결코 평온할 수 없기 때문이고, 그의 움직임에 대한 저항 때문에 종종 목숨을 걸어야 하기 때문이다. 알렉산더 대왕은 요절했고, 카이사르는 피살되었으며, 나폴레옹은 세인트헬레나섬에 유배되었다. 그러나 다른 한편, 헤겔은 이보다 덜 유명한 개인도 세계사에 이바지한다고 보았다. 특수한 목적을 추구하는 이런 개인은 역사의 수단이다. 헤겔은 "이성의 간지奸智"라고 말하는데, 역사는 목적을 달성하기 위해 개인의 특수한 의도와 열정을 투입하는 것이다.[32]

간지를 도모하는 이성이라는 은유는 대개 헤겔 역사철학의 핵심 이미지로 여겨졌다. 그러나 헤겔은 이 은유를 목적론적 사고의 특징을 설명하기 위해《논리학》에서 이미 사용했고《철학대계》에서도 사용했다.[33] 당시 "목적론"은 100년도 채 안 된 말이다. 철학자 크리스티안 볼프Christian Wolff가 1728년 이 말을 만든 것이다. 이 개념에 표현된 사상은 사건 연쇄의 진행에는 그 최종 상태가 영향을 미치는데, 여기에서 목표를 지향하며 행동하는 행위자를 지목할 수 없더라도 그렇다는 것이다. 목적론적 사고를 하는 사람은 어떤 것의 실존 및 발전에 그것의 합목적성을 결부시키는 사람이다.

헤겔이 이성의 간지의 예로 드는 것은 쟁기이다.[34] 그것은 밭을 갈아서 식량 생산을 돕는 수단으로 발명되었다. 그것의 목적은 배고픔을 달래는 것일 수 있지만, 권력을 강화하는 것일 수도 있다. 농업의 잉여 생산을 통해서나 제물로 쓸 짐승을 먹일 사료 생산 등을 통해서 말이다. 히오스섬처럼 자연이 아낌없이 작물을 주는 곳에서는 다양한 목적을 가질 수 있는 인간의 경작이 그 토대를 이룬다. 히오스섬의 포도주는 갈증을 달래기만 하는 것이 아니다. 때때로 농업의 경작은 생계라는 목적보다는 향유에 이바지하거나, 심지어 이 정도는 할 수 있다는 과시에 이바지한다.[35] 그렇게 본다면, 목적은 변해도 수단은 고정되고 따라서 이성적인 것으로 드러난다. 그것을 사용하는 동기가 오래전에 사라졌더라도, 그것을 투입하는 직접적 이유를 넘어서 계속 작용하는 것이다. 따라서 이성의 간지는 어떤 감성적 욕구가 도구를 산출한다는 데 있다.

쟁기에 이어 이성의 간지에 대한 또 다른 사유가 이어진다. 다시 말해 이성의 간지 자체도 역사가 있다. 사회적 노동 분업에서 아직도 경작과는 완전히 다른 목적에 쟁기를 투입하는 사람들이 있기 때문이다. 이들은 호구지책으로 쟁기를 만드는 사람들이다. 이들은 쟁기를 완벽하게 만들려 하지 않는다. 이들의 목적은 농업이 아니라 생필품을 살 돈을 버는 것이기 때문이다. 그렇다면 이런 목적도 온갖 가능한 지식의 진보를 산출한다. 소재, 처리방식, 비용, 때로는 땅을 가는 다른 기술에 관한 지식이 그렇다.

그리하여 우리는 "사유하는 역사 연구자" 하인츠 디터 키트슈타이너Heinz Dieter Kittsteiner가 헤겔의 역사철학의 "영국적 토대"[36]라고 부르는 것에 이른다. 온갖 가능한 열정과 목표 설정을 자신의 보다 높은 의도를 위해 투입하는 이성의 간지는 18세기에 등장한 주장, 즉 개인적 악덕이 일반적 부를 촉진한다는 주장을 닮았다. 이런 악덕이 수요를 창출하기 때문이다. 아울러 이런 악덕을 충족하려는 모든 사람은 점차 화폐경제에서 직업 노동을 해야 하므로, 그 악덕은 누그러진다. 그래서 열정은 자신도 모르는 사이에 이성적 세계 계획의 부분이 된다. 이 계획에서 배고픔은 농업을, 농업은 쟁기를, 쟁기는 노동 분업을, 노동 분업은 기술적이고 사회적인 진보를 산출한다. (고객, 청중, 의뢰인, 유권자 등) 타인에 주의를 기울여야만 이기주의가 충족될 수 있기 때문이다. 이 모든 일은 수많은 실패, 부당함, 희생을 대가로 일어난다. 그러나 이런 일이 낳는 문명의 구조에서는 고통을 보고 어깨만 으쓱하거나 가난한 사람들에게 천국의 보상만 이야기하지 않아도 될 것이다. 적어도 자유주의적 낙관은 모든 것에 가격이 붙는 한, "보이지 않는 손"이 생산자와 소비자의 변덕을 공공의 복지로 전환한다는 것이다.

헤겔은 이런 사고방식을 받아들이되, 경제로부터 정치, 국가, 그리고 그가 "민족정신"이라고 부르는 것으로 옮겨간다. 사회적 삶 전체를 하나의 통치 권역 안에서 포착하기 위함이다. 첫 번째 체계 기획에서와는 달리, 이제 국가는 자유와 분별되는 것이 아니라 시민사회와 분별된다. 시민사회는 "개인들의 사적 관심이 만인 대 만인의 전쟁을 벌이는 전장"으로 나타나는 것이다.[37] 이에 비해 입법 제도로서의 국가는 애초부터 일반화할 수 있는 열정에 의존한다. 국가는 순종이 필요하기 때문이다. 헤겔의 요점은 정치적 결정이 경제적 결정보다 더 의도적이라는 것이 아니라 더 "정신적"이라는 것이다. 집단 전체에 해당하는 정치적 결정은 더 이질적인 것들을 처리해야 하고, 더 사려 깊어야 하며, 더 많은 개인에 관련되기 때문이다.

물론 국가는 예로부터 복수로 존재한다. 헤겔의 표현에 따르면, 국가의 일반성은 가령 그보다 적은 종교, 예술, 특히 학문의 일반성보다는 늘 제한적이다. 종교, 예술, 학문과 다른 국가 체제 특유의 문제는 **오직** 갈등으로부터 배울 수 있다는 것이라고 말할 수도 있겠다. 따라서 헤겔의 관점에서는, 히오스섬에서 학살을 저지른 오스만제국은 세계사적으로 시대착오적이므로 몰락이 임박해 있다. 세계사는 세계 법정이라는 그의 악명 높은 명제는 이런 의미이다.[38] 특수성을 지니는 국가를 능가하는 것은 그 국가의 진화뿐이다. 여기에서 헤겔은 세계사와 국가성의 연결을 본다. 국가들의 쟁투, 그리고 국가 건설과 유지를 위한 엄청난 노력으로 인하여, 정치 조직들의 단순한 병립 안으로 어떤 특징이 끼어든다. 바로 이 특징이 국가를 집단적 자기의식 형태라고 부를 수 있게 하는 것이다. 이 집단적 자기의식은 끊임없이 다른 통치 구상들과 투쟁해야 한다.

이것은 고대 그리스의 도시공동체들에 대한 헤겔의 서술에서 특히 잘 나타난다. 헤겔이 보기에 이들은 바로 이러한 이질적인 것을 처리함으로써 "정신" 개념을 정당화하는 최초의 역사적 배치이다.[39] 이보다 앞서 헤겔은 기원전 3천 년 중국의 전제적 제국을 서술했다. 이 제국은 그가 보기에는 만인의 평등을 만인의 평등한 부자유로 실현했다. 오직 한 사람, 국가와 종교와 지식의 가부장적 "우두머리"인 황제를 빼면 그렇다.[40] 혹은 페르시아 광역권에서의 오리엔트적 전제정치에서는 개인을 행동(상거래, 노동 분업적 농업, 문자나 천문학이나 원료정제 같은 문화적 기술 개발)하도록 고무하기 위해 개인을 통치했다.[41]

헤겔이 보기에는 이와 반대로 폴리스의 근간은 에게해 연안에서 평야나 강변에 통일국가를 건설할 수 없다는 데 있었다. 동부 지중해의 지형은 암초나 해안이 많고 큰 강이나 거대한 땅덩어리는 없었다. 따라서 당시의 전쟁 수행 능력으로는 이 지역에 대한 전제적 지배가 어려웠다. 헤겔이 지적하듯이, 그리스인들은 자연에 의해 사회로 통일되지도 않았다. 자신을 그리스인으로 이해하려면 어떤 의지가 필요했다. 그러나 정신은 서로 조화를 이루려는 시도에 대한 저항을 집단적으로 극복하는 것이다. 헤겔에게는 이런 저항이 없다면 정신은 존재하지 않는다. "아름답고 진실로 자유로운 삶이 혈족과 친분에 머무는 종족의 단순한 발전에서 생길 수 있다는 것은 피상적이고 어리석은 생각이다. 이처럼 평온하고 자체 내에서 소외되지 않은 발현과 가장 가까운 이미지인 식물조차 빛, 공기, 물의 대립적 활동을 통해서만 생존하고 생성한다. 정신이 지닐 수 있는 진정한 대립은 정신적이다. 정신은 자체 내의 이질적인 것을 통해서만 정신일 수 있는 힘을 얻는다."[42]

고대 그리스인들은 자체 내에서 이질적이었다. 전혀 다른 지역 출신이기 때문이고, 초기에는 "약탈과 방랑"이 정상적인 삶이었기 때문이며, 바다 때문에 "양서의 삶"을 영위했기 때문이다. 그들의 수많은 영웅은 이방인이었다. 누구보다도 캅카스 출신의 프로메테우스, 페니키아 출신의 카드모스, 프리기아 출신의 펠롭스가 그러했다. 헤겔은 에게해의 식민화는 혼합을 통해 이루어졌다고 본다. 이것은 미국의 식민화가 영국 이주민들의 원주민 추방으로 이루어진 것과는 다르다.[43] 그러므로 헤겔에게 정치적인 것은 어떤 식으로든 (가령 혈족관계나 신조의 유사성에 기초하여) 동질적으로 정의되는 한 민족의 주권에 기초하는 것이 아니다. 그것은 차이의 극복을 통해 집단적 구속력을 가지는 결정을 내리는 역량에 기초하는 것이다. 폴리스의 정신은 자연적 다양성을 가공하는 것이다. 물론 폴리스에는 아직 정치적 분열의 감각, 즉 적대의 감각은 없었다. 노예제나 신탁에 대한 혐오도 없었고, 정치적 이유에서 의미 있는, 비정치적 태도의 허용에 대한 양해도 없었다.[44]

이러한 서술은 세계사가 "이성의 간지"를 따른다는 논리에 얼마나 들어맞는가? 식민화와 정복은 자유 의식의 진보를 이끈다는 의도에서 나오지 않는다. 이런 일은 무엇보다 궁핍, 억압, 탐욕, 불안, 지배욕, 더 나은 생활의 추구, 소비의 즐거움 등으로 추동된다. 이런 동기들은 서로 충돌하기 때문에, 그리고 다른 집단의 다른 동기 조합과 부딪히기 때문에, 이런 동기를 가진 사람들의 기술적, 경제적, 정치적 역량에 따라 "국가" 발전을 추동한다(헤겔은 어느 대목에서는 "진화한다"라고도 말한다[45]). 이런 발전은 아시아의 최초의 신정 제국들로부터, 도시국가에서 태동한 근동의 세력들을 거쳐, 그리스의 폴리스와 로마제국, 그리고 최종적으로는 헤겔이 "게르만 세계"라고 부르는 데에 이른다. 헤겔은 이성의 간지를 입증할 증거를 그 자신의 시대에서도 찾는데, 가령 프로이센 개혁을 나폴레옹 원정의 결과로 서술하는 것이다. "독일에서 전환점은 권리를 규정하는 법률들인데, 물론 프랑스의 억압이 계기가 되었다. 그 이전 제도들의 결함이 뚜렷해졌기 때문이다. 제국이라는 허구는 완전히 사라졌다."[46] 물론 이런 사례에서 패배와 억압은 의도하지 않은 개혁을 촉진한다는 규칙을 도출하는 사람은 반례에 부딪히는데, 이런 반례는 적어도 그 사례보다는 더 복잡하다. 가령 미국의 남부 주들이나 1918년 이후 독일이 그렇다.[47]

헤겔이 세계의 보편사에 관해 낱낱이 서술하는 것이나 보고할 가치가 있다고 이성적으로 선택하는 것에 대해서, 오늘날의 우리는 대부분 역사적 관점에서 설명할 수밖에 없다. 강의를 준비하는 헤겔에게 "전 세계 민족을 사열하는 것은 아주 흥미진진하고 즐

거운 일"⁴⁸이었다. 헤겔은 드볼니의《폐허들 Ruinen》에서 동방에
관한 지식을 얻었다. 예수회 선교사 조제프 드모이리아크 드마이
야 Joseph de Moyriac de Mailla의 열세 권짜리《일반중국사 Histoire générale
de la Chine》도 읽었는데, 물론 중국의 원전[《자치통감강목》]이 일
종의 국가윤리 편람이라는 사실은 몰랐다. 그러니 헤겔이 이 책
에서 본래 의미의 역사는 찾지 못한 것도 의외는 아니다.⁴⁹ 헤겔
은 각종 기행문과 문학 연구, 슐레겔 형제의 인도학 연구, 중국
소설, 인도 베다 주석서 등으로부터 이런 문화들의 어떤 이미지
를 조합하여 자신과 청중에게 보여주었다. 이런 이미지뿐 아니라,
바로 이러한 "민족들"에 대한 헤겔의 논평은 당대의 지식에 깊이
의존한다. 어찌 그렇지 않을 수 있겠는가?

그러나 헤겔은 이러한 서술이 그가 간접적으로 얻은 잠정적
지식에 기초한다는 유보조항을 달지 않는다. 그의 장서 목록에서
유럽 외의 역사를 다루는 책은 매우 적다. 그 당시 헤겔이 아프리
카에 대해 극히 무지했다고 해서, 헤로도토스의 저작, 카를 리터
의《지리학 Erdkunde》, 그리고 몇 권의 기행문에 기초하여 매우 근
본적이고 오늘날 보기에는 위태로운 판단을 내리는 것이 정당화
되지는 않는다. 가령 아프리카인들이 노예가 된 운명은 그들 자
신의 책임이라고 보는데, 그들 자신이 가령 식인을 함으로써 인
간을 무가치하게 다루었기 때문이다. 늘 그렇듯이 무지에서 나온
인종주의이지만, 지식을 그토록 강조하는 그의 철학으로서는 부
끄럽기 짝이 없는 것이다. 아프리카에 국가가 없고 따라서 역사
도 없는 이유는 산악지대라는 아프리카의 지리 탓이라고 보았는

데, 아무리 1820년이라도 당시의 지리부도만 보았다면 피할 수
있었을 오류이다.

오히려 헤겔은 민족들을 사열하면서 여기에 계속 새로운 도식
을 적용하기를 꺼리지 않는다. 아시아는 아동, 그리스는 청년, 로
마는 성년, 그리고 (이탈리아, 스페인, 영국, 프랑스의 게르만 민족까지
포함하여) 게르만 민족은 노년이다. 여기에서 노년은 "완전한 성
숙"으로 번역되는 것이다. 아니면, 중국은 고정되고 인도는 방황
하며 페르시아는 빛으로 가득하다. 유럽 역사가 (카를 대제까지)
성부의 나라, (카를 대제에서 카를 5세까지) 성자의 나라, (종교개혁
과 그 여파를 포함하는) 성령의 나라에 각각 대응하는 시기들로 구
분된다는 유추는 난처하기 짝이 없다. 게르만의 유럽이 이전 시대
를 재연한다(카를 대제의 제국은 페르시아 제국을, 카를 5세의 제국은
그리스 세계를, 종교개혁 이후 세계는 고대 로마를 재연한다)는 주장도
마찬가지다.[50] 아무리 부르고뉴령 네덜란드에서 태어난 카를 5세
라도 가톨릭 군주가 아니라 게르만 세계의 일원으로, 그리고 그리
스 세계와 비슷한 나라의 군주로 호명된다면 깜짝 놀랄 것이다.

헤겔에게 세계사는 이런 세계들의 연속, 어떤 자명한 역사적
과정들의 연속이다. 이들은 그때그때 하나의 포괄적 모습을 드러
내는데, 이런 모습은 그 당대에 역사의 시곗바늘이 어디쯤 있는
지를 가장 잘 보여준다. 거꾸로 이 말은 헤겔의 역사철학에는 애
초부터 동시대성에 대한 감수성이 부족하다는 뜻이다. 지구는 예
나 지금이나 둥글다는 사실은 세계사에 관한 헤겔의 사유에 거의
포섭되지 않는다. 이미 헤겔의 법철학에서는 이렇게 쓰고 있다.

그때그때 한 시대를 지배하는 민족과는 달리, "다른 민족들의 정신은 권리를 상실하고 더는 세계사에 포함되지 않는다. 이것은 그 시대가 이미 저문 민족들과 마찬가지이다."[51] 따라서 헤겔은 저 세계들, 가령 중국이나 인도처럼 한때 역사의 시곗바늘을 대표했지만 다른 세계로 교체된 세계들의 그 이후 역사에는 아무 관심이 없다. (그 역시 역사적 사건을 연극이나 회화로 즐겨 표현한) 헤겔의 무대에서 재등장하는 인물은 극소수이다. 이 무대의 인물들은 할 말을 하고 퇴장한 뒤 기억으로 남을 뿐이다. 그래서 헤겔은 이미 뉘른베르크에 있을 때에 하급생 강의에서 이렇게 말했다. "모든 민족이 세계사에 속하는 것은 아니다. 각 민족은 그 자신의 원리에 의거하여, 자신의 지점이나 자신의 순간이 있다. 그리고 그 민족은 처음 입장했을 때처럼 영원히 퇴장한다. 이들의 순서는 우연이 아니다."[52]

여기에는 커다란 결점이 있다. 그리스인과 로마인, 그리고 결국 후기 고대와 중세의 통치 형태는 서로 연관을 맺지만, "중국의 제국"과 더불어 역사가 시작되었을 때 중동에서는 무슨 일이 일어났는지, 혹은 카를 대제의 제국 밖에서는 역사에 무슨 일이 일어났는지 완전히 불투명하다는 것이다. 헤겔의 간결한 소견은, 무슨 일이든 물론 일어났겠지만, 세계사적 관심을 끌 만한 일은 일어나지 않았다는 것이다. 게다가 세계정신의 "교양 단계들"이라는 헤겔의 말 때문에 의문이 생긴다. 서로 완전히 독립적으로 일어난, 중국과 인도에서의 일들은 이 정신에 어떻게 알려졌는가? 중국의 황제 통치와 인도의 귀족 통치가 세계정신의 필연적 단계들이라면, 같은 계단의 단계들이 아니다. 중국의 경험으로부터 중동의 가능성을 추론하여 어떤 유형을 학습하는 일은 세계사에서 존재하지 않는다. 아마 이 때문에라도 헤겔은 민족들의 "내적 연관"을 말한다. 어쨌든 역사의 외적 진행과 내적 진행에 대한 이러한 개관은 역사의 종언을 인정하는 사람만 가질 수 있다. 그것을 인정하지 않는다면, 설득력 있는 반론이 제시될 것이기 때문이다. 돌이켜 볼 때 어떤 사건 연쇄, 어떤 문화, 어떤 국가(가령 러시아 제국이나 일본 제국)는 세계사적 관심이 주어지지 않는다고 단정할 수 없다는 반론이다.

헤겔은 "역사의 최종 국면"[53]에 이르렀다고 보았는데, 이에 관한 서술은 매우 다양하다. 우선 만인의 자유와 법 앞의 평등이 실현된 영역을 독일과 프랑스 사이, 즉 이 영역의 이론적 성취와 실천적 실현 사이에 배치한다. 최대의 다양함을 포착할 수 있는 철학은 칸트 이래의 관념론 철학이다. 최대의 이질성을 처리할 수 있는 국가 형태는 프랑스에서나 프랑스로부터 외부로 관철된 근대 국가 형태이다. 이 국가 형태는 모든 개인에 평등한 권리를 보장하고, 따라서 외부에서 들어오는 다양성이 아니라 스스로 산출하는 다양성을 과제로 삼는다. "하늘에 태양이 떠 있고 그 주위를 행성들이 도는 동안, 인간이 머리로, 즉 사상으로 서고, 이에 따라 현실을 건립한다는 사실은 알려지지 않았다."[54] 자기 입법, 완전한 민법, 직업의 자유, 만인의 공무 담임권, 노예제 철폐, 세속화, 이혼법, 언론의 자유 등의 성취에서 헤겔은 자유 의식의 진보가 이루어졌음을 확인한다. 헤겔은 이런 진보에만 관심이 있을 뿐, 역사적 시간의 흐름 속에서 일어나는 삶의 이런저런 우여곡절에는 관심이 없다. 그리고 "독일인에게는 결코 끝을 맺지 못하는 고약한 습속"이 있는데, 이런 성취를 자기 것으로 만드는 데에도 그렇다고 평한다.[55]

《정신현상학》에서 이 역사의 잠정적 최종 국면은 프랑스혁명으로 야기된 소요를 평정하는 것과 관련된다. 이에 따르면 나폴레옹은 "파리의 … 위대한 국법의 스승"이라고 부를 수 있다.[56] 로젠츠바이크가 표현하듯이, 헤겔에게 나폴레옹은 1793년 이념 앞에서 1789년 이념을 구한 것이다.[57] 그러나 더 정확히 말하면, 공포정치의 1793년 이념 앞에서 장래 헤겔의 1789년 이념을 구한 것이다. 이에 따르면 나폴레옹은 민족국가들과의 전투에서 패배하고("걸출한 천재가 자신을 파괴하는 것을 보는 엄청난 연극") 무너졌다. 헤겔은 자신이 이것을 예견했다고 주장한다. 《정신현상학》에서 절대 자유는 "자신을 파괴하는 자신의 현실성으로부터 자기의식적 정신을 지닌 **다른 나라**(저는 그때 한 **나라**를 염두에 두고 있었습니다)로 이행"한다고 썼다는 것이다. 이 나라에서 이것, 즉 절대적 자유는 "이러한 그것의 비현실성에서 진리로서 타당성을 지닙니다."[58]

이 말은 관념론의 나라 독일이 자유가 실현된 나라 프랑스를 이긴다는 것이다. 그러나 헤겔은 이것을 개선으로 볼 수는 없었다. 나폴레옹은 세계정신의 어떤 내적 필연성에 의해서가 아니라, "평균적 대중에 의해" 그리고 카자크인에 의해 몰락했기 때문이다. 헤겔은 "일어나야 마땅했던 해방"[59]이라고 냉소적으로 말한다. 부르봉 왕가의 통솔 아래 프랑스에서 가톨릭 군주정이 복위되고, 자유주의와 군주제의 분쟁, 그리고 정부와 반대파의 교체가 시작되었다. "이런 알력과 분규와 문제야말로 역사가 봉착한 것이고 역사가 다음 페이지에서 해결해야 할 것이다."[60]

그리하여 이른바 역사의 종언이 이루어진다. 헤겔은 역사적으로 실효성 있는 결정들로 구성된 세계를 서술하면서, 모든 특수한 행위는 단지 개인으로서의 개인에게 나오는 행위가 아니라고 말한다. 히오스섬에서 터키인은 단지 개인으로 그리스인을 살해한 것이 아니고 그리스인도 단지 개인으로 죽은 것이 아니다. 이들은 넓은 의미의 어떤 국가의 국민으로, 어떤 종교의 신도로, 어떤 직업이나 계층의 성원으로 그렇게 한 것이다. 따라서 특수한 행동 목적에는 그때그때 구성체의 행동 목적이 덧붙여진다. 헤겔에 반대하여 역사가 아니라 현실적이고 살아있는 인간만 어떤 일을 한다고 주장한다면, 예컨대 "자본"에 행동이라는 특질을 부여한 저자들[마르크스와 엥겔스]에게는 이상하게 들릴 것이다.[61]

이에 대해 아도르노는 한 개인이 겪는 가장 무의미한 고통도 "전체 조건들의 진행"으로부터 이해할 수 있다고 논평하면서, 헤겔의 세계정신은 바로 이것을 뜻한다고 말한다. 다만 문제는 헤겔의 주장처럼 세계정신이 그렇게 이성적이라고 할 수 있는가이다.[62] 헤겔이 보기에 여기에서 목표를 설정하는 결정적인 초개인적 주체는 국가이다. 무엇이 우연에 맡겨지거나 (사회의 관점에서는 거의 같은 말이지만) 개인에게 맡겨지고, 무엇은 그렇지 않은가라는 문제에서도, 이 주체는 실효적이다. "복종은 자유의 반대말이므로"[63] 국가의 법률에 복종하는 것은 결코 자유의 행위일 수 없다는 항변은 히페리온을 연상시킨다. 그러나 이 항변은 법과 국가가 없는 세계에서는 자유도 없다는 반론에 부딪힌다. 헤겔은 자유 획득을 겨냥하는 이러한 국가성의 역사가 원칙적으로 종결되었다고 본다. 자기 입법으로 가는 역사의 문이 법치국가에서 열렸기 때문이다. 아직 모든 곳에서 자유가 지배적이지는 않더라도, 역사의 진행은 자유를 뒷받침한다는, 이제 확고해진 앎에 의하여 이런 문이 열린 것이다.

그럴수록 방금 인용한 것과 같은 논평들은 흥미롭다. 이런 논평은 미래 역사의 문제가 한편으로는 자유주의 세력과 행정 권력 사이나 개별 의지의 힘과 "원자들의 원리" 사이에 있다고 보고, 다른 한편으로는 관료 국가와 미더운 조직들 사이에 있다고 보는 것이다. 헤겔의 역사철학에서 이와 전혀 다르면서도 유사하게 서술되는 차원에 있어서, 미래는 "신대륙", 특히 북아메리카에 대한 논평에서 드러난다. 흥미롭게도 헤겔은 신대륙을 세계사의 여러 시대에 관한 본격적 논의의 뒤가 아니라 앞에 위치시킨다. 그에게 유럽과 아메리카의 관계는 마치 프랑크푸르트와 [그 근교 도시] 오펜바흐의 관계나 함부르크와 [그 시구市區] 알토나의 관계와 같다. 어느 지역에서 억압이 너무 커지면 "근면한" 사람들은 세금 부담이 덜한 새로운 거주지를 건설한다.[64] 노동, 욕망, 평온 등을 추구하다 보면 어떤 공동체가 "개인이라는 원자들에서 나오는데" 이 공동체에서 국가는 일단은 소유권 보호에만 필요하다. 헤겔은 이 사회에 놀라는 기색이 역력하다. 이 사회에서 종교는 지극히 월권적으로 실천되는 종파 형태로 존재하고(예배는 매우 관능적이고 분방하게 이루어지고, 성직자는 공동체에게 서비스 제공자로 고용되며, 신앙 방식은 "방종하고 조야하게" 고객 "맞춤형"으로 이루어진다), 세금은 거의 걷지 않으며, 근본적 갈등은 국내 이주로 누그러뜨린다. 그러므로 아메리카 내부의 국토 점령이 완료된 후에야 아메리카와 유럽을 비교할 수 있다는 것이다. 아메리카는 미래의 땅이지만, 지금 이 상태로는 역사철학에서 다룰 수 없다.

따라서 헤겔에게는 유럽 대륙과 신대륙 모두에서, 국가 안에 존재할 뿐 아니라 세계시장을 만들기도 하는 "욕구의 체계"와 역사의 담지자인 국가 사이의 긴장이 두드러진다. 헤겔의 강의에서 분명하게 깔린 의도는, 정치사를 가지고 경제사, 기술사, 산업사에 "인륜적인" 둥근 지붕을 씌우려는 것이다. 통치조직의 경제적 토대는 거의 고려하지 않는다. 공국, 교회, 도시, 상비군, 법률이야말로 그 자신의 힘으로, 그리고 이들에 속하는 세계관의 힘으로 역사의 진행을 담보하는 단위들이다. 농업, 부, 채무, 이윤에 관해서는 거의 침묵한다. 은광, 상선, 식민화, 노예제가 드물게 언급될 뿐이다. 종교개혁으로 "산업과 공업이 이제 […] 인륜적이 되었으나,"[65] 관료들을 상대로 하는 그의 강의에서는 "시대의 요구가 무엇인지"[66] 상인, 발명가, 기업가도 느낄 수 있고 그로 인한 파장이 클 수도 있다는 사실은 나타나지 않는다. 이런 사람들은 헤겔에게 역사적 인물로 고려되지 않는다. 나중에 야콥 부르크하르트Jacob Burckhardt에게서도 "이들은 바로 세계 전체와 관계하지 않기 때문에"[67] 역사적 거물의 예시로 고려되지 않는 것과 마찬가지이다. 그러나 와트가 어떤 의미에서 세계 전체와 관계하지 않는단 말인가?

역사의 진행에서 기록에 남은, 소소한 패전이나 패소敗訴도 마찬가지이다. "과거가 아무리 거대하더라도 그 과거가 이미 지나갔다면, 우리는 **현재적인 것**에만 관계를 맺는다"[68]는 것이 역사적 경험의 개념에 결정적이라면, 이것은 불행, 고통, 좌절만 거대했던 과거에도 해당한다. 헤겔의 역사적 지평 밖에는 예를 들어 진보하는 자유 의식의 승리에 바탕을 두지 않은 국가 건설 등이 있다. 국가 건설은 이러한 자유로 일어난 재앙에 바탕을 두거나, 이러한 자유의 세계사적 허무맹랑함의 의식에 바탕을 둘 수도 있는 것이다.

기독교도 개와 무한 취향

"예수는 다섯 개의 빵과 두 마리의 물고기로 오천 명을 먹였다.
나는 예수가 이들을 먹였다는 것은 의심하지 않지만,
이들이 배가 불렀다는 것은 의심한다."

익명의 랍비

기독교도 개와 무한 취향

분쟁의 조짐은 20년 이상 이어졌다. 1799년 6월 베를린에서는 《종교에 관하여: 종교를 경멸하는 교양인에게 전하는 담화Über die Religion. Reden an die Gebildeten unter ihren Verächtern》라는 글이 익명으로 출간되었다. 이 글을 쓴 서른한 살의 슐라이어마허는 3년 전부터 베를린 자선병원 목사로 활동하고 있었다. 당시 이 병원은 아직 대형 대학병원이 아니라 다소 초라한 빈민구호 시설이었다. 편협한 경건주의 환경에서 공부한 슐라이어마허는 1797년부터 프리드리히 슐레겔을 둘러싼 집단에 속했다. 그는 《종교에 관하여》 발표 1년 전에 역시 익명으로 《귀부인을 위한 이성적 교리문답 이념Idee zu einem Katechismus der Vernunft für edle Frauen》이라는 제목의 글을 슐레겔 형제의 잡지 《아테네움》에 실었다. 첫 번째 계명은 이랬다. "그 사람 외에 정부情夫를 두지 마라. 하지만 연애 분위기를 내거나 교태를 부리거나 사모하지 않는다면, 그대는 여자 친구는 될 수 있다."열 번째 계명은 "남자의 교양, 예술, 지혜, 명예를 탐하라"이다.[1] 그러니까 이 빈민 구제 목사는 여성해방에 친화적이면서도 풍자적이라 하겠다. 종교적 교리에 대한 슐라이어마허의 이러한 패러디는 베를린의 헨리에테 헤르츠Henriette Herz나 라헬 파른하겐Rahel Varnhagen의 살롱에서 인기가 높았다. 이런 패러디에서는 교양과 종교의 동일시에 대한 은근한 아이러니가 나타나는데, 이런 동일시에 대해 프리드리히 슐레겔은《아테네움》단편 233번에서 이렇게 표현했다. "종교는 기껏해야 교양의 부록이거나 심지어 대용이다. 자유의 산물이 아닌 것은 엄밀한 의미에서 종교적이지 않다. 이렇게 말할 수도 있겠다. 자유로울수록, 종교적일수록, 교양이 많을수록 종교는 적다."[2]

슐라이어마허는 프리드리히 슐레겔의 영향을 받아 쓴《교양인에게 보내는 담화》(공식 출판 전의 [부활절] 미사 안내문에는《종교를 경멸하는 계몽된 사람들에게 보내는 담화Reden an die aufgeklärten unter ihren Verächtern》라고 공지되었다)에서 많은 교양인이 이제 영원성을 불필요하게 여긴다고 진단한다. 이들에게는 지상의 삶이 너무 재미있어졌고, 고귀한 감성을 불러일으키는 "인류와 조국, 예술과 과학"이 충분하기 때문이다. 따라서 그는 종교를 "여기저기서 종교와 비슷해 보이는 것, 그리고 어디에서나 종교와 뒤섞인 것"으로부터, 특히 형이상학과 도덕으로부터 구별하고자 했다. 종교는 사유만큼 견실하지도 않고, 종교의 역사는 고결한 행동의 역사도 아니다. 인간은 분별 있고 평온하게 행동해야 하지만, 종교가 인간에게 그런 역량을 마련해 주는 것도 아니다. 슐라이어마허가 보기에, 종교적 동기로 행동하는 곳에서는 특히 미신의 결과로 유혈이 낭자해진다.

따라서 그가 보기에 종교는 우주에 관한 지식도 아니고 계명 목록도 아니다. "종교의 본질은 사유나 행위가 아니라, 직관과 감정이다." 이어서 나오는 여러 개념은 종교를 이루는 것이 무엇인지 서술한다. 경건함, 아이 같은 수동성, 갈망, 경외, 예감, "무한의 감각과 취향"이 그것이다. 슐라이어마허가 "감각"이라고만 말했다면, 이 인용구는 그의 성격을 고스란히 보여주지 못했을 것이다. 그러나 "무한의 취향"이라는 말은 늘 노력하고 늘 과장을 경계하는 신학자에게 잘 어울린다. 그렇지만, 과장하지 않는 신학이란 대체 무엇인가? 그가 보기에, 종교적인 사람은 이해할 수 없는 개별자에 머문다. 그것을 넘어서 다른 것과 연결하거나, 그것을 사유하면서 전체와 관계 짓지 않는 것이다. 슐라이어마허에 따르면, 직관은 어떤 체계로 들어갈 수 없다. "세계정신을 사랑하고 그것의 작용을 기껍게 관조하는 것이 우리 종교의 목표이다. 그리고 사랑에는 두려움이 없다."[3]

슐라이어마허가 이 책을 익명으로 발간한 이유는 예나에서 피히테의 이른바 무신론을 둘러싼 분쟁이 막 시작되었기 때문이다. 그래서 슐라이어마허가 보기에 종교를 도덕이나 세계 지식으로부터 떼어놓으려는 시도는 신중해야 했다. 게다가 그는 "신 없는 어떤 종교가 신이 있는 다른 종교보다 나을 수도 있다"와 같은 생각에 깊이 빠져 있었다. 따라서 그는 종교를 신 개념의 특정 형

550

태로부터도 떼어놓았다. 종교에의 결정적 동인인 감정에 비추어 볼 때, 그에게는 심지어 신이라고 불리는 "개별 직관"의 상상력이 일신론으로 흘러가든, 다신론으로 흘러가든 아무래도 좋았다. "하나이거나 여럿이거나, 나는 종교에서 숫자를 제일 경멸한다."[4]

종교가 모든 존재에 동반하는 일종의 음악이라는 슐라이어마허의 이런 생각은 1800년 무렵 헤겔의 종교관과 크게 달랐는가? 언뜻 보기에는 그렇지 않다. 이른바 《1800년의 체계 단편 Systemfragment von 1800》의 문장 같은 것만 생각해 보라. 예배의 본질은 어떤 지각이나 사유를 통한 "객관적 신"의 관조를 넘어서, 신자가 "마치 춤처럼" 그 신과 즐겁게 혼연일체가 되는 데 있다.[5] 나아가 같은 해에 헤겔은 이렇게 생각했다. 종교는 애초에는 어떤 교회도 아니고, 문헌과 논리의 집합도 아니었다. 따라서 종교를 지성과 이성에 종속시키는 시도는 종종 수포가 된다. "지성적인 사람들은 감정, 상상력, 종교적 갈망에 대해 지성적으로 말하면서 스스로 진리를 말한다고 믿는다. 따라서 왜 사람들이 자신들의 진리에 반대하는지, 왜 자신들의 말이 쇠귀에 경 읽기인지 이해하지 못한다. 이들의 잘못은 빵을 달라는 아이에게 돌을 주는 것이다. 집을 지을 때는 돌이 필요하겠지만 집을 짓는 데 빵이 쓸모 있다는 주장이 거부되는 것과 마찬가지로, 이들은 당연히 거부될 것이다."[6]

이러한 비유에서는 헤겔이 나중에 가지게 되는 견해의 조짐이 나타난다. 정신의 세계에서 모든 것에는 대립이 들어있는데, 예컨대 종교는 영양분이 풍부한 **동시에** 거주할 수 있고, 기쁨인 **동**

시에 굳건한 성채여야 한다. 그러나 이와 동시에 그는 교리로 작성하고 도덕으로 설교하는 "객관적" 종교와 슐라이어마허의 의미에서 경건한 감정에 바탕을 둔 "주관적" 종교를 대립시키는 것은 불완전하다고 말한다. 헤겔이 다음과 같이 말하는 것은 마치 슐라이어마허의《종교에 관하여》에 대한 주석처럼 읽힌다. 반성이 "감정과 맺는 관계는 다만 [반성이] 주관적인 것으로서 그 동일한 감정에 관한 인식, 감정에 관한 의식이라는 것이다. 상이한 감정에 관해서는 상이한 반성이 이루어진다."다시 말해, 자신의 감정에 침잠하여 사유하는 어느 낭만주의적인 병원 목사의, 천상으로 비상하는 심정에 의해 종교가 현현하는 것은 아니다. 종교는 인간이 자신에게 유한한 것에서 자신에게 무한한 것으로 고양하는 것이 아니라, "유한한 삶에서 무한한 삶으로" 고양하는 것이다. 그것은 객관적 믿음과 주관적 믿음의 대립을 극복하는 사회적 삶의 한 형태(여기서는 제의적 춤)이지, 경건한 마음의 반성이 아니다.[8] 달리 표현하면, 종교는 "지성적이거나 이성적이라고 자처하지 않는다"[9]는 표현에는 종교가 개인적인 것이 아니라는 생각이 들어있다. 따라서 종교가 감정에서 나온다는 주장은 쉽게 오류로 이끌 수 있다.

헤겔이 보기에 슐라이어마허는 신학적 낭만주의자이다. "예술을 애호하는 가톨릭 수도사가 흉금을 터놓는 것"의 개신교 버전이자 도시 버전이다. 이미 1796년 빌헬름 바켄로더Wilhelm Wackenroder와 티크는 감정을 종교와 예술의 영점靈點으로 보고자 했다. 따라서 헤겔의 1801년 저작《피히테와 셸링의 철학 체계의 차이》에서는 종교에 대한 이《종교에 관하여》를 시대적 현상으로 언뜻 다루고 있다. 헤겔은 그것을 인정하면서도 내려다보는 말투로, 여기에서 나타나는 욕구는 시와 예술의 중요성이 커지는 데에서도 나타난다고 말한다. 그것은 칸트와 피히테처럼 자연을 함부로 다루지 않는 철학에의 욕구이다.[10] 1년 후《신앙과 지식》에서 헤겔은 슐라이어마허(1803년에야《종교에 관하여》의 저자임을 공표했음에도 그사이 유명해져 있었다)의 저작에 관해 다시 한 번 서술한다. 그것은 탈마법화된 세계의 고뇌를 개인적으로 극복하려는 개신교적 욕구라는 것이다. 슐라이어마허가 "종교의 최고 형태"라고 말하는 "우주의 직관"[11] 역시 주관적인 것에 불과하기 때문이다. 종교는 이런 일을 "종교적 예술가의 기교"에 맡겨버리며, 이 예술가는 사제로서 "예술작품 없는 예술"을 행하는 것이다.[12]

실제로《종교에 관하여》에서 슐라이어마허는 종교를 표명하는 방식은 연설의 방식, "그리고 모든 예술의 기능을 기꺼이 수용하는 방식" 외에는 없다고 주장했다. 이때 공동체에서 한 사람이 앞으로 나와 "자신의 직관을 다른 사람들이 직관하는 대상으로 제시하고, 이 직관을 그것이 본래 속하는 종교의 영역으로 이끌어가며, 자신의 성스러운 감정을 다른 사람들에게 불어넣는다. 그 사람은 우주에 대해 말하고, 공동체는 성스러운 침묵을 지키며 그의 열렬한 연설을 경청한다."[13]

헤겔은 평생 이런 열렬한 연설은 할 수도 없었고 하고 싶지도 않았다. 베를린 대학에서 사람들은 헤겔과 슐라이어마허의 강의 방식을 비교하면서 헤겔을 깎아내렸다.[14] 헤겔은 이런 대중영합적인 태도에 대해 거의 한 쪽을 넘어가다시피 하는 하나의 문장을 썼다. 여기에서 공동체의 "목표와 의도는 교화와 열광의 대가인 그 사람의 직관이 지닌 내면을 자신 안에서 작용하게 하는 것인데, 직관의 주관적 습성(이런 습성을 지닌 자를 ['사적私的'이라는 의미의] 백치Idiot라고 부른다.)에 […] 많은 것이 부여되어서, 이것은 그의 공동체의 원리를 이루고 이런 식으로 이 조그만 공동체와 그 특수성들은 무한하게 통용되고 복제된다." 슐라이어마허가 지닌 신에의 욕구는 헤겔의 강력한 낭만주의 비판에 부딪힌다. 그것은 "갈망도 못 되고 기껏해야 갈망의 시도"라는 것이다.[15] 그뿐 아니라 헤겔은 종교와 감정의 결합이 사회적으로 어떤 방향으로 나아가는지 세세히 보여주기도 한다. 적나라한 종파주의, "조그만 공동체"로 나아간다는 것이다. 이런 비판을 알아차린 슐라이어마허는 헤겔이 자기더러 야코비를 "계승하고 심화한 사람"이라고 부르는 데 놀라지는 않는다. 그러나 그는 편지에서 유감스럽게도 야코비는 자신을 무신론자라고 여겼다고 한탄한다. 자신의 호의를 늘 과대평가하는 슐라이어마허는 이것이 "저의 호의가 아무런 응답을 받지 못한 […] 제 삶의 거의 유일한 사례입니다"[16]라고 말한다.

약 15년 후에 슐라이어마허와 헤겔은 베를린에서 마주친다. 대학이 어떤 일을 해야 하는가라는 식견에 있어서 두 사람은 크게 다르지 않았다. 슐라이어마허는 헤겔 임용에도 반대하지 않는다. 그러나 그 이유는 아마도 다른 후보자인 프리스가 더 싫었기 때문일 것이고, 또 수준 있는 철학자가 없다면 대학의 명망이 떨어질 것으로 생각했기 때문일 것이다. 그러나 두 사람의 차이는 지워지지 않는다. 슐라이어마허는 자신이 고수하는 개신교 신앙의 형태 때문에 국가와 격하게 대립한다. 헤겔식으로 국가와 사회를 구별한다면, 슐라이어마허는 사회의 신학자이다. 오늘날 우리는 이것을 아주 정상적으로 여길 것이다. 교회세, 종교 수업, 헌법상 종교의 자유의 높은 위상에도 불구하고 말이다. 그러나 헤겔은 종교를 너무도 진지한 문제로 받아들이기 때문에, 집단적 구속력이 있는 결정들이 내려지는 영역에서 종교를 제외할 수 없었다.

이에 반해 슐라이어마허는 모든 것이 종교적으로도 유동적인 상황에서 가장 편안하게 느꼈다. 그의 가장 걸출한 글 중 하나는 1799년의 《사교 행동 시론Versuch einer Theorie des geselligen Betragens》이다. 여기에서 그는 또다시 익명으로 베를린 살롱에서 자신이 관찰한 것을 대화에서의 적절한 행동에 관한 철학으로 집대성했다.[17] 즉흥성의 표현으로 간주되는 것은 모두 그의 흥미를 끌었다. 그가 헤겔과 다툰 문제인 학우회의 소요조차 그런 것이다.[18]

헤겔은 베를린 학술원 입회를 방해한 이 동료 교수를 신랄하게 비판했다. 복잡하게 꼬인 사랑을 다루는 프리드리히 슐레겔의 소설 《루신데Lucinde》는 당대 독일의 관념에서는, 그러나 당대 독일의 관념에서만, 부도덕하다고 여겨졌다. 슐라이어마허는 1801년 당연히 익명으로 출간된 책에서 이 책을 비평했다. 여기에서는 이 서간체 저술의 수신인인 여성에게 권한다. 사랑할 때는 반드시 먼저 사랑을 배우려고 시도하라는 것이다. 사회학적으로 고찰하면, 이것은 실제적인 문제, 즉 대체 어떻게 사랑을 배울 수 있는가라는 문제를 건드리는 것이다. 슐라이어마허에 따르면 헌신은 진정한 사랑의 증거이다. "가장 위험한 것은 다만 모든 시도가 본성상 이 지점을 갈구한다는 것입니다. 그대가 조금이라도 화학을 안다면 그래야만 한다는 것을 이해할 수 있습니다. 포화점은 과포화를 통해서만 찾을 수 있습니다. 더 높은 정도의 결합을 이루려는 추구를 통해서만, 주어진 상황에서 어느 정도가 가장 가능한 정도인지를 찾을 수 있습니다."[19] 헤겔은 1820년 법철학에서 이런 논리는 유혹자가 잘 쓰는 수법이라고 평한다.[20]

한편 슐라이어마허는 모든 사유 가능한 내용을 독점하려는 사변철학의 백과사전적 추구에 대해 불편한 심기를 내비친다. 특히 역사적이고 문헌학적인 탐구가 여기에 복무하게 된 일은 플라톤 번역자이자 해석학 이론가인 그에게는 마음에 들지 않았다. 그러나 무엇보다도 그의 신학과 동료 교수 데베테가 헤겔의 임용과 관련하여 표명한 희망은 실현되지 않았다. 슐라이어마허가 헤겔을 가려 버릴 것이기에 헤겔은 두려운 존재가 아닐 것이라는 희망이었다. 물론 헤겔은 "더듬거리며" 강의했고, 이성적 현실이라는 헤겔의 명제는 "터무니없었다." 이 명제는 해방을 추구하는 청년들의 예봉을 부러뜨리고 학생들에 대한 "캄츠식의 경찰 독재"를 이성적이라고 선언한다고 여겨졌다. 그러나 이런 모든 일에도 불구하고, 헤겔은 점점 더 많은 청중과 학생을 끌어들였고 능변의 슐라이어마허로부터 이들을 빼앗았다.[21] 헤겔의 친구이던 하이델베르크 대학의 신학자 카를 다우브Carl Daub의 말은 이와 관련된다. 다우브는 슐라이어마허의 몸집이 왜소한 것을 빗대서, 헤겔이 "완전 무장하고 장검을 휘두르는 흉갑 기병이라면" 그에 맞서는 슐라이어마허는 "가벼운 말을 타고 우아하게 뛰어다니는 기민한 창기병"이라고 말한다.[22]

칼날이 부딪히는 일은 1821년 일어났다. 헤겔은 1년 전 종교 철학을 미학에 배속시키고(얼마 지나지 않아서는 거꾸로 예술의 시대들을 종교 구분에 따라 배열했다), 여름학기에 처음으로 종교에 관한 강의를 공고했다. 그다음에도 이 강의를 1824년, 1827년, 1831년 세 차례 진행했는데, 항상 여름학기였다. 이 강의 내용은 헤겔의 강의 원고로 전해지지만, 강의를 반복하면서 점점 원고에서 멀어진다. 이 점은 학생들의 필기에서 잘 나타난다. 원래 원고는 강의를 시작하기 직전에야 쓰기 시작하고, 강의를 진행하면서 원고를 계속 고쳐나갔다.[23] 슐라이어마허의 《신앙론Glaubenslehre》 1권은 1821년 6월에 막 출간되었다. 이 소식을 들은 헤겔은 5월 다우브에게 보내는 편지에서 이 적수가 마침내 제대로 된 작품을 내놓을지 궁금해했다.[24] 헤겔은 평생 종교에 대해 생각했고 《정신현상학》에서 다루었으며 《철학대계》에서는 종교에다가 여덟 개의 절을 할애했다. 그러니까 종교를 별도의 강의로 다루는 것이 꼭 슐라이어마허 때문은 아니었다. 그러나 이 강의가 흉갑 기병이 창기병을 어떻게 생각하는지 보여줄 기회라는 점도 간과할 수 없다.[25]

헤겔에게 종교는 "세계의 모든 수수께끼가 풀리는"[26] 구역이다. 그러나 그렇다면 그것이 어떻게 단지 의식意識의 영역일 수 있는가? 왜 주일뿐 아니라 평일도 있으며, 왜 종교뿐 아니라 세속도 있는 것인가? 한편으로 경건한 사람의 삶은 근무일에도 신앙을 동반하지만, 다른 한편으로 근무일은 헤겔에게는 근무일일 뿐이다. 이런 날에 인간은 자신의 근무를 하고, 자기에게 있는 것으로 무언가를 만들기 때문이다. "생산은 인간의 영예이다."[27] 물론 모든 생산(가령 상품, 법률, 인식의 생산)은 그 자체는 생산되지 않은 것인 무언가의 영향을 받고 그것에 의존한다. 그러므로 국가는 자신이 보장하지 못하는 조건들에 의해 유지된다는 널리 알려진 말은 사실 만물에 적용할 수 있다. 헤겔은 이 강의에서 국가는 종교에 바탕을 두어야 한다고 주장한다. "국가를 향하는 신조와 의무의 확신이 종교에서 비로소 절대적이 되기 때문이다."[28] 다시 말해, 신의 계명이 자각되어야 순종은 미더워진다. 그렇지만 헤겔에 따르면, 이것이 만물에 적용되기 때문에, 이것이나 저것이, 그리고 사실 온갖 것이 궁극적으로 신 덕분이라고 보는 종교는 따분해질 위험이 있다. 게다가 이러한 "덕분"이라는 말과 연관해서, 이렇게도 말할 수 있다. (다윈 이전의 세상에 사는) 양들이 따뜻한 털가죽이 있는 것은 신 덕분이지만, 포식자인 늑대가 있는 것도 신 덕분이라는 것이다.

헤겔은 개개의 유한한 현상에서 신을 찾지 말라고 말한다. 특수한 결과에 대해서는 특수한 원인을 조사해야 한다. 그래서 학문이라는 독자적 영역에서는 무한하고 영원한 것을 끌어들이지 않는, 특수하고 (바라건대) 덜 따분한 설명을 제공한다(가령 늘 자본주의를 끌어들이는 설명도 따분하다). 학문은 인식할 수 없는 것은 종교에 넘겨준다. 따라서 우리는 야코비-슐라이어마허 상황이라고 부를 만한 저 상황에 다시 처하게 된다. 여기에서는 "종교는 인식을 잃고 단순한 감정으로 수축하고 내용 없이 영원으로 고양하는 정신으로 수축하면서도 영원에 대해서 아무 말도 할 수 없다. 인식일 수 있는 모든 것은 유한한 것의 영역이자 연관으로 끌어내리는 것이기 때문이다."[29]

헤겔이 바라보는 당대의 종교 상황은 슐라이어마허에 대한 그의 비판에 응축되어 있다는 판단이 얼마나 정당한지는 시간을 약간 빨리 돌려보면 잘 나타난다. 첫 번째 종교 강의로부터 1년이 지난 1822년에 헤겔은 제자 힌리히스Hinrichs의 종교철학 저작에 28쪽짜리 서문을 쓴다. 힌리히스는 이 저작에서 전적으로 헤겔의 모티프를 따라서 "감정의 종교"를 공격한다. 신앙에 대해 사유한다고 신앙이 사라지는 것은 아니다. 이에 반해 감정의 종교는 일반적인 것을 우연적인 것으로 바꾼다. 그것은 "민중의 종교가 아니라 자아의 종교일 뿐이다."[30] 헤겔은 강의에서 이것을 다음과 같이 표현한다. "사람들은 근거가 떨어지면 흔히 자신의 감정을 소환한다. 그런 인간은 받아들여줘서는 안 된다. 자신의 감정에 호소하면 우리의 공동체는 무너지기 때문이다."[31] 우리는 우리의 공동체가 감정의 공동체라면 무너지지 않을 것이라고 덧붙일 수도 있겠다.

이 서문에서 헤겔은 신앙과 이성의 화해는 종교와 철학의 영역 분할로 이루어지는 것이 아님을 다시 한 번 강조한다. 슐라이어마허의 감정 이론은 바로 이것을 꾀한다. 이 이론에 따르면 사유와 믿음은 서로를 가로막지 않는다. 헤겔은 물론 그럴 수 있지만, 믿음이 내용을 잃고 이성이 권리를 잃을 때만 그렇다고 말한다. 그것은 무관심, 경솔함, 그리고 헤겔의 특이한 표현에 따르면 "황량함"으로 이루어진 평화이다. 이런 평화를 이루는 것은, 신을 인식할 수 없는, 한낱 갈구의 대상으로 여기고, 종교적 내용은 "한낱 통속적인 역사적 사건들, […] 지역적 의견들, 특수한 시대적 견해들"의 잡동사니로 여길 때뿐이다. 그러나 내용 없는 신학은 없으므로, 이러한 전제조건 아래에서 신학에 남는 것은 역사에 관한 박식함과 "몇몇 감정의 빈약한 노출"[32]뿐이다.

누구를 암시하고 있는지는 너무도 분명하다. 하지만 헤겔에게는 여전히 충분하게 분명하지 않았다. 감정에서 종교가 나온다는 것은 종교적 인간을 동물과 같이 보는 것이다. 감정에 따라 사는 것은 동물이기 때문이다. 슐라이어마허는 신앙론에서 바로 종교적 감정을 "우리가 자신을 완전히 의존적이라고 의식하는, 달리 말해 신과의 관계 속에 있다고 의식하는" 감정이라고 더 자세히 규정했다.[33] 헤겔은 이 표현에서 의식을 삭제하고 완전한 의존의 감정을 이렇게 평한다. "인간에게서 종교가 단지 감정에 바탕을 둔다면, 이런 감정은 의존의 감정 외에는 적절한 규정이 없다." 헤겔이 보기에 의존은 모든 감정에서 나타나기 때문이다. 그러나 그렇다면 "개가 최고의 기독교도이다. 개는 이러한 이것[의존의 감정]을 가장 강하게 느끼고 특히 이 감정으로 살아가기 때문이다. 개는 구원의 감정도 느낀다. 뼈다귀 하나로 배고픔을 달랠 때 그렇다."[34] 자유로운 정신만 종교를 가진다. 동료의 신학을 개를 위한 신학이라고 조롱하는 헤겔은 그 동료에 대해 격한 분노를 품었던 것이 틀림없다. 사교적 태도로는 아름답지 않지만, 헤겔이 보기에 슐라이어마허의 정의는 분명 심각하게 어리석은 것이었다.

헤겔의 강의로 돌아오자. 이 강의에서는 자유로운 정신이 어떤 종교를 가지며 종교적 감정은 어떻게 인식 및 지성과 화해할 수 있는지 다룬다. 평생 헤겔은 아직도 종교라는 것이 있다는 사실 자체에 매혹되었다. 헤겔이 보기에 종교는 어떤 오래된 것이기 때문이다. 그의 생전이나 그 직후의 19세기에도 여러 종파가 새로운 교회를 설립한 것은 헤겔의 경험 지평에는 들어오지 않았다. 최초의 모르몬 종교 공동체가 설립된 것은 1830년이고, 바하이교가 이슬람교에서 분리된 것은 1848년이며, 새사도교회가 독립한 것은 1863년이다. 아주 오래된 어떤 것인 종교는 우리를 문명의 시원과 이어준다. 종교는 그 이래로 존재해온 모든 사회와 문화의 특질이기 때문이다. 물론 헤겔은 까다로웠기에 달이나 해만 경배하는 민족에는 종교가 없다고 보았다.[35]

또한 헤겔은 종교가 위기에 봉착했다고 생각했다. 계몽과 과학으로 인해 획기적 균열이 일어났다고 여긴 것이다. 사람들은 신학이 설파하는 것을 기꺼이 믿으려 하지 않게 되었다. 사실에 대한 지식은 거의 무한하게 확장되었다. 번개가 신의 천벌이라고 믿는 사람은 점점 줄었다. 1752년부터 벤저민 프랭클린Benjamin Franklin의 피뢰침이 번개를 막아내게 된 것이다. 이 발명품은 독일에서 헤겔이 태어난 해에 처음 사용되었다.[36] 그러므로 신은 파악할 수 없는 존재로 선포되어 "어떤 무한한 유령"이 되었다. 또 삼위일체 같은 핵심 교리를 제대로 믿는 사람도 없게 되었다. "영원한 지복이나 영원한 저주조차 품위 있는 모임에서는", 그러니까 슐라이어마허가 올바른 행동거지에 관한 이론을 헌정한 그런 모임에서는 "쓰면 안 되는 말이었다." 기독교인들은 기독교 때문에 난처했다. 기독교에서 불쾌하게 느껴지거나 계몽되지 않은 것은 역사화되었다. 가령 기적은 이런 동화를 이야기하던 시대의 지성의 한계라고 보았다. 그러나 그렇다면 신학자들은 자신의 몫이 없는 "타인의 재산에 대한 부기簿記와 회계를 수행하는 "대형 상점의 종업원"과 다름없다. 마치 "그림 자체는 전혀 보여주지 않으면서" 그 그림의 역사와 소유자와 가격에 대해서 말하듯이, 사람들은 종교에 대해 말한다.[37]

그렇다면 헤겔은 이 그림에 대해 무엇을 보여주는가? 그것은 일반성과 특수성과 개별성이다. 일반성은 종교의 개념이고, 특수성은 종교의 역사적 현상들이다. 헤겔이 이해하는 개별성은 어떤 종교가 끌어내는 추론들, 즉 일반적 개념들을 따르는 다양한 종교 형식이 있다는 사실로부터 끌어내는 추론들로 이해한다. 먼저 그는 종교의 개념을 서술하고, 그가 생각하는 모든 종교를 이루는 요소들을 서술한다. 그것은 신, 종교 의식, 신앙, 유한성에 대한 명상, 제의적 실천, 종교와 국가의 관계이다. 그러나 그에게는 처음에 무엇보다도 종교의 개념이 중요하다. 그에게는 종교 자체가 일종의 개념화 형식이기 때문이다. 종교가 무엇인지 철저히 사유하려면 이 형식을 우회할 수 없다. "신은 최상의 감각이 아니라 최상의 사유"이기 때문이다. 신은 초감성적인 것의 총괄 개념인데, 이것은 초감성적이지만 이 세상에 존재하는 만물에 관련된다. "신"을 말하는 자가 가리키는 어떤 것은 그로부터 다른 모든 것이 현실성을 얻는 것이고, 일단 서로 다른 것들이 그 안에서 연관을 맺는 것이다. 초감성적이면서도 모든 것을 규명하는 것은 감각의 속성이 아니라 사유의 속성이다.[38]

인간은 감각과 사유가 있다. 인간은 유한한 자기의식이고 사유 능력을 보유하므로("자아, 사유하는 자, 나를 고양하는 이것, **활동하는 일반성**, 그리고 자아, 무매개적 **주체**, […] 나아가 이처럼 강경하게 대립하는 측면들의 **관계**") 유한한 측면과 무한한 측면이 투쟁하는 무대인데, 이 측면들은 둘 다 "자아"이다. 헤겔은 이렇게 표현한다. "나는 투쟁하는 자이자 투쟁 자체이다. 나는 서로 접촉하는 불이자 물이고, 서로 철저히 기피하는 것들의 접촉이자 통일이다."[39] 바로 이러한 투쟁으로부터, 종교의 감정을 움직이는 직관적 측면, "신의 아들", "부활", [지옥의] "아케론강", "인식의 나무" 같은 표상들로 이끄는 측면, 즉 종교에서 비개념적인 것이 나온다. 그것은 신앙에 있어서는 초감성적인 것을 감성화하고 어떤 것을 참으로 여기는 근거들을 주관화하는 것이며, 제의에 있어서는 초감성적인 것을 사회화하는 것이다.

그러므로 헤겔이 감정, 이미지, 아름답거나 고통스러운 행위, 상징 등을 종교에서 추방하여 사유의 "순수" 종교에 이르려는 것은 아니다. 그의 추종자 중 낭만주의적 교양인들과는 달리, 그는 이 영역을 넘어서고자 했을 뿐이다. 그의 청년 시절에 "심정"이라는 말은 종교가 인간의 감성과 부합해야 한다는 요구를 담고 있었다. 심정은 이미 감정보다 안정적인데, 이제 헤겔은 성경에서 심정이 악의 거처로도 이야기된다고 말한다. 심정이 오로지 선의 거처이기 위해서는 "교양"되어야 한다. 이것은 오직 사유로, 그리고 무엇이 진리인가라는 물음으로 가능하다.[40]

종교적 의식은 자신을 성찰하면 이 지상의 존재의 유한성에 직면한다. 헤겔은 이러한 유한성이 감성적으로 감각하는 존재의 작업용량에서 이미 유래한다고 말한다. 만유는커녕 상당한 다수도 다룰 수 없고 늘 그저 개별적인 것만 다룰 수 있는 것이다. 충동들조차 동시에 다 만족할 수는 없다. 따라서 여러 지각과 욕망은 헤겔의 표현에 따르면 서로 "부정적"인 관계를 맺는다. 하나가 다른 것들을 억압하는 것이다. 이러한 부정성에서 벗어나는 길은 두 가지이다. 하나는 유한성을 종식하는 죽음을 통해서이고, 다른 하나는 의식이 어떤 계기에서 개별성 이상과 관계 맺을 수 있는 사유를 통해서이다.[41] 사유는 지금 보이지 않는 사물을 향할 수 있고, 원리상 보일 수 없어서 실은 "사물"이 아닌 것도 향할 수 있다. 전혀 감각될 수 없는 사태에 관해서도 말할 수 있다. 자기 소망의 모든 상상가능한 만족을 "행복" 같은 하나의 개념으로 요약할 수도 있다. 그러니까 사유는 "유한"의 반대 개념을 만들 수도 있고, 유한한 자신을 서술하면서 자신이 이미 이런 개념을 만들었음을 깨달을 수도 있다.

여기에는 "신은 스스로 유한해지는 것 자체"[42]라고 말하는 종교가 대립한다. 신은 하나의 세계를 창조하기 때문이다. 다시 말해 신은 유한한 것을 원하는데, 이 유한은 이제 세계 안에 있는 유한한 의식과 같이 신 자신에 대립한다. 이 대목에서 헤겔이 자신의 모순 안으로 신을 끌어들이는 방식은 매혹적이다. 여기에서 비로소 왜 그 이전에 열다섯 쪽을 할애하여, 인간의 유한성을 끌어들였는지 이해하게 된다. 인간의 유한성을 끌어들이면서 헤겔은, 유한하다는 것은 그 자신이 아닌 어떤 것, 독자적인 것으로서 자신에게 대립하는 어떤 것과 관계해야 함이라고 말한다.[43] 유한성에 대한 이런 이해는 이제 창조의 역사에서 작용한다. 신은 무에서 세계를 창조했다. 그래서 그 이전에 어떤 두 번째의 것(자연의 질료, 다른 신, 천사 등)도 없었고, 그 이후에 어떤 세 번째의 것도 없다. 그러나 유한하다는 것이 자신에 대립하는 타자를 가지는 것이라면, 신은 자신의 결단에 따라([창세기 1장 26절에서 "우리의 형상을 따라 우리의 모양대로 우리는 사람을 만들고 그들로 바다의 물고기와 하늘의 새와 가축과 온 땅과 땅에 기는 모든 것을 다스리게 하자"에서] "~하자Lasset uns"라고 말하듯이) 유한해지는 것이다. 여기에 덧붙여 말한다면, 저 타자는 곧 신에게도 해로운 방식으로 자신의 독자성을 표명한다.

그렇게 본다면, 종교의 핵심은 유한한 표상 및 유한한 사유가 신 개념으로 가는 이중의 운동이다. 그리고 이 개념에는 신이 세계와 인식하는 존재에 자신을 넘긴다는 표상이 들어있다. 나중에 헤겔은 이 대목에 대한 비난에 맞섰다. 이런 비난은 헤겔의 서술이 "지식 자체의 신격화"로 나아가고 "신을 아는 것은 신이 되는 것"이라는 명제로 나아가지 않느냐는 의구심이다. 헤겔은 이런 비난에 대해, 오히려 신을 인식하는 능력은 "인간이 신이라는 것이 아니라 신 안에 있다는 것"[44]을 입증할 뿐이라고 반박한다. 사유를 통해 신의 개념을 만드는 인간의 능력에도 불구하고, 인간은 이제까지 죽음에서 벗어나지 못한다는 사실이 이것을 보여주는 것이리라.

저 사유하고 표상하는 이중의 운동이 실천되는 것은 제의이다. 이로써 헤겔은 그에게는 까다로운 종교의 요소를 다룬다. 종교의 내용이 사유라면, 기도하고 희생을 바치고 예배를 드리는 모든 제의의 확립은 전부는 아니더라도 다수는 우연에 불과할 것이다. 헤겔에게는 신앙도 이미 제의적 숭배의 한 형식이다. 교양있는 인간은 더는 믿을 수 없는 것에 대한 믿음도 우연적이다. "가나의 혼인 잔치에서 손님들이 포도주를 받았는지는 아무래도 좋은 것이다."[45] 이런 이야기의 진실 여부와 관련하여, 헤겔은 신앙의 자유를 둘러싼 분쟁에 연루되고 싶지 않았다. 그러나 헤겔의 표현대로 "비정신적인 것"은 신앙의 내용이 아니라 신앙고백이라면, 공물 선택, 성찬식, 교회에서 춤을 춰도 좋은가라는 물음, 남녀 분리, 사원과 교회 건립 등은 어떤가? 모두 아무래도 좋은 일인가? 제의에 관해 헤겔이 말하는 부분에서는 일종의 희생 이론이 펼쳐진다. 이에 따르면 희생은 "정신적 종교"에서는 불필요한 직접적 소유를 기꺼이 단념하는 것이다. 희생 이론에서 제의는 완전히 내면으로 옮아간다. 가령 체념, 회개, 참회의 형식이 되는 것이다. 그러나 이렇게 되면 기본적으로 제의는 더 이상 제의로 존재하지 않게 된다.

이 강의의 2부에서는 이렇게 서술한 모든 요소가 지역에 따라 다양한 종교에서 특수한 모습을 가진다는 점을 매우 상세하게 논한다. 헤겔은 마법적 형식들로 시작한다. 헤겔이 "마술 종교"라고 부르는 이런 형식은 정신이 자연을 지배한다는 것을 최초로 천명하였다. 물론 도구를 통해 작용하는 도구적 의식과는 달리, 마법적 의식은 사물에 독자적 특질들, 분석적으로 조사할 수 있는 특질들을 부여하지 않는다. 마법적 사유에 대해서, 그리고 이를 훨씬 넘어서서, 헤겔은 "자유롭지 못한 자에게는" 다른 사람이나 자연 사물과 같은 "타자들도 자유롭지 않다"고 말한다.[46] 자유는 거리를 전제한다. 세계가 신의 압도적 현현이라는 의식(헤겔이 "범신론" 개념으로 가리키는 의식)이 나타나야, "도량度量의 종교"가 나타난다. 헤겔은 이런 종교를 중국 사상에서 발견한다. 이런 사상에서 종교는 세계와 조화로운 관계를 맺기 위해서, 그리고 세계의 본질적 속성(원소, 중요한 동물, 친연관계, 그 안에서 가능한 활동)을 분류하고 일련번호를 매기고 근원 색상을 배치하고 대칭성을 발견하기 위해 존재한다. 달리 말해 이런 종교는 신학으로 나아가는 최초의 동인을 시사한다.

　여기에 이어서 "공상의 종교"인 힌두교와 "자기 내 존재의 종교"인 불교가 나타난다. 헤겔에 따르면 이런 종교에서는 정신과 자연을 동일하게 보거나, 양자의 균형과 평정을 추구하거나, 양자가 서로에게 융해된다는 세계관이 들어있다. 이에 비해 정신적 자유와 개성이라는 개념을 추구하는 종교로 넘어가는 것은 지중해 지역의 고등문화에 나타나는 신앙 형식이다. 무엇보다 "숭고의 종교"인 유대교와 "아름다움의 종교"인 그리스 종교가 그것이다. 헤겔은 잠깐 그 뒤를 이은 "합목적성의 종교"인 로마 종교는 "지성의 종교"라고도 부르면서 그다지 높이 평가하지 않는다.

이런 종교들에 있어서 자연은 정신에 굴복하고 정신은 "인륜적으로" 등장한다. 특히 숭고의 종교에서 이제부터 오로지 ("하나"[47]가 아니라) 한 분으로 등장하는 신은 절대적 권능이면서 아울러 지혜이며 목적을 따른다고 파악된다. 여기에서 신은 왜 숭고한가? 숭고는 자신을 드러내지 않는 권능을 뜻한다. "신이 말씀하시기를 빛이 있으라 하니 빛이 있었다." 단지 말 한마디에, 아니 숨결 하나에, 가장 중요한 일이 마치 아무것도 아니라는 듯이 일어난다.[48]

헤겔이 여기에서 보는 것은 "주관성의 뿌리이자 지성적 세계의 뿌리"[49]이다. 이제 신은 세계와 견줄 수 있는 위치로 들어오는데, 이러한 위치는 의식할 수도 있기 때문이다. 신은 형태가 없고 형상이 없는데, 이것은 특별한 역설을 야기한다. 신은 인간을 자신의 형상에 따라 창조했다고 선포하는 동시에 자신의 형상을 만들지 말라고 말하기 때문이다. 물론 이런 말들이 각각 등장하는 성경의 역사적 층위들은 서로 다르다. 그러나 이런 해명에도 불구하고, 이러한 두 가지 말이 존재해왔고 존재한다는 역설은 사라지지 않는다. 헤겔이 보기에 유대교의 신이 주관성을 닮은 또 하나의 지점은 이 세계가 신에게 "부적합하고" "단조로우며" 대부분 "사물들의 집합"이라는 것이다.[50] 드문드문 마법이 있기는 하지만, 마법에서 작용하는 힘들은 이제 하나로 결합하여 복합체를 이루지 않으며, 모두 신의 은총에 의해서만 존재한다. 헤겔에 따르면, 기적이 있어서 경탄을 불러일으키고 그것을 일으키는 자의 특별함을 증거한다는 것은 이미 자연이 법칙을 따른다고 파악됨을 입증할 뿐이다. 자연이 그렇게 파악되지 않는다면, 기적이 어길 것도 없기 때문이다. 초기 기독교도들이 예수가 행한 기적에 경탄했을 때, 이교도들이 이런 마법사는 자신들에게도 있다며 무시한 것은 지극히 당연하다. 물론 부활은 좀 다른 문제였다.[51] 어쨌든 절대적 권능인 신은 거의 모든 초감성적인 것을 자기에게 집중시킴으로써, 세계는 세속화하는 엄청난 추진력을 발휘한 것이다. 헤겔은 "그리하여 자연은 신성을 박탈당한다"라고 말한다.[52] 이것은 세속화를 긍정하는 첫 번째 종교이다.

놀라운 것은 헤겔의 논변이 아니라 그 논변을 전개하는 세부 사항이다. 이것은 이 논변의 거창한 3단계 리듬("일반성, 특수성, 개별성"이나 "무매개적 인상, 수행된 구별의 의식, 무매개성의 전제들의 인식")보다 놀라운 것이다. 예를 들어 유대교를 서술하면서 "세계에 대한 신의 목적"이라고 말하는 부분이 그렇다. 신은 세계에 대해, 그리고 자신을 믿는 사람들에 대해 어떤 것을 의도하고 있다. 신은 그저 경탄을 받는 어떤 구조도 아니고, 사람들이 그 앞에서 고개를 숙이는 어떤 힘도 아니다. 신의 목적은 도덕적 목적이자 자연적 목적이다. 헤겔에 따르면, 신의 이 발전 단계에서는 신은 여전히 완전히 정신이 되지 않았기 때문이다. 그렇다면 신의 목적은 무엇인가? 가족이다. 헤겔은 스스로 놀란다. 신은 절대적 권능이자 온전한 지혜이자 (아마 이브의 문제를 빼면) 선견先見인데, 이제 신의 가장 중요한 관심이 중동의 인척 관계라는 것인가? 신의 관심은 온 세계가 아니라 단지 특정한 어떤 세계인가?[53] 이에 대해 헤겔은 보편적 선을 원하는 의도는 "행동으로 옮겨지는 때에는"[54] 어떤 규정적이고 구체적인 것을 원해야 한다는 요구에 직면한다고 말한다. 여기에서 가족에 관한 가르침이 등장한다.

　헤겔의 강의에서 이 부분은 역사적 고찰로 간주할 수 없다. 이 점은 "다음 단계로의 이행"과 같은 표현에서 이미 드러난다. 유대교에서 (헤겔에게서 유대교 신의 설명에 이어 등장하는) 그리스 다신교로 이행하는 것은 아니다. 헤겔이 다루는 종교들은 시간 속에서 차례대로 나타나지 않는다. 그리스 신화는 오래전에 몰락했지만, 불교와 힌두교와 유대교는 여전히 생생하게 남아있다. 이 종교들이 서로를 토대로 성립하는 것은 (기독교가 유대교를 토대로 성립하는 등의) 예외일 뿐이다. 그래서 이러한 발전은 대개 헤겔의 머릿속에서 일어난다. 또 헤겔은 기독교 외의 다른 종교의 내적 역학에는 관심이 별로 없다.[55] 그렇다고 그를 비난해야 할까? 그의 강의에서 크고 작은 통찰을 얼마나 많이 얻을 수 있는지 감안한다면, 이러한 비난은 적어도 배은망덕한 일일 것이다. 그렇지만 그에게는 기독교가 단지 여러 종교 중의 하나가 아니라는 점은 확실하다. 아니, 모든 종교사적 발전의 종착지에 있는 모범적인 종교조차 아니다. 헤겔은 그리스도 신앙을 오히려 모든 종교의 정수, "절대 종교"라고 표현한다.

570

그러나 헤겔은 정신에 대한 적합성을 기준으로 여러 종교를 줄 세우고, 마치 기독교가 사유에서 유대교나 불교보다 우월하다고 보는 일을 대체 왜 정당하다고 여기는가? 헤겔에게 종교의 역사는 정신이 자신의 개념에 들어있는 가능성들에 관해 독백하는 돋보이는 사례이다. 신, 세계, 유한성, 고통, 행복 등의 주제가 스스로 배워가며 변주하는 역사이다. 더 정확히 말하자면, 그의 신이 십자가에 매달렸기에, 그것은 단지 독백이 아니라, 종교적 사유에서 유래하는 행위들의 연속이다. 어떤 종교를 (단지 상대적이고 불완전한 다른 모든 종교와 견주어) 절대적 종교 혹은 "완성된" 종교라고 부르는 헤겔의 기준은 이러한 모순들을 자신 안에 수용하고 처리하는 능력의 정도이다.[56] 헤겔은 종교의 개념적 내용에만 집중함으로써 기독교가 다른 모든 종교보다 우월하다고 보는데, 이러한 우월함의 대가로 이 종교는 철학으로 이행한다.

헤겔은 《정신현상학》에서 기독교를 "계시종교"라고 부른다. 《철학대계》 564절에서는 신에 의해 "계시된 종교"라고 부른다. 이제 여기에서는 "완성된 종교"라고도 부른다. 그 의미는 계시종교가 더는 어떤 비밀도 품지 않는다는 것이다. 그것이 대체 종교인지, 아니면 외려 (마법에서처럼) 의술이거나, (헤겔이 중국의 도량 종교를 서술하듯이) 정치권력의 도구거나, (그리스에서처럼) 예술이나 신화이거나, (유대교에서처럼) 가족 신앙은 아닌지에 관해 어떠한 비밀도 품지 않는다는 것이다. 특히 바울 버전의 기독교는 이런 모든 관점에 거리를 둔다("영적인 것은 외적으로 인증되지 않는다"[57]). 따라서 헤겔이 보기에 기독교는 종교의 개념 자체를 산출한다. 기독교의 역사에서도 종교가 정치적 지배구조를 위해 다양한 역할을 했음을 헤겔에게 굳이 가르칠 필요는 없다. 헤겔의 젊은 시절 글은 거의 페이지마다 이에 대해 불평하는 것이다. 그러나 그의 분석에 따르면, 기독교의 이런 역할은 그것의 개념에 반하는 것이고 그것의 원전原典들과 모순되는 것이다. 이렇게도 말할 수 있겠다. 기독교는 이런 역할을 했으나 그 결과 끝없는 쟁론과 성찰과 이단이 등장했다.

기독교가 계시종교인 이유는 기독교에서 신이 자신으로부터 자발적으로 계시하기 때문이고 신이 "자기 자신의 타자를 위한 신"이기 때문이다.[58] 신이 사람이 된다는 생각, "이러한 사변적 핵심"은 헤겔에게는 "종교에서 가장 난해한 부분"이면서 아울러 "기독교의 가장 아름다운 지점"[59]이다. 이 생각이 기독교의 정수라고 말해도 좋을 지경이다. 신적인 정신은 자연, 감성, 우연적 개별성으로부터 구별된다. 따라서 많은 종교에서는 정신이 지상적인 것에 결합하는 것은 "정신의 굴욕"이다. 이 경우에 세계는 어떤 불순한 것이자 불순하게 만드는 것으로 보인다. 육신과 마찬가지로 세계는 영혼의 더러운 감옥이다. 그래서 많은 종교에서 금기 음식, 금욕 규칙, 정화 제의가 큰 역할을 하는 것은 단지 생존을 위한 것만은 아니다.[60]

그렇지만 신은 헤겔이 "무매개적 실존"이라고 부르는 것이 되기를 꺼린다면 모든 것일 수 없을 것이다. 《정신현상학》에 따르면 사유는 부정성과 대면하는 것이다. 그렇다면 모든 정신적 규정을 내포하는 사유의 총괄 개념[신]은 자신이 곧 모든 것이라는 본성을 인간에게 계시하려면, 유한한 실존도 갖추어야 한다. 한 민족을 선택한 유대교의 가족 신을 넘어서, 이제 한 사람에게 결부되는 신이 등장한다. "신은 개별 인격으로 나타난다. 이 인격의 무매개성에는 모든 신체적 욕구도 들러붙는다. […] 따라서 신의 나타남은 또한 유일무이하고 한 번만 일어날 수밖에 없다."[61] 그래서 헤겔에게 엄밀한 의미의 종교사는 저 개별 인격인 그리스도가 십자가에서 죽고 부활함으로써 완료된다. 그래서 헤겔에게 기독교는 완성된 종교이다.

고린도전서(1장 23절)에 따르면 십자가에 매달린다는 것은 그리스인에게는 "미련함"을 뜻한다. 실제로 신이 가장 치욕적으로 고문당하고 두 범죄자 사이에 그들과 똑같은 "악인"으로 매달려서 죽을 때까지 고통을 받는다는 것은, 헤겔 표현에 따르면 "지성으로 전혀 이해할 수 없는 […] 끔찍한 조합이다."[62] 이것은 한편으로 하나의 이야기이지만, 다른 한편으로 헤겔에게는 시간을 초월하는 사건이다. 헤겔은 1802년의 말을 되풀이한다. "신은 죽었다. 신은 이제 죽어있다. 이것은 영원한 것과 참된 것은 모두 존재하지 않으며, 신 안에도 부정이 있다는 가장 무서운 사상이다. 여기에는 끔찍한 고통, 완벽한 절망감, 모든 고귀한 것의 포기가 결부된다."[63] 그러나 이 사건에서는 "죽음의 죽음"도 나타난다. 부활과 승천이 일어나기 때문이다. 1821년 헤겔은 "정신은 이러한 부정의 부정으로만 존재한다"라고 덧붙인다. 여기에서 부정의 부정은 죽음을 관통하는 죽음의 부정이며, 태동하는 교회 공동체의 정신이며, 기억이자 사랑이다. 《정신현상학》에서는 "따라서 이 죽음은 정신[성령]으로 되살아난다"[64]라고 말한다. 헤겔은 그리스도 수난일과 부활절과 성령강림절을 한날한시로 본 것이다.[65]

성숙한 청년기인 1795년 베른에서 헤겔은 《예수의 생애》를 저술했다.[66] 이 제목은 헤겔이 아니라 로젠크란츠가 붙인 것이다. 헤겔이 남긴 유고에서 이 글을 발견한 로젠크란츠가 이 제목을 선택한 이유 중 하나는 아마도 헤겔 제자 슈트라우스의 책《예수의 생애Das Leben Jesu》가 1835년 불러일으킨 격렬한 논쟁을 염두에 두었기 때문일 것이다. 그렇지만 이 제목은 내용에 잘 어울린다. 당시 헤겔에게는 예수의 가르침뿐 아니라 "예수의 흠 없는 생애"도 도덕적 의미를 지녔다. 예수는 단지 소크라테스처럼 미덕을 갖춘 인간을 넘어서 나무랄 데 없는 미덕 그 자체였기 때문이다. 그리스도에 대한 믿음은 "인격화된 이상에 대한 믿음"이다. 이런 믿음이 필요한 이유는, 인간의 감성을 높이 평가하지 않으면서 자신과 비슷한 사람에게 신성을 부여하기 위해서이다. 흠이 없는 것은 신인神人뿐이다.[67]

그리고 헤겔은 순수한 미덕의 형상을 향한 시선을 저해하는 것은 예수의 일생에서 모조리 제거한다. 탄생을 둘러싼 조금 의심스러운 정황이나 기적과 같은 것이다. 그리고 예수가 칸트를 연상시키는 표현으로 말하게 한다. 예수는 우애와 용서의 증진을 징표로 하는 "도덕적 완성"을 설파하고, 기적을 논박하며, "인륜 법칙"을 말한다. 그리고 이렇게 경고한다. "그러니까 자연적 욕구, 성향에서 나오는 소망은 너희 기도의 대상일 수 없다. 대체 어찌하여 너희는 그런 것을 충족하는 것이 저 거룩한 분의 도덕적 계획이 지닌 목적이라고 여긴단 말인가?"[68] 헤겔은 십자가에서의 죽음에 대해서는 지면을 많이 쓰지 않는다. 1800년 이후에, 그리고 그에 이어지는 종교철학 강의들에서는 정반대가 되었다. 여기에서 신의 죽음이 신약성서의 중심이 되었다. "인간적인 것, 유한한 것, 불완전한 것, 허약한 것, 부정적인 것은 신의 바깥에 있지 않다."[69] 신은 스스로 세계가 되었다.

헤겔이 타계하고 6년이 지난 후, 제자인 리하르트 로테Richard Rothe는 그때까지 교회법의 개념이던 "세속화Säkularisierung"를 종교의 수호자인 교회가 점차 있으나 마나 해지는 현상을 지칭하는 데 처음으로 사용했다. "국가가 탈세속화되는 바로 그 상황에서 교회는 세속화된다. 교회는 물러난다. 기독교 정신의 참된 집을 개축할 때까지, 이 정신에게는 점점 시원찮은 이런 가건물만 임시적으로 지어진다."[70] 국가가 탈세속화된다는 것은 헤겔의 주장이다. 헤겔에 따르면, 나쁜 신 개념을 가진 민족은 나쁜 국가, "나쁜 정부, 나쁜 법률"을 가진다. "국가는 단지 세계에서의 자유"이기 때문이다. 그래서 악을 거부하고 소외를 부정하고 "주관성을 처리하는 것"은 헤겔이 인륜 제도라고 부르는 혼인과 가족, 노동, 재판, 복지, 입법 등의 과제가 된다. "이 길을 통해 종교는 국가로 이행한다."[71] 이런 예측에 관련해 다시 로테를 인용해보자. "교회가 사라질 수 있고 틀림없이 사라질 시점은 우리에게는 아직 어떠한 연대 산정으로도 따져볼 수 없는 아득한 미래이다."[72]

증명.
살아있는 철학자가
강단에서 하는,
신이 존재한다는 말

그는 어린 시절 탈무드 공부에서 모두를 능가했다.
어느 날 랍비가 그의 어머니에게 이유를 설명한다.
"마크는 토라와 탈무드를 배우는 뛰어난 학생이지요."
"랍비시여, 그런데 무슨 문제가 있나요?"
"그렇게 열심히 공부하는 이유가 문제지요.
하나님의 모순을 증명하려 하거든요."
"그래요? 뭐 찾아낸 게 있다던가요?"

애덤 맥케이Adam McKay

Kapitel 19

증명. 살아있는 철학자가 강단에서 하는, 신이 존재한다는 말

이 우주에서 신을 부정하는 사람만큼 고독한 사람은 없다. 그 사람에게 자연은 "어떠한 세계정신도 살아 움직이게 하거나 한데 붙여놓을 수 없는" 시신이기 때문이다. 이 말은 장 파울의 1796년 소설 《지벤케스Siebenkäs》 2권의 유명한 〈우주에서 내려온 죽은 그리스도가 신은 없다고 하는 말〉의 서두에 등장한다.[1] 장 파울은 이 연설의 의도 중 하나는 "마치 크라켄이나 유니콘의 존재를 말하듯이 냉정하고 냉혹하게 신이 존재한다고 말하는" "비판철학"의 몇몇 권위자를 경악하게 하는 것이라고 쓴다. 소설의 화자는 열려있는 무덤과 관들이 가득한 묘지에서 깨어나는 꿈을 꾼다. 망자들은 그리스도가 내려온 제단 주위에 모여서 합창한다. "그리스도시여! 신은 없습니까?" 그리스도는 "신은 없다"라고 답하고는, "존재가 그늘을 드리우는 데까지" 신을 찾았지만 결국 찾지 못했다고 말한다. 그러나 신이 없다면 무엇이 남는가? "경직되고 침묵하는 무! 차갑고 영원한 필연! 광기의 우연!"

헤겔은 아마 이 글을 야코비 학파에서 나온 역설적 문서로 독해했을 것이다. 야코비는 신을 인식하려는 시도는 모조리 무조건적인 것을 조건적인 것으로 만든다고 생각한 것이다. 인식은 바로 어떤 것의 조건을 통찰하는 것이기 때문이다. 거꾸로 이를 통해 모든 조건적인 것은 철두철미 우연적인 것이 되고, 궁극적으로 어떠한 "신성한 불꽃"도 내재하지 않는 생명 없는 것이 된다. 믿음의 근거를 직접적 확실성이 아니라 지식에서 구하는 자는 결코 신(으로 가는 길)을 찾지 못하고, 만물에서 정신을 박탈한다.

그로부터 30년도 더 지난 1829년 베를린 대학의 여름학기에 헤겔은 그로서는 이례적인 일을 한다. 신을 증명하는 것이다. 이 증명 자체가 이례적이라는 것이 아니다. 그의 《철학대계》 마지막 절들, 논리학, 그리고 종교철학은 이성을 통한 신 증명으로 독해하지 않으면 전혀 이해할 수 없기 때문이다. 이례적인 것은 헤겔이 단 하나의 철학적 문제를 강의 전체의 주제로 삼았다는 것이다. 건강이 나빠진 채 《논리학》 2판 저술에 매달리던 헤겔은 늘 그랬듯이 절대정신의 형태들에 대해 4시간이나 5시간짜리 강의를 두 차례 하지 않고, 신 증명에 대해 1시간짜리 강의를 열여섯 차례 진행했다.

이 강의를 시작하면서, 신 증명은 신 때문이 아니라 증명 때문에 악평을 얻었다고 말한다. 한마디로 신 증명은 "신은 존재한다"[2]는 믿음을 뒷받침하는 적합한 형태로 받아들여지지 않게 되었다. 이런 믿음을 뒷받침하는 것은 점차 신이 있는 것이 바람직하다는 느낌, 만물을 덮는 어떤 것이 있어야 한다는 느낌이 된다. 헤겔은 신 증명이 불가능하다는 견해를 내보이는 이 시절에는 이런 견해가 전혀 지당하지 않음을 잘 알고 있다. 오래전부터 철학은 더 이상 신학의 시녀로서 종교적 표상을 옹호하거나, 이런 표상에서 본질적인 부분을 미신에서 분리하는 과제에 묶여 있지 않다. 하지만 예나 지금이나 신이 존재한다는 표상은 있다. 그러나 헤겔이 여기에 관심을 가지는 것은 사회학자가 사람들이 신을 믿는 이유에만 관심을 가지는 것과 다르다. 헤겔에게 중요한 것은 사람들이 이렇게 믿는 정당성을 탐구하는 것이다.

헤겔에게 믿음과 사유는 대립하지 않는다. 인간 정신이 신에 대립해야 할 만큼 "신의 활동이 그렇게 모순적인 것은 아니며 그렇게 모순적일 수도 없기" 때문이다. 헤겔에게는 신이 존재한다는 생각은 세계에 관한 모든 다른 통찰들과 조화를 이룬다. 종교는 기껏해야 이성 위에 있는 것이지 이성에 반하는 것은 아니다. 그러나 헤겔은 재차 믿음과 이성을 단순히 나란히 놓는 데에 반대한다. 사유는 통일로 밀고 나가고, 비교로 밀고 나가며, 차이를 지배하는 것이 무엇인가라는 물음으로 밀고 나간다. 따라서 철학은 1천 500년 이상이나 "우리가 믿는 것을 인식하기도 하는 일"에 몰두한 것이다.[3]

철학이 앞서 언급한 과제에서 풀려난 직후, 지식은 믿음을 처형대 앞으로 끌고 와서 그 믿음의 충분한 근거를 요구하기 시작했다. 믿음은 이렇게 대답한다. 믿음의 바탕에는 참된 지식, 즉 증명이 필요 없는 직접적 지식이 있다는 것이다.[4] 이 강의 전체에서와 마찬가지로 여기에서도 헤겔은 신의 인식 가능성에 대한 야코비의 반론을 언급한다. 헤겔에게 야코비의 반론은 하나의 개별적 오류에 불과한 것이 아니다. 그것은 헤겔 자신의 깊은 확신에 반하는 이미지가 일관성 있게 전개된 것이어서 진지하게 다루어야 한다. 이에 비해 헤겔은 신은 증명할 수 없고 체험할 수 있을 뿐이라는 논리는 즉각 반박한다. 사유가 없으면 믿어지는 것이 무엇이고 저 신이 어떤 본성을 지니는지 더는 알 수 없으므로, 그런 것은 믿음이 아니라 "대략적 믿음"이라는 것이다. 이에 대해 믿어지는 것은 어떤 높은 것, 무조건적인 것, 무한한 것이라고 항변한다면, 예를 들어 그 높은 것이 오히려 낮은 것이 아님을 어떻게 알 수 있는가라고 재차 질문할 수 있다. 그릇된 종교들(달리 말해 야코비가 거부하는 종교들)도 느껴지는 것이다.[5] 이렇게 묻는다면 논증이 중요해진다. 어떤 것이 그저 우연적이나 가능적으로 그러한 것이 아니라 필연적으로 그러하다는 사유와 증명을 우회할 수 없는 것이다. 헤겔에게 증명이란 바로 어떤 것의 필연성을 제시하는 것이다.

따라서 헤겔은 자신의 논리학에서 유래하는 흥미로운 숙고를 전개하면서, 두 종류의 증명을 구별한다. 수학적 증명의 특징은 증명 절차가 전적으로 "우리 안에서" 일어난다는 것이다. 증명되는 것은 여기에서 아무 작용도 하지 않는다. 가령 삼각형의 세 변을 각각 자신의 변으로 하는 세 정사각형의 면적의 합을 증명하는 일이라면, 어떻게 그렇지 않을 수 있겠는가? 이런 것들은 한

마디로 아무 작용도 하지 않는다. 그러나 모든 증명 절차가 그렇지는 않다. 우리가 어떤 것을 증명할 수도 있지만, 그 어떤 것이 스스로 증명할 수도 있기 때문이다. 어떤 사람이 자신의 무죄, 사랑, 탁월함, 충실함 등을 증명할 수 있다. 헤겔이 보기에 신 증명은 두 번째 증명 유형에 속하는 절차이다. 여기에서는 증명되는 것과 증명이 기하학에서처럼 분리되지 않는다.

이 강의의 이어지는 대목들에서도 헤겔의 원고 뭉치에 들어있는 구절들을 반복한다. 여섯 번째 강의에서야 비로소 첫 번째 구체적 신 증명이 다루어진다. "만민의 합의에 의한ex consensus gentium"(키케로) 증명인데, 나중에 "역사적 신 증명"이라고도 불리게 되었다.[6] 만인이 신을 믿으므로 신은 존재한다. 헤겔에게는 무신론도 이미 하나의 현실이므로 이런 반론이 제기된다. "모든" 사람이 무슨 의미인지도 불분명하고, 여러 민족의 믿음이 그와 다른 곳에서 신으로 인정하는 것에도 대체 타당한지도 불분명하다는 것이다. 예컨대 가톨릭이 중국에서 선교할 때 이것이 문제가 되었다. "천天"이나 "주主"과 같은 중국의 명칭을 기독교의 명칭으로 번역할 수 있는지에 대해 여러 교파가 합의하지 못한 것이다. 헤겔은 종교나 신이 전혀 없는 것보다는 어떤 종교나 신이라도 있는 편이 낫다고 당연히 여길 수 있다고 말한다. 헤겔은 "날씨가 없는 것보다는 나쁜 날씨라도 있는 것이 낫다"라는 농담을 인용하면서 이런 논리에 대해 어떻게 생각하는지를 내비친다.

열 번째 강의부터야 헤겔은 철학 전통에 속하는 신 증명들을 다룬다. 그러나 남은 시간에 한 가지 증명만 다루는데, 이 첫 번째 증명은 칸트가 우주론적 신 증명이라고 부른 "세계의 우연성으로부터의" 증명이다. 이 증명의 논리는 다음과 같다. 세계는 사물들이 조립되어 이루어졌는데, 현재 이 사물들의 이런 모습은 지금과 다를 수도 있다. 그것은 특히 이 사물들이 변화한다는 데서 잘 알 수 있다. 그러나 다른 모든 것도 가능하다면, 이 세계가 하필 현재의 이런 모습이라는 것은 어떻게 설명할 수 있는가? 한낱 가능성들로 이루어진 세계 안으로 어떻게 현실성이 들어오는가? 이에 대한 대답은 신에 의해서라는 것이다. 라이프니츠는 이렇게 표현했다. 과거 상태들을 들먹인다고 해서, "대체 왜 하나의 세계가 있고 왜 이 세계가 있는가?"[8]라는 물음에 대해 완전한 근거를 제시할 수는 없다. 멘델스존도 이런 식으로 말한다. 모든 것에 충분한 이유가 있어야 한다는 충족이유율로부터, 지금과 다를 수도 있는 이 현존하는 것들에 대해 다음과 같은 결론이 나온다. 이들은 어떤 원인에 의해 현실적이고, 이 원인도 다시 다른 원인에 의해 현실적이며, 이렇게 계속 이어진다. "그러니까 우연적 존재들이 현실적으로 있으므로, 모든 우연적 사물의 근거를 내포하는 어떤 필연적 존재도 있어야 한다."[9] 현실성은 우연적인 것과 필연적인 것의 연결이다.

이런 논리에 헤겔은 반쯤만 만족한다. 경험에 주어지는 모든 것을 우연적이라고 부르는 것은 경험 자체에 맞지 않는다. 어디에서나 [지금과] 다른 가능성을 보려면 철학자여야 한다. 즉, 이런 가능성을 사유해야 한다. 헤겔에 따르면, 그렇게 하려면 구체적 계기가 있어야 한다. 가령 괴로운 경험이나 행복한 경험이 있어서, "내가 당시에 이 카페에 들어가지 않았다면"이라거나 "우리가 그때 그 사람 말을 듣지 않았다면"과 같이 생각하게 되는 것이다. 또한, 신은 논리학자에게만 논리적으로 필연적이다. 모든 다른 사람에게는 신은 "공상의 특정 형상"[10]으로 존재한다. 증명하려면 교육이 필요하고 지식을 배워야 한다. 물론 세계의 사물들은 따로따로 본다면 우연적이다. 헤겔은 "사물은 우연한 사물로 일어나도록 예정되었다"라는 언어유희를 한다.[11] 그러나 사물들은 따로따로 있는 것이 아니다. 세계는 단순한 총합이 아니다. 서로 연관되고 서로를 제약하고 규정하는 한, 이 사물들은 우연적이지 않다. 그러나 그 대신 이들은 자립적이지 않고 제한된다. 그렇게 본다면, 이들의 연관 법칙들은 자립적일 것이다. 그러나 이런 식으로 서술한다면, 모든 것을 포함하는 이러한 인과 사슬들도 서로 우연히 관련된다. 장 파울식으로 말한다면, 이들을 하나로 묶는 것은 어떤 의미가 아니라 "차가운 필연"일 뿐이다. 각 사물을 각각의 우연성에서 해방하려면 다른 사물들과 완전한 연관이 필요하다.[12]

따라서 세계가 단지 "광기의 우연"이 아니려면 필요한 필연성 개념에는 어떤 긴장이 내포되어 있다. 반드시 있어야 하는 것은 필연적이다. "필연적인 것은 **존재하기 때문에** 존재한다." 그렇다면 필연적인 것은 자립적이다. 예를 들어 "그 카페에 자리가 하나밖에 안 남았으니 우리는 **반드시 마주칠 것이다**"라고 말할 때 그렇다. 그러나 헤겔의 표현에 따르면, "이것을 둘러싸고 있으며 그 연관으로 이것을 지탱하는" 모든 관계의 총체에 이것을 끼워 넣어 보면, "이것은 비자립적이다." 예를 들어보자. "하지만 그러려면 너희는 같은 시간에 자리를 잡으려고 해야 할 것이다. 또 그때 하필 자리가 두 개 남아있다면, 너희는 서로를 알지 못한 채 헤어질 것이다." 필연적인 것은 이런 식으로 어떤 비자립적이고 우연적인 것을 얻는다.[13]

또한, 신을 모든 다른 것을 현실적이게 만드는 필연적 원인이라고 부르는 것은 올바른가? 칸트는 우주론적 증명은 어떤 필연적 존재, 어떤 궁극 원인이라는 개념으로 나아가지만, 신으로, 그리고 신의 다른 속성들로 나아가지는 못한다고 논평했다. 헤겔은 이렇게 답한다. 우주론적 증명은 아직 불완전한 신 개념으로 나아갈 뿐이다. 또한, 우연성의 반대는 [어떤 다른 원인으로] 야기됨이 아니라 실체성이다.[14] 헤겔의 말은 아마 이런 뜻일 것이다. 지금과 다르게 가능한 모든 것은 덜 우연적이고 궁극적으로는 전혀 우연적이지 않은 어떤 세계의 틀 안에서 현실화이다. 예컨대 우리는 의자에 앉을 수도 있고 벤치에 앉을 수도 있다. 또 앉지 않고 눕거나 서 있거나 무릎 꿇거나 걸어갈 수도 있다. 주변과 상호작용하면서 자기 몸을 어디에 둘 것인가라는 문제는 예배볼 때처럼 번갈아 자세를 취함으로써 해결할 수도 있다. [동화 주인공인] 지붕 위의 칼손Karlsson은 심지어 날면서 대화에 참여할 수 있다. 그러나 이런 우발성을 아무리 다 퍼내더라도 문제 자체는 사라지지 않는다. 모든 해법이 우발적으로 나타난다고 해서 모든 문제가 우발적으로 나타난 것은 아니기 때문이다.

그러니 "절대적 필연성"이라는 것이 있는가? 헤겔은 흥미로운 비교를 끌어들인다. 피할 수 없는 운명에 저항하지 않는 그리스인의 각오와 비교하는 것이다. 심정이 "내면에서" 체념하면, "폭력이 그 심정을 움켜쥘 곳은 남지 않는다."[15] 자신의 소망과 처지가 서로 모순된다고 느끼는 사람이 이 모순을 해결하는 방식은 두 가지이다. 하나는 처지를 바꾸는 것이다. 다른 하나는 포기하고, 기대를 줄이고, 슬픔을 감내하는 것이다. 필연을 자유로 변용하면 슬픔은 사라진다. 헤겔이 보기에, 의지 영역의 이런 상황은 믿음 영역에서 추구하는 절대적 필연의 통찰과 유사하다.

세계를 긍정하는 데에서 신을 찾기를 은근히 촉구하는 이 대목에서 헤겔은 야코비의 생각에 뚜렷이 경도된다. 야코비는 "우연이 있으므로 절대적 필연도 틀림없이 있다"는 우주론적 증명이 신을 유한한 세계에 그야말로 의존하게 만드는 시도임을 꿰뚫어 보았다. 신은 이 세계의 의존성에서 "논리적 필연으로" 도출되기 때문이다. 그렇다면 우연은 단번에 심지어 신을 인식하는 전제가 된다. 헤겔은 이렇게 반박한다. 우연적인 것은 이 증명을 위해서는 결코 진정으로 우연적이지 않다. 이 증명에서 우연적인 것은 존재와 비존재의 연결로 다루어지고 한낱 현상으로 다루어지지만, 우리는 사유를 통해 이 현상으로부터 본질적인 것의 개념화에 이를 수 있는 것이다.

헤겔은 이렇게 정식화한다. 인간은 공간에서는 하나의 점에 불과하고 시간에서는 하나의 순간에 불과하지만, 아울러 "직관하고 표상하고 알고 인식하는 지성"이다. 따라서 인간은 유한한 것이 소멸하지만 지금은 존재한다는 생각을 할 수 있다. 나아가 이 지금이 지속하지 않고 소멸한다고 해도, 점과 순간의 **개념**은 점적이지도 않고 순간적이지도 않다. '지금'의 개념은 "바로 **이** 지금의 부정으로서" 지속한다. 유한에서 무한으로, 죽은 무에서 살아 있는 존재로 이끄는 것은 어떤 "도약"[16]이 아니라, 유한하고 우연적인 실존도 자신의 우연성 너머를 생각할 수 있다는 통찰이다.

1829년 8월 중순에 끝나는 이 강의에서는 다른 두 가지 신 증명, 즉 목적론적 증명과 존재론적 증명까지 나가지는 않지만, 만년에 종교철학 강의에서는 이들을 다룬다. 물론 헤겔은 정반대로 주장하지만, (신의 최초의 규정은 지혜가 아니라 권능이므로) 목적론적 증명은 가장 오래된 신 증명이다. 우주의 질서는 합목적적이므로, 이런 목적들을 설정한 존재가 있는 것이 틀림없다. "세상이 이렇게 아름답고 화려하다면 / 그늘 속에서도 기껍다면 / 하나님은 전능하시고 / 어디에나 계신 것이다."[17] 그뿐 아니라, 신은 선하고 심지어 자신이 만든 피조물이 즐겁도록 애쓴다. 이런 증명의 바탕에는 다윈주의 이전의 생각이 있다는 것은 뻔하다. 인간은 "공기, 식량, 빛"이 필요한데, 보라, 이런 것들이 있다. 물론 "짐승, 고기, 빛" 그 자체는 목적인 것으로 보이지는 않지만 말이다.[18] 닭의 규정은 잡아먹히는 것인가? 기껏해야 인간이 정착하고 가축을 길들이는 관점에서는 그렇게 말할 수 있겠지만, 창조주와 관련해서는 그럴 수 없다. 헤겔은 많은 동물의 먹이는 제한적인데 그 동물 주변에 이 먹이가 실제로 있다는 사실에 인간은 놀란다고 말한다. 다만 비유기적 자연이 어떻게 유기적 자연에 알맞은지는 말하기 어렵다. 헤겔은 지질학 시대의 경과로 비유기적 자연이 만들어지고 식물, 동물, 인간은 "바깥에서"[19] 그리로 왔다고 표현하는데, 이것은 논리의 빈틈을 보여준다. 대체 이 바깥은 어디였다는 말인가? "물리신학"에 대한 다른 반박, 즉 세계에는 그 목적을 쉽게 알아보기 힘든 수많은 악(헤겔에 따르면, 심지어 "무한히 많은 악")도 일어난다는 반박에 대해 헤겔은 짤막한 논리를 제시한다. 도덕적 선은 악과의 투쟁에서만 생생하다. "따라서 악이 끊임없이 생겨나야 한다."[20]

마지막으로 존재론적 신 증명은 헤겔이 세상을 떠난 해의 종교철학 강의에서 비로소 따로 다루어진다. 이 증명의 명칭도 칸트가 붙인 것이다. 그러나 이 증명을 처음 전개한 것은 캔터베리의 안셀무스Anselm von Canterbury이다. 그는 1034년 이탈리아 피에몬테에서 태어나 1109년에 세상을 떠났다. 헤겔은 철학사 강의에서 그를 "종교 교리를 사유를 통해서도 증명하고자 했던 사람들"[21] 중 하나로 보았다. 물론 안셀무스는 믿음에서 이성으로 가는 것을 옹호했지 그 반대는 아니었다(헤겔은 예나 시절에 빌헬름 고틀리프 테네만Wilhelm Gottlieb Tennemann의 12권짜리 철학사에서 이렇게 읽었을 것이다). 게다가 이성은 일차적으로 신을 부인하는 자들을 반박하는 데 필요한 것이다. 신을 부인하는 자들이 늘었다고 생각하는 헤겔은 "우리가 믿는 것을 개념화도 하고자"[22] 노력하지 않는 것이 안셀무스에게는 나태함으로 보였다는 대목을 인용하면서 갈채를 보낸다.

오늘날까지 철학이 다루는 존재론적 증명[23]은 다음과 같다. 신보다 크고 완전한 것은 생각할 수 없다는 것은 아무도 부인하지 않는다. 신은 "그보다 위대한 것은 생각할 수 없는 것"이다. 지고하다는 것은 신의 개념에 속한다. 그렇지 않다면 신이 아닐 것이다. 그렇다면 그의 속성 중에 "실존"이라는 특징이 없을 수 있는가? 신이 실제로도 존재하지 않는다면, 완전하다고 생각되는 신에는 그러한 완전성에 결정적인 어떤 특질["실존"]이 결핍된 것이 아니겠는가? 이를 반박하는 칸트는 실존은 결코 속성이 아니라고 질책한다. 그러니까 생각할 수 있다는 것으로부터 실제로 있다는 것을 도출해야 하는가? 우리가 어떤 완전한 것을 생각할 수 있다고 해서, 그것이 존재해야 하는가? 말장난 같이 들리지 않는가? 언젠가 한 논리학자는 이렇게 조롱했다. "우리는 존재론적 논변을 가능한 신 존재 증명 중 가장 나은 증명으로 정의한다. 그리고 타당한 존재 증명은 부당한 존재 증명보다 낫다. 그러므로 가능한 신 존재 증명 중 가장 나은 증명은 타당하고 따라서 신은 증명된다."[24]

이 농담을 재미있다고 여기지 않을 헤겔에게는 존재론적 증명은 **"유일하게 참된 증명"**이다. "온 세상이 추종하는"[25] 칸트의 비판에 따르면, "실존한다"라는 술어는 어떤 개념에 아무것도 덧붙이지 않는다. 따라서 개념으로부터 실존을 증명할 수는 없다. 헤겔은 이 대목에서 이런 반론을 인정하면서도 이 반론이 잘못된 곳에 놓인다고 본다. 존재론적 증명은 논리적 추론이라기보다는, 신 개념이 단지 주관적인 것이 아니라는 의미이다.[26] 헤겔은 강의에서 의식이 신에게로 실제로 "고양"함을 해명하려는 의도를 여러 차례 강조한다. 때로는 헤겔이 신의 존재가 아니라 신을 인정하는 의미를 증명하는 것처럼 보이거나, 의식에게는 신을 생각하고 그로부터 신의 존재를 추론하지 않을 수 없다고 말하는 것처럼 보이기까지 한다. 의식에 불가항력으로 달라붙는 것을 한낱 표상에 불과하다고 간단히 거부할 수는 없기 때문이다.

헤겔은 개념과 존재의 대립은 추상일 뿐이라고 말하는 듯하다. 물론 존재하지 않는 어떤 것의 개념도 있을 수 있다. 유니콘이 그렇다. 다만 헤겔이라면 그것을 개념이라고 부르지 않을 것이다. 적어도 유니콘이 존재하거나 존재하지 않는다고 말할 수 있는 기준을 기대하지 않을 것이다. 달리 말해, 우리는 어떤 것에 관한 적절한 개념이 아직 없더라도 그것에 관해 말할 수 있다. 가령 "동물의 영양섭취 방식은 그것의 진화에 관한 이론 없이는 개념화할 수 없다"라고 말할 수 있는 것이다. 그러나 헤겔이 보기에 자신을 부정하는 것은 사유의 본성이다. 그래서 사유는 자신을 검토하고 자신이 지닌 개념들을 검토할 때 환상에 빠지지 않는다. "신"은 바로 그런 개념이다. 헤겔이라면 이렇게 말할 수도 있을 것이다. 우리는 어떤 것에 관해 말하면서도 그것을 찾지 못할 수 있다. 마치 신을 어디에선가 감각을 통해 만날 수 있다는 듯이, 그리고 세계에 대해 경탄하면서, 장 파울의 꿈에 나온 그리스도처럼 "존재가 그늘을 드리우는 데까지" 온 우주를 찾아 헤매더라도 말이다. 우리는 헤겔이 개념의 나라를 그렇게 부르듯이, 저 "그늘의 나라, 모든 감성적 구체화에서 벗어난, 한낱 본질들의 나라"[27]에서도 찾아야 할 것이다. 그러니까 신은 다만 하나의 개념인가? 헤겔은 여기에서 "다만"이라는 말이 무슨 뜻인지 이해하지 못할 것이다.

시작보다 끝이 많을 때

- 미래에 대한 헤겔의 생각,
   그리고 분쟁에 휘말린 헤겔

"바라건대, 계속되기를"

마리 레티치아 보나파르트 Maria Letizia Bonaparte

시작보다 끝이 많을 때

베를린 대학에서 헤겔의 주요 강의들을 훑어보면 울적한 소견을
가지기 쉽다. 헤겔의 두 편의 대저大著《정신현상학》(1807)과《논
리학》(1812-1816)에 달린 서론에서는 학문을 어떻게 시작해야
하는가라는 물음에 천착한다.《정신현상학》의 서두에서는 의식
의 새로운 형태들은 마치 번갯불처럼 완전히 새로운 세계를 확립
한다고 말한다.《논리학》의 서두에서는 심지어 이 책을 창조 이
전 신의 생각을 묘사한 것으로 읽을 수도 있다고 말한다. 헤겔 생
전에 세 번째이자 마지막으로 출간된 대저《법철학 강요》(1821)
는 이와는 다르게 시작한다. 단번에 현대로 도약하여, 철학이 이
현대에 비추어 자신을 증명해야 한다는 것이다. 철학은 "사유로
포착된 자신의 시대"[1]이다. 헤겔은 그 서설에서 동시대인들의 여
러 골치 아픈 문제를 힐책하고 논박하면서 자기 논변의 영향력을

의식하고 있음을 드러낸다.

이런 서두를 절대정신의 여러 부문(역사, 예술, 종교, 철학사)에 관한 강의들에 나타나는 시대 진단과 비교하면, 납빛의 말세 분위기가 급작스레 등장한다는 인상을 떨치기 어렵다. 종말론적이지는 않다. 헤겔은 세계가 붕괴할 것으로 믿지 않았고, 자기의 세계조차 붕괴할 것으로 믿지 않았다. 그러나 헤겔은 자신에게 프랑스혁명이 의미하던 시대 전환을 돌파하자마자 그리 유쾌하지 않은 또 다른 전환에 직면하게 되었음을 알게 되었다. 이것을 이해하는 것은 50살에 다시 한 번 모든 것을 처음부터 철두철미 사유해야 한다는 과제를 안겨 주었다. 달리 말해 헤겔은 거시 이론이 부딪히는 문제, 즉 경험에 의존하고 시간이 많이 소요된다는 문제에 봉착한 것이다. 그래서 한스 블루멘베르크Hans Blumenberg의 [세계시간과 생生시간이라는] 구별을 변주하자면, 세계시간과 이론시간은 분리된다.

지적인 자기교양을 시작하면서 헤겔은 세계의 역사적 박자와 조화를 이루고 있음을 느낄 수 있었다. 이 점을 가장 잘 보여주는 것은 저 허구의 장면, 즉 나폴레옹이 말을 타고 예나를 가로지르고 이 철학자가 무절제한 역사 인식을 완성했다는 저 장면이다. 그때까지는 법철학이 현대와 조화를 이룰 수 있었다. 그러나 그 직후 흐름은 단절되지만, 이 단절은 헤겔의 분석들에서 나타나는 그야말로 무한히 풍요로운 통찰에 가려진다. 그의 분석들은 그때까지 유례없는 논증 양식으로 무수한 인식을 차례차례 길어 올렸지만, 아울러 헤겔 등 뒤로 사라져가는 세계를 다루는 것이었다.

헤겔은 예술의 종언을 진단했다. 예술 생산이 중단된다는 것은 아니다. 그러나 최고의 공적 관심을 요구하는 예술의 권리는 사그라들었다. 헤겔이 그리스의 아름다운 신화에서 찾은 의미와 비교한다면, 이것은 계층에 관한 분석이다시피 하다. 당대 예술은 소수에만 영향력을 발휘하는 데다가, 이 소수마저 예술과 경쟁하는 다른 여가 활동들까지 좇고 있다는 것이다. 이와 달리 19세기 소설이나 20세기 영화가 세계 인식에 미친 영향을 고려한다면, 이것은 상당히 당대에 국한된 진단이다. 적어도 헤겔이 요구하는 그런 예술은 이미 충분히 있던 것이다. 하지만 헤겔이 자기 시대에 발견한 것은 낭만주의의 참기 힘든 과장이거나,《서동시집》을 지은 만년의 괴테나 프리드리히 뤼케르츠Friedrich Rückerts의 절제된 유희적 작품이었다. 헤겔은 특히 낭만주의의 과장이 거슬릴 뿐 아니라, 아이러니라는 낭만주의의 근본 아비투스도 도덕적으로 경멸했다.

헤겔은 어떤 의미로는 종교에도 종지부를 찍었다. 종교철학 강의 마지막 부분에서는, 서기 38년 성령강림절부터 성령이 임했던 종교 공동체는 끝내 해소된다. 왜 그런가? 종교 공동체가 하나의 조직이자 유형의 교회로 존재하는 것은 헤겔의 기준으로는 어차피 적절하지 않기 때문이다. 이에 비해 무형의 교회는 한편으로 계속 보이지 않았지만, 다른 한편으로 자유 사상의 각성에 중요한 것을 국가와 국민의식에 선사할 수 있다. 국가의 종교는 가족, 법률, 노동에의 정서적 몰입, 다시 말해 경건하고 "윤리적인" 삶이기 때문이다. 그러나 헤겔은 여기에서 이기주의가 유발하는 혼란도 발견한다. 그래서 이성이 사법私法 안으로 도주했고, 객관적 진리가 아닌 여론이 널리 퍼진다고 말한다. 여론은 오로지 소유와 향유만 따지는 것이다. 국가가 이것을 "바깥에서 억누른다고 해도" 아무것도 바로잡지 못한다. 헤겔은 1821년 이렇게 묻는다. "그러나 신의 나라가 영원히 확립되고, 성령 자체가 영원히 종교 공동체 안에서 살아가며, 지옥문이 교회를 압도하지 못하는 여기에서, 어떤 몰락을 이야기할 수 있는가?" 이에 대한 헤겔의 대답을 듣는 사람은 이 대답이 전달하는 바를 흘려들을 수 없다. "그러니까 몰락을 이야기하는 것은 어떤 불협화음으로 끝나기 마련이다." 그리고 이 말을 단박에 알아듣지 못하는 사람들을 위해 이렇게 덧붙인다. "그러나 무슨 소용이 있겠는가? 이런 불협화음은 현실에 존재하는데." 물론 이성이 종교와 화해했기에 철학은 이런 불협화음을 종식했으나 여기에는 "외적 일반성"이 없다고 (강의에서는) 거리낌 없이 말한다.[2] 그리고는 철학은 현대가 "그 분열에서" 어떻게 빠져나올지에 관심이 없다고 무뚝뚝하게 선언한다. 철학은 자기의 시대를 사유로 포착한다는 경구를 쓴 사람이 자기 시대의 분열에 관심이 없다고 말하는 것인가?

그것은 어떤 분열인가? 헤겔은 처음에는 이기주의와 인류의 대립으로 파악했다. 여기서는 "시토아앵citoyen"으로서의 시민과 구분하여, 비즈니스 이익의 대표자인 "부르주아bourgeois"로서의 시민을 호명하고 있음을 알 수 있다. 그러나 그는 철학은 이런 불협화음을 해소했다고 주장하기 전에 전혀 다른 식으로 이 불협화음을 재차 묘사한다. 왜냐하면 부르주아로서의 시민과 시토아앵으로서의 시민의 구분, 욕구의 체계의 시민과 국가의 시민[국민]의 구분은 완전하지 않기 때문이다. 이 두 종류의 시민도 아니고, 귀족도 아니며, 성직자도 아닌 사람들이 있는 것이다. 빈자에게는 이제 복음을 설교하지 않는다고 말할 때 헤겔은 이들을 염두에 두고 있다. 다만 헤겔은 이런 논쟁을 하필 자선의 설교자이자 교양인인 슐라이어마허에 대해서도 억제할 수 없었다.[3] 그러나 민중은, 저 가난한 사람들은 기독교가 체현하는 "가없는 고통"에 "여전히 가장 가깝게" 있다.[4] 가장 많이 체념해야 하는 사람들이야말로 그리스도가 전하는 말을 가장 잘 이해한다는 것이다. 그러나 이들에게 고통 없는 향유가 가능하다고 언약한들, 이들은 모든 종교에 버림받았다고 느낄 수 있다.

철학자 요아힘 리터가 논평한 것처럼,[5] 역사 강의는 헤겔이 미래에 관해 말하는 몇 안 되는 지점 중 하나에서 불균등한 대립을 근심스레 진단한다. 그것은 "욕구의 체계"에서 나오는 자유주의적 기대와 (그가 보기에 선출된 의원보다는 이성적 관료가 대표하는) 막 형성되고 있는 행정국가 사이의 대립이다. 그는 프랑스에서 "원자들의 원리"인 자유주의와 가톨릭 권력이 대립하고 있음을 본다. 그는 시민사회 전체를 "자의의 군집"으로 진단한다. 경제학에 따르면, (욕구들이 서로에게 의존함에 따라) 이런 군집은 우연적이고 부차적으로 어떤 질서를 낳는다. 헤겔은 이에 대해 매우 놀라면서 이 질서를 행성계와 비교한다. 행성계도 첫눈에 보기에는 어떤 질서를 따르는지 알 수 없는 것이다.[6] 원자들의 원리, 자의의 군집, 행성계. 헤겔은 시민사회에 있어서 불안정과 "방탕과 빈궁, 그리고 양자가 벌이는 공동체적이고 인륜적인 타락의 연극"[7]을 강조해야 할지, 아니면 이런 연극이 따르는 질서를 강조해야 할지 결정하지 못한다. 헤겔은 자유와 평등이 욕구의 체계와 국가에서 다소 다른 의미라는 것을 강조하지 않는다. 자유 언론과 의회를 통해 자유와 평등의 이념을 획득할 기회가 충분했던 영국에서는 추상적 원리는 아무 의미가 없다. 영국 철학을 대단히 과소평가하는 헤겔이 보기에 그것은 영국의 교양이 추상적 원리를 따지기에 충분하지 않기 때문이기도 하다. 그러나 그 이유는 또한 영국에서 (그렇게 명명할 수 있다면) 국가는 그야말로 특수한 결정 단위들을 조립해 놓은 것이기 때문이기도 하다. 그 외에도 헤겔에게 영국의 정신은 비즈니스 정신이고, 이 정신의 "위대한 사명"[8]은 식민지 주민을 사적 소유의 이익을 보호하는 단체 구성원으로 재교육하는 것이다. 영국에서 자유는 자기 표를 팔 수 있고 의회 의석을 살 수 있다는 데 있다. 헤겔이 프랑스의 부단한 정권 교체를 겨냥해 말하는 것은 정치 세계 전체에 관한 그의 입장에 들어맞는다. "그렇게 계속 움직이고 동요한다."[9] 철학의 관점에서 보는 그는 좀 더 평온하기를 바라는 것이다.

헤겔은 미래에 관해 말하는 또 다른 곳에서, 이런 평온이 북미에 있다고 본다. 그러나 구대륙의 이론가인 헤겔은 여기에 대해서는 많이 이야기하지 않는다. "미래의 나라인 이곳은 전혀 우리의 관심을 끌지 않는다."[10] 철학은 과거 및 현재에 관심을 가지는 것만으로도 충분하다. 그래서 이 신생 민주주의가 일으키는 동요를 뻔한 수법으로 해결한다. 그대는 이제까지 일어난 모든 일과 그대 자신의 시대에만 책임이 있고, 그대 자신의 시대에서 그대를 불편하게 하는 것은 미래에 속한다고 규정하라. 그렇지만 이미 당시에는 미국에 관한 문헌이 허다했고, 이 불충한 식민지와 종교적 이주의 연관이 분명했으며, 파리보다 먼저 이곳에서 인권 선언이 이루어진 것이다. 미국은 의문의 여지없이 헤겔의 현재에 속했다.

따라서 상당한 동요는 불가피했다. 신대륙, 원자들의 원리와 이성적 국가의 긴장, 부를 창출하는 와중에 빈곤의 창궐, 일반적으로 바라는 대중의 경건성으로서의 기독교의 쇠퇴. 이 모든 것이 자신의 철학에 대립한다는 것을 헤겔이 모를 리 없었다. 헤겔 철학은 현대 사회가 풀어놓은 제반 모순의 동요를 이성을 통해 진정해야 한다고, 타당한 이유를 가지고 믿은 것이다.

이러한 동요를 일으키는 한 가지 요소를 상세히 살펴보자. 그것은 시민사회가 유발한 빈궁이다. 정확히 표현하자면, 가난은 이전에도 있었다. 그리고 자본주의 역사가 대중이 빈곤해지는 역사인가를 둘러싼 토론은 유서 깊다. 헤겔에게 중요한 것은 이전 사회들과는 달리 시민사회를 짓밟는 빈궁을 모순으로 파악해야 하는가였다. 19세기로 넘어가던 시기에 유럽에서 도시 주민의 20퍼센트에서 30퍼센트가 최저생계비 경계에서 살고, 10퍼센트에서 20퍼센트는 보조금으로 살았다고 추산된다. 예컨대 1801년 베를린에서는 인구의 8.5퍼센트에 달하는 빈민 1만 3천 명이 "빈민구호 담당관" 20명의 보호를 받았다. 가난해서 세금이 면제된 베를린의 가구는 1815년은 아직 5퍼센트에 머물렀지만, 1828년에는 이미 17퍼센트로 증가했고 1830년에는 20퍼센트까지 치솟았다. 그뿐 아니라 도시 수공업자들은 일단의 부유한 사람들과 불안한 상황으로 추락하는 사람들로 쪼개졌다. 하인과 점원들의 사정도 딱하기는 마찬가지였다.[11]

헤겔은 《법철학 강요》에서 산업화, 인구 증가, 종속적 위치의 전문화된 직업 활동, "이러한 노동에 구속된 계급의 곤궁"[12] 간의 연관에 관해 적었다. 그는 이들을 위한 자유와 교양은 빈말에 불과함을 알았다. 가난한 집안의 아이는 정신적으로나 직업적으로 교육받을 기회가 없었다. 빈민들은 쉽게 병에 걸렸고 의사에게 갈 돈도 없었다. 또한 법정에서 정의를 구현할 수단도 없었다. "그래서 빈곤은 가혹한 상태이다."[13]

시민사회는 사람들더러 자신을 위해 노동하도록 요구하므로, 사람들도 자기 잘못도 아닌데 재능이나 기술이 없어 노동하지 못한다면 시민사회에 권리를 요구할 수 있다. 헤겔의 관찰에 따르면, 기업들의 경쟁 및 생산의 기계화 모두 실업을 유발할 수 있다. 그러면 다른 곳에서는 노동력에 대한 수요가 생길 것이라는 논리는 이곳에서 실직한 사람을 먹여 살리는 데 그다지 도움이 안 된다. 거꾸로 복지 행정이라는 "일반 권력"이 이런 개인들에 대해 가족의 위치를 넘겨받는다. "이런 처지와 억울함"에서 노동 기피나 악의를 비롯한 오만가지 악덕이 생겨나는 곳에서조차 말이다. 따라서 헤겔은 가난으로 인해, 요즘 식으로 말한다면 기회를 박탈당한 느낌이 생긴다면 이런 빈곤이 악화한다고 본다. 헤겔은 이런 느낌을 "자신의 활동과 노동으로 존립할 권리와 정의와 명예의 감정을 상실하는 것"[14]이라고 표현한다.

따라서 그가 "폭민暴民"이라고 부르는 것이 생긴다. 그리고 이들은 값싼 노동 예비군이 되어 부를 형성하는 데에 이바지한다. 가난 자체가 폭민을 만드는 것이 아니다. 폭민을 만드는 것은 "부자, 사회, 정부"에 대한 분노, 그리고 그래도 부양받을 권리를 주장하는 규율 결핍이다. 우리는 여기에서 헤겔이 느끼는 동요를 알 수 있다. "어떻게 가난에서 벗어나게 도울 수 있는가라는 중차대한 물음은 주로 현대 사회를 흔들고 괴롭히는 물음이다." 헤겔 저서들의 색인에서 입증되듯이, 이 문장은 헤겔 저서에서 현대 사회에 대해 말하는 유일한 대목이다.[15]

1821/22년의 법철학 강의에서 헤겔은 복지국가를 가리켜 목적세를 거둬서 가난한 사람들을 먹여 살리려는 부자들의 동맹이라고 여긴다.[16] 그런데 헤겔이 보기에 이것은 노동으로 생계를 유지한다는 시민적 원리와 충돌한다. 그뿐 아니라 구호를 받는다는 것은 개인의 명예와도 충돌한다. 일자리를 잃고 후견을 받는 굴욕을 겪는 빈민들은 바로 그렇게 되어서는 안 되는 것, 즉 폭민이 된다. 따라서 헤겔에게는 구빈세는 가난의 제도화와 다름없다. 먼 나라들을 식민화하여 상품시장을 확대하고 "잉여" 주민을 이주시키는 것(헤겔은 식민지에서의 자원 약탈은 언급하지 않는다)도, 아메리카 사례에서 보이듯이 결국 해결책이 아니라 단지 사회 문제를 공간적이고 시간적으로 미루는 데 불과하다. 마지막으로 헤겔은 "직업단체Korporation"에 대해 말한다. 이러한 직종별 보장 공동체

에서는 가령 특정 업종에 소속된 수공업자들이 빈곤의 나락으로 떨어지는 구성원을 돕는 것이다. 그러나 빈민들 자신은 직업단체를 구성할 수 없다. 그리고 실업자들에게는 노동조합도 없다. 헤겔이 묘사하는 시민사회에서 이들은 정치적으로 대표되는 어떠한 신분도 이루지 못한다. 따라서 헤겔이 깊이 숙고하지는 않더라도 묘사하고 있는 "골치 아픈 문제"의 범위에는 보통선거제, 정당정치, 그리고 사회국가 태동에 이바지한 사회적 저항 등이 속한다. 헤겔 이후 반세기가 지나서야 빈민들이나 빈민으로 전락할 위기에 처한 사람들이 ("계급"[17]보다는) 유권자를 이루는 동시에 야당을 형성하고, 이보다도 훨씬 나중에야 대량소비가 정치경제 질서를 안정시키는 요소로 확인되었다. 그리고 나서야 비로소 저 골치 아픈 문제는 "시민사회"의 배경으로 물러나게 되었다.

그러나 1821년부터 헤겔은 크게 동요한다. 50대에 접어든 그는 신중하게 현대와 거리를 두기 시작한다. 젊은 시절의 세계에 대한 향수 어린 집착 때문은 아니다. 그가 대오각성하여 낙원에서 추방된 징후는 없다. 당대의 청년들에게 할 말이 더 없다고 생각하기 때문도 아니다. 그의 강의는 점차 인기를 누렸고 1821년경 그의 학생 수는 끊임없이 늘다가 만년에야 줄었다. 자비니는 헤겔 학파에 속하지 않으면 베를린 대학에 임용될 수 없다고 불만을 토로했다.[18] 베를린에서 헤겔은 차차 사람들이 그에 대해 말하고 그를 초대하고 그에게 문의하는 공인이 되었다. 그 자신은 과로할 지경으로 집중적으로 일했다. 동시대인들은 그가 조로하고 표정이 생기를 잃었다고 말했다. 그리고 헤겔은 어마어마한 양의 자료를 소화했다. 가령 철학사 강의가 그랬는데, 이 강의는 미학 강의보다도 넓은 범위를 다루는 것이다.

그렇다. 그가 점차 현대에 거리를 두고, 법철학 외에는 자기 체계의 수준에서 현대를 다루기를 꺼리는 진정한 이유는 개인사에 있지 않다. 그것은 그가 잦은 빈도로 역사적 균열을 경험하기 때문이다. 한번 개괄해 보자. 청년기의 후기 계몽주의, 프랑스혁명, 칸트, 횔덜린의 열광과 (자신의 직업 궤도는 완전히 불확실한 가운데) 곧 신의 나라가 실현되리라는 무모한 생각. 이어서 사유를 통해 신의 나라는 아니더라도 이성을 끌어내리려는 예나에서의 시도, 마지막으로 《정신현상학》과 《논리학》(그 초판 서설에서는 "새로운 창조가 시작될 발효의 시간"[19]이 1812년 당시에는 이미 지나간 것처럼 보인다고 썼다)의 사상적 과잉, 그리고 마침내 성사된 하이델베르크 대학과 베를린 대학 임용, 그리고 베를린에서 정신적 자유 및 프로이센 국가를 둘러싼 갈등.

그는 세상을 떠난 해에 《논리학》 2판 서설을 썼다. 여기에서 헤겔은 플라톤이 《국가 Politeia》를 일곱 차례나 개작했는데, 다루는 대상이 더 까다롭고 자료가 더 많은 현대의 상황에서는 일흔 일곱 번 개작할 여유가 있으면 좋겠다고 썼다. 그러나 자신이 사는 시대는 "지극히 급박하고 시대적 관심의 크기와 다양함 때문에 불가피하게 산만한 상황이다. 심지어 시끄러운 일상의 소음이나 그것[일상의 소음]에 매달리는 덧없는 공상의 귀가 먹먹한 수다 때문에, 오로지 사유하는 인식이라는 적요한 열정에 참여할 여유가 있는가라는 의혹이 만연하다."²⁰ 헤겔은 이미 1807년 편지에서 철학은 고독한 자의 일이라고 쓴다. "두 가지는 원래 하나이다. 철학은 고독한 것이다. 철학은 골목과 시장에 속하지 않지만, 그렇다고 인간이 하는 일에서 멀어지지 않는다. 철학은 인간사에 관심을 두는 것이다. 철학은 지식에서도 멀어지지 않는다. 철학은 지식에서 자부심을 느끼는 것이다."²¹ 아울러 철학은 "일상의 역사에 주목한다." 그는 한편으로 이른 청년기부터 영향력을 노리고 있었고 민중교육을 자신의 사명으로 여겼다. 그러나 다른 한편 철학자를 자신이 되기를 꺼린 성직자의 후예로 보기도 했다. 즉 철학자는 "유용함이 아니라 지복을 위해" "세계에서 멀어진다"²²(오늘날에는 아마 "세계 안에서" 세계의 인식에 "전문화"된다고 표현할 것이다).

그러니 법철학이 출간된 1821년에 이미 헤겔은 지난 20년 동안 얼마나 고단한 삶을 살아왔는지 느꼈다. "선동으로 인한 고난"을 "대과大過 없이 넘겼다." 그는 자신의 종교철학이 무신론이라는 비난을 받을 것이라고 생각하지는 않았다.²³ 그는 원기를 회복하기 위해, 지난해에도 방문한 드레스덴으로 갔다. ("그곳을 보면서 벌써 삼십 년이나 오지 않았음을 깨닫고 마음이 아팠습니다."²⁴) 그는 미술관에서 특히 한스 홀바인Hans Holbein의 그림 《성모와 마이어 시장 일가Madonna mit der Familie des Bürgermeisters Meyer》를 보고, [다름슈타트 마돈나가 아니라] 이것[드레스덴 마돈나]이 베를린에 있는 사본의 원본임에 "틀림없다"라고 판단한다. 헤겔은 미학적 근거를 들지만, 그것은 오류였다. 또한, 당대 관습에 따라 헤겔은 햇불을 비춘 고대 조각들을 관람했다. 그다음에는 보헤미아 지방의 온천들을 방문했다. 그러나 베를린으로 돌아오자 부인이 유산하고 이어서 병을 앓았다. 헤겔 자신도 몸이 좋지 않았다. 그는 예전에 약속한 봉급 인상을 승인해 줄 것을 알텐슈타인에게 청원했다. 자신이 사망 시에 부인을 돌보기 위해서 과부 공공 부조기금에 가입해야 한다. "제가 가졌던 재산은 지금 국왕 폐하에게 복무하기 위한 저의 교육에 모두 사용했기 때문에" 저금해 둔 것도 없다는 것이다. 가족이 병들어도 돈이 많이 들고 베를린의 학교는 비싸다. 그리고 부업을 하려 해도, 자신의 학과는 잘 허용해주지 않고, "다른 많은 교수가 속한 학과들보다 시간과 노력도 더 듭니다"[25]라고 썼다. 얼마 후 알텐슈타인은 프로이센의 재상 카를 아우구스트 폰 하르덴베르크가 지난해까지 소급하여 연간 300탈러를 추가 지급하도록 허가했다는 회신을 보냈다.

여러 번의 질병, 본처의 아들들은 베를린의 프랑스 김나지움에 진학했지만 사생아의 김나지움 교육을 불가능하게 만든 재정난, 법철학으로 인한 선동적 박해를 둘러싼 알력 외에도 다양한 다툼이 있었다. 슐라이어마허와의 분쟁은 개와 같은 철저한 의존성이라고 비난한 그 사건 이후에는 회복될 수 없었다. 헤겔은 관계 회복을 꾀하지도 않았을 뿐 아니라, 1823년 역사철학 강의에서 다시 걷어찼다. 호메로스의 《일리아스》에 나오는 입심 사나운 테르시테스Thersites를 들어 슐라이어마허의 곱사등을 암시하면서, 오늘날의 선동가 중에도 이런 인물들이 있다고 말한 것이다.[26] 슐레겔과의 끝없는 분쟁도 계속되었다. 헤겔은 힌리히스의 종교철학 저술에 서문을 써주면서, 슐레겔을 소피스트라고 적었다. 이런 소피스트의 지혜는 허영, 우연, 세상에 대한 단순한 견해를 철학이라고 내놓는 데 불과하다는 것이다. 또 힌리히스는 1821년 5월 스승에게 쓴 편지에서, 거의 15년이나 소식이 없던 셸링이 헤겔에 대해 매우 비판적으로 말하고 있다는 소문을 에를랑겐으로부터 들었다고 적었다. 또 헤겔은 제자 카를 루트비히 미헬레트 Karl Ludwig Michelet에게 지질학에 관련된 주제로 박사논문을 쓰지 말도록 권유했다. 헤겔이 괴테의 색채론을 옹호하여 자연과학자들의 (미헬레트는 "증오"라고 표현한) 흥분을 돋운 적이 있기 때문에, 이런 글은 벌집을 쑤시는 것이라는 이유에서였다.

헤겔은 자기도 모르는 사이에, 1813년 예나에서 충족이유율에 관한 박사논문을 쓴 젊은 강사와의 질긴 분쟁을 시작하게 되었다. 쇼펜하우어는 출판업자이자 서적상인 프로만에게 이 박사논문과 더불어 자신이 빌렸던 헤겔의 《논리학》을 보내면서 이렇게 덧붙였다. "저와 마찬가지로 선생님도 이따위 책은 거의 읽지 않으신다는 것을 알기에 이렇게 오래 가지고 있었습니다."[27] 1819년 출간된 쇼펜하우어의 철학적 주저[《의지와 표상으로서의 세계》]에 대한 촌평에서 장 파울은 "도저하고 예리한 천재적 철학서이지만 그 깊이는 종종 암담하고 형언할 수 없어서" 상찬할 수는 있지만 동의할 수는 없다고 말했다.[28] 이자생활자이던 젊은 쇼펜하우어는 그 후 금전적 어려움에 빠졌고 베를린에서 교수자격시험을 보고자 했다. 쇼펜하우어와 서신교환을 하던 베를린 대학의 동물학자 마르틴 리히텐슈타인Martin Lichtenstein은 베를린 대학에 학생이 많으며 헤겔 덕에 철학 공부하는 학생이 많아졌다고 전한다. 헤겔은 이 철학적 기인이 베를린에서 강의하고 싶다는 청을 받아들였고, 심지어 이 천재가 헤겔과 같은 시간에, 즉 오후 4시부터 5시 사이에 강의를 개설하겠다는 추가 요구도 들어주었다. 학부에서는 이런 요구가 지나친 오만과 허세라고 생각했지만, 당시 헤겔은 이런 사소한 일에 얽매이지 않았다. 이 청원인은 다양한 유형의 원인을 새롭게 다루는 자신의 시범 강의를 헤겔 교수가 허락했다고 학장에게 통지했다.

이어서 [시범 강의에서] 원인, 자극, 동기의 차이에 대해 논하자, 헤겔은 이 후보자에게 길에 누운 말도 동기가 있는지 물었다. 쇼펜하우어는 든든한 바닥, 피로, 말의 "성질"이 동기라고 답했다.[29] 헤겔은 "동물적 기능"이라는 원인이 정말로 동기인지 짤막하게 캐물었다. 오늘날에도 이런 물음에 대해서는 몇 학기에 걸친 세미나를 열 수 있을 것이다.[30] 이에 대해 쇼펜하우어는 "무식하신 분"이 등장했다고 평했다고 한다. 동물학자 리히텐슈타인이 끼어들어서, 자신의 학과에서는 사실 동물의 "의식적 운동"을 동물적 기능이라고 부른다고 말했다. 그래도 실질적 문제는 전혀 해명되지 않았지만, 헤겔은 계속 문제를 제기하지는 않았다. 쇼펜하우어는 시험을 통과했다. 헤겔과 경쟁하는 그의 강의를 듣는 학생은 적었다. 교수 자격시험을 그토록 갈구하던 쇼펜하우어는 나중에 "강단 철학자들"에 대해 자주 조롱한다.

헤겔은 1822년 2월 《할레 일반 문학 신문》에 실린 《법철학 강요》에 관한 익명의 서평에 격분했다. 헤겔은 "진정한 공동 정신을 지닌 민족"에게는 국가도 모든 시민의 우애로 유지된다는 프리스의 주장에 대해, 여기에서는 모든 것이 "심정의 곤죽"으로 뒤섞인다고 조롱한 적이 있다. 이 익명의 서평은 이것이 "그렇지 않아도 곤경에 빠진 사람"을 고의로 모욕한 것이라고 비난했다. 로젠크란츠에 따르면, 헤겔은 정치 참여 때문에 몰락한 철학자를 자신이 다시 한 번 공격했다는 비난에 격노했다. 헤겔은 문화부에 이의를 제기한다. 할레는 오래전부터 다시 프로이센에 속했다. 헤겔은 이 일은 언론의 자유를 악용하면 어떤 일이 벌어지는지 잘 보여준다고 말한다. 알텐슈타인은 《문학 신문》에 경고를 하기는 했지만, 헤겔에게 자신의 법철학을 상기시켰다. 그는 인격권의 문제는 재판으로 해결하기를 권고하고, "공중을 고려하여" 가능하다면 공개적으로 응답하기를 권고한 것이다.[31] 헤겔은 두 가지 모두 실행에 옮기지 않았다. 1821년부터 1830년 사이에는 헤겔의 명성 탓에 일어난 여러 사건이 연구를 방해했다. 헤겔은 매해 스스로 유발한 새로운 분쟁, 갈등, 적대에 휘말렸다.

가령 하이델베르크 대학에서 티보에게서 로마 채권법 전공으로 박사학위를 받은 법학자 에두아르트 간스Eduard Gans는 1820년 베를린 대학에 임용을 요청했지만 거부당했다. 타계한 그의 부친은 베를린의 은행가 아브라함 간스Abraham Gans로서, 프랑스와의 전쟁에서 패배한 프로이센의 채무 관리에 깊이 관여했고 재상 하르덴베르크와도 절친했다. 간스는 괴팅겐 대학 학생일 때 이미 부친에 대한 비판을 공개 반박한 바 있다. 부친의 은행이 메클렌부르크 수렵 최고담당관의 차용증을 시장에 내놓아서 그를 파산

시켰다는 것이다. 베를린 대학에서 가르치는 역사학자이자 스칸디나비아 학자로서 이미 그 전에 반유대주의 문서를 발표했던 프리드리히 뤼스Friedrich Rühs는《바이마르 야당지Weimarer Oppositionsblatt》에서 그가 "유대인"인 데다가 "고리대금업자"라고 비난을 퍼부었다. 한평생 공적인 발언에 거리낌이 없던 간스는 이러한 "추잡한 기고자"의 "조야한 말"을 반박함으로써 고향에서 유명해졌다.[32] 유대인이므로 1819년 뤼스가 재직하던 베를린 대학 법학부에서 박사학위 과정을 밟을 수 없었을 간스는 이 대학에서 교수 자격 시험을 보고자 했다. 그는 베를린에서 독일법의 스승으로 간주되던 자비니와 마주쳤다. 자비니는 1816년 논문에서 유대인은 "그 내적 본질에 있어서 언제나 우리에게 이방인"이며, 유대인의 평등은 그들의 "불운한 민족적 존재"를 승인하고 나아가 확산하는 결과만 낳을 것이라고 썼다.[33] 따라서 그는 유대인을 동료로 맞는 것은 꿈에도 생각하지 않았다. 간스는 교수 자격시험 절차를 밟는 도중 자신의《가이우스 주해Scholien zum Gajus》서문에서 자비니의 제자를 비판했을 뿐 아니라, 이름만 명시하지 않았을 뿐 자비니도 그 자신을 맹목적으로 추종하는 학파의 "교황"이라고 불렀다. 그리고 학문은 "교회가 아니라 진리를 알아야 하고, 교황이 아니라 진리 추구를 알아야 한다"[34]고 말했다. 이런 일은 상황을 악화시켰다. 학부는 야비한 이유를 들어 간스를 거부했다. 저명한 유대인 가문의 아들이 이미 기독교로 개종했는지 의문이라는 것이다.

　간스가 자신의 입장을 고수하고 카를 하르덴베르크와 알텐슈타인 모두 그의 종파 때문에 강의를 못 하게 할 수는 없다고 생각했기 때문에, 자비니는 1821년 독자적으로 소견서를 작성한다. 여기에서 과도한 비교를 하는데, 유대인을 신학부에 받아들이는 것도 상상할 수 없다는 것이다. 자비니가 보기에 법은 그 법이 유효한 민족의 역사 및 특성과 긴밀한 관계를 맺고 있기 때문에, 이 방인을 그것을 이해할 수 없을뿐더러, 가르칠 수는 더더욱 없다. 게다가 유대인 법학 교수가 학생들을 개종시키지는 않겠지만 기독교, 게르만, 프로이센에 소원하게 만들 것이다.[35] 내각 사무처, 문화부, 대학 사이에서 의견이 오가다가, 마침내 1822년 국왕은 유대인 교수 임용을 허용한 1812년 평등 칙령을 철폐하고 명시적으로 "간스 법"을 선포하는 형태로 간스에 불리하게 결정했다.

그러는 사이에 간스는 1820년 여름 드레스덴의 주점 '푸른 별'에서 만난 적이 있는 헤겔에게 이 문제를 호소했다. 푀르스터의 전언에 따르면, 이 전설적인 저녁에 친구들과 함께 있던 헤겔은 마이스너 와인 대신 모두를 위해 '질러리 샴페인'을 주문하고, 놀라는 동료들과 함께 그날을 기념하여 잔을 비우자고 했다. "우리는 이날의 의미를 곧바로 떠올리지 못하면서 잔을 비웠다. 헤겔은 의아하다는 듯이 우리를 바라보고는 목소리를 높여 이 잔은 1789년 7월 14일을 위한 것이라고 말했다."[36]

그날을 위해 건배한 이 사람은 간스의 관심을 끌었다. 그러나 당시 생기던 [헤겔의] 제자와 친구들에게 이보다 훨씬 중요한 것은 프랑스혁명에의 축배로부터 귀결하는, 유대인 시민의 권리에 관한 헤겔의 태도였다. 헤겔 법철학의 가장 긴 절인, 종교와 국가에 관한 270절에 달린 각주에 따르면, 법적 관점이나 "여타 관점"에서 제기되는 유대인에 대한 악평, 즉 유대인이 다른 종교에 속할 뿐 아니라, 자신을 다른 민족으로 본다는 비난은 유대인이 무엇보다 인간이라는 점을 간과한다. 이것은 어떤 추상적 성질이 아니다.[37] 간스는 먼저 헤겔 학도로 개종했고 1823년에는 헤겔 역사철학의 영향을 받은《세계사 발전에서 상속법 Erbrechts in welt-geschichtlicher Entwicklung》1권을 출판했다. 그리고 (대학은 개종할 만한 가치가 있기에) 1825년 파리에서 기독교로 개종했다. 1826년에는 베를린 대학의 비전임교수로 초빙되고, (알텐슈타인이 자비니에 호의적인 왕세자가 하필 여행 중이었던 때를 활용하여) 1828년에는 정교수로 초빙되었다.[38] 자비니에게는 끔찍한 패배였던 것이, 자신의 학부에 유대인인 데다가 헤겔주의자가 들어온 것이다.

헤겔 및 그 제자 호토와 더불어 간스는 1827년《학술비평 연보 Jahrbücher für wissenschaftliche Kritik》를 창간했다. 이 잡지의 과제는 두 가지였다. 첫 번째는 슐라이어마허나 자비니의 글을 실지 않는 것인데, 이것은 성공했다. 두 번째는 헤겔 학파의 입장과 학적 에토스를 비평을 통해 식자층에 전달하는 것이다. 헤겔 자신은《연보》에 특히 졸거의 저작들, 요한 게오르크 하만 Johann Georg Hamann 의 글들, 그리고 괴레스의 저작 한 편에 관한 비평을 썼다. 특히 오늘날 판형으로 거의 80쪽에 달하며, 하만의 생애를 설명하고 그의 입장을 논평한 하만 비평은 헤겔이 무엇을 염두에 두는지 여실히 보여준다. 계몽주의 사상이 태동하던 시기의 지성이 간명한 사상을 단순히 따르지 않고 신학에서 유래하는 혼란을 굳이 고집하여 걷게 되는 복잡한 경로를 생생하게 보여주려는 것이었다. 헤겔은 철학자가 절대 책으로는 발언하지 않고 편지와 현실 참여로만 발언하는 것이 어떤 의미인가와 같은 물음을 던진다. 그는 최악의 죄를 품기를 고집하는 마음의 종교적 고뇌를 추체험한다. 그는 만사가 신의 의지라고 주장하는 형태의 범신론은 게으른 것이라고 본다. 다시 말해, 헤겔은 독자들에게 어떤 정신적 골상을 그려 보이면서, 이 독자들이 하만의 글을 수중에 넣을 수도 없을 것임을 분명히 알았을 것이다. 가장 사소한 이유를 들더라도 당시에는 책이 비쌌기 때문이다.

1824년 10월 헤겔을 시대와의 불화에 빠뜨린 것은 간스의 경우처럼 반유대주의가 아니라, 반역 혐의였다. 이 일은 프랑스인이자 자유주의자인 쿠쟁을 둘러싸고 일어났다. 이 파리의 철학자는 1817년과 1818년 하이델베르크로 헤겔을 방문한 적이 있다. 프랑스 경찰국장은 정치 신념 때문에 파리 고등사범학교 교사직에서 쫓겨난 쿠쟁이 어느 공작의 개인교사로서 그 공작의 결혼식에 수행한다는 정보를 취득했다. 그는 이 위험한 인물에 대해 프로이센 당국에 경고했다. 왕당파의 "백색 테러"가 지배하는 파리에서는 이 인물을 영원히 제거하고 싶었다.[39] 한편 크나르판티주의의 전성기이던 베를린에서는 쿠쟁이 독일 학우회와 혁명 네트워크를 형성하려 한다고 의심하고 전격적으로 체포하고자 했다. 프로이센 법원은 혁명 음모를 꾸민 혐의로 그를 감옥에 처넣을 것이다.

사실 쿠쟁은 그로부터 3년 전 독일 이트슈타인 출신 스위스인이자 급진자유주의 법학자인 빌헬름 스넬Wilhelm Snell이나 그 동안 역시 바젤에 도착한 카를 폴렌Karl Follen과 접촉했다. 폴렌은 그 직후에 프로이센 송환을 피해 미국으로 도망쳤다. 그 밖에도 쿠쟁은 1820년-1821년 사르데냐-피에몬트 왕국을 오스트리아 지배에서 해방시키기를 도모한 이탈리아 장교를 파리에서 숨겨주었다. 그는 산타로사 백작인 안니발레 산토레 데이로시 디포마롤로Annibale Santorre dei Rossi di Pomarolo였다. 1819년 마인츠에 설치된 반역 음모 중앙수사위원회는 작센 정부에 쿠쟁의 위험성을 확신시켰고, 작센 정부는 쿠쟁을 구금한다. 프랑스 대표부는 여기에 항의했는데, 이는 위선적이거나 실제로 아무것도 모르기 때문이었다. 반향은 컸다. 슐라이어마허는 편지에서 "플라톤의 번역자이고 아마도 독일 철학을 어느 정도 이해하는 유일한 프랑스인"이 쾨페니크에 잡혀 있다고 썼다. 그는 15년 형을 받을 수도 있다.[40] 헤겔은 1824년 11월 초 프로이센 내무장관 슈크만에게 도움을 청했다. 독일 철학을 진지하게 받아들이려는, "특히 프랑스인이어서 제가 더욱 높이 평가하는 의욕", "나아가 우리가 철학을 하는 난해한 방식을 탐구하려는 철저한 자세", 그리고 쿠쟁의 온화한 됨됨이 때문에 헤겔은 그가 체포되었다는 소식을 듣고 몹시 놀랐고, 무언가 오해가 있을 것이며, 쿠쟁을 만나고 싶다고 적었다. 이 요청은 거부되었다. 엔제는 헤겔이 정부, 그러니까 알텐슈타인과 관계가 좋지 않았다면 그 자신이 혐의를 받았을 것이라고 일기에 썼다. 그러나 쿠쟁의 주변 인물들에 대한 조사는 아무 소득이 없었고, 쿠쟁은 1825년 석방되었다. 2년 후 파리의

《콩스티투시오넬Constitutionel》은 이에 관한 기사를 실었고 엔제는 "[경찰국장] 캄츠 씨는 격분했고" 아마 그래서 헤겔이 파리로 떠났을 것이라고 썼다.[41]

1826년의 분쟁은 아무런 근거도 없는 학문적 야심 때문에 벌어졌다. 변변찮은 사강사 헤르만 폰 카이저링크Hermann von Keyserlingk는 헤겔 덕분에 이 자리를 얻을 수 있었다. 그런데 그는 비전임 교수 임용을 위해 헤겔을 비방하는 논문을 제출했다. 그 자신의 회고에 따르면, 그는 이미 1816년 피히테의 타계 이후 비어 있던 철학교수직을 얻고자 희망했다고 한다.[42] 그러나 당시 베를린 대학은 박사학위를 주지 않았고, 그는 여기에서 거부당한 논문으로 예나 대학에서 박사학위를 취득했다. 그리고 하이델베르크 대학과 고향인 라트비아의 쿠를란트를 거쳐 베를린으로 돌아왔다. 그의 저술은 별로 성공을 거두지 못했다. 스스로도 모든 책이 "별로 팔리지 않았고" "다른 시대였다면 주목을 크게 받았을 것"이라고 말하고 있다. 그는 자기 강의를 듣는 학생이 적은 이유가 그곳의 "헤겔 광기"[43] 때문이라고 적었다. 그는 헤겔을 읽기 시작했고, "스피노자와 셸링 철학의 완성, 그러니까 범신론", 다시 말해 무신론을 발견하고 말았다. 그리고 이 주제로 교수직을 얻으려고 신청하지만 거부당한다. 그 후에 카이저링크는 문화부에 청원을 남발했다. 학부가 여러 차례 그를 거부한 것은 헤겔이 배후에 있기 때문이라고 생각한 카이저링크는 헤겔의 신성모독에 대해 공공연하게 논쟁하자고 모든 학생을 초청했다. 철학부 학장이던 고고학자 에른스트 하인리히 퇼켄Ernst Heinrich Toelken은 격분했고 헤겔은 카이저링크를 고소했으며 대학 평의회는 이 행동을 불허했다. 그리고 물론 카이저링크는 오직 그 이유로 갈망하는 교수직을 얻지 못했다고 생각했다.[44]

헤겔은 이런 음모들 외에도 범신론이라는 비난에 대해서도 점점 더 방어해야 했다. 먼저 개신교 신학자 프리드리히 아우구스트 고트트로이 톨루크Friedrich August Gotttreu Tholuck는 1825년 익명으로 이런 비판을 했다. 헤겔은《철학대계》서론에서 이에 대해 긴 각주를 써야 했다. 573절에서는 무신론이라는 탄핵은 철학이 신을 너무 적게 다룬다고 비판하고 범신론이라는 탄핵은 너무 많이 다룬다고 비판한다고 적었다. 신학자들이 철학적 개념에서 자신들의 신 표상을 재발견하지 못하면 그들에게는 무신론이 된다. 그에 반해 신을 세상사와 결부시키기만 하면, 그것도 "세상사는 그 존재를 유지하면서 신의 일반성에서 규정적인 것을 이루는 것"[45]이라고 하면, 범신론이라고 부른다. 달리 말해 범신론자는 세상만사가 기독교라는 종교의 관점에서만 중요하거나 중요하지 않다고, 선하거나 악하다고, 옳거나 그르다고 구별된다고 여기지 않는 이단을 부르는 이름이다. 그리고 자신의 신 개념이 내포하는 세계에 사유가 접근할 수 있으며, 이 세계가 이러한 "유한한" 구별들에 상응하는지는 미결이라고 여기는 이단을 부르는 이름이다. 헤겔은 이것이 꼭 세계를 신격화하는 것은 아니라는 견해를 견지했다. 그러나 그의 이런 사상은 "기독교 국가"를 부르짖는 정치적 복고주의 아래에서, 이제 종교의 개념화를 추구하지 않는 낭만주의의 가톨릭화 아래에서 수십 년 동안 압박을 받아왔

616

다. 헤겔은 때때로 이런 어리석음에 지친 채, 여러 차례 이런 비방에 응답하며 맞서왔다.

카이저링크 사건이 일어난 해인 1826년 헤겔은 "가톨릭에 대한 공공연한 중상모략이라는 고발"에도 맞서야 했다. 호토는 쿠쟁에게 보내는 편지에서 이 일에 대해 전한다.[46] 헤겔은 철학사 강의에서 이렇게 말했다. 가톨릭 제식에서 신은 "어떤 물건에 현전하는 것"으로 생각되고, 그의 역사철학 저서에서 표현하는 것처럼 "외적인 것이 신성시된다."[47] 쥐가 이 물건, 즉 성체를 먹는다면, 신은 이 쥐 안에도 있고 심지어 이 쥐의 배설물 안에도 있을 것이다.

수강생들은 이 신성모독을 문화부에 고발했다. 헤겔은 변호를 위해 다음과 같이 간략히 요약했다. 첫째, 자신은 철학자이자 루터교 기독교인으로서 가톨릭의 교리와 정신에 대해서도 발언할 수 있다. 둘째, 강의에서는 스콜라철학을 다루었고 성체는 가톨릭 교리의 핵심이다. 셋째, 자신은 다만 가설적으로 말한 것이지 실제로 쥐 교리를 설파한 것이 아니다. 넷째, 가톨릭교회가 그 자신의 교리로부터 일관된 귀결을 끌어내지 않는다면, 즉 쥐 추론을 포기한다면, 그것은 가톨릭교회의 문제이다. 다섯째, 자신의 강의에 대한 의도적인 오해가 유통되고 있다. 여섯째, 자기 강의를 듣고 분노한 가톨릭 수강생들은 루터교인의 강의를 들은 자신이 책임을 져야 한다. 아니면, 그들에게 경고하지 않은 상부가 책임을 져야 한다.[48] 이처럼 헤겔에게 자신의 강의실도 "안전지대"가 아니었다.

혁명이 아니다
- 헤겔 만년의 여가와 불안

"작가와 예술가에게 자행하는 또 다른 부정의는 그들이
일상생활에서도 잠언만 이야기하고 지혜와 학식만 설파하기를
바라는 것이다."

아돌프 프라이헤르 폰 크니게 Adolph Freiherr von Knigge

혁명이 아니다

슈바벤 출신 익명의 법학도는 1825년 이렇게 썼다. "나는 정신적으로 베를린을 지배하는 권력이 셋 있다는 인상을 받는다. 하우프트바헤 옆의 강단에 선 언짢은 헤겔, 극장에 있는 분방한 데브리엔트Devrient, 그리고 그 옆의 프랑스 교회에서 궤변을 늘어놓는 슐라이어마허. 슐라이어마허가 여자들에게 지니는 의미는 헤겔이 남자들에게 지니는 의미와 같다. 그러나 그 철학자가 이런 놀이 동무들 사이에 있는 것이 맞는가? 정신을 바깥으로 향하게 하는 온갖 완벽한 기예는 학문적 연구의 운동을 저해하고, 학자이면서 신하여야 하는 자는 영원한 잡종이다.'"[1]

이 말은 헤겔의 생활이 어떻게 나누어지는지 잘 묘사하고 있다. 매일매일 강의를 위해 힘겹게 연구하는 것과 아울러 정치적, 학문적, 종교적 적대 관계에 응답하거나 이를 해결하기 위해 부단히 노력해야 했던 헤겔은 무엇보다 여가 활동으로 긴장을 풀고자 했다. 틈만 나면 카드놀이를 하고, 거의 항상 다른 사람들의 집에서 열리는 저녁의 사교모임에 참석했으며, 베를린의 연극을 자주 보고, 배우, 미술가, 음악가, 작가와 친교를 유지한 것이다. 그는 사교적이었고 언짢은 일도 곧잘 떨쳐냈다. 그러나 꼭 신하는 아니었다. 프로이센 참사관 요하네스 슐체Johannes Schulze와 프로이센 추밀원 고문 크리스토프 루트비히 슐츠Christoph Ludwig Schultz, 즉 헤겔이 기본적으로 그들에게 강의했던 고위 당국자들과 친밀하게 교유했다고 해서, 헤겔이 신하였음을 입증하는 것은 아니다.

그의 친교가 그리 "교수답지" 않았음은 하나의 일화가 여실히 보여준다. 1826년 베를린에 온 시인 프란츠 그릴파르처Franz Grillparzer는 자신의 극본 《금양모피 Das goldene Vließ》를 읽고 방문해 달라고 청한 헤겔을 어려워하는 마음을 누르고 만났다. 이때 그릴파르처는 헤겔이 매우 쾌활하고 "너그럽다"는 것을 알았다. 헤겔은 최신 철학이나 자기 철학을 모를수록 좋다면서, 다음번 만날 때에는 이 손님과 동향인 어떤 사람을 데려올 수 없겠느냐고 물었다. 이 젊은 시인은 누구를 뜻하는지 알고는 깜짝 놀랐다. 바로 거기에서 소동을 일으키고 있던 악명 높은 모리츠 고틀리프 자피르Moritz Gottlieb Saphir였던 것이다.[2]

모리츠 자피르는 오스트리아의 연극평론가이자 풍자작가로서 베를린에서 《베를리너 쿠리어 Berliner Courier》와 《베를리너 슈넬포스트Berliner Schnellpost》를 창간하고 여기에 글을 쓰고 있었다. 《베를리너 슈넬포스트》에, 정확히 말하면 《슈넬포스트 사이드카 Beiwagen zur Schnellpost》에 헤겔의 글도 실린 적이 있다. 이 글에서 헤겔은 잊힌 작가 에른스트 라우파흐Ernst Raupach의 그리 평이 좋지 않은 희극 《개종자들 Die Bekehrten》을 정성껏 옹호했다. 헤겔은 이 극을 찬양하기 위하여 온갖 논리를 동원했을 뿐 아니라 《피사의 왕자 Der Prinz von Pisa》, 《대지의 밤 Erdennacht》, 《이지도르 Isidor》, 《올가 Olga》, 《알랑구 Alanghu》 등 당대의 극 작품들에 대한 엄청난 지식을 자랑했다.[3] 오늘날로 치면 헤겔은 영화관 가기를 좋아했다고 말할 수도 있겠다. 이런 이유로, 나아가 풍자적 정신 때문에 헤겔과 친교를 맺은 자피르는 1827년 〈슈프레강 위의 굴 Tunnel über der Spree〉이라는 문학단체를 설립했다. 자신들의 최근 작품 구상을 교대로 발표하는 회원들은 여러 가지 차이를 상쇄하고자 각자 소위 "굴 이름"을 사용했다. 자피르 자신은 "아리스토파네스 Aristophanes"라고 불렸고, 나중에 들어온 회원인 폰타네는 라퐁텐 Lafontaine, 아돌프 멘첼 Adolph Menzel은 루벤스 Rubens, 테어도르 슈토름 Theodor Storm은 탄호이저 Tannhäuser라고 불렸다. 헤겔은 유감스럽게도 회원은 아니었는데, 이 단체 이름은 그에게 걸맞았다. 천상의 굴을 뜻하기 때문이다.

자피르가 일으킨 소동 중에는 가수 헨리에테 존탁 Henriette Sontag을 조롱한 일도 있었다. 자피르는 당시 베를린의 오페라 관객들의 총아였던 그녀에 대해 "일요 Sontag 예배"라고 비꼬았다.[4] 그리하여 그녀가 파리로 떠나기 전날 밤 어느 카페의 모임에서, 자피르는 그 여가수를 숭배할 뿐 아니라 여가수라면 모두 숭배하던 카를 샬Carl Schall과 다투게 되었다. 샬은 별 볼 일 없는 희극 작가이지만 복권에 당첨돼 벼락부자가 된 인물이었다. 자피르가 중의적으로 넌지시 변죽을 울리자 서로 고함을 치며 싸우다가 결투 신청이 있었다. [클라이스트의 극 작품]《하일브론의 케트헨Käthchen von Heilbronn》의 베를린 초연 당시 연출을 맡은 카를 폰 홀타이Karl von Holtei는 그 직후에 이렇게 썼다. "우리는 자피르측 입회인이 정시에 나타나기를 기다렸다. 그때 마차가 굴러오고 헤겔이 내렸다."[5] 마차에서 내린 헤겔은 존탁의 숭배자 샬을 설득하여 자피르에게 사과하고 총질을 포기하게 만들었다.

헤겔의 이런 사교적인 생활, 그리고 당대 예술에의 개인적 애정은 상당히 평범하고 대개 유쾌하게 이루어졌다. 이런 때에는 그토록 난해하고 둔중한 사유의 철학자의 모습이나 자신이 거부하는 것에 대해서는 신랄한 말을 잔뜩 퍼붓는 냉소적 논쟁가의 모습은 온데간데없었다. 헤겔은 자신의 예술적 취향과 사회적 이미지를 자신의 형이상학과 조율하는 지식인은 아니었다. 동시대인들의 보고에는 헤겔은 그 철학만 아니라면 됨됨이는 붙임성 있다는 말이 수두룩하다.

삶의 영역들의 이러한 분할을 보여주는 또 다른 여가 활동은 여행이었다. 1822년 9월 헤겔은 스위스 베른에서 보낸 시절 이후 처음으로, 그러니까 스물다섯 해 만에 처음으로 독일을 벗어났다. 행선지는 네덜란드였다. 나중에 오스트리아와 프랑스를 방문했을 때와 마찬가지로 가족은 동반하지 않았다. 어떻게 여행을 했는가? 대개는 값싼, 그러니까 그다지 빠르지 않은 마차를 탔다. 힘겨운 여행의 첫 번째 경유지인 마그데부르크에서부터 우편 마차가 연착하는 바람에 사흘을 붙들려 있었다. 성당과 엘베강의 범선을 구경하고, 그곳에서 가택연금 중이던 카르노를 방문했다. 프랑스혁명군의 장군이자 축성의 명수, 그리고 수학자이자 비행선 이론가인 그는 1789년부터 1815년까지 프랑스에서 동참할 수 있는 일이라면 거의 모든 일에 동참했다. 국왕 처형에 관한 표결에서 찬성표를 던졌고, 복지위원회 위원이었으며, 시민의 군대를 징병하는 국민개병제를 창안했으며, 로베스피에르 실각에 일조했고, 나폴레옹의 전쟁부 장관이었고 이 황제의 백일천하에서는 내무장관이기도 했다.[6]

헤겔은 마그데부르크를 떠나 카셀에 갔다. 사흘 밤낮으로 240킬로미터를 이동한 것이다. 헤겔의 편지를 보면, 15인승 "딜리전스"형 우편 마차가 여섯 명을 태우고 시속 6킬로미터에서 7킬로미터 속도로 달렸음을 계산할 수 있다. 정오에 마그데부르크를 떠난 마차는 중간중간 휴식하면서 새벽 5시에 100킬로미터 떨어진 브라운슈바이크에 도착했다.[7] 너무 느리다고 생각한 헤겔은 ["신중함"이라는 뜻의] "조르크팔트"라는 이름의 이 마차를 "파레세", 즉 "게으름"이라고 불렀다. 며칠 동안이나 커피 한 모금 못 마시고 대신에 [커피 대용으로 쓰이던] "치커리 즙"만 마셨다고 불평했다. 브라운슈바이크 근교는 온통 "이 엉터리 뿌리로 덮여 있다"라는 것이다. 그러나 괴팅겐부터는 풍광이 마음에 들었다. 드디어 언덕, 강의 골짜기, "고향의 자연"이 보이는 것이다.

북방 철학자의 심장은 남국풍의 나지막한 산악 지대를 보면 뛰는 법이다. 헤겔은 베를린을 고향이라고 부르지는 않았을 것이다.

나중에 빈과 파리 여행에서도 나타나는 특징이 여기에서 벌써 나타난다. 헤겔은 몇 시간씩 타고 가는 마차나 경유지의 여관에서 나눈 대화에 대해서는 거의 전하지 않는다. 예컨대 카르노와의 대화에 대해서도 일언반구 없다. 어떤 책을 읽었는지도 알 수 없다. 여기저기서 만난 사람에 대해서는 언급하지만, 그의 "엽서"는 무엇보다도 녹색 모로코 가죽이 덮인 마차, 날씨, 반짝이는 라인강가에서 한밤중 올빼미 울음소리 등에 관한 묘사로 가득하다. 헤겔은 한번은, 사람들은 여행에 관해 쓸 게 하나도 없어도 쓴다고 넌지시 말한다. 헤겔은 거창한 호기심이나 무언가 경험하리라는 기대가 아니라, "의무감이나 부채감"⁸으로 여행을 했다. 교양인이라면 여행을 하고, 교회와 미술품을 감상하며, "마차에서" 워털루 전쟁터를 보고, 아헨에서 카를 대제의 옥좌에 앉아 보아야 하기 때문이다. "로거라는 사람"의 그림들에 감탄하고, 십자가 강하를 묘사한 로히에르 판데르베이던Rogier van der Weyden의 그림은 "눈으로 볼 수 있는 최상의 것"이라고 했다. 안토니오 알레그리 다코레죠Antonio Allegri da Correggio의 그림들에도 감탄했다. 쾰른 대성당에 깊은 인상을 받고 미사에도 참석했다. 이 "울창한 숲"은 인간을 위해서가 아니라 그 자체를 위해 만들어졌다는 것이다. "그 안에서 소요하거나 간구하는 사람, 혹은 녹색 방수포 배낭을 메고 입에 담배를 물었지만 그래도 불은 붙이지 않은 채 그 안에 들어오는 사람은, 성당지기를 포함해, 모두 얼이 나가지요. 그 안에서 어떻게 서 있고 어떻게 걷든지 간에, 그 안에서는 모두가 사라질 뿐이에요."[9]

네덜란드에 도착해서는 그 나라의 윤택함에 놀라움을 금치 못했다. 모든 도시가 "풍요롭고 예쁘고 깨끗한" 모습이다. 그리고 온통 포장된 길, "이 산책하기에 좋은 나라"의 아름다운 풍경, 상점마다 가득한 물건, 거지 없는 거리에도 놀랐다. "누더기를 걸친 아이도 없고 맨발의 아이도 없으며" 무너진 집도 없다. 헤겔은 네덜란드인들이 가난한 사람들을 어디에 "둔 것인지" 궁금하다.[10] 흥미로운 점은 헤겔이 이 나라를 완벽한 모범으로 여기지만 저작 어디에도 이런 이야기가 없다는 것이다. 미학에서 네덜란드 회화를 집중적으로 탐구하고, 철학사 강의에서 짤막하게 언급한 것밖에 없다. 철학사 강의에서는 스피노자를 다루면서 네덜란드가 보편적 교양에 있어서 매우 흥미로운 나라라고 말하는데, 그 이유는 최초로 사상의 자유를 허용했기 때문이다.[11]

그다음에 1824년 빈으로 떠난 여행들은 몇 주일이라도 연구와 가족에서 멀어진다는 데 의의가 있던 것 같다. 헤겔 가족의 두 번째 거주지는 쿠퍼그라벤 4a번지였다. 이곳은 문화시설과 공공시설이 이미 있거나 곧 들어설 도심에서 가까웠다. (포츠담, 샤를로텐부르크, 쾨니히스베르크에도 궁성이 있던) 호엔촐레른 왕가는 오랜 예비 기간 후에 비로소 베를린을 수도로 선정했다. 그래서 베를린은 유럽의 어떤 수도보다도 프로젝트의 의미가 강했다. 그래서 헤겔은 베를린 대학을 "중심의 대학"[12]으로 여겼다. 프로이센 수도의 특별한 모습에 어울리기 때문이었다.

최초의 헤겔 전기작가 로젠크란츠는 1850년 강연에서 이 정부 소재지의 중심성을 이렇게 해석했다. "수도의 종주권이 지닌 전제적 성격"이 언론, 철도, 전신으로 누그러지는 시대이지만, 이러한 중앙집권은 "교양의 필연성이 낳은 작품"이라는 것이다.[13] 그러나 수도에도 여러 유형이 있다. 로젠크란츠는 파리와 베를린을 비교한다. 그가 보기에 파리는 나라 전체를 대표하는 수도이다. "프랑스는 파리에 있다."[14] 하지만 프랑스는 해양국가이면서 평원국가이고, 남방국가이면서 북방국가이고, 늘 영국 및 독일과 영향을 주고받는 국가이므로, 로젠크란츠가 보기에 그 수도는 (무방비 상태가 될 테니) 국경 근처에 있을 수 없고, (영국 및 독일에서 너무 멀어질 테니) 국토 한가운데 있을 수도 없다. 또 그 수도는 (마드리드, 모스크바, 뮌헨처럼) 주요 하천이 없으면 안 되고, 이 나라가 두 개의 대양에 접하므로 "순수한 해양 입지"를 취할 수도 없다. 파리는 차라리 이 나라의 모든 특성을 모아둔 도시이고 따라서 동심원들로 이루어진 하나의 원이다. 이 원의 변경은 완만한 구릉맥이고 이 원의 직경은 하나의 강이다.

"움직이는 직경을 지닌 하나의 원"으로서의 파리에서는 온갖 도시 기능이 모든 도시 구역에 배분된다. 묘지(북쪽의 몽마르트르, 남쪽의 몽파르나스, 동쪽의 페르라셰즈), 도살장(몽마르트르, 메닐몽탕), 외곽의 가로수길과 내곽의 대로가 그렇다. 도심에는 팔레루아얄을 중심으로 상업과 소비 집적지가 있다. 파리 안의 일종의 미니어처 파리인 이 지역의 커다란 다리들 곁에서는 온갖 신분과 생활양식이 뒤섞인다. 아울러 이 도시의 영역은 강에 의해 남북으로 나뉜다. 강남에는 소르본 대학, 콜레주 드 프랑스, 에콜 노르말, 에콜 폴리테크니크, 천문대, 식물원, 예수회 학교, 군사학교, 아카데미 프랑세즈 등 교육기관이 있고, 조폐국, 그리고 팡테옹이 있다. 한편 세느강 북안은 비즈니스와 정치 중심지이다. 음식점, 유곽, 증권거래소, 시장, 의상실, "최신 묘지" 페르라셰즈, 루브르, 법원, 행정건물이 있다. 로젠크란츠는 이 모든 모습에서 도시가 어마어마하게 생동함을 본다. "파리에서는 온 세상을 잊어도 된다. 정말로 온 세상이 바로 곁에 있으니까."[15]

  프랑스 수도에 대한 이런 묘사를 소상히 인용한 이유는 우선은 이 묘사가 도시 형태에 관한 흥미로운 감각을 기록하고 있고, 이 헤겔의 제자가 지리적 현실에 관한 일종의 이성적 이해를 보여주기 때문이다. 그러나 나아가 로젠크란츠의 이런 묘사를 배경으로 하면, 헤겔이 1827년 파리 여행에 대해 말하는 데 대하여, 그러니까 그다지 말하지 않는 데 대하여 시사하는 바가 있기 때문이다. 할레, 카셀, "울퉁불퉁한 마을"[16]인 마그데부르크, 코블렌츠, 잠깐 온천욕을 즐기고 그 근교에 있는 멘델스존의 농장을 방문한 엠스를 거쳐, 트리어, 룩셈부르크, 메츠를 경유했다. 2주 이상의 여정은 마지막으로 루아르강을 따라가다가 베르됭을 지나 9월 2일 "문명 세계의 수도"[17] 파리 도착으로 대단원의 막을 내렸다.

  헤겔은 파리의 모든 것이 베를린과 같되 다만 더 크다고 보았다. "같은 경관이지만 인구가 더 조밀하고" 모든 것이 "열 배 크고 넓고 편해도" "단조롭기는 베를린과 다른 형태이면서도 같습니다."[18] 헤겔은 상품이 그득한 것을 보았다. "어디에서나 무엇이든 가질 수 있고"카페마다 모든 신문이 다 있다! 여성의 옷에서는 차이를 알아차리지 못했다. 사회적 삶의 활기와 혼합이나 베를린과 판이한 도시 지리에도 헤겔의 마음은 움직이지 않았다. 그에 반해 파리 시민들이 점심 식사를 오후 5시에 하는 것은 눈에 띄었다. 자기가 위장병이 생긴 것이 그 탓이라는 것이다. 베른에서의 알프스 일기와 마찬가지로, 사람들과 나눈 대화에 관해서는 전혀 이야기하지 않는다. 파리의 "생활방식"은 단조롭다고 적기도 한다.

헤겔에게 파리를 안내한 사람은 쿠쟁이었다. 파리의 음식점에서 친구 대신 주문을 맡았는데, 헤겔로서는 짜증나는 일이었다. 메뉴판의 "긴 목록"에 있는 단어들을 모르기 때문에, 혼자 나가서 오후 1시부터 점심을 먹기 어려운 것이다.[19] 처음에는 호텔 프린스에 묵으면서 며칠 동안 시내 절반 정도를 돌아보고는 뤽상부르 공원 바로 옆의 투르농 거리와 보지라르 거리 모퉁이에 있는 조금 저렴한 숙소로 옮겼다. 헤겔은 중요한 기념물은 샅샅이 돌아다니면서, 군주적 측면, 귀족적 측면, 시민적 측면을 일종의 상수常數로서 모두 관통하는 이 도시의 부를 실감했다. 그리고 미술관, 오페라하우스, 극장을 수시로 드나들었다. 헤겔이 보기에 프랑스 배우들은 베를린보다 "격정적인 아우성이 훨씬 덜하지만", 찰스 켐블Charles Kemble이 이끄는 영국 극단에서 관찰한 바에 따르면, 영국 배우들은 훨씬 열정적이고 표정을 찡그리며 대사 속도도 훨씬 급하게 바꾼다. "바야흐로 장관으로 펼쳐지는 영국풍 광란을 보았습니다. 이들이 셰익스피어를 망치는 건 놀라운 일이

네요."²⁰ 몽유병 환자가 주인공인 발레를 보고 헤겔은 몹시 놀랐다. 주연배우 마드모아젤 마스Mademoiselle Mars(안-프랑수와즈 부테트Anne-Françoise Boutet의 예명)은《타르튀프Tartuffe》가 본래 희극임을 깨닫게 해주었다. 헤겔은 (쉰일곱 살인 자신보다 아홉 살 어린) 마스가 "그 나이에도" 여전히 아름답다고 칭찬했다. 그와 마찬가지로 파리 체류 중이던 동료 교수 라우머도 마스가 "20대처럼 보인다"라고 칭찬했다. 두 사람이 보기에 마스는 당대 연극계의 최고봉이었다. 라우머는 "마스 집"의 만찬에 초대받기까지 했다. 자기도 초대받기를 바라던 헤겔은 다소 언짢게 평했다. "라우머는 여배우라면 누구 집이라도 갈 것 같습니다. 쿠쟁은 마스를 방문하는 일이 우습다고 하더군요." 그렇지만 사실 쿠쟁은 헤겔이 배우들과 만나는 것 자체를 꺼렸다. 헤겔의 말투 때문에 배우들이 틀림없이 헤겔과 쿠쟁을 흉내 낼 것이기 때문이다. 그래서 배우들을 만날 만한 가치가 없다고 깎아내린 것이다.²¹

헤겔은 라우머와 같이 가까운 곳으로 소풍을 몇 차례 갔다. 한 번은 파리 북쪽의 몽모랑시로 갔다. 이곳은 1793년부터 1813년 사이에는 "에밀"이라는 이름으로 개칭되었다. 루소가 이곳에 있는 데피네 부인Madame d'Épinay의 외딴집에 머문 적이 있기 때문이다. 이제 사람들은 당나귀를 타고 그곳으로 소풍 간다. 나중에 라우머는 "온 세상의 수도" 파리로의 두 번째 방문에 대해 편지에 상세히 쓰고, 회고록에서도 1827년의 방문에 대해서 자세히 썼다. 그러나 헤겔과 함께 웃음거리가 되리라는 쿠쟁의 걱정을 각주에 쓴 것 외에는 헤겔을 언급하지 않았다.²² 라우머의 일지와 편지는 그가 받은 인상들을 상세히 기록한다. 가령 티크에게 보낸 편지에서는 영국 극단이 공연한 《햄릿》에 관해 썼고(이 극단의 《오델로》는 헤겔과 함께 보았다), 베를린의 여배우 아우구스테 크렐링거Auguste Crelinger에게 보낸 편지에서는 마스의 연기에 관해 썼다. 이에 비해 헤겔은 자기가 겪은 것을 이야기할 청중을 염두에 두지 않는다. 아니, 여행에 관광 이상의 의미를 부여하지도 않은 것 같다. 베르사유 궁전 방문 후에 도살장을 시찰하고 헤겔은 이렇게 썼다. "세상의 어느 도시에서 내가 도살장을 보러 가겠나요?" 적어도 반년은 파리에 살아야 "처음에는 눈에 띄고 볼 만하던 것들이 눈에 익어버려서 아무 관심도 끌지 않게 됩니다."[23]

다시 베를린으로 돌아오자. 로젠크란츠는 당시 베를린의 지리를 이렇게 서술한다. 독일 변방이라는 애처로운 지역의 불모지(로젠크란츠는 샐러리 수출을 칭찬한다)에 위치하고, 교회의 영향력이 적으며 군주적이기보다는 시민적인 도시. 오랫동안 학술 전통이 미비했고 19세기에 이르기까지 시골 마을들에 둘러싸인 중심지. 도심에는 모든 것이 궁성을 중심으로 모여 있다. 오페라하우스, 아카데미, 왕실무기고, 중앙경비초소, 성 헤드비지스St.-Hedwigs 성당, 도서관, 대학이 모두 엎어지면 코 닿을 곳에 모여 있다. 정확히 말하면, 이러한 근접성 덕분에 무엇보다도 거의 마음대로 중심지를 정할 수 있다. 보는 시각에 따라, 중심지는 궁성일 수도 있고, 두 개의 성당과 극장이 있는 겐다르멘마르크트Gendarmenmarkt 광장일 수도 있으며, 대학일 수도 있다. 이를 통해 헤겔은 도시 배치가 정신적 행성계를 표현한다는 인상을 받는데, 그 태양은 학문인 것이다.

그러니까 헤겔에게 연구와 여가는 걸어서 오갈 만큼 가깝다고 할 수 있다. 건물 정면이 고대 양식을 모방한 극장의 기공식은 헤겔이 베를린에 도착한 몇 개월 후에 열렸다. 1821년 5월 낙성식에서는 괴테의 《타우리스의 이피게니에》가 상연되었다. 헤겔은 이 작품을 최상의 극작품으로 평가했다. 낭만주의 예술가가 고대의 소재에 "현대의 심원한 의식"으로 생기를 불어넣은 전범이라는 것이다. 이 극에서 아르테미스 신을 모시는 여사제 이피게니에는 타우리스섬에 망명하는데, 남동생 오레스트는 이 섬의 군주 토아스를 거역하고 누나와 여신상을 미케네로 다시 데려오려고 한다. 에우리피데스Euripides의 극에서는 이처럼 뒤엉킨 행위 매듭을 신의 명령으로 단칼에 끊어버린다. 그러나 괴테는 이러한 "기계장치의 신"을 주인공의 자유와 미덕을 통해 전복해 버린다.[24] 얼마 지나지 않아 그곳에서는 카를 마리아 폰 베버Carl Maria von Weber의 낭만주의 오페라 〈마탄의 사수〉가 초연되었다. 그러나 그것은 "추상적 절망"[25] 때문에 헤겔의 마음에 들지 않았다. 대개 유쾌한 작품을 좋아한 헤겔은, 제자 호토의 증언에 따르면, 로시니Rossinis 작품들에 "흠뻑 도취했고"[26] 글룩Gluck이나 심지어 모차르트보다 선호했다. 학생들은 헤겔이 외부와 격리된 자신의 특별석에서 몰리에르Molières의 《타르튀프》에서 타르튀프 역을 맡은 루트비히 데브린트Ludwig Devrient에게 갈채를 보내는 것을 보았다. 당대의 무대 위 여성 스타들은 헤겔을 사로잡았다. 이피게니에로 분한 배우 크렐링거, 베토벤의 "불멸의 연인"으로 지목되는 여성

중 하나로서 맹렬한 구애 이후의 어쩔 수 없는 체념의 역사에 기록된 가수 아말리 크라우제Amalie Krause, 마지막으로 무엇보다 헤겔이 역시 매우 높이 평가하는 가스파레 스폰티니Gaspare Spontini의 오페라들에서 열연한 가수 파울리네 안나 밀더 하우프트만Pauline Anna Milder-Hauptmann이 그들이다.

그에 반해 평온한 화해 없이 고뇌만 드러내는 작품에 대해서는 쉽게 분개하곤 했다. 가령 셰익스피어의《오델로》때문에 티크와 한동안 사이가 나빠졌다. 또 클라이스트의《프리드리히 폰 홈부르크 왕자Prinz Friedrich von Homburg》에 대해서는, 전투 전날 밤에는 병적인 짓을 자행하고 낮에는 졸렬하기 짝이 없는 하찮은 장군 이야기로 치부한다. 1821년 빈의 부르크테아터에서 초연된 이 작품은 베를린에서는 1828년 7월 왕립극장에서 처음 상연되었다. 이 자리에 국왕과 왕세자는 불참하고, 군을 의식하여 장군이 특사를 간청하는 대목은 삭제되었다.[27] 그러나 헤겔에게는 이 작품 자체가 추문이었다. 이 작품이 준법정신, 자율성, 초법적 행위의 갈등이 아니라 어떤 병리적인 것을 묘사한다고 보기 때문이다. 헤겔은 낭만주의 시는 기본 태도가 서정적이기에 현실, 성격, 행위가 필요한 극 작품은 전혀 될 수 없다는 자신의 비판은 바로 클라이스트에게는 들어맞지 않는다는 점을 깨닫지 못했다. 그 내용이 이른바 현실과 동일시되면서 많은 사람이 격앙했다. 여기에서 지껄이는 말들은 사실 정신병에 불과한데, 그것은 E. T. A 호프만의 작품이나 몽유병, "유령 같은 예언", 고상한 척하는 내면의 정신생활에서 지껄이는 말들과 대동소이하다는 것이다.[28]

문헌학자이자 철학자 카를 빌헬름 페르디난트 졸거Karl Wilhelm Ferdinand Solger의 유고에 대한 70쪽에 달하는 비평에서 헤겔은 당대 문학을 매우 소상하게 논평한다.[29] 처음에는 핀다로스와 소포클레스 번역으로 널리 알려진 졸거는 여러 저작에서 미학의 근본 개념들, 그중에서도 특히 아이러니 개념을 서술했다. 그는 참된 아이러니와 거짓 아이러니를 구별했다. 참된 아이러니의 예술가는 현실을 이념에 봉헌하고, 인물을 창안한 후에 죽게 만들며, 고뇌를 통해 우리를 가르치고, 끔찍한 것으로 장난치며, 찬란한 것을 파멸로 몰아넣는다.[30] 예술에서 열광과 아이러니는 분리할 수 없다. "열광이 우리 안에 있는 신적인 이념을 지각하는 것이라면, 아이러니는 우리의 하찮음을 지각하는 것"이고 예술작품의 존재가 "어떤 본질이 나타나는 현상", 어떤 신비를 가리는 장막임을 지각하는 것이다. 이에 비해 거짓된 아이러니는 이상이 현실에서 좌초하고, 개념이 삶에서 쉬이 판에 박힌 말이 되며, 격정이 환멸을 겪는 데 있다. 졸거는 이런 일은 익살일 수 있지만, 현실을 우스꽝스럽게 만들거나, 더욱 심각하게는 개념을 우스꽝스럽게 만들 위험이 있다.

헤겔이 이런 생각에 흥미를 느꼈을 것이라고 능히 짐작할 수 있다. 당대 낭만주의 예술에 대한 거부는 모두 아이러니 개념에 모아지는 것이다. 헤겔은 아이러니를 "객관의 좌절에 관한 자기의식"[31]이라고 부른다. 이것은 프리드리히 슐레겔에게서 잘 나타난다. 그는 어떤 사상에 대해 항상 평결을 내리듯이 굴지만, 일련의 철학적 명제를 발전시키거나 어떤 문제에 파고든 적은 없다.

헤겔의 관점에서 낭만주의는 "향기로 이루어진 세계이고 핵심 없는 선율"[32]이다. 여기에서는 진리에 대한 냉담함이 하나의 형식을 이룬다. 더 정확히 본다면, 헤겔이 낭만주의에 격분하는 이유는 오히려 헤겔이 보기에 진지하지 않은 이런 아이러니의 태도가 심오함을 자처하고 감정을 선동하는 일과 결부되기 때문이다. [헤겔이 옹호하는] 스폰티니나 라우파흐도 어차피 핵심은 별로 없는 것이다.

헤겔은 베를린 시절 초기에 사교모임에 끼어들기 어려웠다. 우리가 아는 바에 따르면 헤겔은 좌중을 재기로 사로잡는 성격은 아니었다. 슐라이어마허는 헤겔을 〈무법사회Gesetzlose Gesellschaft〉라는 모임에 데려갔다. 2주마다 저녁을 같이 먹으면서 대화하는 남성 클럽이었다. 헤겔은 곧 회원이 되었지만, 모임을 주최한 적은 없었다. 그리고 1819년 거기에서 슐라이어마허와 충돌한 후에 탈퇴한 것으로 보인다.[33] 하이델베르크에서처럼 눈높이가 같은 학자들과의 친교는 베를린에서는 더디게 이루어졌다. 헤겔의 교수 임용을 도왔기에 이런 친구가 될 수 있던 졸거는 헤겔이 베를린에 온 다음 해에 서른아홉 살을 일기로 세상을 떠났다. 산스크리트어 전문가이자 인도유럽어 비교문법 창시자인 문헌학자 보프와 고전고고학자 알로이스 히르트Aloys Hirt는 예외였다. 다른 가까운 지인 다수는 헤겔의 제자이기도 했다. 헤겔보다 겨우 열 살 어린 신학자 필립 콘라트 마르하이네케Philipp Konrad Marheineke도 그렇다.

그러나 대부분의 동료 교수는 헤겔을 격하게 시기했다. 그들은 학생들이 헤겔에게 몰리는 것이 부러웠다. 헤겔을 "저주받은 자"라면서 처음부터 개인적으로 싫어하던 문헌학자 아우구스트 뵈크August Boeckh는 헤겔이 ("파벌을 만들기 위해") 학생들을 총애할 뿐만 아니라, "위로부터" 학생들을 비호한다고 당국에 편지를 보냈다.[34] 하여간 1827년 뵈크는 헤겔이 베를린에서 사방팔방으로부터 공격을 받고 있다고 적는다. 이런 공격은 "하필 헤겔이 태도를 누그러뜨리기 시작할 때 조야하고 부당한 방식으로" 이루어졌다.[35] 한편 엔제가 《연보》 편집회의에 대해 전하는 바에 따르면, 헤겔은 한동안 점점 까다롭고 강압적으로 되다가 어느 날 논쟁이 벌어졌다. 그 후에 헤겔의 친구들이나 (엔제의 경우처럼) 가까운 지인들 사이에서는 정치적 이견만 남게 되었다. 헤겔이 "공공연한 운동"을 거부하고 "아주 독재자처럼" 변했기 때문이다.[36]

물론 어떤 형태의 친교는 완전히 사라졌다. 그것은 철학적 친교이다. 헤겔 주변에는 그를 우러러보거나 내려다보는 사람들이나 철학에 무관심한 사람들밖에 없었다. 친구인 학자들은 그에게 사상이 아니라 지식만 가져다주었다. 당대 철학에서 헤겔은 거의 자극을 받지 않았다. 동지와 동반자 대부분은 세상을 떠나거나 빛이 바래지거나 침묵하거나 적대자가 되었다. (1819년 여름학기와 1820/21년 겨울학기에 처음 개설된 후, 2년마다 겨울학기에 개설되던) 철학사 강의는 어떤 결론에 이르기 전에 끝나버렸다. 이 강좌의 마지막은 "최후의 흥미롭고 진정한 철학자" 셸링에 대한 강의였다. 여기에서 인용한 셸링의 최근작은 20년 전의 저작이었다.

그러니까 철학에서는 20년 동안이나 흥미로운 일이 일어나지 않은 셈이다. 한때의 친구에 관한 이 부분은 34쪽이나 되는데, 이는 세 시간 강의분이다. 그리고 그 앞부분에는 셸링의 성격을 서술했는데, 마치 헤겔 자신의 거울상처럼 보인다. 셸링은 "독자를 앞에 두고 철학 공부를 했다." 끊임없이 출판했다는 뜻이다. 그렇기는 하지만 어느 저작이 셸링의 철학을 가장 잘 보여주는지 알기 어렵다. 마치 이제까지 해온 연구가 마음에 들지 않는다는 듯이, 셸링은 늘 처음부터 다시 시작하고 늘 새로운 용어를 사용한다. "이 철학은 여전히 진화하는 중이다."[37]

그러니까 최후의 흥미로운 철학자인 셸링에게서 벗어나면서 헤겔은 재차 요점을 명료하게 드러낸다. 그가 보기에 셸링의 핵심 개념은 "지성적 직관"이다. 그것은 사유할 때 사유되는 것과 분리되지 않는 능력이다. 감성적 직관은 그것 바깥의 어떤 것에 관계한다. 이에 비해 자아는 사유에 의해 사유 객체와의 대립을 소멸시키고 이 객체를 정신에 의해 형성된 것으로 파악할 수 있을 뿐 아니라, 기본적으로 이미 항상 객체를 소멸시켜 왔다. 다만 우리는 (객체로서, 즉 우리로부터 독립적인 어떤 것으로서) 우리와 대립하는 모든 것에 "구성"이 들어있음을 망각할 뿐이다. 물론 "자아"나 "우리"가 여기 있는 나나 당신을 뜻하는 것은 아니다. 당연히 "한 개인으로서의 헤겔이나 셸링이나 피히테가 자연이나 국가를 비롯한 객관을 "정립"하거나, 지성적으로 산출하거나, 그 반대의 부정의 부정을 통해 "종합"하는 것은 아니다. 다만 관념론자들은 (자연, 국가, 예술, 자기磁氣, 성체聖體, 오페라와 오페라 가수

존탁 등이 "있다"라는) 보편적 긍정의 대상인 모든 사태를 사고 과
정 및 의식 경험에 결부시켜 서술하는 것이다.

이에 대한 헤겔의 해석은 예나 시절의 《차이논고》에 잘 나타
난다. 의식은 유한한 차이가 모순에 이른다는 것을 통찰한다. 예
컨대 주체(자아)와 객체(대상)의 차이를 정확히 직관한다면, 그저
차이로 나타나는 것이 모순으로 보이게 되고, 나아가 해소되기를
추구하는 이율배반으로 보이게 된다. 그래서 의식은 세계에 대한
어떤 관점에 이르기까지 계속하여 노동하는데, 이런 관점에서는
이념적인 것과 현실적인 것의 대립이 소멸한다. 1801년 헤겔은
이를 위해서는 절대적인 것을 향한 시선을 잃지 않도록 하는 "절
대적 직관"이 있어야 한다고 쓴다. 이것이 없다면 철학은 불가능
하다. 이렇게 말할 수도 있다. 철학이 있으려면, 회의주의가 최종
결론이 아니라는 직관, 개별뿐 아니라 전체도 존재한다는 직관,
올바르게 해석한 세계 경험은 이런 전체에 기초한다는 직관이 필
요하다.[38]

헤겔은 철학사 강의에서 셸링과의 차이를 뚜렷이 드러낸다. 지
성적 직관은, 단지 재구성하는 것이 아니라 구성하는 것으로 사
유를 개념화하고, 따라서 사유와 현실의 통일을 고수하는 능력이
다. 그렇다면 셸링에게 이것은 사유하는 노동의 결과가 아니라
전제이다. 야코비처럼 셸링에게는 무매개적 지식이 있다. 그렇게
본다면, 셸링과 야코비로부터 헤겔로 넘어오는 한 걸음은 이념의
강력한 효력을 인식하는 능력에 얼마나 많은 전제가 있는지 깨닫
는 것이다. 인류의 거대한 걸음 중 하나인 이 걸음을 위해서는 주

체와 객체의 관계를 명료히 깨달아야 한다. 이런 취지에서 헤겔은 정신적 권능인 신에 대한 무매개적 지식은 모든 민족에게 자명한 것이 아니라 기독교도에게만 자명하다고 말한다.[39] 이에 비해 셸링은 세계를 통찰하는 능력을 "일요일에 태어난 아이[행운아]만 가질 수 있는 예술적 자질이나 천부적 재능"[40]으로 파악한다. 헤겔은 주체와 객체의 통일을 떠올리는 상상력이 없다면 철학의 기관器官이 없는 것이라는 셸링의 말을 인용한다.[41] 그러나 헤겔에게 철학은 어떤 기관에 의존하는 일이 아니라, 역사적 시간 속에서 초개인적 정신이 이루는 업적이다. 헤겔이 철학사를 연구하는 것은 이 때문이기도 하다. 그리고 헤겔에게 사유는 만인이 도달할 수 있고 따라 할 수도 있는 일이다. 사유는 직관이 아니라, 규정하고 부정하고 정당화하는 일이기 때문이다.

셸링은 1827년 뮌헨 대학의 강의 〈근대철학사Zur Geschichte der neueren Philosophie〉에서 [헤겔의] 〈논리학〉의 발단이 자신의 직관을 도용했음을 입증하느라 줄곧 노력했다. 여기에서도 비개념적인 것과의 친숙함이 전제이다. 존재하는 모든 것은 개념으로부터 전개될 수 있다고 주장하면서도 말이다. 그래서 순수 존재라는 발단에서 전진하는 데 필요한 것은 "존재"와 "무" 개념의 변증법이 아니다. 이것은 오히려 사유가 "더욱 구체적이고 내용이 풍부한 어떤 존재에 이미 익숙하다는, 즉 순수 존재라는 빈약한 요리에 만족할 수 없다는"[42] 사실에 있는 것이다. 그러나 헤겔이 자신으로부터 모든 올바른 생각을 가져가서 오용했다는 주장을 여러해 전부터 퍼뜨려 온 셸링은 이런 주장이나 여기에 이어지는 주장을 출판하지는 않았다. 이런 주장들은 사후에 출판된 것이다. 또한 셸링은 헤겔의 오용이 생산적이었다는 것도 알 수 없었다. 헤겔의 강의들은 출판되지 않았기 때문이다.

1829년 헤겔은 체코의 테플리체 온천에서 59세 생일잔치를 하고, 거기에서 장모 및 장모의 누이와 함께 프라하로 간다. 5년 전에 이미 밟았던 여정이다. 9월 초 카를스바트에 도착한 헤겔은 하필 셸링을 우연히 만났다. 헤겔은 부인에게 보낸 편지에 "오랜 지인"을 만났다고 쓴다.[43] 두 사람의 재회는 호의적이었다. 오후에 함께 산책하고 카페에서 신문을 읽었으며 저녁을 같이 보내고 다음 날 점심을 같이 먹는다.

젊은 시절 친구와의 만남에 대해 헤겔이 편지에 기록한, 짤막하고 언제나처럼 빈약한 서술을 읽으면 뭉클할 수밖에 없다. 튀빙겐에서 셸링은 조숙한 영재였고 헤겔은 안간힘을 써서 공부했다. 예나에서 두 사람은 칸트와 피히테에 관한 올바른 해석을 둘러싼 전투에 함께 뛰어든 전우였다. 이때부터 두 사람은 어느 정도 멀어지기 시작했다. 셸링은 헤겔의 메마른 태도에 괴로웠고, 헤겔은 그저 셸링 철학의 전문가로 취급받아서 괴로웠다. 이런 취급은 베를린 시절까지 쭉 이어졌다. 그들의 예나 시절 저작을 읽을 때는, 이 저작들을 단지 이해할 뿐 서로 구별까지 하는 일은 까다롭다. 어떤 사람들이 그럴 수 있었는데, 이는 다만 헤겔이 아직 독자에게 등을 돌린 채 글을 썼기 때문이다. 그리고 《정신현상학》 서문에서의 [셸링에 대한] 조롱은 "이것은 내 생각이다"라고 공언하기 위한 것이다. 그러나 굳이 이렇게 발길질을 하지 않더라도 아무도 이것을 의심하지는 않았을 것이다. 그 직후에 마침내 헤겔은 셸링과의 소통을 중단했다. 헤겔은 힘들기는 했지만, 근대 세계의 공론장으로 들어가는 길을 열었고, 셸링은 태고의 신화적 시원에 관한 침울한 이론을 완성하는 데 몰두한 것이다.

이런 맥락에서 미국 철학자 핀카드는 행간을 읽는 탁월한 감각으로, 헤겔 미학의 "충성"에 관한 부분에서 다음을 인용한다. "모든 사람은 스스로 자기 삶의 길을 걸어야 하고, 하나의 현실을 완성하고 견지해야 한다."[44] 헤겔에 따르면, 각 개인은 젊은 시절에는 아직 확고하지 않기 때문에 서로 결속하지만, 계속 그럴 수는 없다. "모두가 다른 사람의 관심사와 직결되는 것만 결의하고 실행하는" 이런 시기는 짧다.

물론 헤겔은 이 셸링과의 관계를 미화해서 바라보기도 쉬웠다. 그에게 이 관계는 어떤 영원한 언약이 아니라 지속적인 공적 활동이기 때문이다. 셸링이 부인에게 쓴 편지에 따르면, 온천에 있는데 알 듯 말 듯 어쩐지 불쾌한 목소리가 갑자기 들렸다. 셸링은 에를랑겐 대학 강의에서도, 널리 알려진 헤겔의 억양에 대해 악의적으로 비방하면서 그 특이한 억양을 이렇게 서술한다. "터놓고 가슴으로부터 말하고 소리 내지 못하고 흡사 호흡과 발성을 잃은 것 같아서, 불분명한 단어들을 웅얼거릴 뿐이다."[45] 카를스바트에서 이제 헤겔은 마치 둘 사이에 아무 문제가 없다는 듯이 몹시 "열성적이고 매우 호의적으로", 저녁에 함께 몇 시간을 즐겁게 보내자고 셸링에게 청한다. 두 사람은 학문적 대화는 하지 않았다. 셸링은 그런 대화를 허용하지도 않았을 것이다.[46] 왜 그러지 않았을까? 뒤늦게나마 셸링과 헤겔이 "사자死者들의 대화"라는 유서 깊은 문학 장르의 방식대로 정신적 대화를 나눴다면 너무도 보람 있었을 것이다.

헤겔의 사유는 그렇지 않지만 다른 사람과 어울리는 태도는 붙임성이 있었다. 이런 모습은 어쩌면 독선이나 유쾌한 무관심으로 보일 수도 있겠다. 이보다 우호적으로 보더라도, 헤겔은 사유에 집중하기 위하여 일상사에 대해 냉담한 구역을 만들어 두었다. 헤겔에게 필요한 자유는 이성의 통찰일 뿐 아니라, 아무래도 좋다는 태도이기도 했다. 적어도 이렇게는 말할 수 있다. 헤겔은 자신의 사회적 역할을 여러 가지로 분할하는데, 사실 그가 생각하는 철학 개념에 따르면 학자, 시민, 여가를 즐기는 사람, 개신교도, 도덕적 인격이라는 역할 분할은 허용하지 않는다. 헤겔은 차이들을 긍정하면서도 그 위에 전체의 이론을 확립한 최초의 인물이다. 그렇지만 이 이론에는 차이들의 위계질서가 있다. 국가는 사회를 통치하고, 남성은 여성보다 우월하며, 참된 예술은 이념에 지배받고, 종교는 철학으로 이행한다. 대체 자신의 삶에 어떻게 이런 질서를 담을 것인가? 예배에 "고차원의 의미"로 참석할 수는 없다. 참석하거나 참석하지 않거나 둘 중 하나인 것이다. 한편으로 소포클레스를 상찬하면서 다른 한편으로 라우파흐를 상찬할 수 있는가? 한편으로 프랑스혁명을 위해 샴페인으로 축배를 들면서, 다른 한편으로 "원자[적 개인]들"이 정치적 과정에 참여하는 것이 두렵다? 한편으로 루터교를 높이 평가하면서, 다른 한편으로 종교가 철학으로 고양된다고 생각한다? 이러한 "한편으로, 다른 한편으로"의 아비투스에 따르면, 정신은 서로 모순되는 규범들을 동등하게 산출하는 진화의 산물일 수 있다. 이런 아비투스는 현대 사회에는 어울릴 수 있다. 그러나 헤겔에게는 무엇이 옳고 참된 것인지 결정하여야 한다는 이성의 강박이 있다. 사적으로는 클라이스트에 반대하고 라우파흐를 택하는 결정을 내릴 수 있지만, 하나의 무대를 두고 내리는 결정은 사적이지 않다.

1830년 7월 파리에서는 원자들이 모습을 드러냈다. 1824년 프랑스 의회 선거에서는 아직 왕당파가 다수를 차지했다. 이에 비해 1827년 선거권을 독차지하던 유산 시민계급과 귀족은 다수결로 정부에 비판적인 자유주의적 의회를 채택했다. 흉년으로 생필품 가격이 어마어마하게 상승하여 내수가 줄었고, 공업, 상업, 중산층도 타격을 입었다. 1830년 위기로 인해, 정부와 (프랑스에서 늘 그렇듯이) 예수회가 비난을 받았다. 반왕당파 의원의 의석 비율은 더욱 늘었다. 1830년 7월 파리 시민의 3분의 1이 빵 할인권을 신청했다. 역사학자들의 추산에 따르면, 당시 파리 시민 77만 명 중 42만 명이 빈민이었다.[47] 이 당시에 헤겔식 표현으로 "폭민"이 출현했는데, 이들은 굶주리고 위태롭게 살아가며 권위에 적대적이었다. 작가 외젠 쉬Eugène Sue는 10년 후 《파리의 신비 Geheimnisse von Paris》 서문에서 이런 참상을 유명한 비유로 서술했다. 무법자들은 제임스 페니모어 쿠퍼James Fenimore Cooper의 소설에서는 문명 밖에 살지만, "우리에게서는 이 안에 있다."[48]

이런 상황에서 1829년 11월에 집권한 프랑스 총리인 강경 왕당파 쥘 드폴리냐크Jules de Polignac는 칙령을 남발하여 의회의 권리를 제한하고 언론·출판의 자유를 구속했다. 이러한 위로부터의 쿠데타는 샤를 10세가 새로운 의회를 구성하기 위한 포석이었다. 의회는 저항했고, 분노한 파리 인민은 바리케이드를 설치했다. 군대는 인기 없는 국왕을 위해 싸우려 하지 않았다. 겨우 사흘 만에 혁명은 끝나고, 국왕의 사촌인 오를레앙 공Herzogs von Orléans이 추종자들에 의해 왕위 계승자이자 "시민의 왕 루이 필리프Louis-Philippe"로 추대되었고, 그 추종자들은 의회 다수파가 되었다. 마침 이때 파리에 있던 간스는 헤겔에게 보낸 편지에서 "파리는 평정을 찾았고, 국왕과 폴리냐크가 어디 있는지는 아무도 모릅니다"[49]라고 썼다. 국왕은 셰르부르에 있었다. 거기에서 배를 타고 영국으로 건너가려 한 것이다. 그래서 나중에 역사가 요한 구스타프 드로이젠Johann Gustav Droysen은 신학자 빌헬름 아렌트Wilhelm Arendt에게 보내는 편지에서, 헤겔을 "복원의 철학자로 소개하고 가능하면 셰르부르로 모셔간다면"[50] 재미있겠다고 조롱했다.

무슨 일이 일어난 것인가? 혁명인가? 루이 필리프 치하의 초대 총리인 장 카지미르 페리에Jean Casimir-Perier는 어느 자유주의자들의 영수에게 다수가 그렇게 믿는 것이 이 나라의 불행이라고 냉정하게 말했다. "아닙니다. 혁명이 아니지요. 그저 국가원수를 교체했을 뿐입니다."[51] 반면 로젠츠바이크는 헤겔에 관한 책에서, 유럽을 휩쓰는 소요를 서술하면서 왕권의 정당성을 토대로 세워진 유럽 평화의 건물이 붕괴했다고 요약한다. 헤겔의 동료 교수인 역사학자 바르트홀트 게오르크 니부어Barthold Georg Niebuhr는 《로마사Römische Geschichte》 2권 서문에 이 "끔찍한 시절"에 "프랑스 궁정의 어처구니없는 행태 때문에 혁명의 악마를 묶어두던 부적이 떨어져 나갔다"라고 썼다. "신이 기적적으로 도우시지 않으면 우리에게 임박한 파괴는 3세기 중반 로마 세계가 겪은 파괴와 같을 것이다. 부와 자유와 교양과 학문이 말살될 것이다."[52] 이 중에서 아무것도 말살되지는 않았지만, 파리의 사흘은 수많은 민족운동에 실로 지대한 영향을 미쳤다. 제일 먼저 벨기에인들은 브뤼셀에서 오페라 〈포르티치의 벙어리 처녀Stummen von Portici〉 공연 후에 네덜란드에 맞서 봉기하고 얼마 지나지 않아 독립을 선포했다. 폴란드에서도 러시아 통치에 저항하는 11월 봉기가 일어났지만 결국 실패로 돌아갔다. 독일연방에서는 특히 브라운슈바이크 공국의 폭군이 쫓겨났고, 괴팅겐이나 라이프치히 같은 대학도시들이 영향을 받았다.

헤겔은 특히 벨기에의 봉기에 큰 관심을 보였다. 엔제에 따르면 헤겔은 분을 삭이지 못할 정도로 이 봉기를 증오했고 간스는 그 반대편에 섰다.[53] 헤겔이 그런 것은 이 봉기가 친구인 피터 가브리엘 판게르트Pieter Gabriël van Ghert에게 피해를 주었기 때문이다.[54] 이 네덜란드 철학자는 예나 대학에서 헤겔의 지도를 받으며 공부했다. 독일어를 잘못하면서도 〈논리학〉 강의를 들은 것이다! 그래서 헤겔은 그에게 관심을 보이고 개인적으로 지도하기도 했다. 판게르트가 네덜란드로 돌아간 1806년부터 두 사람은 서신을 주고받았다. 헤겔은 교육 및 종교를 관장하는 고위 공직자인 판게르트를 오랫동안 당연히 개신교도로 여겼지만, 사실 그렇지 않았다. 판게르트는 헤겔의 제자로서 《법철학 강요》, 그중에서도 270절을 옆구리에 끼고, 네덜란드의 로마 가톨릭교회로부터 학교 교육을 해방하고자 했다. 이 프로젝트는 벨기에가 떨어져 나감으로써 비로소 완수되었다.

프랑스 상황에 대해 쿠쟁의 편지를 통해서, 제자들을 통해서, 그리고 신문을 통해서 잘 알고 있던 헤겔은 이곳의 정치적 소요에 대해서는 특별한 점을 발견하지 못한다. 그런데 로젠츠바이크는 헤겔에 대해 이렇게 과장한다. "바로 혁명에의 두려움도 1830년 7월 이후 몇몇 편지나 대화로 전해지는 일부 발언의 내용이다."[55] 우선 이 말은 사실관계가 틀리다. 헤겔의 편지는 오만가지를 다루지만 "혁명"이라는 말은 한 번도 나타나지 않고 "질서"란 말도 마찬가지이다. 한 대목에서 헤겔은 군주와 국가의 권리를 옹호하는 사람은 노예근성이 있다는 질타를 당한다고 한탄한다. 물론 같은 편지에서 유럽이 "평소에 타당하던 모든 것이 문제가 되어버린 듯한 위기"[56]에 빠졌다고 말하기는 한다. 그러나 이 위기가 혁명의 위험을 뜻하는지, 종교의 상황을 뜻하는지(그의 편지를 받는 사람은 그를 옹호하는 신학자 요한 크리스토프 프리드리히 괴첼 Johann Christoph Friedrich Götschel이었다), 그도 저도 아니면 어떤 다른 것, 즉 시대정신이 정치에 예속되는 것을 뜻하는지 이 말만으로는 알 수 없다.

헤겔은 7월 혁명으로 인한 진보를 논하는 철학자 미헬레트를 꾸짖으면서, 그것은 "간스와 같은 말"이고 새 정부는 "오락가락 하기 때문에 미덥지 않다"[57]고 말한다. 미헬레트는 그래도 "프랑스 민족정신의 본질"은 "토대가 든든하다"라고 반박한다. 그러나 헤겔은 본질이 문제가 아니라 사람이 문제라고 답한다. 하지만 시민의 왕이 이성적으로 행동한다면 그럭저럭 꾸려나갈 것이다. 이런 말은 국가적 세계의 전복에 대한 적나라한 경악과 공포처럼 들리지는 않는다. 헤겔이 샤를 10세가 다스리는 프랑스 정부를 이성적 구성체로 보았을 리는 없다. 역사철학 마지막 강의에서는 프랑스인들은 15년이나 군주정에 매달리는 우스운 짓을 해왔고 "서로 속이면서" 살아왔다고 말한다.[58]

그 직전에 헤겔은 마지막 정치 저작, 아니 마지막으로 공표된 저작을 마무리했다. 그것은 영국의 개혁법안에 대한 것이었는데, 여기에서 법안을 뜻하는 영어 표현 "빌Bill"을 쓰고 있다. 1831년 4월 《일반 프로이센 국정신문》에 세 차례에 걸쳐 익명으로 발표된 이 저술은 프랑스의 사소한 변화가 영국 정치에 가져온 여파를 다룬다. 이 사건의 영향으로, 그리고 조지 4세의 서거 이후에, 영국 하원에서 1표 차이로 선거법이 개정된 것이다. 그러니까 헤겔은 첫 번째 출판된 저술, 즉 베른과 바트란트의 관계에 대한 《친서》의 번역에서 독일 헌법을 비판한 것과 마찬가지로, 그리고 뷔르템베르크의 신분제 의회의 토의에 대한 논평에서와 마찬가지로, 정치적 대의代議의 문제를 제기한다. 그는 이미 헌법 논고에서 "대의제"를 전제정 및 (참여자 숫자가 한눈에 파악 가능한, 시민의 자치인) 공화정과 나란히 "세계정신의 보편적 형상"으로 거론했다. "그것[대의제]는 세계사의 신기원이다."[59]

오랫동안 영국은 선거구가 농촌 대지주에게 유리하도록 매우 불균등하게 분할된 것으로 보였다. 소유 토지에서 매년 최소 40실링의 소득을 거두는 시민에게는 선거권이 부여된다. 이런 규정은 물론 1430년에 만들어졌다. 그 이후 화폐의 평가절하 탓에 농촌 유권자가 어마어마하게 불어났다.[60] 아울러 선거구에 유권자를 할당하는 방식도 국내 이주와 선거구 획정 때문에 변화했다. 특히 이런 식의 선거구 획정으로 인하여 이따금 극소수 유권자가 아주 많은 대표를 뽑을 수 있게 되었다. 헤겔은 이로 인해 매표가 성행한다는 것을 명확히 깨달았다. 그러나 그가 보기에 영국인은 한편으로는 역사적으로 전승되는 개별적인 것들에 매달리면서, 다른 한편으로는 무자비한 약탈과 부패를 용인하는 민족이었다.

그렇다면 개별적인 것들의 영역을 집단적 구속력이 있는 일반적 결정의 영역과 어떻게 조화시킬 것인가? 헤겔은 이 문제를 원자적 개인들의 의지를 대표들에게 위임하는 것으로 해결할 수 있다고 보지 않았다. 그처럼 주관적으로 동요하는 우연적 존재로서의 개인을 대표하기보다는, 이익단체("직업단체")의 구성원이라는 형태의 개인을 대표해야 한다.[61] 헤겔 이후의 여러 민주주의 이론가들과 마찬가지로, 헤겔도 선거 행위를 좋아하지 않았다. 그리고 선거 행위에서 나타나는 한낱 의견 표명에 어떤 정치적 의의도 부여하지 않았다. 그뿐 아니라 그가 보기에 대표는 대표자 때문에 병든다. "소수는 다수를 대표해야 하지만, 종종 다수를 유린할 따름이다."[62] 헤겔은 그토록 많은 대립적 충동으로 이루어진 구성체가 안정되기를 바랐다. 그는 "욕구의 체계"와 구별되는 국가가 바로 이런 충동들에서 벗어나기를 원했다. 이 대목에서 국가와 사회의 구분이 얼마나 허약한지 알 수 있다. 시장에서와 마찬가지로 정치 영역에서도 원자들의 비이성적인 소동이 벌어지기 때문이다.

헤겔이 선거법 개정을 비판한 이유는 진정한 문제를 완전히 놓쳤기 때문이다. 그에게 진정한 문제는 프랑스식의 혁명을 어떻게 막을 수 있는가이다. 그가 적확하게 표현한 것처럼, "혁명의 예방으로서의 개혁"[63]이 중요하다. 그가 보기에, 혁명에 대한 공포를 자아내는 사회 상황, 즉 대중의 곤궁함이 해결되지 않은 채, 이익 집단에만 의회에서의 활동 공간이 더 크고 더 공평하게 열린다면, 개혁은 무력하다. 하지만 이런 상황은 어떻게 해결할 수 있는가? 헤겔은 기본적으로 선의를 가진 권력자의 이성에게 자신의 이익에 거리를 두기를 호소했다. 그럴 수 있다면 얼마나 좋으랴.

헤겔의 이 글은 《국정신문》 연재가 중단되었다. 국왕의 명령 때문이었다. 왕은 이 논고를 질책하지는 않았지만, 영국 헌법을 질타하는 글이 프로이센의 공식 신문에 실리는 데 우려를 표했다. 이 글 전문은 별쇄본으로 비밀리에 배포되어야 했다.

죽음

"《콜레라에 관하여On Cholera》출판 비용 200파운드는 스노우 자신이 떠안았다. 판매 부수는 56부에 불과했다. 스노우는 그 수익금으로 3파운드 12실링을 받았다."[1]

죽음

로젠크란츠는 《쾨니히스베르크 메모 Königsberger Skizzen》에서 "시골 교회 Dorfkirche"라는 말만 들어도 눈물이 고인다고 말한다. 이 글에 따르면, [묘지를 뜻하는] 키르히호프 Kirchhof["교회 뜰"]라는 말은 망자를 교구 경계 안에 묻는 전통에서 나왔다. 이것은 살아있는 공동체와 죽은 공동체가 연결되어 있음을 입증한다. 그러나 [이 글이 발표된] 1842년의 예측에 따르면, 이런 연결은 시골에만 남을 것이다. "시골에서는 보건 당국이 시신이 내뿜는 나쁜 기운을 몰아내고 신선한 공기를 유지하는 데 아무 어려움이 없기 때문이다."[2] 한편 프리트호프 Friedhof["안식의 뜰"][옮긴이 주: 고대고지 독일어에서 경내境內를 뜻하는 "frit"와 뜰을 뜻하는 "hof"의 합성어에서 유래한 이 말은 이제는 평화나 안식을 뜻하는 "Frieden"과 결부된 의미로 전용되었다]가 [묘지를 뜻하는 말로] 점차 우세해졌는데, 이는 건강에 대한 염려가 커지고 인구가 늘어남에 따라 망자를 그 지역 바깥에 묻기 시작했기 때문이다. 이제 망자를 엄숙하게 무덤으로 운구하는 것이 아니라, "마치 상품처럼 불경하게" 차에 싣고 교회에서 멀리 떨어진 평지로 운반한다.

로젠크란츠는 이러한 시대의 문턱에서 겪은 경험을 이야기한다. "이제 우리는 삶과 죽음을 조금 더 섞었던 예전에 비해, 이들을 한결 분명하게 구별한다." 따라서 예전에는 망자와의 관계에서 어떤 유령을 방불케 하는 특징이 압도했다. 이에 비해 오늘날 사회는 "죽음의 분위기"라는 압박에서 벗어났다. 그래서라도 우리는 망자에게 "최후의 경의letzte Ehre[장례식]"를 표한다. 흔히 그다음에는 망자와의 모든 연결이 끊기기 때문이다.

"나쁜 기운"이라는 그의 말에는 당대의 전염병 경험이 여진을 일으키고 있다. [나폴레옹의] 점령 시기에 베를린은 독감과 성홍열이 유행했다.[3] 이런 역병의 희생자는 사망한 다음에도 병을 옮길 수 있다고 여겨졌다. 이에 반해 헤겔은 1830년《철학대계》에서 "역병 혹은 전염병이라는 질병들은 어떤 특별한 것이 아니다"라고 쓴다. 모든 유기체가 서로 연결되어 있다는 의미이다. 예를 들어 유기체들은 서로의 먹이가 되거나, 공생하여 이익을 취하거나, 서로 경쟁한다. 따라서 그가 보기에 전염병이 특별하지 않은 이유는 역병도 유기체들의 연결 방식 중 하나이기 때문이다.

물론 역병이라는 이러한 연결 방식은 헤겔 시대에는 전혀 해명되지 않았다. 역병과 전염의 정확한 관계는 미처 견실하게 확립되지 않은 것이다. 헤겔은 어떤 유기체가 자신이 친숙한 환경에 있지 않을 때 전염병이 생길 수 있다고 추정했다. 그래서 헤겔은 "우크라이나에서 남부 독일로 온 가축이 모든 면에서 건강했음에도" "이처럼 단지 사는 곳이 바뀌어 흑사병이 돌았다"라고 오판한다. 또 그의 생각에는, "독일의 유기체들이 러시아의 증기와 접하여" 티푸스가 독일에 들어왔다.[4] 당대의 또 다른 가설에 따르면, 콜레라는 상한 생선이나 익히지 않은 채소를 먹어서 생기거나, 날씨가 변덕스럽거나 몸이 몹시 뜨겁다가 급격히 차가워지면 생긴다. 1830년경에는 "세균"이라는 개념도 없었고, 병이 식수 오염을 통해 퍼지거나 이미 감염된 사람의 분비물을 통해 퍼진다는 추론도 없었다. 지배적인 설명은 이런 질병이 "독기"에 의한 것이라는 것이었다. 즉, 땅이나 쓰레기에서 나오는 증기 때문에 생기고, 공기를 통해 퍼진다는 것이다.

영국의 의사 존 스노우John Snow에 이르러 비로소 전염병의 의학적 치료로부터 예방적 위생 조치 및 전염 경로 파악으로의 전환이 일어났다. 독기설 학파와 감염설 학파 간의 대립은 무의미해지는데, 명백히 환경을 통한 전염도 있고 사람을 통한 감염도 있기 때문이다. 그러나 스노우는 사람에게서 사람으로의 감염이 반드시 호흡을 통해 일어나는 것이 아니라, 오히려 식수를 통한 감염과 소화계를 통한 확산 가능성이 높다고 쓰고 있다.[5] 이에 대한 증거는 사실 미생물학이 아니라 통계학에서 먼저 나타났다. 1854년 런던에서 전염병이 돌 때, 감염자 수와 특정한 수도 펌프 사이에 긴밀한 상관성이 확인된 것이다.[6] 같은 해에 이탈리아 의사 필리포 파치니Filippo Pacini는 콜레라 병원체를 최초로 발견했다. 그러나 그 사실은 널리 퍼지지 않았기에, 병인을 둘러싼 논쟁은 1884년 로베르트 코흐Robert Koch의 분석으로 비로소 종식된 것이다.[7]

따라서 1830년 무렵에는 병이 들불처럼 번지는 것이 감염 때문일 수 있음은 알고 있었지만, 이런 감염이 어떻게 일어나는지, 즉 동물을 통해서인지, 독소를 통해서인지, 대기오염을 통해서인지 오락가락했다. 1830년 겨울에 국왕에게 호소한 알텐슈타인의 표현이 이 점을 여실히 보여준다. 그는 병이 "일부는 [풍토와 대기 등에 의한] 역병일지라도 아울러 감염원에 의한 것이기도 합니다"라고 썼다.[8] 많은 의사가 콜레라는 일단 특정 지역에 한정하여 대기에 의해 발발하지만, 그다음에는 어떤 식으로든 접촉을 통해 전파된다고 생각했다. "어떤 식으로든"이라고 생각한 이유는, 의사 크리스토프 후펠란트가 쓴 것처럼, 전염에 노출되어도 병에 걸리지 않은 사례가 수천 건이나 있는 데다가 거꾸로 이미 감염된 사람과 접촉하지 못하는 공해상에서 병에 걸리기도 하기 때문이었다. 후펠란트의 의문은 특히 강 유역에서 환자가 느끼는 현상이 [개인을 통한] 감염 이론과 어떻게 조화를 이루는가였다. 개인을 통한 전파는 "모든 방면으로 똑같이 일어나야 하기" 때문이다. 따라서 제2의 "유포와 확산 경로"가 있음이 틀림없다.[9]

《철학대계》에서 자연철학의 마지막 여섯 절 중에서 네 개 절은 개체의 질병, 두 개 절은 개체의 죽음을 다룬다. 그가 보기에 유기체가 병드는 것은 그 유기체의 하나의 부분체계나 하나의 기관이 전체를 거슬러서 전체의 유동성을 저해하기 때문이다. 예속해야 하는 것이 독립하는 것이다. 피가 가열되고 발화하고 제멋대로 활동한다. 위장이 꽉 차면, 본디 무심코 이루어지는 소화가 "중심"에 등장한다. 헤겔이 보기에 질병은 "불균형"이다. 그에 따르면, 돌은 아무리 훼손하더라도 모양이 해체될 뿐 아플 수는 없다. 이에 비해 구역질이나 감염은 파괴가 아니라 내적 결핍을 가리키고, 욕구는 외적 결핍을 가리킨다. 따라서 헤겔에게 질병은 어떤 역설적인 결핍이다. 일종의 과잉생산이고 예컨대 [기생충 같은] "동물이 내장에 생기기 때문이다". 질병은 유기체가 스스로와 맺는 관계이다.[10]

그러므로 죽음은 바깥에서 오는 것이 아니라, "개체 자신에서 오는 개체의 죽음"이다.[11] 살해되거나 사고를 당하는 것은 우연적이다. 이에 비해 병에 걸리거나 늙어서 죽는 것은 본디 개체 개념에 속한다. 이때 늙는 것과 병에 걸리는 것은 분별이 힘들다. 헤겔은 유기체는 선천적으로 아프다는 독특한 표현을 한다. 따라서 유기체는 어떤 개개의 병에서 치유될 수 있지만, 근본적으로는 치유될 수 없다. 헤겔은 《예나 시대 실재철학Jenaer Realphilosophie》의 적지 않은 구절을 《철학대계》에 그대로 가져오는데, 여기에서는 "죽음의 필연성은 개개의 원인에 있는 것이 아니다. […] 개개의 원인에는 언제나 대응책이 있다. 그것은 약하고 근본도 아니다"라고 쓰고 있다.[12] 죽음의 필연성은 오히려 개별적인 것[개체]이 일반적인 것으로 이행해야 한다는 데 있다. 삶은 자기 운동이자 자기 유지이지만, 다수 개체로 분할된다. 이 개체들은 유한하고, 헤겔의 표현에 따르면 이념에 부적합하다. "이념, 정신은 시간을 초월한다. 그것이 시간 자체의 개념이기 때문이다. [⋯] 개체 자체에서는 이와 다르다. 그것은 한편으로 유類이다. 일반성과 그것의 개체성을 완전하게 **하나의** 형태로 통일하는 것은 가장 아름다운 생이다."[13] 그러나 다른 한편 그것[개체]이 시간에 굴복하는 이유는 단순히 피조물이기 때문이 아니다. 그것은 (조심스럽게 말하자면) 자신이 하는 모든 일이 영속하지는 않기 때문에라도 이미 시간에 굴복한다. 따라서 정신인 것은 바로 그것의 불완전한 담지자인 저 실존의 자연적 무상함에서 뚜렷하게 드러난다.[14] 우리가 소멸하는 이유는 애초부터 소진될 존재이기 때문이고, 종국에는 점차 자신의 개별성으로 사물의 지속에 이바지하지 못하게 되기 때문이다. 헤겔은 늙은이는 점점 일반적 표상으로 돌아가고, 더 이상 특수하기를 원치 않으며, 세계에 관심을 잃는다고 쓴다. 신체도 마찬가지로 점점 안식을 찾는다.

　이런 성찰을 이 당시에 병을 이해하고 병에 대한 지식을 얻고자 의사들이 기울인 노력과 비교한다면, 헤겔의 "철학적 학문"의 이념이 여러 부분에서, 개념이 어떤 다른 기능을 하던 당대에 얼마나 낯설었을지 알 수 있다. 그러니까 그 당시 개념의 기능은 기존 정보들을 분류하고 사실 증명과 실험 설계를 가능케 하는 것이었다. 당대 의학은 "맹목적 경험주의"를 지극히 경계했지만, 사변적 체계를 연구의 토대로 삼는 것도 경계했다. 예컨대 콜레라가 돌던 당시의 의학 통계는 치료 실패의 사례들을 연구하여, 모든 병에 가령 "자극" 개념에서 도출되는 유사한 과정이 일어난다는 관념을 무너뜨렸다.[15]

1831년 8월 베를린에 콜레라가 닥쳐오고 있다는 소식이 당도하자, 헤겔은 1년 전 세를 얻은 할레셰스토어 근처 별장으로 거처를 옮겼다. 오늘날에는 [이 별장이 있던] 노르덴크로이츠베르크 지역과 [중심가인] 운터덴린덴 지역의 거리가 멀게 느껴지지 않겠으나, 당시에는 "시내"와 "성문 밖"의 차이였다. 그러니까 성문 밖의 크로이츠베르크의 티볼리에서 헤겔은 61세 생일 파티를 열고 샴페인을 듬뿍 터뜨렸다. 여기에는 괴테에게 이 파티에 대해 전한 카를 프리드리히 첼터Karl Friedrich Zelter, 신학자 마르하이네케, 슈바벤의 화가 요한 크리스찬 크셀러Johann Christian Xeller, 그리고 로젠크란츠가 참석했다. 이날 대화 주제는 콜레라였다. 첼터는 괴테에게 보낸 편지에서 헤겔 부인은 "뉘른베르크로 가기를 바라시고 헤겔 교수님은 여기 남기를 바라십니다. 두 분 부부는 그렇습니다."[16] 이틀 후 베를린에서 콜레라 사망자가 처음 나왔다.[17]

콜레라는 원래 인도의 벵골 지방에서 발생했지만 거기에서는 오랫동안 별로 눈에 띄지 않았다. 주목을 별로 받지 못하는 하층 계급인 불가촉천민 사이에서 대부분 유행하고 또 지역에 국한된 역병으로 보인 것이다. 1817년 상황이 바뀌면서 이 병이 널리 퍼지기 시작하자 사람들은 경악을 금치 못했다. 그전에는 이 병이 땅에서 생긴다고 여긴 것이다. 영국 배들이 이 병을 아랍 지역으로 옮겼고, 대상隊商들이 카스피해까지 옮겼다. 1824년 겨울의 혹한 때문에 이 병의 서구 진입은 러시아에서 멈춘다. 그러나 1829년 두 번째 파도가 유럽으로 넘어오고 1831년 5월 프로이센에, 늦여름에는 베를린에 이르렀다. 그리고 영국을 포함해 유럽 전역을 덮친 다음, 1838년 겨울에야 역병이 끝났다.[18]

유럽에서 주거지역 위생 상태는 전염병 전파에 일조했다. 예를 들어 베를린은 공업 도시였음에도 불구하고, 1823년에야 도로가 포장되었다.[19] 사람들은 쓰레기통과 요강을 도로와 인도 사이의, 너비 1미터, 깊이 1미터의 수로에 비웠고, 오물은 이 수로를 통해 슈프레강으로 흘러 들어갔다. 비가 조금이라도 내리면 빨리 흘러가고 비가 많이 내리면 수로가 넘쳤다. 그뿐 아니라 수로의 물은 쉽게 새어 나가 지하수를 오염시켰다. 야간에는 분뇨를 베를린의 운하에도 쏟아버렸다. 파리와 런던에서는 각각 1802년과 1808년 중앙 상수도 시스템이 마련되지만, 그때까지 베를린에는 이런 설비가 없었다. 당시 의학과 화학 수준으로는 쓰레기와 질병과의 상관관계를 해명하지 못했다.[20]

순식간에 일어난 일이었다. 서류 기록에 따르면, 쾨니히스베르크 동쪽의 슈탈루푀넨(오늘날 러시아의 네스테로프)에서 5월 18일 동프로이센의 첫 번째 콜레라 환자가 나타났다. 6월 14일에는 상트페테르부르크에서 "아시아 콜레라"가 처음 발병하고, 그로부터 6주 후에는 쾨니히스베르크에서 공포로 인한 혼란이 벌어졌다. 이미 1831년 8월에 베를린 샤를로텐부르크에 내린 선장이 콜레라로 사망했다. 9월 1일 베를린 보건국은 《프로이센 국정신문》에 베를린이 감염되었다고 선언했다.[21] 5일 후에는 발병 사례가 64건이었다. 결국 1832년 2월에는 인구가 약 24만 명인 이 도시에서 2천 200명의 환자가 발병하여 1천 400명이 사망했다.

사람들이 온갖 질병으로 죽어 나가던 사회치고는 기본적으로 그리 충격적인 숫자는 아니었다. 그렇지만 "특히 유럽에서는 치명적 질병이 널리 확산하는 시대는 지나갔다"[22]는 기대를 무너뜨리기에는 충분한 숫자였다.

헤겔은 튼튼하지 않은 위장 때문에라도 이 전염병을 두려워했다. 그의 건강은 약해졌다. 1829년 카를스바트 여행 이후 헤겔은 자주 통증을 호소했다. 지치고 날씨에 예민해지고 과로했다. 콜레라가 수그러들어 보이자 헤겔은 철학사와 법철학 강의를 위해 베를린 시내로 돌아왔다.

특히 법철학은 그에게 시급한 일이었다. 헤겔 제자인 간스가 법학 강의에서 반군주제 사상을 유포하고 "모든 학생을 공화주의자로" 만들고 있다며, 왕세자가 헤겔에게 개인적으로 문제를 제기한 것이다. 왕세자는 헤겔에게 몸소 강의하라고 요구했다.[23] 아르놀트 루게Arnold Ruge가 덧붙이는 말에 따르면, 헤겔의 강의 공지를 보고 이 강의에 등록한 학생은 네 명에서 다섯 명에 불과했고, 간스의 강의에는 "수백 명"이 등록했다. 헤겔은 여전히 당대 철학의 중심 항성인 자신이 구닥다리로 여겨진다는 사실을 처음으로 뼈저리게 느꼈다. 격분한 헤겔은 간스에게 편지를 보냈다. 간스는 헤겔에게 우선권을 인정했다. 그러나 학생들은 이에 따르지 않고 간스를 기다렸다. 루게의 말에 따르면 간스는 "더 자유주의적일 뿐 아니라, 훨씬 이해하기 쉽게" 강의하는 것이다. 헤겔은 간스가 공식적으로 우선권을 인정하는 것도 생색낸다고 여겼다.[24]

헤겔은 1831년 11월 10일 강의를 시작한다. 목요일이었다. 많은 학생은 헤겔이 허약해졌음을 느꼈다고 한다. 그 반면에 얼마 전 튀빙겐에서 베를린으로 와서 그날로 헤겔을 방문한 슈트라우스는 "뷔르템베르크 사람이군요"[25]라고 반기는 헤겔과 고향 이야기를 나누면서 헤겔에게 생기가 넘친다고 느꼈다. 11월 11일 금요일 한 학생은 헤겔이 창백하고 쇠약한 모습으로 기침을 하면서 철학사 강의를 했다고 기억한다. 이에 반해 슈트라우스는 헤겔의 강의가 나지막한 목소리로 심사숙고하며 문장들을 끝마치지 않으면서 "오롯이 홀로 있는 느낌"을 주었다고 쓴다.[26] 물론 이런 것은 모두 사후에 윤색된 경험일 수 있다. 하여간 헤겔은 강의 후에 출판인인 둔커Duncker에게 들러서 《정신현상학》 개정판을 두고 협의했다. 토요일에 헤겔은 또 시험 감독을 했다.[27] 일요일이 되어서야 헤겔은 아침 식사 후에 갑자기 불편함을 느꼈다. 그래서 겨자 연고와 카밀레 찜질 처방을 받았고, "담즙"으로 추정되는 액체를 토했다. 소변을 볼 수 없었고 경련이 일어났으며 잠을 거의 이루지 못하고 안절부절못했다. 1831년 11월 14일 월요일 오후 5시 14분경 헤겔은 서거한다.

헤겔 부인의 쪽지를 받고 임종의 자리로 달려온 요하네스 슐체는 두 시간 후에 알텐슈타인 장관에게 전갈을 보냈다. "헤겔 교수는 겨우 30시간 아팠고 의식이 또렷한 채, 최후의 순간까지 죽음이 임박했음을 꿈에도 생각하지 못했습니다."[28] 그릇된 판단일 수 있다. 헤겔은 두 번째 의사를 부른 것이 무엇을 뜻하는지 알았을 것이다. 법규에 따르면 콜레라로 의심될 경우 두 번째 의사를 불러야 했기 때문이다.[29] 그러나 모든 증인은 헤겔이 사투를 벌이지도, 통증을 느끼지도, 잠들지도 않은 채 눈을 감았다고 전한다.

엔제는 "도시 전체가 한 대 맞은 듯이 마비되었다"라고 쓰고 있다. 교수들은 휴강했다. 미셸레트는 학생들 앞에서 헤겔의 별세는 철학의 심장을 타격했다고 말한다. 충격에 빠진 알텐슈타인은 슐체에게 헤겔 가족을 위로해 달라고 청했다. "저를 대신해서 어떤 말씀을 해주셔도 좋습니다. 그래도 제가 말씀드리고자 하는 것에는 못 미칠 것이기 때문입니다."[30] 슐체는 처음에는 피히테와 졸거 옆에 묻히고 싶다는 헤겔의 희망이 콜레라 때문에 이루어질 수 없다고 생각했다. 그러나 그는 베를린 경찰국에 영향력을 발휘하여 헤겔이 콜레라 사망자 시신을 운구하는 영구차에 실려 한밤중에 별도의 묘지에 묻히는 일을 막았다. 나중에 폰 아르님 경찰국장은 이 때문에 내무장관의 질책을 받고는 상여꾼들을 "희생양"으로 내세워서 상여꾼과 그 말들을 닷새 동안 격리했다.[31] 헤겔에게 콜레라의 전형적인 증상이 나타나지 않았기 때문에, 별세한 직후부터 사인이 콜레라인지 논란이 일었다.

그의 주검은 11월 16일 오후 "궁내대신들의 지휘하에 학생들이 맨 앞에 서고 수행원들이 길게 늘어선" 장의 행렬에 의하여, 프리드리히슈트라세와 오라니엔부르거토어를 지나 눈 덮인 베를린의 도로텐슈타트 묘지까지 운구되었다. 베를린 대학에서는 얼마 전 총장에 취임한 헤겔의 친구 마르하이네케가 추도사를 낭독하면서, 헤겔과 그리스도를 비교하기까지 했다. 죽음은 "우리에게서 그분 자신이 아닌 것만 앗아갔을 뿐"이라는 것이다.[32]

662

후기

지금까지 우리는 무엇을 보았는가? 우리는 약관 이십 세에 친구들로부터 "노인네"라고 불린 한 젊은 남자를 보았다. 이런 별명은 성정이 차분하기 때문이었다. 대개 진지했고, 제멋대로 구는 적은 거의 없었다. 또 천재는 아니었고 다만 생각이나 계획이 줄곧 높이 비상했을 따름이다. 독서광인 그는 읽은 책을 깊이 이해하려고 노력했으며 이런 일은 점점 복잡해졌다. 저녁마다 카드놀이를 즐겼고 사람들과 어울리기를 좋아했으며 학자의 역할을 과장하지 않았다. 거의 유년기부터 밤낮으로 근면하게 연구한 학자로서 모든 것을 사유할 수 있다고 믿었다. 그리고 이런 믿음을 입증하고자, 이 세상의 거의 모든 것을 사유를 통해서 해명하려고 했다. 철학은 헤겔을 통해 처음으로 원리 문제들, 아득한 개념들, "거창한" 대상들에 국한되지 않게 되었다. 헤겔의 미학은 미와 숭고뿐 아니라, 그리스 사원 건축, 기사문학, 네덜란드 회화 전통도 다룬다. 그의 법철학은 의지, 법률, 국가, 도덕뿐 아니라, 연애결혼, 시장경제, 산업, 빈곤도 논한다. 그의 자연철학은 철학적으로 형형색색의 세계, 성차, 질병 현상으로 파고들고자 한다. 그가 자기 생각을 [백과사전을 의미하는] 《철학대계》라는 한 권의 저서로 요약한 것은 우연이 아니다. 헤겔은 모든 것에 관심을 가졌다. 행성 궤도의 기하학, 인도 신화, 로베스피에르의 공포정치에 관심을 가졌고, "신" 개념, "집합" 개념, "소유" 개념에 관심을 가졌다. 이것은 어떤 저작이 세계와 밀착할 수 있는 최대치일 텐데, 오늘날에는 한 학자의 인생으로는 결코 이루지 못할 것이다.

그리고 우리는 어떤 것도 가볍게 여기지 않으며 자기 자신뿐 아니라 독자들도 힘들게 만든 한 사람의 사상가를 보았다. 그의 사유 양식은 가파르게 발전했다. 처음에는 매우 이해하기 쉬웠다. 민중의 교육자를 직업으로 삼으려 했기 때문이다. 그러나 그 다음에는 일반 대중은 거의 고려하지 않고 추상의 영역에서 활동했다. 때때로 그의 문장들은 더듬거려서 독자들은 그의 말이 대체 끝이나 맺을 수 있을지 염려하기도 한다. 그의 글에서는 종종 어리석음과 거짓에 대한 조롱을 감지할 수도 있다. 결국 자신을 거의 15년이나 베를린 사상계의 중심에 서도록 만든 강의들에서, 난해함과 이해 가능성 사이에서 균형을 찾을 수 있었다. 그의 저작을 읽는 사람은 그 의미를 완전히, 모든 문장에서 해명했는지에 대해 결코 자신할 수 없다. 그러나 이 저자가 아무런 생각도 전할 게 없다거나, 독자들을 가지고 놀고 있음을 번지르르한 말로 위장한다고 의심할 근거는 어느 대목에도 없다.

대부분의 사안에서 헤겔은 특히 사안을 적실하게 포착하는 어려움을 발견했다. 우리는 헤겔이 소금 결정을 지각하는 데 관해 10쪽을 서술했음을 보았다. 체스의 명수가 한 수를 둘 때마다 앞서 계산한 수순이 상대의 마지막 수에 비추어볼 때 여전히 타당한지를 따져보듯이, 헤겔은 그때까지 자신이나 다른 사람이 생각한 것의 모든 측면을 파고들면서 혹여 모순되거나 간과된 것이 없는지 따져보는 일에 그야말로 탐닉했다. 헤겔은 '왜냐하면', '그게 아니라', '~일 때', '~이전에', '~와 ~ 모두', '물론 그렇지만', '그래도', '하지만', '비록', '그럼에도 불구하고', '이에 반해' 등, [특정 개념을] 상위에 두거나 하위에 두는 접속사, 제한하는 접속사, 등위접속사 등을 자유자재로 활용하는 접속사의 철학자였다. 엄청나게 얽히고설킨 활동인 철학에 대한 자신의 공헌이 바로 거기에, 즉 사유가 만드는 어려움을 감내하는 데에 있음을 깨달은 후에야 헤겔은 자신만의 목소리를 찾았다. 헤겔이 근면한 철학자인 이유는 이것 때문이기도 하다. 그는 끈질긴 투쟁을 통해서 자신의 모습을 이룩해 낸 것이다. 그의 저작의 토대는 어떤 돌연한 통찰이나 '유레카!'의 외침이나 회심回心이 아니다.《정신현상학》은 하룻밤이 아니라 숱한 밤을 거쳐서 나온 것이고,《논리학》은 수많은 나날을 거쳐 나온 것이다.

이러한 개념화를 욕망하는 에너지가 헤겔에게는 "자유"였다. 여기에는 두 가지 확신이 토대를 이루었다. 이해하지 못한 것 앞에서 우리는 부자유하다는 확신, 그리고 사태로부터 도출되지 않은 자발성은 자유가 아니라 자의에 불과하다는 확신이다. 사상이 추동한 프랑스혁명은 그래서 헤겔 청년기의 거대한 패러다임이던 것이다. (헤겔이 보기에) 정치적으로 평등한 시민들이 이루는 한 국가의 자기입법 시도에 있어서, 그리고 도덕적 극단주의로 인한 '공포정치'와 '교만'에 있어서 그러했다. 헤겔 자신을 둘러싼 정치

환경, 즉 영주들이 지배하는 독일이 붕괴하여 나폴레옹 통치하에 점령되고 프로이센이 점차 공고해지는 상황에서, 헤겔은 프랑스 혁명의 교훈을 얻었다. 그것은 시민적 자유로 가는 길이 개혁의 단행과 권리의 제도화라는 것이다. 그 범위를 넘어서는 일, 여기에 해당하지 않는 일은 헤겔에게도 주변적일 뿐이었다. (식민지와 노예의 세계, 남녀 권리의 차별, 아메리카 대륙의 민주주의, 근대정신으로서의 "원자들의 국가"와 세계시장 등) 이런 일들에 대해서는 내키지 않은 듯 언급하거나 때때로 논평했을 뿐, 자신의 시대 진단의 핵심 요소로 여기지는 않았다. 어쩌면 불가피한 일이지만, 헤겔은 미래를 향하는 현재의 경향보다는 과거와 맺는 현재의 연관에 더욱 천착한 철학자였다. 그는 1800년 무렵의 아방가르드였지만, 1830년 무렵의 아방가르드는 그의 몫이 아니었다.

그렇지만 미학, 법, 종교, 학문에 관한 헤겔의 사색을 통해 다음 시대로 가는 어떤 길이 모습을 드러냈다. 그 시대는 예술이 점점 해방되고, 국가는 헌법을 통해 자신을 제약하고, 사회는 세속화되어 종교적 무관심 및 종교적 의무의 사사화私事化가 이루어지며, 학문은 극도로 분업화되는 시대이다. 헤겔은 이런 현상들이 등장하는 근대 사회를 대립, 규범 충돌, 분열들이 불안하게 통일된 "정신"의 사회라고 본 첫 번째 철학자인 것이다. 이러한 불안은 한편으로는 이 사회와 이 사회의 자기서술 사이의 긴장에서 나온다. 근대 세계의 탄생과 더불어 나타난 어휘인 "계몽", "도덕성", "자율", "민주주의", "이성" 등의 수많은 개념은 일차적으로는 사회 세계를 인식하기 위한 것이 아니라, 이 사회 세계 내에서 특정한 의도를 관철하기 위한 것이기 때문이다. 그러므로 우리가 우리 자신과 우리 세계를 서술하는 이런 개념들의 의미는 전승된 의미에서 곧바로 얻을 수 있는 것이 아니다. 이 점을 깨달은 소수의 인물 중에서도 헤겔은 최초의 인물이었다. 따라서 이처럼 전승되는 용법에 침전되는, 미완의 역사적 작업을 검토해야 한다. 헤겔이 보기에 이 세계가 불안한 통일인 또 다른 이유는, 이 세계에서 끊임없이 새로운 것이 나타나기 때문이다. 예를 들어 헤겔 생전에 나타난 것만 보아도 나폴레옹, 공립 김나지움, 괴테의 색채론, 아메리카, 낭만주의의 아이러니, 폭민 등이 있다. 따라서 이제까지 이해 가능한 연관으로서의 세계에 관해 이해한 것들에 비추어, 이러한 새로운 것들은 그것들의 교정이나 변양이나 반박으로 보아야 한다.

헤겔의 저작으로부터 과연 어떤 결론들을 끌어낼 수 있는가? 이제까지 이로부터 끌어낸 수많은 서로 상충하는 결론들에 비추어 볼 때, 이런 물음은 불필요하다시피 하다. 그의 저작은 여러 학파를 형성했으며, 이들은 쪼개져 갔다. 루트비히 포이어바흐, 다비트 프리드리히 슈트라우스, 브루노 바우어Bruno Bauer로 시작하여, 마르크스, 미하일 바쿠닌Michail Bakunin, 요한 루드비 헤이베르Johan Ludvig Heiberg, 키르케고르, 베네데토 크로체Benedetto Croce, 죄르지를 거쳐서 알렉상드르 코제브Alexandre Kojève, 아도르노에 이르는 헤겔의 영향을 그 개요만 서술하려고 해도 이 책과 비슷한 분량의 책 한 권이 필요할 것이다. 흔히 이러한 영향은 정치적 의도로 헤겔의 사상에 기대어 자신의 시대 진단을 전개하려는 시도에서 나타나거나, 이와 다소 다르게, 사회적 투쟁에 헤겔의 사상을 투입하려는 시도에서 나타난다. 이성, 정신, 자유에 대한 헤겔의 포괄적인 서술, 그리고 강의록 간행 후에는 장대하기까지 한 서술이 종종 지적 전복의 기법을 유발했다. 그것은 생각을 모순들 속에 그대로 둔 채로, 그 반대를 주장하면서 어디까지 나갈 수 있는지 보는 기법이다. 헤겔은 역사와 예술과 종교의 종언을 선포했다. 이런 것들이 이제야 비로소 시작하고 있다거나 이런 것들이 끝나더라도 먼 훗날에나 끝날 것이라는 말, 혹은 미래가 없는 것은 헤겔 사상이라는 말은 우리를 시험에 들게 한다. 그러나 〈…에 관한 헤겔의 사유〉와 같은 제목을 단, 헤겔 저작의 온갖 세부사항에 관한 그야말로 무수한 글에 대해서는 아직 말도 꺼내지 않았다. 여기에서 말줄임표 자리에는 헤겔 자신이 사용하던 거의 모든 명칭과 명사를 넣을 수 있다. 아프리카, 이집트 신들, 욕망, 화학, 슬라브 민족, 계약이론, 민족정신, 우연 등. 그리고 이런 제목마다 두 개 이상의 논문을 찾을 수 있다.

　다른 어떤 것으로도 설명할 수 없는 것[실체]은 그것 자체로만 설명할 수 있다는 스피노자의 명제는 헤겔도 받아들였다. 여기에서 헤겔은 구별하는 사유라는 기술을 활용했다. 그런데 이런 구별을 검토하여 그 함의를 모조리 밝혀내면 이런 구별은 해소되어 버린다. 이런 사유의 움직임을 따라가는 거의 신체적이다시피 한 노고뿐 아니라, 이런 전진이 요구하는 인내와 이런 전진을 지탱하는 확신도 매혹적이다. 이 확신은 헤겔이 "정신"이라고 부르는 모든 것은 죽음으로부터 쟁취하는 것이며, 종국에는 죽음 외에는 그 무엇도 우리에게 낯설지 않게 될 것이라는 확신이다. 여기에서 "정신" 개념은 우리가 가지는 모든 생각을 위한 집합적이고 실로 문법적인 전제들을 뜻한다. 다시 말해, 우리 이전에 이미 생각되었다는 것, 그리고 우리는 이 세계를 생각해 내는 것이 아니라 기껏해야 [이미 존재하는] 이 세계 안으로 들어와서 생각할 수 있을 뿐이라는 것이다. 따라서 우리가 보는 이 철학자의 이론에는 그야말로 비개인적이고 심지어 무관심하게 살아간 그의 생애가 잘 어울린다. 헤겔은 자기 글 바깥에서 짐짓 어떤 태도를 꾸미지 않았고, 글 안에서도 거의 그러지 않았다. 사실 무언가 그를 자극할 때만 그런 것이다.

또 하나의 관찰이 있다. 우리가 본 사상가는 이미 그에 대해 많은 것을 들었거나 심지어 많은 것을 읽은 사람들까지 끊임없이 놀라게 한다. 예술은 자율적이지 않다. 그에게 이런 명제를 귀속시킨 적이 있던가? 인간은 태어날 때부터 병들어 있다. 계몽은 실용적 사고의 사례이다. 필연적 우연이 있다. 미의 마지막 시대는 기독교로 시작되었다. 지배는 예속을 뜻한다. 헤겔의 논변이 이런 압축적 형태로 온전히 규명된다는 것은 아니다. 그러나 헤겔이 (정반합 같이) 늘 똑같은 방식으로 이 세계를 가지런히 정돈하여 예측 가능하게 만든 예측 가능한 사상가라는 편견은 근거를 잃는다. 헤겔을 세심하게 읽은 사람은 이러한 독서 이후에는 결코 도식적으로 생각하거나 단순하게 생각할 수 없다. 그리고 이런 독서 이전에 그에 대해 생각하고 알았던 것을 이 독서에서 확인했다고 여길 수도 없다. 그의 시대는 모든 것을 검사하고 모든 것을 부정할 수 있다는 전제하에서 철두철미 생각하며 모든 것을 개선하려 한 정신의 시대였고, 모든 경험, 모든 사유 가능성에 응답하고 세계를 낯선 시선으로 본 정신의 시대였다. 그리고 헤겔은 이런 시대에 어울리는 인물이었다.

감사의 말

내가 처음 철학을 접한 것은 청소년 시절 할아버지 프란츠 야우호와 함께 노르트슈바르츠발트 숲을 가로지르는 긴 산책을 하곤 할 때였다. 1920년대 후반 프라이부르크 대학에서 수학과 물리학을 공부하던 할아버지는 박사학위 절차를 밟던 중 부전공인 철학에서 마르틴 하이데거에게 시험을 치렀다. 그러나 그것이 무슨 의미인지 전혀 감이 없던 내게 할아버지는 그륀메트슈테텐와 뷔텔스브론 사이를 걸으면서 차라리 스피노자, 게오르크 크리스토프 리히텐베르크Georg Christoph Lichtenberg, 니체에 관해 이야기해주셨다. 내가 이해를 제대로 했던가? 나는 할아버지를 범신론자라고 부를 수 있겠다고 나중에야 깨달았다.

카를 마르쿠스 미헬Karl Markus Michel과 에파 몰덴하우어Eva Moldenhauer가 편집한 "백색" 헤겔 전집은 1980년 부모님이 나의 대학입학 자격시험 합격 선물로 준 것이다.

모든 저자와 마찬가지로 많은 책에서 도움을 받았다. 헤겔 저작만 읽고 이해할 수 있는 사람은 없다. 미하엘 토이니센Michael Theunissen, 디터 헨리히Dieter Henrich, 피핀, 예쉬케, 슈테켈러의 다양한 견해를 담은 저서들이 큰 도움이 되었다.

구체적 문제들의 정보와 관련해서는 디트마어 다트Dietmar Dath, 만프레트 프랑크Manfred Frank, 롤란트 로이스Roland Reuß에게 사의를 표한다. 군나르 슈미트Gunnar Schmidt는 독자이자 출판인으로서 늘 그렇듯이 퍽 너그럽고 정확하고 친절했다.

그리고 마리 아프릴 루Marie-Avril Roux는 모든 것에 생기를 불어 넣었다.

주

서문 관념론이란 무엇인가?

1 Georg Wilhelm Friedrich Hegel, *Werke in 20 Bänden*, auf der Grundlage der Werke von 1832-1845 neu edierte Ausgabe, Redaktion Eva Moldenhauer und Karl Markus Michel, Frankfurt am Main 1986, *Bd. 3: Phänomenologie des Geistes*, S. 415.

2 Hegel, *Bd. 3*. S. 35.

3 David Philip Miller, *The Life and Legend of James Watt. Collaboration, Natural Philosophy, and the Improvement of the Steam Engine*, Pittsburgh, PA 2019, Kap. 2; Ben Russell, *James Watt. Making the World Anew*, London 2014; Rainer Lietdtke, *Die industrielle Revolution*, Wien 2012, S. 29 ff.

4 Hegel, *Werke, Bd. 7: Grundlinien der Philosophie des Rechts*, S. 26.

5 다음을 참조하라. Eckart Förster, *Die 25 Jahre der Philosophie. Eine systematische Rekonstruktion*, Frankfurt am Main 2018, S. 13 ff., 29-42.

6 "Glauben und Wissen" (1802), in: Hegel, *Werke, Bd. 2: Jenaer Schriften 1801-1807*, S. 302.

7 Johann Gottlieb Fichte, *Die Bestimmung des Menschen*, in: ders., Sämmtliche Werke, hrsg. von Immanuel Hermann Fichte, Berlin 1845 f., Bd. II, S. 317.

8 Karl-Ernst Jeismann, "Zur Bedeutung der 'Bildung' im 19. Jahrhundert", in: ders./Peter Lundgreen (Hrsg.), *Handbuch der deutschen Bildungsgeschichte*, Bd. III: 1800-1870, München 1987, S. 1-21, 여기에서는 S. 4.

9 Heinrich Bosse, *Bildungsrevolution 1770-1830*, Heidelberg 2012, S. 47-50.

10 Pierre-Louis Clément, *Les Montgolfières. Leur invention. Leur évolution du XVIIIe à nos jours*, Paris 1982.

1 1825년 9월 20일 베를린에서 헤겔이 크리스티아네에게 보낸 편지, Georg Wilhelm Friedrich Hegel, *Briefe von und an Hegel, 4 Bde.*, hrsg. von Johannes Hoffmeister und Friedhelm Nicolin, Hamburg 1952 ff., Bd. III, S. 96.

2 Günther Nicolin (Hrsg.), *Hegel in Berichten seiner Zeitgenossen*, Hamburg 1970, S. 3.

3 Friedhelm Nicolin (Hrsg.), *Der junge Hegel in Stuttgart. Aufsätze und Tagebuchaufzeichnungen 1785-1788*, Stuttgart 1970, S. 20.

4 Friedhelm Nicolin, "〈meine liebe Vaterstadt Stuttgart …〉 Hegel und die schwäbische Metropole", in: Christoph Jamme/Otto Pöggeler (Hrsg.), 《*O Fürstin der Heimath! Glükliches Stutgard.*》*Politik, Kultur und Gesellschaft im deutschen Südwesten um 1800*, Stuttgart 1988, S. 261-281, 여기에서는 S. 267.

5 1785년 6월 27일 일기에서 발췌. 다음에서 재인용. Nicolin (Hrsg.), *Der junge Hegel in Stuttgart*, S. 31.

6 Johann Timotheus Hermes, *Sophiens Reise von Memel nach Sachsen*, Worms 1776, S. 79.

7 Novalis, *Schriften. Die Werke Friedrich von Hardenbergs, begründet von Paul Kluckhohn und Richard Samuel*, hrsg. von Richard Samuel in Zusammenarbeit mit Hans-Joachim Mähl und Gerhard Schulz, Stuttgart u. a. 1960 ff., Bd. III, S. 586.

8 1785년 6월 27일 일기에서 발췌. Nicolin (Hrsg.), *Der junge Hegel in Stuttgart*, S. 33.

9 Christian Garve, "Betrachtung einiger Verschiedenheiten in den Werken der ältesten und neuern Schriftsteller, besonders der Dichter", in: ders., *Sammlung einiger Abhandlungen*, Leipzig 1779, S. 122.

10 Georg Wilhelm Friedrich Hegel, "Ueber einige charakteristische Unterschiede der alten Dichter [von den neueren]", in: Nicolin (Hrsg.), *Der junge Hegel in Stuttgart*, S. 77.

11 Lawrence Dickey, *Hegel. Religion, Economics, and the Politics of Spirit 1770-1807*, Cambridge 1987, S. 6; Panajotis Kondylis, *Die Entstehung der Dialektik. Eine Analyse der geistigen Entwicklung von Hölderlin, Schelling und Hegel bis 1802*, Stuttgart 1979, S. 77 ff.

12 Karl Rosenkranz, *Georg Wilhelm Friedrich Hegel's Leben*, Berlin 1844, S. 4.

13 Hermann Abert, *Niccolò Jommelli als Opernkomponist*, Halle 1908, S. 75 ff.

14   Nicolin, "meine liebe Vaterstadt Stuttgart …", S. 263.

15   1785년 7월 13일 일기에서 발췌. Nicolin (Hrsg.), *Der junge Hegel in Stuttgart*, S. 38.

16   이에 대해 그리 호의적이지 않은 의견은 다음을 참조하라. Rudolf Haym, *Hegel und seine Zeit. Vorlesungen über Entstehung und Entwicklung, Wesen und Werth der Hegel'schen Philosophie*, Berlin 1857, S. 28 f.

17   Henry Silton Harris, *Hegel's Development. Toward the Sunlight: 1770-1801*, Oxford 1972, S. 15.

18   Hermes Spiegel, *Zur Entstehung der Hegelschen Philosophie-Frühe Denkmotive. Die Stuttgarter Jahre 1770-1788*, Frankfurt am Main 2001, S. 32.

19   다음에 실린 1785년 7월 일기에서 발췌. Nicolin (Hrsg.), *Der junge Hegel in Stuttgart*, S. 36.

20   다음을 참조할 것. Bosse, *Bildungsrevolution*, S. 193.

21   Jean-Jacques Rousseau, *Emil oder Über die Erziehung*, übersetzt von Ludwig Schmidts, Paderborn 1978, S. 179.

22   1786년 3월 22일 일기에서 발췌. Nicolin (Hrsg.), *Der junge Hegel in Stuttgart*, S. 60.

23   다음에서 인용. Kondylis, *Die Entstehung der Dialektik*, S. 81.

24   Spiegel, *Zur Entstehung der Hegelschen Philosophie*, S. 224, 229.

25   Hegel, *Werke, Bd. 1: Frühe Schriften*, S. 11.

2장 반란 중의 수도사

1   Wilhelm Ludwig Wekhrlin, "Über das Reich der Magister und Schreiber. Ein Reisestück", in: *Das graue Ungeheur 3* (1784), S. 294-309, 여기에서는 S. 294 ff.

2   Friedrich Nicolai, *Beschreibung einer Reise durch Deutschland und die Schweiz im Jahre 1781, Bd. 11*, Berlin/Stettin 1796, S. 6.

3   Georg Wilhelm Friedrich Hegel, *Gesammelte Werke*, in Verbindung mit der Deutschen Forschungsgemeinschaft hrsg. von der Nordrhein-Westfälischen Akademie der Wissenschaften und der Künste, Hamburg 1968 ff., *Bd. 1: Frühe Schriften I*, S. 81.

4   Terry Pinkard, *Hegel. A Biography*, Cambridge 2000, S. 21.

5   Harris, *Hegel's Development*, S. 64.

676

6   Walter Betzendörfer, *Hölderlins Studienjahre im Tübinger Stift*, Heilbronn 1922, S. 31.

7   Albert Schwegler, "Erinnerungen an Hegel", in: *Zeitschrift für die elegante Welt 1839*, S. 142b-143b, 146b-147b, 다음에서 인용. Dieter Henrich, "Leutwein über Hegel. Ein Dokument zu Hegels Biographie", in: *Hegel-Studien 3* (1965), S. 39-77, 여기에서는 S. 60.

8   Dieter Henrich, *Grundlegung aus dem Ich. Untersuchungen zur Vorgeschichte des Idealismus*, Tübingen-Jena 1790-1794, 2 Bde., Frankfurt am Main 2004, Bd. 1, S. 29-57.

9   Friedrich Hölderlin, *Sämtliche Werke und Briefe, 3 Bde.*, hrsg. von Michael Knaupp, Darmstadt 1998, Bd. II, S. 451.

10 Hermann Nohl (Hrsg.), *Hegels theologische Jugendschriften*, Tübingen 1907, S. VIIIf.

11 Betzendörfer, *Hölderlins Studienjahre*, S. 9 ff.

12 Betzendörfer, *Hölderlins Studienjahre*, S. 12.

13 1793년 5월 횔덜린이 노이퍼에게 보낸 편지. Hölderlin, *Sämtliche Werke und Briefe, Bd. II*, S. 496.

14 Wekhrlin, "Über das Reich der Magister und Schreiber", S. 304.

15 Betzendörfer, *Hölderlins Studienjahre*, S. 30 f.

16 Hölderlin, *Sämtliche Werke und Briefe*, Bd. II, S. 456.

17 Uwe Jens Wandel, *Verdacht von Democratismus? Studien zur Geschichte von Stadt und Universität Tübingen im Zeitalter der Französischen Revolution*, Tübingen 1981, S. 31 ff.

18 다음에서 인용, Wandel, *Verdacht von Democratismus?*, S. 37.

19 Betzendörfer, *Hölderlins Studienjahre*, S. 26.

20 Henrich, "Leutwein über Hegel", S. 45.

21 Betzendörfer, *Hölderlins Studienjahre*, S. 18.

22 예를 들어 〈튀빙겐 성Burg Tübingen〉이나 〈자유의 찬가Hymne an die Freiheit〉 같은 시가 그렇다.

23 Wandel, *Verdacht von Democratismus?*, S. 49.

24 Harris, *Hegel's Development*, S. 63 f.

25 Thomas E. Kaiser/Dale K. Van Kley (Hrsg.), *From Deficit to Deluge. The Origins of the French Revolution*, Stanford, CA 2011.

26 Jonathan Israel, *Revolutionary Ideas. An Intellectual History of the French Revolution from the Rights of Men to Robespierre*, Princeton, NJ 2014, S. 14-21.

27 Wandel, *Verdacht von Democratismus?*, S. 41.

28 다음에서 발췌, Wolfgang Schöllkopf, "「Stimmung äußerst democratisch」. Die Nachbarn Evangelisches Stift und Burse in Tübingen zur Zeit der Französischen Revolution", in: *Zeitschrift für Theologie und Kirche 100* (2003), S. 199-224, 여기에서는 S. 199.

29 Wandel, *Verdacht von Democratismus?*, S. 61 f.

30 Hölderlin, *Sämtliche Werke und Briefe*, Bd. I, S. 120.

31 Hegel, *Briefe, Bd. IV/1*, S. 135 ff.

32 1795년 4월 16일 헤겔이 셸링에게 보낸 편지. Hegel, *Briefe, Bd. I*, S. 24.

33 Hegel, *Werke, Bd. 12: Vorlesungen über die Philosophie der Geschichte*, S. 529.

34 Wandel, *Verdacht von Democratismus?*, S. 47.

35 Kondylis, *Die Entstehung der Dialektik*, S. 46.

36 1794년 7월 10일 횔덜린이 헤겔에게 보낸 편지, Hegel, *Briefe, Bd. I*, S. 9.

37 1795년 1월 말 헤겔이 셸링에게 보낸 편지, Hegel, *Briefe, Bd. I*, S. 18.

38 1793년 7월 21일과 23일 노이퍼가 횔덜린에게 보낸 편지, 횔덜린이 노이퍼에게 보낸 편지, 1789년 12월 마게나우가 횔덜린에게 보낸 편지, 횔덜린이 헤겔에게 보낸 편지.

39 나의 할아버지[프란츠 야우흐]께서 그곳에 묻혀 계신다.

40 Betzendörfer, *Hölderlins Studienjahre*, S. 15.

41 다른 세 편의 설교는 각각 마태복음 18장 21절-35절, 요한복음 14장 1절-14절, 마태복음 5장 1절-16절을 다루고 있다.

42 Hegel, *Gesammelte Werke, Bd. 1: Frühe Schriften I*, S. 58 f.

43 Henrich, "Leutwein über Hegel", S. 54.

44 Nicolin (Hrsg.), *Hegel in Berichten seiner Zeitgenossen*, S. 13.

45 Hegel, *Gesammelte Werke, Bd. 2: Frühe Schriften II*, S. 585.

3장 1788년 그룹의 교재

1 Johann Georg Meusel, *Das gelehrte Teutschland oder Lexikon der jetztlebenden teutschen Schriftsteller*, Lemgo 31773, 여기서 "작가"는 한 번이라도 책을 펴낸 적이 있는 사람을 의미한다. 그래서 모이젤은 자신의 이 책을 "저술가 명

부"라고도 불렸다(S. IX). 숫자 비교는 다음의 훌륭한 논문에서 참조했다. José Maria Ripalda, "Aufklärung beim frühen Hegel", in: Christoph Jamme/Helmut Schneider (Hrsg.), *Der Weg zum System. Materialien zum jungen Hegel*, Frankfurt am Main 1990, S. 112-129, 여기에서는 S. 113 f.

2 Harris, *Hegel's Development*, S. 72-96의 요약을 참조하라. 이 요약은 Betzendörfer, *Hölderlins Studienjahre*과 Carmelo Lacorte, *Il primo Hegel*, Florenz 1959에 기초한다.

3 Jean-Jacques Rousseau, *Emile oder Von der Erziehung*, München 1979, S. 335 f.

4 Henrich, *Grundlegung aus dem Ich, Bd. 1*, S. 51-57, 여기에서는 S. 55.

5 Martin Brecht/Jörg Sandberger, "Hegels Begegnung mit der Theologie im Tübinger Stift. Eine neue Quelle für die Studienzeit Hegels", in: *Hegel-Studien 5* (1969), S. 57-81, 여기에서는 S. 57-71.

6 Hegel, *Werke, Bd. 1: Frühe Schriften*, S. 13 f.

7 Hegel, *Werke, Bd. 1: Frühe Schriften*, S. 14.

8 Hermann Samuel Reimarus, *Apologie oder Schutzschrift für die vernünftigen Verehrer Gottes*, 2 Bde., hrsg. von Gerhard Alexander, Frankfurt am Main 1972, Bd. I, S. 56.

9 Reimarus, *Apologie*, S. 42 ff., 53.

10 Reimarus, *Apologie*, S. 64

11 Reimarus, *Apologie*, S. 57.

12 Reimarus, *Apologie*, S. 299-326.

13 Reimarus, *Apologie*, S. 226 ff.

14 Reimarus, *Apologie*, S. 756 ff.

15 Reimarus, *Apologie*, Bd. II, S. 132, 성경의 다음 구절 참조. Mt XII, 38 f., Mk VIII, 11, Lk XI, 29.

16 Reimarus, *Apologie*, S. 210, 216.

17 Reimarus, *Apologie*, S. 188 ff.

18 Henrich, *Grundlegung aus dem Ich, Bd. 1*, S. 37 ff.

19 Gottlob Christian Storr, *Bemerkungen über Kant's philosophische Religionslehre*, Tübingen 1794, S. 65 ff.

20 Henrich, *Grundlegung aus dem Ich*, Bd. 1, S. 45.

21 Gottlob Christian Storr, *Erläuterungen des Briefs Pauli an die Hebräer, Zweiter Theil: Ueber den eigentlichen Zwek des Todes Jesu*, Tübingen 21809, S.

365-375.

22 Gottlob Christian Storr, *Erläuterungen des Briefs Pauli an die Hebräer, Zweiter Theil: Ueber den eigentlichen Zwek des Todes Jesu*, Tübingen 21809, S. 377.

23 Storr, *Bemerkungen über Kant's philosophische Religionslehre*, S. 43.

24 다음을 참조하라. Immanuel Kant, "Grundlegung zur Metaphysik der Sitten," in: ders., *Gesammelte Schriften*, hrsg. von der Preußischen Akademie der Wissenschaften, Berlin 1900 ff., Bd. IV, S. 385-463, 여기에서는 S. 417: "목적을 의지하는 자는 (이성이 그의 행위에 합당한 영향을 끼치는 한) 이를 이루기 위해 꼭 필요한, 자신이 활용할 수 있는 수단도 의지한다."

25 Storr, *Bemerkungen über Kant's philosophische Religionslehre*, S. 232 f.

26 Hegel, *Werke, Bd. 1: Frühe Schriften*, S. 21.

27 Johann Gottfried Pahl, *Ulrich Höllriegel. Kurzweilige und lehrreiche Geschichte eines Württembergischen Magisters aus dem Jahre 1802*, hrsg. von Johannes Weber, Frankfurt am Main 1989, S. 71 f.

28 Henrich, *Leutwein über Hegel*, S. 56.

29 Jean-François de La Harpe, *Philosophie du dix-huitième siècle (1797)*, Bd. 2, Paris 1822, S. 228.

30 Hegel, *Werke, Bd. 1: Frühe Schriften*, S. 76.

31 이것은 어떤 '공동의 자아'이다. 이에 대해서는 루소의 정치 원리를 명확하게 서술하는 다음 글을 참조하라. Heinrich Meier, *Political Philosophy and the Challenge of Revealed Religion*, Chicago 2017, S. 115-185, 여기서는 S. 126.

32 Meier, *Political Philosophy and the Challenge of Revealed Religion*, S. 127.

33 헤겔이 루소를 매우 단순화한다는 데 대한 추가적 고찰은 다음을 참조할 것. Kondylis, *Die Entstehung der Dialektik*, S. 117-129.

34 Jean-Jacques Rousseau, *Vom Gesellschaftsvertrag*, in: ders., *Sozialphilosophische und Politische Schriften*, München 1981, S. 266-391, 여기서는 S. 380-390.

35 Rousseau, *Vom Gesellschaftsvertrag*, S. 384 ff., 여기서는 S. 385; Meier, *Political Philosophy*, S. 171 ff.; Hegel, *Werke, Bd. 16: Vorlesungen über die Philosophie der Religion I*, S. 259 ff.

36 〈조국을 위한 죽음-Der Tod fürs Vaterland〉, Hölderlin, *Sämtliche Werke und Briefe*, Bd. I, S. 225 f.

37 John Toland, *Socianism Truly Stated. Being an Example of Fair Dealing in all Theological Controversies*, London 1705 (《Recommended by an PANTHEIST

to an Orthodox Friend》); John Toland, *Adeisidaemon, sive Titus Livius [···]*, Hagae-Comitis [Den Haag] 1709, S. 117.

38 Friedrich Heinrich Jacobi, "Ueber die Lehre des Spinoza, in Briefen an Herrn Moses Mendelssohn", in: ders., *Werke*, hrsg. von Friedrich Roth und Friedrich Köppen, Leipzig 1812 ff., Bd. IV, 1. Abt., S. 54 ff.

39 이와 관련한 훌륭한 개괄을 보려면 다음을 참조하라. Michael Murrmann-Kahl, "Der Pantheismusstreit", in: Georg Essen/Christian Danz (Hrsg.), *Philosophisch-theologische Streitsachen*, Darmstadt 2012, S. 93-134; 튀빙겐에서 야코비 저서의 독서에 관한, 그리고 그의 감정 이론에 관한 탁월한 설명은 다음을 참조하라. Kondylis, *Die Entstehung der Dialektik*, S. 129-139.

40 1791년 2월 14일 횔덜린이 어머니에게 보낸 편지, Hölderlin, *Sämtliche Werke und Briefe, Bd. II*, S. 468 f.

41 Friedrich Hölderlin, "Zu Jakobis Briefen über die Lehre des Spinoza", in: *Sämtliche Werke und Briefe, Bd. II*, S. 39-43.

42 Friedrich Wilhelm Joseph Schelling, "Vom Ich als Princip der Philosophie oder Über das Unbedingte im menschlichen Wissen", in: ders., *Ausgewählte Werke*, Darmstadt 1966 ff., Schriften von 1794-1798, S. 29-124, 여기서는 S. 31 f., 51, 96, 122.

43 Ripalda, "Aufklärung beim frühen Hegel", S. 126.

44 Friedrich Heinrich Jacobi, "Aus Allwills Papieren", in: *Teutscher Merkur 4* (1776), S. 229-262, 여기서는 S. 236 f.

45 그리고 헤르더도 언제나 중요하다. Helmut Peitsch, "Herders 'Plastik' und Georg Forsters Griechenland", in: *Zeitschrift für Religions-und Geistesgeschichte 57* (2005), S. 60-81.

46 Hegel, *Werke, Bd. 1: Frühe Schriften*, S. 36, 39-41, 197 ff.

47 Nohl (Hrsg.), *Hegels theologische Jugendschriften*, S. 358.

48 다음을 참조하라. José Maria Ripalda, "Poesie und Politik beim frühen Hegel", in *Hegel-Studien 8* (1973), S. 91-118, 여기서는 S. 110.

49 Hegel, *Werke, Bd. 1: Frühe Schriften*, S. 42 f.

50 Hegel, *Werke, Bd. 1: Frühe Schriften*, S. 36, 614, 434.

51 Hegel, *Werke, Bd. 1: Frühe Schriften*, S. 39.

52 Friedrich Nietzsche, *Unzeitgemäße Betrachtungen. Drittes Stück: Schopenhauer als Erzieher*, in: ders., *Werke in drei Bänden*, hrsg. von Karl Schlechta, München 1954 ff., Bd. 1, S. 287-365, 여기서는 S. 289 f.

1 1794년 10월 10일 횔덜린이 노이퍼에게 보낸 편지. *Hölderlin, Sämtliche Werke und Briefe, Bd. II*, S. 551.

2 1794년 10월 10일 횔덜린이 노이퍼에게 보낸 편지. *Hölderlin, Sämtliche Werke und Briefe, Bd. I*, S. 127 ff., 155 f.

3 Ludwig Fertig, *Die Hofmeister. Ein Beitrag zur Geschichte des Lehrerstandes und der bürgerlichen Intelligenz*, Darmstadt 1979, S. 14-30.

4 1796년 1월 셸링이 헤겔에게 보낸 편지. *Hegel, Briefe, Bd. I*, S. 36.

5 Kondylis, *Die Entstehung der Dialektik*, S. 214. 여기에서는 다음 출처를 언급한다. Martin Hasselhorn, *Der altwürttembergische Pfarrstand im 18. Jahrhundert*, Stuttgart 1958.

6 Pahl, *Ulrich Höllriegel*, S. 39.

7 1793년 8월 24일 헤겔이 뤼테에게 보낸 편지. *Hegel, Briefe, Bd. I*, S. 4.

8 1793년 8월 24일 헤겔이 뤼테에게 보낸 편지. *Hegel, Briefe, Bd. I*, S. 5.

9 Isaak Iselin, "Über die Erziehung", in: ders., *Vermischte Schriften*, 2 Bde., Zürich 1770, Bd. 2, S. 75-102, 여기서는 S. 97.

10 Jakob Sarasin, "Auch ein Scherflein auf den Altar des Vaterlandes bei Anlaß der Bonstett'schen Preisschrift über die Erziehung" (1794), 다음에서 재인용. Karl Rudolf Hagenbach, *Jakob Sarasin und seine Freunde. Ein Beitrag zur Literaturgeschichte*, o. O. 1846, S. 27.

11 Gottlieb Wilhelm Rabener, *Sämmtliche Schriften*, Leipzig 1777, Bd. 2, S. 25 ff.

12 Laurence Sterne, *Leben und Ansichten von Tristram Shandy, Gentleman* (engl. 1759-1766), übersetzt von Michael Walter, Berlin 2018, S. 477.

13 다음에서 재인용. Andreas Huyssen, "Gesellschaftsgeschichte und literarische Form: J. M. R. Lenz' Komödie 'Der Hofmeister'", in: *Monatshefte 71* (1979), S. 131-144, 여기서는 S. 132 f.

14 1794년 1월 16일 횔덜린이 여동생에게 보낸 편지, Hölderlin, *Sämtliche Werke und Briefe, Bd. II*, S. 518.

15 1794년 7월 10일 횔덜린이 헤겔에게 보낸 편지, Hegel, *Briefe, Bd. I*, S. 9.

16 1794년 4월 횔덜린이 실러에게 보낸 편지, Hölderlin, *Sämtliche Werke und Briefe, Bd. II*, S. 524.

17 1795년 1월 26일 횔덜린이 헤겔에게 보낸 편지, Hegel, *Briefe, Bd. I*, S. 18 f.

18 1796년 11월 헤겔이 휠덜린에게 쓴 편지, Hegel, *Briefe, Bd. I*, S. 43.

19 1794년 크리스마스이브에 헤겔이 셸링에게 쓴 편지, Hegel, *Briefe, Bd. I*, S. 9.

20 Hegel, *Werke, Bd. 3: Phänomenologie des Geistes*, S. 280.

21 1795년 4월 16일 헤겔이 셸링에게 쓴 편지, *Hegel, Briefe, Bd. I*, S. 23.

22 Hegel, *Werke, Bd. 1: Frühe Schriften*, S. 258.

23 "베른의 오버알펜 지역 여행일기", Rosenkranz, *Georg Wilhelm Friedrich Hegel's Leben*, S. 470-490, 여기서는 S. 483 ff.

24 "베른의 오버알펜 지역 여행일기", Rosenkranz, *Georg Wilhelm Friedrich Hegel's Leben*, S. 472, 483, 474.

25 "베른의 오버알펜 지역 여행일기", Rosenkranz, *Georg Wilhelm Friedrich Hegel's Leben*, S. 475.

26 "베른의 오버알펜 지역 여행일기", Rosenkranz, *Georg Wilhelm Friedrich Hegel's Leben*, S. 478 f.

27 "베른의 오버알펜 지역 여행일기", Rosenkranz, *Georg Wilhelm Friedrich Hegel's Leben*, S. 481 f.

28 Hegel, *Werke, Bd. 1: Frühe Schriften*, S. 33.

29 Hegel, *Werke, Bd. 1: Frühe Schriften*, S. 80 f.

30 Storr, *Bemerkungen über Kant's philosophische Religionslehre*, S. 31-36.

31 Storr, *Bemerkungen über Kant's philosophische Religionslehre*, S. 6.

32 Hegel, *Werke, Bd. 1: Frühe Schriften*, S. 77.

33 Immanuel Kant, *Kritik der reinen Vernunft*, 1. Auflage (A), Riga 1781, S. 805-811.

34 다음을 참조하라. Walter Jaeschke, "'Um 1800'-Religionsphilosophische Sattelzeit der Moderne", in: Georg Essen/Christian Danz (Hrsg.), *Philosophisch-theologische Streitsachen. Pantheismusstreit, Atheismusstreit, Theismusstreit*, Darmstadt 2012, S. 7-92, 여기서는 S. 15 ff. 우리는 이 서술을 따랐다.

35 Immanuel Kant, *Kritik der Urteilskraft*, in: ders., *Gesammelte Schriften, Bd. V*, S. 165-485, 여기서는 S. 469.

36 Hegel, *Werke, Bd. 1: Frühe Schriften*, S. 76-79.

37 1795년 1월 6일 셸링이 헤겔에게 쓴 편지, Hegel, *Briefe, Bd. I*, S. 14.

38 Hegel, *Werke, Bd. 1: Frühe Schriften*, S. 90 f.

39 Storr, *Bemerkungen über Kant's philosophische Religionslehre*, S. 39.

40 Hegel, *Werke, Bd. 1: Frühe Schriften*, S. 74.

41 Hegel, *Werke, Bd. 1: Frühe Schriften*, S. 103.

42 Hegel, *Werke, Bd. 1: Frühe Schriften*, S. 85.

43 Hegel, *Werke, Bd. 1: Frühe Schriften*, S. 94 f.

44 Hegel, *Werke, Bd. 1: Frühe Schriften*, S. 79.

45 Hegel, *Werke, Bd. 1: Frühe Schriften*, S. 46 f.

46 Hegel, *Werke, Bd. 1: Frühe Schriften*, S. 73.

47 Hegel, *Werke, Bd. 1: Frühe Schriften*, S. 57.

48 Hegel, *Werke, Bd. 1: Frühe Schriften*, S. 78.

49 슈토어에 있어서 마지막 심급으로서 심정의 의미에 관하여는 다음을 참조하라. Kondylis, *Die Entstehung der Dialektik*, S. 173.

50 Hegel, *Werke, Bd. 1: Frühe Schriften*, S. 70.

51 Hegel, *Werke, Bd. 1: Frühe Schriften*, S. 99.

52 Hegel, *Werke, Bd. 1: Frühe Schriften*, S. 82.

53 Kondylis, *Die Entstehung der Dialektik*, S. 253.

54 Hegel, *Werke, Bd. 1: Frühe Schriften*, S. 61.

55 Hegel, *Werke, Bd. 1: Frühe Schriften*, S. 73.

56 1795년 4월 16일 헤겔이 셸링에게 쓴 편지, Hegel, *Briefe, Bd. I*, S. 24.

57 Nohl (Hrsg.), *Hegels theologische Jugendschriften*, S. 75.

58 Kondylis, *Die Entstehung der Dialektik*, S. 443.

59 Christian Gottlob Heyne, "[Rezension zu] Der Hofmeister oder Vortheile der Privaterziehung. Eine Komödie", in: *Göttingische Gelehrte Anzeigen, 81. Stück, 7. Juli 1774*, S. 694-696, 여기서는 S. 695.

60 Hegel, *Werke, Bd. 1: Frühe Schriften*, S. 230-233.

5장 황금사슬 저택에서

1 Nohl (Hrsg.), *Hegels theologische Jugendschriften*, S. 39 (Hegel, *Werke, Bd. 1: Frühe Schriften*, S. 58), 73-136.

2 1796년 6월 20일 셸링이 헤겔에게 쓴 편지, Hegel, *Briefe, Bd. I*, S. 36 f.

3 1796년 6월 20일 셸링이 헤겔에게 쓴 편지, Hegel, *Briefe, Bd. I*, S. 37.

4 1796년 10월 24일 횔덜린이 헤겔에게 쓴 편지, Hegel, *Briefe, Bd. I*, S. 41.

5 Ralf Roth, *Die Herausbildung einer modernen bürgerlichen Gesellschaft. Geschichte der Stadt Frankfurt am Main, Bd. 3: 1789-1866*, Ostfildern 2013, S. 312.

6   1796년 10월 24일 횔덜린이 헤겔에게 쓴 편지, Hegel, *Briefe, Bd. I*, S. 41.

7   Micha Brumlik, "Juden in Frankfurt um 1800-Hegel und die Juden", in: Thomas Hanke/Thomas M. Schmidt (Hrsg.), *Der Frankfurter Hegel in seinem Kontext*, Frankfurt am Main 2013, S. 235-248, 여기서는 S. 235 ff.

8   Roth, *Die Herausbildung einer modernen bürgerlichen Gesellschaft*, S. 161-199.

9   Christoph Jamme, *"Ein ungelehrtes Buch", Die philosophische Gemeinschaft zwischen Hölderlin und Hegel in Frankfurt 1797-1800*, Hamburg 2016, S. 144 f.

10   Hegel, *Werke, Bd. 1: Frühe Schriften*, S. 461.

11   Hegel, *Werke, Bd. 1: Frühe Schriften*, S. 475.

12   Hegel, *Werke, Bd. 1: Frühe Schriften*, S. 598.

13   다음을 참조하라. Walter Jaeschke, "Hegels Frankfurter Schriften", in: Thomas Hanke/Thomas M. Schmidt (Hrsg.), *Der Frankfurter Hegel in seinem Kontext*, Frankfurt am Main 2013, S. 31-50.

14   1794년 11월 17일 횔덜린이 어머니에게 쓴 편지, Hölderlin, *Sämtliche Werke und Briefe, Bd. II*, S. 555.

15   Dieter Henrich, *Der Grund im Bewußtsein. Untersuchungen zu Hölderlins Denken (1794-1795)*, Stuttgart 1992, S. 35.

16   1795년 1월 26일 횔덜린이 헤겔에게 쓴 편지, Hölderlin, *Sämtliche Werke und Briefe, Bd. II*, S. 569.

17   1798년 12월 24일 횔덜린이 싱클레어에게 쓴 편지, Hölderlin, *Sämtliche Werke und Briefe, Bd. II*, S. 723.

18   Dieter Henrich, "Hegel und Hölderlin", in: ders., *Hegel im Kontext*, Berlin 2010, S. 20 f.; ders., *Der Grund im Bewußtsein*, S. 40-48; ders., *Dies Ich, das viel besagt. Fichtes Einsicht nachdenken*, Frankfurt am Main 2019, S. 73-84.

19   다음을 참조하라. Hans Blumenberg, *Phänomenologische Schriften 1981-1988*, Berlin 2018, S.146.

20   Friedrich Hölderlin, "Seyn, Urtheil, Modalität", in: ders., *Sämtliche Werke und Briefe, Bd. II*, S. 49 f.; 이러한 양면적 숙고로 이끈 논리 구조에 관한 탁월한 서술은 다음을 참조하라. Jamme, "Ein ungelehrtes Buch", S. 77-85.

21   Hegel, *Werke, Bd. 1: Frühe Schriften*, S. 243-254.

22   Hegel, *Werke, Bd. 1: Frühe Schriften*, S. 251.

23   Hegel, *Werke, Bd. 1: Frühe Schriften*, S. 244 ff., 243.

24 Hegel, *Werke, Bd. 1: Frühe Schriften*, S. 242.

25 Nicolin (Hrsg.), *Hegel in Berichten seiner Zeitgenossen*, S. 27.

26 Alexandra Birkert, *Hegels Schwester. Auf den Spuren einer ungewöhnlichen Frau um 1800*, Ostfildern 2008, S. 88-92.

27 1797년 2월 9일 헤겔이 엔델에게 쓴 편지, Hegel, *Briefe, Bd. I*, S. 49 f.

28 적어도 핀카드는 그렇게 해석한다. Pinkard, *Hegel*, S. 71; 헤겔 유산관리자의 편집 방침에 관해서는 다음을 참조하라. Dieter Henrich/Willi Ferdinand Becker, "Fragen und Quellen zur Geschichte von Hegels Nachlaß", in: *Zeitschrift für philosophische Forschung 35* (1981), S. 585-614, 여기에는 특히 S. 592-614.

29 Hegel, *Werke, Bd. 14: Vorlesungen über die Ästhetik II*, S. 165.

30 1797년 3월 22일 헤겔이 엔델에게 쓴 편지, Hegel, *Briefe, Bd. I*, S. 52.

31 이 대화의 주제를 추정하는 탁월한 개관은 다음을 참조하라. Violetta L. Waibel, "〈die erste Bedingung allen Lebens und aller Organisation, daß keine Kraft monarchisch ist〉. Hölderlin und das Homburger Symphilosophieren", in: Thomas Hanke/Thomas M. Schmidt (Hrsg.), *Der Frankfurter Hegel in seinem Kontext*, Frankfurt am Main 2013, S. 51-96.

32 Henrich, *Der Grund im Bewußtsein*, S. 28.

33 Johann Gottfried Herder, *Briefe, das Studium der Theologie betreffend, 2.*, verbesserte Auflage, Weimar 1785, Erster Theil, S. 1, 12 f.

34 Hegel, *Werke, Bd. 1: Frühe Schriften*, S. 292 ff.

35 Hegel, *Werke, Bd. 1: Frühe Schriften*, S. 234-236.

36 Johann Gottlieb Fichte, "Beitrag zur Berichtigung der Urtheile des Publikums über die französische Revolution" (1793), in: ders., *Gesamtausgabe der Bayerischen Akademie der Wissenschaften*, hrsg. von Reinhard Lauth u. a., Stuttgart-Bad Cannstatt 1962 ff., Bd. I/1: Werke 1791-1794, S. 286 f.

37 Johann Gottlieb Fichte, *Einige Vorlesungen über die Bestimmung des Gelehrten*, Leipzig 1794, S. 40.

38 Hegel, *Werke, Bd. 1: Frühe Schriften*, S. 299.

6장 예나에서 신은 어떻게 죽었는가?

1 1800년 11월 2일 헤겔이 셸링에게 쓴 편지. Hegel, *Briefe, Bd. I*, S. 59.

2 Friedrich Schlegel, "Schiller, 〈Musenalmanach für das Jahr 1796〉 ", in:

Deutschland 2 (1796), 6. Stück, Nr. 3, S. 348-360, 여기서는 S. 354; Johann Wolfgang von Goethe, "Schillers Würde der Frauen", in: ders., *Werke. Hamburger Ausgabe*, hrsg. von Erich Trunz, München 1998, Bd.1, S. 218.

3   Goethe, *Werke, Bd.1*, S. 330.

4   *Athenaeum, Erster Band, Zweites Stück*, Berlin 1798, S. 56.

5   *Athenaeum, Dritter Band, Zweites Stück*, Berlin 1800, S. 335-352, 여기서는 S. 342 f.

6   1796년 7월 8일 하르덴베르크가 프리드리히 슐레겔에게 쓴 편지. Novalis, *Schriften, Bd. IV*, S. 188.

7   Novalis, *Schriften, Bd. II*, S. 273.

8   1790년 5월 5일 피히테가 자무엘 고트헬프 피히테(Samuel Gotthelf Fichte)에게 쓴 편지. Fichte, *Gesamtausgabe, Bd. III/1: Briefe 1775-1793*, S. 222.

9   Friedrich Wilhelm Joseph Schelling, *Sämmtliche Werke*, hrsg. von Karl Friedrich August Schelling, Stuttgart/Augsburg 1856ff., Bd. I/4, S. 85.

10   Dieter Henrich, *Between Kant and Hegel. Lectures on German Idealism*, Cambridge 2003, S.17.

11   Fichte, *Sämmtliche Werke, Bd. I*, S. 286.

12   Johann Gottlieb Fichte, "Zweite Einleitung in die Wissenschaftslehre", in: Fichte, *Sämmtliche Werke, Bd. I*, S. 467.

13   Jean Paul, *Clavis Fichtiana seu Leibgeberiana. Anhang zum I. komischen Anhang des Titans*, in: ders., *Sämtliche Werke*, hrsg. von Norbert Miller, München/Wien 1959ff., Bd. I/3, S. 1011-1056, 여기서는 S. 1038f.

14   Heinrich Heine, *Zur Geschichte von Religion und Philosophie in Deutschland*, in: ders., *Sämtliche Schriften in zwölf Bänden*, hrsg. von Klaus Briegleb, München/Wien 1976, Bd. 5: 1831-1837, S. 505-641, 여기서는 S. 610.

15   Henrich, *Between Kant and Hegel*, S. 166f.

16   Johann Gottlieb Fichte, *Grundlage der gesammten Wissenschaftslehre*, in: ders., *Gesamtausgabe, Bd. I/2: Werke 1793-1795*, S. 326.

17   다음에서 인용. Reinhold Steig (Hrsg.), *Achim von Arnim und Jacob und Wilhelm Grimm*, Stuttgart 1904, S. 55.

18   Friedrich Wilhelm Joseph Schelling, "Abhandlungen zur Erläuterung des Idealismus der Wissenschaftslehre" (1796/97), in: ders., *Ausgewählte Werke, Schriften von 1794-1798*, S. 223-332, 여기서는 S. 280.

19 Schelling, "Abhandlungen zur Erläuterung des Idealismus der Wissenschaftslehre", S. 281.

20 Richard Kroner, *Von Kant bis Hegel, 2 Bde.*, Tübingen 1921, *Bd. I*, S. 588ff., 595 에서 이렇게 보고 있다.

21 August von Kotzebue, *Der hyperboreische Esel oder Die heutige Bildung. Ein drastisches Drama und philosophisches Lustspiel für Jünglinge, in Einem Akte*, Leipzig 1799, S. 21.

22 August Wilhelm Schlegel, *Ehrenpforte und Triumphbogen für den Theater-Präsidenten von Kotzebue bey seiner gehofften Rückkehr ins Vaterland. Mit Musik. Gedruckt zu Anfange des neuen Jahrhunderts* (1801), o.O. 1801, S. 92.

23 *Philosophisches Journal einer Gesellschaft Teutscher Gelehrter, Bd. VIII, Nr.1* (1798), S. 21-46.

24 Johann Gottlieb Fichte, "Über den Grund unseres Glaubens an eine göttliche Weltordnung", in: *Philosophisches Journal einer Gesellschaft Teutscher Gelehrter, Bd. VIII, Nr.1* (1798), S. 1-20.

25 Heinz Kimmerle, "Dokumente zu Hegels Jenaer Dozententätigkeit (1801-1807)", in: *Hegel-Studien 4* (1967), S. 21-99.

26 Kimmerle, "Dokumente zu Hegels Jenaer Dozententätigkeit (1801-1807)", S. 26.

27 1800년 11월 2일 헤겔이 셸링에게 쓴 편지. Hegel, *Briefe, Bd.1*, S. 59.

28 Hegel, *Werke, Bd.1*, S. 419-427.

29 Harris, *Hegel's Development*, S. XXVI에 따르면, 헤겔은 여기에서 스스로 공인한 것이다.

30 Georg Wilhelm Friedrich Hegel, *Dissertatio Philosophica de Orbitis Planetarum, Philosophische Erörterung über die Planetenbahnen*, übersetzt, eingeleitet und kommentiert von Wolfgang Neuser, Weinheim 1986.

31 Hegel, *Dissertatio Philosophica de Orbitis Planetarum*, S. 75-77.

32 Hegel, *Dissertatio Philosophica de Orbitis Planetarum*, S. 83.

33 Hegel, *Dissertatio Philosophica de Orbitis Planetarum*, S. 137.

34 Hegel, *Dissertatio Philosophica de Orbitis Planetarum*, S. 51f.

35 David Friedrich Strauß, "Die Asteroiden und die Philosophen" (1854), in: ders., *Gesammelte Schriften*, hrsg. von Eduard Zeller, Bonn 1876ff., Bd. 2, S. 333-336.

36 매우 명석한 다음 서술을 참조하라. Dieter Jähnig, Schelling. *Die Kunst in der*

Philosophie, 2 Bde., Pfullingen 1966, *Bd.1: Schellings Begründung von Natur und Geschichte*, S. 55-72, 133-154.

37 Hegel, *Werke, Bd. 2: Jenaer Schriften 1801-1807*, S. 113.

38 Johann Gottfried von Herder, "Kalligone" (1800), in: ders., *Sämmtliche Werke*, Tübingen/Stuttgart 1805 ff., *Abt. 3: Zur Philosophie und Geschichte*, Teil 15, S. 139.

39 Hegel, *Werke, Bd. 2: Jenaer Schriften 1801-1807*, S. 26.

40 다음에 실린 슈테펜 디취Steffen Dietzsch의 유익한 후기를 참조하라. *Kritisches Journal der Philosophie. 1802/1803*, Leipzig 1981, S. 433-454.

41 Hegel, *Werke, Bd. 2: Jenaer Schriften 1801-1807*, S. 173.

42 Hegel, *Werke, Bd. 2: Jenaer Schriften 1801-1807*, S. 182.

43 Hegel, *Werke, Bd. 2: Jenaer Schriften 1801-1807*, S. 256.

44 Hegel, *Werke, Bd. 2: Jenaer Schriften 1801-1807*, S. 194-196.

45 Hegel, *Werke, Bd. 9: Enzyklopädie der philosophischen Wissenschaften II*, S. 35; 다음도 참조하라. Dieter Henrich, "Hegels Theorie über den Zufall", in: ders., *Hegel im Kontext*, S. 158-187, 여기서는 S. 161f.

46 Nicolin (Hrsg.), *Hegel in Berichten seiner Zeitgenossen*, S. 41.

47 *Athenaeum, Erster Band, Zweites Stück*, S. 63, 73.

48 Kant, *Kritik der reinen Vernunft*, 1. Auflage (A), S. 307 f.

49 Kant, *Kritik der reinen Vernunft*, S. 821.

50 Kant, *Kritik der reinen Vernunft*, S. 827.

51 Hegel, *Werke, Bd. 2: Jenaer Schriften 1801-1807*, S. 287.

52 Hegel, *Werke, Bd. 2: Jenaer Schriften 1801-1807*, S. 292.

53 Hegel, *Werke, Bd. 2: Jenaer Schriften 1801-1807*, S. 289.

54 Hegel, *Werke, Bd. 2: Jenaer Schriften 1801-1807*, S. 291.

55 Hegel, *Werke, Bd. 2: Jenaer Schriften 1801-1807*, S. 292.

56 Hegel, *Werke, Bd. 2: Jenaer Schriften 1801-1807*, S. 289f.

57 Hegel, *Werke, Bd. 2: Jenaer Schriften 1801-1807*, S. 298.

58 Walter Jaeschke, "Der Zauber der Entzauberung", in: *Hegel-Jahrbuch 2004*, Berlin 2004, S.11-19.

59 Hegel, *Werke, Bd. 2: Jenaer Schriften 1801-1807*, S. 332.

60 Hegel, *Werke, Bd. 2: Jenaer Schriften 1801-1807*, S. 393.

61 Hegel, *Werke, Bd. 2: Jenaer Schriften 1801-1807*, S. 390.

62 Hegel, *Werke, Bd. 2: Jenaer Schriften 1801-1807*, S. 393 f.

63 Hegel, *Werke, Bd. 2: Jenaer Schriften 1801-1807*, S. 432.

64 Nicolin (Hrsg.), *Hegel in Berichten seiner Zeitgenossen*, S. 48.

7장 인간 안의 밤

1 1803년 11월 16일 헤겔이 셸링에게 쓴 편지, Hegel, *Briefe, Bd. I*, S. 76.

2 Heinrich Heine, *Die Romantische Schule* (1835), in: ders., *Sämtliche Schriften, Bd. 5: 1831-1837*, S. 416.

3 Max Steinmetz (Hrsg.), *Geschichte der Universität Jena 1548/58-1958*, Jena 1958, S. 236-240.

4 1803년 11월 27일 괴테가 실러에게 쓴 편지; 1803년 11월 30일 실러가 괴테에게 쓴 편지; 1803년 12월 2일 괴테가 실러에게 쓴 편지, Nicolin (Hrsg.), *Hegel in Berichten seiner Zeitgenossen*, S. 54.

5 Nicolin (Hrsg.), *Hegel in Berichten seiner Zeitgenossen*, S. 54, 61f.

6 Kimmerle, "Dokumente zu Hegels Jenaer Dozententätigkeit", S. 53 ff.

7 1800년 11월 2일 헤겔이 셸링에게 쓴 편지, Hegel, *Briefe, Bd. I*, S. 59f.

8 Christian Strub, "System", in: Joachim Ritter/Karlfried Gründer (Hrsg.), *Historisches Wörterbuch der Philosophie*, Basel/Stuttgart 1971ff., Bd.10, S. 824-855.

9 Friedrich Wilhelm Joseph Schelling, "Einleitung zum Entwurf eines Systems der Naturphilosophie oder über den Begriff der spekulativen Physik und die innere Organisation eines Systems dieser Wissenschaft", in: ders., *Werke*, hrsg. von Manfred Schröter, München 1927 ff., *2. Hauptbd.: Schriften zur Naturphilosophie 1799-1801*, S. 269-326, 여기서는 S. 278 ff.; ders., "System des transcendentalen Idealismus", in: ebd., S. 327-634, 여기서는 S. 353 f.

10 Hegel, *Werke, Bd.1: Frühe Schriften*, S. 246.

11 Immanuel Kant, *Kritik der reinen Vernunft*, 2. Auflage (B), Riga 1787, S. 130.

12 Immanuel Kant, *Kritik der reinen Vernunft*, S. 134.

13 Hegel, *Werke, Bd. 2: Jenaer Schriften 1801-1807*, S. 21.

14 Thomas Sören Hoffmann, *Georg Wilhelm Friedrich Hegel. Eine Propädeutik*, Wiesbaden 2015, S. 184.

15 Georg Wilhelm Friedrich Hegel, *System der Sittlichkeit. Reinschriftentwurf*, in: ders., *Gesammelte Werke, Bd. 5: Schriften und Entwürfe (1799-1808)*, S.

277-361, 여기서는 S. 281-292.

16 다음을 참조하라. Robert B. Pippin, *Hegel on Self-Consciousness. Desire and Death in the Phenomenology of Spirit*, Princeton, NJ 2011, S. 15.

17 Hegel, *Werke, Bd. 7: Grundlinien der Philosophie des Rechts*, S. 46.

18 Hegel, *Werke, Bd. 3: Phänomenologie des Geistes*, S. 24.

19 Robert B. Pippin, "Die Logik der Negation bei Hegel", in: ders., *Die Aktualität des Deutschen Idealismus*, Berlin 2016, S.191-219, 여기서는 S. 194.

20 Robert B. Pippin, *Hegel on Self-Consciousness*, S. 6-53.

21 Georg Wilhelm Friedrich Hegel, *Jenaer Systementwürfe III. Naturphilosophie und Philosophie des Geistes*, hrsg. von Rolf-Peter Horstmann, Hamburg 1987, S. 172.

22 Hegel, *Werke, Bd. 3: Phänomenologie des Geistes*, S. 36.

23 다음을 참조하라. Pirmin Stekeler, *Hegels Phänomenologie des Geistes. Ein dialogischer Kommentar*, 2 Bde., Hamburg 2014, *Bd.1: Gewissheit und Vernunft*, S. 390.

24 다음을 참조하라. Friedhelm Nicolin, "Zum Titelproblem der Phänomenologie des Geistes. Zusammenfassende Darstellung des buchtechnischen Sachverhalts aufgrund eines neuaufgefundenen Originalexemplars", in: ders., *Auf Hegels Spuren. Beiträge zur Hegel-Forschung*, Hamburg 1996, S. 118-129.

25 Johann Heinrich Lambert, *Neues Organon oder Gedanken über die Erforschung und Bezeichnung des Wahren und dessen Unterscheidung vom Irrthum und Schein*, Bd. 2, Leipzig 1764, S. 217.

26 Hegel, *Werke, Bd. 3: Phänomenologie des Geistes*, S. 69.

27 Hegel, *Werke, Bd. 3: Phänomenologie des Geistes*, S. 82-145.

28 Hegel, *Werke, Bd. 3: Phänomenologie des Geistes*, S. 93-107; 이 장에 관한 탁월한 설명은 다음 문헌들을 참조하라. Jean Hyppolite, *Genèse et structure de la Phènoménologie de l'esprit de Hegel*, Paris 1946, S. 100ff.; Ludwig Siep, *Der Weg der ⟨Phänomenologie des Geistes⟩. Ein einführender Kommentar zu Hegels ⟨Differenzschrift⟩ und zur ⟨Phänomenologie des Geistes⟩*, Frankfurt am Main 2000, S. 87-90; Anton Friedrich Koch, "Sinnliche Gewißheit und Wahrnehmung. Die beiden ersten Kapitel der Phänomenologie des Geistes", in: Klaus Vieweg/Wolfgang Welsch (Hrsg.), *Hegels Phänomenologie des Geistes. Ein kooperativer Kommentar zu einem Schlüsselwerk der Moderne*, Frankfurt am Main 2008, S.135-152; Stekeler, *Hegels Phänomenologie des Geistes*, Bd.1,

S. 478-536.

29 Hegel, *Werke, Bd. 3: Phänomenologie des Geistes*, S. 230.

30 Hegel, *Werke, Bd. 3: Phänomenologie des Geistes*, S. 73 f.

31 Hegel, *Werke, Bd. 3: Phänomenologie des Geistes*, S. 106.

32 Hegel, *Werke, Bd. 3: Phänomenologie des Geistes*, S. 138; 다음을 참조하라. Stekeler, *Hegels Phänomenologie des Geistes, Bd.1*, S. 638f.

33 Hegel, *Werke, Bd. 3: Phänomenologie des Geistes*, S. 139.

34 Hegel, *Werke, Bd. 3: Phänomenologie des Geistes*, S. 145.

35 Stekeler, *Hegels Phänomenologie des Geistes, Bd.1*, S. 663-683, 여기서는 S. 668.

36 Georges Bataille, *Lascaux oder Die Geburt der Kunst*, übersetzt von Karl Georg Hemmerich, Stuttgart 1983.

37 Hegel, *Werke, Bd. 3: Phänomenologie des Geistes*, S. 145.

38 Siep, *Der Weg der ⟪Phänomenologie des Geistes⟫*, S. 103.

39 Hegel, *Werke, Bd. 3: Phänomenologie des Geistes*, S. 145.

40 Hegel, *Werke, Bd. 3: Phänomenologie des Geistes*, S. 143.

41 Blumenberg, *Phänomenologische Schriften 1981-1988*, S. 22.

42 Hegel, *Werke, Bd. 3: Phänomenologie des Geistes*, S. 153.

43 Stekeler, *Hegels Phänomenologie des Geistes, Bd.1*, S. 711.

44 Hyppolite, *Genèse et structure de la Phènoménologie de l'esprit*, S. 553.

45 Hegel, *Werke, Bd. 3: Phänomenologie des Geistes*, S. 577.

46 Hegel, *Werke, Bd. 3: Phänomenologie des Geistes*, S. 582.

47 Hegel, *Werke, Bd. 3: Phänomenologie des Geistes*, S. 29.

48 Pinkard, *Hegel*, S. 227.

49 1806년 10월 8일 헤겔이 니트하머에게 쓴 편지, Hegel, *Briefe, Bd. I*, S. 118.

50 Nicolin (Hrsg.), *Hegel in Berichten seiner Zeitgenossen*, S. 67.

51 Nicolin (Hrsg.), *Hegel in Berichten seiner Zeitgenossen*, S. 67.

8장 신문, 셸링, 그리고 "누가 추상적으로 사유하는가?"라는 질문

1 Pinkard, *Hegel*, S. 232.

2 1806년 10월 18일 헤겔이 니트하머에게 쓴 편지, Hegel, *Briefe, Bd. I*, S. 122 f.

3 1806년 11월 3일 헤겔이 니트하머에게 쓴 편지, Hegel, *Briefe, Bd. I*, S. 126.

4 Pinkard, *Hegel*, S. 231.

5   1806년 10월 18일 헤겔이 니트하머에게 쓴 편지, Hegel, *Briefe, Bd. I*, S. 124.

6   그러나 핀카드는 이렇게 해석한다. Pinkard, *Hegel*, S. 237.

7   1807년 1월 3일 헤겔이 셸링에게 쓴 편지, Hegel, *Briefe, Bd. I*, S. 131; 1807년 1월 11일 셸링이 헤겔에게 쓴 편지, Hegel, *Briefe, Bd. I*, S. 133 f.

8   "Maximen des Journals der deutschen Literatur", in: Hegel, *Werke, Bd. 2: Jenaer Schriften 1801-1807*, S. 568-574, 여기서는 S. 569, 571; 1806년 11월 15일 카스트 너가 헤겔에게 쓴 편지, Hegel, *Briefe, Bd. I*, S. 127 f.

9   Joseph Görres, *Aphorismen über die Organonomie*, Koblenz 1803, S. IV-VI.

10 Henrich Steffens, *Grundzüge der philosophischen Naturwissenschaft*, Berlin 1806, S. 46.

11 1807년 1월 11일 셸링이 헤겔에게 쓴 편지, Hegel, *Briefe, Bd. I*, S.135; 1807년 1월 말 헤겔이 괴테에게 쓴 편지, Hegel, *Briefe, Bd. I*, S. 141.

12 Hegel, *Werke, Bd. 2: Jenaer Schriften 1801-1807*, S. 572.

13 1807년 2월 23일 헤겔이 셸링에게 쓴 편지, Hegel, *Briefe, Bd. I*, S. 147 ff.

14 1807년 5월 30일 헤겔이 니트하머에게 쓴 편지, Hegel, *Briefe, Bd. I*, S. 165 ff.

15 1807년 5월 1일 헤겔이 셸링에게 쓴 편지, Hegel, *Briefe, Bd. I*, S. 159ff.

16 1807년 11월 21일 헤겔이 크네벨에게 쓴 편지, Hegel, *Briefe, Bd. I*, S. 199.

17 Hegel, *Werke, Bd. 3: Phänomenologie des Geistes*, S. 13-15.

18 Friedrich Wilhelm Joseph Schelling, *Philosophie und Religion*, Tübingen 1804, S. 16.

19 Hegel, *Werke, Bd. 3: Phänomenologie des Geistes*, S. 19.

20 Hegel, *Werke, Bd. 3: Phänomenologie des Geistes*, S. 22.

21 Schelling, *Philosophie und Religion*, S. 35.

22 Siep, *Der Weg der Phänomenologie des Geistes*, S. 67.

23 Hegel, *Werke, Bd. 2: Jenaer Schriften 1801-1807*, S. 24f.

24 Schelling, *Sämmtliche Werke, Bd. I/4*, S. 403.

25 Hegel, *Werke, Bd. 3: Phänomenologie des Geistes*, S. 23.

26 Richard Rorty, *Der Spiegel der Natur. Eine Kritik der Philosophie*, übersetzt von Michael Gebauer, Frankfurt am Main 1997; Robert B. Pippin, *Hegel's Realm of Shadows. Logic as Metaphysics in 《The Science of Logic》*, Chicago/London 2019.

27 Hegel, *Werke, Bd. 3: Phänomenologie des Geistes*, S. 31. 이와 관련하여 다음을 참조하라. Stekeler, *Hegels Phänomenologie des Geistes, Bd.1*, S. 56ff.

28 Hegel, *Werke, Bd. 3: Phänomenologie des Geistes*, S. 24.

29 Hegel, *Werke, Bd. 13: Vorlesungen über die Ästhetik I*, S. 147.

30 1807년 1월 23일 헤겔이 첼만에게 쓴 편지, Hegel, *Briefe, Bd. I*, S. 137.

31 Hegel, *Werke, Bd. 3: Phänomenologie des Geistes*, S. 36.

32 Nicolin (Hrsg.), *Hegel in Berichten seiner Zeitgenossen*, S. 86.

33 Wilhelm Raimund Beyer, *Zwischen Phänomenologie und Logik. Hegel als Redakteur der Bamberger Zeitung*, Frankfurt am Main 1955, S. 20.

34 1807년 2월 16일 니트하머가 헤겔에게 쓴 편지, Hegel, *Briefe, Bd. I*, S. 143.

35 Rosenkranz, *Georg Wilhelm Friedrich Hegel's Leben*, S. 230.

36 1806년 11월 17일 헤겔이 프로만에게 쓴 편지, Hegel, *Briefe, Bd. I*, S. 129.

37 1808년 1월 22일 헤겔이 니트하머에게 쓴 편지, Hegel, *Briefe, Bd. I*, S. 208.

38 Nicolin (Hrsg.), *Hegel in Berichten seiner Zeitgenossen*, S. 86f.

39 1807년 1월 23일 헤겔이 첼만에게 쓴 편지, Hegel, *Briefe, Bd. I*, S. 137.

40 1807년 5월 30일 헤겔이 니트하머에게 쓴 편지, Hegel, *Briefe, Bd. I*, S. 167.

41 1807년 8월 29일 헤겔이 니트하머에게 쓴 편지, Hegel, *Briefe, Bd. I*, S. 185.

42 다음에서 인용. Hegel, *Briefe, Bd. I*, S. 473.

43 1807년 1월 23일 헤겔이 첼만에게 쓴 편지, Hegel, *Briefe, Bd. I*, S. 138.

44 1808년 2월 11일 헤겔이 니트하머에게 쓴 편지, Hegel, *Briefe, Bd. I*, S. 219.

45 1807년 8월 30일 헤겔이 크네벨에게 쓴 편지, Hegel, *Briefe, Bd. I*, S. 187.

46 1808년 1월 22일 헤겔이 니트하머에게 쓴 편지, Hegel, *Briefe, Bd. I*, S. 209.

47 1807년 11월 헤겔이 니트하머에게 쓴 편지, Hegel, *Briefe, Bd. I*, S. 197.

48 Heinrich Beck, "Weltvernunft und Sinnlichkeit. Hegel und Feuerbach in Bamberg", in: *Zeitschrift für philosophische Forschung 29* (1975), S. 409-424, 여기서는 S. 417.

49 다음에서 인용. Manfred Baum/Kurt Meist, "Politik und Philosophie in der ⟨Bamberger Zeitung⟩. Dokumente zu Hegels Redaktionstätigkeit 1807-1808", in: *Hegel-Studien 10* (1975), S. 87-127, 여기서는 S. 102 f.

50 다음에서 인용. Baum/Meist, "Politik und Philosophie in der ⟨Bamberger Zeitung⟩, S. 95, 91.

51 다음에서 인용. Baum/Meist, "Politik und Philosophie in der ⟨Bamberger Zeitung⟩, S. 96.

52 1807년 10월 13일 헤겔이 니트하머에게 쓴 편지, Hegel, *Briefe, Bd. I*, S. 193.

53 1808년 3월 28일 헤겔이 니트하머에게 쓴 편지, Hegel, *Briefe, Bd. I*, S. 223.

54   1808년 1월 22일 헤겔이 니트하머에게 쓴 편지, Hegel, *Briefe*, *Bd. I*, S. 207; George I. Brown, Graf Rumford. *Das abenteuerliche Leben des Benjamin Thompson*, übersetzt von Anita Ehlers, München 2000.

55   1807년 8월 30일 헤겔이 크네벨에게 쓴 편지, Hegel, *Briefe, Bd. I*, S. 186.

56   1807년 7월 8일 헤겔이 니트하머에게 쓴 편지, Hegel, *Briefe, Bd. I*, S. 176f.

57   1807년 11월 헤겔이 니트하머에게 쓴 편지, Hegel, *Briefe, Bd. I*, S. 196.

58   Hegel, *Werke, Bd. 20: Vorlesungen über die Geschichte der Philosophie III*, S. 421.

59   1807년 11월 2일 셸링이 헤겔에게 쓴 편지, Hegel, *Briefe, Bd. I*, S. 194.

60   Schelling, *Sämmtliche Werke, Bd. I/4*, S. 344.

61   Hermann Krings, *Die Entfremdung zwischen Schelling und Hegel (1801-1807), Sitzungsberichte der Bayerischen Akademie der Wissenschaften. Philosophisch-historische Klasse, Jg.1976, Heft 6*, München 1977, S. 16.

62   Schelling, *Sämmtliche Werke, Bd. I/10*, S. 93 ff.

63   1807년 5월 23일 싱클레어가 헤겔에게 쓴 편지, Hegel, *Briefe, Bd. I*, S. 165.

64   1807년 12월 23일 헤겔이 니트하머에게 쓴 편지, Hegel, *Briefe, Bd. I*, S. 206.

65   Karl Rottmanner, *Kritik der Rede Jacobi's*, Landshut 1808, S. VIIf.

66   1807년 12월 23일 헤겔이 니트하머에게 쓴 편지, Hegel, *Briefe, Bd. I*, S. 205 f.

67   Hegel, *Werke, Bd. 2: Jenaer Schriften 1801-1807*, S. 575-581.

68   Hegel, *Werke, Bd.18: Vorlesungen über die Geschichte der Philosophie I*, S. 43.

69   Hegel, *Werke, Bd.15: Vorlesungen über die Ästhetik III*, S. 552. 다음의 탁월한 분석을 참조하라. Anke Bennholdt-Thomsen, "Hegels Aufsatz: Wer denkt abstract?", in: *Hegel-Studien 5* (1969), S. 165-199, 여기서는 S. 169f., 195 ff.

9장 전력을 다하는 것이 중요하다

1   Hegel, Werke, *Bd. 4: Nürnberger und Heidelberger Schriften 1808-1817*, S. 330f.

2   Hegel, Werke, *Bd. 4: Nürnberger und Heidelberger Schriften 1808-1817*, S. 330.

3   1808년 10월 1일 헤겔이 니트하머에게 쓴 편지, Hegel, *Briefe, Bd. I*, S. 245.

4   1808년 9월 15일 헤겔이 니트하머에게 쓴 편지, Hegel, *Briefe, Bd. I*, S. 240.

5   1808년 9월 28일과 10월 7일 크네벨이 헤겔에게 쓴 편지, Hegel, *Briefe, Bd. I*, S. 243 f., 245 f.

6   1808년 11월 9일 헤겔이 경찰청에 쓴 편지, Hegel, *Briefe, Bd. I*, S. 256ff., 486ff.

7 Walter Jaeschke, *Hegel-Handbuch. Leben-Werk-Schule*, Stuttgart/Weimar, 2 2010, S. 28.

8 1808년 9월 15일 헤겔이 니트하머에게 쓴 편지, Hegel, *Briefe, Bd. I*, S. 241.

9 1803년 5월 4일 후프나겔이 헤겔에게 쓴 편지, Hegel, *Briefe, Bd. I*, S. 68.

10 1807년 5월 30일 헤겔이 니트하머에게 쓴 편지, Hegel, *Briefe, Bd. I*, S. 165 f., 472.

11 Friedrich Immanuel Niethammer, *Der Streit des Philanthropinismus und Humanismus in der Theorie des Erziehungs-Unterrichts unserer Zeit*, Jena 1808, S. 14, 22, 88, 23, 70, 39, 62.

12 1808년 9월 28일 헤겔이 니트하머에게 쓴 편지, Hegel, *Briefe, Bd. I*, S. 253.

13 1808년 7월 8일 헤겔이 니트하머에게 쓴 편지, Hegel, *Briefe, Bd. I*, S. 176.

14 1808년 5월 20일 헤겔이 니트하머에게 쓴 편지, Hegel, *Briefe, Bd. I*, S. 226.

15 1808년 10월 25일 니트하머가 헤겔에게 쓴 편지, Hegel, *Briefe, Bd. I*, S. 249.

16 1808년 12월 14일 헤겔이 니트하머에게 쓴 편지, Hegel, *Briefe, Bd. I*, S. 271.

17 Kajetan Weiller, *Der Geist der allerneuesten Philosophie der HH. Schelling, Hegel, und Kompagnie. Eine Übersetzung aus der Schulsprache in die Sprache der Welt. Mit einigen leitenden Winken zur Prüfung begleitet. Zum Gebrauche für das gebildetere Publikum überhaupt*, Erste Hälfte, München 1803, S.1.

18 Weiller, *Der Geist der allerneuesten Philosophie*, S. 235 f.

19 Kajetan Weiller, *Über die Herstellung des gehörigen Verhältnisses der Bildung des Herzens zur Bildung des Kopfes, als die dermalige Hauptaufgabe der Erziehung. Wieder ein Wort zur Beurtheilung unserer Schulen*, München 1803, S. 34, 42.

20 Klaus Vieweg, *Hegel. Der Philosoph der Freiheit. Biographie*, München 2019, S. 331; Hegel, *Werke, Bd. 4: Nürnberger und Heidelberger Schriften 1808-1817*, S. 324.

21 Hegel, Werke, *Bd. 4: Nürnberger und Heidelberger Schriften 1808-1817*, S. 317.

22 Hegel, Werke, *Bd. 4: Nürnberger und Heidelberger Schriften 1808-1817*, S. 317.

23 Hegel, Werke, *Bd. 4: Nürnberger und Heidelberger Schriften 1808-1817*, S. 317.

24 Hegel, Werke, *Bd. 4: Nürnberger und Heidelberger Schriften 1808-1817*, S. 335.

25 Hegel, Werke, *Bd. 4: Nürnberger und Heidelberger Schriften 1808-1817*, S. 321, 323.

26 Hegel, Werke, *Bd. 4: Nürnberger und Heidelberger Schriften 1808-1817*, S. 352.

27 Rosenkranz, *Georg Wilhelm Friedrich Hegel's Leben*, S. 249.

28 1810년 10월 중순 헤겔이 싱클레어에게 쓴 편지, Hegel, *Briefe, Bd. I*, S. 332.

29 Hegel, *Werke, Bd. 7: Grundlinien der Philosophie des Rechts*, S. 327.

30 Hegel, *Werke, Bd. 4: Nürnberger und Heidelberger Schriften 1808-1817*, S. 411f.

31 Hegel, *Werke, Bd. 4: Nürnberger und Heidelberger Schriften 1808-1817*, S. 332.

32 "Logik für die Mittelklasse" (1810/11), § 33, in: Hegel, *Werke, Bd. 4: Nürnberger und Heidelberger Schriften 1808-1817*, S.162-203, 여기서는 S. 171.

33 Hegel, *Werke, Bd. 4: Nürnberger und Heidelberger Schriften 1808-1817*, S. 207, 221.

34 Hegel, *Werke, Bd. 4: Nürnberger und Heidelberger Schriften 1808-1817*, S. 413.

35 Nicolin (Hrsg.), *Hegel in Berichten seiner Zeitgenossen*, S. 95.

36 Nicolin (Hrsg.), *Hegel in Berichten seiner Zeitgenossen*, S. 103.

37 Rosenkranz, *Georg Wilhelm Friedrich Hegel's Leben*, S. 259

38 Rosenkranz, *Georg Wilhelm Friedrich Hegel's Leben*, S. 259.

39 Rosenkranz, *Georg Wilhelm Friedrich Hegel's Leben*, S. 259.

40 1811년 4월 13일 헤겔이 자신의 신부에게 쓴 편지, Hegel, *Briefe, Bd. I*, S. 353.

41 1810년 5월 11일 헤겔이 니트하머에게 쓴 편지, Hegel, *Briefe, Bd. I*, S. 352.

42 1811년 10월 10일 헤겔이 니트하머에게 쓴 편지, Hegel, *Briefe, Bd. I*, S. 386.

43 1811년 여름 헤겔이 자신의 신부에게 쓴 편지, Hegel, *Briefe, Bd. I*, S. 367 f.

44 1811년 여름 헤겔이 자신의 신부에게 쓴 편지, Hegel, *Briefe, Bd. I*, S. 369.

45 1811년 7월 13일 헤겔이 카롤리네 파울루스에게 쓴 편지, Hegel, *Briefe, Bd. I*, S. 374.

10장 일말의 의미

1 Hegel, *Werke, Bd. 8: Enzyklopädie der philosophischen Wissenschaften I*, § 167, S. 318.

2 Hegel, *Werke, Bd. 8: Enzyklopädie der philosophischen Wissenschaften I*, § 3, S. 44.

3 Hegel, *Werke, Bd. 8: Enzyklopädie der philosophischen Wissenschaften I*, S. 43 ff.; ebd., *Bd. 5: Wissenschaft der Logik I*, S. 20.

4 "적어도" 그런 이유는 사유의 전제에는 그 외에도 살아있다는 것, 고통에 완전히 점령당하지 않는다는 것, 생각할 시간이 있다는 것, 신체 활동에 몰입하지 않고 있다는 것 등도 있기 때문이다.

5 Hegel, *Werke, Bd. 8: Enzyklopädie der philosophischen Wissenschaften I*, § 1, S. 41.

6 Hegel, *Werke, Bd. 5: Wissenschaft der Logik I*, S. 27.

7   Hegel, *Werke, Bd. 6: Wissenschaft der Logik II*, S. 563.

8   Hegel, *Werke, Bd. 5: Wissenschaft der Logik I*, S. 16.

9   Sigmund Freud, *Neue Folge der Vorlesungen zur Einführung in die Psycho-analyse (1932/33)*, Kap. 32, in: ders., *Studienausgabe, Bd. I*, Frankfurt am Main 1980, S. 524.

10 Hegel, *Werke, Bd. 10: Enzyklopädie der philosophischen Wissenschaften III*, § 382, S. 25 f.

11 Klaus Düsing, "Hegels Vorlesungen an der Universität Jena: Manuskripte, Nachschriften, Zeugnisse", in: *Hegel-Studien 26* (1991), S. 15-24.

12 Hegel, *Werke, Bd. 8: Enzyklopädie der philosophischen Wissenschaften I*, § 2, S. 42.

13 Hegel, *Werke, Bd. 5: Wissenschaft der Logik I*, S. 44.

14 Pirmin Stekeler, *Hegels Wissenschaft der Logik, Bd.1: Die objektive Logik, Die Lehre vom Sein, Qualitative Kontraste, Menge und Maße*, Hamburg 2019, S. 25.

15 Hegel, *Werke, Bd. 8: Enzyklopädie der philosophischen Wissenschaften I*, § 17, S. 63; Hegel, *Werke, Bd. 5: Wissenschaft der Logik I*, S. 30.

16 Hegel, *Werke, Bd. 5: Wissenschaft der Logik I*, S. 25 f.

17 Hegel, Werke, *Bd. 5: Wissenschaft der Logik I*, S. 43.

18 Pippin, *Hegel's Realm of Shadows*, S. 14.

19 Hegel, *Werke, Bd. 5: Wissenschaft der Logik I*, S. 57; 다음을 참조하라. Pippin, *Hegel's Realm of Shadows*, S. 46.

20 최근에는 다음에서 이렇게 주장했다. Dieter Henrich, *Sein oder Nichts. Erkundungen um Samuel Beckett und Hölderlin*, München 2016, S. 178f., Anm.168.

21 Hegel, *Werke, Bd. 5: Wissenschaft der Logik I*, S. 82.

22 Hegel, *Werke, Bd. 8: Enzyklopädie der philosophischen Wissenschaften*, § 1, S. 41.

23 Hegel, *Werke, Bd. 5: Wissenschaft der Logik I*, S. 66.

24 추가적인 연구는 다음을 참고하라. Andreas Arndt, Art. "Unmittelbarkeit", in: Joachim Ritter/Karlfried Gründer (Hrsg.), *Historisches Wörterbuch der Philosophie*, Basel/Stuttgart 1971ff., Bd.11, S. 235-241.

25 Stekeler, *Hegels Wissenschaft der Logik*, Bd.1, S. 294.

26 Hegel, *Werke, Bd. 8: Enzyklopädie der philosophischen Wissenschaften I*, § 84.

27 Stekeler, *Hegels Wissenschaft der Logik, Bd.1*, S. 107에서 든 "카이사르는 소수가

아니다"라는 예를 변형한 것이다.

28 "수는 이루어질 수 없던 발명이다Le Nombre est une invention qui eût pu n'être pas fait."(폴 발레리)

29 Hegel, *Werke*, Bd. 5: *Wissenschaft der Logik I*, S. 82.

30 Michael Theunissen, *Sein und Schein. Die kritische Funktion der Hegelschen Logik*, Frankfurt am Main 1978, S. 95 ff. 여기에서도 다음 주석들의 텍스트들을 언급한다.

31 Ernst Tugendhat, "Das Sein und das Nichts", in: *Durchblicke. Martin Heidegger zum 80. Geburtstag*, Frankfurt am Main, 1970, S. 132-161, 여기서는 S. 146-152.

32 Hegel, *Werke*, Bd. 5: *Wissenschaft der Logik I*, S. 83.

33 Hegel, *Werke*, Bd. 5: *Wissenschaft der Logik I*, S. 86.

34 Hegel, *Werke*, Bd. 5: *Wissenschaft der Logik I*, S. 85.

35 Hegel, *Werke*, Bd. 5: *Wissenschaft der Logik I*, S. 86.

36 Hegel, *Werke*, Bd. 5: *Wissenschaft der Logik I*, S.101; Friedrich Heinrich Jacobi, *Ueber das Unternehmen des Kriticismus, die Vernunft zu Verstande zu bringen*, in: ders., *Werke*, Leipzig 1812 ff., Bd. III, S. 59-195, 여기서는 S. 147.

37 Hegel, *Werke*, Bd. 5: *Wissenschaft der Logik I*, S. 101.

38 Hegel, *Werke*, Bd. 5: *Wissenschaft der Logik I*, S. 107.

39 Hegel, *Werke*, Bd. 5: *Wissenschaft der Logik I*, S. 83.

40 이에 대한 매우 명료한 서술은 다음을 참조하라. Stekeler, *Hegels Wissenschaft der Logik, Bd.1*, S. 561-567.

41 Hegel, *Werke*, Bd. 5: *Wissenschaft der Logik I*, S. 231.

42 Hegel, *Werke*, Bd. 5: *Wissenschaft der Logik I*, S. 232.

43 Stekeler, *Hegels Wissenschaft der Logik*, S. 758.

44 Hegel, *Werke*, Bd. 5: *Wissenschaft der Logik I*, S. 249.

45 Hegel, *Werke*, Bd. 6: *Wissenschaft der Logik II*, S. 13.

46 Hegel, *Werke*, Bd. 6: *Wissenschaft der Logik II*, S. 15.

47 Jorge Luis Borges, "Die Bibliothek von Babel", in: ders., *Gesammelte Werke*, München 1980ff., Bd. 3/I: Erzählungen 1935-1944, S. 145-154. 보르헤스의 성찰은 이런 표현 가능한 의미들의 총체라는 도서관이 무제한적인가라는 물음으로 끝난다. 이 성찰은 이 물음을 긍정적으로 답변하면서("무제한적이고 주기적이다"), 레티치아 알바레즈 데톨레도Letizia Alvarez de Toledo의 지적을 언급한다. 즉, 이런 도서관이 꼭 있을 필요는 없고, 무한히 얇은 종이만 있다면 단 한 권의 책으로

충분하다는 것이다(S. 154).

48   Hegel, *Werke, Bd. 6: Wissenschaft der Logik II*, S. 19.

49   Pippin, *Hegel's Realm of Shadows*, S. 221.

50   "자율적 부정"에 대해서는 다음을 참조하라. Dieter Henrich, "Hegels Grundoperation. Eine Einführung in die 〈Wissenschaft der Logik〉", in: Ute Guzzoni u. a. (Hrsg.), *Der Idealismus und seine Gegenwart, Festschrift für Werner Marx zum 65. Geburtstag*, Hamburg 1976, S. 208-230.

51   Pippin, *Hegel's Realm of Shadows*, S. 225.

52   Hegel, *Werke, Bd. 6: Wissenschaft der Logik II*, S. 35.

53   Hegel, *Werke, Bd. 6: Wissenschaft der Logik II*, S. 305, 324, 349.

54   Hegel, *Werke, Bd. 6: Wissenschaft der Logik II*, S. 545.

11장 정신의 관할권과 육체의 관할권

1   1810년 11월 3일 헤겔이 니트하머에게 쓴 편지, Hegel, *Briefe, Bd.1*, S. 338.

2   Andreas Arndt, "Schleiermacher und Hegel. Versuch einer Zwischenbilanz", in: *Hegel-Studien 37* (2002), S. 55-68, 여기서는 S. 61.

3   Hegel, *Werke, Bd. 2: Jenaer Schriften 1801-1807*, S. 201.

4   Hegel, *Werke, Bd. 3: Phänomenologie des Geistes*, S. 22; Hegel, *Werke, Bd. 2: Jenaer Schriften 1801-1807*, S. 359, 278f.

5   Hegel, *Werke, Bd. 5: Wissenschaft der Logik I*, S. 47.

6   1811년 11월 10일 헤겔이 니트하머에게 쓴 편지, Hegel, *Briefe, Bd. I*, S. 388.

7   1816년 5월 2일 헤겔이 파울루스에게 쓴 편지, Hegel, *Briefe, Bd. II*, S. 74f.

8   다음에서 인용함. Hegel, *Briefe, Bd. II*, S. 396f.

9   1804년 9월 7일 헤겔이 그리스에게 쓴 편지, Hegel, *Briefe, Bd. I*, S. 83.

10   1805년 5월 헤겔이 포스에게 쓴 편지, Hegel, *Briefe, Bd. I*, S. 95-101, 여기서는 S. 99f.

11   Nicolin (Hrsg.), *Hegel in Berichten seiner Zeitgenossen*, S. 121.

12   Nicolin (Hrsg.), *Hegel in Berichten seiner Zeitgenossen*, S. 122.

13   1816년 6월 13일 헤겔이 파울루스에게 쓴 편지, Hegel, *Briefe, Bd. II*, S. 82.

14   1816년 7월 30일 다우프가 헤겔에게 쓴 편지, Hegel, *Briefe, Bd. II*, S. 94f.

15   "Heidelberg", in: Hölderlin, *Sämtliche Werke und Briefe, Bd. I*, S. 252 f., 여기서는 S. 252.

16   Hegel, *Werke, Bd.18: Vorlesungen über die Geschichte der Philosophie I*, S. 11.

17 Theodore Ziolkowski, *Heidelberger Romantik. Mythos und Symbol*, Heidelberg 2009, S. 7-13.

18 Otto Pöggeler, "Hegel und Heidelberg", in: *Hegel-Studien 6* (1971), S. 65-133, 여기서는 S. 82.

19 Anton Friedrich Justus Thibaut, *Über die Nothwendigkeit eines allgemeinen bürgerlichen Rechts für Deutschland*, Heidelberg 1814; Friedrich Carl von Savigny, *Vom Beruf unserer Zeit für Gesetzgebung und Rechtswissenschaft*, Heidelberg 1814, S. 152.

20 Hegel, *Werke, Bd.12: Vorlesungen über die Philosophie der Geschichte*, S. 284f.

21 Hegel, *Werke, Bd.15: Vorlesungen über die Ästhetik III*, S. 347; Nicolin (Hrsg.), *Hegel in Berichten seiner Zeitgenossen*, S. 103.

22 Nicolin (Hrsg.), *Hegel in Berichten seiner Zeitgenossen*, S. 145.

23 Nicolin (Hrsg.), *Hegel in Berichten seiner Zeitgenossen*, S. 150ff.

24 Nicolin (Hrsg.), *Hegel in Berichten seiner Zeitgenossen*, S. 148.

25 Nicolin (Hrsg.), *Hegel in Berichten seiner Zeitgenossen*, S. 157.

26 Nicolin (Hrsg.), *Hegel in Berichten seiner Zeitgenossen*, S. 148.

27 Johann Gottlieb Fichte, *Reden an die deutsche Nation*, Berlin 1808, S. 143.

28 Pinkard, *Hegel*, S. 364f.

29 Friedrich Creuzer, "Philologie und Mythologie, in ihrem Stufengang und gegenseitigen Verhalten", in: *Heidelbergische Jahrbücher der Literatur für Philologie, Historie, Literatur und Kunst 1* (1803), S. 3-24, 여기서는 S. 24.

30 1883년에야 빌헬름 딜타이Wilhelm Dilthey에 의해 체계적으로 사용되는 정신과학 Geisteswissenschaft 개념은 이 철학자가 헤겔을 연구했음에도 불구하고, 헤겔이 이 해하는 "정신"과는 매우 느슨한 관계를 가질 뿐이다.

31 1818년 8월 5일 헤겔이 쿠쟁에게 쓴 편지, Hegel, *Briefe, Bd. II*, S. 193.

32 Friedhelm Nicolin, *Auf Hegels Spuren. Beiträge zur Hegel-Forschung*, Hamburg 1996, S. 159ff.

33 다음에서 인용. Rolf Grawert, "Der württembergische Verfassungsstreit 1815-1819", in: Christoph Jamme/Otto Pöggeler (Hrsg.), *"O Fürstin der Heimath! Glückliches Stutgard". Politik, Kultur und Gesellschaft im deutschen Südwesten um 1800*, Stuttgart 1988, S. 126-158.

34 Hegel, *Werke, Bd. 4: Nürnberger und Heidelberger Schriften 1808-1817*, S. 468.

35 Hegel, *Werke, Bd. 4: Nürnberger und Heidelberger Schriften 1808-1817*, S. 476.

36 Hegel, *Werke, Bd. 4: Nürnberger und Heidelberger Schriften 1808-1817*, S. 485.

37 Hegel, *Werke, Bd. 4: Nürnberger und Heidelberger Schriften 1808-1817*, S. 498.

38 Hegel, *Werke, Bd. 4: Nürnberger und Heidelberger Schriften 1808-1817*, S. 507.

39 Hegel, *Werke, Bd. 4: Nürnberger und Heidelberger Schriften 1808-1817*, S. 463.

40 Hegel, *Werke, Bd. 4: Nürnberger und Heidelberger Schriften 1808-1817*, S. 507.

41 1816년 8월 20일 헤겔이 다우프에게 쓴 편지, Hegel, *Briefe, Bd. II*, S. 116.

42 Nicolin (Hrsg.), *Hegel in Berichten seiner Zeitgenossen*, S. 145.

43 Nicolin (Hrsg.), *Hegel in Berichten seiner Zeitgenossen*, S. 181.

12장 중심의 대학

1 이어지는 서술은 다음을 참고했다. Ilja Mieck, "Von der Reformzeit zur Revolution (1806-1847)", in: Wolfgang Ribbe (Hrsg.), *Geschichte Berlins, Bd.1: Von der Frühgeschichte bis zur Industrialisierung*, München 1987, S. 405-456.

2 Willibald Alexis, *Isegrimm. Historischer Roman* (1854), Berlin 2017, S. 8.

3 Johann Jakob Engel, "Denkschrift über Begründung einer großen Lehranstalt in Berlin" (1802), in: Ernst Müller (Hrsg.), *Gelegentliche Gedanken über Universitäten*, Leipzig 1990, S. 6-17.

4 Johann Gottlieb Fichte, "Deduzierter Plan einer zu Berlin zu errichtenden höhern Lehranstalt, die in gehöriger Verbindung mit einer Akademie der Wissenschaften stehe" (1807), in: Ernst Müller (Hrsg.), *Gelegentliche Gedanken über Universitäten*, Leipzig 1990, S. 59-158. 피히테의 유고에 있던 이 글은 1817년에야 출판되었다.

5 Reinhard Lauth, "Über Fichtes Lehrtätigkeit in Berlin von Mitte 1799 bis Anfang 1805 und seine Zuhörerschaft", in: *Hegel-Studien 15* (1980), S. 9-50, 여기서는 S. 15.

6 Wilhelm von Humboldt, "Über die innere und äußere Organisation der höheren wissenschaftlichen Anstalten in Berlin", in: ders., *Schriften zur Bildung*, Stuttgart 2017, S. 152 ff.

7 Fichte, "Deduzierter Plan", S. 65.

8 Fichte, "Deduzierter Plan", S. 63.

9 Fichte, "Deduzierter Plan", S. 71.

10 Fichte, "Deduzierter Plan", S. 131.

11 Friedrich Daniel Ernst Schleiermacher, *Gelegentliche Gedanken über Universitäten in deutschem Sinn. Nebst einem Anhang über eine neu zu errichtende*, Berlin 1808, S. 161f.

12 Manfred Kühn, *Johann Gottlieb Fichte. Ein deutscher Philosoph*, München 2012, S. 497.

13 Wolfgang Neugebauer, "Das Bildungswesen in Preußen seit der Mitte des 17. Jahrhunderts", in: Otto Büsch (Hrsg.), *Handbuch der Preußischen Geschichte*, Bd. *II*, Berlin 1992, S. 605-798, 여기서는 S. 677.

14 Humboldt, "Über die innere und äußere Organisation", S. 153, 158.

15 1790년 11월 12일 훔볼트가 카롤리네 폰 다허뢰덴Caroline von Dacheröden에게 (11월 11일 편지에 이어서) 쓴 편지. Anna von Sydow (Hrsg.), *Wilhelm und Caroline von Humboldt in ihren Briefen, Bd.1: Briefe aus der Brautzeit 1787-1791*, Berlin 1910, S. 280.

16 Max Lenz, *Geschichte der königlichen Friedrich-Wilhelms-Universität zu Berlin*, 4 Bde., Halle 1910ff., *Bd.1: Gründung und Ausbau*, S. 78; Rudolf Köpke, *Die Gründung der königlichen Friedrich-Wilhelms-Universität zu Berlin*, Berlin 1860.

17 Hegel, *Briefe, Bd. II*, S. 398.

18 Hegel, *Werke, Bd. 4: Nürnberger und Heidelberger Schriften 1808-1817*, S. 423.

19 Hegel, *Werke, Bd. 4: Nürnberger und Heidelberger Schriften 1808-1817*, S. 365.

20 1818년 10월 22일의 "베를린 대학 취임연설Berliner Antrittsrede". Georg Wilhelm Friedrich Hegel, *Berliner Schriften (1818-1831)*, hrsg. von Walter Jaeschke, Hamburg 1997, S. 43-61, 여기서는 S. 44; Georg Wilhelm Friedrich Hegel, *Werke, Bd.10: Enzyklopädie der philosophischen Wissenschaften III*, S. 399-420, S. 400.

21 Schleiermacher, *Gelegentliche Gedanken*, S. 61.

22 Schleiermacher, *Gelegentliche Gedanken*, S. 62 f.

23 Schleiermacher, *Gelegentliche Gedanken*, S. 34.

24 1818년 9월 12일 헤겔이 크리스티아네에게 쓴 편지. Hegel, *Briefe, Bd. II*, S. 197.

25 Hegel, *Werke, Bd.1: Frühe Schriften*, S. 482 ff.

26 다음에서 인용. Lenz, *Geschichte, Bd. 2/1: Ministerium Altenstein*, S. 15.

27 Lenz, *Geschichte, Bd. 2/1: Ministerium Altenstein*, S. 33; 1818년 4월 21일 헤겔이 바덴 내무부에 쓴 편지. Hegel, *Briefe, Bd. II*, S. 182.

28 1818년 5월 1일 괴테가 부아세레에게 쓴 편지. Johann Wolfgang von Goethe,

Briefe. Hamburger Ausgabe, hrsg. von Karl Robert Mandelkow, München 1988, Bd. 3, S. 428.

29 Hegel, *Werke, Bd. 10: Enzyklopädie der philosophischen Wissenschaften III*, S. 399-404.

30 Hegel, *Werke, Bd.18: Vorlesungen über die Geschichte der Philosophie I*, S. 11-28.

31 Hegel, *Werke*, Bd.18: Vorlesungen über die Geschichte der Philosophie I, S. 12.

32 "베를린 대학 취임연설", Hegel, *Berliner Schriften (1818-1831)*, S. 48.

33 "베를린 대학 취임연설", Hegel, *Berliner Schriften (1818-1831)*, S. 51ff.

34 "베를린 대학 취임연설", Hegel, *Berliner Schriften (1818-1831)*, S. 49.

35 "베를린 대학 취임연설", Hegel, *Berliner Schriften (1818-1831)*, S. 56.

36 다음을 참조하라. Hans Koller, "Theoros und Theoria", in: *Glotta 36, Band 3/4* (1958), S. 273-286, 여기서는 S. 281f.

37 Lenz, *Geschichte, Bd. 2/1: Ministerium Altenstein*, S. 204.

38 "베를린 대학 취임연설", Hegel, *Berliner Schriften (1818-1831)*, S. 56.

39 1819년 1월 1일 졸거가 티크에게 쓴 편지. Nicolin (Hrsg.), *Hegel in Berichten seiner Zeitgenossen*, S. 191.

40 다음에서 인용. Lauth, "Über Fichtes Lehrtätigkeit", S. 25.

41 Hegel, *Werke, Bd. 9: Enzyklopädie der philosophischen Wissenschaften II*, § 246.

42 Hegel, *Werke, Bd. 9: Enzyklopädie der philosophischen Wissenschaften II*, § 16.

43 Hegel, *Werke, Bd.* 7: Grundlinien der Philosophie des Rechts, § 3, S. 36ff.

44 Hegel, *Werke, Bd.* 7: Grundlinien der Philosophie des Rechts, § 3, S. 44f.

45 Hegel, *Werke, Bd.* 7: Grundlinien der Philosophie des Rechts, § 3, S. 44f.

46 핀카드는 헤겔이 다루는 "자연철학"과 "과학철학"이 서로 대립한다고 주장 (Pinkard, *Hegel*, S. 566)하지만, 이것은 우리에게 큰 도움이 안 되는 것 같다. 물론 핀카드가 자연철학 개념이 모든 학문 연구의 토대를 이룬다고 덧붙이기는 하지만 말이다(Pinkard, *Hegel*, S. 566). 그리고 헤겔의 서술을 따른다면, 자연과학 연구는 자연철학 연구보다 시간적으로 앞선다.

47 Gaston Bachelard, *Die Bildung des wissenschaftlichen Geistes. Beitrag zu einer Psychoanalyse des wissenschaftlichen Geistes* (1938), übersetzt von Michael Bischoff, Frankfurt am Main 1978, S. 242.

48 Hegel, *Werke, Bd. 9: Enzyklopädie der philosophischen Wissenschaften II*, §§ 279, 286, 320, 379.

704

49 Nicolin (Hrsg.), *Hegel in Berichten seiner Zeitgenossen*, S. 203.

50 Nicolin (Hrsg.), *Hegel in Berichten seiner Zeitgenossen*, S. 265.

51 Heinrich Gustav Hotho, *Vorstudien zu Leben und Kunst*, Stuttgart 1835, S. 384-390.

52 Heinrich von Kleist: "Über die allmählige Verfertigung der Gedanken beim Reden", in: ders., *Sämtliche Werke und Briefe*, 3 Bde., hrsg. von Roland Reuß und Peter Staengle, München 2010, *Bd. II*, S. 284-289.

53 Nicolin (Hrsg.), *Hegel in Berichten seiner Zeitgenossen*, S. 558.

54 Hegel, *Werke, Bd. 20: Vorlesungen über die Geschichte der Philosophie III*, S. 328.

55 Theodor W. Adorno, *Drei Studien zu Hegel*, Frankfurt am Main 1974, S. 109ff.

13장 정치적으로 난처해지다

1 1819년 3월 26일 헤겔이 니트하머에게 쓴 편지, Hegel, *Briefe, Bd. II*, S. 213.

2 1819년 10월 30일 헤겔이 크로이처에게 쓴 편지, Hegel, *Briefe, Bd. II*, S. 218.

3 Pinkard, *Hegel*, S. 432.

4 다음에서 재인용, Hans-Christian Lucas/Udo Rameil, "Furcht vor der Zensur? Zur Entstehungs-und Druckgeschichte von Hegels Grundlinien der Philosophie des Rechts", in: *Hegel-Studien 15* (1980), S. 63-93, 여기서는 S. 71 f.

5 코체부의 견해에 관해서, 그리고 자신에 대한 믿기 어려울 정도의 위선의 증거에 관해서는 다음을 참조하라. August von Kotzebue, "Woher kommt es, daß ich so viele Feinde habe?", in: *Aus August von Kotzebues hinterlassenen Papieren*, Leipzig 1821, S. 67-104. [이 글의 제목인 "내게는 왜 이리 적이 많은가?"라는 물음에 대한 답변은 시기와 질투, 중세 숭배와 괴테 숭배(!), 나폴레옹 추종 때문이라는 것이다.

6 August von Kotzebue, *Das merkwürdigste Jahr meines Lebens*, Berlin 1801. 다음도 참조하라. Mechthild Keller, "〈Agent des Zaren〉-August von Kotzebue", in: dies. (Hrsg.), *West-östliche Spiegelungen. Russen und Rußland aus deutscher Sicht und Deutsche und Deutschland aus russischer Sicht von den Anfängen bis zum 20. Jahrhundert*, München 1985 ff., *Bd. 3: 19. Jahrhundert. Von der Jahrhundertwende bis zu den Reformen Alexanders II.*, S. 119-130.

7 다음의 탁월한 서술을 참조하라. George S. Williamson, "What Killed August von Kotzebue? The Temptations of Virtue and the Political-Theology of German Nationalism 1789-1819", in: *Journal of Modern History 72* (2000), S. 890-943. 또한 다음도 참조하라. Pierre Matthern, *"Kotzebue's Allgewalt". Literarische Fehde und politisches Attentat*, Würzburg 2011.

8   Alexander Stourdza, *Denkschrift über den gegenwärtigen Zustand Deutschlands. Nach dem zu Aachen im Monate November 1818 erschienenen: "Mémoire sur l'état actuel de l'Allemagne"*, Frankfurt 1818, S. 16, 33 und 42 ff. 잔트의 일기에서 알 수 있듯이, 그는 코체부가 이 문서를 긍정적으로 논평한 것을 알고 있었다. 다음을 참조하라. Williamson, "What Killed August von Kotzebue?", S. 931.

9   Friedrich Carl Wittichen/Ernst Salzer (Hrsg.), *Briefe von und an Friedrich von Gentz*, München u. a. 1909 ff., *Bd. 3/1: Schriftwechsel mit Metternich. 1803-1819*, S. 408 ff.

10 가령 언론의 자유Preßfreyheit와 언론의 불손Preßfrechheit의 구분, 그리고 식사의 자유Essfreyheit와 탐식Fresserey의 구분에 관한 빌란트의 논평은 다음 글의 추신을 참고하라. Christoph Martin Wieland, "Gedanken über den freien Gebrauch der Vernunft in Gegenständen des Glaubens" (1788), in: ders., *Sämmtliche Werke*, hrsg. von Johann Gottfried Gruber, Leipzig 1818 ff., *32. Bd., S. 13-118*, 여기서는 S. 112-118. 장 파울은 1802년 어떤 인물에 대해 이렇게 썼다. "그가 정신의 자유, 통일, 심지어 불손을 빈약한 위선이나 외부 힘을 흉내 내는 거짓 신앙보다, 그리고 걸핏하면 회개하는 내면의 불화보다 윗길로 치기에, 심지어 냉소적으로 말하는 그 귀부인도 그녀 나름대로 그에게는 '사랑스럽고 소중했다.'" Jean Paul, *Titan, Vierundzwanzigste Jobelperiode, 97. Zykel*, in: ders., *Sämtliche Werke, Bd. I/3*, S. 541. 이 언어유희가 당대의 일상에 깊이 파고들었다는 것을 보여주는 하나의 사례는 바이에른 신분제 의회의 폰 아레틴von Aretin 의원의 연설이다. "저는 묻습니다. 말을 하는 것이 그저 말하기 위해서라면, 그리고 말하고 난 다음에 신문에 난 이 말을 읽기 위해서라면, 이것은 자유일까요, 불손일까요? 신문들은 후련한 발언에 대해서는 늘 준비된 나팔을 불어대는 것입니다." 이 연설은 1819년 3월 19일자 《에를랑겐 현실 신문 Real-Zeitung Erlangen》 1면에 실렸다.

11 Hegel, *Werke, Bd. 7: Grundlinien der Philosophie des Rechts*, S. 16.

12 Lenz, *Geschichte, Bd. 4*, S. 353-355, 그리고 Kirsten Maria Christine Kunz, "Einleitung", in: Friedrich Daniel Ernst Schleiermacher, *Kritische Gesamtausgabe*, hrsg. von Günter Meckenstock, Berlin/New York 1980 ff., *Bd. III/7: Predigten 1822-1823*, S. XVIff.

13 John W. Rogerson, *W. M. L. de Wette. Founder of Modern Biblical Criticism. An Intellectual Biography*, Sheffield, 1992, S. 153 ff.; 데베테의 잔트 미화에 대해서는 다음을 참조하라. Hegel, *Briefe, Bd. II*, S. 438.

14 Jean Paul, *Sämmtliche Werke*, Berlin 1840 ff., Bd. 22, S. 319 f.

15 다음을 참조하라. Hermann Lübbe, "Tugendterror: Höhere Moral als Quelle politischer Gewalt", in: *Totalitarismus und Demokratie 1* (2004), S. 203-217.

16 코체부에 대한 잔트의 생각이 어떻게 변화했는가를 간략하게 정리한 다음 연구를 참조하라. Williamson, "What Killed August von Kotzebue?", S. 928 ff., 그리고 Matthern, "Kotzebue's Allgewalt", S. 10.

17 Hegel, *Werke, Bd. 11: Berliner Schriften 1818-1831*, S. 222 ff.

18 Jürgen Habermas, "Nachwort", in: *Georg Wilhelm Friedrich Hegel, Politische Schriften*, hrsg. von dems., Frankfurt am Main 1966, S. 343-370, 여기서는 S. 357 ff.

19 E. T. A. Hoffmann, *Briefwechsel*, hrsg. von Friedrich Schnapp, München 1967 ff., *Bd. 2*, S. 263.

20 다음을 참조하라. Helmut Zschokke, *Im alten Berliner Studentenviertel*, Frankfurt am Main 2012, S. 61.

21 Nicolin (Hrsg.), *Hegel in Berichten seiner Zeitgenossen*, S. 193.

22 Rosenkranz, *Georg Wilhelm Friedrich Hegel's Leben*, S. 338 f.; Nicolin (Hrsg.), *Hegel in Berichten seiner Zeitgenossen*, S. 198.

23 Hegel, *Briefe, Bd. II*, S. 432 ff.

24 1819년 10월 30일 헤겔이 크로이처에게 쓴 편지, Hegel, *Briefe, Bd. II*, S. 217.

25 Friedrich Förster, "Bemerkungen gegen die angebliche rechtliche Erörterung des Herrn von Kamptz, über die öffentliche Verbrennung von Druckschriften", in: Nemesis. *Zeitschrift für Politik und Geschichte, 11. Bd., III. Stück* (1818), S. 315-350, 여기서는 S. 318-322.

26 E. T. A. Hoffmann, *Sämtliche Werke in sechs Bänden*, hrsg. von Hartmut Steinecke und Wulf Segebrecht, Frankfurt am Main 1985 ff., *Bd. 6*, S. 308.

27 이 허구 속 사건의 형사소송법적 측면에 대해서는 다음에 실린 토마스 포름바움Thomas Vormbaum의 논평을 참조하라. E. T. A. Hoffmann, *Meister Floh. Ein Mährchen in sieben Abenteuern zweier Freunde* (1822), Berlin 2018, S. 183 ff.

28 Hoffmann, *Sämtliche Werke, Bd. 6*, S. 375.

29 Hegel, *Werke, Bd. 11: Berliner Schriften 1818-1831*, S. 215.

30 Friedrich Wilhelm Carové, *Über die Ermordung Kotzebue's*, Eisenach 1819, S. 14 f., 26, 33.

31 Hegel, *Briefe, Bd. II*, S. 460.

32 Heinrich von Treitschke, *Deutsche Geschichte im neunzehnten Jahrhundert, Bd. 2: Bis zu den Karlsbader Beschlüssen*, Leipzig 1882, S. 526.

33 클라우스 피벡Klaus Vieweg의 헤겔 전기에는 여러 인물의 이름이 거명된다. 훗날 출판인이 되는 프리드리히 요한스 프로만Friedrich Johanns Frommann, 그의 친구 이마누엘 니트하머의 아들이자 나중에 바이에른 고위 공무원이 되는 율리우스 니트하머Julius Niethammer, 그 후에 바젤 대학 해부학 교수가 되는 카를 구스타프 융Karl Gustav Jung, 반폴란드적이자 반유대적이고 결투를 좋아하며 이후 행적이 묘연해진 공격적 학우회원 카를 울리히Karl Ulrich 등이다. Vieweg, *Hegel*, S. 460 f.

14장 이성적, 현실적, 현실적으로 이성적?

1 위 내용은 순서에 따라 다음 출처에서 가져왔다. 헤라클레이토스는 다음에서 인용했다. Simplicius, *In Aristotelis physicorum libros quattuor posteriores commentaria*, Berlin 1895, S. 1313와 Platon, *Kratylos* 402a; Niklas Luhmann, *Die Wissenschaft der Gesellschaft*, Frankfurt am Main 1990, S. 217; 탈레스는 다음에서 인용했다. Aristoteles, *De anima* 411f.; Franz Rosenzweig, *Der Stern der Erlösung* (1921), Frankfurt am Main 1988, S. 12; Ludwig Wittgenstein, *Tractatus logico-philosophicus*, in: ders., *Werkausgabe*, Frankfurt am Main 1984ff., Bd.1, S. 11; Jacob Taubes, "Das stählerne Gehäuse und der Exodus daraus oder Ein Streit um Marcion, einst und jetzt", in: ders., *Vom Kult zur Kultur*, München 1996, S.173-181.

2 Martin Heidegger, "Der Spruch des Anaximander", in: ders., *Holzwege* (1947), Frankfurt am Main 1994, S. 321-373, 여기서는 S. 325-328.

3 Hegel, *Werke, Bd. 7: Grundlinien der Philosophie des Rechts*, S. 24.

4 Stekeler, *Hegels Phänomenologie des Geistes, Bd.1*, S. 833.

5 Hegel, *Werke, Bd. 2: Jenaer Schriften 1801-1807*, S. 575.

6 1819년 10월 30일 헤겔이 크로이처에게 쓴 편지, Hegel, *Briefe, Bd. II*, S. 220.

7 여기에서는 다음의 서술을 따르고 있다. Rameil/Lucas, "Furcht vor der Zensur?"

8 1820년 10월 중순 헤겔이 하르덴베르크에게 쓴 편지, Hegel an Hardenberg, Hegel, *Briefe, Bd. II*, S. 242.

9 Anonym, *Heidelberger Jahrbücher der Literatur*, April 1821, S. 392-405. 다음에서 재인용, Manfred Riedel (Hrsg.), *Materialien zu Hegels Rechtsphilosophie, 2 Bde.*, Frankfurt am Main 1975, Bd.1, S. 53-66.

10 1817년 4월 19일 헤겔이 니트하머에게 쓴 편지, Hegel, *Briefe, Bd. II*, S. 153.

11 Friedrich Wilhelm Joseph Schelling, *Darlegung des wahren Verhältnisses der*

Naturphilosophie zu der verbesserten Fichteschen Lehre, in: ders., *Ausgewählte Werke, Schriften von 1806-1813*, S.1-126, 여기서는 S. 30.

[12] Hegel, *Werke, Bd. 7: Grundlinien der Philosophie des Rechts*, S. 26.

[13] Anonym, *Leipziger Literaturzeitung, 20.-22. Februar 1822*, S. 353-371. 다음에서 재인용. Riedel (Hrsg.), *Materialien, Bd.1*, S. 81-99.

[14] Hegel, *Werke, Bd. 7: Grundlinien der Philosophie des Rechts*, § 274.

[15] "순응akkommodieren"은 헤겔 비판에 있어서 인기 있는 표현이 되었고 루돌프 하임 Rudolf Haym에 의해 유명해졌지만, 아마 하이델베르크의 민법학자이면서 아울러 헌법학자(!)인 차하리애가《법철학 강요》에 반대하면서 맨 처음 썼을 것이다. Karl Salomo Zachariae, "Rezension", *Leipziger Kritischen Jahrbuch der Literatur*, Januar 1822, S. 309-351, 다음에서 재인용. Riedel (Hrsg.), *Materialien, Bd.1*, S. 102.

[16] 1821년 8월 8일 타덴이 헤겔에게 쓴 편지, Hegel, *Briefe, Bd. II*, S. 279.

[17] Hegel, *Briefe, Bd. II*, S. 450.

[18] 1819년 10월 30일 헤겔이 크로이처에게 쓴 편지, Hegel, *Briefe, Bd. II*, S. 219.

[19] 1821년 6월 9일 헤겔이 니트하머에게 쓴 편지, Hegel, *Briefe, Bd. II*, S. 272.

[20] 다음에서 재인용. Otto Hintze, *Die Hohenzollern und ihr Werk. Fünfhundert Jahre vaterländischer Geschichte*, Berlin 1912, S. 427.

[21] Hegel, *Werke, Bd.18: Vorlesungen über die Geschichte der Philosophie I*, S. 12.

[22] 최근 슈테켈러도 탁월한 논평에서 "현실적인 것은 이성적이고 이성적인 것은 현실적 이라는 것이 저 문장의 이전 형태이다"라고 말했다. Pirmin Stekeler, *Hegels Phänomenologie des Geistes, Bd.1*, S. 833.

[23] Franz Rosenzweig, *Hegel und der Staat* (1920), hrsg. von Frank Lachmann, Berlin 2010, S. 355, und FN 64, S. 473.

[24] Karl Friedrich von Hardenberg, "Rigaer Denkschrift an den preußischen König Friedrich Wilhelm III.", in: Georg Winter, *Die Reorganisation des Preußischen Staates unter Stein und Hardenberg*, Bd.1, Leipzig 1931, S. 302 ff.

[25] Ilja Mieck, "Preußen von 1807 bis 1850. Reformen, Restauration und Revolution", in: Otto Büsch (Hrsg.), *Handbuch der Preußischen Geschichte. Bd. II*, Berlin 1992, S. 3-292, 여기서는 S. 19-30.

[26] 헤겔의 이 문장에 대한 포괄적인 논의는 다음을 참조하라. Michael Theunissen, "Die Verwirklichung der Vernunft", in: *Philosophische Rundschau 17* (1970), Beiheft 6, S. 1-89, 여기서는 S. 14.

[27] 1887년 4월 3일 폰타네가 게오르크 프리트랜더Georg Friedländer에게 쓴 편지, Theodor Fontane, *Briefe an Georg Friedländer*, hrsg. von Kurt Schreinert,

Heidelberg 1954, S. 70ff.

28 Hegel, *Werke, Bd. 7: Grundlinien der Philosophie des Rechts*, § 5.

29 이런 주장을 널리 퍼뜨린 것은 다음과 같은 책들이다. Karl Raimund Popper, *The Open Society and its Enemies, Bd. 2: The High Tide of Prophecy: Hegel, Marx and the Aftermath*, London 1945, London 2011 판본에서 재인용. S. 273; Alfred von Martin, *Geistige Wegbereiter des deutschen Zusammenbruchs: Hegel, Nietzsche, Spengler*, Recklinghausen 1948; 그리고 (시대 상황으로 변명할 여지도 없는) 다음과 같은 책도 있다. Hubert Kiesewetter, Von Hegel zu Hitler, Hamburg 1974.

30 Jakob Friedrich Fries, *Über die Gefährdung des Wohlstandes und des Charakters der Deutschen durch die Juden*, Heidelberg 1816, S. 21. 포퍼Popper 는 프리스를 당대의 "진지한 인물"이라고 보았는데, 이것은 오직 그가 헤겔의 적수였기 때문이고 분명 포퍼가 그 외에는 아는 바가 없었기 때문이었다. (Popper, *The Open Society*, Bd. 2, S. 242).

31 Haym, *Hegel und seine Zeit*, S. 365.

32 Carl Ludwig von Haller, *Restauration der Staats-Wissenschaft oder Theorie des natürlich-geselligen Zustands, der Chimäre des künstlich-bürgerlichen entgegengesetzt*, Winterthur 1816-1834. 헤겔과 할러의 논쟁은 시사하는 바가 매우 크다. Walter Jaeschke, "Die Vernünftigkeit des Gesetzes. Hegel und die Restauration im Streit um Zivilrecht und Verfassungsrecht", in: Hans-Christian Lucas/Otto Pöggeler (Hrsg.), *Hegels Rechtsphilosophie im Zusammenhang der europäischen Verfassungsgeschichte*, Stuttgart 1986, S. 221-256.

33 Carl Ludwig von Haller, *Restauration der Staats-Wissenschaft Bd.1*, S. III, 23 ff., 13.

34 Hegel, *Werke, Bd. 7: Grundlinien der Philosophie des Rechts*, § 219.

35 Hegel, *Werke, Bd. 3: Phänomenologie des Geistes*, S. 192.

36 Hegel, *Werke, Bd. 8: Enzyklopädie der philosophischen Wissenschaften*, S. 47 ff.

37 Rosenzweig, *Hegel und der Staat*.

38 Hegel, *Werke, Bd. 7: Grundlinien der Philosophie des Rechts*, S. 24f.

39 Hegel, *Werke, Bd.19: Vorlesungen über die Geschichte der Philosophie II*, S. 109ff., 113 ff.

40 Charles Péguy, *L'argent/Das Geld*, übersetzt von Alexander Pschera, Berlin 2017, S. 38.

1   더글라스 케이Douglas Keay와의 인터뷰, Douglas Keay, *Woman's Own*, 1987년 9월 23일.

2   Hegel, *Werke, Bd. 7: Grundlinien der Philosophie des Rechts*, § 157.

3   Hegel, *Werke, Bd. 2: Jenaer Schriften 1801-1807*, S. 325.

4   Hegel, *Werke, Bd. 7: Grundlinien der Philosophie des Rechts*, § 142.

5   Hegel, *Werke, Bd.10: Enzyklopädie der philosophischen Wissenschaften III*, § 518.

6   Immanuel Kant, *Die Metaphysik der Sitten*, in: ders., *Gesammelte Schriften, Bd. VI*, S. 203-493, 여기서는 § 24, S. 277. 자크 데리다Jacques Derrida는 "칸트의 실천철학에 대한 비판은 법철학 전체를 조직하는 것이다"라고 논평한다. Jacques Derrida, *Glas*, übersetzt von Hans-Dieter Gondek, München 2006, S. 11.

7   Platon, *Symposion*, 190a-191a.

8   Hegel, *Werke, Bd.1: Frühe Schriften*, S. 248.

9   Hegel, *Werke, Bd. 7: Grundlinien der Philosophie des Rechts*, § 158.

10 Hegel, *Werke, Bd.10: Enzyklopädie der philosophischen Wissenschaften III*, § 519; Hegel, *Werke, Bd. 7: Grundlinien der Philosophie des Rechts*, § 158.

11 Hegel, *Werke, Bd. 7: Grundlinien der Philosophie des Rechts*, § 172.

12 Hegel, *Werke, Bd. 7: Grundlinien der Philosophie des Rechts*, § 176.

13 Johann Gottfried Herder, "Liebe und Selbstheit. Ein Nachtrag zum Briefe des Hr. Hemsterhuis über das Verlangen", in: ders., *Zerstreute Blätter. Erste Sammlung*, Gotha 1785, S. 309-346, 여기서는 S. 346. 이 점에 대해서는 다음을 참조하라. Henrich, *Hegel im Kontext*, S. 14. 그러나 여기서는 "피조물"이 아니라 "본질"이라고 말하고 있다.

14 Henrich, *Hegel im Kontext*, S. 28.

15 Hegel, *Gesammelte Werke, Bd. 14/2: Grundlinien der Philosophie des Rechts. Beilagen*, S. 749.

16 Hegel, *Werke, Bd. 7: Grundlinien der Philosophie des Rechts*, § 164.

17 Hegel, *Die Philosophie des Rechts. Vorlesung von 1821/22*, hrsg. von Hansgeorg Hoppe, Frankfurt am Main 2005, S.164 (§ 166).

18 Hegel, *Werke, Bd. 7: Grundlinien der Philosophie des Rechts*, § 166.

19 Jakob Fidelis Ackermann, *Über die körperlichen Verschiedenheiten des Mannes vom Weibe außer den Geschlechtstheilen*, Koblenz 1788.

20 Hegel, *Werke, Bd. 9: Enzyklopädie der philosophischen Wissenschaften II*, § 396.

21 Eva Bockenheimer, *Hegels Familien-und Geschlechtertheorie*, Hamburg 2013, S. 210.

22 반면 성생활의 감소에 대해서는 언급한다. Eva Bockenheimer, *Hegels Familien-und Geschlechtertheorie*, Hamburg 2013, S. 180을 참조하라.

23 Hegel, *Die Philosophie des Rechts. Vorlesung 1821/22*, S.164 (§ 166).

24 Hegel, *Werke, Bd. 7: Grundlinien der Philosophie des Rechts*, § 165.

25 Hegel, *Gesammelte Werke, Bd.13: Enzyklopädie der Philosophischen Wissenschaften im Grundrisse* (1817), S. 169 (§ 289, 290), 또한 *Bd. 20: Enzyklopädie der Philosophischen Wissenschaften im Grundrisse* (1830), S. 371 (§ 369f.); Hegel, *Werke, Bd. 9: Enzyklopädie der philosophischen Wissenschaften II*, § 369, S. 516f.

26 여기에 관해서는 고트하르트 귄터Gotthart Günther의 다음 연구를 참조하라. Gotthart Günther, "Schöpfung, Reflexion und Geschichte", in: ders., *Beiträge zur Grundlegung einer operationsfähigen Dialektik*, Hamburg 1980, S. 14-56, 또한 다음도 참조하라. Louis Dumont, *Homo Hierarchicus. The Caste System and its Implications*, Chicago 1980, S. 239ff.

27 Hegel, *Werke, Bd.17: Vorlesungen über die Philosophie der Religion II*, S. 76.

28 Bockenheimer, *Hegels Familien-und Geschlechtertheorie*, S. 164.

29 Bockenheimer, *Hegels Familien-und Geschlechtertheorie*, S. 169.

30 Hegel, *Werke, Bd.15: Vorlesungen über die Ästhetik III*, S. 550.

31 Hegel, *Werke, Bd.14: Vorlesungen über die Ästhetik II*, S. 60.

32 Hegel, *Werke, Bd. 4: Nürnberger und Heidelberger Schriften 1808-1817*, S. 557.

33 인명 표기나 기타 인용은 횔덜린의 번역에 따른다. Hölderlins, "Antigonae", in: Hölderlin, *Sämtliche Werke und Briefe, Bd. II*, S. 317-376.

34 Hegel, *Werke, Bd. 7: Grundlinien der Philosophie des Rechts*, § 168.

35 Hölderlin, *Sämtliche Werke und Briefe, Bd. II*, S. 325, Vers 193.

36 Hölderlin, *Sämtliche Werke und Briefe, Bd. II*, Vers 201.

37 Hölderlin, *Sämtliche Werke und Briefe, Bd. II*, S. 326, Vers 221f.

38 Hölderlin, *Sämtliche Werke und Briefe, Bd. II*, S. 337, Vers 542.

39 Hölderlin, *Sämtliche Werke und Briefe, Bd. II*, S. 352, Vers 948.

40 Hölderlin, *Sämtliche Werke und Briefe, Bd. II*, S. 337, Vers 546.

41 Hegel, *Werke, Bd. 3: Phänomenologie des Geistes*, S. 329.

42 Volker Reinhardt, *Die Borgia. Geschichte einer unheimlichen Familie*,

München 2011, 13장.

43 Hegel, *Werke, Bd. 3: Phänomenologie des Geistes*, S. 331.

44 데리다는 여성의 매장은 식인을 통해 시신을 전유하려는 욕망을 억압하는 것이라고 해석한다(Jacques Derridas, *Glas*, S. 162 f.). 이 해석은 고고학 연구에서 자극받은 환상이지만, 폴리스와 비극에서는 근거가 없다.

45 Hegel, *Werke, Bd. 3: Phänomenologie des Geistes*, S. 336. 다음을 참조하라. Stekeler, *Hegels Phänomenologie des Geistes, Bd. 2: Geist und Religion*, S. 175.

46 Bockenheimer, *Hegels Familien-und Geschlechtertheorie*, S. 369ff.

47 1809년 10월 4일 헤겔이 니트하머에게 쓴 편지, Hegel, *Briefe, Bd. I*, S. 297.

48 Hegel, *Werke, Bd. 7: Grundlinien der Philosophie des Rechts*, § 162, S. 311.

49 1799년 1월 15일 크리스티아네가 헤겔에게 쓴 편지, Hegel, *Briefe, Bd. I*, S. 58.

50 Birkert, *Hegels Schwester*. 아래에 이어지는 서술에서는 사실 뿐 아니라 많은 해석도 그녀의 연구 결과를 요약한 것이다.

51 Rosenkranz, *Georg Wilhelm Friedrich Hegel's Leben*, S. 425.

52 Birkert, *Hegels Schwester*, S. 64ff.

53 1793년 7월 21일과 23일 횔덜린이 노이퍼에게 쓴 편지, Hölderlin, *Sämtliche Werke und Briefe, Bd. II*, S. 499.

54 Hans-Christian Lucas, "Die Schwester im Schatten. Bemerkungen zu Hegels Schwester Christiane", in: Christoph Jamme/Otto Pöggeler (Hrsg.), *"O Fürstin der Heimath! Glükliches Stutgard". Politik, Kultur und Gesellschaft im deutschen Südwesten um 1800*, Stuttgart 1988, S. 284-306. 여기에서는 이 감옥에서 비밀 서한을 받은 사람이 거기 수감되어 있던 신분제 의회 서기 빅토르 하우프Viktor Hauff였다고 말한다(S. 296). 어쨌든 하우프이기는 하다.

55 Birkert, *Hegels Schwester*, S. 159f.

56 1814년 4월 9일 헤겔이 크리스티아네에게 쓴 편지, Hegel, *Briefe, Bd. II*, S. 19.

57 1815년 11월 크리스티아네가 헤겔에게 쓴 편지, Hegel, *Briefe, Bd. II*, S. 58.

58 1817년 7월 26일 헤겔이 크리스티아네에게 쓴 편지, Hegel, *Briefe, Bd. II*, S. 167.

59 Birkert, *Hegels Schwester*, S. 218.

60 1820년 3월 19일 헤겔이 괴리츠에게 쓴 편지, Hegel, *Briefe, Bd. II*, S. 225.

61 Birkert, *Hegels Schwester*, S. 253.

62 다음을 참조하라. Birkert, *Hegels Schwester*, S. 293-307.

63 Birkert, *Hegels Schwester*, S. 262.

64 Wilhelm Raimund Beyer, "Aus Hegels Familienleben. Die Briefe der Susanne

von Tucher an ihre Tochter Marie Hegel", in: *Hegel-Jahrbuch 1966 und 1967*, S. 52-101 그리고 S. 114-137.

65   1817년 4월 19일 헤겔이 프로만에게 쓴 편지, Hegel, *Briefe, Bd. II*, S. 155.

66   1822년 4월 8일 헤겔이 프로만에게 쓴 편지, Hegel, *Briefe, Bd. II*, S. 306f., 318.

67   Hegel, *Briefe, Bd. III*, S. 435.

68   1825년 7월 11일 루트비히 피셔가 에버르트Ebert에게 쓴 편지, Hegel, *Briefe, Bd. IV/1*, S. 238.

69   다음에서 재인용. Birkert, *Hegels Schwester*, S. 307.

16장 헤겔, 예술의 종언 후 오페라하우스로 서둘러 가다

1   Heinrich Heine, "Gemäldeausstellung in Paris 1831", in: ders., *Sämtliche Schriften, Bd. 5: 1831-1837*, S. 29-73, 여기서는 S. 72 f.

2   Heinrich Heine, "Die deutsche Literatur", in: ders., *Sämtliche Schriften, Bd.1: 1817-1840*, S. 444-456, 여기서는 S. 445 ff.

3   Heinrich Heine, "Gemäldeausstellung", in: ders., *Sämtliche Schriften, Bd. 5: 1831-1837*, S. 72.

4   Heinrich Heine, "Die romantische Schule" (1835), in: ders., *Sämtliche Schriften, Bd. 5: 1831-1837*, S. 357-504, 여기서는 S. 393.

5   Heinrich Heine, "Die romantische Schule" (1835), in: ders., *Sämtliche Schriften, Bd. 5: 1831-1837*, S. 394ff.

6   Heinrich Heine, "Geständnisse", in: ders., *Sämtliche Schriften, Bd.11: 1851-1855*, S. 443-501.

7   Hegel, *Werke, Bd.13: Vorlesungen über die Ästhetik I*, S. 49.

8   Hegel, *Werke, Bd.13: Vorlesungen über die Ästhetik I*, S. 175 f.; 다음도 참조하라. Jaeschke, *Hegel-Handbuch*, S. 426.

9   Hegel, *Werke, Bd.13: Vorlesungen über die Ästhetik I*, S. 484f.

10   Hegel, *Werke, Bd.13: Vorlesungen über die Ästhetik I*, S. 35.

11   Hegel, *Werke, Bd.13: Vorlesungen über die Ästhetik I*, S. 206.

12   다음을 참조하라. Robert B. Pippin, "Ästhetik ohne Ästhetik. Zu Hegels Philosophie der Kunst", in: ders., *Die Aktualität des Deutschen Idealismus*, Berlin 2016, S. 350-382.

13   Hegel, *Werke, Bd.13: Vorlesungen über die Ästhetik I*, S. 17.

14 Hegel, *Werke, Bd.13: Vorlesungen über die Ästhetik I*, S. 20.

15 Hegel, *Werke, Bd.13: Vorlesungen über die Ästhetik I*, S. 141f.

16 Annemarie Gethmann-Siefert, "Ästhetik oder Philosophie der Kunst. Die Nachschriften und Zeugnisse zu Hegels Berliner Vorlesungen", in: *Hegel-Studien 26* (1991), S. 92-110 등의 연구는 특히 호토를 비롯하여 학생들의 필기한 내용에 학생들 자신이 추가한 내용이 있음을 지적하지만, 그래도 이런 텍스트가 헤겔의 강의에서 크게 벗어난다고 결론 내릴 수는 없을 것이다.

17 Hegel, *Werke, Bd. 10: Enzyklopädie der philosophischen Wissenschaften III*, S. 366ff.; 다음도 참조하라. Hegel, *Werke, Bd.14: Vorlesungen über die Ästhetik II*, S. 237: "신성은 그 자체로 예술의 대상이다."

18 Hegel, *Werke, Bd. 8: Enzyklopädie der philosophischen Wissenschaften I*, S. 369.

19 Hegel, *Werke, Bd.13: Vorlesungen über die Ästhetik I*, S. 135.

20 Hegel, *Werke, Bd.13: Vorlesungen über die Ästhetik I*, S. 136f.

21 Emil Angehrn, "Kunst und Schein. Ideengeschichtliche Überlegungen im Ausgang von Hegel", in: *Hegel-Studien 24* (1989), S. 125-157, 여기서는 S. 128.

22 Platon, *Politeia, Buch X*, 595a-608b.

23 이러한 물음에 답하려는 흔치 않은 시도는 다음을 참조하라. Barbara Herrnstein-Smith, "Poetry as Fiction", in: dies., *On the Margins of Discourse. The Relation of Literature to Language*, Chicago 1983, S. 14-40.

24 Aristoteles, *Poetik* 1451 a37-b7; Platon, *Politeia*, Buch X, 602b.

25 Kant, *Kritik der Urteilskraft*, in: ders., *Gesammelte Schriften, Bd. V*, § 45.

26 성형수술은 수많은 증거 중 하나이다.

27 Hegel, *Werke, Bd.13: Vorlesungen über die Ästhetik I*, S. 80f.

28 Hegel, *Werke, Bd.13: Vorlesungen über die Ästhetik I*, S. 155.

29 최근에는 Pippin, "Ästhetik ohne Ästhetik", S. 355에서 그랬다.

30 Hegel, *Werke, Bd.13: Vorlesungen über die Ästhetik I*, S. 141.

31 Hegel, *Werke, Bd.13: Vorlesungen über die Ästhetik I*, S. 131.

32 Hegel, *Werke, Bd.13: Vorlesungen über die Ästhetik I*, S. 21.

33 Hegel, *Werke, Bd.13: Vorlesungen über die Ästhetik I*, S. 60.

34 Hegel, *Werke, Bd.13: Vorlesungen über die Ästhetik I*, S. 74.

35 Friedrich Creuzer, *Symbolik und Mythologie der alten Völker, besonders der Griechen* (1810), Leipzig 1822, S. 5.

36 Hegel, *Werke, Bd.13: Vorlesungen über die Ästhetik I*, S. 408.

37 Hegel, *Werke, Bd.13: Vorlesungen über die Ästhetik I*, S. 465.

38 Hegel, *Werke, Bd.13: Vorlesungen über die Ästhetik I*, S. 19.

39 Hegel, *Werke, Bd.14: Vorlesungen über die Ästhetik II*, S. 105.

40 Hegel, *Werke, Bd.14: Vorlesungen über die Ästhetik II*, S. 354ff., S. 357.

41 Hegel, *Werke, Bd.14: Vorlesungen über die Ästhetik II*, S. 128.

42 Hegel, *Werke, Bd.14: Vorlesungen über die Ästhetik II*, S. 237.

43 Hegel, *Werke, Bd.14: Vorlesungen über die Ästhetik II*, S. 133 f.

44 Hegel, *Werke, Bd.14: Vorlesungen über die Ästhetik II*, S. 222 ff.

45 Hegel, *Werke, Bd.15: Vorlesungen über die Ästhetik III*, S. 135 f.

46 Hegel, *Werke, Bd.15: Vorlesungen über die Ästhetik III*, S. 217.

47 Nicolin (Hrsg.), *Hegel in Berichten seiner Zeitgenossen*, S. 301.

48 Hegel, *Werke, Bd.13: Vorlesungen über die Ästhetik I*, S. 123.

49 Hegel, *Werke, Bd.13: Vorlesungen über die Ästhetik I*, S. 138.

50 Hegel, *Werke, Bd.13: Vorlesungen über die Ästhetik I*, S. 113.

51 Hegel, *Werke, Bd.14: Vorlesungen über die Ästhetik II*, S. 140f.

52 Hegel, *Werke, Bd.14: Vorlesungen über die Ästhetik II*, S. 221.

53 Hegel, *Werke, Bd.14: Vorlesungen über die Ästhetik II*, S. 225 ff.

54 Hegel, *Werke, Bd.14: Vorlesungen über die Ästhetik II*, S. 197.

55 Hegel, *Werke, Bd.14: Vorlesungen über die Ästhetik II*, S. 238.

56 Thomas Carlyle, *Sartor Resartus oder Leben und Meinungen des Herrn Teufelsdröckh*, Zürich 1991.

57 Felix Mendelssohn Bartholdy, *Briefe aus den Jahren 1830-1847*, hrsg. von Paul und Carl Mendelssohn Bartholdy, Leipzig 1861ff., *Bd.1: Reisebriefe aus den Jahren 1830-1832*, S. 257.

58 다음을 참조하라. Dieter Henrich, "Zur Aktualität von Hegels Ästhetik", in: *Hegel-Studien, Beiheft 11* (1974), S. 295-301, 여기서는 S. 297.

59 Hegel, *Werke, Bd.13: Vorlesungen über die Ästhetik I*, S. 93-99; Hegel, *Werke, Bd.14: Vorlesungen über die Ästhetik II*, S. 231-242.

60 Hegel, *Werke, Bd.13: Vorlesungen über die Ästhetik I*, S. 93 f.

61 Hegel, *Werke, Bd.14: Vorlesungen über die Ästhetik II*, S. 238.

1   Hölderlin, *Sämtliche Werke und Briefe, Bd. 1*, S. 635.

2   Hölderlin, *Sämtliche Werke und Briefe, Bd. 1*, S. 149f., 295 ff.

3   Hegel, *Werke, Bd.1: Frühe Schriften*, S. 234f.

4   Wolfgang Braungart, "Hyperions Melancholie", in: Valérie Lawitschka (Hrsg.), *Christentum und Antike. Turm-Vorträge 3*, Tübingen 1991, S. 111-140.

5   Immanuel Kant, *Werke in zehn Bänden*, hrsg. von Wilhelm Weischedel, Darmstadt 1983, Bd. 9, S. 31-50, 여기서는 S. 48f.

6   다음의 목록을 참조하라. Rebecca Comay, *Die Geburt der Trauer. Hegel und die Französische Revolution*, übersetzt von Eva Ruda, Konstanz 2018, S. 40.

7   Schelling, *Werke, 1. Hauptbd.: Jugendschriften 1793-1798*, S. 385-397.

8   Schelling, *Werke, 1. Hauptbd.: Jugendschriften 1793-1798*, S. 394.

9   Christophe Bouton, "Das Problem der 〈Machbarkeit von Geschichte〉 im Deutschen Idealismus", in: Alain Patrick Olivier/Elisabeth Weisser-Lohmann (Hrsg.), *Kunst-Religion-Politik*, München 2013, S. 419-430, 여기서는 S. 421.

10 Schelling, *System des transzendentalen Idealismus*, in: ders., *Werke, 2. Hauptbd.: Schriften zur Naturphilosophie 1799-1801*, S. 585.

11 Schelling, *System des transzendentalen Idealismus*, S. 590ff.

12 Schelling, *System des transzendentalen Idealismus*, S. 595.

13 Reinhart Koselleck, "Über die Verfügbarkeit der Geschichte"(1977), in: ders., *Vergangene Zukunft. Zur Semantik geschichtlicher Zeiten*, Frankfurt am Main 1989, S. 260-277, 여기서는 S. 262.

14 Schelling, *System des transzendentalen Idealismus*, in: ders., *Werke, 2. Hauptbd.*, S. 602.

15 다음을 참조하라. Jähnig, *Schelling, Bd.1: Schellings Begründung von Natur und Geschichte*, S. 94ff.

16 다음에서 재인용. Comay, *Die Geburt der Trauer*, S. 38.

17 Hegel, *Werke, Bd.12: Vorlesungen über die Philosophie der Geschichte*, S. 32.

18 Clemens Theodor Perthes, *Friedrich Perthes' Leben nach dessen schriftlichen und mündlichen Mitteilungen, Bd. 2*, Gotha 1872, S. 240f.; 다음도 참조하라. Reinhart Koselleck, "Das 19. Jahrhundert-eine Übergangszeit", in: ders., *Vom Sinn und Unsinn der Geschichte*, Berlin 2010, S. 131-150, 여기서는 S. 132.

19 [라틴어 "제5의 본질quinta essentia"이라는 표현에서 유래한 진수Quintessenz라

는 개념은 4원소(불, 물, 흙, 공기)가 공통으로 지니는 어떤 것을 포함하기 때문에 이런 이름이 붙여졌다. 아리스토텔레스의 《천체론Über den Himmel》 I, 3에서 이 다섯 번째 본질은 에테르, 즉 가장 가벼운 물질이자 정신이다. 이에 비해 헤르더는 《인류의 교양을 위한 또 하나의 역사철학》에서 "모든 시대와 민족의 정수? 그런 것을 찾는 일은 어리석다!"라고 선언한다(Johann Gottfried von Herder, *Auch eine Philosophie der Geschichte zur Bildung der Menschheit*, Riga 1774, S. 46).

20 Friedrich Schiller, "Was heißt und zu welchem Ende studiert man Universal-geschichte?", in: ders., *Sämtliche Werke*, hrsg. von Peter-André Alt u. a., München 2008, Band IV, S. 749-767, 여기서는 S. 762.

21 Hegel, Werke, *Bd.12: Vorlesungen über die Philosophie der Geschichte*, S. 21f.

22 다음을 참조하라. Christoph V. Albrecht, *Geopolitik und Geschichtsphilosophie 1748-1798*, Berlin 1998, S. 151ff.

23 David Brewer, *The Greek War of Independence. The Struggle for Freedom from Ottoman Oppression*, New York 2011, 16장.

24 Heinrich von Kleist, "Germania an ihre Kinder"(1809), in: ders., *Sämtliche Werke und Briefe*, Bd. II, S. 507.

25 Hegel, *Werke, Bd.12: Vorlesungen über die Philosophie der Geschichte*, S. 42.

26 Hegel, *Werke, Bd.12: Vorlesungen über die Philosophie der Geschichte*, S. 35.

27 헤르더는 독일에서 프랑스혁명을 바라보면서 1792년 〈인간성 고양을 위한 서한 Briefen zur Beförderung der Humanität〉에서 이렇게 말했다. Johann Gottfried von Herder, "Briefen zur Beförderung der Humanität", in: ders., *Sämmtliche Werke*, hrsg. von Bernhard Suphan, Berlin 1877 ff., Bd.18, S. 1-356, 여기서는 S. 315.

28 1800년 11월 2일 헤겔이 셸링에게 보낸 편지, Hegel, *Briefe, Bd. 1*, S. 59f.

29 Albert O. Hirschman, *Leidenschaften und Interessen. Politische Begründungen des Kapitalismus vor seinem Sieg*, Frankfurt am Main 1980, S. 45 ff., 61ff., 141.

30 Hegel, *Werke, Bd.12: Vorlesungen über die Philosophie der Geschichte*, S. 38.

31 Hegel, *Werke, Bd.12: Vorlesungen über die Philosophie der Geschichte*, S. 46.

32 Hegel, *Werke, Bd.12: Vorlesungen über die Philosophie der Geschichte*, S. 49.

33 이에 대해서는 다음을 참조하라. Hans Friedrich Fulda, "List der Vernunft", in: Joachim Ritter/Karlfried Gründer (Hrsg.), *Historisches Wörterbuch der Philosophie*, Basel/Stuttgart 1971ff., Bd. 5, S. 343, 그리고 상세한 내용은 다음도 참조하라. Walter Jaeschke, "Die List der Vernunft", in: *Hegel-Studien 43* (2008), S. 87-102. 이런 분석의 결과는 헤겔의 역사 개념에서는 엄밀한 의미에서 이성의 간

지를 이야기할 수 없다는 것이다. 이성은 목표를 설정하는 개인이 아니기 때문이다. 물론 여기에 반하는 다음과 같은 명제도 있다. "신은 세계를 통치한다. 그의 통치의 내용, 그의 계획의 실행이 세계사이다"(Hegel, *Werke*, *Bd. 12: Vorlesungen über die Philosophie der Geschichte*, S. 53).

34 Hegel, *Werke*, *Bd. 6: Wissenschaft der Logik II*, S. 452 f.

35 다음을 참조하라. Jürgen Kaube, *Die Anfänge von allem*, Berlin 2016, S. 180ff.

36 Heinz Dieter Kittsteiner, *Weltgeist, Weltmarkt, Weltgericht*, München 2008, S. 19ff.

37 Hegel, *Werke*, *Bd. 7: Grundlinien der Philosophie des Rechts*, § 289.

38 Hegel, *Werke*, *Bd. 7: Grundlinien der Philosophie des Rechts*, § 340.

39 다른 곳에서처럼 여기에서도 헤겔은 헤르더의《인류의 교양을 위한 또 하나의 역사철학》을 읽고 자극을 받는다(S. 40).

40 Hegel, *Werke*, *Bd.12: Vorlesungen über die Philosophie der Geschichte*, S. 156.

41 Hegel, *Werke*, *Bd.12: Vorlesungen über die Philosophie der Geschichte*, S. 216.

42 Hegel, *Werke*, *Bd.12: Vorlesungen über die Philosophie der Geschichte*, S. 278.

43 Hegel, *Werke*, *Bd.12: Vorlesungen über die Philosophie der Geschichte*, S. 277.

44 Hegel, *Werke*, *Bd.12: Vorlesungen über die Philosophie der Geschichte*, S. 308f., 404.

45 Hegel, *Werke*, *Bd.12: Vorlesungen über die Philosophie der Geschichte*, S. 414.

46 Hegel, *Werke*, *Bd.12: Vorlesungen über die Philosophie der Geschichte*, S. 538f.

47 이것은 다음에서 착상을 얻은 것이다. Wolfgang Schivelbusch, *Die Kultur der Niederlage. Der amerikanische Süden 1865, Frankreich 1871, Deutschland 1918*, Berlin 2001.

48 1822년 12월 22일 헤겔이 두복Duboc에게 보낸 편지. *Hegel, Briefe, Bd. II*, S. 367.

49 Wolfgang Franke, *China und das Abendland*, Göttingen 1962, S. 118.

50 Hegel, *Werke*, *Bd.12: Vorlesungen über die Philosophie der Geschichte*, S. 415 ff.

51 Hegel, *Werke*, *Bd. 7: Grundlinien der Philosophie des Rechts*, § 347.

52 Hegel, *Werke*, *Bd. 4: Nürnberger und Heidelberger Schriften 1808-1817*, S. 64f.

53 Hegel, *Werke*, *Bd.12: Vorlesungen über die Philosophie der Geschichte*, S. 524.

54 Hegel, *Werke*, *Bd.12: Vorlesungen über die Philosophie der Geschichte*, S. 529.

55 Georg Wilhelm Friedrich Hegel, *Philosophie des Rechts. Vorlesung von 1819/20 in einer Nachschrift*, hrsg. von Dieter Henrich, Frankfurt am Main 1983, S. 172.

56 1807년 8월 29일 헤겔이 니트하머에게 보낸 편지. Hegel, *Briefe, Bd. I*, S. 185.

57 Franz Rosenzweig, *Hegel und der Staat*, 2 Bde., München 1920, Bd. II, S. 24.

58 1814년 4월 29일 헤겔이 니트하머에게 보낸 편지. Hegel, *Briefe, Bd. II*, S. 28f.

59 1814년 4월 18일 헤겔이 파울루스에게 보낸 편지. Hegel an Paulus, 18. April 1814, Hegel, *Briefe, Bd. II*, S. 23.

60 Hegel, *Werke, Bd.12: Vorlesungen über die Philosophie der Geschichte*, S. 535.

61 Friedrich Engels/Karl Marx, *Die heilige Familie*, Berlin 1953, S. 211.

62 Theodor W. Adorno, *Nachgelassene Schriften*, hrsg. vom Theodor W. Adorno Archiv, Frankfurt am Main/Berlin 1993 ff., Abteilung IV: Vorlesungen, Bd.13: Zur Lehre von der Geschichte und von der Freiheit (1964/65), S. 42 f.

63 Theodor W. Adorno, *Negative Dialektik*, in: ders., *Gesammelte Schriften*, Frankfurt am Main 1970ff., Bd. 6, S. 344.

64 Hegel, *Werke, Bd.12: Vorlesungen über die Philosophie der Geschichte*, S. 109-114.

65 Hegel, *Werke, Bd.12: Vorlesungen über die Philosophie der Geschichte*, S. 503.

66 Hegel, *Werke, Bd.12: Vorlesungen über die Philosophie der Geschichte*, S. 46.

67 다음을 참조하라. Jacob Burckhardt, *Weltgeschichtliche Betrachtungen*, Berlin 1910, S. 216.

68 Hegel, *Werke, Bd.12: Vorlesungen über die Philosophie der Geschichte*, S. 105.

18장 기독교도 개와 무한 취향

1 다음에서 재인용. Juliane Jacobi, "Friedrich Schleiermachers 〈Idee zu einem Katechismus der Vernunft für edle Frauen〉. Ein Beitrag zur Bildungsgeschichte als Geschlechtergeschichte", in: *Zeitschrift für Pädagogik 46* (2000), S. 159-174, 여기서는 S. 172 f. (여기에는 이런 십계명이 개관되어 있다).

2 Friedrich Schlegel, *Athenaeum-Fragmente und andere frühromantische Schriften*, Stuttgart 2018, S. 115 f.; 이에 대해서는 다음을 참조하라. Jacobi, "Friedrich Schleiermachers 〈Idee zu einem Katechismus der Vernunft für edle Frauen〉", S. 167 ff.

3 Friedrich Daniel Ernst Schleiermacher, *Über die Religion. Reden an die Gebildeten unter ihren Verächtern* (1799), Hamburg 1958, S. 1, 23, 28, 32, 38, 44.

4 Friedrich Daniel Ernst Schleiermacher, *Über die Religion. Reden an die Gebildeten unter ihren Verächtern* (1799), Hamburg 1958, S. 69.

5   Hegel, *Werke, Bd.1: Frühe Schriften*, S. 425.

6   Hegel, *Werke, Bd.1: Frühe Schriften*, S. 220.

7   Hegel, *Werke, Bd.1: Frühe Schriften*, S. 423. 딜타이는 헤겔의 단편과 슐라이어마허의 글 사이의 이런 관계를 처음으로 지적했다. Wilhelm Dilthey, *Die Jugendgeschichte Hegels* (1905), in: ders., *Gesammelte Schriften, Bd. IV*, Stuttgart 1963, S. 149f.

8   Hegel, *Werke, Bd.1: Frühe Schriften*, S. 421.

9   Hegel, *Werke, Bd.1: Frühe Schriften*, S. 220.

10   Hegel, *Werke, Bd. 2: Jenaer Schriften 1801-1807*, S. 13.

11   Schleiermacher, *Über die Religion*, S. 30.

12   Hegel, *Werke, Bd. 2: Jenaer Schriften 1801-1807*, S. 391f.

13   Schleiermacher, *Über die Religion*, S. 100.

14   Nicolin (Hrsg.), *Hegel in Berichten seiner Zeitgenossen*, S. 206.

15   Hegel, *Werke, Bd. 2: Jenaer Schriften 1801-1807*, S. 392 f.

16   Nicolin (Hrsg.), *Hegel in Berichten seiner Zeitgenossen*, S. 52.

17   다음을 참조하라. Schleiermacher, *Kritische Gesamtausgabe, Bd. I/2: Schriften aus der Berliner Zeit 1796-1799*, S. 163-184.

18   1819년 11월 16일 슐라이어마허가 헤겔에게 보낸 편지. Hegel, *Briefe, Bd. II*, S. 221.

19   Friedrich Daniel Ernst Schleiermacher, *Vertraute Briefe über Friedrich Schlegels 《Lucinde》*, Lübeck 1800, S. 91-94.

20   Hegel, *Werke, Bd. 7: Grundlinien der Philosophie des Rechts*, S. 317.

21   프리드리히 푀르스터의 형제이자 장 파울의 사위이며 베를린에서 슐라이어마허의 추종자이던, 화가이자 예술사학자 에른스트 푀르스터Ernst Förster는 당시 학창 시절을 회상하며 그렇게 말했다. Nicolin (Hrsg.), *Hegel in Berichten seiner Zeitgenossen*, S. 203-207.

22   Nicolin (Hrsg.), *Hegel in Berichten seiner Zeitgenossen*, S.183, 172.

23   Jaeschke, *Hegel-Handbuch*, S. 451f.

24   1821년 5월 9일 헤겔이 다우브에게 보낸 편지. Hegel, *Briefe, Bd. II*, S. 262.

25   다음을 참조하라. Richard Crouter, "Hegel and Schleiermacher at Berlin. A Many-Sided Debate", in: *Journal of the American Academy of Religion 48* (1980), S. 19-43, 여기서는 S. 36.

26   Hegel, *Werke, Bd.16: Vorlesungen über die Philosophie der Religion I*, S. 11.

27   Hegel, *Werke, Bd.16: Vorlesungen über die Philosophie der Religion I*, S. 18.

28 Hegel, *Werke, Bd.16: Vorlesungen über die Philosophie der Religion I*, S. 103.

29 Hegel, *Werke, Bd.16: Vorlesungen über die Philosophie der Religion I*, S. 24.

30 Hermann Friedrich Wilhelm Hinrichs, *Die Religion im inneren Verhältnisse zur Wissenschaft*, Heidelberg 1822, S. 21.

31 Hegel, *Werke, Bd.16: Vorlesungen über die Philosophie der Religion I*, S. 129.

32 Hinrichs, *Die Religion*, S. I, VIII, X. 다음도 참조하라. Hegel, *Werke, Bd.16: Vorlesungen über die Philosophie der Religion I*, S. 129.

33 Friedrich Daniel Ernst Schleiermacher, *Der christliche Glaube nach den Grundsätzen der evangelischen Kirche im Zusammenhang dargestellt*, Berlin 21830, § 4.

34 Hinrichs, *Die Religion*, S. XI f.

35 Hegel, *Werke, Bd.16: Vorlesungen über die Philosophie der Religion I*, S. 102.

36 적어도, 피뢰침이 번개를 끌어당기기보다 방향을 바꾼다고 본다면, 그렇다는 것이다. 다음을 참조하라. Bernd Hamacher, "Der Streit um die himmlische Herrschaft. Der erste deutsche Blitzableiter in Hamburg 1770", in: Johann Anselm Steiger/Sandra Richter (Hrsg.), *Hamburg. Eine Metropolregion zwischen Früher Neuzeit und Aufklärung*, Berlin 2012, S. 337-347, 여기서는 특히 S. 341. 이것은 세속화의 추진력에 대한 커다란 신뢰를 뜻한다는 것은 다음을 참조하라. Heinz Dieter Kittsteiner, "Das Gewissen im Gewitter", in: ders., *Gewissen und Geschichte. Studien zur Entstehung des moralischen Bewußtseins*, Heidelberg 1990, S. 25-65.

37 Hegel, *Werke, Bd.16: Vorlesungen über die Philosophie der Religion I*, S. 43 f., 46, 48f.

38 Hegel, *Werke, Bd.16: Vorlesungen über die Philosophie der Religion I*, S. 67, 94, 163.

39 Hegel, *Werke, Bd.16: Vorlesungen über die Philosophie der Religion I*, S. 69.

40 Hegel, *Werke, Bd.16: Vorlesungen über die Philosophie der Religion I*, S. 131.

41 Hegel, *Werke, Bd.16: Vorlesungen über die Philosophie der Religion I*, S. 175 f.

42 Hegel, *Werke, Bd.16: Vorlesungen über die Philosophie der Religion I*, S. 191.

43 Hegel, *Werke, Bd.16: Vorlesungen über die Philosophie der Religion I*, S. 174.

44 Hegel, *Werke*, Bd.11: Berliner Schriften 1818-1831, S. 368 ff., 다음도 참조하라. Hoffmann, *Hegel*, S. 480.

45 Hegel, *Werke, Bd.16: Vorlesungen über die Philosophie der Religion I*, S. 211.

46 Hegel, *Werke, Bd.16: Vorlesungen über die Philosophie der Religion I*, S. 279.

47 Hegel, *Werke, Bd.17: Vorlesungen über die Philosophie der Religion II*, S. 51.

48 Hegel, *Werke, Bd.16: Vorlesungen über die Philosophie der Religion I*, S. 65.

49 Hegel, *Werke, Bd.16: Vorlesungen über die Philosophie der Religion I*, S. 53.

50 Hegel, *Werke, Bd.16: Vorlesungen über die Philosophie der Religion I*, S. 61.

51 여기에 대해서는 다음을 참조하라. Winfried Schröder, *Athen und Jerusalem. Die philosophische Kritik am Christentum in Antike und Neuzeit*, Stuttgart 2011, S. 138-190, 또한 다음도 참조하라. Marie Theres Fögen, *Die Enteignung der Wahrsager. Studien zum kaiserlichen Wissensmonopol in der Spätantike*, Frankfurt am Main 1997, S. 189-191.

52 Hegel, *Werke 17: Vorlesungen über die Philosophie der Religion II*, S. 61. 마태복음 7장 22절 이하를 들어 기적을 언급하는 다음 부분도 참조하라. Hegel, *Werke 17: Vorlesungen über die Philosophie der Religion II*, S. 196f.

53 Hegel, *Werke 17: Vorlesungen über die Philosophie der Religion II*, S. 71ff.

54 Hegel, *Werke 17: Vorlesungen über die Philosophie der Religion II*, S. 73.

55 다음을 참조할 것. Jaeschke, *Hegel-Handbuch*, S. 465 f.

56 Albert Chapelle, *Hegel et la réligion, Bd.1: La problématique*, Paris 1964, S. 177 f.

57 Hegel, *Werke, 17: Vorlesungen über die Philosophie der Religion II*, S. 196.

58 다음을 참조할 것. Michael Theunissen, *Hegels Lehre vom absoluten Geist als theologisch-politischer Traktat*, Berlin 1970, S. 216-290.

59 Hegel, *Werke, Bd.16: Vorlesungen über die Philosophie der Religion I*, S. 147; Hegel, *Werke, Bd.17: Vorlesungen über die Philosophie der Religion II*, S. 276.

60 Hegel, *Werke, Bd.17: Vorlesungen über die Philosophie der Religion II*, S. 277. 이에 관한 고전적 연구는 다음을 참조하라. Mary Douglas, *Purity and Danger. An analysis of concepts of pollution and taboo*, London 1966.

61 Hegel, *Werke, Bd.17: Vorlesungen über die Philosophie der Religion II*, S. 277.

62 Hegel, *Werke, Bd.17: Vorlesungen über die Philosophie der Religion II*, S. 289, 278.

63 Hegel, *Werke, Bd.17: Vorlesungen über die Philosophie der Religion II*, S. 291.

64 Hegel, *Werke, Bd. 3: Phänomenologie des Geistes*, S. 566.

65 Theunissen, *Hegels Lehre vom absoluten Geist*, S. 282에서는 헤겔이 부활절과 성령강림절을 "합쳤다"라고 표현한다.

66 Georg Wilhelm Friedrich Hegel, *Das Leben Jesu. Harmonie der Evangelien nach eigener Übersetzung*, Jena 1906.

67 Georg Wilhelm Friedrich Hegel, *Werke, Bd.1: Frühe Schriften*, S. 82, 96.

68 Georg Wilhelm Friedrich Hegel, *Das Leben Jesu*, S. 13, 22, 16.

69 Georg Wilhelm Friedrich Hegel, *Werke, Bd.17: Vorlesungen über die Philosophie der Religion II*, S. 297.

70 Richard Rothe, *Die Anfänge der Christlichen Kirche und ihrer Verfassung. Ein geschichtlicher Versuch, Erster Band*, Wittenberg 1837, S. 85.

71 Hegel, *Werke, Bd.16: Vorlesungen über die Philosophie der Religion I*, S. 237, 236.

72 Rothe, *Die Anfänge der Christlichen Kirche und ihrer Verfassung*, S. 85.

19장 증명. 살아있는 철학자가 강단에서 하는, 신이 존재한다는 말

1 Jean Paul, *Blumen-, Frucht-und Dornenstücke oder Ehestand, Tod und Hochzeit des Armenadvokaten F. St. Siebenkäs*, in: ders., *Sämtliche Werke, Bd. I/2*, S. 7-565, 여기서는 S. 266-271.

2 Hegel, *Werke, Bd. 17: Vorlesungen über die Philosophie der Religion II*, S. 348.

3 Hegel, *Werke, Bd. 17: Vorlesungen über die Philosophie der Religion II*, S. 351.

4 Hegel, *Werke, Bd. 17: Vorlesungen über die Philosophie der Religion II*, S. 353.

5 Hegel, *Werke, Bd. 17: Vorlesungen über die Philosophie der Religion II*, S. 373.

6 다음 항목을 참조하라. "Gottesbeweis, historischer", in: Joachim Ritter/Karlfried Gründer (Hrsg.), *Historisches Wörterbuch der Philosophie*, Basel/Stuttgart 1971 ff., Bd. 3, Sp. 832.

7 Hegel, *Werke, Bd. 17: Vorlesungen über die Philosophie der Religion II*, S. 412.

8 Gottfried Wilhelm Leibniz, *De rerum originatione radicali (1697)*, in: ders., *Die philosophischen Schriften*, hrsg. von Carl Immanuel Gerhardt, Hildesheim/New York 1978, Bd. VII, S. 302-308, 여기서는 S. 302.

9 Moses Mendelssohn, *Morgenstunden oder Vorlesungen über das Daseyn Gottes*, Berlin 1785, S. 193 ff., 여기서는 S. 195.

10 Hegel, *Werke, Bd. 17: Vorlesungen über die Philosophie der Religion II*, S. 415.

11 Hegel, *Werke, Bd. 17: Vorlesungen über die Philosophie der Religion II*, S. 448.

12 Hegel, *Werke, Bd. 17: Vorlesungen über die Philosophie der Religion II*, S. 453.

13 Hegel, *Werke, Bd. 17: Vorlesungen über die Philosophie der Religion II*, S. 453 f.

14 Hegel, *Werke, Bd. 17: Vorlesungen über die Philosophie der Religion II*, S. 431 f.

15 Hegel, *Werke, Bd. 17: Vorlesungen über die Philosophie der Religion II*, S. 458.

16 Hegel, *Werke, Bd. 17: Vorlesungen über die Philosophie der Religion II*, S. 474.

17 이런 증명의 사례들은 다음을 참조하라. Barthold Heinrich Brockes, *Irdisches Vergnügen in Gott, Bd. 2*, Hamburg 1727, S. 86.

18 Hegel, *Werke, Bd. 17: Vorlesungen über die Philosophie der Religion II*, S. 503.

19 Hegel, *Werke, Bd. 17: Vorlesungen über die Philosophie der Religion II*, S. 511.

20 Hegel, *Werke, Bd. 17: Vorlesungen über die Philosophie der Religion II*, S. 516 f.

21 Hegel, *Werke, Bd. 19: Vorlesungen über die Geschichte der Philosophie II*, S. 554; Kant, *Kritik der reinen Vernunft*, 2. Auflage (B), S. 620 ff.

22 Hegel, *Werke, Bd. 19: Vorlesungen über die Geschichte der Philosophie II*, S. 554.

23 다음을 참조하라. Friedrich Hermanni, "Warum ist überhaupt etwas? Überlegungen zum kosmologischen und ontologischen Argument", in: *Zeitschrift für philosophische Forschung 65* (2011), S. 28-47; Friedo Ricken (Hrsg.), *Klassische Gottesbeweise in der Sicht der gegenwärtigen Logik und Wissenschaftstheorie*, Stuttgart 1991; Marco Olivetti (Hrsg.), *L'argumento ontologico*, Padua 1990; Jan Rohls, *Theologie und Metaphysik. Der ontologische Gottesbeweis und seine Kritiker*, Gütersloh 1987; Wolfgang Cramer, *Gottesbeweise und ihre Kritik. Prüfung ihrer Beweiskraft*, Frankfurt am Main 1967.

24 다음에서 재인용. Anthony Kenny, "Anselm on the conceivability of God", in: ders., *What is Faith? Essays in the Philosophy of Religion*, Oxford 1992, S. 110-121.

25 Hegel, *Werke, Bd. 19: Vorlesungen über die Geschichte der Philosophie II*, S. 558.

26 Hegel, *Werke, Bd. 17: Vorlesungen über die Philosophie der Religion II*, S. 531.

27 Hegel, *Werke, Bd. 5: Wissenschaft der Logik I*, S. 55.

20장 시작보다 끝이 많을 때

1 Hegel, *Werke, Bd. 7: Grundlinien der Philosophie des Rechts*, S. 26.

2 Hegel, *Werke, Bd. 17: Vorlesungen über die Philosophie der Religion II*, S. 342 ff.

3 Hegel, *Die Philosophie des Rechts. Vorlesung von 1821/22*, S. 220.

4 Hegel, *Werke, 17: Vorlesungen über die Philosophie der Religion II*, S. 343.

5 Joachim Ritter, "Hegel und die französische Revolution" (1956), in: ders., *Metaphysik und Politik*, Frankfurt am Main 2003, S. 183-233, 여기서는 S. 195.

6   Hegel, *Werke, Bd. 7: Grundlinien der Philosophie des Rechts*, S. 347.

7   Hegel, *Werke, Bd. 7: Grundlinien der Philosophie des Rechts*, S. 341.

8   Hegel, *Bd. 12: Vorlesungen über die Philosophie der Geschichte*, S. 538.

9   Hegel, *Bd. 12: Vorlesungen über die Philosophie der Geschichte*, S. 535.

10 Hegel, *Bd. 12: Vorlesungen über die Philosophie der Geschichte*, S. 114.

11 Sebastian Schmidt, "Armut und Arme in Stadt und Territorium der Frühen Neuzeit", in: Herbert Uerlings u. a. (Hrsg.), *Armut. Perspektiven in Kunst und Gesellschaft*, Darmstadt 2011, S. 120-129, 여기서는 S. 121; Mieck, "Von der Reformzeit zur Revolution", S. 417; Rudiger Hachtmann, "〈Ein Magnet, der Armut anzieht〉. Bevölkerungsexplosion und soziale Polarisierung in Berlin 1830 bis 1860", in: Ralph Pröve/Bernd Kölling (Hrsg.), *Leben und Arbeiten auf märkischem Sand. Wege in die Gesellschaftsgeschichte Brandenburgs 1700-1914*, Bielefeld 1999, S. 149-190, 여기서는 S. 189.

12 Hegel, *Werke, Bd. 7: Grundlinien der Philosophie des Rechts*, § 243.

13 Hegel, *Die Philosophie des Rechts. Vorlesung von 1821/22*, S. 220.

14 Hegel, *Werke, Bd. 7: Grundlinien der Philosophie des Rechts*, §§ 200, 241, 244.

15 Hegel, *Werke, Bd. 7: Grundlinien der Philosophie des Rechts*, § 244.

16 Hegel, *Die Philosophie des Rechts. Vorlesung von 1821/22*, S. 223 f.

17 헤겔이 시민사회와 그 국가의 모순을 적절하게 분석하면서도, 기존 상황에 대해 변화시킬 수 없는 "정치와 국가의 불변 구조"로 묘사했다는 비판에 대해서는 다음의 탁월한 연구를 참조하라. Frank Ruda, *Hegels Pöbel. Eine Untersuchung der Grundlinien der Philosophie des Rechts*, Konstanz 2011, S. 260. 그러나 이런 비판은 인식이 지니는 시대적 한계를 확인할 뿐이다. 이런 한계는 마르크스에도 보이는데, 그는 "적나라한 부정의"가 가해지는 "보편적 고통"의 담지자인 프롤레타리아, 심지어 "만국의" 프롤레타리아를 저 모순을 해결하는 혁명적 세력으로 여긴다. 한편 노동자 계급은 자신들이 "변화 가능함"을 입증했고 전체적으로 보아 모순의 보편적 해결에 그리 관심이 없다.

18 Nicolin (Hrsg.), *Hegel in Berichten seiner Zeitgenossen*, S. 243.

19 Hegel, *Werke, Bd. 5: Wissenschaft der Logik I*, S. 15.

20 Hegel, *Werke, Bd. 5: Wissenschaft der Logik I*, S. 33 f.

21 1807년 1월 23일 헤겔이 첼만에게 보낸 편지. Hegel, *Briefe, Bd. I*, S. 137.

22 Hegel, *Werke, Bd. 5: Wissenschaft der Logik I*, S. 14.

23 1821년 6월 9일 헤겔이 니트하머에게 보낸 편지. Hegel, *Briefe, Bd. II*, S. 271.

24 1821년 5월 말 헤겔이 크로이처에게 보낸 편지. Hegel, *Briefe, Bd. II*, S. 268.

25 1822년 6월 6일 헤겔이 알텐슈타인에게 보낸 편지. Hegel, *Briefe, Bd. II*, S. 312.

26 Nicolin (Hrsg.), *Hegel in Berichten seiner Zeitgenossen*, S. 257; 다음도 참조. Hegel, *Werke, Bd. 12: Vorlesungen über die Philosophie der Geschichte*, S. 48.

27 Nicolin (Hrsg.), *Hegel in Berichten seiner Zeitgenossen*, S. 113.

28 Jean Paul, "Kleine Nachschule zur ästhetischen Vorschule", in: ders., *Sämtliche Werke, Bd. I/5*, S. 507 f.

29 Nicolin (Hrsg.), *Hegel in Berichten seiner Zeitgenossen*, S. 212.

30 가령 다음과 같은 논변들을 펼 수 있다. Donald Davidson, "Actions, Reasons, and Causes", in: *Journal of Philosophy LX* (1963), S. 685-700; Georg Henrik von Wright, *Erklären und Verstehen*, übersetzt von Günter Grewendorf und Georg Meggle, Frankfurt am Main 1974; C. Wright Mills, "Situated Actions and Vocabularies of Motives", in: *American Sociological Review 5* (1940), S. 904-913.

31 이 서평은 다음에 실려있다. Riedel (Hrsg.), *Materialien zu Hegels Rechtsphilosophie, Bd. 1*, S. 146-157, 여기서는 S. 156 f.; Rosenkranz, *Georg Wilhelm Friedrich Hegel's Leben*, S. 336 f.

32 Hanns Günther Reissner, *Eduard Gans. Ein Leben im Vormärz*, Tübingen 1965, S. 42 ff.

33 Friedrich Carl von Savigny, "Stimmen für und wider neue Gesetzbücher", in: *Zeitschrift für geschichtliche Rechtswissenschaft 3* (1816), S. 1-52, 다음에서 재인용. Friedrich Carl von Savigny, *Vom Beruf unserer Zeit für Gesetzgebung und Rechtswissenschaft*, Heidelberg 1840, S. 175.

34 Eduard Gans, *Scholien zum Gajus*, Berlin 1821, S. VIIf.

35 다음을 참조하라. Hermann Klenner/Gerhard Oberkofler, "Savigny-Voten über Eduard Gans nebst Chronologie und Bibliographie", in: *Topos 1* (1993), S. 123-148.

36 Nicolin (Hrsg.), *Hegel in Berichten seiner Zeitgenossen*, S. 214.

37 이 복잡한 사정을 잘 알려주는 다음 책을 참조하라. Micha Brumlik, *Hegels Juden. Reformer, Sozialisten, Zionisten*, Berlin 2019, 이 중에서 간스에 대해서는 S. 75-87을 참조하라.

38 이 분쟁의 상세한 내용은 다음을 참조하라. Johann Braun, "〈Schwan und Gans〉: Zur Geschichte des Zerwürfnisses zwischen Friedrich Carl von Savigny und Eduard Gans", in: *Juristenzeitung 34* (1979), S. 769-775.

39 Jacques D'Hondt, *Hegel. Biographie*, Paris 1998, S. 365-382.

40 1824년 10월 20일 슐라이어마허가 블랑Blanc에게 보낸 편지. *Hegel, Briefe, Bd. III*, S. 375.

41 *Hegel, Briefe, Bd. III*, S. 375.

42 Hermann von Keyserlingk, *Erinnerungen und Begegnisse aus meinem seitherigen Leben*, Altona 1839, S. 63 ff.

43 Hermann von Keyserlingk, *Erinnerungen und Begegnisse aus meinem seitherigen Leben*, S. 152.

44 Hermann von Keyserlingk, *Erinnerungen und Begegnisse aus meinem seitherigen Leben*, S. 190-196.

45 Hegel, *Werke, Bd. 10: Enzyklopädie der philosophischen Wissenschaften III*, S. 382.

46 Nicolin (Hrsg.), *Hegel in Berichten seiner Zeitgenossen*, S. 290 f.

47 Hegel, *Werke, Bd. 12: Vorlesungen über die Philosophie der Geschichte*, S. 454. 따라서 Pinkard, *Hegel*, S. 529에서는 헤겔이 이 [철학사] 강의 시간에 [역사철학] 원고를 가져왔다고 추정한다. 호토나 헤겔은 이와 다르게 생각하지만, 여러 모로 볼 때 이것이 맞을 것이다. 헤겔은 종종 어떤 강의의 문구를 다른 강의에서 사용하곤 했다.

48 Hegel, *Werke, Bd. 11: Berliner Schriften 1818-1831*, S. 68 ff.

21장 혁명이 아니다

1 Nicolin (Hrsg.), *Hegel in Berichten seiner Zeitgenossen*, S. 285.

2 Nicolin (Hrsg.), *Hegel in Berichten seiner Zeitgenossen*, S. 316.

3 Hegel, *Werke, Bd.11: Berliner Schriften 1818-1831*, S. 72-82.

4 다음을 참조하라. Moritz August Saphir, *Dumme Briefe, Bilder und Chargen, Cypressen, Literatur-und Humoral-Briefe*, München 1834, S. 19ff.

5 Nicolin (Hrsg.), *Hegel in Berichten seiner Zeitgenossen*, S. 296.

6 Jean und Nicole Dhombres, *Lazare Carnot*, Paris 1997.

7 1822년 9월 18일 헤겔이 부인에게 보낸 편지. Hegel, *Briefe, Bd. II*, S. 345.

8 1822년 9월 18일 헤겔이 부인에게 보낸 편지. Hegel, *Briefe, Bd. II*, S. 352.

9 1822년 9월 18일 헤겔이 부인에게 보낸 편지. Hegel, *Briefe, Bd. II*, S. 352.

10 1822년 10월 8일, 9일, 10일, 12일 헤겔이 부인에게 보낸 편지. Hegel, *Briefe, Bd. II*, S. 357 ff.

11 Hegel, *Werke, Bd. 20: Vorlesungen über die Geschichte der Philosophie III*, S. 159.

12 "베를린 대학 교수취임 연설", Hegel, *Berliner Schriften (1818-1831)*, S. 44.

13 Karl Rosenkranz, *Die Topographie des heutigen Paris und Berlin. Zwei Vorträge*, Königsberg 1850, S. 51f.

14 Rosenkranz, *Die Topographie des heutigen Paris und Berlin. Zwei Vorträge*, S. 8. 다음을 참조할 것. Karlheinz Stierle, "Paris und Berlin. Zwei Hauptstädte des Wissens", in: Annemarie Gethmann-Siefert/Otto Pöggeler (Hrsg.), *Kunsterfahrung und Kulturpolitik im Berlin Hegels, Nachdruck von 1983*, Hamburg 2016, S. 83-114.

15 Rosenkranz, *Die Topographie des heutigen Paris und Berlin. Zwei Vorträge*, S. 13, 47.

16 1827년 8월 23일 헤겔이 부인에게 보낸 편지. Hegel, *Briefe, Bd. III*, S. 179.

17 1827년 9월 3일 헤겔이 부인에게 보낸 편지. Hegel, *Briefe, Bd. III*, S. 183.

18 1827년 9월 9일, 19일 헤겔이 부인에게 보낸 편지. Hegel, *Briefe, Bd. III*, S. 185 f.. 189.

19 1827년 9월 9일 헤겔이 부인에게 보낸 편지. Hegel, *Briefe, Bd. III*, S. 188.

20 1827년 9월 20일 헤겔이 부인에게 보낸 편지. Hegel, *Briefe, Bd. III*, S. 192.

21 Friedrich von Raumer, *Lebenserinnerungen und Briefwechsel*, 2 Bde., Leipzig 1861, Bd. 2, S. 109, S. 227 f.

22 Friedrich von Raumer, *Briefe aus Paris und Frankreich im Jahre 1830, Leipzig 1831, Erster Teil*, S. 26; Friedrich von Raumer, *Lebenserinnerungen und Briefwechsel, Bd. 2*, S. 222 ff.

23 1827년 9월 30일 헤겔이 부인에게 보낸 편지. Hegel, *Briefe, Bd. III*, S. 197 f.

24 Hegel, *Werke, Bd.13: Vorlesungen über die Ästhetik I*, S. 297 ff., 356.

25 Hegel, *Werke, Bd.13: Vorlesungen über die Ästhetik I*, S. 210.

26 Nicolin (Hrsg.), *Hegel in Berichten seiner Zeitgenossen*, S. 271.

27 다음을 참조하라. Christoph Jamme, "Der 〈Prinz von Homburg〉 auf dem Hoftheater", in: *Hegel in Berlin. Preußische Kulturpolitik und idealistische Ästhetik. Zum 150. Todestag des Philosophen*, Berlin 1981, S. 73-78.

28 Hegel, *Werke, Bd.13: Vorlesungen über die Ästhetik I*, S. 314f.; Hegel, *Werke, Bd.11: Berliner Schriften 1818-1831*, S. 217 f.

29 Hegel, *Werke, Bd.11: Berliner Schriften 1818-1831*, S. 205-275.

30 Karl Wilhelm Ferdinand Solger, *Vorlesungen über Ästhetik*, Leipzig 1829, S. 242 ff.

31 Hegel, *Werke, Bd.11: Berliner Schriften 1818-1831*, S. 233.

32 Hegel, *Werke, Bd.11: Berliner Schriften 1818-1831*, S. 214.

33 Andreas Arndt/Wolfgang Virmond, "Hegel und die ⟨Gesetzlose Gesellschaft⟩", in: *Hegel-Studien 20* (1985), S.113-116.

34 Nicolin (Hrsg.), *Hegel in Berichten seiner Zeitgenossen*, S. 320f.

35 Nicolin (Hrsg.), *Hegel in Berichten seiner Zeitgenossen*, S. 345.

36 Nicolin (Hrsg.), *Hegel in Berichten seiner Zeitgenossen*, S. 333.

37 Hegel, *Werke, Bd. 20: Vorlesungen über die Geschichte der Philosophie III*, S. 423.

38 Hegel, *Werke, Bd. 2: Jenaer Schriften 1801-1807*, S. 25 f., 42.

39 Hegel, *Werke, Bd. 20: Vorlesungen über die Geschichte der Philosophie III*, S. 428.

40 점성술의 관점에서 본다면, 셸링은 금요일에 태어났고 헤겔은 월요일에 태어났다.

41 Hegel, *Werke, Bd. 20: Vorlesungen über die Geschichte der Philosophie III*, S. 439.

42 Friedrich Wilhelm Joseph Schelling, "Zur Geschichte der neueren Philosophie", in: ders., *Ausgewählte Werke, Schriften von 1813-1830*, S. 283-482, 여기서는 S. 411ff., 413, 420.

43 1829년 9월 3일 헤겔이 부인에게 보낸 편지. Hegel, *Briefe, Bd. III*, S. 270.

44 Pinkard, *Hegel*, S. 622; Hegel, *Werke, Bd.14: Vorlesungen über die Ästhetik II*, S. 190.

45 Schelling, "Zur Geschichte der neueren Philosophie", in: ders, *Ausgewählte Werke, Schriften von 1813-1830*, S. 445.

46 1829년 8월 셸링이 부인에게 보낸 편지. Hegel, *Briefe, Bd. III*, S. 445.

47 Louis Chevalier, *Classes laborieuses et classes dangereuses à Paris pendant la première moitié du XIXe siècle*, Paris 1958, S. 444ff.

48 Eugène Sue, *Les Mystères de Paris*, Paris 2016, S. 1.

49 1830년 8월 5일 간스가 헤겔에게 보낸 편지. Hegel, *Briefe, Bd. III*, S. 310.

50 Nicolin (Hrsg.), *Hegel in Berichten seiner Zeitgenossen*, S. 431.

51 다음에서 재인용. Sébastien Charléty, *Histoire de la monarchie de Juillet (1830-1848)*, Paris 2018, S. 15 (1921 초판 발행).

52 Barthold Georg Niebuhr, *Römische Geschichte*, Zweiter Teil, Berlin 1830, S. V.

53 Nicolin (Hrsg.), *Hegel in Berichten seiner Zeitgenossen*, S. 333.

54 Rolf J. de Folter, "Van Ghert und der Hegelianismus in der Politik der Niederlande", in: *Hegel-Studien 14* (1979), S. 243-277.

55 Rosenzweig, *Hegel und der Staat*, S. 503.

56 1830년 12월 13일 헤겔이 괴첼에게 보낸 편지. Hegel, *Briefe, Bd. III*, S. 323.

57 Nicolin (Hrsg.), *Hegel in Berichten seiner Zeitgenossen*, S. 415.

58 Hegel, *Werke, Bd. 12: Vorlesungen uber die Philosophie der Geschichte*, S. 534.

59 Hegel, *Werke, Bd. 1: Fruhe Schriften*, S. 533.

60 Peter Wende u. a., "Anmerkungen zum historischen Umfeld der englischen Parlamentsreform des Jahres 1832", in: Christoph Jamme/Elisabeth Weiser-Lohmann (Hrsg.), *Politik und Geschichte. Zu den Intentionen von Hegels ≪Reformbill≫-Schrift*, Bonn 1995, S. 17 ff.

61 Hegel, *Werke, Bd. 7: Grundlinien der Philosophie des Rechts*, §§ 254, 255, 256.

62 Hegel, *Werke, Bd. 12: Vorlesungen uber die Philosophie der Geschichte*, S. 530.

63 Gunter Lottes, "Hegels Schrift uber die Reformbill im Kontext des deutschen Diskurses uber Englands Verfassung im 19. Jahrhundert", in: Christoph Jamme/ Elisabeth Weiser-Lohmann (Hrsg.), *Politik und Geschichte. Zu den Intentionen von Hegels "Reformbill"-Schrift*, Bonn 1995, S. 151-176, 여기서 는 S. 158.

22장 죽음

1 Stephanie J. Snow, "Death by Water. John Snow and Cholera in Nineteenth Century", in: *Medical Historian 11* (1999), S. 5-19, 여기서는 S. 15.

2 Karl Rosenkranz, "Die Kirchhöfe", in: ders., *Königsberger Skizzen, Zweite Abteilung*, Danzig 1842, S. 80-93, 여기서는 S. 82.

3 Ludwig Geiger, *Berlin 1688-1840. Geschichte des geistigen Lebens der preußischen Hauptstadt*, 2 Bde., Berlin 1893 ff., Bd. 2, S. 234.

4 Hegel, *Werke, Bd. 9: Enzyklopädie der philosophischen Wissenschaften II*, § 371, S. 524.

5 John Snow, *On the Mode of Communication of Cholera*, London 1844, S. 6-9.

6 John Snow, *On the Mode of Communication of Cholera*, 2. Auflage, London 1855, S. 38-44.

7 Pinkard, *Hegel*, S. 744에서는 1833년이라고 쓰고 있으나, 1884년이 맞다. 코흐는 1843년에 태어났다.

8 다음에서 재인용. Thomas Stamm-Kuhlmann, "Die Cholera von 1831. Herausforderungen an Wissenschaft und staatliche Verwaltung", in: *Sudhoffs Archiv 73* (1989), S. 176-189, 여기서는 S. 180.

9   Christoph Wilhelm Hufeland, "Schlußresultat", in: *Journal der practischen Heilkunde 74.3* (1832), S. 3-10, 여기서는 S. 8f. 그리고 이에 앞서 쓴 다음 글도 참조할 것. Christoph Wilhelm Hufeland, "Worüber streitet man. Was heißt Ansteckung. Was heißt Contagionist und Nichtcontagionist bei der Cholera", in: *Journal der practischen Heilkunde, 74.1.* (1832), S. 109-116. 또한 이와 관련한 논쟁의 전모 및 그 정치적 함의에 관해서는 다음을 참조하라. Olaf Briese, *Angst in den Zeiten der Cholera. Über kulturelle Ursprünge des Bakteriums*, Berlin 2003, S. 187 ff.

10 Hegel, *Werke, Bd. 9: Enzyklopädie der philosophischen Wissenschaften II*, § 371, S. 522.

11 Hegel, *Werke, Bd. 9: Enzyklopädie der philosophischen Wissenschaften II*, § 375, S. 535 ff.

12 Hegel, *Jenaer Systementwürfe III*, S. 162.

13 Hegel, *Werke, Bd. 9: Enzyklopädie der philosophischen Wissenschaften II*, § 258, S. 51.

14 다음을 참조하라. Hans Friedrich Fulda, *Georg Wilhelm Friedrich Hegel*, München 2003, S. 152.

15 Georges Canguilhem, "Der Beitrag der Bakteriologie zum Untergang der ⟨medizinischen Theorien⟩ im 19. Jahrhundert", in: ders., *Wissenschaftsgeschichte und Epistemiologie*, übersetzt von Michael Bischoff, Frankfurt am Main 1979, S. 110-133, 여기서는 S. 114f.

16 Nicolin (Hrsg.), *Hegel in Berichten seiner Zeitgenossen*, S. 436.

17 Heikki Lempa, *Beyond the Gymnasium. Educating the Middle-class-Bodies in Classical Germany*, Lanham 2007, S. 198.

18 Barbara Dettke, *Die asiatische Hydra. Die Cholera von 1830/31 in Berlin und den preußischen Provinzen Posen, Preußen und Schlesien*, Berlin 1995, S. 1-4.

19 Dettke, *Die asiatische Hydra. Die Cholera von 1830/31 in Berlin und den preußischen Provinzen Posen, Preußen und Schlesien*, S. 169.

20 Matthew Gandy, "Das Wasser, die Moderne und der Niedergang der bakteriologischen Stadt", in: *Leviathan 33* (2005), S. 522-543.

21 Dettke, *Die asiatische Hydra*, S. 178.

22 상트페테르부르크의 의사 예레미아스 루돌프 리히텐슈테트Jeremias Rudolf Lichtenstädt는 그렇게 생각했다. Jeremias Rudolf Lichtenstädt, *Die asiatische Cholera in Rußland in den Jahren 1830 und 1831. Nach russischen*

Aktenstücken und Berichten, Berlin 1832, S. 236. Snow, *On the Mode of Communication of Cholera*, S. 10도 위생과 콜레라의 관계에 관한 이러한 관찰을 토대로 한다.

23 Nicolin (Hrsg.), *Hegel in Berichten seiner Zeitgenossen*, S. 437.

24 헤겔이 간스에게 1831년 11월 12일 보낸 편지, Hegel, *Briefe, Bd. III*, S. 356.

25 Nicolin (Hrsg.), *Hegel in Berichten seiner Zeitgenossen*, S. 467.

26 Nicolin (Hrsg.), *Hegel in Berichten seiner Zeitgenossen*, S. 466.

27 Nicolin (Hrsg.), *Hegel in Berichten seiner Zeitgenossen*, S. 480.

28 Nicolin (Hrsg.), *Hegel in Berichten seiner Zeitgenossen*, S. 457.

29 Pinkard, *Hegel*, S. 657 f.

30 Nicolin (Hrsg.), *Hegel in Berichten seiner Zeitgenossen*, S. 464.

31 Dettke, *Die asiatische Hydra*, S. 187 f.

32 Nicolin (Hrsg.), *Hegel in Berichten seiner Zeitgenossen*, S. 473, 484f.

《헤겔의 세계》 알라딘 독자 북펀드에 참여해주신 분들

BASARA	Chansoo Kim	juststudy	KindStar
Lion Yoon	Medusa	ZHENG JIJING	강민수
강연경	강재구	고범철	구태오
권지영	글월마야	김건하珤玉	김광현(2)
김망고(김윤범)	김민석	김보경	김수희
김승룡	김연미	김영진	김영환
김용범	김은정	김재영	김종승
김지연	김지우	김지태	김진욱
김진휘	김채현	김철홍	김태현
김헌수	김홍구	김희정	류진주
류한빈	마틴 융	문유정	문환이
박근남	박소연	박준형	박창국
박하윤	배성환	배지아	백성준
백지민	복도훈	서연오	서윤호
서은화	설미콩	손성봉(경주)	송지윤
신숙희	신은종	신정명	수플·삶이숨쉬는공간
심재수	안분훈	안주빈	안준호
양복순	여서하	오제현	원두호
유란희	유명주	유보선	육홍석
윤재훈	이금옥	이기남	이길무

이다민	이덕자	이동규	이동훈
이상미	이성호	이승용	이승찬
이용환	이우영	이원웅	이일형
이전규	이진원	이하윤과 이준우	이현일
이형우	이호수	이호윤	이희구
임채현	쟈토	전영선	전혜원
정성윤	정연화	정요한(2)	정윤선
정윤욱	정진수	조성분	조승진
조용의	조윤숙	조재현	지동섭
청까마귀	최서원	최용창	최원석
최혜선	하윤 준우 아빠	한승민	해용
홍승기	황인선 포함 총 151분께 감사드립니다.		

헤겔의 세계

초판 1쇄 발행 ㅣ 2023년 2월 28일

지 은 이 ㅣ 위르겐 카우베
옮 긴 이 ㅣ 김태희·김태한
펴 낸 이 ㅣ 이은성
편   집 ㅣ 홍순용
디 자 인 ㅣ 백지선
펴 낸 곳 ㅣ 필로소픽

주 소 ㅣ 서울시 종로구 창덕궁길 29-38, 4-5층
전 화 ㅣ (02) 883-9774
팩 스 ㅣ (02) 883-3496
이 메 일 ㅣ philosophik@naver.com
등록번호 ㅣ 제2021-000133호

ISBN 979-11-5783-285-9 93160

필로소픽은 푸른커뮤니케이션의 출판 브랜드입니다.